JN074228

日本語教育能力検定試験学習書

Human

ヒューマンアカデミー著

日本語教育
能力検定試験

完全攻略ガイド

第5版

本書内容に関するお問い合わせについて

このたびは翔泳社の書籍をお買い上げいただき、誠にありがとうございます。弊社では、読者の皆様からのお問い合わせに適切に対応させていただくため、以下のガイドラインへのご協力をお願い致しております。下記項目をお読みいただき、手順に従ってお問い合わせください。

● ご質問される前に

弊社Webサイトの「正誤表」をご参照ください。これまでに判明した正誤や追加情報を掲載しています。

正誤表 https://www.shoeisha.co.jp/book/errata/

● ご質問方法

弊社Webサイトの「書籍に関するお問い合わせ」をご利用ください。

書籍に関するお問い合わせ　https://www.shoeisha.co.jp/book/qa/

インターネットをご利用でない場合は、FAX または郵便にて、下記 "翔泳社 愛読者サービスセンター"までお問い合わせください。
電話でのご質問は、お受けしておりません。

● 回答について

回答は、ご質問いただいた手段によってご返事申し上げます。ご質問の内容によっては、回答に数日ないしはそれ以上の期間を要する場合があります。

● ご質問に際してのご注意

本書の対象を越えるもの、記述個所を特定されないもの、また読者固有の環境に起因するご質問等にはお答えできませんので、予めご了承ください。

● 郵便物送付先およびFAX番号

送付先住所　〒160-0006 東京都新宿区舟町 5
ＦＡＸ番号　03-5362-3818
宛先　(株)翔泳社 愛読者サービスセンター

はじめに

本書は、2009年に初版として刊行された『日本語教育能力試験完全攻略ガイド』を近年の試験内容を踏まえて改訂したものです。おかげさまでこの度第５版を刊行することになりました。日本語教育能力検定試験の合格を目指す方のバイブルとして絶大な人気を誇っています。

ヒューマンアカデミーでは、試験を熟知した講師の指導によって、毎年多くの合格者を輩出しています。本書はその講師陣のノウハウを生かし、膨大な試験範囲をこの一冊だけで効率よく学べる内容になっています。合格に必要な知識がすべて詰まっていますので、試験勉強のスタートラインに立っている方から、「今年こそ合格！」という再チャレンジの方まで、幅広くお使いいただけます。

日本語学習者のニーズはますます多様化しています。様々な学習者に対応するため、日本語教師にも多様化が求められています。実際に、幅広い年代、多様な経歴を持った教師が活躍しています。ヒューマンアカデミーの日本語教師養成講座も幅広い年代、様々な経歴をもった方が受講されています。ご自身の持ち味と養成講座で学んだ知識、そして検定合格を武器に、日本はもちろん世界中の教室で活躍しています。

検定試験の合格は、あなたが日本語教師として必要な知識を持っている客観的な証明になります。実際に多くの日本語教育機関が採用条件に検定合格を掲げています。日本語教師を目指す方なら必ず合格しておきたい試験です。

このテキストが、合格を目指す皆さんの一助となりますことを願っています。

2021年1月

ヒューマンアカデミー

目次

第4部　言語と社会　369

※「参考文献」はWebサイトに掲載しています。詳細は、p21をご覧ください。

日本語教育能力検定試験とは

日本語教育能力検定試験は、「日本語教員となるために学習している者、日本語教員として教育に携わっている者を対象として、日本語教育の実践につながる体系的な知識が基礎的な水準に達しているかどうか、状況に応じてそれらの知識を関連づけ多様な現場に対応する能力が基礎的な水準に達しているかどうかを検定することを目的」として、公益財団法人日本国際教育支援協会によって実施されています。

試験の概要は変更されることがあります。受験される際には、実施者である日本国際教育支援協会のホームページなどで最新の情報を確認するようにしてください。

試験の概要

- **試験の水準**：日本語教育に携わるにあたり必要とされる基礎的な知識・能力。
- **出題範囲**：右ページ参照
- **試験の構成**：

試験Ⅰ	90分	100点	原則として、出題範囲の区分ごとの設問により、日本語教育の実践につながる基礎的な知識を測定する。
試験Ⅱ	30分	40点	試験Ⅰで求められる「基礎的な知識」および試験Ⅲで求められる「基礎的な問題解決能力」について、音声を媒体とした出題形式で測定する。
試験Ⅲ	120分	100点	原則として出題範囲の区分横断的な設問により、熟練した日本語教員の有する現場対応能力につながる基礎的な問題解決能力を測定する。

- **受験資格**：制限なし
- **試験日**：10月
- **試験地**：北海道、東北、関東、中部、近畿、中国、九州（変更の可能性あり）
- **出願の手続き等**：「受験案内（出願書類付き）」は願書受付期間中、全国の主要書店にて販売される予定になっています。願書に必要事項を記載のうえ受験料を用意し、受付期間内に財団法人日本国際教育支援協会に提出してください。

詳細および最新情報については、日本国際教育支援協会のホームページ
http://www.jees.or.jp/jltct/ でご確認ください。

● 出題範囲

出題範囲は次のとおりです。ただし全範囲にわたって出題されるとは限りません。

区分		主要項目
社会・文化・地域 ▼本書第5部	① 世界と日本	(1) 世界と日本の社会と文化
	② 異文化接触	(2) 日本の在留外国人施策
		(3) 多文化共生(地域社会における共生)
	③ 日本語教育の歴史と現状	(4) 日本語教育史
		(5) 言語政策
		(6) 日本語の試験
		(7) 世界と日本の日本語教育事情
言語と社会 ▼本書第4部	④ 言語と社会の関係	(8) 社会言語学
		(9) 言語政策と「ことば」
	⑤ 言語使用と社会	(10) コミュニケーションストラテジー
		(11) 待遇・敬意表現
		(12) 言語・非言語行動
	⑥ 異文化コミュニケーションと社会	(13) 多文化・多言語主義
言語と心理 ▼本書第3部	⑦ 言語理解の過程	(14) 談話理解
		(15) 言語学習
	⑧ 言語習得・発達	(16) 習得過程(第一言語・第二言語)
		(17) 学習ストラテジー
	⑨ 異文化理解と心理	(18) 異文化受容・適応
		(19) 日本語の学習・教育の情意的側面

<table>
<tr><td rowspan="17">言語と教育
▼本書第2部</td><td rowspan="12">⑩ 言語教育法・実習</td><td>(20) 日本語教師の資質・能力</td></tr>
<tr><td>(21) 日本語教育プログラムの理解と実践</td></tr>
<tr><td>(22) 教室・言語環境の設定</td></tr>
<tr><td>(23) コースデザイン</td></tr>
<tr><td>(24) 教授法</td></tr>
<tr><td>(25) 教材分析・作成・開発</td></tr>
<tr><td>(26) 評価法</td></tr>
<tr><td>(27) 授業計画</td></tr>
<tr><td>(28) 教育実習</td></tr>
<tr><td>(29) 中間言語分析</td></tr>
<tr><td>(30) 授業分析・自己点検能力</td></tr>
<tr><td>(31) 目的・対象別日本語教育法</td></tr>
<tr><td rowspan="3">⑪ 異文化間教育とコミュニケーション教育</td><td>(32) 異文化間教育</td></tr>
<tr><td>(33) 異文化コミュニケーション</td></tr>
<tr><td>(34) コミュニケーション教育</td></tr>
<tr><td rowspan="2">⑫ 言語教育と情報</td><td>(35) 日本語教育とICT</td></tr>
<tr><td>(36) 著作権</td></tr>
<tr><td rowspan="15">言語
▼本書第1部</td><td rowspan="2">⑬ 言語の構造一般</td><td>(37) 一般言語学</td></tr>
<tr><td>(38) 対照言語学</td></tr>
<tr><td rowspan="7">⑭ 日本語の構造</td><td>(39) 日本語教育のための日本語分析</td></tr>
<tr><td>(40) 日本語教育のための音韻・音声体系</td></tr>
<tr><td>(41) 日本語教育のための文字と表記</td></tr>
<tr><td>(42) 日本語教育のための形態・語彙体系</td></tr>
<tr><td>(43) 日本語教育のための文法体系</td></tr>
<tr><td>(44) 日本語教育のための意味体系</td></tr>
<tr><td>(45) 日本語教育のための語用論的規範</td></tr>
<tr><td>⑮ 言語研究</td><td></td></tr>
<tr><td rowspan="5">⑯ コミュニケーション能力</td><td>(46) 受容・理解能力</td></tr>
<tr><td>(47) 言語運用能力</td></tr>
<tr><td>(48) 社会文化能力</td></tr>
<tr><td>(49) 対人関係能力</td></tr>
<tr><td>(50) 異文化調整能力</td></tr>
</table>

財団法人日本国際教育支援協会ホームページより

※ この出題範囲は令和4 (2022) 年試験より変更されました。ただし、出題範囲の移行によって出題内容が全面的に変わるものではありません。

本書の特徴と学習法

本書は、日本語教育能力検定試験の合格を目指す方が効率よく学習できるよう様々な工夫をしています。本書の特徴と使い方は次のとおりです。

本書の特徴

- **全試験範囲をカバー**

日本語教育能力検定試験（以下、本試験）は、試験範囲が膨大です。そのため試験までの間にいかに効率よく学習できるかがポイントになります。本書では、ポイントを押さえたうえで試験範囲をすべてカバーしていますので、この1冊で試験対策をすることができます。

- **各方面の専門家が執筆**

本書の各分野はそれぞれの専門家が、本試験を詳細に分析したうえで執筆しています。

- **部の配置**

第1部〜第5部までは、基礎項目が多く、出題頻度の高い分野を重点的に学習できるように工夫されています。具体的には、「試験範囲」の「5 言語一般」「4 言語と教育」「3 言語と心理」「2 言語と社会」「1 社会・文化・地域」の順に学習するようになっています。また、第6部と第7部は専門分野として、それぞれ「音声」「記述」を学習します。

※令和4年の「出題範囲」の変更により、「5 言語一般」は「5 言語」となりましたが、学習には差し支えありません。

- **出題頻度が高いものに★、重要な箇所に 重要**

本書の各見出しには出題頻度に応じて、★★★（よく出題される）、★★（ときどき出題される）、★（やや頻度が低い）を付けました。また、特に重要な箇所に

アイコンを付けました。学習をする際の目安にお使いください。

- **豊富な確認問題・練習問題**

各部の最後には、練習問題があります。これを繰り返し解くことにより、実力が付きます。

学習のポイント

第1部　言語一般

出題頻度ナンバーワン！
試験Ⅰの文法問題を短い時間で確実に得点しよう！

「言語一般」は出題頻度がとても高い分野です。試験Ⅰの問題1、問題2、問題3は毎年この分野から出題されます。ここだけで試験Ⅰの4割が出題されるので、ここでの得点は合否に大きく影響します。この分野は、重要用語ももちろん大切ですが、文法問題など、習得した知識を踏まえて実践的な問題を解くものが多いです。そしてスピードも必要です。まずは本書をよく読みましょう。例文を参考に、その定義を理解し、自分のものにしてください。次に練習問題や過去問題を数多くこなします。その際、正答以外の選択肢に注目し、なぜ不正解なのかを理解することが大切です。本書の関連するところと照らし合わせて勉強するとよいでしょう。

第2部　言語と教育

特に「言語教育法・実技(実習)」は大切。重要用語は必ず押さえよう！

「言語と教育」は出題頻度が高く、特に「言語教育法・実技（実習）」は必ず押さえておきたい分野です。試験では、昨今の日本語教育の現状や流れに関連した問題が出題されています。それは皆さんがこれまで受けてきた「教育」とは異なるかもしれません。まずは本書を読み、日本語教育の流れをつかみましょう。そして、一問一答形式の確認問題で、重要用語とその意味が瞬時に解答できるまで繰り返しましょう。その上で、重要用語の使い方や背景知識などを、日本語教育全体の中で捉えられるようにしましょう。

第3部～第5部　言語と心理、言語と社会、社会・文化・地域

重要用語とその意味、関連事項が瞬時に解答できるか。

この分野はあるテーマに基づいた文章を読み、その内容に関して問われます。試験範囲の区分に捉われず、横断的に出題されるのが特徴です。過去問題をたくさんこなすと、よく出題されるテーマやそのテーマで何が出題されているか、つかむことができます。とは

いえ、毎年様々な角度から問われるため、なかなかそっくり同じような問題が出ることはありません。

しかし試験の出題形式をよく見てください。

・文章中の下線部A「○○○」の説明として最も適当なものを、次の1～4の中から一つ選べ。
・文章中の下線部B「○○○」の例として最も適当なものを、次の1～4の中から一つ選べ。

実は重要用語の中身を問う問題になっていることがわかります。ですから重要用語とその意味や使い方が理解できていれば、どのようなスタイルで問われても臆することはありません。重要用語を覚える際には、その具体例や使われ方も意識して覚えましょう。

また、本書内で扱っている資料や統計は、必ず最新のものに目を通しておきましょう。最後に本書の内容だけでなく、昨今の日本語教育を取り巻く環境に関連した問題も、よく出題されます。日頃から、日本語・日本語教育、外国人についてのニュースに意識を向けるようにしてください。

第6部　音声分野

聴解試験の形式に慣れよう。

第6部では、音声分野の解説をします。試験Ⅱは音声による試験ですが、第6部はそのうちの問題Ⅰ～3に対応しています(問題4～6は「言語と教育」や「言語一般」の問題)。毎年、出題形式はほぼ同じです。過去問題を繰り返し解いて、出題形式に慣れるのが有効な方法でしょう。そのため、早い段階で音声学の基礎知識を定着させ、その後、問題の音声に耳を慣らす必要があります。聞き取る力は2、3日で養えるものではありません。苦手だと感じた方は、早めに対策を始めましょう。

第7部　記述問題

点数が取れる文章の書き方を身に付けよう。

第7部では記述問題の解答作成方法を解説しています。記述問題は、例年試験Ⅲで1題出題されています。400字程度の小論文を20～25分で作成します。まずは解答作成方法を身に付け、その通りに書いてみましょう。記述問題は書いた文章を見直し、推敲を繰り返すことで、実力が付きます。何度も書き直し、限られた時間で最高の文章を作るコツをつかんでください。

本書の構成

● 本文

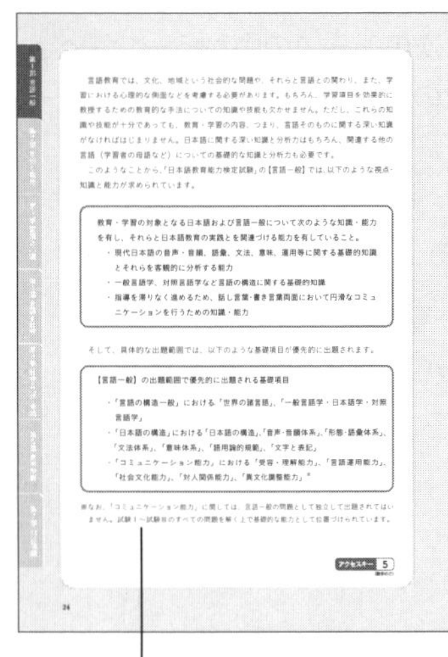

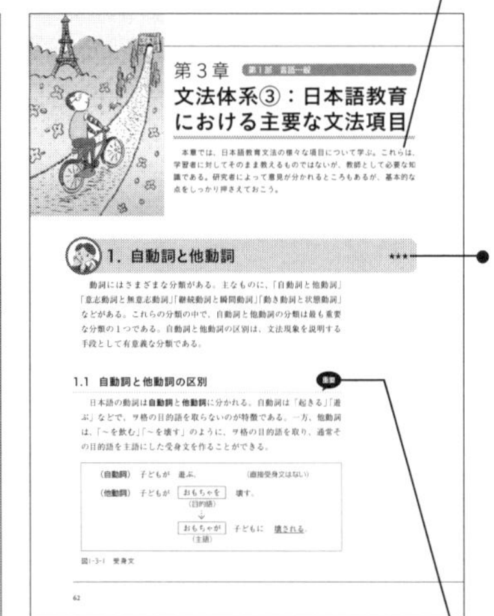

章の概要
各章の流れや押さえてほしいことを説明しています。

出題頻度
見出しごとに出題頻度に応じて★★★～★を付けています。

出題のポイント
第Ⅰ部～第5部の冒頭では、試験範囲からどのようなことが出題されるか解説しています。

重要マーク
特に重要なところには 重要 マークを付けました。試験直前には重点的に復習しましょう。

コラム
さらに掘り下げた内容や、知っていると便利なことを説明しています。

側注
より深い知識や、関連事項、関連項目の参照ページなどを紹介しています。

ここがポイント
ポイントがまとまっています。

問題(第１部～第５部)

第１部から第５部までは、短時間で効率よく確認できるよう一問一答形式です。

- チェックボックス
  チェックボックスに☑をつけておけば、自分の理解度が一目瞭然。

問題(第６部)

第６部の問題は、音源(CDもしくはダウンロード)を用いて解きます。

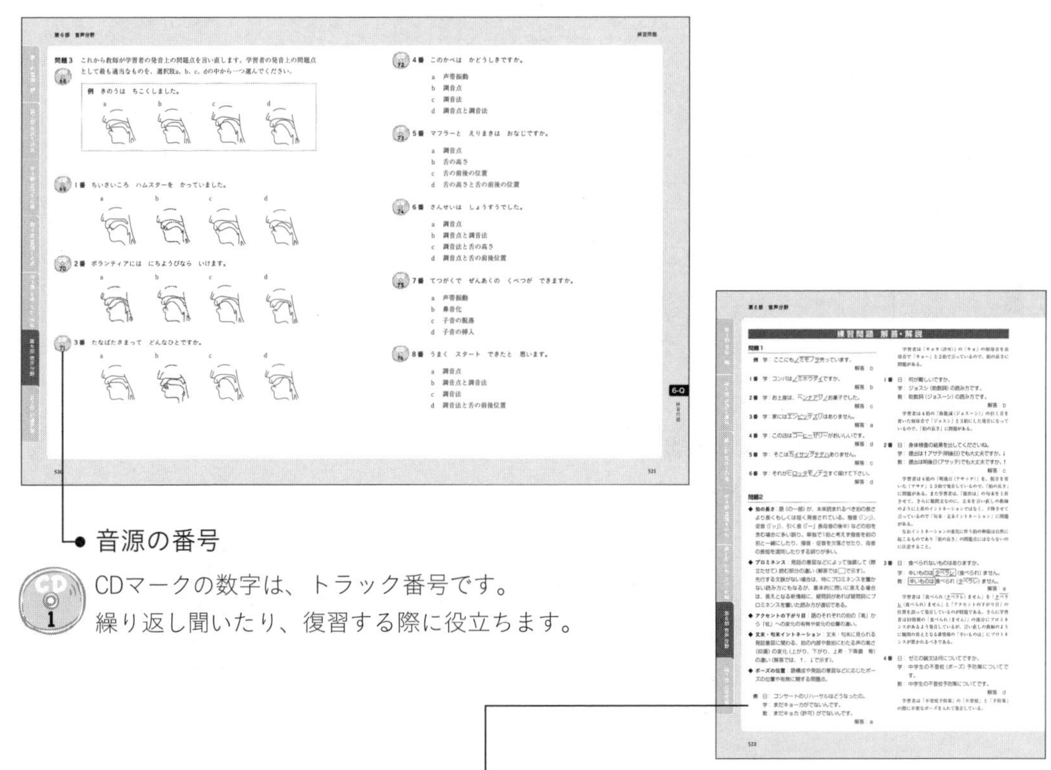

- 音源の番号
  CDマークの数字は、トラック番号です。繰り返し聞いたり、復習する際に役立ちます。

- 解答・解説
  詳しい解説があります。また、音源の中で読まれたスクリプトはすべて記載されています。

○ 問題（第７部）

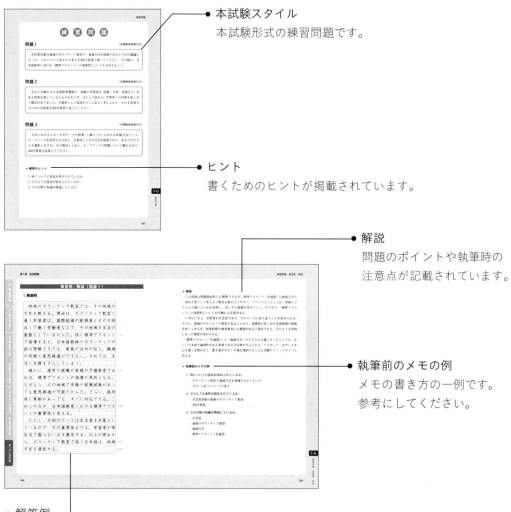

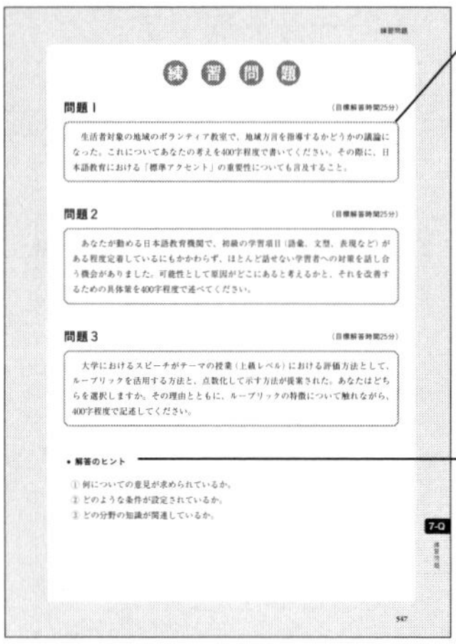

● 本試験スタイル
本試験形式の練習問題です。

● ヒント
書くためのヒントが掲載されています。

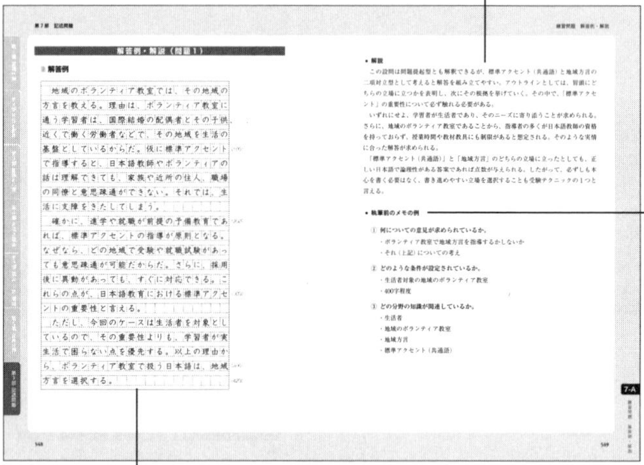

● 解説
問題のポイントや執筆時の
注意点が記載されています。

● 執筆前のメモの例
メモの書き方の一例です。
参考にしてください。

● 解答例
模範解答を見て、どのように書けば
よいか学ぶことができます。

○ 音声ダウンロードについて

本書の音声教材は、付属CDに収録されているほか、専用のダウンロードサイトからMP3ファイルをダウンロードすることができます(収録されている内容は同じです)。

MP3ファイルは、パソコンやスマートフォン・携帯音楽プレーヤーに入れてお使いいただくのに便利です。ファイルはzip形式でダウンロードされます。ダウンロード後、解凍ソフト等で展開してお使いください。なお、Webサイトより直接スマートフォンへのダウンロードはできません。一旦、パソコンにダウンロードしていただき、スマートフォンへお取り込みください。具体的な操作方法につきましては、お使いの端末の各メーカーにお問い合わせください。

ダウンロードの際には、アクセスキーが必要です。下記のWebサイトにアクセスし、記載されている指示に従ってダウンロードしてください。

- **ダウンロードサイト**

  https://www.shoeisha.co.jp/book/download/9784798167190/

- **アクセスキー**

  本書のいずれかのページに下記のような記載がされています。
  ダウンロードページの指示に従って入力してください。
  サンプル：アクセスキー h
  (小文字のエイチ)

○ 読者特典

読者特典として下記の資料を提供しています。すべての資料は上記ダウンロードサイトから同じ要領で入手できます。

● Web資料集

本書内にWebが付与されているものなどについて、一覧になっています。詳細情報や最新情報を調べるのにご利用ください。

● 参考文献

本書を執筆するにあたって参考にした文献が著者の50音順に掲載されています。本資料はPDFで提供しています。

※ダウンロードファイルに関する権利は著者および株式会社翔泳社が所有しています。許可なく配布したり、Webサイトに転載したりすることはできません。

※音声ダウンロードおよび読者特典の提供については、予告なしに変更もしくは中止されることがあります。

学習の進め方

<table>
<tr><th></th><th>初級レベル</th><th>初級〜中級レベル</th><th>中級レベル以上</th></tr>
<tr><td></td><td>現在、養成講座等で日本語教育を半分ほど学習中。並行して検定試験の勉強を始めるつもり。</td><td>一通り日本語教育について学習を終えたところ。これから検定試験の勉強を始める。</td><td>過去に受験経験がある。</td></tr>
<tr><td>学習のしかた</td><td>まずは読み物感覚で本書に目を通し、試験を把握する。覚えることを意識せず、諸概念の関わり、全体の体系付けを理解する。</td><td>知識を、総体的に把握できるようにする。</td><td>身に付いていること、付いていないことを明確にし、身に付いていない知識を補う。</td></tr>
<tr><td rowspan="3">6月〜7月</td><td rowspan="3">過去問題を解き、試験の全容を知る。通勤・通学の時間を利用し、音声問題の音源（CDもしくはダウンロード）を聞く。

本書は既に日本語教育についてある程度ベースがあるという上で編集されているので、勉強途中の人には難しいかもしれないが、分からないところは姉妹書『分野別用語集』や読者特典資料に掲載の参考図書を並行して活用するなどして、学習を進める。

本書と並行して、養成講座に臨めば、効率よく理解できる。</td><td rowspan="2">読み物感覚で本書に目を通し、試験を把握する。覚えることを意識せず、諸概念の関わり、全体の体系を理解する。これまでの復習のつもりで。
「第６部 音声分野」の確認問題を解く。音源を繰り返し聞いて、耳を慣らしておく。</td><td>太字になっている重要用語をチェックし、その内容が理解できているか、自分の習熟度を確認する。</td></tr>
<tr><td rowspan="2">確認問題・練習問題を解く。身に付いていないことはテキストに戻り、関連部分をよく読む。姉妹書『合格問題集』を繰り返し解くのも効果的。</td></tr>
<tr><td>確認問題・練習問題を解く。身に付いていないことはテキストに戻り、関連部分をよく読む。姉妹書『合格問題集』を繰り返し解くのも効果的。</td></tr>
<tr><td>8月</td><td colspan="2">記述問題を始めましょう。書いたものは必ず推敲し、何度も書き直してください。20分程度で書けるようにしましょう。</td><td>再度、重要用語とその内容について理解しているか確認をする。制限時間を決めて、記述問題を解く。</td></tr>
<tr><td rowspan="2">9月</td><td>確認問題・練習問題を解く。身に付いていないものはテキストに戻り、関連部分をよく読む。姉妹書『合格問題集』を繰り返し解くのも効果的。</td><td colspan="2" rowspan="3">過去問題に取り組む。
不明な点、誤った問題は、本書に戻り確認する。制限時間内に解くスピードも身に付けましょう。</td></tr>
<tr><td rowspan="2">過去問題に取り組む。
不明な点、誤った問題は、本書に戻り確認する。</td></tr>
<tr><td>10月</td></tr>
</table>

第Ⅰ部

言語一般

言語教育では、文化、地域という社会的な問題や、それらと言語との関わり、また、学習における心理的な側面などを考慮する必要があります。もちろん、学習項目を効果的に教授するための教育的な手法についての知識や技能も欠かせません。ただし、これらの知識や技能が十分であっても、教育・学習の内容、つまり、言語そのものに関する深い知識がなければはじまりません。日本語に関する深い知識と分析力はもちろん、関連する他の言語（学習者の母語など）についての基礎的な知識と分析力も必要です。

このようなことから、「日本語教育能力検定試験」の【言語一般】では、以下のような視点・知識と能力が求められています。

教育・学習の対象となる日本語および言語一般について次のような知識・能力を有し、それらと日本語教育の実践とを関連づける能力を有していること。

- 現代日本語の音声・音韻、語彙、文法、意味、運用等に関する基礎的知識とそれらを客観的に分析する能力
- 一般言語学、対照言語学など言語の構造に関する基礎的知識
- 指導を滞りなく進めるため、話し言葉・書き言葉両面において円滑なコミュニケーションを行うための知識・能力

そして、具体的な出題範囲では、以下のような基礎項目が優先的に出題されます。

【言語一般】の出題範囲で優先的に出題される基礎項目

- 「言語の構造一般」における「世界の諸言語」、「一般言語学・日本語学・対照言語学」
- 「日本語の構造」における「日本語の構造」、「音声・音韻体系」、「形態・語彙体系」、「文法体系」、「意味体系」、「語用論的規範」、「文字と表記」
- 「コミュニケーション能力」における「受容・理解能力」、「言語運用能力」、「社会文化能力」、「対人関係能力」、「異文化調整能力」※

※なお、「コミュニケーション能力」に関しては、言語一般の問題として独立して出題されてはいません。試験Ⅰ～試験Ⅲのすべての問題を解く上で基礎的な能力として位置づけられています。

（数字のご）

第1章 第1部 言語一般
文法体系①：日本語教育における品詞

日本語の文法は日本語教育の全ての分野の基礎となる、日本語教育のコアともいえる知識である。第1章では学校文法と日本語教育のための文法の違いを知り、日本語学習者にとって有用な品詞の扱いについて学ぶ。

1. 日本語教育における品詞 ★★★

いわゆる「学校文法」では品詞を考える時、まずそれだけで意味をなし、単独で使える「自立語※1」と、単独では使えず、常に自立語と結びついて使われる「付属語※2」の区別に始まり、次に活用の有無から以下のように分類される。

※1
例えば、「本」、「あの」、「ゆっくり」、「しかし」、「まあ」。

※2
例えば、「が」、「〜れる」、「〜た」。

自立語	活用する	動詞
		形容詞
		形容動詞
	活用しない	名詞
		連体詞
		副詞
		接続詞
		感動詞
付属語	活用する	助動詞
	活用しない	助詞

表1-1-1　学校文法

この「学校文法」は、日本語教育では用いられない。その理由は、学校文法は日本語母語話者のためのものであり、日本語を知らない学習者にとって役に立つものではないからである。全く知らない言語を聞いたり見たりした場合、単語の意味も、単語の切れ目さえも分からないだろう。「それだけで意味をなし、単独で使える語」は自立語だ、というような判断ができるのはその言語を理解できる人だけである。

では、日本語教育ではどんな品詞の区別が用いられているのかをみていこう。

日本語教育で用いられる品詞は主に以下のものである。

品詞	例
動詞	買う、持つ、売る、読む、呼ぶ、書く、急ぐ、渡す、食べる、来る、する
形容詞（イ形容詞・ナ形容詞）	長い、小さい、赤い、嬉しい、かゆい、静かだ、きれいだ
名詞	本、ペン、机、教室、夢、理由、日本、新宿、大学、駅、スーパー
指示詞	これ・それ・あれ、この・その・あの、ここ・そこ・あそこ
副詞	ゆっくり、すたすた、すっかり、わざと、とても、少し、もっと、非常に
接続詞	だから、従って、しかし、けれども、しかも、一方、ところで
助動詞	れる・られる、らしい、ようだ、はずだ、べきだ、だろう、まい
助詞	が・を・に・から・で、は・も・さえ・ばかり、のに・ので、よ・ね

表1-1-2　日本語教育で用いられる品詞

品詞分類とは、文法的な働きと形によって語を分類したものであるが、品詞の区別や種類はそれほど重要ではない。その理由は、品詞の区別が曖昧なものがあること、また、同じ語が複数の品詞として機能する場合が多いことである。

2. 動詞 ★★★

動詞は、**述語になり、活用を持ち、辞書形がウ段で終わる**。

2.1 3つのグループ

動詞は語幹の形から、「書く」「読む」などの**1グループ**、「見る」「食べる」などの**2グループ**、「する」「来る」の**3グループ**の3つに分類される。

● 1グループ

語幹が子音で終わる動詞であり、学校文法では、五段活用動詞と呼ばれる。連用形（日本語教育の活用では「テ形」「タ形」など）に**音便形**※3が現れる。

※3
子音で終わる語幹が子音で始まる語尾に接続すると子音が重なるが、それを避けるために音韻的な変化が起きること。促音便、撥音便、イ音便などがある。

● 2グループ

語幹が母音で終わる動詞（**母音語幹動詞**）。/i/ と /e/ で終わるものがある。学校文法では/i/で終わるものを上一段活用動詞、/e/ で終わるものを下一段活用動詞と呼んで区別しているが、日本語教育では両者とも2グループとして扱う。音便形は存在しない。

● 3グループ

不規則変化動詞。語幹も活用も不規則に変化する動詞で、**「来る」**と**「する」**の2つだけである。「する」は、動作名詞に付いて、「勉強する」「運動する」「活動する」などさまざまな動詞を作る。学校文法では、「来る」はカ行変格活用動詞（カ変）、「する」はサ行変格活用動詞（サ変）と呼ばれる。

1グループ／五段動詞（～aナイ）	持つ、読む、遊ぶ、書く、話す
2グループ／一段動詞（～iナイ・～eナイ）	起きる、いる、寝る、食べる
3グループ／カ・サ変動詞	来る、する

表1-1-3　1グループ、2グループ、3グループ

2.2 動詞の活用

● 1グループの活用

1グループは次のような活用をする。

※4
「買う」「会う」など「〜う」の動詞は「ワイウエオ」と活用する。

	1グループ								
(例)	買う※4	立つ	やる	死ぬ※5	飛ぶ	読む	書く※6	こぐ	貸す
語幹	kaw-	tat-	yar-	sin-	tob-	yom-	kak-	kog-	kas-
辞書形	ka-u	tat-u	yar-u	sin-u	tob-u	yom-u	kak-u	kog-u	kas-u
ナイ形	kaw-anai	tat-anai	yar-anai	sin-anai	tob-anai	yom-anai	kak-anai	kog-anai	kas-anai
マス形	ka-i (masu)	tat-i (masu)	yar-i (masu)	sin-i (masu)	tob-i (masu)	yom-i (masu)	kak-i (masu)	kog-i (masu)	kas-i (masu)
テ形	kat-te	tat-te	yat-te	sin-de	ton-de	yon-de	kai-te	koi-de	kas-ite
タ形	kat-ta	tat-ta	yat-ta	sin-da	ton-da	yon-da	kai-ta	koi-da	kas-ita
バ形	ka-eba	tat-eba	yar-eba	sin-eba	tob-eba	yom-eba	kak-eba	kog-eba	kas-eba
意向形	ka-oo	tat-oo	yar-oo	sin-oo	tob-oo	yom-oo	kak-oo	kog-oo	kas-oo
命令形	ka-e	tat-e	yar-e	sin-e	tob-e	yom-e	kak-e	kog-e	kas-e
その他の例	思う 習う 会う 笑う	打つ 勝つ 待つ 持つ	取る 切る 走る 売る	なし	遊ぶ 学ぶ 喜ぶ 呼ぶ	飲む 休む 住む 包む	聞く 歩く 引く 働く	泳ぐ 脱ぐ 急ぐ 騒ぐ	押す 消す 干す 出す
音便形	促音便			撥音便			イ音便		なし

表1-1-4　1グループの活用

※5
語幹が/n/で終わる動詞は、「死ぬ」だけである。

※6
語幹が/k/で終わる動詞の中で、行く/ik-/だけは例外で、イ音便ではなく促音便になる。

活用について学習者が困難を覚えるのは**音便**であろう。これについては、以下のように辞書形の最後の音で整理できる※7。

辞書形の最後	音便	例
〜う、〜つ、〜る	促音便（っ）	買った　立った　入った
〜む、〜ぶ、〜ぬ	撥音便（ん）	飲んだ　遊んだ　死んだ
〜く※8、〜ぐ	イ音便	書いた　聞いた　泳いだ
〜す	なし※9	話した

表1-1-5　音便

※7
指導の際は、辞書形が未習のことが多い。その場合はマス形からの変化として教える。

※8
「行く」は例外的に「行った」のように促音便になる。

※9
「す」で終わる動詞には音便形が存在しないとされるが、言語学的には語幹に [i] が添加される変化が起きている。

● 2、3グループの活用

2グループ、3グループは次のような活用をする。

	2グループ		3グループ[※10]	
（例）	見る	食べる	来る	する
語幹	mi-	tabe-	ku-	su-
辞書形	mi-ru	tabe-ru	ku-ru	su-ru
ナイ形	mi-nai	tabe-nai	ko-nai	si-nai
マス形	mi-masu	tabe-masu	ki-masu	si-masu
テ形	mi-te	tabe-te	ki-te	si-te
タ形	mi-ta	tabe-ta	ki-ta	si-ta
バ形	mi-reba	tabe-reba	ku-reba	su-reba
意向形	mi-yoo	tabe-yoo	ko-yoo	si-yoo
命令形	mi-ro	tabe-ro	ko-i	si-ro
その他の例	いる・着る・煮る しみる・生きる	耐える・寝る 見える・消える	なし	勉強する 雑談する

表1-1-6　2グループ、3グループの活用

※10
3グループ動詞の語幹については、/k-//s-/とする考え方もある。

1グループと2グループは、以下のようにして見分けられる。動詞を「～ナイ」とした場合、**「～aナイ」になれば1グループ、「～iナイ」または「～eナイ」になれば2グループ**である。

・「読む」　→「読まない」(yomaナイ)のように、「～aナイ」になるので、1グループ
・「起きる」→「起きない」(okiナイ)のように、「～iナイ」になるので、2グループ
・「寝る」　→「寝ない」(neナイ)のように、「～eナイ」になるので、2グループ

ただし、これもナイ形を知っていればこそできる見分け方である。初めて学ぶ学習者からすれば、「切る」は「切らない」で「着る」は「着ない」となるという区別を予測することはできない。

● 動詞の活用形の呼び方

ここで、動詞の活用形の呼び方についてみておこう[※11]。

初級では動詞を指導するとき、「買う」「読む」のような形からではなく、会話ですぐに使えることから「買います」「読みます」のような形から入ることが多い。この形を**マス形**と呼ぶ。学校文法で言う連用形（例:「買い」「読み」）のことは「マス形からマスを取った形」あるいは単にマス形ということも多い。**辞書形**は辞書の見出しに載っている形という意味である。**タ形**、**テ形**、**ナイ形**、**バ形**は、文字通り、そのままの形から名付けられた名称である。例えば、「書く」のマス形は

※11
学校文法では、未然形、連用形、終止形、というような名称が用いられる。しかしこのような名称は学習者にとって理解できず有用ではない。そこで、日本語教育では表1-1-4または表1-1-6のような名称が用いられる。

「書きます」、タ形は「書いた」、ナイ形は「書かない」である。

マス形を連用形、タ形を過去形、ナイ形を否定形などと呼ばないのは、初級では「連用、過去、否定」などという表現は難しく、直接法[※12]では説明しにくいことが理由の１つである。またタ形を過去形としてしまうと、「来週、学校で会ったときに、本を返します。」のように、時制は「未来」なのになぜ「会った」という「過去」形を使うのかというような混乱を招く。

※12
媒介語を用いず、日本語だけで教える方法。

活用や接続形式が関わる用法の違い

動詞の活用は、初級～中級の学習者にとっては習得に困難を感じるものである。しかし、活用形によって意味に違いが出る形式を初級から扱う必要もあり、指導は重要である。

例１：「～ことがある」…タ形か辞書形かで解釈が変わる。

a. 「納豆を食べたことがある。」「富士山に登ったことがある。」
b. 「納豆を食べることがある。」「１年に数回、雪が降ることがある。」

ａは、「経験」を表す。一方、ｂは、あまり多くはないが「回数がゼロではない」ことを表す。

例２：「～そうだ」…マス形か辞書形かで解釈が変わる。

c. 「雨が降りそうだ。」
d. 「雨が降るそうだ。」

ｃは、そうなりそうだという自分の判断つまり「推量」を表す。一方、ｄは、誰かから聞いた「伝聞」を表す。

- １グループ動詞：語幹が子音で終わる動詞。ナイ形が「～ aナイ」になる。語幹の最後の子音により９つのタイプがある。
- ２グループ動詞：語幹が母音で終わる動詞。ナイ形が「～ iナイ」「～ eナイ」になる。
- ３グループ動詞：語幹も活用も不規則に変化する動詞。「来る」と「する」のみ。

3. 形容詞 ★★★

形容詞は**述語になり、名詞や述語を修飾し、活用するもの**である。主体の性質・状態や感情・感覚などを表す。

3.1 イ形容詞とナ形容詞

形容詞には、**イ形容詞**と**ナ形容詞**の２種類がある※13。

※13
学校文法では前者を形容詞、後者を形容動詞と呼んで区別しているが、働きが同じであることから、日本語教育では１つにまとめて扱う。

［文の述語になる場合］

イ形容詞「今日は夕日が美しい。」

ナ形容詞「今日は夕日がきれいだ。」

［名詞を修飾する場合］

イ形容詞「美しい夕日」

ナ形容詞「きれいな夕日」

○ イ形容詞

イ形容詞は、述語になる形と連体形がどちらも「〜い」になる。

① この公園は広い。
② 広い公園がある。

○ ナ形容詞

ナ形容詞は、述語になる形が「〜だ」、連体形が「〜な」になる。

① この花はきれいだ。
② きれいな花が咲いている。

ナ形容詞の語幹は独立性が強く、語幹で文を終止することができる。この点で、名詞と似ているといえる。

③ その写真、とてもきれい。
④ 山田さんは元気？
⑤ この辺はとても賑やか。

ナ形容詞か名詞かで迷うときは、連体形で判断する。「～な」となるのがナ形容詞で、「～の」となるのが名詞である。

⑥ この道具は便利だ。　→　便利な道具（ナ形容詞）
⑦ この道具はドイツ製だ。　→　ドイツ製の道具（名詞）

3.2 形容詞の活用

形容詞の種類	イ形容詞	ナ形容詞
（例）	すばらしい	静かだ
語幹	subarasi-	sizuka-
辞書形	subarasi-i	sizuka-da
連体形	subarasi-i	sizuka-na
ナイ形	subarasi-kunai	sizuka-denai
連用形	subarasi-ku	sizuka-ni
テ形	subarasi-kute	sizuka-de
タ形	subarasi-katta	sizuka-datta
バ形	subarasi-kereba	sizuka-deareba
意向形／命令形	なし	なし
その他の例	美しい・悲しい・小さい	賑やかだ・きれいだ・穏かだ

表Ⅰ-1-7　形容詞の活用

主体の性質や状態を表すため、動詞の活用形にある「意向形」「命令形」はない。

3.3 感情形容詞と属性形容詞

形容詞は人間の感情や感覚を表す**感情形容詞**と、事物の性質や性状を表す**属性形容詞**に分かれる。以下、主なものをまとめる。

種　類	特　徴	例	
感情形容詞	人の感情や感覚などを表す	イ形容詞	楽しい・悲しい・かゆい・だるい
		ナ形容詞	不安だ・心配だ・楽だ・嫌いだ
属性形容詞	性質や性状などの属性を表す	イ形容詞	明るい・黒い・太い・短い・高い
		ナ形容詞	有名だ・丈夫だ・便利だ・まじめだ

表Ⅰ-1-8　感情形容詞と属性形容詞

感情形容詞は心の内面を表現するため、一人称の表現に限られるという制約がある。このため、二人称と三人称の場合は、その人の様子を外面から判断できる表現でなければならない※14。

① 試合に勝って、(私は) とても嬉しい。
② × 試合に勝って、兄はとても嬉しい。
③ 試合に勝って、兄はとても嬉しがっている／嬉しそうだ。

上の①は、主語「私」が一人称なので、違和感がない。しかし②の主語「兄」は一人称ではないので違和感があり、③のようにする必要がある。

「大きい、小さい、長い、短い、便利だ、不便だ」のような典型的な属性形容詞は「大きい↔小さい」「便利だ↔不便だ」のような対立的な関係を持つ。しかし、すべての属性形容詞が対立的な関係を持つわけではない。例えば「青い」「丸い」「丈夫だ」などは対立する形容詞はない。

感情形容詞と属性形容詞の境界線ははっきりとしているわけではなく、状況によって両方に使われる場合がある。

・映画館から外に出たら、日光がとてもまぶしい。(感情形容詞)
・太陽光はまぶしい。(属性形容詞。太陽の性状を表している)

※14
感情形容詞には通常「がる」が付くが、「がる」が付かないものに「好きだ」「眠い」などがある。一方、属性形容詞であっても「がる」が付くものに「重宝がる」「新しがる」などがある。感情形容詞でも「好きだ／嫌いだ」「得意だ／苦手だ」は、気持ちや様子が外観から判断できるために例外になる(例：「花子は次郎が好きだ」「三郎はテニスが得意だ」)。感情形容詞と同じ制約のある述語に「〜たい」「〜てほしい」などがある。

ここがポイント

- イ形容詞：連体形がイで終わる。
- ナ形容詞：連体形がナで終わる。
- 人間の感情や感覚を表す感情形容詞と、物事の性質や性状を表す属性形容詞に分かれる。

3.4 注意すべき活用語

なお、動詞・形容詞には、活用の点でいくつか注意すべき語がある。

	語例	注意すべき特徴
1	行く	タ形などがイ音便でなく、促音便となる。
2	問う、乞う	タ形などが促音便ではなく、ウ音便の「問うた」「乞うた」となる。
3	愛す／愛する 略す／略する 適す／適する	「愛す」「略す」「適す」は1グループとして活用するが、3グループの「愛する」「略する」「適する」は、辞書形以外は1グループと同じ活用になる。
4	信じる／信ずる 案じる／案ずる	「信じる」と「案じる」は2グループとして活用する。「信ずる」と「案ずる」は3グループであるが、バ形以外は2グループと活用が重なる。
5	ある	否定形が「ない」という形容詞になる。
6	いらっしゃる おっしゃる	過去形「〜た」には促音便が、丁寧形「〜ます」にはイ音便が現れる。
7	好きだ、嫌いだ	ナ形容詞の活用を持つが、会話では「〜を好きだ」「〜を嫌いだ」が許容される場合があり、動詞に近い性格を持つ。
8	同じだ	ナ形容詞の活用を持つが、連体形は「同じ」となる。
9	良い	辞書形と連体形に「よい」と「いい」の2つの形式がある。
10	大きい／大きな 小さい／小さな	「〜い」は客観的な、「〜な」は主観的な、判断基準によって使い分けられることが多い。
11	遠い／近い／多い	単独の連体形のみではあまり使われず（遠い店に行く、多い人がいる）、代わりに「遠くの」「多くの」のように用いられる。

表1-1-9　注意すべき活用語

連体詞

連体修飾だけの機能を持ち活用のない語をとくに「連体詞」ということがある。

① **動詞の形に似ているもの**
ある、あらゆる、いわゆる、さる、とんだ、いかなる

② **語の終わりに「の」が来るもの**
無二の、当の、例の、ほんの、くだんの、この、その、あの

③ **語の終わりに「な」が来るもの**
大きな、小さな、おかしな

③は、形容詞の連体形の活用の1つであるとみる考え方もある。

4. 名詞 ★

名詞は、事物の名称を表す。活用はなく、助詞によって述語との関係が示され、主語や目的語になることができる。本書では、普通名詞、固有名詞、数量詞、代名詞、形式名詞の順に説明する。

普通名詞

普通名詞は、同類のもの全てに通じる一般的な名称を指す。具体的な内容を表すものを**具体名詞**、抽象的な内容を表すものを**抽象名詞**と呼ぶ。

・具体名詞：家、学校、机、海、川、石、人間、動物、山など
・抽象名詞：幸福、義務、感覚、心情、愛、やる気、時間など

固有名詞

固有名詞は、特定されたものを呼ぶ名称として用いられる。この世に１つしかないものを指す。

ビートルズ、松尾芭蕉、太平洋、琵琶湖、富士山、東京など

数量詞

数量詞は、数量や順序を表す品詞である。数量を表すものを**基数詞**、順序を表すものを**序数詞**と呼ぶ。

- 基数詞：(数量) 〜枚、〜個、〜冊、〜匹、〜本、〜つなど
- 序数詞：(順番) 〜番、第〜、〜枚目、第〜号、〜級など

① その小屋には３匹の子ブタが住んでいた。(基数詞)
② 花子は英検の１級に合格した。(序数詞)

名詞は格助詞などが付いて文の構成素となるが、基数詞は副詞的に(格助詞を付けないで) 用いられることがある[※15]。

※15 「名詞の副詞的用法」と呼ぶことがある。

③ 子豚が３匹いた。
④ リンゴを３つ取ってください。

● 代名詞

人物や物などを指し示す一般的な名称で、人称代名詞と指示代名詞がある。

(1) 人称代名詞

人物を指し示す名詞で、指し示す相手によって、次のように分類される。

- 一人称（自称）　　わたし、おれ、わたくし、僕……
- 二人称（対称）　　あなた、あんた、きみ、おまえ……
- 三人称（他称）　　彼、彼女、あいつ……

日本語の代名詞は、英語を代表とするヨーロッパ言語の代名詞とは大きく異なっている。英語はどの人物でも１つの代名詞で言い換えることができるが、日本語では代名詞による言い換えはあまり多くない。日本語は代名詞の数が多く、それぞれの特有の意味によって使い分けられる。二人称や三人称はあまり使われず、その人の職業・役職・二者間の関係（「電気屋さん」「課長」「先生」など）で呼ばれるのが普通である[※16]。

(2) 指示代名詞

人物を指し示す人称代名詞に対して、指示代名詞は事物・場所・方角などを表す。**こそあど**や**指示詞**とも呼ばれる[※17]。

● 形式名詞

名詞に分類されるが、具体的な意味に欠け、単独では主語や述語になれないものがある。このようなものを**形式名詞**と呼ぶ。実質的な意味が希薄で、修飾を受ける形のみで用いられる。

① ×　それは、ことです。
②　　それはみんなが知っていることです。
③ ×　はずがない。
④　　彼がここに来るはずがない。

ほかにも、「の」「もの」「ところ」「ほう」「とき」「つもり」「わけ」などがある。形式名詞は、「～はずだ」「～のだ」「～わけだ」「～ものだ」「～ことだ」のような述語形式で、話者の気持ちや態度を表す表現（モダリティ）として使われることがある[※18]。

※16
日本語学習者の多くが会話において人称代名詞の間違った認識から、相手を「あなた」、女性なら「彼女」、男性なら「彼」と呼ぶことがある。日本語の人称代名詞はヨーロッパ言語の人称代名詞とは異なることを早い段階から教える必要がある。

※17
本書では、「指示詞」として次節にまとめる。

※18
モダリティについては、「第3章 **5.** モダリティ」を参照のこと。

5. 指示詞 ★★★

人物を指し示す人称代名詞に対して、**指示詞**は事物・場所・方角などを表す。「こそあど」とも呼ばれる。名詞的用法、連体詞的用法、副詞的用法に分かれ、それぞれの系列にしたがって体系的に存在する。

	系列	こ	そ	あ	ど
名詞的用法	事物	これ	それ	あれ	どれ
	場所	ここ	そこ	あそこ	どこ
	方角・人	こちら	そちら	あちら	どちら
	方角	こっち	そっち	あっち	どっち
	人・物	こいつ	そいつ	あいつ	どいつ
連体詞的用法	指示	この	その	あの	どの
	状態	こんな	そんな	あんな	どんな
副詞的用法	状態	こう	そう	ああ	どう

表1-1-10　指示詞（こそあど）

指示詞の名詞的用法のものを代名詞、連体詞的用法を連体詞、副詞的用法を副詞と呼ぶ場合もある。

指示詞の用法は、発話の場面で直接指示される**現場指示**と話の中で話題となった事柄を指し示す**文脈指示**とに分かれる。

○ 現場指示

現場指示には、話し手と聞き手が対立する場合と対立しない場合がある[※19]。

※19
話し手と聞き手の対立を心理的な考察で初めて指摘したのは、**佐久間鼎**である。

① 話し手と聞き手が対立する領域

現場指示では、通常話し手と聞き手が対立する関係にある。

- **こ**：話し手の領域にあるもの
- **そ**：聞き手の領域にあるもの
- **あ**：両者から離れたところにあるもの

② 話し手と聞き手が対立しない領域

話し手と聞き手が接近している場合、両者が対立しない「共有の場」が形成される。

- **こ**：話し手と聞き手の領域にあるもの
- **そ**：話し手と聞き手の領域から少し離れたところにあるもの
- **あ**：両者から離れたところにあるもの

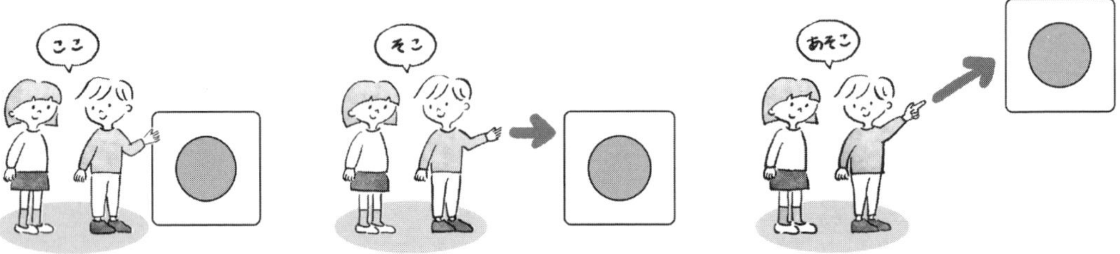

◎ 文脈指示

文脈指示は話の中に出てきた物事を指し示すものである。

最も基本的で使用する頻度も高いのは「そ」と「あ」の使い分けである。

- **相手が話した要素を受ける場合は「そ」を用いる。**

> ① 文脈指示「そ」
> A「私の家の近くにいい公園があるんですよ。」
> B「へえ。そこは何という公園ですか。」

- **話し手と聞き手が共に知っていることについて話す場合は「あ」を用いる。**

> ② 文脈指示「あ」
> A「昨日一緒に行ったあの公園、なんていう名前だっけ？」
> B「あそこは「さくら公園」だよ。」

AもBも、相手も公園について知っていると認識しているため「あの」「あそこ」を用いる。

その他に以下のような用法もある。

- **前に出した要素について話者が話を続ける場合は、「こ」または「そ」を用いる。**

③ 文脈指示「こ」／「そ」

私の家の近くに公園があります。ここ／そこは桜の木があって春には花見ができます。秋は紅葉がきれいです。とてもいい公園です。昨日もこの／その公園で散歩をしたんです。

- **直後に話そうとしている要素には「こ」を用いる。**

④ 文脈指示「こ」

「ねえ、これまだみんなには内緒なんだけど、じつは私ね…」

- **記憶の中にある要素には「あ」を用いる。**

⑤ 文脈指示「あ」

「昔よく遊んだあの公園の名前なんだっけなあ。思い出せないなあ。」

ダイクシス（deixis）

発話の場によって指示する内容が決定される性質、特徴のことを言語学用語で、**ダイクシス**という。日本語では「直示」と訳される。例えば、

「そこで休憩しよう」

という文を何の文脈・状況もなしに聞いたら、「そこ」の具体的な場所は分からないだろう。また、警察官が事件現場で

「彼が犯人だ」

というメモ書きを見つけても、「彼」が誰なのかは分からないだろう。「彼」が分かるためには、そのメモの書かれた現場にいて、「彼」が誰を指し示しているか、知る必要がある。

このように、ダイクシスとは言葉の意味が発話の状況に大きく依存する表現のことをいう。人称代名詞や指示代名詞、「昨日」「今日」などの時の名詞が典型的なダイクシスといわれている。その他にも、視点が関係する「あげる」「くれる」や「行く」「来る」などもダイクシスの表現であるといわれる。

- 指示詞（こそあど）は、現場指示と文脈指示がある。
- ダイクシス：言葉の意味が発話の状況に大きく依存する表現のこと。

6. 副詞 ★

副詞は活用せず、主に述語を修飾する連用修飾語として機能する。一般的に、**情態副詞**、**程度副詞**、**陳述副詞**の３種に分類される[※20]。

※20
この分類は**山田孝雄**によるものである。

● 情態副詞

情態副詞[※21]は動詞にかかって、その動作の様子・状態などが"ドウ"であるかを意味的に限定する。

※21
様態副詞、状態副詞ともいう。

ゆっくり上がる　　わざと無視する　　とっくに終わった

情態副詞には「書類がバサッと落ちた」「空がどんよりしている」などのような擬態語（擬音語、擬声語、オノマトペ）と呼ばれるものもある。

● 程度副詞

動詞や形容詞、名詞、副詞などにかかって、動作や状態の程度（"ドレクライ"）を表す。

とてもうれしい　　やや小さい　　ちょっと疲れた
もっと食べて　　ずっと昔　　かなりゆっくり

● 陳述副詞（呼応副詞）

打消しや推量、仮定などの表現で後ろの述語などと呼応する。例えば「決して泣かない」では、陳述副詞「決して」が文末に「～ない」を必要とする。

たぶん来るだろう　　もし来るなら　　まるで天使のようだ

7. 接続詞 ★★

接続詞は、２つ以上の語や句、文などを結び付ける働きを持つ。活用はない。用法的にはさまざまな分類がある。

① 順接（「だから」「それで」「すると」「ゆえに」など）

・今は円高である。だから、ガソリン代が値下がりしている。

② 逆接（「しかし」「だが」「ところが」「でも」「ですが」など）

・台風が日本列島を縦断した。しかし、被害は少なかった。

③ 並列・累加（「および」「ならびに」・「それに」「しかも」など）

・会長および社長から祝辞をいただきます。（並列）
・今日は寒い。それに雨も降っている。（累加）

④ 対比・選択（「一方」「反対に」・「それとも」「または」「あるいは」など）

・兄は医者の道に進んだ。一方、弟は学者になった。（対比）
・私が行きますか。それとも、あなたが行きますか。（選択）

⑤ 転換（「さて」「ところで」「ときに」「では」など）

・連絡事項は以上です。では、本題に移りましょう。

「順接」と「逆接」は、学習者の母語にも同様のものがあることがほとんどで分かりやすいこと、また、初級レベルの発話内容でも使える場合が多いため、接続詞の中では比較的早くから扱われる。一方、「並列・累加」と「対比・選択」は、初級の前半ではほとんど扱われず中級以降が主流である。「それに」「しかも」や、「一方」「または」などは、使用される文体に特徴があり、中級以降の学習者でもなかなか習得しにくいと言える。「転換」はこの中で最も習得が難しいだろう。特に、「さて」「では」を使いこなすには単文レベルではなく場面や文体も必要であり、理解はできても使用は困難なことが多い。

8. 助動詞

助動詞は独立しては使われないが、活用があり、主に述語の一部として働く。「～だ」で終わる助動詞はナ形容詞、「～い」で終わる助動詞はイ形容詞の活用と類似する。「だろう」は例外で活用を持たない。助動詞の多くは話者の気持ちを表すモダリティ[※22]の表現として使われる。主な助動詞の例を以下に示す。

※22
モダリティについては、「第3章 **5.** モダリティ」参照。

語	用法・意味	用　例
らしい	推量	台風が来るらしい。
ようだ	推量	雨が降るようだ。
みたいだ	推量	雨が降るみたいだ。
そうだ	推量	あそこの木が折れそうだ。
そうだ	伝聞	今年は暖冬になるそうだ。
だろう	非断定	父は反対するだろう。
はずだ	確信	弟が手伝ってくれるはずだ。
ちがいない	確信	彼が犯人にちがいない。
のだ	説明	花粉症で目がかゆいのだ。
わけだ	説明	円高なので経営が苦しいわけだ。
べきだ	義務・必要	アルコールは控えるべきだ。
なければならない／いけない	義務・必要	国民は税金を払わなければならない／いけない。

表Ⅰ-Ⅰ-11　主な助動詞

この表はすべての助動詞を網羅したものではなく、あくまで代表例である。学校文法の代表的な助動詞は、「れる／られる、せる／させる、ない、た」であろうが、学習者に教えるときは、それらは助動詞ではなく動詞の活用形の接辞として扱うようにすることが多い。例えば「食べた」は「食べる」のタ形、「食べさせる」は使役形というように扱う。また、学校文法では、「ちがいない、なければならない」などは助動詞としていない。

9. 助詞 ★★★

助詞は活用がなく、単独では使われず、名詞や動詞などに付いて、さまざまな働きをする。その働きによって、述語との文法関係を示す**格助詞**、文の成分に特別な意味を加える**取り立て助詞**、対等な関係で語を結ぶ**並列助詞**、従属節と主節をつなげる**接続助詞**、文末に付く**終助詞**、複数の品詞から成る**複合格助詞**に分かれる。

9.1 格助詞

名詞に付き、その語が述語とどのような関係にあるかを示す。「が」「を」「に」「で」「と」「へ」「から」「より」「まで」などがある※23。

格助詞は、文の骨格を作るものであり初級レベルでは最も重要な助詞である。例えば、「食べる」という動詞で文を作る場合、食べる人が「が」、食べ物が「を」で表されるので、「__が　__を　食べる」のように、格助詞の「が」と「を」が不可欠である。同様に、「渡す」という動詞で文を作る場合は、渡す人が「が」、渡される人が「に」、渡すものが「を」で示され、「__が　__に　__を　渡す」のように3つの格助詞が必要である。

なお、「は」は格助詞ではなく、次に説明する取り立て助詞であることに注意しよう※24。

※23
名詞修飾節の中で主体を表す「が」が「の」に交替することがあるが、この「の」は主体を表す格助詞と考えることができる。また、「私の本」や「学校のプール」などの名詞と名詞をつなぐ「の」は**連体助詞**と呼ばれることがある。

※24
格助詞についての詳細は、「第2章 **2.** 格助詞の用法」参照。

語	用法・意味	用　例
が	主体など	子どもが公園で遊んでいる。
を	対象など	昼にうどんを食べた。
に	時など	3時におやつを食べる。
で	場所など	図書館で勉強する。
と	相手など	友だちと遊ぶ。
へ	方向	学校へ行く。
から	起点など	朝からずっと勉強している。
より	比較など	兄より弟のほうが背が高い。
まで	到達点など	東京から名古屋まで新幹線で行く。

表1-1-12　格助詞

9.2 取り立て助詞

取り立て助詞[※25]は、他の要素との関係を背景に、文中の語に付いて、さまざまな意味を添える。

※25
学校文法では、「副助詞」といわれる。

格助詞が文の骨組みを作るものとすれば、取り立て助詞は文を飾るものといえる。例えば、「食べる」という動詞で文を作る場合、「兄が　蟹を　食べる」が文の骨格となり、格助詞「が」と「を」が不可欠である。この「兄が　蟹を　食べる」を骨格として、例えば、「兄だけ　蟹も　食べる」という文が作られる。

格助詞だけの「兄が　蟹を　食べる」は単純に、“兄が蟹を食べる”という事柄だけを表すが、「兄だけ　蟹も　食べる」は、他の人とは違って“兄だけ”が、別の食べ物に加えて“蟹も”食べるという意味を表す。ここで注目したいのは、取り立て助詞の付いた「兄だけ　蟹も　食べる」という文であっても、「兄が　蟹を　食べる」という骨格の意味は変わらないということである。したがって、格助詞は文の骨格を作り、取り立て助詞はその文を飾るものと言える。

語	用法・意味	用　例
は	主題・対比など	ベラさんはブラジル人だ。
なら		明日なら時間がある。
も	追加・列挙など	バナナも食べる。
だけ	限定など	あと１回だけやりたい。
しか		たった１人しかいなかった。
ばかり		ゲームばかりしている。
こそ		君こそがんばれ。
さえ	極端な例示など	学者でさえ解けない。
まで		子どもにまで笑われた。
でも		初心者でもできる。
など	評価など	君などの言うことは聞かない。
なんか		暑くて勉強なんかできない。
なんて		明日までなんて無理だ。
くらい		ご飯くらい炊ける。

表Ⅰ-Ⅰ-13　取り立て助詞

9.3 並列助詞

複数の名詞などを対等な関係で並べて示す。**並立助詞**ともいう。並列助詞には、列挙の「と」「や」「やら」「とか」「だの」や選択列挙の「なり」「か」などがある。

語	用法・意味	用 例
と	全部列挙	牛乳と卵が必要だ。
や	一部列挙	牛乳や卵が必要だ。
とか		牛乳とか卵とかが必要だ。
だの		空き缶だの紙くずだのが落ちている。
なり	選択列挙	電話なりメールなりで返事をください。
か		行くか行かないか、連絡ください。

表1-1-14　並列助詞

9.4 接続助詞

節と節をつなげる働きを持つ。従属節を主節につなげ、その関係を表す。順接条件の「と」「なら」、逆接の「が」「けれど」「のに」、原因・理由の「ので」「から」、並立の「し」などがある[※26]。

※26
条件を表す「～ば」「～たら」「～て」などは、接続助詞ではなく、動詞の活用として扱われる。

語	用法・意味	用 例
と	順接など	夏になると、蝉が鳴く。
なら		君が行くなら、僕も行くよ。
が	逆接など	兄は行くが、僕は行かない。
けれど		雪が降ったけれど、すぐに溶けた。
のに		休んだのに、疲れが取れない。
ので	原因・理由	風邪を引いたので、今日は休みます。
から		天気が悪いから、傘を持っていこう。
し	並立	あの人は頭もいいし、スポーツも万能だ。

表1-1-15　接続助詞

接続助詞は、日本語教育の中級レベル以降で非常に重要になる。初級レベルで扱われる文は、主に「今日は日曜日です。」「会社に行きます。」「雨が降っています。」「道路が混んでいます。」など、主語と述語が1つずつの文、つまり、単文である。これに対し、中級レベル以降

第1部 言語一般

第2部 言語と教育

第3部 言語と心理

第4部 言語と社会

第5部 社会・文化・地域

第6部 音声分野

第7部 記述問題

では、「今日は日曜日なのに、会社に行かなければならない。」や「台風が近づいているので、明日の試合は中止です。」のように主語と述語が複数含まれる複文が中心となる。このような複文を作るには、接続助詞が必要となる。

接続助詞と接続詞の違い

接続詞は、独立した2つの文を繋ぐものである。「今日は日曜日です。」と「会社に行きます。」を接続詞「しかし」で繋ぐと、「今日は日曜日です。しかし、会社に行きます。」のように、一度文が切れて繋がる。これに対し、接続助詞は、文を切らずに繋げる。

接続詞「しかし」：「今日は日曜日です。しかし、会社に行きます。」
接続助詞「が」　：「今日は日曜日ですが、会社に行きます。」

9.5 終助詞

文の最後に付いて、話し手のさまざまな気持ちを表す。疑問の「か」「かしら」「かな」、伝達の「よ」「ぞ」「ぜ」「さ」「わ」など、確認・詠嘆の「ね」「な」「なあ」「よね」などがある※27。

語	用法・意味	用　例
か	疑問など	どうしたんですか。
かしら		今日は晴れるかしら。
かな		彼はいつ来るかな。
よ	伝達など	少し休もうよ。
ぞ		もう10時だぞ。
ぜ		急いで行こうぜ。
さ		そんなの当たり前さ。
わ		それは私がやるわ。
ね	確認・詠嘆など	合格して、良かったね。
な		彼の態度には驚いたな。
なあ		それはすごいなあ。
よね		さっき言ったよね。

表1-1-16　終助詞

※27
終助詞は、「あのさ、さっきさ、友だちがね、…」など、文中で使われることがある。このような終助詞を、**間投助詞**に分類する考えもある。なお、終助詞による男女差については、「第4部 第2章 **1.1** 社会方言」を参照。

終助詞は会話では重要なものである。特に、「よ」と「ね」の使い分けは初級の早い段階で必要になる。さらに「よね」との違いも重要だが習得は容易ではない。

9.6 複合格助詞

格助詞のように、述語との関係を表し、文の成分に近い働きをする複合的な形式がある。これを、**複合格助詞**と呼ぶ。複合格助詞は、慣用句的なものまで含めると、非常に数が多くなる。ここではその一部を紹介する※28。

※28
複合格助詞は、「格助詞＋動詞のテ形（「～について」など）」や「格助詞＋名詞＋格助詞（「～と一緒に」など）」、「の＋名詞＋格助詞（「～のために」など）」といった形式が固定化されたものが多い。

語	用法・意味	用　例
について	動きの対象	将来の夢について語る。
に関して	動きの対象	政治に関して講演する。
に対して	動きの対象	彼の主張に対して反論が出た。
にとって	視点・立場	彼女にとって最良の日となった。
において	動きの場所	会議室において説明会が行われる。
によって	受身の動作主	この絵は有名な画家によって描かれた。
	手段・方法	何度も読むことによって覚える。
と一緒に	動きの相手	友だちと一緒に食事する。
のために	動きの目的	試験のために勉強する。
として	役割・資格	ボランティアとして活動する。

表1-1-17　複合格助詞

複合格助詞は例えば、「謝罪表現における日中比較」、「子どもの運動能力に関する研究」など、論文のタイトルなどにもよく使われる。中級以降、とくにアカデミックジャパニーズで重要なものとなる。

- 形が同じでも異なる品詞になるものがあるので、注意が必要である。

  の（形式名詞・格助詞・連体助詞など）

  と（格助詞・並列助詞・接続助詞など）

  が（格助詞・接続助詞など）

  なら（取り立て助詞・接続助詞など）

  か（並列助詞・終助詞など）

日本語教育の品詞分類をまとめると次のようになる。

品詞名	特徴	活用	例
動詞	述語になり、辞書形はウ段で終わる	する	（1グループ）買う、死ぬ、待つ、書く、帰る、話す （2グループ）見る、着る、食べる、寝る （3グループ）する、来る
形容詞	述語になり、名詞や述語を修飾する	する	（イ形容詞）高い、古い、小さい、眠い、悲しい （ナ形容詞）にぎやかだ、静かだ、愉快だ、心配だ
名詞	述語（名詞＋だ）になり、格助詞が付き、主語や目的語になる	しない	（普通名詞）家、学校、幸福、義務 （固有名詞）富士山、北海道、エジソン、水星 （数量詞）ひとつ、2匹、5冊、3番目、第5週 （人称代名詞）わたし、あなた、彼、彼女 （形式名詞）の、こと、もの、ほう、ふう、ところ
指示詞	事物、場所、方角などを表す	しない	（名詞的）　これ・それ・あれ （連体詞的）この・その・あの （副詞的）　こう・そう・ああ
副詞	連用修飾語になる	しない	（情態副詞）じっと、にこにこ、ワンワン （程度副詞）もっと、たいへん、とても （陳述副詞）けっして、たぶん、まさか
連体詞※29	連体修飾語になる	しない	あらゆる、ある、とんだ、（小さな、あの）
接続詞	文と文などを接続する	しない	（順接）だから、それで、そこで、すると、ゆえに （逆接）しかし、だが、ところが、けれども、でも （並列、累加）および、あるいは、それに、なお （対比、選択）一方、反対に、あるいは、それとも （転換）さて、ところで、ときに
助動詞※29	動詞・形容詞・名詞などの後に付いて、さまざまな述語を形成する	する	（推量）らしい、ようだ、みたいだ、そうだ （確信）はずだ、ちがいない （説明）のだ、わけだ （当然／回想・勧め／詠嘆）ものだ、ことだ （義務・必要）べきだ、なければならない／いけない
助詞	名詞や述語の後に付いて、さまざまな意味を添える	しない	（格助詞）が、を、に、で、と、へ、から、より、まで （連体助詞）の （取り立て助詞）も、は、なら、だけ、しか、ばかり、こそ、さえ、まで、でも、など、なんか、なんて、くらい （並列助詞）と、や、とか、だの、か、の、なり （接続助詞）と、なら、が、けれど、のに、ので、から、し （終助詞）か、な、なあ、わ、ぞ、ぜ、の、よ、かしら - - - - - - - - - - （複合格助詞）について、に関して、に対して、と一緒に

表1-1-18　日本語教育の品詞分類のまとめ

※29
日本語教育では特に「連体詞」「助動詞」という品詞を設けて指導することはないが、ここでは便宜的に分類しておく。

第2章 文法体系②：日本語教育における「文型」と助詞

第1部　言語一般

第１章では、日本語教育における品詞分類についてみてきたが、多くの点で学校文法の考えとは異なるところがあることが分かった。この章では日本語教育において文法をどう扱うかについて、とくに文型と格助詞についての理解を深めたい。

1. 日本語教育における「文型」 ★★★

日本語教育では、「文法」というより文のパターン、すなわち**「文型」**を基本とする。文型は、特に初級レベルから積み上げていく構造シラバスのよりどころとなる。

日本語の基本となる文型は**名詞文**、**形容詞文**、**動詞文**の３つである。これは、文の中心要素となる「述語」が「名詞、形容詞、動詞」のいずれであるかによる区別である。以下にそれぞれの例の一部を示す。

- **名詞文**：名詞が述語となる。

名詞文	例文
名詞は　名詞です。	私は　学生です。
名詞は　名詞ではありません。	姉は　学生ではありません。
名詞は　名詞でした。	母は　教師でした。

表1-2-1　名詞文

● **形容詞文**：形容詞が述語となる（イ形容詞もナ形容詞も含む）。

形容詞文	例文
名詞は　形容詞です。	今日は　暑いです。／外は　静かです。
名詞は　イ形容詞くないです。 　　　　ナ形容詞ではありません。	今日は　暑くないです。 外は　静かではありません。
名詞は　イ形容詞かったです。 　　　　ナ形容詞でした。	昨日は　暑かったです。 外は　静かでした。

表1-2-2　形容詞文

● **動詞文**：動詞が述語となる。

動詞文	例文
名詞が　動詞（自動詞）。	雨が　降ります。／テストが　終わりました。
名詞に　名詞が　動詞（存在動詞）。	机の上に　本が　あります。 あそこに　猫が　います。
名詞が　名詞に　動詞（移動動詞）。	先生が　教室に　来ました。 友だちが　国に　帰りました。
名詞が　名詞から　名詞に　動詞（移動動詞）。	リンゴが　木から　地面に　落ちました。
名詞が　名詞を　動詞（他動詞）。	私が　皿を　洗います。 友だちが　ピアノを　弾きます。
名詞が　名詞に　名詞を　動詞（授受動詞）。	私が　友だちに　本を　あげました。 友だちが　私に　花を　くれました。 私が　友だちに　花を　もらいました。

表1-2-3　動詞文

動詞文では、多くの格助詞（が、を、に、から…）の使い分けが必要となる[※1]。また、動詞には、活用のバリエーションが多く、3つの文型の中では最も複雑だと言える。

※1
これについては「2. 格助詞の用法」でみていく。

多くの初級テキストは、文型を徐々に積み上げていく「文型シラバス（構造シラバス）」に基づいている。

構造シラバスに基づく教科書の一例として『日本語初級』（国際学友会日本語学校）を見てみよう。

それぞれの課の「主要な文型」は以下のようになっている。

	新出の「主要な文型」	タイトル文の該当箇所
1課	名詞は　名詞です	わたしは　ラヒムです
2課	名詞の名詞は　形容詞です	日本語の勉強は　面白いです
3課	名詞（人／物）は　名詞に（格助詞「場所」）　います／あります	パンダは　あそこに　います
4課	形容詞テ形＋形容詞＋名詞	銀行の隣に　静かできれいなレストランが　あります

5課	名詞は 名詞に（格助詞「時間」） 動詞（自動詞）ます	わたしは 毎朝6時に 起きます
6課	名詞は 名詞へ（格助詞「場所」） 動詞（移動動詞）ました（過去）	東京ドームへ 行きました
7課	動詞（移動動詞）辞書形＋と思います	リサさんは 行く と思います
8課	動詞テ形＋から（接続助詞「継起」）、名詞に（格助詞「目的」） 動詞ます	学校が 終わってから、ピアノのレッスンに 行きます
9課	名詞で（格助詞「場所」） 名詞を（格助詞「対象」） 動詞ています（「進行」）	本の売り場で 雑誌を 見ています
10課	[文] から（接続助詞「理由」）、[文]	風邪だから、大丈夫ですよ
11課	動詞（辞書形）＋名詞（連体修飾）	パーティーの時に 着るシャツがありません
12課	動詞ています（「状態」） ※9課の「動詞ています」は「進行」なので別物	引き出しの中に 昔の写真が 入っています
13課	名詞が 形容詞（感情形容詞）です／動詞＋たい（「願望」）です	日本語の辞書が 欲しいです
14課	動詞（可能動詞）かどうか、……	大学に 入れるかどうか 心配です
15課	[文] ＋そうです（助動詞「伝聞」）	学校で スピーチコンテストが あるそうです
16課	[文] ＋なければなりません（助動詞「義務」）	わたしは 入管へ 行かなければなりません
17課	～と～とどちらが……	『坊っちゃん』と『こころ』とどちらが 好きですか
18課	[文] ＋と（接続助詞「条件」）、[文]	トラは 夜になると いつも妹の部屋へ 行きます
19課	[文] ＋ば（接続助詞「条件」）、[文] ／動詞だろう（助動詞「推量」）	ストーブが 1台あれば、大丈夫だろうと思います
20課	名詞が 名詞に 名詞を 動詞＋てくれます（「授受」）	田中さんが 教えてくれました
21課	動詞＋られます（助動詞「受身」）／らしい（助動詞「推量」）	自転車を 盗まれたらしいです
22課	動詞＋させられます（助動詞「使役受身」）	新聞の記事を 読まされました

表1-2-4 『日本語初級』の主な文型

ただし、文型を積み上げていきさえすれば日本語ができるようになるわけではないという点には注意したい。コミュニケーションのためには、文型をはじめとする言語知識だけではなく、社会言語学的能力、ストラテジー能力なども必要である。近年の教科書は、単に文型を積み上げるだけではなく、日本語を使って何ができるようになるのかを重視し、そこに文型シラバスを組み合わせていくものも多い。様々な日本語教科書で、どのような文型がどのような順序で提示されているか、検討してみよう。

2. 格助詞の用法 ★★★

初級の学習項目で「活用」とともに最も重要なのが「格助詞の用法」である。格助詞は基本的な文型の中に組み込まれているからである。中でも、**ガ格**、**ヲ格**、**ニ格**、**デ格**、**カラ格**が特に重要である。

それぞれの代表的な用法を以下にあげる。

- **ガ格**:「主体」、「対象」を表す※2。

主体 ： 学生が勉強する。(「勉強する」という動きの主体)
対象 ：(私は) 寿司が食べたい。(「食べたい」という願望の対象)

※2
主体は「主語」、対象は「目的語」と呼ばれる。

- **ヲ格**: 動作の「対象」、移動の「経路」、「起点」などを表す。

対象 ： 田中さんはコーヒーを飲んだ。(「飲む」という動きの対象)
経路 ： 祖母は毎日近所を散歩する。(「祖母」が散歩して通る場所)
起点 ： 私は毎朝6時に家を出る。(「出る」という動きの起点)

- **ニ格**:「(存在の) 場所」、動作の「到達点」、「時」、「(授受の) 相手」、「目的」などを表す※3。

場所 ： 娘は沖縄に住んでいる。(「娘」が存在する場所)
到達点 ： 飛行機が空港に着いた。(「飛行機」が到達した所)
時 ： 夜9時に仕事が終わる。(「仕事が終わる」時間)
相手 ： 私は友だちにプレゼントをあげた。(「プレゼントをあげた」相手)
目的 ： 映画を見に行った。(「行く」という動きの目的)

※3
「場所」を表すニ格は、「いる／ある」という存在のほか、「住む」「勤める」「泊まる」などの動詞に限られる。目的を表すニ格は動詞の連用形に付くものが多い。

- **デ格**: 動作や出来事の起こる「場所」、「道具」、「原因・理由」、動作の「主体」などを表す※4。

場所 ： 子どもが公園で遊んでいる。(「遊んでいる」場所)
道具 ： 紙をハサミで切る。(「切る」のに使う道具)
原因・理由 ： 地震で電車が止まった。(「電車が止まった」原因)
主体 ： 会場のみんなで歌う。(「歌う」の主体)

※4
「場所」を表すデ格は、動き (動作・変化) の行われるところを表す。

- **カラ格**：時間や場所の「起点」、「原料」などを表す。

起点 ：家から学校まで歩いて行った。(場所の起点)
　　　その店は10時から営業している。(時間の起点)
原料 ：その酒は米から作られる。(「酒」の原料)

以上５つの格助詞は基本的な文を作るのに不可欠な助詞で、初級の指導で特に重要なものである。その他の格助詞としては以下のようなものもある。

- **ト格**：「共同動作の相手」や「思考・伝達の内容」などを表す。

共同動作の相手 ： 娘が母親とケーキを作る。(一緒に動作する相手)
思考・伝達の内容 ： この映画は素晴らしいと思う。(思う内容)

- **ヘ格**：動きの向かう「方向」を表す[※5]。

方向 ：船が港へ向かった。(「向かう」という動きの方向)

※5
ヘ格はニ格で言い換えることができることが多い。

- **ヨリ格**：「比較」や「起点」などを表す[※6]。

比較 ：姉より妹のほうが背が高い。(「背の高さ」を比較する対象)
起点 ：未明より雪が降り始めた。(「雪が降り始めた」時間の起点)

※6
起点を表すヨリ格は、同じく起点を表すカラ格と比べて、文語的である。

- **マデ格**：時間や場所の「到達点」などを表す[※7]。

到達点 ：東京から大阪まで新幹線で２時間半かかる。
　　　(東京からの到達点)

※7
「子どもにまで笑われた」のマデは取り立て助詞とされる。

学習者が間違えやすい格助詞

学習者の間違えやすい格助詞の用法には、以下のようなものがある。

① ジョンさんは北海道［×で・○に］住んでいる。
② ジョンさんは公園［×に・○で］遊んでいる。

「で」「に」はいずれも場所を表すため、混同しやすい。原則として「で」は動作の場所、「に」は存在する場所を示すことを指導する必要がある。

しかし、以下の例ではそれでは説明しにくい。

③ジョンさんは銀行［×で・○に］勤めている。
④ジョンさんは銀行［×に・○で］働いている。

どちらも同じような意味を表すため、混同しやすい。「〜で働く」「〜に勤める」のように、格助詞と動詞をセットにして覚えるのが効果的である。

⑤ジョンさんは友達［×を・○に］会う。

「コーヒーを飲む」「本を読む」などと同様に、対象を「を」で示した誤用である。これも「〜に会う」というセットで覚える必要がある。

3. 主題の「は」 ★★★

3.1 命題とモダリティ

日本語の文は事柄などの客観的な部分を表す**命題**と、話者の気持ちや心的態度を表す**モダリティ**に分かれる[※8]。例えば、「もしかしたら雨が降るかもしれない」という文であれば、「雨が降る」が命題で、「もしかしたら〜かもしれない」がモダリティになる。図式化すると次のようになる。

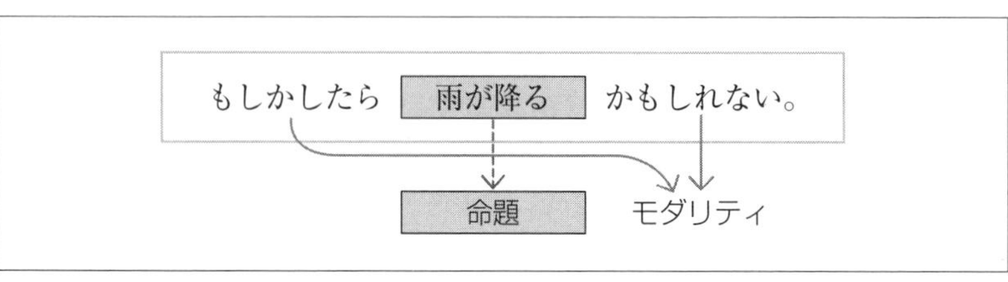

図1-2-1　命題とモダリティ

※8
命題は**コト**、**言表事態**、**叙述内容**、モダリティは**ムード**、**言表態度**、**陳述**などとも呼ばれる。命題、モダリティについては「第3章 **5.** モダリティ」参照。

3.2 命題を表す格助詞

格助詞は、文の成分である名詞と述語との論理的関係を示すことから、命題を表現するのに欠かせない要素となる。

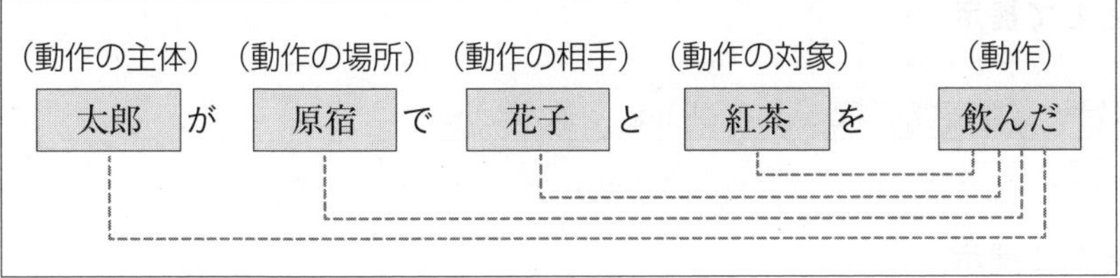

図1-2-2　命題を表す格助詞

格助詞によって示された客観的な事実である命題は、話者の気持ちや態度を表す部分であるモダリティとともに、発話される。

まさか 太郎が原宿で花子と紅茶を飲んだ なんて信じられない。

この文は、「太郎が原宿で花子と紅茶を飲んだ」という事実について、信じることができないという話者の気持ちを表している。

このように、通常の日本語文は命題をモダリティが包み込む形で表現されるのが特徴である。

3.3 「命題」から要素を取り出して文の主題とする「は」の働き

格助詞が文の骨組み（命題）を成すのに対し、「は」は文の要素を取り出して文の主題とする働きがある。

① 太郎は、原宿で花子と紅茶を飲んだ。（「太郎」についていえば...）
② 原宿では、太郎が花子と紅茶を飲んだ。（「原宿」についていえば...）
③ 花子とは、太郎が原宿で紅茶を飲んだ。（「花子」についていえば...）
④ 紅茶は、太郎が原宿で花子と飲んだ。（「紅茶」についていえば...）

①～④の文は、いずれも「太郎が　原宿で　花子と　紅茶を　飲んだ」という客観的な事実、つまり、「命題」は変わらないが、話し手がどの要素を「主題」にするかで、表現の仕方が変わっている。

これを図式化すると、以下のようになる※9。

※9
主題化の仕組みは、文法の中でも最重要項目の1つなので、基本的な働きをしっかりと理解しよう。

①「太郎」を話題として提示

太郎は　（太郎が）　原宿で　花子と　紅茶を　飲んだ

②「原宿」を話題として提示

原宿では　［太郎が　（原宿で）　花子と　紅茶を　飲んだ］

③「花子」を話題として提示

花子とは　［太郎が　原宿で　（花子と）　紅茶を　飲んだ］

④「紅茶」を話題として提示

紅茶は　［太郎が　原宿で　花子と　（紅茶を）　飲んだ］

話者が取り立てた成分のことを**主題**といい、主題について叙述した箇所を**解説**という。

図1-2-3　主題と解説

3.4 格成分の取り立て

重要

命題の中から話者が選んだものが主題になるが、格助詞によって示される名詞句（格成分）はいずれも主題になる可能性がある。

格助詞の付いた名詞句（格成分）に取り立て助詞が付く場合、格助詞「が」と「を」は必ず消えるが、それ以外の格助詞は消えて「は」だけとなる場合と、消えないで「格助詞＋は」になる場合がある。まとめると以下のようになる。なお、（　　）は命題を表す。

- **ガ格、ヲ格**：格助詞が残ることはない。

（リンさんが希望する大学に合格した）

○「リンさんは希望する大学に合格した。」
×「リンさんがは希望する大学に合格した。」

（息子が朝ご飯を作ってくれる）

○「朝ご飯は息子が作ってくれる。」
×「朝ご飯をは息子が作ってくれる。」

- **ニ格、デ格、ト格、カラ格**：格助詞が残るのが一般的であるが、消えることもある。

（机の上に手紙があった） ○「机の上には手紙があった。」 ？「机の上は手紙があった。」	（家に父がいる） ○「家には父がいる。」 ？「家は父がいる。」
（京都でたくさんのお寺を見た） ○「京都ではたくさんのお寺を見た。」 ？「京都はたくさんのお寺を見た。」	（家であまり勉強しない） ○「家ではあまり勉強しない。」 ？「家はあまり勉強しない。」
（友達と日本語で話している） ○「友達とは日本語で話している。」 ？「友達は日本語で話している。」 〈異なる意味になる〉	（娘と買い物に行った） ○「娘とは買い物に行った。」 ？「娘は買い物に行った。」 〈異なる意味になる〉
（教室から子どもたちが出てきた） ○「教室からは子どもたちが出てきた。」 ？「教室は子どもたちが出てきた。」	（12時から昼休みだ） ○「12 時からは昼休みだ。」 ？「12 時は昼休みだ。」

- **ヨリ格**：格助詞が残る。

（兄より弟のほうが背が高い） ○「兄よりは弟のほうが背が高い。」 ×「兄は弟のほうが背が高い。」	（昨日よりだいぶ涼しい） ○「昨日よりはだいぶ涼しい。」 ×「昨日はだいぶ涼しい。」

3.5 格成分以外の取り立て

主題として取り立てられるものは格成分だけとは限らない。少し複雑になるが、その他の主題の取り立てについても以下に紹介する。

① ガ格成分「象の鼻」の前の部分が主題として提示される。

例：象は、鼻が長い。

② ガ格成分「象の鼻」の後の部分が主題として提示される[※10]。

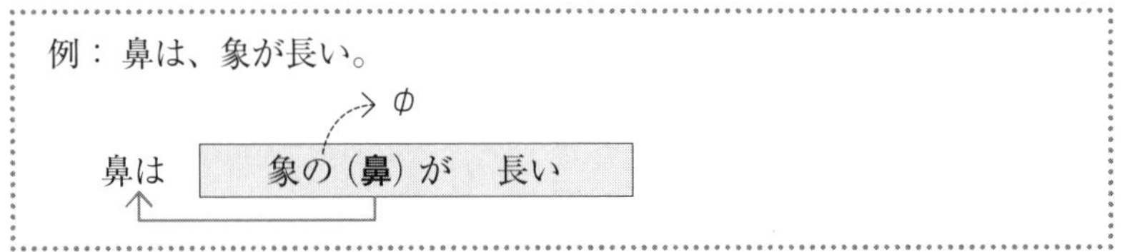

※10
命題の中の「象の」の「の」は削除（φ）される。

③ 述語名詞の前の部分が主題として提示される。

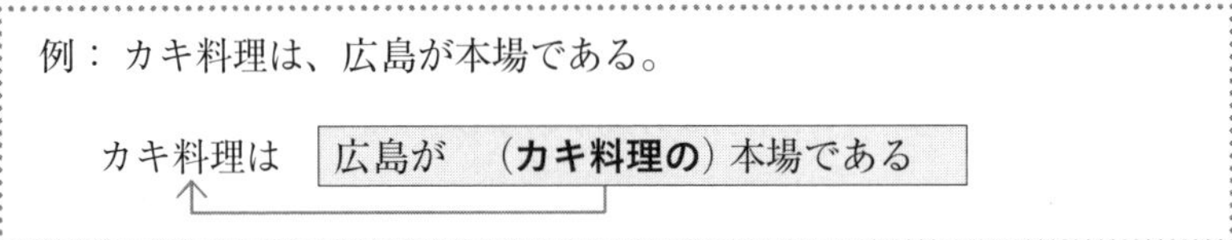

④ 格成分と述語が一緒に主題として提示される[※11]。

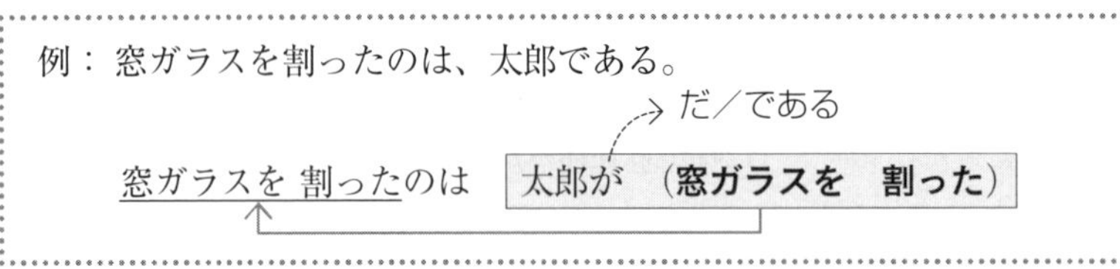

※11
主題となる「格成分と述語」の組み合わせはノを付けて名詞化する。また、命題の中に残された「太郎」は名詞述語となるために、ダ／デアルが付く。

3.6 文を越える「は」

日本語文において話題となるものが主題化されると、「主題－解説」という関係になる。そして、ここで主題として提示されたものは、談話（文の集合）の中で大きな影響力を持つことになる。次の例文を見てみよう。

やっぱり、ラーメンはいいね。醤油とか味噌とか塩とかの味の違いも楽しめるし、スープの味もバリエーションがあるし。それに、麺の種類も、細麺から太麺までいろいろあって、食べ方も、つけ麺やまぜそばとかいろいろあって。店によって味も全然違うしね。なんか、こんな話をしてたら、食べたくなっちゃったな。これから食べに行こうよ。最近食べた？

最初に出された「ラーメン」という主題がその後に続く全ての文の主題となっている。

このように、「は」は、次の主題が現れるまで、文を越えて主題として存在することになる。この点が、１つの述語との関係に限られる格助詞とは大きく異なる点である。日本語において、主題という存在がいかに重要なものか、その影響力の大きさを物語っている。

3.7 「は」と「が」

日本語教師を悩ませる問題の１つに「『は』と『が』をどのように教えるか」ということがある。両者は主語が「は」か「が」の違いだけで、文が使われる状況が異なることから、日本語の学習者にとって使い分けが難しい文法事項の１つとなっている。ここでは、両者の基本的な違い※12について説明する。

※12 取り立て助詞の「は」と格助詞の「が」は文法的に全く異なる働きをする助詞である。その文法的な違いを知った上で、両者の使い分けを理解したい。

◎「は」の用法：主題と対比

「は」は基本的に命題の中からガ格成分を**主題**として取り立てる。そして、提示された主題について、解説する。

① 田中さんはまだ来ていない。

①の文は、「田中さんについていえば、まだ来ていない」という意味になっており、主題を表している。

② 日本は夏だが、ブラジルは冬だ。

一方、②の文では、日本とブラジルという２つの事柄が主題として提示されており、比較の意味合いが強い。この用法は**対比**と呼ばれる。

主題と対比の「は」

主題と対比の両方の「は」が１つの文の中で用いられることがある。

私は肉は嫌いだが、魚は好きだ。

最初の「は」が主題で、後の２つの「は」は対比となる。さらに、対比では比較される２つの事柄がいつも明示されるとは限らない。

私は肉は嫌いだ。

この文の最初の「は」は主題で、その後の「は」は対比となる。対比の「は」では「肉」を何か他のものと比べており、その他の食べ物なら嫌いではないという意味を感じる。ただ単に「肉」が嫌いであることを述べるのであれば、「は」ではなく「が」にする。

私は肉が嫌いだ。

こうすることで、対比の意味が消え、単に肉が嫌いであるという意味になる。

「が」の用法：中立叙述と排他

「が」が使われる文は**無題文**である。無題文とは命題が表す事実を、話者がそのまま聞き手に伝える文である。

① あっ、雨が降ってきた。
② 荷物が届いた。

このような無題文の用法は、**中立叙述**[※13]と呼ばれる。

※13
中立叙述文は、「中立描写文」「現象文」などとも呼ばれる。

「が」のもう１つの用法は、複数の選択肢の中から焦点となっている事柄を主語として選び、その事実を聞き手に伝える**排他**である。典型的な排他文は、次の③のような、質問に対する答えの文である。

③「果物の中で何が好きですか。」「ブドウが好きです。」

ここでは、たくさんある果物の中で「ほかならないブドウこそが」の意味を持つ。この排他の「が」は、比較の文でもよく用いられる。

④ あの生徒がクラスの中で一番背が高い。

排他の用法は、「焦点となっているすべての事柄を記す」という意味から、**総記**とも呼ばれる。

「は」と「が」は、これら以外にも、文の中での係り方の違い（「は」は文末まで係りやすいが、「が」は従属節中での用いられ方が多い）や、否定文での使われ方（否定文では「は」のほうが用いられやすい）などの点で比較されることがある。

新情報と旧情報

談話的な観点から主語が聞き手にとって未知のものなのか（**新情報**）、既知のものなのか（**旧情報**）という区別がある。聞き手に何らかの情報がある既知のものは「は」によって提示され、未知の事柄には「が」が使われる。昔話の語り始めの部分が有名である。

① むかし、むかし、あるところにおじいさんとおばあさんがいました。おじいさんは山へ柴刈りに、おばあさんは川へ洗濯に行きました。

「おじいさんとおばあさん」という聞き手にとって新しい情報はまず「が」で提示され、一度話し手に理解されることで既知の情報となり、その後は「は」で示される。

また、次のような例でも、その違いを未知・既知で説明することができる。

② 月はきれいだ。

③ 月がきれいだ。

例文②の「月」は誰でも知っている一般的な「月」という意味なので、既知の情報となる。これに対し、例文③が使われる状況は、月が見えるところで、「見てごらん、月がきれいだよ」などと言うときではないだろうか。ここで示された「月」は目の前にあるきれいな月であり、一般的な月ということではなく、今見ている月という意味で、聞き手にとっては新しい情報になるわけである。

ここがポイント

- 「は」の用法：主題と対比
- 「が」の用法：中立叙述と排他

アクセスキー W
（大文字のダブリュー）

第３章　第１部　言語一般
文法体系③：日本語教育における主要な文法項目

本章では、日本語教育文法の様々な項目について学ぶ。これらは、学習者に対してそのまま教えるものではないが、教師として必要な知識である。研究者によって意見が分かれるところもあるが、基本的な点をしっかり押さえておこう。

1. 自動詞と他動詞　★★★

動詞にはさまざまな分類がある。主なものに、「自動詞と他動詞」「意志動詞と無意志動詞」「継続動詞と瞬間動詞」「動き動詞と状態動詞」などがある。これらの分類の中で、自動詞と他動詞の分類は最も重要な分類の１つである。自動詞と他動詞の区別は、文法現象を説明する手段として有意義な分類である。

1.1　自動詞と他動詞の区別

日本語の動詞は**自動詞**と**他動詞**に分かれる。自動詞は「起きる」「遊ぶ」などで、ヲ格の目的語を取らないのが特徴である。一方、他動詞は、「～を飲む」「～を壊す」のように、ヲ格の目的語を取り、通常その目的語を主語にした受身文を作ることができる。

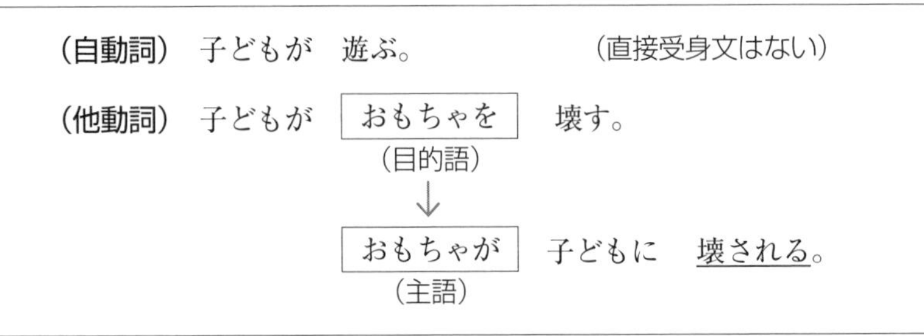

図1-3-1　受身文

ただし、移動を表す動詞の「起点」や「経路」のように、ヲ格でありながら目的語とならないものがある。

① 起点のヲ格

> 空港を出発する、家を出る、故郷を離れる、など

② 経路のヲ格

> 公園を歩く、横断歩道を渡る、トンネルを抜ける、など

このようなヲ格の名詞を主語にした受身文は作れない。

> ・ 空港を出発する。 → × 空港が出発される。
> ・ 公園を歩く。 → × 公園が歩かれる。

したがって、上に見るような移動動詞は、自動詞に分類される。

自他の区別をするには、まずヲ格を取ることができるかどうかで考える必要がある。基本的にヲ格を取れば他動詞、そうでなければ自動詞といえる。ただし、ヲ格で示されても、それが起点や経路を表す場合は、自動詞であるといえる※1。

※1
「子どもが親に甘える」「犬が人にかみつく」などでは「ニ格」を目的語とする見方もある。この場合はニ格が受身文の主語に立てるという特徴を持つ。

1.2 自他の対応

日本語の動詞には「開（あ）く－開（あ）ける」のように自動詞と他動詞がペアになっているものが多く、これを「自他の対応がある」という。このようなペアにおいては、「他動詞の目的語」が「自動詞の主語」となり、意味的に対応することが多い。

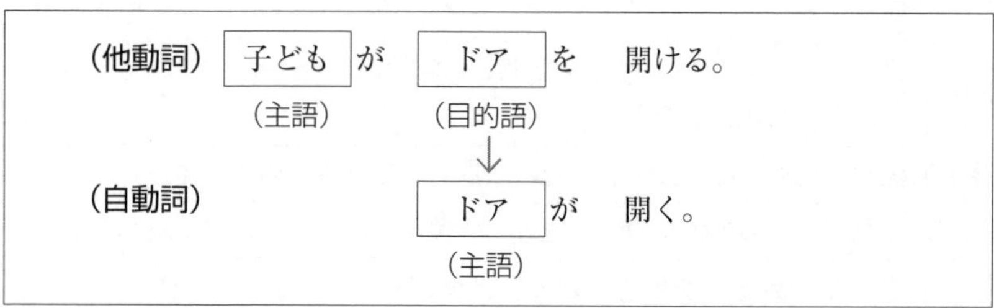

（他動詞） 子ども が ドア を 開ける。
（主語） （目的語）
（自動詞） ドア が 開く。
（主語）

図1-3-2 自他の対応

他動詞では主体がある動作を行うことを、自動詞ではその動作による変化を、表している。別の言い方をすれば、他動詞が原因となり、自動詞がその結果を表すともいえる。

1.3 自他の対応による分類

日本語の全ての動詞に自動詞と他動詞のペアがあるわけではない。自動詞と他動詞という観点から、日本語の動詞を分類すると、①自動詞と他動詞の対応があるもの（自他のペア）、②自動詞だけのもの（無対自動詞）、③他動詞だけのもの（無対他動詞）、④自動詞と他動詞を兼ねるもの（自他動詞）の4種に分かれる。日本語は、自他の対応のある動詞が多いことが特徴的である※2。

※2
英語は自他動詞が多い。中国語は自他の区別がない。

	自動詞	他動詞
①自他のペア	ドアが開く	ドアを開ける
②無対自動詞	水が凍る	（なし）
③無対他動詞	（なし）	本を読む
④自他動詞	衆議院が解散する	首相が衆議院を解散する

表1-3-1　自他の対応による分類

自他の対応の背景

動詞によって自他の対応があるものとないものがあるが、なぜだろうか。以下では、具体的な動詞例とともに、なぜそのような分類に分かれるのか、その背景を説明する。

自他のペア	具体例	曲げる－曲がる、消す－消える、壊す－壊れる、沸かす－沸く、倒す－倒れる、落とす－落ちる、重ねる－重なる、乾かす－乾く
	理由	「原因と結果」という関係のペアになっている。原因となる動作を他動詞が、それによって生じる変化を自動詞が表している。
無対自動詞	具体例	（柿が）熟す、（葉が）茂る、（稲妻が）光る 、（ミカンが）実る、（木が）成長する
	理由	自然現象なので、原因となる動作（他動詞）を必要としない。したがって、自動詞となる。
	具体例	泳ぐ、死ぬ、はう、座る、走る、歩く、疲れる、寝る、休む
	理由	自己完結型の動作なので、他者への働きかけがなく、自動詞となる。
無対他動詞	具体例	ほめる、断る、なめる、嫌う、探す、話す、忘れる、読む、見る、押す
	理由	他者への働きかけがあるので他動詞となるが、いつも対象に変化が起きるわけではないので、対象の変化を表す自動詞が成立しにくい。

自他動詞[※3]	具体例	実現する、再開する、解消する、決定する、解決する、分解する、など
	理由	自他動詞には「漢語＋する」という形式が多い。

※3 その他の自他動詞には「吹く」（風が吹く－笛を吹く）、「開く（ひらく）」（ドアが開く－ページを開く）などがある。

表1-3-2 自他の対応の背景

1.4 ペアがないときの代用

動作（他動詞）と変化（自動詞）のペアがない動詞でも、状況によってそのような表現が必要になることがある。例えば、無対自動詞が表す現象に原因となる動作が存在する場合や、無対他動詞の動作によって結果が生じる場合などである。その場合、使役形や受身形がその役割を担うことがある。

	自動詞	他動詞
自他のペア	曲がる	曲げる
無対自動詞	凍る	凍らせる（使役形）
無対他動詞	使われる（受身形）	使う
自他動詞	解散する	

表1-3-3 ペアがないときの代用

① 私は冷蔵庫で水を凍らせた。（使役形で他動詞を代用）

② コピー機は今使われている。（受身形で自動詞を代用）

例①では、技術の進歩によって、人工的に「水が凍る」という事態を作り出すことが可能になったため、そのような場合は、使役形で他動詞を代用している。また、例②では、誰かが使うことによって起きている今の状態を、受身形で表している。このように、状況によって、使役形と受身形が他動詞と自動詞を代用することで、自他の対応に欠ける動詞の穴を埋める働きをしているわけである[※4]。

※4
「終わらせる」のような他動詞に近い使役形、「生まれる」のような自動詞に近い受身形が存在するのはこのためである。

1.5 動詞の種類

「自動詞と他動詞」も含め、動詞には以下のような区別がある。特に、「意志／無意志動詞」「本／補助動詞」「移動動詞」「動き／状態動詞」は、日本語教育において用いられる文型や共起する表現に大いに関わる重要なものである。

<table>
<tr><th>動詞の種類</th><th colspan="2">内　容</th><th>動詞例</th><th>用例</th></tr>
<tr><td>自動詞</td><td colspan="2">目的語（ヲ格）を取らない</td><td>泣く、眠る、暮れる</td><td>ドアが開く</td></tr>
<tr><td>他動詞</td><td colspan="2">目的語（ヲ格）を取る
（出発点と通過点を除く）</td><td>食べる、飲む、見る</td><td>私がドアを開ける</td></tr>
<tr><td>意志動詞</td><td colspan="2">意志的な動作を表す
（命令形と意向形を持つ）</td><td>遊ぶ、書く、教える</td><td>図書館で勉強する</td></tr>
<tr><td>無意志動詞</td><td colspan="2">意志のない動作を表す
（命令形と意向形を持たない）</td><td>光る、むせる、飽きる</td><td>水が流れる</td></tr>
<tr><td>単純動詞</td><td colspan="2">単独で用いられる動詞</td><td>降る、続く、読む、取る</td><td>雨が降る</td></tr>
<tr><td>複合動詞</td><td colspan="2">連用形で複合された動詞</td><td>降り続く、読み取る</td><td>雨が降り続く</td></tr>
<tr><td>本動詞</td><td colspan="2">動詞本来の意味で用いられる動詞</td><td>見る、置く、いる</td><td>映画を見る</td></tr>
<tr><td>補助動詞</td><td colspan="2">テ形に接続し、補助的な意味で用いられる動詞</td><td>～て＋みる、おく、いる</td><td>食べてみる</td></tr>
<tr><td rowspan="2">移動動詞</td><td colspan="2" rowspan="2">主体の位置が変わるような動きを表す動詞</td><td>行く、来る、入る、下りる
（方向性がある）</td><td>東京に向かう</td></tr>
<tr><td>泳ぐ、散歩する、走る
（方向性がない）</td><td>公園を歩く</td></tr>
<tr><td rowspan="4">動き動詞</td><td rowspan="2">継続動詞</td><td>主体動作動詞</td><td colspan="2">遊ぶ、楽しむ、悲しむ、買う、立てる</td></tr>
<tr><td>主体変化動詞</td><td colspan="2">暖まる、成長する、疲れる、晴れる、やせる</td></tr>
<tr><td rowspan="2">瞬間動詞</td><td>主体動作動詞</td><td colspan="2">発見する、発明する、設置する、打つ、振る</td></tr>
<tr><td>主体変化動詞</td><td colspan="2">座る、閉まる、死ぬ、覚える、行く、知る</td></tr>
<tr><td rowspan="3">状態動詞</td><td colspan="2">ル形 状態動詞</td><td colspan="2">ある、いる、要る、相当する、値する</td></tr>
<tr><td colspan="2">ル・テイル形両用 状態動詞</td><td colspan="2">意味する、実在する、存在する、勝る</td></tr>
<tr><td colspan="2">テイル形 状態動詞</td><td colspan="2">ありふれる、すぐれる、そびえる、ばかげる</td></tr>
</table>

表Ⅰ-3-4　日本語の動詞分類

2. ヴォイス（態）　★★★

ヴォイス（voice）とは、**動詞の表す動きについて、文に現れる人の立場を表す表現**である。例えば、「先生が学生をほめる」という文は「ほめる」という動詞について先生の立場から述べた文、「学生が先生にほめられる」は、学生の立場から述べた文である。「私は英語が話せる」は「英語を話す」ということについて私が「可能である」ということを示す。ヴォイスには、**受身**、**使役**、**使役受身**、**可能**、**自発**などがある。

日本語では、簡単に言えば、動詞に助動詞が付き、格助詞が変わることが特徴である。例えば「ほめる」に助動詞「〜られる」を付けると「ほめられる」になるが、これに伴い、「先生が」と「学生を」も「先生に」と「学生が」のように格助詞も変化する。

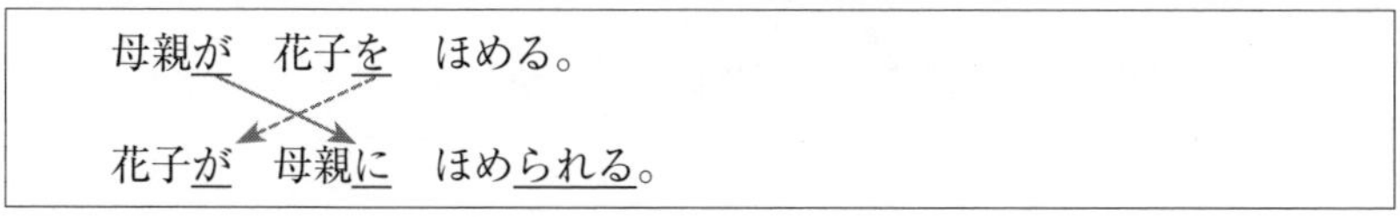

母親が　花子を　ほめる。
花子が　母親に　ほめられる。

図1-3-3　ヴォイスの例（格助詞が変化する）

同じ助動詞でも、過去の「〜た」では、格助詞は変化しない。これはヴォイスとは呼ばない。

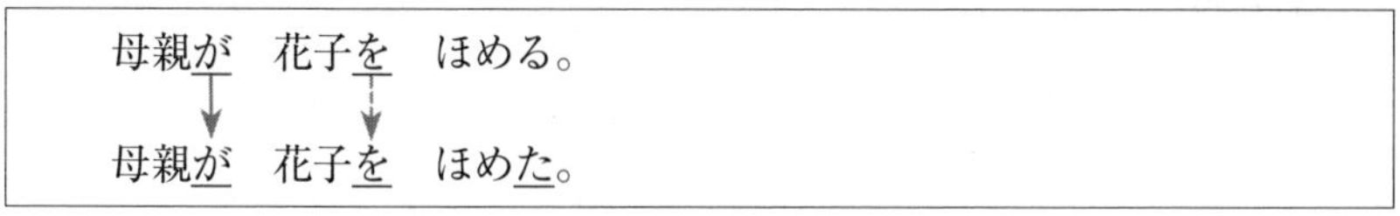

母親が　花子を　ほめる。
母親が　花子を　ほめた。

図1-3-4　ヴォイスではない例（格助詞が変化しない）

また、授受動詞をヴォイスに含める立場もある。本書では、動詞の変化ではなく動詞の交替で立場の違いを表すという意味で、本節で扱うこととする。

2.1 受身

受身は動詞だけに見られる現象である。動詞の語幹に/-(r)are-/を付けることによって受身形が作られる。

動詞の種類	受身形の作り方
1グループ動詞	書く /kak-u/ → 書かれる /kak-are-ru/ 話す /hanas-u/ → 話される /hanas-are-ru/
2グループ動詞	見る /mi-ru/ → 見られる /mi-rare-ru/ 食べる /tabe-ru/ → 食べられる /tabe-rare-ru/
3グループ動詞	する /su-ru/ → される /s-are-ru/ 来（く）る /ku-ru/ → 来（こ）られる /ko-rare-ru/

表1-3-5　受身形の作り方

受身は、**直接受身**と**間接受身**に大きく分かれる。さらに間接受身には**迷惑受身**と**持ち主の受身**と呼ばれるものがある。

直接受身

能動文の目的語（ヲ格名詞）が受身文の主語（ガ格名詞）になる。目的語を取る動詞、すなわち**他動詞のみ**である。

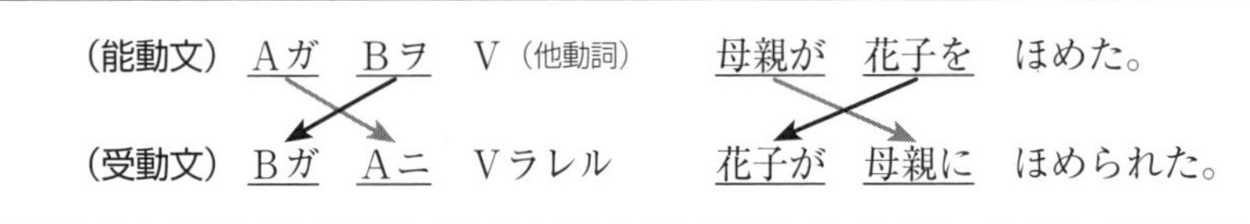

図Ⅰ-3-5　直接受身

「ほめられた」はプラスの影響であるが、「花子が母親に叱られた」であればマイナスの影響である。これは受身の効果ではなく動詞の意味による。また、「オリンピックは４年に１度開かれる」「パンは麦から作られる」のような無生物主語もある。

間接受身

能動文の表す事態から間接的に影響を受ける人が主語となる。

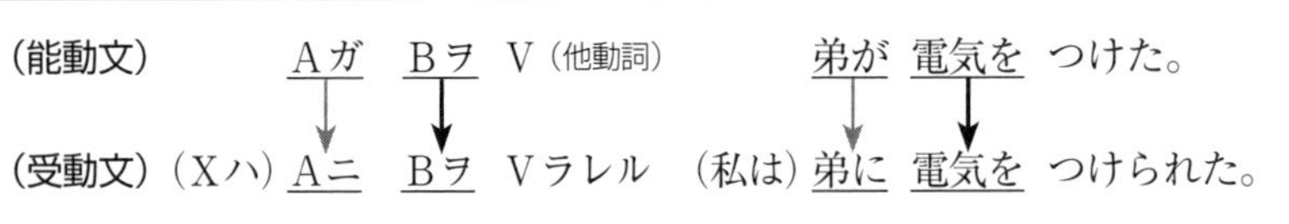

図Ⅰ-3-6　間接受身

能動文の目的語が、受身文の主語にならないことに注意しよう。受身文では能動文にない「私」が表れ、主語になっている。「私」が、弟が電気をつけたことによって影響を受けていることを表す。「電気は弟につけられた」という直接受身の形ではこの意味は出てこない。

（1）　迷惑受身

自動詞を受身にした文は、マイナスの影響を受けることを表す場合が多い。このため、自動詞の受身文を特に**迷惑受身**と呼ぶことがある。

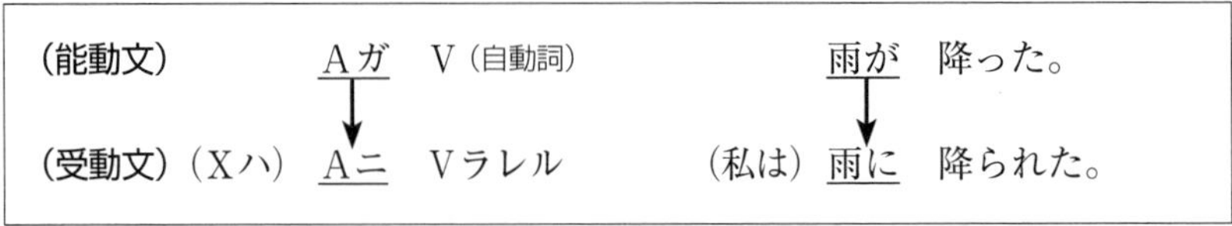

図Ⅰ-3-7　迷惑受身

「雨が降った」という事態から、私がマイナスの影響を被ったことを表す。他の例としては、「友達に家に来られた」「妻に先立たれた」などがある[※5]。

※5
「すてきな人に微笑まれてドキドキした」のようにマイナスの影響でない場合もある。また、「私は弟に電気をつけられた」のような間接受身も迷惑を受けたことを表す。つまり、自動詞の受身だけが迷惑を表すということではないので注意。

(2) 持ち主の受身

間接受身のうち、影響を受ける目的語の所有者や関係者が主語となるものを**持ち主の受身**と呼ぶことがある。

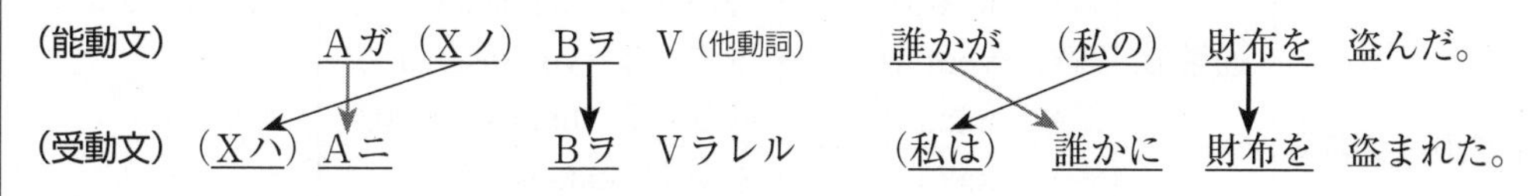

図1-3-8 持ち主の受身

他動詞の目的語は、受動文でも目的語の位置のままであることに注意しよう。

「誰かが私の財布を盗んだ」を直接受身にすると、「私の財布が誰かに盗まれた」となる。しかし、財布を盗まれた時、「私」は怒りや悲しみなどの感情を抱くため、自分が被害を受けたことを訴え、間接受身の形を取る方が多い。

「私は隣の人に足を踏まれた」のように身体の一部や、「私は知り合いに娘をけなされた」のようにウチの関係者が目的語である場合もここに分類できる。体の一部について、目的語を主語にして「私の足は隣の人に踏まれた」という誤用をする学習者も多いので注意が必要である[※6]。

※6
持ち主の受身は、「私は友達に服をほめられた」「私は母に頭をなでられた」のように、必ずしもマイナスの意味を表すわけではない。

また、「私は工事車両に道をふさがれた」のような文も持ち主の受身に分類できる。「私」と無関係の道での出来事なら、受身にせず、能動文で「工事車両が道をふさいだ。だから、車が通れず渋滞が起こった。」などと言えばいい。受身文からは、「私」の所有物ではないが「私」に何らかの関係がある「道」であると解釈される。

つまり、他動詞文で、目的語があるのにそれを受身の主語にしない（＝直接受身にしない）受身文は、意味的には「持ち主の受身」の一種になるということである。

● 受身文には、直接受身と間接受身がある。間接受身の中には、迷惑受身、持ち主の受身と呼ばれるものがある。

2.2 使役

使役も動詞からのみ作る。使役形は動詞の語幹に /-(s)ase-/ を付けて作る。なお、口語表現では、短縮形※7/-(s)as-/ が使われることが多い※8。ただし、サ行の子音動詞（「話す」「押す」「消す」など）は通常、短縮形は使われない。

※7
「縮約形」とも言われる。

※8
短縮形は1グループ動詞でよく使われるが、2グループ動詞の使用はやや少ない。

動詞の種類		使役形の作り方
1グループ動詞	通常形	書く /kak-u/ → 書かせる /kak-ase-ru/ 読む /yom-u/ → 読ませる /yom-ase-ru/ 話す /hanas-u/ → 話させる /hanas-ase-ru/
	短縮形	書く /kak-u/ → 書かす /kak-as-u/ 読む /yom-u/ → 読ます /yom-as-u/ 話す /hanas-u/ →（なし）
2グループ動詞	通常形	見る /mi-ru/ → 見させる /mi-sase-ru/ 食べる /tabe-ru/ → 食べさせる /tabe-sase-ru/
	（短縮形）	見る /mi-ru/ → 見さす /mi-sas-u/ 食べる /tabe-ru/ → 食べさす /tabe-sas-u/
3グループ動詞	通常形	する /su-ru/ → させる /s-ase-ru/ 来る /ku-ru/ → 来させる /ko-sase-ru/
	短縮形	する /su-ru/ → さす /s-as-u/ 来る /ku-ru/ → 来さす /ko-sas-u/

表Ⅰ-3-6　使役形の作り方

● 使役文の特徴

使役の表現は自動詞文からも他動詞文からも作れるが、自動詞の場合、使役の相手（被使役者）はニ格またはヲ格となる。一方、他動詞の使役文においてはヲ格が目的語に使われていることから、使役の相手は必ずニ格となる。

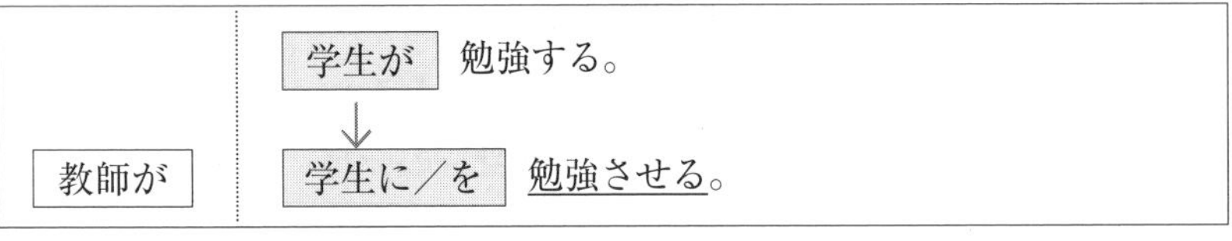

図Ⅰ-3-9　使役文（自動詞）

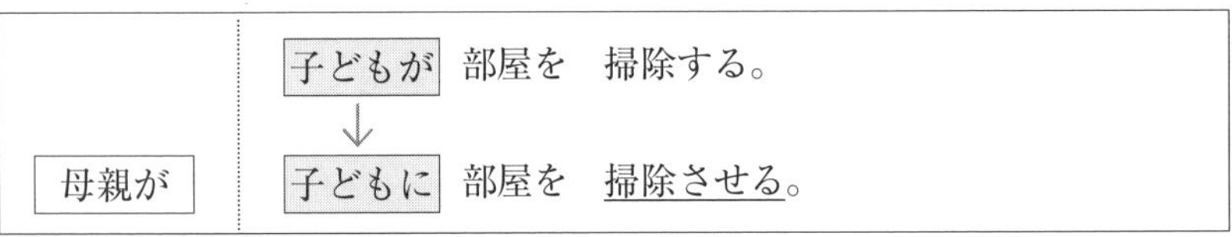

図Ⅰ-3-10　使役文（他動詞）

使役文の種類

使役文の種類は、文法書によって異なるが、ここでは、「強制」「許可」「原因」の３種類で説明する。これらの中で一番基本的な用法は「強制」と「許可」である。

① **強制**：本人の意思とは関係なく、強制的に働きかける

- 警察官が不審車を停止させた。
- 母親が子どもに掃除を手伝わせた。

② **許可**：本人の意思を尊重してやらせる

- 子どもを自由に公園で遊ばせた。
- 本人のやりたいことをやらせることにした。

③ **原因**：原因となる事柄が主語となり、ある出来事を引き起こす

- 全員の努力が、プロジェクトを成功させた。
- 志望校に合格したことは両親をとても喜ばせた。

①「強制」は、それをしたくないと思っている弱い相手に、強い力・権限を持った人が、無理矢理させるというイメージである。②「許可」は、それをしたいと思っている相手に、強い力・権限を持った人が、したいなら許してやるというイメージである。③「原因」は、「強制」でも「許可」でもない。上の例「志望校に合格したことは両親をとても喜ばせた」では、子どもが両親に「喜べ！」と「強制」しているわけでも、喜びたいなら「喜んでもいいよ」と「許可」しているわけでもなく、自分が志望校に合格したことが原因で、結果的に両親が喜んだというイメージである。

実際の使用という点で考えると、日本語教育で使役形が重要になるのは、強制や許可の用法ではなく、むしろ「～（さ）せていただけませんか」という丁寧な依頼の用法や、「～（さ）せていただきます」という謙譲を表す言い方である。

2.3 使役受身

使役受身文は、使役と受身が同時に起きる文である。使役受身形の形式は、動詞を使役形にしてから、受身形にする。話し言葉では、短縮形（縮約形）がよく使われる[※9]。

※9
２グループ動詞と３グループ動詞の短縮形は、同音が連続し、言いにくくなるため、用いられない（例：「見さされる」「食べさされる」「来さされる」）。これは、１グループ動詞（話さされる）でも同様。

動詞の種類		使役受身形の作り方
1グループ動詞	通常形	書く /kak-u/　→ 書かせる /kak-ase-ru/ → 書かせられる/kak-ase-rare-ru/ 読む /yom-u/　→ 読ませる /yom-ase-ru/ → 読ませられる/yom-ase-rare-ru/ 話す/hanas-u/　→ 話させる /hanas-ase-ru/ → 話させられる/hanas-ase-rare-ru/
	短縮形	書く /kak-u/　→書かす /kak-as-u/ →書かされる /kak-as-are-ru/ 読む /yom-u/　→読ます /yom-as-u/ →読まされる /yom-as-are-ru 話す /hanas-u/　→ （なし）
2グループ動詞	通常形	見る /mi-ru　→ 見させる /mi-sase-ru/ → 見させられる /mi-sase-rare-ru/ 食べる /tabe-ru/ → 食べさせる /tabe-sase-ru/ → 食べさせられる /tabe-sase-rare-ru/
3グループ動詞	通常形	する /su-ru/　→ させる /sa-se-ru/ → させられる /sa-se-rare-ru/ 来(く)る /ku-ru/　→ 来(こ)させる /ko-sase-ru/ →来(こ)させられる /ko-sase-rare-ru

表Ⅰ-3-7　使役受身形の作り方

使役受身文の作り方

使役受身では、使役文に登場した使役の指示者（使役者）が、受身によりニ格に移動する。この結果、使役受身の主語は最初の文と同じ被使役者となる。意志動詞から使役受身を作ると、強い強制の意味が表される。自動詞と他動詞から作られる例を以下に挙げる※10。

※10
最初の文と使役受身文とでは主語が同一であることに注目しよう。使役受身文では主語の意志での行為ではなく、嫌々やらされている意味が出てくる。初級テキストでは使役受身を指導していないものもある。

↓
部下が　残業する。……………………… 自動詞文
上司が　部下に　残業させる。…………… 使役文
部下が　上司に　残業させられる。………… 使役受身文

↓
子どもが　本を　読む。…………………… 他動詞文
先生が　子どもに　本を　読ませる。……… 使役文
子どもが　先生に　本を　読ませられる。 …· 使役受身文

使役受身文は、強制される意味が非常に強い。使役には許可の意味もあり、受身にはプラスの影響を表す場合もあるが、使役受身の場合は、**したくないことを強制的にさせられた**という意味になることに注

意しよう[※11]。

また、この用法とは別に、何らかの原因によって感情や思考が引き起こされることを表すものもある。「あの人の態度には感心させられた」「ドラマの最終回の内容にがっかりさせられた」のようなものである。

※11
学習者は、「両親が留学を許可してくれた」という意味で「両親に留学させられた」という誤用をすることがある。この文では、自分は留学したくなかったが無理に強制されたという意味になってしまう。

2.4 可能

動作主（動作の主体）にその動作を実現する能力があるかどうかを表す。動作主自身の能力による**能力可能**と能力以外の理由による**状況可能**がある。

① **能力可能**（能力によりできる／できない）

・リンさんは１キロ以上も泳げる。
・私は全然泳げない。

能力可能は、動作主がその能力を持っているかどうかを表すが、次の状況可能では、動作主が能力を持っていても、状況によってそれができるかできないかを表す。

② **状況可能**（状況や条件によりできる／できない）[※12]

・このプールは９月末まで泳げる。
・水着を忘れたので、泳げない。

※12
この例でいうと、９月末まではプールがオープンしているので、そこで泳ぐことができる。また、泳ぐ能力を持っている人でも、水着を忘れたという状況では泳ぐことはできない。このようなものを状況可能という。

例えば、同じ「スキーができない」でも、「私はスキーができない」というのは私の能力の問題、「雪不足でスキーができない」は、スキーの能力があっても雪がないためにその能力を使えない状況にあるということである。前者は能力可能、後者は状況可能である。

可能形は、１グループ動詞の語幹に/-e-/を、２グループ動詞と「来る」の語幹には/-rare-/を付けることで作られる[※13]。ただし、「する」だけは例外で、「できる」となる。なお、２グループ動詞と「来る」は受身形と同じ形式となる。

※13
１グループ動詞と２グループ動詞で、可能の形態素が異なる。

動詞の種類	可能形の作り方
１グループ動詞	書く /kak-u/ → 書ける /kak-e-ru/ 読む /yom-u/ → 読める /yom-e-ru/ 話す /hanas-u/ → 話せる /hanas-e-ru/
２グループ動詞	見る /mi-ru/ → 見られる /mi-rare-ru/ 食べる /tabe-ru/ → 食べられる /tabe-rare-ru/

3グループ動詞	来る /ku-ru/　　→ 来られる /ko-rare-ru/ する /su-ru/　　→ できる /deki-ru/

表Ⅰ-3-8　可能形の作り方

可能文の特徴

可能文の特徴として、以下のことが挙げられる。

① 可能形を作るのは意志動詞のみで、自然現象などの意志の伴わない動きは可能形にならない。

× 雪が降れる。　　× 星が輝ける。

② 目的語は一般的に「が」と「を」の両方が使える。

・山本さんは、フランス語が／を　話せる。
・太陽がまぶしくて、目が／を　開けられない。

③ 動作主が「に」によって示されることがある。

・あいつにピアノが弾けるわけがない。
・私にそれが言えない理由を知っているでしょう。

したがって、可能構文の基本構造は以下のようになる。

・N1 が N2 を（可能表現）：子どもがひらがなを書ける。
・N1 に N2 が（可能表現）：私に難しい字が読めないことを～
・N1 が N2 が（可能表現）：学生が漢字が読めないで～

2.5 自発

ある動きや思考、感情などが行為者の意志とは関係なしに、自然に起きることを表す。自発の意味を持つ動詞「見える」「聞こえる」や受身形や可能形などによって表されるが、自発の表現に使われる動詞の種類は「悔やむ」「思い出す」「思う」「感じる」「想像する」（以上、受身形）「泣く」「笑う」（以上、可能形）などに限定される。

自発動詞	・きれいな星が見える。 ・ウグイスの鳴き声が聞こえる。
受身形	・火事は放火によるものだと思われる。 ・昔のことが思い出される。
可能形	・あのドキュメンタリー番組には泣けた。 ・その漫才師の掛け合いは、笑えてしょうがなかった。

表1-3-9　自発

自発動詞の場合、可能形の「見られる」と「聞ける」との違いに気を付ける必要がある。自然にそのような状態になることを表す自発動詞に対し、可能形では主体の意志的な関わりが強くなる。

① ほら、北斗七星が見えるよ。（自発動詞）
② 山の上に行けば、きれいな星がたくさん見られるよ。（可能形）
③ ウグイスの声が聞こえるよ、春だね。（自発動詞）
④ 東京ではウグイスの声を聞こうと思っても聞けない。（可能形）

「見られる」「聞ける」は「見る」「聞く」チャンスがあることであり、「見える」「聞こえる」は目や耳の機能を生かすことである。学習者からよく質問される箇所であるので、適切な例文を添えて、説明できるようにしよう。

2.6 授受表現

物や動作の授受を表す表現で、**やりもらい**、**あげもらい**などとも呼ばれる。動詞の変化ではなく、動詞の交替で立場の違いを表す。“give” の意味での「あげる／くれる」と “receive” の意味での「もらう」がある。また、単独で使われる場合と補助動詞として使われる場合がある。単独の場合は**物の授受**が、補助動詞の場合は**恩恵の授受**が行われることを表す。

① 物の授受

・夫が妻に花をあげる。　→　妻が夫に花をもらう。
・夫が私に花をくれる。　→　私が夫に花をもらう。

② 恩恵の授受

・鈴木さんがトムさんに日本語を教えてあげる。
　→ トムさんが鈴木さんに日本語を教えてもらう。

・鈴木さんが私に日本語を教えてくれる。
　→ 私が鈴木さんに日本語を教えてもらう。

注意する点として、「あげる」は“give”の意味だが、相手（ニ格）に「**ウチ**」の関係の人が来ると「くれる」になることである。「くれる」も“give”である点に注意する必要がある※14。

なお「ウチ」の関係とは、話者自身や話者の身内（関係者）のことを他人（「**ソト**」）と分けて考える意識のことをいう。

○ 学生が先生に花をあげた。	× 学生が 私に 花をあげた。
× 学生が先生に花をくれた。	○ 学生が 私に 花をくれた。

授受動詞が補助動詞として使われる時は、テ形に使われる動詞の動作が厚意をもってニ格の人に行われたことを表す。「あげる」と「くれる」の制約は単独で使われる場合と同じで、「〜てくれる」の視点もニ格にある。

○ 鈴木さんがトムさんに日本語を教えてあげた。
× 鈴木さんが 私に 日本語を教えてあげた。
× 鈴木さんがトムさん*に日本語を教えてくれた。
○ 鈴木さんが 私に 日本語を教えてくれた。
＊トムさん＝「ソト」の関係の人

「鈴木さん」が「トムさん／私」に対して、「日本語を教える」という厚意をもった動作（恩恵）を「あげた／くれた」という意味になる。

また、「くれる」の尊敬語として「くださる」が、「あげる」の謙譲語として「さしあげる」が、「もらう」の謙譲語として「いただく」と「ちょうだいする」がある※15。

授受動詞	尊敬語	謙譲語
あげる	—	さしあげる
くれる	くださる	—
もらう	—	いただく／ちょうだいする

表1-3-10　授受動詞の尊敬語・謙譲語

※14
「くれる」が使われるとき、話者の視点はニ格にある。話者の視点は通常主語にあるので、その点で「くれる」は特異な動詞であると言える。

※15
補助動詞として使われる「〜てもらう／〜ていただく」は、受身文に近い意味を持つことがある。特に本動詞に「ほめる」や「助ける」などが来ると、受身形で言い換えることができる（例：「危ないところを助けてもらった／助けられた」）。
また、自分より目下であると思われる相手に「〜てもらう」を使うと、使役文に近い意味になることがある（例：「子どもに塩を買いに行ってもらう／子どもに塩を買いに行かせる」）。

「ら抜き言葉」と「さ入れ言葉」

ら抜き言葉は可能表現から「ら」が抜ける現象を言う。Ｉグループ動詞にはもともと「ら」がないため、ら抜き言葉は２グループ動詞と「来る」だけに見られる現象である。

動詞の種類		可能形の作り方			ら抜き言葉
１グループ動詞	書く	書く＋eる	→	書ける	—
	読む	読む＋eる	→	読める	—
２グループ動詞	見る	見＋られる	→	見られる	見れる
	寝る	寝＋られる	→	寝られる	寝れる
３グループ動詞	来る	来＋られる	→	来られる	来れる
	する	する	→	できる	—

表1-3-11　可能形の作り方とら抜き言葉

公式の見解としては、第20期国語審議会（1995年）の答申で、社会一般に広く使われていることを認めつつも、「現時点では改まった場では使うべきではない」としている。

さ入れ言葉は、本来「さ」が入っていないＩグループ動詞の使役形に「さ」を入れて使用することをいう。ただし、サ行の動詞だけは使役形が「〜させる」という言い方になることから、「さ」入れ現象は起きない。

動詞の種類		使役形の作り方			さ入れ言葉
１グループ動詞	書く	書か＋せる	→	書かせる	書かさせる
	読む	読ま＋せる	→	読ませる	読まさせる
	話す	話さ＋せる	→	話させる	—
２グループ動詞	見る	見＋させる	→	見させる	—
	寝る	寝＋させる	→	寝させる	—
３グループ動詞	来る	来＋させる	→	来させる	—
	する	さ＋せる	→	させる	—

表1-3-12　使役形の作り方とさ入れ言葉

ら抜き言葉に比べると、さ入れ言葉の使用率はそれほど高くないため、間違った使い方であるという意見が多いが、年々その許容率が上がる傾向にある。

- 授受表現は、物や動作の授受を表すが、動詞の変化ではなく、動詞の交替で立場の違いを表す。
- 単独で使われる場合：物の授受
  補助動詞として使われる場合：恩恵の授受

3. アスペクト ★★★

アスペクトとは、動詞の表す出来事の段階を表すものである。テンスは発話時である“いま”を基準に、「過去／現在／未来」と分けるものであるが、これに対し、アスペクトは**動きの変化の局面**を表すもので、出来事の動きの側面「**開始**」「**継続**」「**完了**」に関わる。例えば、絵を「描く」という出来事は、「描きはじめ」→「描いている途中」→「描きおわり」という時間的な局面から成り立つ。その動作のどの局面に注目するかによって、以下のようなアスペクトの表現が用いられる。

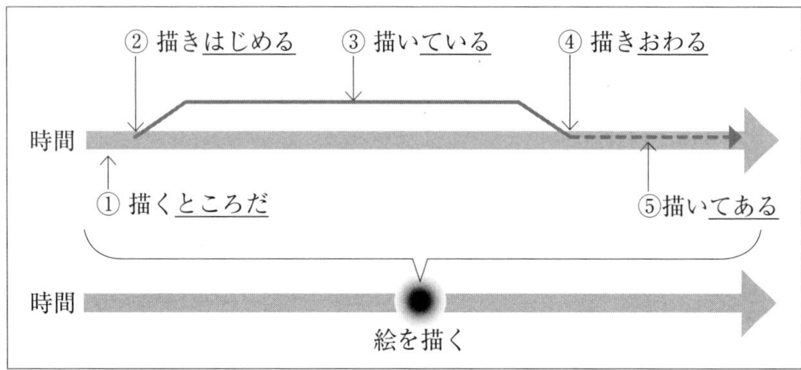

図1-3-11　アスペクト

図の中の①「～ところだ」、②「～はじめる」、③「～ている」、④「～おわる」、⑤「～てある」がアスペクトの表現である。絵を「描く」という動詞は過去から未来にわたる時間軸の中で、1つのまとまった事態でしか、動きを表せないが、そうした1つのまとまった動きを細かく切り分け、さまざまな局面として表すのがアスペクトである。

主なアスペクトの表現については、次の表を参照してほしい。本書では、代表的な「～ている」と「～てある」を概観することにする。

種類・表現		おもな意味・用法	例　文
直前	～かける	動きの直前	本を読みかけて、やめた。
	～かかる	動きの直前	川でおぼれかかった。
開始	～はじめる	動きの開始	手紙を書きはじめた。
	～だす	動きの開始	子どもが突然泣きだした。
	～てくる	動きの出現・進展・継続	だんだん涼しくなってくる。
	～ていく	動きの出現・進展・継続	環境が変わっていく。
継続	～つつある	事態の過程の継続	台風が近づきつつある。
	～続ける	動きの継続	３時間歩き続けた。
	～続く	動きの継続（雨や雪）	雪が降り続く。
終了	～おわる	動きの終了	食器を洗いおわった。
	～おえる	意志的な動きの終了	論文を書きおえる。
	～やむ	動きの終了	雨が降りやむことはなかった。
	～ばかりだ	動きの終了直後	夕食を食べたばかりだ。
完了	～てしまう	動きの完了	報告書は提出してしまった。
	～きる	動きの完遂	マラソンコースを走りきった。
	～つくす	動きの完遂	争点は議論しつくした。
結果	～てある	動きの結果の状態	花が生けてある。
経験	～たことがある	動きの経験や経歴	カナダに５回行ったことがある。
実現	～ようになる	変化の実現	一輪車に乗れるようになった。
	～ことになる	動きの実現	東京へ異動することになった。
複数の局面	～ている	①動きの進行 ②動きの結果の状態 ③繰り返し ④状態の継続 ⑤経験	父親がコーヒーを飲んでいる。 枯葉が落ちている。 毎日図書館で勉強している。 川がそこで蛇行している。 その映画は３度も見ている。
	～ところだ	①動きの直前 ②動きの進行 ③動きの終了直後	これから出勤するところだ。 今仕事をしているところだ。 ちょうど帰宅したところだ。

表1-3-13　アスペクトの主な表現

3.1 「〜ている」の用法

「〜ている」は、初級の教科書において必ず学習者が学ぶ項目となっている。しかし、「〜ている」にはさまざまな用法があり、学習者にとっては必ずしも理解しやすい表現ではない。代表的なものを見てみよう。

① 動きの進行

- 雨が降っている。
- 鳥が飛んでいる。

時間的に継続して行われる動作の場合にこの意味となる。

② 動きの結果の状態

- ガラスが割れている。
- カメラが壊れている。

動作による変化が結果として見える場合にこの意味となる。

「〜ている」の用法として大きく区別されるのは、この①「動きの進行」と、②「動きの結果の状態」である。①「動きの進行」に近い用法としては③のようなものもある。

③ 繰り返し

- 毎週末サッカーをしている。
- 休みの日はいつも映画を見ている。

「毎日」、「毎週」、「いつも」、「たいてい」などの語と共起し、動作の繰り返しであることを表す。

さらに、次のような用法もある。

④ 状態の継続

- この川は曲がりくねっている。
- 私はアパートに住んでいる。
- 兄は銀行で働いている。

「住んでいる」「働いている」のような表現は、それが続いているという点では①に近いが、状態を表すという点では②に近いと言える。指導の際には、どちらの用法かということは問題ではなく、語彙的にひとまとまりの表現として扱うことが多い。

⑤ **経験**（過去の経験や記録など、以前に起きたことの影響が残っている）

・ 父は何度も海外に行っている。
・ 私はその映画を３回見ている。
・ 田中さんは10年前にこの大学を卒業している。

「〜度」「〜回」など回数を表す語や、過去の時を表す語と共起し、動作がこれまでに起こったことであることを表す。

述語に関する用語

時間の流れの中で展開する事態を動きと呼ぶ。これに対し、時間的な展開の過程のない、静的な事態を状態という。「走る」「割る」「変わる」「死ぬ」などの動詞は前者を表し、動き動詞と呼ばれる。「いる」「実在する」「明るい」「静かだ」「子どもだ」などの述語は後者を表し、状態性述語と呼ばれる。さらに、動き動詞は、主体の動作に焦点を当てた動作動詞と主体の変化に焦点を当てた変化動詞とに分かれる。上の例で言うと、「走る」「割る」などは動作動詞、「変わる」「死ぬ」などは変化動詞である。状態性述語には状態動詞と形容詞（イ形容詞・ナ形容詞）と名詞述語がある。これらをまとめると、以下のようになる。

述語の分類	動き動詞	動作動詞	走る、割る、飲む、揺れる
		変化動詞	変わる、割れる、点く、死ぬ
	状態性述語	状態動詞	ある、要る、実在する、由来する
		形容詞	明るい、静かだ、赤い、穏やかだ
		名詞述語	子どもだ、医者だ、山だ

図1-3-12　述語に関する用語

3.2 「〜てある」の用法

重要

「〜てある」の基本的用法は「動きの結果の状態」である。誰かによって引き起こされた結果状態を表現する。

① 窓が開けてある。　←（誰かが窓を開けた。）
② エアコンがつけてある。　←（誰かがエアコンをつけた。）

①では、「誰かが窓を開けた」という動きの結果が、②では、「誰かがエアコンをつけた」という動きの結果が書かれており、そのような人為的状況が過去から現在まで続いていることを表している。ここで問題となるのが、「〜ている」の表す「動きの結果の状態」との違いである。両者の相違について、以下の文で確認してみよう。

「〜てある」	窓が開けてある。	エアコンがつけてある。
「〜ている」	窓が開いている。	エアコンがついている。

両者を比べると、同じ動きの結果の状態でも、その内容が異なっていることが分かる。これらの違いをまとめると、以下のようになる。

特　徴	〜てある	〜ている
① 動詞の自他	他動詞	自動詞
② 意志の有無	意志動詞	無意志動詞
③ 意図性	意図性を感じる	意図性を感じない

表1-3-14 「〜てある」と「〜ている」の特徴

「〜てある」は意図的な結果の状態を、「〜ている」は中立的な結果の状態を表している。その理由は、「〜てある」に使われる動詞は他動詞であり、意志動詞であるのに対し、「〜ている」に使われる動詞は自動詞であり、無意志動詞であるからである。このことから、意図的な結果状態は「〜てある」で、客観的な結果状態は「〜ている」で表すという区別がなされている[※16]。

	意図的な結果状態	中立的な結果状態
①	飲み物が冷やしてある。	飲み物が冷えている。
②	部屋が片付けてある。	部屋が片付いている。
③	お金が貯めてある。	お金が貯まっている。

表1-3-15 「〜てある」と「〜ている」の例文

ここまで見た「〜てある」の特徴は「〜ている」との対応において言えるものである。無対他動詞のテアル文には自動詞がないため、対応するテイル文がない。そのような場合は、テアル文は意図的および中立的な結果状態を両方とも表すことが可能になる。

① あんな所に弁当が置いてある。　（「うっかり」と「わざと」の状況）
② 壁にポスターが貼ってある。　（「見たまま」と「わざと」の状況）

※16
日本語の教科書では、早い段階で「〜ている」と「〜てある」の対応を紹介するので、日本語教師は両者の入れ替えがすぐにできるように慣れておく必要がある。
また、「〜てある」とともに、準備的動作を表す「〜ておく」も一緒に導入されることが多いので、その違い（テアルは結果状態、テオクは準備動作）をしっかりと理解しておく必要がある。

また、一般的に「〜てある」の形式は、動作の対象がガ格であり、動作主の存在は不問である。

> 窓が（対象）　開けてある。　（← 誰かが（動作主）　窓を（対象）　開けた）

これに対し、「〜が〜を〜てある」という形式が存在する※17。この構文では具体的な動作主がガ格で示され、対象はヲ格のままとなる。

> 私が（動作主）　窓を（対象）　開けてある。　（← 私が（動作主）　窓を（対象）　開けた）

※17
初級の教科書でも、「〜が〜を〜てある」を導入する場合があるので、両者の違いを理解しておく必要がある。

この構文の特徴は、話者が動作主を認識しており、明白な意図でそのような準備的状況を作り出していることにある。ただし、使用頻度はそれほど高くない。

> ③ 熱帯夜なので、（私は）エアコンをつけてある。
> ④ 田中さんはすでに飛行機を予約してあるそうだ。

ここがポイント

- 動作のどの局面に注目するかを示す文法カテゴリーをアスペクトという。
- 「〜ている」：動きの進行、動きの結果の状態、繰り返し、状態の継続、経験の用法がある。
- 「〜てある」：動きの結果の状態を表す。

金田一の動詞分類

国語学者であった金田一春彦は、動詞によって、「〜ている」を付けたときの意味が異なることに注目し、日本語動詞をアスペクトの観点から4種類に分類した。

状態動詞	ル形で現在の状態を表す。 （例）いる、ある、実在する、似合う、〜すぎる、（動詞の）可能形
	・机の上に本がある。　・この小説の主人公は実在する。
継続動詞	「〜ている」を付けると、通常「動きの進行」を表す。 （例）食べる、降る、遊ぶ、描く、建てる、作る、拭く、洗う
	・父親がコーヒーを飲んでいる。　・雪が強く降っている。

瞬間動詞	「〜ている」を付けると、通常「動きの結果の状態」を表す。 （例）死ぬ、倒れる、完成する、閉まる、汚れる、曲がる ・服が汚れている。　・針金が曲がっている。
第4種の動詞	「〜ている」を付けると、「状態の継続」を表す。必ず「〜ている」とともに使われ、ル形での使用は不自然になる。 （例）ずばぬける、優れる、ひょろひょろする、そびえる、ありふれる ・吉田選手の運動能力はずばぬけている。（×ずばぬける）

表1-3-16　金田一の動詞分類

金田一の分類では、継続動詞であっても継続期間がない動詞（「打つ」や「振る」など）、瞬間動詞であっても継続期間が長い動詞（「太る」や「乾く」など）が指摘され、現在では、継続動詞は純粋に動きに継続性が認められるものを指し、瞬間動詞は動きに継続性が認められないものだけを指す。その上で、「〜ている」を付けると「動きの進行」が表されるものを動作動詞、「〜ている」を付けると「動きの結果の状態」を表すものを変化動詞と呼んでいる。

4. テンス　★★★

4.1 テンス

テンスとは、時を表す文法カテゴリーである[※18]。述語の辞書形は一般的に**ル形**と呼ばれ、現在や未来を表す。これに対し、「〜た」で終わる述語は**タ形**と呼ばれ、過去を表す。

※18
テンスの文法カテゴリーは普遍的なものではない。中国語やインドネシア語にはテンスはない。これらの言語の時制は「昨日」や「明日」などの時の表現によって表される。

ル形、タ形という呼び方は動詞の典型的な形態である「起きる／寝る」「起きた／寝た」の語末の「〜る」「〜た」に由来するもので、1グループの動詞で語末が「〜る」ではない「書く」「読む」や、形容詞「暑い」「静かだ」なども含めてル形という。同様に、「飲んだ」のように「〜た」でないものもタ形という。

まとめると以下のようになる。

	形式	ル形（現在・未来）	タ形（過去）
動詞	普通形	食べる・飲む	食べた・飲んだ
	丁寧形	食べます	食べました
イ形容詞	普通形	美しい	美しかった
	丁寧形	美しいです	美しかったです

ナ形容詞	普通形	穏やかだ	穏やかだった
	丁寧形	穏やかです	穏やかでした
名詞	普通形	子どもだ	子どもだった
	丁寧形	子どもです	子どもでした

表1-3-17　ル形とタ形

ル形は基本的に「現在」または「未来」のどちらかを表す。大多数の動詞は動的な動きを表すことから、ル形で未来の事態を表す※19。現在の状態を表す場合は、テイル形にしなければならない。

※19
文法でいう「未来」は厳密に規定される。数秒後に行われる動作や変化であれば、未来になる。

① 手を洗う。(未来の動作)
→　今手を洗っている。(動作による現在の状態)

② 空が晴れる。(未来の変化)
→　空が晴れている。(変化による現在の状態)

これに対し、「ある」や「異なる」のような状態動詞は、ル形で現在の状態を表す。

③ その公園には大きな桜の木がある。(現在の存在の状態)
④ 私と彼女では意見が異なる。(現在の相違の状態)

また、イ形容詞述語、ナ形容詞述語、名詞述語においても、ル形で現在の状態を表す。

⑤ 故郷が懐かしい。(現在の懐かしい状態)
⑥ 駅前が賑やかだ。(現在の賑やかな状態)
⑦ 私の好きな動物は猫だ。(現在の好きな動物が猫である状態)

動きを表す動詞のル形は未来の事態を表し、**状態性の述語**※20のル形は現在を表すのである。

※20
状態動詞・イ形容詞・ナ形容詞・名詞述語。

このように、日本語はル形が「非過去」、タ形が「過去」と2つに区別されるだけである※21。

※21
ただし、動作動詞の場合である。

英語のテンスと比較してみると分かりやすいだろう。

テンス	英語	日本語
未来	will go	行く
現在	go	
過去	went	行った

表1-3-18　英語のテンスとの比較

4.2 ル形の恒常的な表現

動き動詞はル形で未来を表すが、ル形で表される事態が個別の出来事ではなく、一般的な事態や繰り返し（習慣）[※22]、真理、規則などの場合は、過去･現在･未来という時間の枠にはとらわれない表現となる。本書ではまとめて**恒常的な表現**と呼ぶことにする[※23]。

※22
習慣や繰り返しの事態も過去から未来にかけて起きているという意味で「恒常的な表現」として扱うことにする。

※23
恒常的な表現は一見すると、現在の状態を表しているように感じるので、注意が必要である。

	恒常的な表現
①	日本人は米を<u>食べる</u>。（一般的事実）
②	私は毎日<u>散歩する</u>。（繰り返し）
③	地球は太陽の周りを<u>回る</u>。（真理）
④	車での通学を<u>禁止する</u>。（規則）
⑤	目は口ほどに物を<u>言う</u>。（諺）

表1-3-19　恒常的な表現

4.3 タ形の「完了」の表現

ル形とタ形はテンスだけでは説明できないことがある。例えば、以下の質問に対する回答は、異なる表現になる。

① もう映画を<u>見ました</u>か。　→　いえ、まだ見ていません。
② 昨日映画を<u>見ました</u>か。　→　いえ、見ませんでした。

この理由は、①の「見ました」は**現在完了**、②の「見ました」は**過去**を表しているからである。英語で表すと、

③ <u>Have</u> you <u>watched</u> the movie yet?
④ <u>Did</u> you <u>watch</u> the movie yesterday?

となり、日本語では同じ「見ました」が英語では異なって表されることが分かる。③のような完了の意味はアスペクトの範疇に入り、タ形は現在完了を表すとされる。なお、過去の否定がタ形であるのに対し、現在完了の否定はテイル形となる点に注意してほしい。

● 過去と現在を結ぶタ形

「現在完了」は過去の事態を現在とつなげるアスペクトの視点である。過去に起きたことと現在が関連していることを示す。これに対

し、「過去」の視点ではそのような現在との関わりはなく、すでに終わっている過去の出来事として捉える[※24]。

※24
「過去」と「現在完了」の違いは分かりにくいので、例文などで理解を深めてほしい。

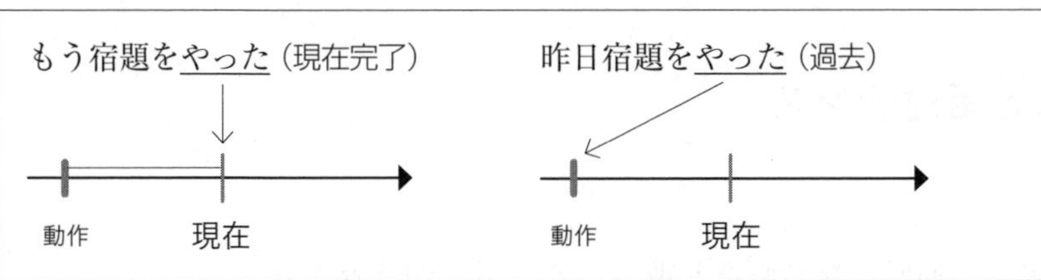

図1-3-13　過去と現在を結ぶタ形

「現在完了」のタ形の多くは、アスペクトの表現である「〜ている」や「〜したところだ」などで言い換えることが可能である。

⑤ 田中さんはもう来た？　→　田中さんはもう来ている？
⑥ 友達はちょうど今帰った。→　友達はちょうど今帰ったところだ。

4.4 テンス・アスペクトとは異なる「タ形」

主文末におけるタ形は、テンスやアスペクトとは異なる意味を持つことがある。

① 命令の「タ」

・（魚屋で）さあ、買った、買った。今日のサンマ、安いよ。
（事態がすでに実現したとして、相手を促すとき）

② 発見の「タ」

・あった、あった、こんなところに財布があった。
（探していたものを発見したとき）

③ 確認の「タ」

・あなたは山梨出身だったんですか。
（知らなかった事実に気が付いたとき）

④ 想起の「タ」

・あ、そうだ、今日は燃えるゴミの日だった。
（忘れていたことを思い出したとき）

このようなタ形は、話し手の認識と深い関係にあることから、「モダリティのタ」などと呼ばれることがある。

4.5 絶対テンスと相対テンス

絶対テンス

テンスを考える場合、通常は発話時を基準として、事態がそれより**前**か、**同時**か**後**かという判断をする。前の場合はタ形、同時か後の場合はル形が使われる[※25]。

※25
テンスの基本は、発話時をもとに「過去」「現在」「未来」を決定することである。

① 花子は大阪に行った。（発話時より前：タ形）
② 花子は大阪にいる。　（発話時と同時：ル形）
③ 花子は神戸に行く。　（発話時より後：ル形）

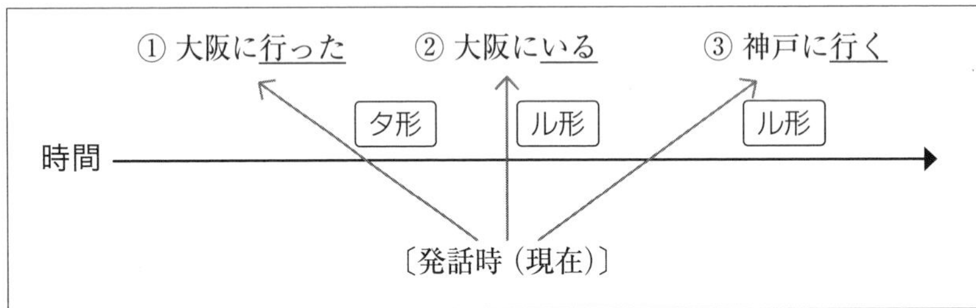

図1-3-14　絶対テンス

相対テンス

絶対テンスでは発話時を基準としてタ形とル形が決定される。単文のように1つの事態を1つの述語で表す場合は絶対テンスになるが、複数の事態を複数の述語で表す複文においては、従属節の述語のテンスは基本的に**相対テンス**となる。これは、時を判断する基準が発話時ではなく、主節の事態の時となることを意味する。従属節は主節に付属する関係であるため、そのテンスも主節に依存するのである。

① 東京に出てくるときに、友達が集まってくれた。
　　　相対テンス（従属節）　　　絶対テンス（主節）

上の例文は、過去の出来事を表している。主節の「集まってくれた」は発話時から見た過去の出来事（タ形）として捉えられているからだ。一方、従属節の「出てくる」は相対テンスである。なぜ、過去の事態にもかかわらず、ル形になっているかというと、主節の事態の時においては、「東京に出てくる」という事態はまだ起きていない、未来のことだからである。この文の意味は、東京に出てくるにあたって、地元で友達が集まってくれたという意味である。

これに対して、次のような言い方では、反対に東京に出てきてから、友達が集まってくれたという意味になる。

② 東京に出てきたときに、友達が集まってくれた。
相対テンス（従属節）　絶対テンス（主節）

その理由は、主節の時点の「友達が集まってくれた」時から見ると、東京で友達が集まってくれるためには、「東京に出てくる」という行為がすでに実現していなければならない。つまり、主節時より前に従属節の事態が起きている必要があるので、タ形になるのである[※26]。これらの2つの相対テンスを時間軸で説明すると以下のようになる。

※26
相対テンスの概念は理論的に考えると非常に複雑である。具体的な表現とともに教えることが大切である。

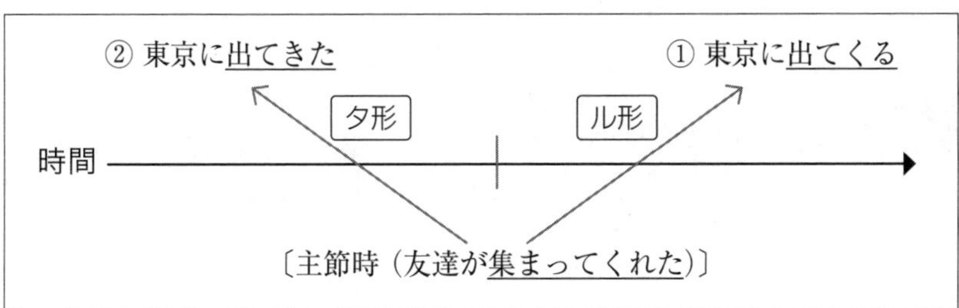

図1-3-15　相対テンス

このように、従属節のテンスは主節の時点を基準に決定される。

日本語教育においては、「〜する前に」「〜した後に」「〜するときに」「〜したときに」などの具体的な表現で、相対テンスと絶対テンスを教えていく。

・あした映画を見る前に買い物をする。
・きのう映画を見る前に買い物をした。

・あした映画を見た後に食事をする。
・きのう映画を見た後に食事をした。

第1部 言語一般
第2部 言語と教育
第3部 言語と心理
第4部 言語と社会
第5部 社会・文化・地域
第6部 音声分野
第7部 記述問題

5. モダリティ ★★

話し手が事柄をどのように捉え、それを聞き手にどのように伝えるかを表す形式のことをモダリティという。文は命題とモダリティによって構成される。命題とは文の基本的な部分で客観的に把握される事柄を表す要素である。モダリティは、その事柄に対する話者の主観的な判断や聞き手への働きかけを表す要素である。

例えば、「雨が降るかもしれないよ。」という表現では、話し手は「雨が降る」という客観的な事柄（＝命題）に対して、その"可能性がある"と判断したため、事態に対する話し手の立場として、「～かもしれない（＝推量・可能性）」を付け、さらに、聞き手がその情報を知らないと判断して、聞き手への働きかけとして、「～よ（注意喚起）」を付けている。

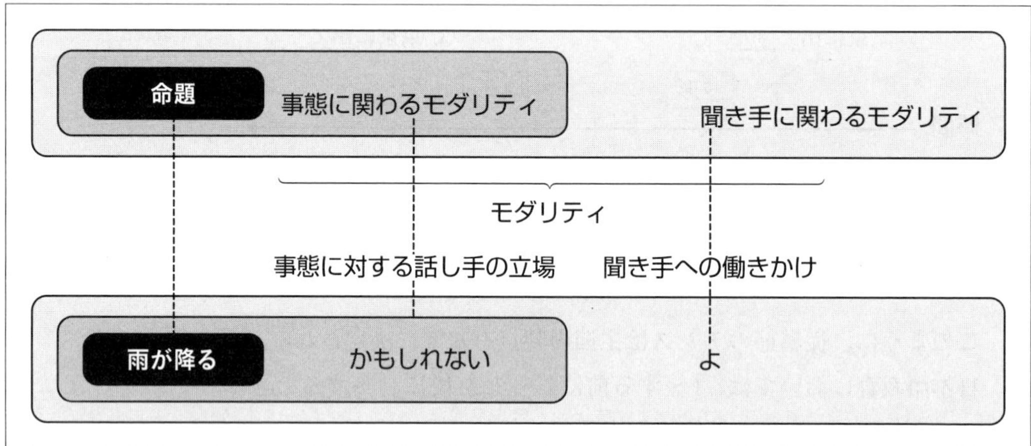

図1-3-16　命題とモダリティ

話し手の気持ちを表すモダリティの表現は非常に多くあり、文法書にも詳細な分類が紹介されている。ただ、日本語教育の現場では、1つ1つのモダリティの表現を、実際の運用面から導入していくので、モダリティの細かい分類にはそれほどこだわる必要はないだろう[※27]。ここではモダリティの表現とはどういうものなのかという観点から初級教科書で扱うものを中心に見ていくことにする。

モダリティは、命題の内容を話し手がどのように捉えるのかを表す**対事的モダリティ**と、命題の内容をどのように聞き手に働きかけるのかを表す**対人的モダリティ**とに分かれる[※28]。

※27
教室では、「モダリティ」という表現では教えられない。話者のさまざまな気持ちを伝える文型・表現として、個別に導入される。

※28
対人的モダリティには、「表出」（意思や願望）や「述べ立て」（現象文や判断文）などを含む場合があるが、ここではそれらの表現は含まないものとする。

それぞれの代表的なものを以下にまとめる。

～らしい	推量（確かな情報による推定）	鈴木さんは来月大阪へ行くらしい。
～ようだ	推量	落雷のため、各地で停電が起こっているようだ。
～みたいだ	推量（話しことば的）	あそこで事故があったみたいだよ。
～そうだ	推量（見た目の印象からの判断）	あ、シャツのボタンが取れそうだ。
～そうだ	伝聞（他の人から聞いた話を伝える）	新聞によると、犯人が逮捕されたそうだ。
～はずだ	確信（客観的な証拠に基づくもの）	家に明かりがついているから誰かいるはずだ。
～にちがいない	確信（主観的な思い込みでもよい）	服装からして、あの人は教員にちがいない。
～のだ（んです）	説明（現在の状況に対する説明）	すみません、その日は都合が悪いんです。
～わけだ	説明（推論の結果、当然だと判断される）	留学してたの？ どうりで発音が上手なわけだ。
～と思う	非断定	ギリギリだと思うけど、たぶん間に合うと思う。
～だろう	非断定	おそらく明日は晴れるだろう。
～でしょう	非断定	明日は晴れるでしょう。
～かもしれない	可能性	ごめん、もしかしたら遅れるかもしれない。
※何も付かない	断定・意志	明日、学校へ行く。 ※助動詞などは何も付かない

表1-3-20　対事的モダリティ：命題に対する話し手の捉え方を伝える

～ませんか ～ましょう	勧誘	一緒に帰りませんか。
～てください ～てくださいませんか	依頼	明日までに課題を提出してください。
～なさい	命令	もう遅いから、早く寝なさい。　※もっと強い命令は「寝ろ」
～てもいい	許可	この辞書なら使ってもいいですよ。
～てはいけない	禁止	その辞書は使ってはいけません。 ※話しことばは「～ちゃだめ」
～か ～の	質問	何を食べましたか。※品詞は「終助詞」 何を食べたの？
～よね	同意・確認	明日のミーティング、出席できるよね。※品詞は「終助詞」

表1-3-21　対人的モダリティ：聞き手に対して何らかの働きかけをする

～ものだ	対事的モダリティ　回想	昔はよくこの海で遊んだものだ。
	対人的モダリティ　当然	学生は勉強に専念するものだ。
～ことだ	対事的モダリティ　詠嘆	優勝したとは、本当にすごいことだ。
	対人的モダリティ　勧め	失敗はあまり気にしないことだ。
～べきだ	対事的モダリティ　当然	そのような制度は、直ちに廃止すべきだ。
	対人的モダリティ　忠告	その悪い態度を改めるべきだ。
～なければならない	対事的モダリティ　義務	運転するときは免許証を携帯しなければならない。
	対人的モダリティ　忠告	君は自分の発言に責任を持たなければならない。

表1-3-22　対事的モダリティと対人的モダリティのどちらにも関わるもの

5.1　対事的モダリティ

● 推量のモダリティ

話し手が何らかの情報によって推量するもので、状況からの判断である「～らしい」「～ようだ」「～みたいだ」と、ある対象の外観の印象から判断する「～そうだ」がある[※29]。

① **～らしい**（ある情報による推定）

・ 鈴木君は印刷会社で働いているらしい。

② **～ようだ**（話し手の観測による事態の把握）

・ 田中さんは退職することをまだ同僚には話していないようだ。

③ **～みたいだ**（「～ようだ」の口語体[※30]）

・ 田中さんは退職することをまだ同僚には話していないみたいだ。

④ **～そうだ**（外観を見ての感じ、兆候。動詞の連用形に接続する）

・ 壁のポスターがはがれそうだ。

● 確信のモダリティ

話し手が確信や期待を持って表すモダリティで、ある事実や根拠からの判断である「～はずだ」や、客観的な判断基準を必要としない「～にちがいない」などがある[※31]。

※29
同じ形式だが異なる意味を伝えるものがある。典型の「～らしい」（例：「春らしいあたたかな日だ」）、比喩の「～ようだ」（例：「窓からの景色が絵画のようだ」）、伝聞の「～そうだ」（例：「彼は引っ越しするそうだ」）。

※30
「～ようだ」の口語体として、「～みたいだ」があり、言い換えが可能である。

※31
「～はずだ」には疑問氷解・納得の意味があるので注意が必要である（例：「なんだ、英語がうまいはずだよ。10年も米国にいたんだって」）。また、確認に使われる「～ちがいない」がある（例：「この手帳はあなたのものにちがいないですね？」）。

① **〜はずだ**（話し手が客観的な証拠に基づいて推測した結果の確信）

・ 家に明かりがついているから、誰かいるはずだ。

② **〜にちがいない**（主観的な思い込みでもよい確信）

・ 雰囲気からして、山田さんは公務員にちがいない。

説明のモダリティ

「〜のだ」はある状況の説明を表し、話し言葉では「〜んだ」となる。会話で頻繁に使われるが、学習者には運用が難しい表現でもある。「〜わけだ」は、確信的な気持ちを表すが、説明の意味でも使われるので、ここでは説明のモダリティに分類する。なお、「〜のだ」も「〜わけだ」も聞き手に対する働きかけはないので、対事的モダリティに分類される。

① **〜のだ**（現在の状況に対する説明）

・「どうしたの？」「バスがまだ来ないんです」

② **〜わけだ**（推論の結果、当然そうなると判断された事態）

・ 医療訴訟が増えているから、外科医のなり手が減っているわけだ。

断定と意志のモダリティ

これまでにみてきたものとは性質が異なるが、文末に何も付かないことでもモダリティとなる。形式的に何も見えないがモダリティの表現の一番基本的なものであると言えよう。動詞、形容詞、名詞述語によって文が言い切られると、命題の内容をそのまま相手に伝えることになり、表面的には何もない「ゼロ」形式の断定のモダリティとなる。

① 母親は買物に出かけている ϕ。（動詞）
② 試験に合格したのがとても嬉しい ϕ。（イ形容詞）
③ 駅の周りが賑やかだ ϕ。（ナ形容詞）
④ イルカは哺乳類である ϕ。（名詞述語）

ただし、意志を表す動き動詞（意志動詞）が一人称で表されると、断定のモダリティではなく**意志のモダリティ**として理解される。意志のモダリティも「φ」で表される。

⑤ 私は来年オーストラリアに留学しますφ。
⑥ 私は今年検定試験を受験しますφ。

このように、述語の部分が言い切りの形になると、断定または意志のモダリティとなるが、形式はゼロ（φ）なので、注意してほしい。

5.2 対事的モダリティと対人的モダリティのどちらにも関わるもの

義務・必要のモダリティ

「〜べきだ」は、あることが当然なされなければならないとする判断の表現で、「〜なければならない／〜なければいけない」は、どうしてもしなければならない義務や必要性を表す表現である。両者とも一般論や自分の義務などを述べるときは対事的モダリティとなるが、聞き手への忠告として使われると、対人的モダリティとなる。

① 〜べきだ（当然）

① その制度は廃止すべきだ。（一般的な考え → 対事的）
② 君はもっと勉強するべきだ。（聞き手への忠告 → 対人的）

② 〜なければならない（義務）

③ 夕飯の準備をしなければならない。（自分の義務 → 対事的）
④ 君は真剣に将来のことを考えなければならない。（聞き手への忠告 → 対人的）

当然・回想、勧め・詠嘆のモダリティ

「〜ものだ」は「当然」と「回想（昔のことを思い出すこと）」を、「〜ことだ」は「勧め」と「詠嘆（気持ちを声に出すこと）」を表す。「回想」と「詠嘆」は対事的、「勧め」は対人的となる。「当然」の用法では聞き手に向かって言うときは対人的モダリティ、一般的な考えを述べるときは対事的モダリティになる[※32]。

※32
状況に応じて、相手に働きかける場合は、「対人的モダリティ」になる。相手に話しても、働きかけがない場合は、「対人的モダリティ」ではないので、注意が必要である。

① **〜ものだ**（当然・回想）

> ① 目上の人には敬語を使うものだ。（当然 → 対人的）
> ② 気分がいいときは心も寛容になるものだ。（当然 → 対事的）
> ③ 昔はよく海で遊んだものだ。（回想 → 対事的）

② **〜ことだ**（勧め・詠嘆）

> ④ いろいろ言われてもあまり気にしないことだ。（勧め → 対人的）
> ⑤ ４連続金メダルなんて、本当にすごいことだ。（詠嘆 → 対事的）

6. 複文の構造 ★★★

述語を中心としたひとまとまりのことを**節**というが、１つの節でできた文を**単文**、複数の節でできた文を**複文**という。例えば、「雨が降っている。」は単文である。「雨が降っているから、傘を持って行った方がいい。」は「傘を持って行った方がいい」という主節と「雨が降っているから」という従属節からなる複文である。

複文には、節によっていろいろなタイプがある※33。

※33
例文中の
＿＿は従属節、
〜〜は主節の述語
を示す。

- **名詞修飾節を含む文**

> ・ 母は、私がプレゼントした[時計]をつけている。

- **補足節を含む文**

> ・ 私は彼が昨日そこにいた[の]を知らなかった。

- **引用節を含む文**

> ・ アナウンサーは、雨が降るだろう[と]言った。

- **副詞節を含む文**

> ・ 田中さんは風邪をひいた[ので]学校を休んだ。

以上は主節を補佐する**従属節**であるが、節同士が対等な関係で結びついたものを**並列節**と呼ぶ。

- **並列節を含む文**

・昨日は山へ行って、今日は海へ行った。

名詞修飾節、補足節、副詞節、並列節などの分類は研究者によって異なる場合もあり、その区別自体は重要ではない。しかし、体系的な分類は別として、それぞれの節がどのような特徴を持っているかは知っておかなければならない。特に、名詞修飾節、補足節、副詞節は文法の指導において重要なので、この3つを中心に押さえておこう。

6.1 名詞修飾節（連体修飾節）を含む文 重要

名詞修飾節の分類には、名詞修飾節の構造によるものと機能によるものとがある。前者の分類を**内・外の関係**、後者の分類を**限定・非限定用法**と呼ぶ。

内と外の関係

名詞修飾節[※34]は修飾する成分とそれを受ける名詞（被修飾名詞）との構造的な関係から、内の関係と外の関係に分かれる。

※34
連体修飾節ともいう。

・**内の関係**：　花子が焼く［パン］
・**外の関係**：　花子がパンを焼く［におい］

内の関係は、修飾されている名詞が修飾する述語に対して、格関係を持つ[※35]。

※35
「パン」や「花子」は、「花子がパンを焼く」という文の“内側にあった”ものである。

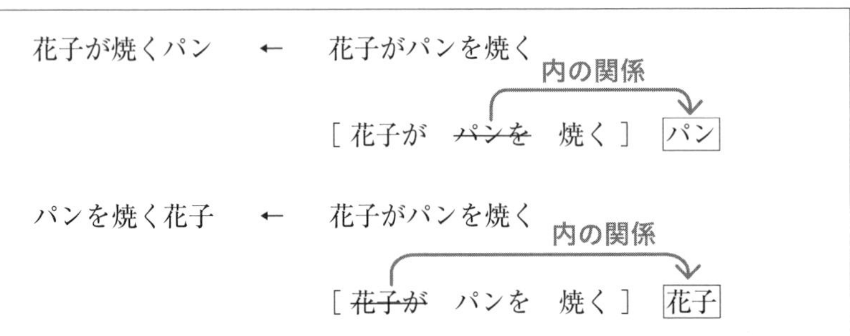

図1-3-17　内の関係

外の関係は、修飾されている名詞が修飾する述語に対して、格関係を持たない（結びつく格がない）ものをいう[※36]。

※36
「におい」や「様子」は、「花子がパンを焼く」という文の内側にあったものではなく、“外から来た”ものである。

花子がパンを焼くにおい ← 花子がパンを×におい｛が･を･に…｝焼く
外の関係
［花子が パンを 焼く］ におい

花子がパンを焼く様子 ← 花子がパンを×様子｛が･を･に…｝焼く
外の関係
［花子が パンを 焼く］ 様子

図1-3-18 外の関係

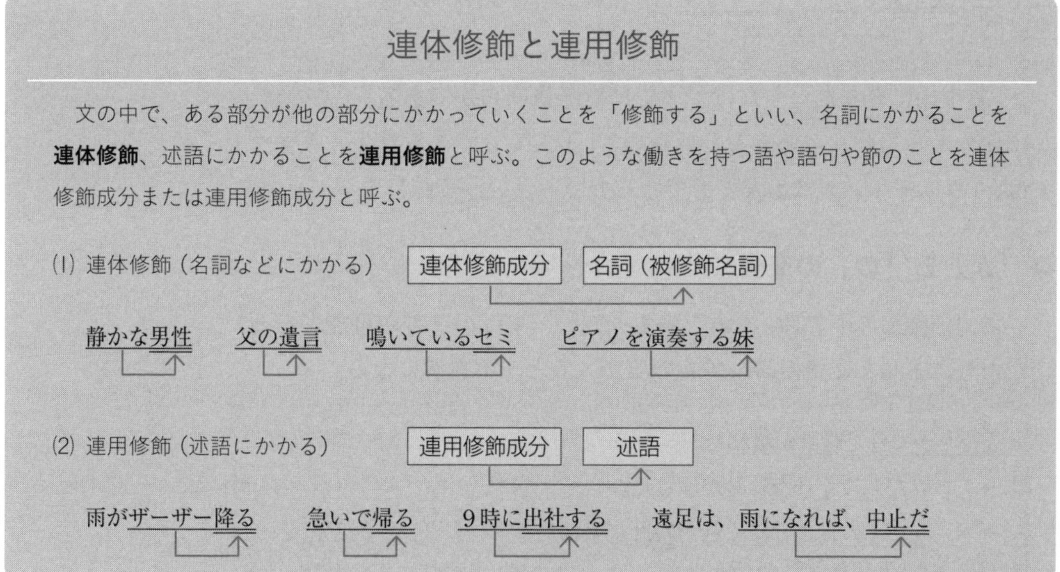

連体修飾と連用修飾
文の中で、ある部分が他の部分にかかっていくことを「修飾する」といい、名詞にかかることを**連体修飾**、述語にかかることを**連用修飾**と呼ぶ。このような働きを持つ語や語句や節のことを連体修飾成分または連用修飾成分と呼ぶ。
(1) 連体修飾（名詞などにかかる）
連体修飾成分
名詞（被修飾名詞）
静かな男性
父の遺言
鳴いているセミ
ピアノを演奏する妹
(2) 連用修飾（述語にかかる）
連用修飾成分
述語
雨がザーザー降る
急いで帰る
9時に出社する
遠足は、雨になれば、中止だ

限定用法と非限定用法

被修飾名詞の意味に制限を与えるかどうかという機能的な観点から、**限定用法**と**非限定用法**に分類できる※37。

※37
文法書によっては、「制限用法」と「非制限用法」と呼ぶことがある。

(1) 限定用法

一般的に「食料品、学生、帽子」などの普通名詞を修飾し、特定の意味を加えることで名詞の内容を特定化する。多くの名詞修飾節は限定用法であると言える。

・成績が最も優秀な学生に賞を与える。

「学生」だけではどんな学生に賞を与えるのかは明確にならない。

「成績が最も優秀な」という修飾をつけることで、どのような学生なのかが限定される。

(2) 非限定用法

限定するためではなく、説明を加えるための修飾である。被修飾名詞が固有名詞の場合、もともと限定されているため、非限定用法となることが多い。

- 世界文化遺産に登録された富士山に登りたい。
- 一人でもできるウォーキングは、気軽に始められるスポーツだ。

「富士山に登りたい」だけですでに意味は明らかである。「どの富士山か分からない」ということはない。「１人でもできるウォーキング」は、「ウォーキングは１人でもできるので」という意味になっている。

「が」と「の」の交替

名詞修飾節の中では、主語を表す「が」と「の」の交替が可能になる。ただし、主語と述語の間に多くの語が入ると、不自然になる。

友だちがくれた時計が壊れた。
→　友だちのくれた時計が壊れた。
→ ×　友だちの誕生日にくれた時計が壊れた。

- 内の関係：被修飾名詞が格成分として名詞修飾節の内に入る。
- 外の関係：被修飾名詞が格成分として名詞修飾節の中に入らない。
- 被修飾名詞の意味に制限を与えるかどうかという機能的な観点から、限定用法、非限定用法に分類できる。

6.2 補足節を含む文

補足語の一部になっているような節を**補足節**という[※38]。

・友だちが歩いているのを見た。
・海外で日本語を教えることが、私の夢だ。

「本、机、学生、夢」などのように、名詞はほとんどが内容的な意味を持つ。しかし「の、こと」などの形式名詞は、品詞的には名詞であるが、内容的な意味を持たない。例えば、「ことが私の夢だ」だけでは意味が分からず文が成り立たない。「海外で日本語を教えることが私の夢だ」という文では「海外で日本語を教える」が形式名詞「こと」の意味を補足している。この「海外で日本語を教えること」が、補足節である。

※38
節全体が名詞に相当することから、**名詞節**と呼ばれる場合もある。

6.3 引用節を含む文

述語の表す内容（従属節）を「～と」「～よう（に）」につなげることで、主節を構成する成分となる。

・私は、この店の料理はとてもおいしいと思う。（思考の内容）
・明日はお弁当を持ってくるように学生たちに言った。（言った内容）

6.4 副詞節を含む文

副詞のように主節の述語にかかっていくことから、**副詞節**と呼ばれる[※39]。副詞節には**条件**、**原因・理由**、**時間**、**目的**、**様態**などがある[※40]。

※39
連用修飾節と呼ばれることもある。

※40
副詞節は項目数が多いので、暗記するのではなく、理解、整理しておくことが重要である。

● 条件節

条件節には、予期された通りの結果となる**順接条件**、予期する結果とはならない**逆接条件**がある。

① **順接条件**（「～と」、「～ば」、「～たら」、「～なら」など）

① 秋になると、木々が紅葉する。
② 台風が来れば、運動会は中止です。
③ 宝くじが当たったら、家を買います。
④ コンビニに行くなら、パンを買ってきて。

② 逆接条件（「〜が」、「〜けれども」、「〜のに」、「〜ても」など）

①一生懸命に勉強したが、試験に合格しなかった。
②雪が降ったけれども、たいして積もらなかった。
③薬を飲んだのに、熱が下がらない。
④いくら練習しても、なかなか上達しない。

原因・理由

従属節が、主節の原因や理由となる。「〜から」「〜ので」「〜ために」「〜て」などがある。

① 今日は雨が降るから、傘を持っていったほうがいい。
② 熱があるので、早退します。
③ 踏切事故があったために、ダイヤが大幅に乱れた。
④ 寒くて、コートを着た。
⑤ 風邪をひいて、学校を休んだ。

例の①〜③は、「から、ので、ため」があることからいかにも「原因・理由」ということが明確であるが、④⑤の「〜て」も「原因・理由」を表すという点に注目したい。「〜て」による「原因・理由」は、特に形容詞によく見られるが、動詞でも見られる※41。

※41
形容詞の例は、「眠くて、集中できない」「難しくて、答えられなかった」。動詞の例は、「解説を読んで、分かった」「久しぶりに運動して、疲れた」。

時間

主節の事態が起きた時間を表す。「〜とき（に）」「〜てから」「〜あと（に／で）」「〜まえ（に）」「〜うちに」などがある。

① テレビを見ているときに、電話が鳴った。
② 宿題をしてから遊びに行った。
③ 仕事が終わったあとに、ジムで体を鍛えている。
④ 大学を卒業するまえに、運転免許を取りたい。
⑤ 音楽を聴いているうちに、眠ってしまった。

目的

主節の事態の目的を表す従属節で、「〜ため（に）」「〜ように」「〜のに」「〜には」などがある。

① 日本語教師になるために、養成講座で勉強している。
② 面接試験に受かるように、事前に何度も練習した。
③ 京都へ行くのに新幹線を利用した。
④ 合格するには、しっかり準備しなければならない。

様態

主節の事態のあり方を述べる従属節である。「〜ように」「〜みたいに」「〜ほど」「〜ながら」などがある。

① 友達は一瞬驚いたように、私を見た。
② 台風が来たみたいに、街路樹の葉っぱや枝が道に落ちている。
③ その景色は思わず息をのむほど、美しかった。
④ コーヒーを飲みながら、テレビを見た。

6.5 並列節を含む文

２つの節が対等な関係で並ぶもので、テ形、連用形、「〜が」「〜たり」「〜し」などがある。

① 兄は図書館へ行って、弟は塾へ行った。（テ形）
② この機種はデザインもよく、性能もいい。（連用形）
③ その大学は入るのは易しいが、出るのは難しい。（〜が）
④ 週末は映画を見たり 買い物に行ったりする。（〜たり）
⑤ その歌手は声量があるし、声質もいい。（〜し）

テ形のさまざまな解釈

テ形による節「Ａて、Ｂ」は、基本的にはＡとＢの２つの節をつなぐものであり、特定の意味をもたない。例えば、「重くて、黒い」「冷たくて、甘い」「解説を読んで、まとめた」「買い物をして、家へ帰った」の「〜て」は単なる並列や出来事の連続（「継起」と呼ばれる）を表す。しかし、前後の節の関係によって、特定の意味に解釈される場合がある。

主節（「〜て」の後ろの部分）が「結果や評価」と解釈できるものの場合、「〜て」は「原因・理由」であると解釈される。例えば、「運動して、疲れた。」「道が混んでいて、バスが遅れた。」「難しくて、答えられなかった。」「駅から近くて、便利だ」「安くて、いい店だ」などである。つまり、理由の意味は「て」自体にあるのではなく、前後の関係から解釈されるものである※42。

※42
それぞれの節が、どのような類似表現で言い換えられるかも重要である。

さまざまな解釈の代表的なものを見てみよう。

以下のように、副詞節の中でも、「逆接」、「仮定」、「原因・理由」、「継起」、「付帯状況」などはテ形が用いられる。

	節の解釈	類似表現	例文
副詞節	継起（時間）	～てから、～たあと	ご飯を食べて、家に帰った。 （ご飯を食べてから、家に帰った。）
	付帯状況（様態）	～ながら、～つつ	パソコンを使って、授業を受ける。 （パソコンを使いながら、授業を受ける。）
	原因・理由	～から、～ので、～ため	古いものを食べて、お腹を壊した。 （古いものを食べたので、お腹を壊した。） 難しくて、答えられなかった。 （難しいから、答えられなかった。）
	仮定（条件）	～たら、～ば	このペースで走って、あと30分で着く。 （このペースで走れば、あと30分で着く。）
	逆接（条件）	～のに、～が	事情を知っていて、なぜ黙っていたの？ （事情を知っているのに、なぜ黙っていたの？）
	手段・方法（様態）	～ことによって	冷蔵庫に入れて、ジュースを冷やす。 （冷蔵庫に入れることによって、ジュースを冷やす。）

表1-3-23　副詞節の解釈

また、2つの節が対等な関係を持つ並列節でも、テ形が用いられる。

	節の解釈	類似表現	例文
並列節	並列	～たり 連用形	食べて、歌って、踊って、大いに楽しんだ。 （食べたり、歌ったり、踊ったり、大いに楽しんだ。） このシチューはコクがあって、まろやかだ。 （このシチューはコクがあり、まろやかだ。）
	対比	～が	この地域は夏は涼しくて、冬は暖かい。 （この地域は夏は涼しいが、冬は暖かい。）

表1-3-24　並列節の解釈

「並列（対比）」と「逆接条件」

「並列（対比）」と「逆接条件」とは似ているので注意が必要である。

◆「並列（対比）」

次の文では、意味的に対立している2つの節が対等の関係を持っている。

その大学は入るのは易しいが、出るのは難しい。

Ⓐ その大学は入るのは易しい。
↕ *対等（ただし、意味的に「対立」している）*
Ⓑ その大学は出るのは難しい。

意味的に対立しているものの、上のⒶとⒷの節は対等の関係なので、入れ替えが可能となる。

その大学は出るのは難しいが、入るのは易しい。

◆「逆接条件」

次の文では、ⒶとⒷの2つの節は対等ではなく、因果関係を持っている。

「逆接」という解釈が生じるのは、Ⓐの出来事から予想される結果とは反対の結果であるⒷが示されているからである。

私は一生懸命勉強したが、合格できなかった。

Ⓐ 私は一生懸命勉強した。
↓ *因果関係［逆接：Ⓑは予想に反する結果］*
Ⓑ 私は合格できなかった。

Ⓐから予想されるとおりの結果となれば「順接」となる。この「順接」の場合は、ⒶとⒸを結びつける形式に「～ので」、「～から」、「～ため」などが用いられる。

私は一生懸命勉強したので、合格できた。

Ⓐ 私は一生懸命勉強した。
↓ *因果関係［順接：Ⓒは予想通りの結果］*
Ⓒ 私は合格できた。

7. 待遇表現 ★★

2007年２月に文化審議会国語分科会から「敬語の指針」が答申され、それまでの「尊敬語」「謙譲語」「丁寧語」の３分類から、「謙譲語」と「丁寧語」を２つに分けた５分類になった。

旧分類	現在の分類
尊敬語	尊敬語
謙譲語	謙譲語Ⅰ
	謙譲語Ⅱ（丁重語）
丁寧語	丁寧語
	美化語

表1-3-26　待遇表現

この指針では、敬語は「相互尊重」と「自己表現」を基盤とし、敬意表現の中でも重要な位置を占めるとされる。現在の区分の説明は以下のとおりである。

(1) 尊敬語

相手側または第三者の行為・ものごと・状態などについて、その人物を立てて述べるもの。

(2) 謙譲語Ⅰ

自分側から相手側または第三者に向かう行為・ものごとについて、その向かう先の人物を立てて述べるもの。

(3) 謙譲語Ⅱ（丁重語）

自分側の行為・ものごとなどを、話や文章の相手に対して丁重に述べるもの。

(4) 丁寧語

話や文章の相手に対して丁寧に述べるもの。

(5) 美化語

ものごとを、美化して述べるもの。

(1) ～ (5) の表現には以下のようなものがある。

敬意の種類	形式	例
尊敬語	お／ご～になる	お読みになる、ご心配になる
	～れる／られる	読まれる、食べられる
	お／ご～くださる	お教えくださる、ご指導くださる
	（ご）～なさる	利用なさる、ご利用なさる
	お／ご～だ	お読みだ、ご心配だ
	お／ご＋形容詞	お忙しい、ご立派な
	お／ご／貴＋名詞	（立てる人物などの）お名前、ご住所、貴社、貴校
	形容詞／名詞＋いらっしゃる	上手でいらっしゃる、努力家でいらっしゃる
謙譲語Ⅰ	お／ご～する	お仕えする、ご案内する
	お／ご～申し上げる	お仕え申し上げる、ご案内申し上げる
	お／ご～いただく ～ていただく	（立てる人物にしてもらう行為）お教えいただく、ご配慮いただく、教えていただく
	お／ご＋名詞	（立てる人物への）お手紙、御説明
謙譲語Ⅱ（丁重語）	～いたす（サ変のみ）	利用いたす
	愚／小／拙／弊＋名詞	愚妻、小生、拙著、弊社
丁寧語	～ます	読みます、食べます
	～です	高いです、静かです、学生です
	形容詞＋ございます	おいしゅうございます
美化語	お（ご）～	お酒・お料理・ご馳走・御祝儀

表1-3-26　敬語の一般的表現

上記の「敬語の一般的表現」は多くの語に適用される生産的な形式だが、日常的によく使われる動詞は、独自の敬語が発達しており、次のような特定の形式を持つ※43。

※43
これらの特定の形式は初級の教科書でも扱われることがある。特に同じ形式のものがあるので、注意が必要である。

辞書形	尊敬語	謙譲語		丁寧語
		Ⅰ	Ⅱ	
行く	いらっしゃる	伺う	参る	行きます
言う	おっしゃる	申し上げる	申す	言います
いる	いらっしゃる		おる	います
見る	ご覧になる	拝見する		見ます
食べる／飲む	召し上がる		頂く	食べます／飲みます
来る	いらっしゃる／見える		参る	来ます
する	なさる		いたす	します

表1-3-27　敬語の特定形式

謙譲語Ⅰと謙譲語Ⅱ

例えば「見る」に対して「拝見する」という謙譲語があるが、これは謙譲語Ⅰ、Ⅱのどちらだろうか。映画監督に会って、「あなたの作品を見た」と言いたい場合には「監督の映画を拝見しました」と言える。この場合映画を見るという行為が監督に向く行為だからである。しかし、会社の上司と話していて趣味を尋ねられたときに「よく映画を拝見しています」とは言わない。映画を見るという行為が上司に向くものではないからである。つまり、「拝見する」は謙譲語Ⅰに用いられる語であり謙譲語Ⅱには用いられない。

ほかに謙譲語Ⅰ、Ⅱの違いとして以下のような例がある。

言います　→　私から先生に直接申し上げます。（謙譲語Ⅰ）
　　　　　　　私は鈴木と申します。（謙譲語Ⅱ）

行きます　→　明日、御社に伺います。（謙譲語Ⅰ）
　　　　　　　毎年夏休みに京都へ参ります。（謙譲語Ⅱ）

- 敬語は、尊敬語、謙譲語Ⅰ、謙譲語Ⅱ（丁重語）、丁寧語、美化語の５種類がある。

第4章　第1部　言語一般
言語の構造

本章では、言語の構造一般について学ぶ。言語そのものに関する諸概念は抽象的なものが多いが、具体的な語彙(ごい)や文法といった言語現象の理解に役立つ背景的な知識として重要である。

1.　言語記号の特徴　★

人と動物の大きな違いの1つは、言語を使用するか否かであるといわれる。言語とは、おおむね**音声を媒介手段として**意味を伝えるものであるといえよう。では、音声が言語の中心的な役割を担うものであるとすれば、文字はどう扱われるのか。一般には、**音声が一次的**なものであり、**文字は二次的**なものであると考えられている。

○ 能記(のうき)と所記(しょき)

言語は、人間が知覚することのできる何らかの表象（もの・こと）に観念（意味・内容）が結び付いたものであるため、記号の一種であるといえる。スイスの言語学者**ソシュール**※1は、人間が知覚することのできる何らかの表象（もの・こと）を**能記（シニフィアン）**と呼び、その観念（意味・内容）を**所記（シニフィエ）**と呼んだ（**記号の二面性**）。つまり、記号は能記すなわちカタチと、所記すなわちイミの二面性を持つ。

※1
フェルディナン・ド・ソシュール（Ferdinand de Saussure、1857-1913）は「近代言語学の父」といわれる。

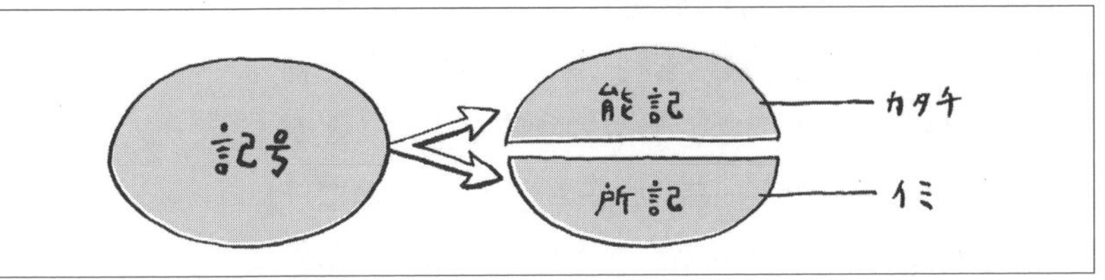

図1-4-1　能記と所記

例えば、「交通信号」という記号では、「青・黄・赤」が能記にあたり、「進め・注意・止まれ」が所記にあたる。

そして、言語も記号の一種であるため、言語記号における能記は「音声」であり、所記はその「意味（概念）」である。

恣意性（しいせい）

また、ソシュールは、能記と所記の結び付きは必然的ではなく、恣意的であると述べている。例えばテストの採点で、一般に○は正解、×は不正解を意味するが、￥が正解で、＄が不正解でも構わない。このように、能記と所記との関係は恣意的である。

記号の一種である言語（言語記号）にも同様の特徴が見られる。すなわち、言語においても意味と音形の関係は偶然に結び付いたものであり、ある意味に対しては、特定の音が必ず対応しなければならない必然性はない。これは、言語の**恣意性**と呼ばれる特徴である。言語は記号の中でも最も複雑な仕組みを備えたものである。

線条性（せんじょうせい）

言語はその表現形態が音声でも文字でも時間の流れに沿って1つ1つ並んで出てくるものであり、異なる音声を同時に発することも文字の並びを目で追わずに読むことも不可能である。これは、言語の**線条性**と呼ばれる特徴である。例えば、「さようなら」という表現は、5つの音が含まれるが、これらを同時に発音したり、順序を入れ替えて発音したりしたのでは意味をなさず、「さ」「よ」「う」「な」「ら」という順序で発音されなければならない。

分節性（ぶんせつせい）／二重分節性

我々は、有限の「語（形態素）」を組み合わせることで、無限の「文」を作り出し、無限の意味を表すことができる※2。言い換えると、我々は「文」を用いて、人類が絶滅しない限り生じる無限の新しい事柄を表すことができる。つまり、「文」は「語（形態素）」からなるという言語の**分節性**のおかげで、新しい「語（形態素）」さえ必要に応じて補えば、無限の「文」を作り出すことができ、無限の意味を表すことができるのである。このような「文」から「語（形態素）」への分節だけではなく、さらに「語（形態素）」から「音素」へという分節も言語の特徴である。これは、フランスの言語学者**マルチネ**によって言語の**二**

※2
これを「言語の経済性」ともいう。

重分節性と命名された。

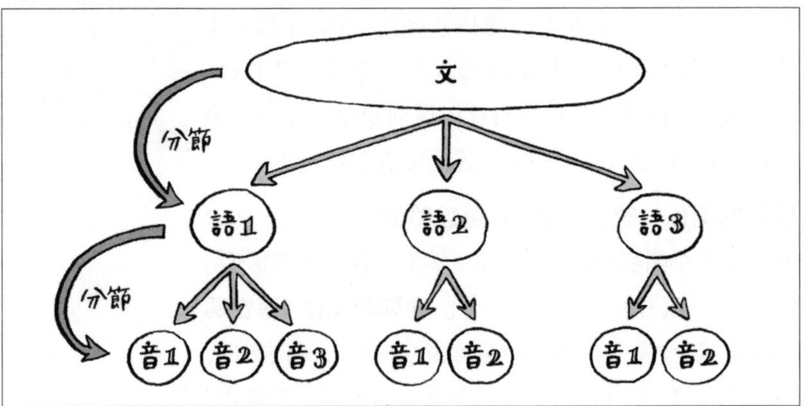

図1-4-2　二重分節性

その他の言語記号の特徴

● ソシュールにより提唱された主な区別

- **ラングとパロール**：**ラング**とは、**特定の共同体で用いられる言語の話者が共通に存在を認めている言葉の全体像**。実際に話される具体的な言葉とは異なる、抽象的な存在としての言語体系であり、ある言語社会に属する人たちに共通する習慣としての文法、語彙、音素などをいう。**パロール**とは、**ラングが個人によって、特定の場面で使用されたもの**で、実際の言語行動に見られる、言い間違い、中断、ためらいなども含む。
- **通時態**（つうじたい）**と共時態**（きょうじたい）：「時間」という次元を考慮した場合において、**通時態**とは、時間の流れに沿って変化する側面を、**共時態**とは、実際には刻々と微妙な変化が続くが、時間の流れによる変化を故意に無視して、一時点（現在）の静止状態とする側面をいう。

● 他の言語学者と関係する事項

- **言語相対論（サピア・ウォーフの仮説）**※3：ある言語とその言語の話し手である人間の思考の関係に関する仮説で、強い仮説と弱い仮説とがある。**強い仮説**は「人間の思考は言語によって決まる」というもので、**弱い仮説**は「言語の違いが話者の思考や外界認識に影響を与える」というものである。
- **有標**（ゆうひょう）**・無標**（むひょう）**・中和**：対立する２つの形式がある場合、ある特徴を積極的に表す方を**有標**、より一般的で制約が少ない方を**無標**と呼

※3
エドワード・サピアとベンジャミン・ウォーフが提唱した。提唱者の名前からサピア・ウォーフの仮説とも呼ばれる。

ぶ[※4]。例えば、日本語動詞では、丁寧体「飲みます」が有標、普通体「飲む」が無標である。しかし、連体修飾節では、「飲みます（水）」ではなく、「飲む（水）」しか選ばれなくなる。これは、連体修飾節では丁寧さに関する無標・有標の区別がなくなり、中和されるからである（丁寧さは主節の文末述語で表される）。

※4
この概念は、ソシュールの流れを受けるプラーグ学派のヤコブソンなどが音韻論の分野で提唱した。

- **統合的関係**と**範列的関係**：**統合的関係（連辞関係）**とは、一文の中での語と語の線条的な関係で、例えば、「学生が教科書を読む」では、「教科書を」と「読む」の関係をいう。**範列的関係（連合関係）**とは、同じ系列に属する語の置き換え可能な関係で、例えば、「学生が教科書を読む」では、「読む」の対象となるのは「教科書」以外に「小説/漫画/手紙」などさまざまある。この場合の「教科書/小説/漫画/手紙」の関係をいう。

- 能記と所記：能記は記号の形の側面、所記は記号の意味の側面をいう。
- 恣意性：ある意味に対しては特定の音形が必ず対応しなければならないという必然性はないこと。
- 二重分節性：「文」から「語（形態素）」へ、さらに「語（形態素）」から「音素」へと分けられること。

2. 音声・音韻体系　★★

初級クラスの最初の授業で、教師が学習者に教えることは何であろうか。日本語教育で教師、および学習者が最初に苦労することは何であろうか。答えは双方とも「発音」であり、最初にしなければならないのは、**発音指導**である[※5]。

発音指導には、音声・音韻的知識が不可欠である。学習者の母音・子音の発音、アクセント、イントネーションなどを的確に把握した上で、正しい音と比較し、誤りの原因を分析しなければ、効果的な発音指導はできない。

※5
初級の初期の段階では、文法的な説明（例えば、場所を表す「に」と「で」の違いや、「～ておく」と「～てある」の違いなど）はほとんど必要ない。

2.1 暗示的知識としての音声・音韻

日本語母語話者に対する日本語の発音指導はほとんどない[※6]。つまり、発音は、典型的な**暗示的知識**であり、気付かぬうちに自然と習得する。したがって、それを客観的に意識化し、**明示的知識**として学習者に提示することは、教師自身も苦労するものである。日本語母語話者にとって、発音指導が難しいのは、発音が暗示的知識だからである。以下、日本語の音声・音韻を見ることで、理解につなげていこう。

※6
幼児期の家庭内でも、幼稚園でも、音の出し方を教えられることはなく、小学校の国語の時間でも、仮名や漢字といった文字の指導はあるが、日本語の発音指導はない。

2.2 音素と異音

日本語母語話者が同じ音と思っているものでも、非母語話者にとっては、全く違う音に聞こえる場合がある。例えば、「笑顔（えがお）」という語は、[egao]、[eŋao]、[eɣao] のような3通りに発音される。つまり、「が」には、[ga]、[ŋa]、[ɣa] という3通りの発音があるということだ。

これは、音声学的には別々の音が、日本語では同じ音素に属しているからである。**音素**（phoneme）とは、日本語や中国語など、ある個別言語において同じ役割・機能を持つ（言い換えると、同じ音として他と区別される）音声の集合である。音素は、/　/で表され（上記の場合は/g/）、発音できない抽象的な単位である。上記の例では、日本語では、「が」と認識される音に、少なくとも有声軟口蓋破裂音 [g]、有声軟口蓋鼻音 [ŋ]、有声軟口蓋摩擦音 [ɣ] の3つがあるということである[※7]。この [g]、[ŋ]、[ɣ] は、抽象的な音素が具体化したものであり、**異音**（allophone）と呼ばれる。

※7
音の詳細についてや、母音と子音、調音の仕組み、調音点、調音法、声帯振動の有無、アクセント、イントネーション、プロミネンス、拍（モーラ）と音節などについては、第6部を参照のこと。

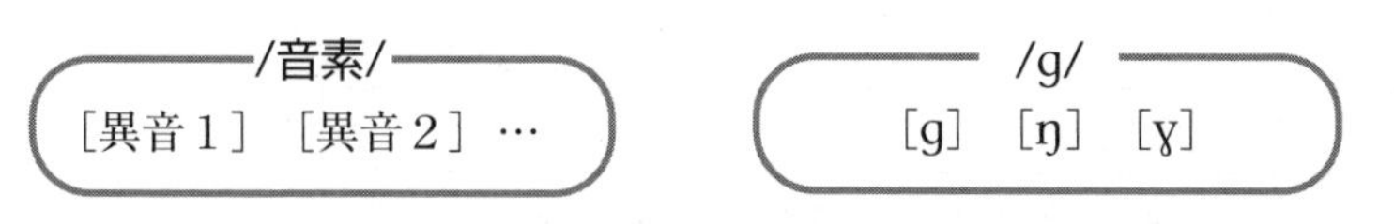

図1-4-3　異音

「さ」には [sa] と [θa] の2通りの発音があるため、「傘（かさ）」は、[kasa] または [kaθa] と発音され、音素/s/の異音には、[s] と [θ] の2つがあるといえる。この2つでは、[s] の頻度が圧倒的に高いが、頻度の違いにかかわらず、どちらも等しく異音としての価値を持つ。つまり、[s] が基本で [θ] が異音ということではなく、抽象的な音素/s/が具体化したものとして [s] も [θ] も同様に異音と呼ばれる。

2.3 誤用／発音上の問題点

以下に、学習者が苦手とする日本語の発音の主なものを示し、その要因を見ていく。学習者の発音上の問題点となるのは、アクセント、イントネーション、プロミネンスなども関わるが、以下では類型化しやすい、①拍に関わるもの、②調音法に関わるもの、③調音点に関わるもの、④無声音と有声音の混同の４つを取り上げる。

① 拍（はく）（音の単位）に関わるもの

拍とは、仮名１文字分に相当する※8日本語の発音上の単位で、**モーラ**とも呼ばれる。拍の中で、長音（引く音）、撥音（はつおん）、促音は、**特殊拍**と呼ばれ、日本語に特有の音声的な単位であるため、学習者にとって困難である。**長音**は「ページ」の「ー」や「昨日（きのう）」の「う（文字表記は「う」だが、実際の発音は前の母音の「お」が伸びる音）」、**促音**は「切手（きって）」の「っ」、**撥音**は「日本（にほん）」の「ん」に当たる。

※8
「きゃ」「じゅ」「ぴょ」などの拗音は２文字で１拍となる。

例	a:「ペジ（ページ）」「きの（昨日）」 b:「しゅうくだい（宿題）」「きいて（来て）」
要因	aは長音が発音されないか、発音されても短いため長音と認識できない。bは長音がないのに長音があるかのように前の母音が長く発音される。

表1-4-1　長音（引く音）の誤用例と要因

例	a:「きぷ（切符）」「とて（取って）」　b:「ねっこ（猫）」「みって（見て）」
要因	aは促音が発音されないか、発音されても短いため促音と認識できない。bは促音ではないが、挿入したように発音される。

表1-4-2　促音の誤用例と要因

例	「ｾﾝせ（先生）」、「ｺﾝど（今度）」
要因	「ん」が１拍と認識される十分な長さを持たず、前の音と合わせて１拍と認識されるだけの短い発音がされる。

表1-4-3　撥音の誤用例と要因

例	a:ほノ読みます（本を）　　　b:にほネ来ました（日本へ）
要因	aは撥音の直後の「を」の発音が母音の[o]と同じであるため、撥音[n]と母音[o]が結び付き[no]となってしまう。bも同様に、撥音[n]が直後の「へ」の[e]と結び付き[ne]となってしまう。

表1-4-4　「〜ん＋を」→「〜の」、「〜ん＋へ」→「〜ね」の誤用と要因※9

※9
格助詞以外でも、撥音の直後に母音が続く場合、「たぶんあります」が「たぶナります（n+a）」などとなることがあるが、これも同様の要因である。

② 調音法（音の出し方）に関わるもの

例	にマい（二倍）、にバい（二枚）、 なかバ（仲間）、なかマ（半ば）
要因	[m] [b] は、いずれも有声の両唇音で、調音法だけが異なる※10。そのため、聞こえ方が似ており、日本語母語話者でも「さみしい／さびしい」のように [m] [b] が同じように扱われる場合がある。このように、音声的には異なるが、音韻的に聞こえ方が似ているもの同士は、曖昧になりやすい。

表1-4-5 「ま／ば」の混同と要因

※10
[m] は鼻音、[b] は破裂音。

例	ダいねん／ナいねん（来年）、ダまえ／ラまえ（名前）、 かいナん／かいラん（階段）
要因	[d] [n] [ɾ] は、いずれも、有声の歯茎音で、調音法だけが異なる※11。先の「ま／ば」のように、音声的には異なるが、音韻的に聞こえ方が似ているため曖昧になりやすい。

表1-4-6 「だ／な／ら」の混同と要因

※11
[d] は破裂音、[n] は鼻音、[ɾ] は弾き音。

例	トゥくえ／スくえ（机）、トゥかれた／スかれた（疲れた）、 いトゥも／いスも（いつも）
要因	つ [ts] は、無声・歯茎・破擦音であるが、母語でこの音を使っていない学習者は、[t] か [s] で代用しようとする。

表1-4-7 「つ」→「トゥ／ス」の誤用と要因

③ 調音点（音を出す位置）に関わるもの※12

※12
③の２つの例は、主に韓国語とベトナム語の母語話者に見られる。

例	チュくえ（机）、チュかれた（疲れた）、いチュも（いつも）
要因	日本語の「つ」は無声・歯茎・破擦音 [ts] だが、それが少し後方の無声・歯茎硬口蓋・破擦音 [tɕ] で発音されてしまう。

表1-4-8 「つ」→「チュ」の誤用と要因

例	ジャっし（雑誌）、かジュ（数）、つジュく（続く）、かジェ（風邪）、 かジョく（家族）
要因	日本語の「ザ行音（ジを除く）」と「ヅ」は有声・歯茎・破擦音 [dz] だが、それが少し後方の有声・歯茎硬口蓋・破擦音 [dʑ] で発音されてしまう。

表1-4-9 「ざ・ず（づ）・ぜ・ぞ」→「ジャ・ジュ・ジェ・ジョ」の誤用と要因

④ 無声／有声の混同に関わるもの※13

例	ながみ（中身）／すコい（すごい）、いダい（痛い）／テる（出る）、はっバ（葉っぱ）／はパ（幅）
要因	無声音と有声音の区別が曖昧である。

表1-4-10　「か行／が行」「た行／だ行」「ぱ行／ば行」の混同と要因

※13
④の例は、主に中国語、韓国語、ベトナム語の母語話者に見られる。

2.4 日本語教育と音声・音韻

発音指導では学習者のニーズに合う適度な指導が肝心である。指導する側の規範の意識が強すぎ、過度の訂正・矯正・練習を行うと、学習者の学習意欲を減退させるおそれがある。学習者の非規範的な発音を一律に誤りであるとするのではなく、それを非母語話者の発音上の“個性”として捉える態度も必要である。

教室活動においては、文法、語彙、漢字の指導に比べて、発音指導は後回しにされやすい。しかし、発音の誤りや、誤用とは言えないまでも発音上の特徴は**化石化**しやすく、文法や語彙のレベルが上がったからといって、連動して自然と発音のレベルが上がるものではない。また、いくら正しい発音を繰り返し聞いても、聞き分けられない音は発音できない。したがって、ニーズを考慮した上で、個々の学習者にふさわしい音声指導を心掛けたい。それを支えるのは、日本語教師の音声学・音韻論に関する知識および教授技術である。また、ぜひ、学習者の母語に関する知識を深めることも心掛けたい。

- 音素：日本語、中国語など、それぞれの言語において、同じ役割・機能を持つ（言い換えると同じ音として他と区別される）音声の集合で、抽象的な単位。
- 異音：音素が具体化したもので、実際の音声に当たる。
- 暗示的知識と明示的知識：暗示的知識（例えば、発音の仕組み）は無意識のうちに習得されるものなので、その知識を明示的に提示するのは難しい。一方、意識して学習する明示的知識（例えば、漢字の書き順）は提示しやすい。

3. 形態・語彙体系 ★★

3.1 語と形態素

例えば「雨傘」という語は、“あめ”を表す要素と“かさ”を表す要素の2つに分けられるということが、直感的に分かるであろう。語(単語)の中には、「雨」のように1つの要素からできているものもあれば、「雨傘」のように2つ、あるいはそれ以上の要素からできているものもある。この要素のことを**形態素** (morpheme) という。形態素は{ }の記号で表される。

形態素とは**意味を担う最小の単位**であり、それ以上は分けられないもの(分けると意味が変わってしまうもの)である[※14]。形態素は、自然言語を単純に分節して得られるものではない、抽象的な単位である。

※14
「雨傘」は“あめ”の意味を担う{ame}と“かさ”の意味を担う{kasa}に分割できるが、「雨」を{a}と{me}に分割すると、意味を成さないか、他の意味になってしまう。

● 形態素と異形態

「傘」を表す形態素{kasa}は、「雨」を表す形態素{ame}と結び付き、「雨傘(あまがさ)」という語となる。この際、amekasaとはならず、{ame}は/ama/、{kasa}は/gasa/となって具現化する。形態素は抽象的なレベルのものなので、語となるときは**音形**(おんけい)を伴って現れなければならない。すなわち、{kasa}という形態素は、/kasa/および/gasa/という2つの音形となって具体化される。この/kasa/と/gasa/は、{kasa}という形態素の**異形態** (allomorph) と呼ばれる。異形態は同じ意味・機能を持つ形態素が、特定の環境・条件によって、具体的に現れたものであり、{kasa}の場合は、前に他の形態素があれば/gasa/、なければ/kasa/となる。

ここで、注意しなければならないのは、/gasa/も/kasa/も同じく異形態ということである。/kasa/が普通で、/gasa/が特殊なものというのではない。形態素{kasa}にとっては、2つの異形態/kasa/も/gasa/も同じ価値を持っているのである。

● 形態素の特徴

{kasa}のように単独で語(この場合は「傘」)になれる形態素を**自由形態素**(独立形態素、free morpheme)という。一方、「お水」「お話」の{o}は、これだけでは意味を成さず、語になって文に現れることはできない。このように単独では語になることができないものを**拘束形態素**（束縛形態素、bound morpheme）という。

○ 語彙的な意味・文法的な意味

語は、当然ながら、語としての意味を担っており、語になれる自由形態素も語彙的な意味を担っている。また、「お水」「お話」の {o} は、"丁寧さを加える"という文法的な意味を担い、「暑さ」「重さ」の {sa} は、"形容詞を名詞化する"という文法的な意味を担う。このように、自由形態素は語彙的な意味を担い、拘束形態素は文法的な意味を担う場合が多い。

○ 語基と接辞

「食べる」や「美しい」といった動詞や形容詞は、1語のように思えるが、形態論では、これらは2つの拘束形態素からなるものと考える。つまり、「食べる」という語は、{tabe} + {ru} という2つの拘束形態素からできているのである[※15]。

例：「食べる」 → {tabe} {ru}

※15
これは、{tabe} は、{ru} や {ta} や {nai} などの接辞が付かないと単独では語になれないためである。

このうち {tabe} は**語基**（または**語幹**）と呼ばれ、語の構成上の根幹としていろいろな活用においても変化しない。一方、{ru} {ta} {nai} などは**接辞**と呼ばれ、語基に接続しさまざまな機能を担う。なお、語幹は語彙論の概念で、主に語の活用・語形変化に焦点を当てた場合の区別である。意味的な側面に焦点を当てれば、語幹は語基ともいえる。

語基 {tabe} は、「食べる」「食べた」「食べない」など、語形変化をしても、意味としては"食べる"という語彙的な機能を担っている。一方、接辞 {ta} {nai} {rare} {sase} などは、それぞれ、「過去」「否定」「受身」「使役」などの文法的機能を担っている。なお、{ru} は「過去でもなく、否定でもない」という文法的な意味を担っていると考える。

語基	接辞	
語彙的な拘束形態素	文法的な拘束形態素	主な機能
tabe	ru	非過去／非否定
	ta	過去／完了
	nai	否定
	rare	受身
	sase	使役

表1-4-11 「食べる」の語基と接辞

このように、動詞、形容詞の語基は、拘束形態素でありながら語彙的な意味を担うものである。

なお、接辞は語基にどのように付くかで、語基の前に付く**接頭辞**(せっとうじ)、語基の後ろに付く**接尾辞**(せつびじ)に区別される※16。

※16
日本語には見られないが、タガログ語などには、語基の中に入る**接中辞**(せっちゅうじ)もあるとされる。

接頭辞	+	語基	+	接尾辞
非		協力		的
不		真面目		さ

また、品詞を変えるなど、ある語から別の語をつくる働きを持つ接辞を**派生接辞**と呼び、文法関係の変更などに関わる接辞を**屈折接辞**と呼ぶ。例えば、「食べ方」の{kata}は派生接辞であり、「食べた」の{ta}は、屈折接辞である。

食べ 方	食べ た
派生接辞	屈折接辞

3.2 日本語教育と形態論

日本語では、「格好(かっこう)」と「学校(がっこう)」のように、無声音([k])と有声音([g])は、異なる音素(/k/と/g/)として明確に区別される。

しかし、「傘」という語に含まれる形態素{kasa}は、/kasa/または/gasa/という異形態で具体化する。この/kasa/と/gasa/は、音声的には、[k]と[g]のように異なるが、形態素{kasa}の異形態として同様に扱われる。このような現象は、無声音と有声音との違いが曖昧な中国語母語話者や韓国語母語話者にとっては、極めて紛らわしいものとなる。「格好(かっこう)」と「学校(がっこう)」のような無声音と有声音の違いを意識しなければならない一方、「傘(かさ)」と「雨傘(あまがさ)」では、「か」と「が」は同じものと見なされるからである。どのような場合に異なり、どのような場合に同じなのかを単なる語彙的な特徴として丸暗記するのでは学習者の負担が大き過ぎる。

形態論的には、**異形態の音声的な変化は、他の形態素と隣り合う場合に起こる**と指摘できる。例えば、「酒」の形態素{sake}は、/sake/、/zake/、/saka/、/zaka/の4つの異形態がある。これらの異形態は、/sake/を中心に考えると、先頭の[s]が[z]となるのは、「甘酒」のように、{sake}の前に他の形態素が付く場合であり、最後の[e]が[a]となる場合も、「酒屋」のように、{sake}の後に他の形態素が付く場合である。そして、「居酒屋」のように、{sake}の前と後ろにそれぞれ形態素が付く場合は、[s]が[z]に、[e]が[a]になる。つまり、他の形態素と隣り合う位置でしか変化は起きないのである。

形態素	{sake}		
異形態		/sake/	
	あま＋	/zake/	
		/saka/	＋や
	い＋	/zaka/	＋や

表1-4-12　異形態の基本的なルール

さらに、異形態の変化の幅もほぼ決まっており、形態素の先頭の無声子音が有声子音に変化する**連濁**（れんだく）（「酒（さけ）」と「甘酒（あまざけ）」での[s]と[z]や「傘（かさ）」と「雨傘（あまがさ）」での[k]と[g]）、および、形態素の最後の母音が変化する**転音**（「酒（さけ）」と「酒屋（さかや）」の[e]と[a]や「木（き）」と「木陰（こかげ）」での[i]と[o]など）に限られる[※17]。また、無声子音から有声子音への変化は「カ行、サ行、タ行、ハ行」にあるが、もともと有声子音である「ナ行、マ行、ヤ行、ラ行、ワ行」には見られない。

したがって、学習者には、「複合語になる場合は、前後に付く部分で、音の変化が起こる場合があり、多くは、「か」が「が」のように清音が濁音になるか、「え」が「あ」のような母音が変わる場合がある」というルールを示すことができる[※18]。こうした指摘だけでも、語ごとに丸暗記することに比べると大きな負担減となるだろう。

※17
中には、「雨（あめ）」と「小雨（こさめ）」のように、/ame/の前に/s/が挿入され/same/となるようなものもあるが、これは極めてまれである（この現象は**音韻添加**と呼ばれる）。

※18
もちろんこのルールをそのまま伝えるのではなく、初級～上級のそれぞれのレベルに応じて、理解可能な表現にする必要がある。

ここがポイント

- 形態素：意味を担う最小の単位で、単語よりも小さい抽象的なもの。
- 異形態：抽象的な形態素が具体化し単語の中に現れるもの。
- 自由形態素と拘束形態素：自由形態素は単独で単語になれるもので、拘束形態素は単独では単語になれないもの。

4. 語彙(ごい)の体系 ★★★

ある範囲・領域・分野で用いられる語の集合を**語彙**という※19。理解と使用の観点から理解語彙と使用語彙の区別が、語が使われる領域などから基礎語彙と基本語彙の区別がある。

※19
例えば、「初級レベルの語彙」といえば初級の学習者に必要な語の集合を、「経済の語彙」といえば経済分野に関わる語の集合を指す。

4.1 語彙の種類

○ 理解語彙と使用語彙

理解語彙とは、聞いたり読んだりして意味が分かる語彙を指し、運用・産出が可能な使用語彙と区別される。**使用語彙**は、知っているだけでなく使いこなせるものなので、理解語彙よりも少なくなる。一般に、日本語母語話者の理解語彙は、成人で40,000～50,000語程度だとされる。なお、現在の「日本語能力試験」ではレベルごとの語彙や文型の出題基準は公開されていないが、2009年度までの旧「日本語能力試験」では、１級で10,000語程度、４級で800語程度の語彙が必要とされた。

○ 基礎語彙と基本語彙

特定の言語の**基本的・根幹的な部分を担う語の集まり**を**基礎語彙**という。これは、その言語の中で使用頻度が高く、**日常的な表現に不可欠なもの**である。例えば、一日の行動で「朝７時に起きて、顔を洗って、ご飯を食べて……」などという場合の、それぞれの語がこれに当たる。これに対し、例えば、日本語教育を話題とする文脈では「学習、教科書、練習、誤用、繰り返し、予習、復習、宿題……」などの語が頻出し、これらがないと話ができない。このような**特定の領域における語彙の中での重要な語の集まり**を**基本語彙**という。

両者のうち、特に基礎語彙は、日本語教育において極めて重要な役割を持つものである。**教室活動における言い換えには、基礎語彙の使用が不可欠**だからである。学習者が理解しにくい語や文の説明には、学習者が既に習得している語彙を用いて言い換える必要がある。例えば、初級後半の授業で、「起床時刻」という表現が出てきたとしよう。直接法の授業では、これを日本語で説明しなければならないので、「起きる時間」と言い換える※20。では、「起きる」と「時間」よりも易し

※20
なぜそのような言い換えを行うかというと、「起きる」と「時間」は、「起床」と「時刻」よりも易しく、既に学習者が習得していると教師が考えるからである。

い語はあるだろうかと考えると、おそらく存在しない。つまり、「起きる」と「時間」は最も易しい語で他に言い換えができないほど“日常的な表現に不可欠なもの”といえる。これが上で述べた基礎語彙にあたるものである。したがって、**初級レベルで扱われる語は、ほとんどが基礎語彙**である。

この基礎語彙の習得の後、**主に中級レベル以降で基本語彙が中心的な学習項目になる**。中級レベル以降では、学習者の個人個人の日本語の使用領域が枝分かれしていく。例えば、大学の工学部への進学を目指す留学生は、いわゆる理系分野の語彙が必要となり、美容の専門学校への進学を目指す留学生は、美容の領域の語彙が必要となってくる。これが、特定の分野で重要な語の集まりである基本語彙にあたる。したがって、語彙の指導にあたっては、初級レベルでは基礎語彙が中心となり、中級レベル以降では基本語彙が中心となる。

なお、語彙論や統計的な言語研究では、主観的に選定され基本度が高いと考えられる語彙を基礎語彙とし、統計的な手法で客観的に選定された使用頻度の高い語彙を基本語彙としている[※21]。一方、日本語教育では、基礎語彙を言い換えなどに用いる日常的な表現に不可欠なものという意味で用い、基本語彙を特定の領域における語彙の中での重要な語の集まりという意味で用いる。

4.2　語種：和語、漢語、カタカナ語（外来語）　重要

語彙がどのように生じたかに注目した分類を**語種**という。語種には、**和語、漢語、カタカナ語（外来語）**の３種類があり、例えば、「話し合い」は和語、「会議」は漢語、「ミーティング」はカタカナ語（外来語）である[※22]。

和語は、日本語固有の語を指す。日本語で用いられる語の中では最も古く、**大和言葉**（やまとことば）ともいわれる。「あめ」「くも」「たべもの」「あつい」「はしる」など。なお、表記には「雨」「雲」「食べ物」などの漢字も用いられるが、これは単に表記上の表面的なことである。

漢語は、中国古来の漢字音を用いた語を指す。多くは中国語からの借用語である。「雷雨」「食物」「猛暑」「走行」など。

カタカナ語（外来語）[※23]は、英語など外国語からの借用で、日本語教育では**カタカナ語**と呼ばれることが多い。「ペン」「ジョギング」「ルール」「コンセプト」など。

※21
この語彙論的な基礎語彙／基本語彙の区別は「主観的／客観的」が基準となっているが、それはあくまで「方法」の分類基準である。ことばの分類には、少なくとも「目的」と「方法」とがあり、特に何のために分類するかという「目的」は言語教育にとっては極めて重要なものとなる。

※22
「赤鉛筆（和語＋漢語）」や「蛍光ペン（漢語＋カタカナ語）」などは**混種語**（和語、漢語、カタカナ語の組み合わせからなる語）と呼ばれ、これを加えれば語種は４種類となる。

※23
語彙論では「外来語」がよく使われるが、日本語教育では「カタカナ語」のほうが一般的である。厳密に言えば、漢語も中国語由来であり、外来語に含まれてしまうためである。現代語では、英語を中心に、フランス語、ドイツ語などのヨーロッパの言語由来の語をカタカナ語と呼ぶ場合が多い。

漢語やカタカナ語が“難しい”理由

和語には、「山、川、海、空、雲、星、木、花、鳥、虫、魚…」のように、具体的で個別のものごとを表す表現が豊富にある。しかし、これらを総称する言い方やまとめ上げるような抽象的で体系的な概念を表す語は、和語にはほとんどない。そのため、「自然」、「環境」、「エコロジー」などの漢語やカタカナ語を使わなければならない。漢語やカタカナ語には抽象的で体系的な概念を表す語が多いからである。感覚的に、漢語やカタカナ語が頻出する談話や文章が“難しい”と感じるのは、漢語やカタカナ語が頻出することが原因なのではなく、それらを使わなければならない**内容自体が抽象的**だからである。例えば、「新学期の学習内容やスケジュールについて、各クラスの担任が意見交換をした。」という文でさえ、和語だけで言い換えようとするのは難しい。

語種ごとの特徴

和語と漢語、カタカナ語を意味範囲という観点から比較すると、和語は意味範囲が広く、漢語、カタカナ語は狭いといえる。例えば、「(書類を) 提出する」「(資金を) 拠出する」「(実力を) 発揮する」「(作品を) 発表する」「(願書を) 送付する」「(荷物を) 搬出する」「(料理を) サーブする」などの表現は、全て「(〜を) 出す」で言い換えられる。これは、「出す」の意味範囲が非常に広いためである。和語である「出す」、漢語である「提出する」「拠出する」「発揮する」、カタカナ語の「サーブする」の関係は以下のように捉えることができる。

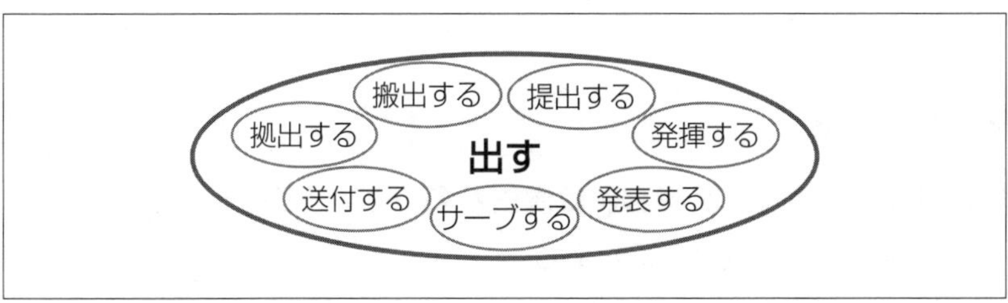

図1-4-4　和語（出す）と漢語・カタカナ語の包摂関係

語種ごとの意味の広がり

語の意味には、「中心的で基本的な意味」と「周辺的で拡張的な意味」がある。一般的に、和語は「中心的で基本的な意味」を出発点として、多様な「周辺的で拡張的な意味」までカバーできる。しかし、漢語やカタカナ語は、専ら「中心的で基本的な意味」を表すのみで、「周辺的で拡張的な意味」に拡がりにくいという特徴がある[※24]。

例えば、和語「みる」は、「視覚的な情報を得て、考えて、対処する」という基本的な意味を持つが、拡張的な意味では、この「視覚的な情報を得て、考えて、対処する」のある部分が強調されたり、弱まったり薄れたりする。例えば、「相手の出方を"みる"」や「様子を"みる"」では、「視覚的な情報を得て」の意味が弱まり、「考えて、対処する」の比重が高くなる。また、「医者が患者を"みる"」、「保育士が子どもを"みる"」では、「対処する」の意味がより強まる。さらに、「湯加減を"みる"」や「味を"みる"」では、「視覚的な情報を得て」の意味がほとんどなくなる。このように、**和語は、「中心的で基本的な意味」から「周辺的で拡張的な意味」まで幅広い意味を持つため、「意味範囲が広い」**と言える。

一方、**漢語・カタカナ語は「中心的で基本的な意味」は持つが、「周辺的で拡張的な意味」を持ちにくいため、「意味範囲が狭い」**と言える。例えば、和語「みる」に関係する漢語「鑑賞する」は、「～を鑑賞する」の「～を」の部分に「映画、演劇、絵画」など「芸術的な作品」しか入らない。他の漢語「観察する」「監視する」「調査する」なども、「～を」の部分に入るものが限定されるため、意味が拡張することがほとんどない。

このように、**意味は具体的なものから抽象的なものへと広がる**ものであるため、和語は「具体的であるから"こそ"、抽象的な意味まで広がり得る」のであって、漢語とカタカナ語は「もともと抽象的・体系的であるから広がりがない」と言える。

※24
このような特徴によって、和語は「意味範囲が広い」のに対し、漢語やカタカナ語は「意味範囲が狭い」という違いが生じる。

◘ イ形容詞／ナ形容詞と語種

形容詞は、**イ形容詞は和語が多く、ナ形容詞は漢語が多い**というように、イ形容詞／ナ形容詞ごとに語種の偏りがある。

イ形容詞は、「長い」「大きい」「軽い」など、ほぼ全てが和語であり、「漢語＋い（×便利い）」や「カタカナ語＋い（×カラフルい）」というような語は、一過性の若者言葉（ナウいなど）以外ほとんどない。一方、ナ形容詞は、ほとんどが漢語で、カタカナ語は多少あるが、和語はほとんどない[※25]。

※25
具体例を見ると、漢語は、「便利な」「親切な」「豪華な」など多数あり、カタカナ語は、「ラッキーな」「スマートな」「カラフルな」など多少あるが、和語は、「静かな」「好きな」「嫌いな」など、わずかしかない。

○ 名詞を基にした動詞と語種

漢語とカタカナ語の動詞は、**「名詞＋する」**という形式を持つ。例えば、「仕事」や「コピー」は名詞でも用いられるが、動詞として用いられる場合は、「仕事する」や「コピーする」となる。一方、和語の動詞は、「名詞＋する」の形式はほとんどない。

動詞に見られる「～する」のような明確な形式は、動詞の目印として学習者には意識されやすい。しかし、一方で、この「～する」という形式を用いた動詞への過剰般化（過剰一般化）[※26]が起こり、「×便利する」や「×親切する」などの誤用を誘発することもある。

特に多いのが、漢語のナ形容詞からの過剰般化であり、漢語のナ形容詞の語基（語幹）は「便利」「親切」のように名詞と類似しているため、「名詞＋する」としてしまいやすいと考えられる。「名詞＋する」となるのは、「仕事」「勉強」「掃除」など**動作性の高い名詞**のみで、状態性の高い「便利」「親切」「健康」などは「～する」をつけても動詞にはならない。

このように、語彙の規則は語ごとの個別性が高いので例外が多い。語彙の規則は文法の規則に比べると例外が多いが、学習者には例外を強調しすぎず、まずは典型的な規則を提示するのが望ましいであろう。

※26
すでに持っている知識や規則をそれが適用されない範囲まで過剰に適用してしまうこと。

4.3 語構成

語がどのように組み立てられているか、その結び付き方に着目したものを**語構成**と言う。語構成には、大きく、**単純語**と**合成語**の２つに分けられる。さらに、合成語は、**複合語**と**派生語**と**畳語**（じょうご）の３つに分けられる。

語構成		例
単純語		海、歌、機械、勉強、テーブル
合成語	複合語	筆箱、腕時計、受験勉強、ダイニングテーブル
	派生語	お茶、長さ、大人ぶる、子どもっぽい
	畳　語	国々、人々、木々、時々

表1-4-13　語構成

形態論で言う形態素には、**語彙的な意味を持つ形態素**と**文法的な意味を持つ形態素**がある[※27]。この概念を使って、前掲の表を説明する。

※27
詳しくは、「**3.1** 語と形態素」を参照。

単純語と合成語の区別は、**語の中に形態素をいくつ含むか**の違いによる。**単純語**は、「海」のように語の中に形態素を1つしか持たないものを指し、**合成語**は、「筆箱」「お茶」「国々」のように、語の中に形態素を2つ以上持つものを指す。それら複数の形態素がどのような特徴を持つかで、合成語はさらに、複合語、派生語、畳語に細分類される。

複合語は、「筆箱」のように、2つ以上の語彙的な意味を持つ形態素(「筆」と「箱」)から構成される語である。**派生語**は、「お茶」のように、語彙的な意味を持つ形態素(「茶」)と文法的な意味を持つ形態素(接辞の「お」)から構成される語である。**畳語**は、「国々」のように、語彙的な意味を持つ形態素(「国」)の反復によって構成される語である。

4.4 日本語教育と語彙

初級レベルでは、基礎語彙が中心で、レベルが上がるにつれて、基本語彙が増えてくる。これは、学習者が将来、ビジネス、医療、学術研究などのための日本語を学びたいという個別のニーズ[※28]があっても、初級の段階では一般的な日本語[※29]の学習が不可欠となるからである。つまり、初級の段階では、基礎語彙といえる「食べる、もの、買う、〜たい、歩く、難しい、だいたい、内容」などが中心となり、中級・上級になると、基本語彙的な「食料、購買意欲、歩行困難、概要、コンセプト、アウトライン」などへとシフトしていく。

※28
これをJSP(Japanese for Specific Purposes)という。

※29
これをJGP(Japanese for General Purposes)という。

語彙の習得は、まず**汎用的、日常的で具体的**な基礎語彙から始まり、徐々に**限定的、専門的で抽象的**な基本語彙へという順序で進むことが多い。すでに見たように基礎語彙には和語が多く、基本語彙には漢語やカタカナ語が多いため、必然的に、**初級レベルでは和語が中心となり、中級レベル以降は漢語・カタカナ語が中心**となっていく。レベルに応じた語彙の習得順序は、概略以下のようにまとめられる。

初級レベルの語彙 汎用的、日常的、具体的	→	中級レベル以降の語彙 限定的、専門的、抽象的
基礎語彙が中心	→	**基本語彙**が中心
和語が中心	→	**漢語・カタカナ語**が中心

図Ⅰ-4-5　語彙の習得順序

これは語彙の習得順序の一般的な傾向を示しているものであり、1つ1つの語彙を見ていけば、当然、例外的なものもある。初級レベルでも「学校、教科書」などの漢語や「テスト、ページ」などのカタカナ語は扱われるし、中級以降でも和語は扱われる[※30]。一方、中級以降で扱われる和語は、「わび、さび」に代表されるような文化的な価値観や心情などを表す抽象的な語が多い[※31]。例外的なものはそれなりの理由があるものなので、日本語教師としては、初級レベルでは和語が中心、中級レベル以降は漢語・カタカナ語が増えてくるという大きな傾向を理解しておくことが重要である。

※30
それらには、例外となるだけの理由がある。「学校、教科書」などの漢語や「テスト、ページ」などのカタカナ語は、他に言い換える語がないほど日本語の中に浸透しているので、もはや基礎語彙的になっている。

※31
例えば、「はにかむ、たたずむ、むなしい、ねまわし」などの和語を学習者に理解してもらえるような説明を考えてみて欲しい。これらの和語がいかに難しいか分かるであろう。

- 理解語彙と使用語彙：理解語彙は意味が分かるもので、使用語彙は使いこなせるもの。一般的に、理解語彙の方が使用語彙よりも多い。
- 基礎語彙と基本語彙：基礎語彙は日常的な表現に不可欠なもので、基本語彙は特定の領域において重要なもの。
- 語種：和語は、具体的で個別のものごとを表す表現は豊富にあるが、抽象的で体系的な概念を表す語はあまりない。一方、漢語やカタカナ語には抽象的で体系的な概念を表す語が多い。しかし、和語が表す意味は具体的であるからこそ、抽象的な意味まで広がり得る。
- 語彙の習得：初級レベルでは基礎語彙が中心だが、レベルが上がるにつれて、基本語彙が増えてくる。

5. 統語構造 ★★

例えば、「新幹線が東京駅に着く」という文には、２つの名詞「新幹線」「東京駅」、動詞「着く」、２つの格助詞「が」「に」という５つの語が含まれている。この５つの語を用いて、文法的に適格な文を作るには、必要な語を一定の規則に従い正しく組み立てなければならない。**統語構造**とは、このような語や形態素の配列に関わる構造をいい、こうした構造などを考察する言語学の分野を**統語論**もしくは**構文論**という。

統語構造に関する知識は文の理解において大きな役割を果たしている。例えば、「キウォーリがバポムに着く」という文で、「キウォーリ」と「バポム」という語を知らなくても、「ＡがＢに着く」という構文的な知識から、Ａが移動するもの、Ｂが到達点であると推論することができる[※32]。

※32
「キウォーリ」も「バポム」も架空の造語。

また、統語構造は、表面的には線条性を持った配列で音声化・文字化されるが、そのもの自体は抽象的なものである。例えば、構造的に両義性を持つ「新しい文型の説明」という文では、次の2通りの解釈ができる。

①（テキストの○○課で初めて出てきた）“新しい文型”の説明

②（今まで行われてきた説明とは全く異なる）新しい“文型の説明”

これには、それぞれ次の統語構造が想定される。

①「新しい」が「文型」を修飾する統語構造

［新しい文型の］［説明］

②「新しい」が「説明」を修飾する統語構造

［新しい］［（文型の）説明］

このように、統語構造は抽象的なものであるため、表面的に現れる単語の知識だけでは文の意味を理解するのに難しい場合がある。一方で、「キウォーリ」の例のように、文中の単語の知識がなくても統語構造がその解釈を手助けしてくれる場合もある。

5.1　文法関係と格関係

文の構造を考える上での重要な概念に、文法関係と格関係がある。例えば、「太郎が晩ご飯を作った」のような他動詞文では、「太郎が」が**主語**、「晩ご飯を」が**目的語**、「作った」が**述語**となる。この主語、目的語、述語のような文における構造的な働きに注目したものを**文法関係**という。

これに対し、**格関係**とは、文中での形態的な表示に関わるものであり、この文では、「太郎が」は**主格**、「晩ご飯を」は**目的格**または**対格**となる。格関係は名詞の形態に関わるものであるため、動詞や助動詞には該当しない。日本語を論じる場合、名詞に付く格助詞をそのまま名称に用いて、主格と同義で**ガ格**、目的格と同義で**ヲ格**と呼ぶことも多い。これらに、品詞を加えて、それぞれの観点ごとの関係をまとめると以下のようになる。

文	太郎	が	晩ご飯	を	作っ	た
品詞	名詞	格助詞	名詞	格助詞	動詞	助動詞
格関係	主格（ガ格）		目的格（ヲ格）		−	
文法関係	主語		目的語		述語	

表1-4-14　文と品詞・格関係・文法関係1

この表を見ると、格関係と文法関係を区別する必要がないようにも思える。主格（ガ格）が主語であり、目的格（ヲ格）が目的語になるのは当然のように思えるからだ。しかし、実際には、主格（ガ格）と主語、および、目的格（ヲ格）と目的語は、常に結び付いているわけではない。例えば、「太郎に古文書が読めた」のような文では、主語には与格（ニ格）が、目的語には主格（ガ格）が用いられている。

文	太郎	に	古文書	が	読め	た
品詞	名詞	格助詞	名詞	格助詞	動詞	助動詞
格関係	与格（ニ格）		主格（ガ格）		−	
文法関係	主語		目的語		述語	

表1-4-15　文と品詞・格関係・文法関係2

このことから、日本語では、格助詞によって名詞が明確な形態変化をするため、文法関係と格関係が常に同じではないことが分かる[※33]。

格とは、名詞や代名詞が文中での形態的、統語的、意味的な働きに対応して形態変化することを指す文法カテゴリー[※34]である。日本語では、その格が格助詞によって明確に現れるが、それらのガ格やニ格の名詞句がどのような働きを持つかは固定的ではなく、それぞれの文ごとに決まってくる。ただし、その組み合わせにはパターンがあり、その中で比較的安定したものが**文型**である。「−が　自動詞」、「−が　−を　他動詞」、「−が　−に　−を　授受動詞」、「−に　−が　可能動詞」、「−が　−から　−に　移動動詞」などの文型は、述語となる動詞の特徴から格の組み合わせが比較的固定化しているといえる。日本語で格助詞を重視するのは、格助詞の違いが統語構造の違い、すなわち文型に密接に関わっているからである。

※33
例えば、英語では、代名詞以外では格変化がないため、Tom met Ken. での主語・主格のTomと、Ken met Tom.での目的語・目的格のTomが同じ形態となっている。

※34
文法範疇ともいう。文の中で、語がどんな文法的な働きをするかで分類したもの。テンス、アスペクト、モダリティ、丁寧さといった述語としての働きや、名詞句の、文中での働きによる格などが指摘される。

5.2 構造的な難易度：単文と複文

重要

言語の習得過程は、第一言語、第二言語にかかわらず、「語→文→段落」の順序で進むと考えられている。初期の言語習得では単語の知識が必要だが、単語を組み立てて文を作るようになる段階になると統語的な知識が必要になる。さらに習得が進むと、文同士の論理的な繋がりに関わる段落レベルの言語知識が重要になってくる。

一般に、“文”と呼ばれるものには、厳密には、**単文**と**複文**の２つが含まれる。

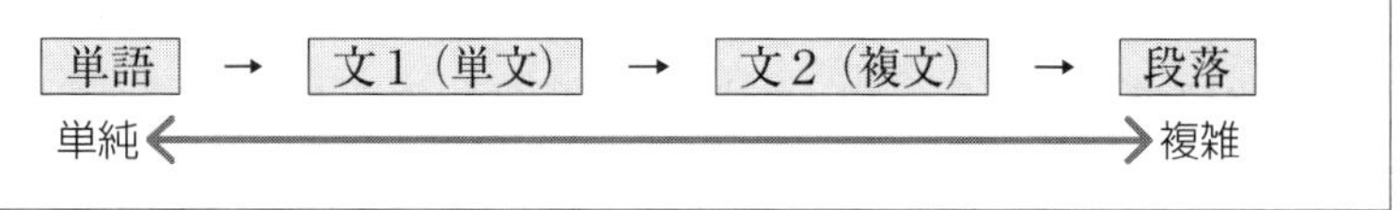

図Ⅰ-4-6　言語構造の複雑さ

● 単文と複文

統語論の観点から見ると、**単文**とは１つの文の中に述語が１つだけの文を指し、**複文**とは１つの文の中に述語が２つ以上ある文を指す[※35]。

※35 述語を中心としたまとまりのことを「節」と呼ぶが、その節の数によるものと考えればよい。

> 単文：「今夜は大雨が降るそうです。」
> 　　　「雨靴を履いて行ったほうがいいです。」
> 複文：「今夜は大雨が降るそうな**ので**、雨靴を履いて行ったほうがいいですよ。」

単文を複文にするのに必要なのが**接続助詞**である。上の例では「～ので」が使われているが、その他には、「～ため」「～から」「～のに」「～けれど」「～が」「～にもかかわらず」などがある。これらの接続助詞を用いて、単文同士を繋げると複文になる。

さらに、複文に連体修飾節[※36]など、修飾要素を加えると、より複雑な構造となる。下の例の波線部分が修飾要素であるが、これらを除くと先に見た複文と同じものになる。

※36 名詞（体言）を修飾する節。名詞修飾節ともいう。

> 複文＋修飾節：
> 「今夜は前線の影響でバケツをひっくり返したような大雨が降るそうな**ので**、大きめの傘はもちろん雨靴を履いて行ったほうがいいですよ。」

このように、統語的な難易度は構造の複雑さからなり、具体的には、複文を作る接続助詞と連体修飾節などの修飾要素が増えるほど、文は複雑で難しくなる。

5.3 日本語教育と統語構造

統語構造は文の理解や産出に欠かせない言語知識であり、未知の単語の意味を補う働きや、文と文の論理的な関係を類推する働きを持つ。

● 単文

単文の統語構造を見てみよう。

［Aが　Bに　Cを　動詞。］

動詞には“与える”という意味を持つ「あげる、渡す、プレゼントする」などが入り、Aには“与え手”、Bには“受け手”、Cには“AからBに移動する物事”が入ることが分かる[※37]。

※37
例えば、「在校生が　卒業生に　花束を　渡す」。

● 複文

次に、複文の統語構造を見てみよう。

①［［文１］ので、［文２］。］
②［［文１］けれど、［文２］。］

①は、「いつもより早く出たので、間に合った」のように、「ので」により、文１と文２が順接の関係を持つと理解できる。また、②は、「いつもより早く出たけれど、間に合わなかった」のように、「けれど」により、文１と文２が逆接であると理解できる。

● 文型

これら統語構造は日本語教育では、より明確な文型という形で取り入れられている。例えば、「（人１）が　（人２）に　物を　あげます」や「（人）が　（場所）に　行きます」など、初級では主に単文レベルの文型が多く用いられる。また、初級後半からは、複文レベルの「〜のに、……」「〜にもかかわらず、……」「〜につれて、……」などの文型が現れ、中上級になると多くなる。

日本語教育での文型は、オーディオ・リンガル・メソッド[※38]に基づく教授法で特に重視され、文型シラバス（構造シラバス）のよりどころとなっている。しかし、文型で表される統語構造は、言語の運用に関わる複数の言語知識の一部でしかない[※39]。文型に関わる統語的知識は確かに重要ではあるが、文型に偏らないバランスの取れた教室活動が望ましい。

※38
オーディオ・リンガル・メソッドについては、p.219参照。

※39
言語運用は、統語的な側面だけでなく、音声・音韻的な側面、形態論や語彙論的な側面、意味論的な側面、さらに、語用論的な側面の言語知識や、社会言語的な能力、さまざまなストラテジー能力など、多くの知識や能力が関わっている。

- 文法関係と格関係：文法関係は、主語、目的語、述語のような構造的な働きに着目したもの。格関係は、主格（ガ格）、目的格（ヲ格）など文中での形態的な表示に着目したもの。
- 構造的な難易度：構造的な難易度は、単語→単文→複文の順で高くなる。
- 単文と複文：単文は１つの述語で完結する文。複文は２つ以上の述語が含まれる文。
- 文型：特にオーディオ・リンガル・メソッドに基づく教室活動で重視され、文型シラバス（構造シラバス）のよりどころである。

6. 意味体系（Ⅰ）一般意味論 ★★★

意味という言葉は日常の言語生活でもよく用いられている。では、ある語や文の“意味”はどのように記述できるのか。

辞書には、たくさんの言葉の“意味”が掲載されている。しかし、辞書での“意味”では、語と語の関係が考慮されていることは少ない。例えば、ある辞書の「美しい」の第一義には、「視覚的・聴覚的にきれいで心をうつ。きれいだ」とあり、「美しい絵」「美しい音色」「容姿が美しい」という例が挙がっている。一方、「きれいだ」には、「目に見て美しく心地よいさま。美麗」とあり、「きれいな景色」という例が挙がっている。特に、言語の学習・教育においては、「きれい」と「美しい」のような語の使い分けは、学習者にとっての最大の関心事であり、指導者にとっても最も説明の難しいものの１つである。ここでは、意味論で諸概念や分析方法を見ていく。

6.1 成分分析

伝統的な意味論（古典的カテゴリーを用いる意味論）では、意味をいくつかの構成要素による構造体と捉え、他語との関係を考察する。例えば、料理のことばの「蒸す」と「焼く」という２語では、次のような意味的な特徴から構成されていると考えられる※40。

※40
［ ］内の「+」はその性質があること、「−」はその性質がないことを表す。

蒸す	[＋調理する]	[＋加熱する]	[＋蒸気を使う]
焼く	[＋調理する]	[＋加熱する]	[－蒸気を使う]

表1-4-16 「蒸す」と「焼く」の成分分析

[調理する]、[加熱する]、[蒸気を使う]といった「蒸す」と「焼く」という語の意味を作り上げている部品に当たる特徴を**意味成分（意味素性（そせい））**といい、このように語を意味成分に分解することを**成分分析**という。成分分析によって、「蒸す」と「焼く」には調理動詞としての高い関連性があることが分かる。両者の違いは、[蒸気を使う]か否かで、「蒸す」は[＋蒸気を使う]、「焼く」は[－蒸気を使う]で、この違いにより両語が区別されている[※41]。

また、成分分析では、[±]によってその特徴がある場合とない場合の両方を表すことがある。

※41
他にも、「茹でる」は[＋湯に浸す]、「揚げる」は[＋油に浸す]などのように、意味成分によって、それぞれの調理法の意味を特徴づけることができる。

刻む	[＋ひとまとまりの物を分離させる]	[＋刃物を使う]	[＋細かくする]
切る	[＋ひとまとまりの物を分離させる]	[＋刃物を使う]	[±細かくする]

表1-4-17 「刻む」と「切る」の成分分析

どちらの語も「刃物を使って、ひとまとまりの物を分離させる」という意味を共有するが、「刻む」は[＋細かくする]という特徴を持つのに対し、「切る」は[±細かくする]で、「細かくしてもしなくてもいい」という意味を持つ。このことから、細かさについての制約がない「切る」の方が意味の指示範囲が広く、細かさについての制約がある「刻む」の方が指示範囲の狭い語であるといえる。

意味成分を用いて、文の適格性を意味的な観点から説明できる。例えば「本がご飯を食べた」という文が非適格であるのは、「食べる」という動詞は主語の名詞句に[＋生物]を要求するが、この文では、主語が[－生物]の「本」であるため、「食べる」という語の持つ**選択制限**[※42]に合わないからであると説明できる。

※42
共起関係ともいう。文中で、語が他の語と共に用いられる関係のこと。

6.2 上位語と下位語

例えば、「おかし」と「ケーキ」の2つの語の間には、「ケーキであれば必ずおかしである」という関係が成り立つ。しかし、この逆の「おかしであれば必ずケーキである」という関係は、成り立たない。この関係は、**包摂（ほうせつ）関係**[※43]と呼ばれ、「おかし」のように指示範囲（意味の

※43
上下関係ともいう。一方がもう一方よりも、多くの意味特徴を持つ語と語の関係をいう。

外延とも）が広いものを**上位語**と呼び、「ケーキ」のように指示範囲が狭いものを**下位語**と呼ぶ。この場合の下位語には、下の図に示したように「キャンディー」や「チョコレート」なども含まれる。

ただし、この上位語と下位語は固定的なものではなく、下の図のように、「ケーキ」が上位語になれば、その下位語には、「ショートケーキ」や「チーズケーキ」などが考えられる。

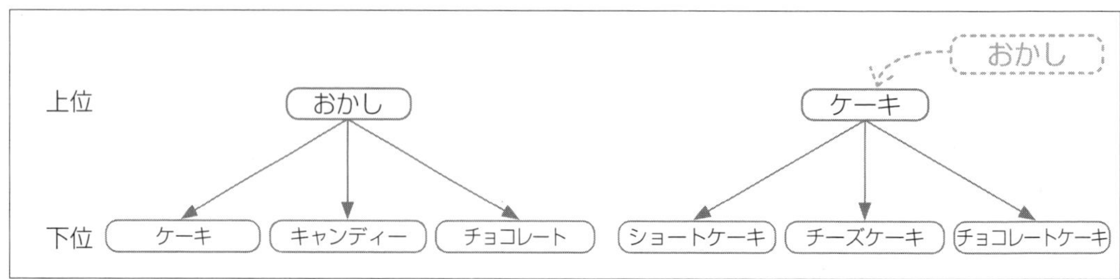

図1-4-7　包摂関係

言語学習・教育においては、多くの場合、下位語の習得が早く、上位語の習得が遅いといえる[※44]。一般的に上位語は総称的で抽象度が高く、その語に内包される下位語が習得されていないと理解しにくい。したがって、多くの教科書では、語彙の提出順序は、下位語の方が上位語よりも先行して扱われている。

※44
例えば、日本語教育では、「えんぴつ」「ペン」「消しゴム」「はさみ」など、身のまわりの具体的なものから習得が進み、それらの上位の概念である「筆記用具」や「文房具」などは総称的、抽象的であるため、その後に習得される。

6.3 類義語、同義語、対義語（反義語）、多義語

語と語の関係には、上位語／下位語の他、**類義語**、**同義語**、**対義語（反義語）**、**多義語**などがあり、それぞれの関係を図示するとおおむね次のようになる。以下、これらについて順に見ていこう。

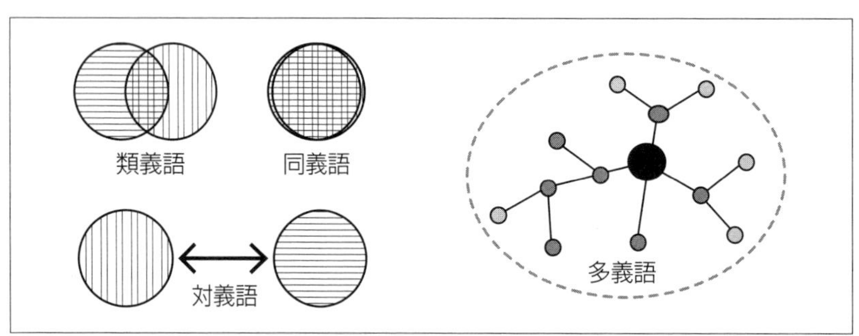

図1-4-8　類義語、同義語、対義語（反義語）、多義語

類義語、同義語

語には似た意味を持つものがあり、例えば、「美しい／きれいだ」や「降りる／落ちる」などは、部分的にほぼ同じ意味を共有しているが、それぞれに異なる意味も持っている。このような関係にある語同士を**類義語**という。

例えば、「きれいだ」と「美しい」は、「きれいな花」と「美しい花」では両者にほとんど差がない。しかし、「きれいな空気（水）」に対し、「美しい空気（水）」は違和感のある言い方といえる。他にも、「ちらかった部屋をきれいにする」に対して、「ちらかった部屋を美しくする」にも違和感がある。このように用例を考えてみると以下のような違いが見られる。

「きれい」	「美しい」
きれいな花	美しい花
きれいな景色	美しい景色
きれいな空気	？美しい空気
きれいな水	？美しい水
ちらかった部屋をきれいにする。	？ちらかった部屋を美しくする。
机をきれいに並べる。	？机を美しく並べる。
洗濯して、きれいになった。	？洗濯して、美しくなった。

表1-4-18 「きれい」と「美しい」

この違いが生じるのは、「きれいだ」も「美しい」も「見た目の華やかさ」という意味は共通して持っているが、「きれいだ」には、これに加えて「不純なもの、余計なものがない様子」や「整理された様子」という意味があり、その点で「美しい」よりも広い意味領域を持っているからである。

このように、類義関係にある語同士では、両者の重なりは一部であり、それ以外の部分で差が出る。ほとんどの場合、片方の語（この場合「きれいだ」）のほうが意味領域が広い。初級で「きれいだ」のほうが「美しい」よりも先に導入されるが、これは、より広い意味を持つからである。

なお、類義関係にある語の中で、「きのう／さくじつ」など、指し示す対象の範囲がほぼ同じものを**同義語**と呼ぶことがある。しかし、厳密には、全く同じ意味ということはなく、文体、スタイル、場面、文脈などで何らかの違いがあり、使い分けられている。

○ 対義語（反義語）

例えば、「解答用紙の表に名前を書く」は、名前を書くのは「裏ではない」と解釈できる。つまり、「表」は「裏ではない」という意味を持ち、「裏」は「表ではない」という意味を持つ。

語と語が意味的に共通の要素を持っており、ある観点から見たときに対立する意味になるとき、そのような関係にある語同士を**対義語**という[※45]。対義語の関係にある語と語の対立の仕方には、以下のような種類がある。

※45
反意語、反対語などともいう。

- **相補的対義語の関係**[※46]

「表」と「裏」や「あたり」と「はずれ」など、「ＡでなければＢ」というように、一方が否定されれば、他方が肯定される対義語の関係をいう。対義語の関係としては分かりやすいが、数の上ではそれほど多くない。

※46
背反関係（排反関係）ともいう。

- **両極的対義語の関係**

「入学」と「卒業」のように、ＡとＢの両語が両極的であり、中間段階を持たない対義語の関係。例えば、「入学／卒業」は、「卒業ではない」といっても「入学」という意味を表すわけではない[※47]。

※47
「北極／南極」も両極的対義語であるが、現実的には、北極と南極の間の空間は存在する。しかし、語としては、その部分には焦点が当たっておらず、あくまで両極の部分だけが言語化されているので両極的対義語といえる。

- **連続的対義語の関係**

「長い」と「短い」のように、ＡとＢの両語が両極的ではあるが、中間段階を持つような対義語の関係をいう。中間段階を持つということは、程度差があるということであり、「少し長い」や「とても長い」のような程度の違いを言ったり、「長くも短くもなく、ちょうどよい」と言うこともできる。この関係は、属性を表す形容詞に多い。

- **視点的対義語の関係**

「行く」と「来る」のように、同じ事柄を表すＡとＢの両語が異なる視点から表現される対義語の関係をいう。例えば、医者と患者の電話での会話で、医者の「３時に来て下さい」に対して、患者が「はい、３時に行きます」と答えたとする。この場合、同じ事柄を医者の側からは「来る」と言い、患者の側からは「行く」と言っている。このような語同士の関係が視点的対義語である。他に、「右」と「左」、「売る」と「買う」、「貸す」と「借りる」などがある。なお、このような話し手や聞き手の位置が関与する表現は**ダイクシス表現（deixis：直示表現）**[※48]ともいわれる。

※48
ダイクシスには他に、今を基準とした時間、ここを基準とした場所などがある。

多義語

多義とは、一般に、同じ音形・語形の語が持つ複数の意味をいい、そのような複数の意味を持つ語を**多義語**という。例えば、「甘い」は味覚としての「甘さ」だけでなく、「甘い歌声」や「甘い採点」など多義的な意味として味覚以外にも多く用いられている。

他にも、例えば、「ところ」は、「私の生まれたところは…」では「場所」の意味となるが、「ちょうど今終わったところです」では「時間」的な意味を表す。また、「あなたの考えるところを書きなさい」ではより「抽象的な事柄」という意味が強まる。

多義は限られた一部の語だけに見られるわけではなく、広範囲に見られる。名詞では、「頭」の「頭が固い、頭に入らない」など、「壁」の「壁にぶつかる、壁を乗り越える」などがあげられる。形容詞では、「重い」の「重い責任、気分が重い」など、「熱い」の「熱い思い、熱い声援」など、動詞では、「走る」の「痛みが走る、衝撃が走る」など、「切る」の「縁を切る、カードを切る」などが、多義的な意味を持つ。

なお、多義語の表す意味の中で、中心となる基本的な意味を**基本義**といい、そこから拡張したさまざまな意味が多義となる。この基本義から多義へは脈絡なく拡張するわけではなく、一定の関わりがある[※49]。

※49
意味拡張のメカニズムは、「**7.2** 比喩による意味の拡張と多義構造」で詳しく述べる。

- 上位語と下位語：一般的に、言語学習・教育においては、下位語の習得の方が早く、上位語の習得の方が遅い。
- 類義語：中核的な意味が共通するが、異なる意味の部分もある語のこと。類義語の使い分けについては、常に日本語学習者が疑問に思う事柄といえる。
- 対義語：反義語ともいう。反対の意味を持つ語のこと。この下位区分に、相補的対義語、両極的対義語、連続的対義語、視点的対義語がある。
- 多義語：複数の意味を持つ語を多義語という。多義的な意味の拡張については、認知意味論の考え方が有用である。

7. 意味体系 (2)　認知意味論　★★

認知言語学は、**ラネカー**、**レイコフ**、**ジョンソン**らを中心に1980年代後半から台頭してきた新しい言語理論である。認知言語学では、言語能力は一般的な認知能力と区別することはできないと主張する点において、言語の能力を他の認知能力から独立したものとして捉える生成文法理論と異なる。

また、**身体性**（身体基盤）を重視する点や、それまで文学的な修辞法（レトリック）の分野で取り上げられた比喩を、意味の説明に取り入れる点なども大きな特徴である。例えば、「釘の頭」「目玉焼き」「財布の口」「背表紙」「机の脚」など、身体部位を用いた表現は非常に多い。また、「話が見えない」「要点がつかめない」という表現では、人間の一般的な特性である、「“分かる”ということは、“目に見える”ことであり、“手にとれる”ことである」という、身体を基盤とした比喩的な思考が背後にある。つまり、「“見えない／つかめない”もの」は「“分からない”もの」ということになる。

認知言語学は、認知意味論、認知文法論、認知音韻論・形態論、認知語用論など多岐にわたるが、以下では、認知意味論の考え方、特に、プロトタイプ的なカテゴリー※50観、プロトタイプ効果、意味拡張と比喩（メタファー、メトニミー、シネクドキー）を説明する。

※50
カテゴリー（範疇）とは、有意味なまとまりを持ったグループのことである。

7.1　プロトタイプ理論とカテゴリー

◎ 成分分析による古典的カテゴリーの限界

6.1で見た成分分析は、語の意味を構成する意味成分は＋／－の2分式で明確に分解できるという意味の見方に基づいている。こうした古典的なカテゴリー観では、カテゴリーの境界は明確に区別できるものと考えられている。しかし、ここで問題となるのは、ある意味成分が明確に、＋／－によって表せるのかということである。例えば、「コップ」と「グラス」は、以下のように**成分分析**できる。

コップ	［＋液体を入れる容器］［±冷たいものを入れる］ ［±ガラス製］［±口の広い円筒状］［±取っ手付き］
グラス	［＋液体を入れる容器］［＋冷たいものを入れる］ ［＋ガラス製］［±口の広い円筒状］［－取っ手付き］

表1-4-19　コップとグラスの成分分析

「コップ」は、ホットワインや焼酎のお湯割りなどを入れることもあるので、［±冷たいものを入れる］、陶器製、プラスチック製のものや紙コップもあるので、［±ガラス製］、寸胴のものもあるので、［±口の広い円筒状］、取っ手が付いていないものもあるので、［±取っ手付き］のように、多くが「±」となる。そして、最も安定しているように思える［＋液体を入れる容器］という素性さえ、実際の使用例を考慮すると怪しくなる。実際には、コップに筆記用具やお菓子や小銭を入れることもあるからである。この事実を考慮すると、［＋液体を入れる容器］は、［±液体を入れる容器］と改めなければならない。すると、「コップ」の素性は、全て「±」となってしまう。これでは、「試験管」「ビーカー」「花瓶」「水差し」なども同じような素性となってしまう。

また、明確に分けられていると考えられていた「コップ」と「グラス」の区別も実は怪しい。次図のように、材質や形状などに注目して考えると、「コップ的なもの」と「グラス的なもの」という両極的な違いはあるが、その境界は明確ではないのである。

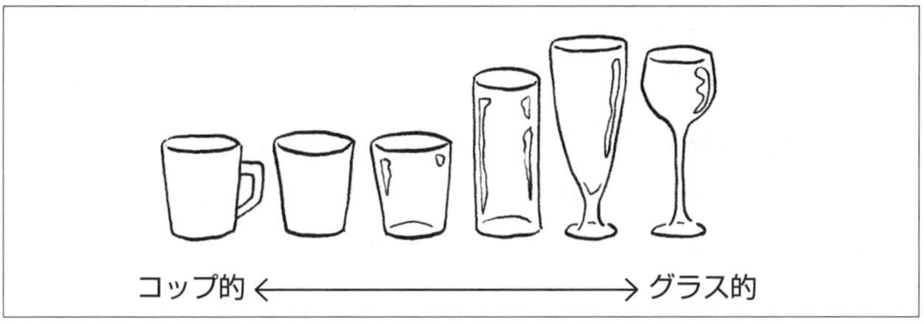

図1-4-9　コップとグラスの境界

つまり、目の前のものを、“よりコップ的なもの”か“よりグラス的なもの”というような見方で見ているのである。このことは、従来の意味論における「ある語Aとある語Bの違いは、明確に区別できる」というような古典的カテゴリーの限界を意味する。

プロトタイプ的なカテゴリー観

従来の古典的カテゴリーでは、あるカテゴリーと他のカテゴリーは白か黒のように全く異なるものであり、また、その境界は明確に分かれているという見方であった。これは、「コップ」と「グラス」では以下のように示される。

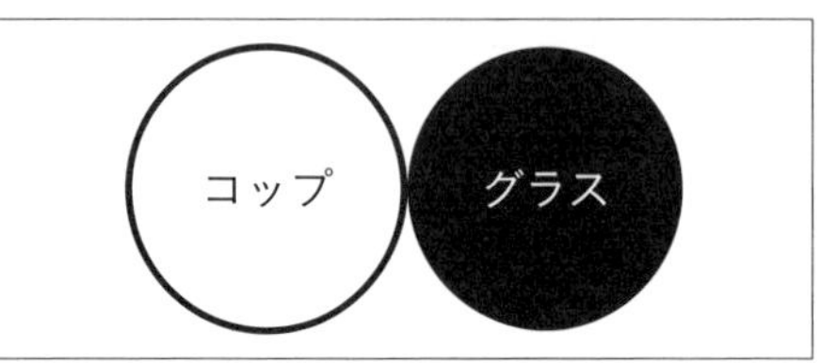

図Ⅰ-4-10　古典的カテゴリー観（従来の意味論）

これに対し、認知意味論では、プロトタイプを中心としたカテゴリー観が提案されている。これは、カテゴリー間の境界は明確なものではなく、そのカテゴリーを代表する典型的な事例を中心として段階的にその特性が薄れ、他のカテゴリーとつながっているという見方である[※51]。

※51
つまり、「コップ」というカテゴリーを代表する“最もコップらしいもの”と、「グラス」というカテゴリーを代表する“最もグラスらしいもの”の間にさまざまな“コップ的なもの”と“グラス的なもの”が連続しており、カテゴリーの境界では、コップともグラスともいえるようなものが認められるという見方である。

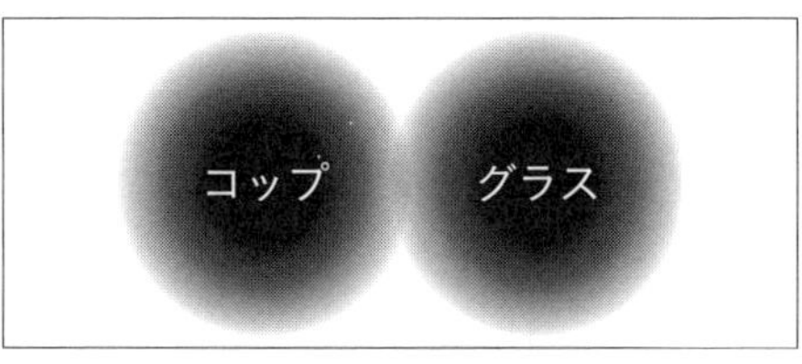

図Ⅰ-4-11　プロトタイプ的なカテゴリー観（認知意味論）

プロトタイプ効果

プロトタイプ的なカテゴリーの内部構造を詳しく見てみよう。

例えば、日本語教育の初級の授業で「鳥」という語を導入するのに絵カードを使う場合を考えてみよう。この絵カードに描かれる「鳥」はどんな鳥だろうか。図のAとBを比べてみよう。

絵カードA

絵カードB

図Ⅰ-4-12　鳥の絵カード

上の例では、多くの人がBの絵カードを選ぶだろう。その理由は、絵カードBのカラス、ハト、スズメの方が“鳥らしい”からであり、絵カードAのフクロウ、ペリカン、ペンギンは“鳥らしくない”からである。つまり、「鳥」という**カテゴリー（範疇（はんちゅう））**では、絵カードBのハトなどは、比較的小さくて、飛べて、日常よく目にする、“鳥らしい”中心的な代表例である。こうしたカテゴリーの成員※52の中で、より中心的な典型例を**プロトタイプ**という。つまり、プロトタイプは、①すぐに思い描ける、②長期的に安定的に記憶されている、③多くの人が同じように認定できる、④小さい頃から慣れ親しんでいる、というような性質を持つ。

一方、形が奇異なフクロウやペリカン、翼が小さくて飛べないペンギンは“鳥らしくない”周辺的な例であり、**周辺的成員**という。あるカテゴリー（範疇）は、プロトタイプを中心にした内部構造を持ち、プロトタイプを中心とする同心円を描くことができ、その周辺にいくに従ってそのものらしさ（成員らしさ、帰属性）が薄れる。このような鳥らしさの濃い成員から薄い成員まで、**段階性（勾配（こうばい）／グレイディエンス）**を持ったカテゴリーを形成する認知作用を**プロトタイプ効果**※53と呼ぶ。

プロトタイプか否かには、日常での頻度や、そのカテゴリーの代表的な特徴を持っているか否かなどが関わる。

図1-4-13　鳥のカテゴリー※54

※52
成員とは、カテゴリーを構成するメンバーのこと。

※53
ロッシュが研究者として有名。プロトタイプ効果とは、典型度の違いにより、そのカテゴリー内の成員に差があることをいう。

※54
インコやオウムは、飛べるし小型だし頻度も高いが、「色が鮮やかである」ことが、ニワトリは身近であり頻度は高いが、「飛べない」ことが、これらをプロトタイプよりやや外側の成員にしている。カモ、ハクチョウ、ツルは、鳥なのに「水と関係が深い」ことが、ワシは「頻度が低い」こと、フクロウはこれに加え、「形が特異である」ことが周辺的な成員である理由といえる。

先に見たコップとグラスのように、あるカテゴリーと他のカテゴリーとの境界線は、明確ではないということに注意しておきたい※55。

さらに、カテゴリーには拡張（**カテゴリーの拡張**）が認められる。カテゴリーの拡張とは、既存のカテゴリーを転用し、新たなカテゴリーを作り出すことである。「晴れ」と「曇り」には、「晴れ晴れとした気分」や「表情が曇る」などの表現があるが、これは**比喩的拡張**によるものである。

※55
例えば、「天気」には、「晴れ」「曇り」「雨」などのカテゴリーがあるが、実際には、「晴れ」と「曇り」の境界線ははっきりしていない。目の前の天気を、典型的なプロトタイプの「晴れ」と「曇り」と比較して、雲が多くても「晴れ」とする場合もあれば、雲間から少し太陽が出ていても「曇り」といえる場合もある。

7.2 比喩による意味の拡張と多義構造

認知意味論的には、こうしたカテゴリーの拡張が、**意味の拡張**であると言い換えられる。先述のように、「晴れ」や「曇り」は「天気」のカテゴリーを越え、「晴れ晴れとした気分」や「曇った表情」などのように人間の心情や表情にも拡張して用いられる。このような意味の拡張を引き起こすものの１つが**比喩**である。

◎ メタファー（隠喩（いんゆ））

メタファー（**隠喩**：metaphor）とは、**類似性**の連想に基づき、あるカテゴリーに属する何かを、別のカテゴリーに属する他のもので示すことである。

例えば、「晴れ晴れとした気分」や「曇った表情」などの表現は、人間の“明るい様子（心情）”や“暗い様子（表情）”と他のカテゴリーである「天気」の「晴れ」と「曇り」が持つ“明るさ”と“暗さ”との類似性に基づいたメタファーである。

メタファーの特徴は、より具体的な分かりやすいものを用いて、より抽象的な分かりにくいものを表すことである。例えば、「パソコンが凍った」という表現は、具体的な“水が凍って動かなくなる様子”を使って、CPUの問題か、マザーボードの問題か、BIOSの問題か、プログラムの問題か分からないが、ともかくマウスやキーボードを操作してもパソコンが反応しない、動かない様子を表している。

具体的で分かりやすい	→類似性→	抽象的で分かりにくい
水が凍る		パソコンが凍る
天気が晴れる		気分が晴れる
天気が曇る		表情が曇る

図1-4-14　メタファー

メトニミー（換喩）

メトニミー（**換喩**：metonymy）とは、あるものを**隣接関係**にある他のもので示すことである。

例えば、「昨夜は、鍋を食べたよ」という表現では、鍋そのものを食べたわけではなく、鍋の中身を食べたということを表す。また、「モーツァルトよりショパンが好きだ」と言えば、通常ショパンという人物ではなく、その作品（楽曲）を指している。このように、メトニミーには、目に付きやすいものをいうことで煩雑な表現を避け、経済的な表現を行うという効果もある。以下に、代表的なメトニミーの隣接関係を持つものを示す[※56]。

※56
ほかにも、「ピアノがうるさくて眠れない」のように、実際には、ピアノがガタガタと音を立てているのではなく、そこから出てくる音色を指している場合もメトニミーの例として挙げられる。

容器（中身）	鍋（の中身）を食べる ／ビール10本（の中身）を飲む
全体（部分）	洗濯機（の中の洗濯槽）が回る ／扇風機（の羽根）が回る
作者（作品）	ショパン（の作った曲）を聴く ／漱石（の書いた小説）を読む
場所（そこにいる人）	ホワイトハウス（にいる政治家）が声明を出した

表1-4-20　メトニミーの隣接関係

シネクドキー（提喩）

包摂関係に基づいて意味のずれが起こるもので、**上位概念で下位概念を指したり、下位概念で上位概念を指したり**する場合がある。これを**シネクドキー**（**提喩**：synecdoche）という。

例えば、「花見に行く」では、「花」という上位概念で、下位の「桜」を指し、「コーヒーでも飲みに行こう」では、「コーヒー」という下位概念で、上位の「飲み物」を指している。したがって、誘った本人は、コーヒーではなく紅茶を飲むこともあり得る[※57]。

※57
なお、修辞法ではこれらの他の比喩として、**直喩**（**シミリー**、simile）がある。直喩とは、「まるで～のようだ」のように、表現に喩えていることが分かるもの。

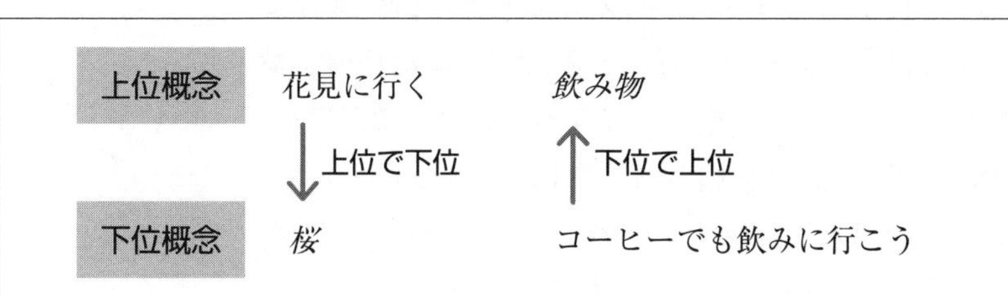

図1-4-15　シネクドキー

7.3 知識構造：フレーム、スクリプト、スキーマ

● フレーム

以下に主な認知構造を示す。なお、スキーマが広い概念であり、その一種としてフレーム、スクリプトがある[※58]。**フレーム**（frame）とは、ある概念を理解するのに前提となるような知識構造と定義される。例えば、子どもに『桃太郎』を読み聞かせていて、「“けらい”ってなぁに？」と聞かれた場合と「“きじ”ってなぁに？」と聞かれた場合を比べると、「家来」の方が説明するのに苦労するであろう。これは、「家来」の方がより多くの事柄と関係しているからである。つまり、「家来」のフレームは「キジ」のフレームよりもより複雑であるといえる。このようにフレームは、日常的に意味の理解の大きな手掛かりとなっている。

※58
認知言語学での主な研究者としては、スキーマについてはラネカー、フレームはフィルモアらがいる。

これは日本語教育で、例えば「花子さんは先週、京都に帰りました」「花子さんは先週、京都に行きました」の意味の差などを教える際にも必要となる。「帰る」と「行く」は同じように移動を表す動詞でも、異なったフレームを持っているといえる。それは、「京都以外の場所から京都に移動した」という意味は共通しているが、「帰る」という語を解釈する場合、「花子はもともと京都にいた」という背景が必要だからである。

● スクリプト

フレームは、語や文などの意味の解釈だけではなく、出来事の解釈にも用いられる。例えば、「歯医者への通院」という出来事は、「歯に何らかのトラブルを抱えた人が歯医者に予約をしてある時間に歯医者に行き、自分では買わないような雑誌を読みながらしばらく待合室で待たされ、診察室に入ってよだれかけのようなものを付けられ、リクライニング式の革張りの椅子に座らされ、ピカピカと光る針のような器具や痛そうなドリルのような器具がずらっと並んでいる治療台を横目に見ながらまた少し待ち、マスク・帽子・ゴム手袋姿の医者が現れ、まぶしい光の下で痛みを伴う治療を施され、『はい、終わりました』という声を合図にコップの温水で口をすすいでよだれかけをとり、高めの治療代を払って、次週の予約を取って、歯医者を出る（そしてまた次週も同じことを繰り返す）」という場面の連続を思い起こさせる。このような、フレームの中でも特に時間軸に沿った連続する具体的な

場面による知識構造を**スクリプト**（script、**シナリオ**、**シーン**とも）という[※59]。

※59
例えば、「買い物のスクリプト」「レストランのスクリプト」などがある。

スキーマ

スキーマ（schema）とは、個々の具体的な細かい特徴を捨象した、抽象的な知識構造である。例えば、「ボール」というカテゴリーには、「野球」「サッカー」「テニス」などのさまざまなボールが含まれる。そこで、ボールを「丸くて、弾むもので、投げたり、蹴ったり、打ったりするもの」と定義するとしよう。そうすると、楕円形のラグビーボールや、弾まないボウリングのボールは、これに当てはまらないものとなってしまう。そこで、個々の具体的な細かい特徴を捨象した、抽象的な「ボール」を想定する必要が生じる。すなわち、スキーマとしての「ボール」である。スキーマとしての「ボール」には、材質や色など個々の特徴は指定されず、知識の抽象的な形のみを規定する。

丸くて、弾むもので、投げたり、蹴ったり、打ったりできるテニスボールやサッカーボールなどのプロトタイプとしてのボールと、楕円形のラグビーボール、弾まないボウリングのボールなど拡張事例としてのボール、それらを包括するスキーマとしてのボールの関係は次の図のように示される。

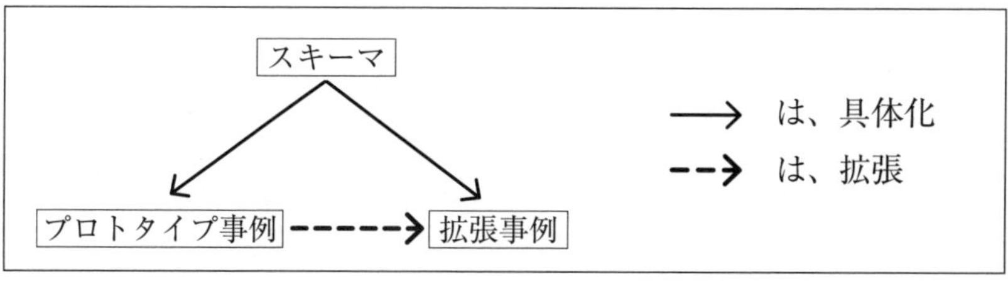

図1-4-16　スキーマとしてのボールの関係

バスケットボール、バレーボール、サッカーボール、野球のボール、テニスボール、ゴルフボールなどの典型的な具体事例から、抽象的な「ボール」のスキーマが形成される。このスキーマ的な意味は、おおむね「丸い／弾む／球技に使う」などというものであろう。しかし、円形ではないラグビーボールや弾まないボウリングのボールなどの事例からスキーマは修正され、より抽象度の高いスキーマが形成されるのである。

- プロトタイプ的カテゴリー：カテゴリー間の境界は明確なものではなく、他のカテゴリーと連続的であるという見方。
- プロトタイプ効果：カテゴリーは典型的な事例を中心として段階的にその特性が薄れ、外側の周辺的な事例とは差があるということ。
- 比喩（メタファー、メトニミー、シネクドキー）：多義的な表現での意味の拡張には比喩が大きく関わっている。
- フレーム、スクリプト、スキーマ：人間の知識や経験は構造化されているが、その整理には、フレーム、スクリプト、スキーマが役立つ。

アクセスキー　I
（大文字のアイ）

第５章 第１部　言語一般

語用論的規範

この章では、語用論の諸理論、ポライトネス理論、会話分析などを扱う。検定試験対策だけでなく、実際の教室活動においても重要な項目が多いので、しっかり学ぼう。

1. 意味論と語用論の違い ★

ことばの意味を研究する言語学の分野には、意味論と語用論がある。

- **意味論**：特定のコンテクスト（文脈・状況）から切り離された、**文字通りの意味**を扱う。
- **語用論**：**特定のコンテクスト（文脈・状況）の中での発話の解釈**を扱う。

この特定の文脈・状況の中での発話の解釈とはどのようなことか、具体的に見ていこう。

実際の発話では、文が持っている意味論的な意味だけでは説明できないような現象がある。例えば、テストの前日なのに、ゲームをしている高校生の息子に対して、保護者が「明日はテストでしょう？」と言った場合を考えてみよう。この発話の文字通りの意味、すなわち、意味論的な意味は、「明日、テストが実施されるか否かを息子に尋ねている」というものになる。したがって、息子は、「あるよ」または「ないよ」と答えることで、意味論的な意味でのやり取りは、十分に完結するはずである。しかし、そのようなやり取りは実際の言語使用ではほとんど観察されず、実際には以下のようなやり取りがなされる。

> 保護者：「明日はテストでしょう？」
> 息　子：「いまさら勉強しても、どうにもならないよ。」※1

※1
そのほか、「分かった。あと10分経ったら、勉強するから」なども考えられる。

このやり取りで、息子は、テストの前日の夜にゲームをしている自分に対して、保護者が「明日はテストがあるんだから、勉強しなさい」と注意していると判断して、その保護者の注意に対して反論しているものと考えられる。このように、発話とコンテクスト（文脈・状況）との関連を重視し、話し手の伝えようとする意味を扱うのが語用論である。

● 言外の意味

語用論的な意味は言い換えれば、特定の文脈・状況のもとで相手に伝えようとする発話意図としての意味ともいえ、これは**言外**(げんがい)**の意味**と呼ばれる。一方、意味論的な意味は、特定の文脈・状況から切り離された辞書的な意味とも言え、これは**言内**(げんない)**の意味**と呼ばれる。このうち、日常的なやり取りでは、以下の例のように、言外の意味が大きな役割を果たす。

①［状況］テストの前日にゲームをしている息子に対する保護者の発話
　保護者：「明日はテストでしょう？」

②［状況］教室で自習の時間に自分に対する隣の席の友だちの発話
　友だち：「赤ペン持ってる？」

③［状況］待ち合わせに30分遅れて来た友人に対する自分の発話
　私：「あのさあ、待ち合わせは10時だよね？」

④［状況］夏休みに中学生の弟が部屋の掃除をしている様子を見た姉の発話
　姉：「えっ、ちょっと、なに？　部屋の掃除してるの？　雪でも降るんじゃない？」

これらの発話には、以下のような言内の意味と言外の意味が考えられる。

	言内の意味 意味論的な意味（コンテクストから切り離された文字通りの意味）	言外の意味 語用論的な意味（コンテクストの中での発話の解釈）
①「明日はテストでしょう？」	明日テストが実施されるか否かを尋ねている	「勉強しなさい！」と注意している
②「赤ペン持ってる？」	赤ペンを持っているか否かを尋ねている	「赤ペンを貸して欲しい」と依頼している
③「待ち合わせは10時だよね？」	待ち合わせの時間が10時であることを相手に確認している	「遅い！」と遅れてきたことに不満を表している

④「雪でも降るんじゃない？」	雪が降る可能性があると思っていることを相手に伝えている	「雪が降る」くらい「珍しい」と驚いている

表1-5-1　言内の意味と言外の意味

なお、ここでいう語用論的な意味、および、言外の意味は、「会話の含意」と同様のものを指す。グライスは、「発話の意味」は、「文字通りの意味（上で言う「言内の意味」）」と「語用論的な意味（上で言う「言外の意味」）」から成るとし、**会話の含意**の重要性を指摘した[※2]。

※2
グライスの考え方については、この後の**3.**で詳しく見ることとする。

2. 発話行為と間接発話行為 ★★

○ 発話行為

発話によって遂行される行為を**発話行為**（speech act）という[※3]。オースティン[※4]は、『言語と行為』（1962）で、発話行為には以下のように3つの機能があると記した。

※3
発話行為は**言語行為**とも言われる。

発話行為	① **発語行為** locutionary acts	ある人が、何らかの意味を持つ文を発すること。 例：住宅街で、一人の住民が「火事だ！」と言うこと。
	② **発語内行為** illocutionary acts	ある人が、発話を行うことにより、聞き手に発話意図を伝えようとすること。 例：住宅街で、一人の住民が「火事だ！」と言うことで、 聞き手に「逃げろ！」という警告を伝えようとすること。
	③ **発語媒介行為** perlocutionary acts	ある人が発話を行うことで、聞き手にその発話意図が伝わり、相手が何らかの行動を起こすこと。 例：住宅街で、一人の住民が「火事だ！」と言うことで、 聞き手に「逃げろ！」という警告が伝わり、 聞き手が安全な場所に避難しようとすること。

表1-5-2　発話行為の機能

①の**発語行為**は、伝達を目的とし、何らかの言語表現を用いる行為であり、話し手が聞き手に「火事だ！」と発することである。この発語行為を行うことで、話し手は聞き手に対して、「危ないから、逃げろ！」というような警告をしている。これが②の**発語内行為**であり、その機能は**発話の力（発語内効力）**と呼ばれ、警告のほか命令、約束、

※4
オースティンは、「（二度としないと）約束する」「（上海勤務を）命ずる」「（館内での撮影を）禁止する」「（ここに開会を）宣言する」など、発話した時点でその行為を行ったことになる動詞を**遂行動詞**と呼び、

依頼、質問、陳謝、提案、勧誘、祈願、感嘆などがある。発語内行為により、その結果として、聞き手やその他の人の感情や思考や行動に何らかの影響を与える行為を③の**発語媒介行為**という。しかし、一般的には、「火事だ！」と聞けば安全な場所に避難するというのが話し手の望む結果だが、逃げ遅れる人もいるかもしれないし、興味本位で見に行く人もいるかもしれない。発話がどのような結果をもたらすかは、参与者の関係や状況によって異なる。

それを含む文を**遂行文**とした。オースティンの考えは、彼の元で学んだサール、グライスらに継承され、語用論の発展につながった。

● 間接発話行為

実際のコミュニケーションでは、発話の表面的な意味の裏にある言外の意味が大きな役割を果たしている。サールはオースティンの研究を継承し、発語内行為のさらなる分析を行った。そして、聞き手に話し手の発話意図が伝わることを**間接発話行為**（indirect speech act）と呼んだ。これを以下の会話①と会話②で考えてみよう。

会話①　教室でノートを取っている学生（私）と隣の席の学生（友だち）のやり取り

私　　：あっ、消しゴム忘れちゃった。あのー、消しゴム持ってる？
友だち：はい、これ使って。2つあるから。

会話②　夜11時頃、スマホの動画に夢中でなかなか寝ない小学生（娘）と保護者（父親）のやり取り

父親：もう11時だぞ。
娘　：は～い。お休みなさい。

会話①で友だちは、私の「消しゴム持ってる？」という発話が、授業中にノートを取っている状況で、隣で同様に授業を受けている自分に向けられているものであることから、相手は消しゴムを持っていないため、「消しゴムを貸して下さい」と頼んでいると判断して、「はい、これ使って」と応じたと考えられる[※5]。また、会話②で小学生は、夜の11時にスマホで動画を見ている自分に父親が「もう11時だぞ」と言うのは「早く寝ろ」と命令しているのだと判断して、「お休みなさい」と言っている[※6]。

間接発話行為を考える上で注目すべきは、発話意図と言語形式の関係である。例えば、発話意図としての「命令（早く寝なさい）」を表す

※5
つまり、「消しゴム持ってる？」は文字通りの「疑問」という機能とは別に、「依頼」という機能を持っていることが分かる。

※6
つまり、「もう11時だぞ」は文字通りの「断定」とは別に、「命令」という機能を持っている。

のに「いま何時？」という疑問文の形式や「もう11時だよ。」という平叙文の形式が用いられることも多い。また、「依頼（消しゴムを貸してほしい）」を表すのに「持ってる？」という疑問文の形式が用いられていることも多い。

- 発話行為：オースティンは、文を発することにより遂行される行為を発話行為と呼び、発語行為、発語内行為、発語媒介行為の３つの機能から発話意図が伝わるメカニズムを分析した。
- 間接発話行為：サールは、オースティンの発語内行為の考えを発展させ、相手に何らかの発話意図を伝えるために用いる直接的ではなく間接的な発話を行うことを間接発話行為と呼んだ。

3. 協調の原理と会話の公理 ★★★

会話が成り立つには、話し手と聞き手の双方の協力が必要である。話し手は、会話の目的や方向の流れを無視して、それと矛盾するような発言はせず、聞き手はそれを信じて話し手の言うことを理解しようと努める。したがって、聞き手は、話し手の言うことをでたらめな推論により解釈しているわけではない。そのような推論を行う上での一般的な原則が**グライス**の提案した**協調の原理**である。協調の原理は、具体的には、以下の４つの**会話の公理**からなる※7。

※7
「公理」はmaximの訳で「格率」ともいわれる。

① **量の公理**（maxim of quantity）	相手に求められている適切な量の情報を伝えよ。情報量は多すぎても少なすぎてもいけない。
② **質の公理**（maxim of quality）	嘘や偽りだと思っていること、確信の持てないこと、根拠のないことを、言ってはいけない。
③ **関連性の公理**（maxim of relevance）	その場の状況と関係のあることを述べよ。関係のないことを言ってはいけない。
④ **様式の公理**（maxim of manner）	不明確な表現や曖昧な表現は使わず、簡潔に順序立てて述べよ。

表1-5-3　会話における「４つの公理」

それぞれの公理について具体例をあげて説明する。

① 量の公理の例

例えば、「次の定例会議はいつでしたっけ？」という問いに対して、「近いうちです」と答えるのは情報量が少なすぎるし、「あと72時間36分後です」と答えるのは情報量が多すぎる。これらはいずれも適切な量の情報とはいえないため、量の公理に違反した発話といえる。また、以下に示す大学生の「私」と「友人」のやり取りは、「友人」の発話は２つとも「私」に求められている適切な量の情報よりも少ないため、「私」は困って会話が続かなくなっている。

私　:「連休中、とっても天気よかったね。どこか出かけた？」
友人:「うん。でかけた。」
私　:「・・・？　ん～、どこ行ったの。」
友人:「旅行。」
私　:「・・・？　ん～・・・」

② 質の公理の例

例えば、「明日は雨が上がりますかね？」という問いに対して、「はい、上がります。」や「いいえ、上がりません。」と答えにくいのは、確信の持てないことや根拠のないことを言ってはいけないという質の公理に違反したくないという心理が働くためである。したがって、多くは「上がると思いますけど、どうかなあ。」などと断定を避ける返答をする。

③ 関連性の公理の例

例えば、「先週の連休はどこか行ったの？」という問いに対して、「子どもが風邪を引いちゃって…」と答えるのは、一見すると関連性の公理に違反しているように思える。しかし、この発話は会話に関係しているはずなので、「（子どもが風邪を引いて）どこにも行けなかった」ということを意図したものだと、聞き手は解釈する。

④ 様式の公理の例

例えば、上司の「明日の会議の資料、事前に目を通しておきたいんだけど、できてる？」という問いに対して、部下が「ええと、会議の30分前には、参考資料といっしょに揃うとは思うのですが、例の作業部会の分析結果が遅れていたこともあって、少々難航してはいるんですけど…」と答えるのは、不明確で曖昧な表現が多く、簡潔に順序立てて述べてもいないので、様式の公理に違反した発話といえる。

グライスは話し手が聞き手に伝えようとした意図を**会話の含意**（conversational implicature）と呼んだ[※8]。前掲の①～④の発話のうち③の解釈は、この「会話の含意」によるものである。すなわち、「子どもが風邪を引いちゃって…」という発話は、関連性の公理に違反していないという前提で推論すれば、「子どもが風邪を引いた」と答えているだけだが、その「会話の含意」として「だから、どこにも行けなかった」と聞き手に伝えているのだと解釈できる。「会話の含意」が関わる他の例も見てみよう。

※8
1.の最後を参照のこと。なお、「会話の含意」は「発話の含意」とも言われる。

⑤ 質の公理に意図的に違反し、会話の含意として皮肉を表している例

例えば、サッカー仲間が共通の知り合いである伊東さんについて話している以下の会話を考えてみよう。

私　：昨日の試合、どうだった？　伊東さんも出てたんでしょ？
友人：負けちゃった。チャンスで何度もミスをするなんて、伊東さんは本当に最高の選手だよ。
私　：ははは。本当に最高の選手だね。

もし本当に「最高の選手」であれば、チャンスで何度もミスはしない。しかし、何度もミスをした伊東さんが最高の選手であることを“偽”だと信じた上で、あえて「最高の選手だよ」と友人は言っている。つまり、意図的に「質の公理」に違反することによって「皮肉」を言っており、友人にも「伊東さんの皮肉を言っている」という発話意図が伝わっている。このように、「皮肉」や「嫌み」は、「質の公理」に意図的に違反することによって会話の含意として生じる表現効果と言える。

- 協調の原理：話し手は、会話の目的や方向の流れを無視して、それと矛盾するような発言はせず、聞き手はそれを信じて話し手の言うことを理解しようと努めるというもの。
- 会話の公理：会話がスムーズに運ぶための４つの公理。量の公理、質の公理、関連性の公理、様式の公理から成る。

4. ポライトネス理論（ブラウン&レビンソン） ★★★

ブラウン&レビンソン（Brown & Levinson）のポライトネス理論では、「ポライトネス（politeness）」と「フェイス（face）」という概念が鍵となる。

ポライトネス理論でいう**ポライトネス**とは、日常的な語の意味としての「丁寧さ」とは異なり、会話の参与者が心地よくなるように、また、不要な緊張がないように配慮するなど、「**人間関係を円滑にしていくための言語行動**」を指す学術用語である※9。したがって、親しい友人同士や家族との普通体やくだけた表現も含む。

※9
一般的なことばとしてのポライトネスは、礼儀正しさ、丁寧さを指すことが多い。したがって、日本語の言語行動では、敬語（尊敬語や謙譲語など）や、丁寧体（です／ます体）などが思い浮かぶだろう。しかし、ポライトネス理論の「ポライトネス」はそれ以外の表現も含むので注意が必要。

また**フェイス**も一般的なことばとしての顔、表面、面子という意味ではなく、**人と人との関わり合いに関する「基本的な欲求」**を指すものである。このフェイスは、ポジティブ・フェイス（positive face）とネガティブ・フェイス（negative face）の2つに分類される。ポライトネス理論はこれら「ポライトネス」と「フェイス」をキー概念とし、コミュニケーションにおいて人間関係を円滑にするための言語的ストラテジー（工夫や方法）を考察する語用論の理論である。

◎ ポジティブ・フェイスとネガティブ・フェイス

ポジティブ・フェイスとは、人と人との関わり合いに関する「基本的な欲求」のうち、**他者や集団との関わりを望む欲求**をいう※10。ポライトネス理論は、人間には、他者に好かれたい、ほめられたい、認められたい、理解されたい、近づきたい、繋がっていたいという欲求があると考える。

※10
ここでのポジティブは一般にいう積極的や肯定的という意味ではなく、ネガティブも消極的、否定的という意味ではない。

一方、**ネガティブ・フェイス**は、**他者や集団から距離を置くことを望む欲求**をいう。ポライトネス理論では、人間には、他者に邪魔されたくない、干渉されたくない、立ち入られたくないという、束縛からの自由を望む欲求があると考える。

例えば、パソコンの操作や書類の書き方など、何か分からないことや困ったことがある場合、“自分ではどうにもならないので、誰かに助けてほしい”と思うこともあれば、“自分で何とかしたいので、構わないでほしい”と思うこともある。“誰かに助けてほしい”と思う場合は、誰かに声をかけられたら、うれしいと感じるが、“自分で何とかしたいので、構わないでほしい”と思う場合は、誰かに声をかけられたら、不快に感じてしまう。この違いを説明するのがフェイスという概念である。このポジティブ･フェイスやネガティブ･フェイスは、個々人によって固定化されているわけではなく、個人の中に2つの欲求いずれもがあるため、同じ個人内でも、ある時はポジティブ・フェイスが強く／弱くなり、ある時はネガティブ・フェイスが強く／弱くなる。したがって、同じ友人から同じ内容の誘い[※11]があっても、ポジティブ・フェイスが強い時はうれしく感じ、ネガティブ・フェイスが強い時は面倒に感じることもある。

※11
例えば、「食事に行こう」、「映画に行こう」など。

FTAとポライトネス・ストラテジー

人間の基本的欲求であるポジティブ・フェイスとネガティブ・フェイスを、他者が脅かすような言語的な行動を**FTA**[※12]といい、日本語では**フェイス侵害行為**ともいわれる。日常の言語行動では、ポジティブ・フェイスが強い時の相手に、冷たく接してしまったり、ネガティブ・フェイスが強い時の相手に、馴れ馴れしく接してしまったりすることもある。そのような場合はFTAとなる。

※12
FTAはFace Threatening Actの略。

したがって、FTAにならないよう、つまり、2つのフェイスを脅かさないような言語行動を心がける必要がある。このような、**フェイスを侵害しないように配慮したストラテジー**を**ポライトネス・ストラテジー**（politeness strategy）[※13]といい、ポジティブ・フェイスに配慮したストラテジーを**ポジティブ・ポライトネス**、ネガティブ・フェイスに配慮したストラテジーを**ネガティブ・ポライトネス**という。3つの関係は以下のようになる。

※13
ここでの「ストラテジー」は、話し方や話す内容などに関する工夫を指す。

ポライトネス・ストラテジー FTAに配慮したストラテジー	**ポジティブ・ポライトネス** ポジティブ・フェイスに配慮したストラテジー
	ネガティブ・ポライトネス ネガティブ・フェイスに配慮したストラテジー

図1-5-1　ポライトネス・ストラテジー、ポジティブ・ポライトネスとネガティブ・ポライトネスの関係

(1) ポジティブ・ポライトネス（positive politeness）

相手のポジティブ・フェイスを確保しようとする言語による行為。例えば、**ほめる、認める、共感する、敬意を示す**などは、相手のほめられたい、認められたいという欲求に応えるものといえる。これに加

え、ポライトネス理論では、**挨拶をする**、**いわゆる仲間内のことばやタメ口で話す**、**方言を使う**などもポライトネスであるとする[※14]。特に、**場をなごませる冗談や**、**仲間意識を表すことば**など、**人間関係を円滑にするため**に重要かつ効果的なストラテジーと言える。

※14
これは、ポジティブ・フェイスの「他者と近づきたい、繋がっていたい」という欲求を確保しようとするものだからである。

具体的な言語表現としては、以下のようなものが考えられる。

ほめる、共感する、同意する、敬意を示すなど	「そのバッグいいね！」 「やっぱり、～さんはすごいなあ」 「はい」「そうですね／そうだよね」 「それ、分かる」「さすが！」
挨拶する、注目する、仲間内のことばで話す、方言を使うなど	「こんにちは」「あれ、髪、切った？」 「なんか、イメージ変わったね！」 「そのバッグ持ってたっけ？」
場をなごませる冗談やダジャレなど	「おつかれー、カツカレー」 「サイズはA4でもエーヨン」 「クマには、くまったなあ…」

表Ⅰ-5-4　ポジティブ・ポライトネスに関わる具体例

(2) ネガティブ・ポライトネス (negative politeness)

相手のネガティブ・フェイスを確保しようとする言語による行為で、例えば、町で見知らぬ人に道を尋ねる際、「あのー、すみません」「ちょっと、伺いたいんですが…」などの**前置きを用いる**ことがこれにあたる。この言語行動は、これから相手の**ネガティブ・フェイスを脅かすことへの予告**であり、その意味で、他者に邪魔されたくないという相手の欲求に配慮したものといえる。また、他者から何かを頼まれたり、忠告されたり、指示されたりすることもネガティブ・フェイスを脅かすものとなるので、通常は何らかの配慮がなされている。例えば、「ごめん、醤油取って」や「忙しいところ悪いけど」や「うるさいことを言うようで申し訳ないけど」などが**依頼や助言の前に発せられる**のもネガティブ・ポライトネスによるものといえる。さらに、**敬語や「です／ます」の丁寧体**を使って話すことも、**相手との距離を一定に保ちたい**というネガティブ・フェイスに配慮した言語行動といえる。

- ポライトネス：会話の参与者が心地よくなるように、また、不要な緊張がないように配慮するなど、「人間関係を円滑にしていくための言語行動」。
- ポジティブ・ポライトネス：相手のポジティブ・フェイスを確保しようとする言語による行為。人間関係を円滑にするために重要かつ効果的なストラテジー。
- ネガティブ・ポライトネス：相手のネガティブ・フェイスを確保しようとする言語による行為。相手との距離を一定に保ちたいというネガティブ・フェイスに配慮した言語行動といえる。

5. 会話分析・談話分析 ★★★

文よりも大きい言語単位に談話がある。**談話**（**ディスコース**：discourse）は、文よりも大きい言語単位として、複数の文が連続するひとまとまりの内容や構造を持った言語表現を指す。広い意味で、談話の下位区分である会話を対象とした研究が**会話分析**である。実際の会話データを研究の対象とするが、言語表現そのものではなく、そのような言語表現を用いる人々の社会的な相互行為の分析を通し、人々の社会的側面に注目する。具体的には、人々の相互行為である会話の開始と終結、話者の交代、会話の修正などを分析する。

○ 会話分析

実際の会話では、すぐに本題に入らず、まず、相手に対しこれから会話をしてもいいかどうかという了解を取り、その後に会話が始まる。ほとんどの会話では、**本題**を挟んで**開始部**と**終結部**が観察できる※15。

※15
もし、このうち「開始部」がないと唐突な感じがするし、「終結部」がないと聞き手に違和感やぞんざいな感じを与えてしまう。

次は、大学の休み時間に、学生Aと学生Bが話している場面である。

A_1：おはよう。 B_1：あ、おはよう。 A_2：いい天気だね。 B_2：そうだね。 A_3：今、ちょっといい？ B_3：うん、なに？	①開始部

A_4：あのー、実は、月曜の「社会学」の授業、寝坊して遅刻しちゃって… B_4：あー。あの授業１限だもんね。 A_5：申し訳ないんだけど、最初の部分のノートを見せてもらえるかなあ… B_5：うん、いいよ。この前は私が見せてもらったし。はい、どうぞ。	②本題（主要部）
A_6：ありがとう！ B_6：いえ、いえ。 A_7：じゃあね。 B_7：じゃあね。	③終結部

表1-5-5　会話の開始部、本題、終結部

①**開始部**では、A_1「おはよう。」からB_2「そうだね。」までのように、**挨拶や天気の話**などがよく話される。これは、本題とはあまり関係がなく、一見するとあまり意味のないような他愛のない会話に思える。しかし、このような挨拶的な役割を果たすやり取りは、会話に参加する人たちの人間関係を活性化し、コミュニケーションを円滑に進めるための重要な役割を果たしている。上の会話のA_1「おはよう。」からB_2「そうだね。」までのようなやり取りを**スモールトーク**（small talk）という[※16]。これらのやり取りが行われる理由は、お互いのポジティブ・フェイスに配慮するからであり、先ほど見たポライトネス理論のポジティブ・ポライトネスの観点からも、重要なものであることが分かる。なお、スモールトークはB_2までで、A_3の「今、ちょっといい？」は、本題に入る前の**切り出し表現**となっている[※17]。

②**本題**は、**会話の実質的な中心部分**で、**主要部**ともいわれる。上の例では、Aが経緯を話し、Bにノートを見せて欲しいと依頼し、Bが受諾するというものである。この会話では、本題は1つだけであるが、長い会話では、本題が複数ある場合もある。

これら開始部や本題では、「ちょっといいですか」「あのー」「ところで」などの**談話標識**（**ディスコース・マーカー**：discourse marker）がよく用いられる。談話標識は、会話の中で話し手が聞き手に送る言語的な合図で、**話し手の意思表示、会話の流れの調整・転換・修正**など複数の機能がある。例えば、「あのー」や「ちょっと」「いいですか」などは**呼びかけや会話の切り出し**を示し、「でも」や「だけど」などは反論や対立を予告する。また、「ところで」「そういえば」「話は変わるけど」などは**話題転換**に用いられ、「ちなみに」「ただし」などは**情**

※16
スモールトークには、挨拶や同意・共感が多く、また、相手の近況を聞いたりすることも多い。

※17
切り出し表現には、「あのー」、「すみません」、「いま、大丈夫？」、「ねえねえ」などが用いられる。

報の追加や補足をする際に用いられる。一方、聞き手は、「うんうん」「へえ」「ふーん」「なるほど」などのいわゆる相づちのほか、「えーと」「あのー」「んーと」「まあ」「そうですねえ」などの**会話の中断を回避しコミュニケーションをスムーズに進行させる**ための**フィラー**（filler）を用いる※18。

③**終結部**は、以下のように、終結の前段階である**前終結**（pre-closing）と最終的なやり取りとなる**終結**（closing）から成る。

A_6：ありがとう！ B_6：いえ、いえ。	前終結	終結部
A_7：じゃあね。 B_7：じゃあね。	終結	

表1-5-6　終結部

※18
談話標識やフィラーは言語形式と１対１で対応しているわけではない。したがって、同じ「あのー」でも、切り出しに用いられる場合は談話標識として、発話の途中に出てくる場合はフィラーとして機能している。

前終結はA_6とB_6にあたる。A_6の「ありがとう！」で、Ａは相手の行為に感謝し、これ以上新たな話題を持ち出さないことをＢに伝えている。Ｂもそれを受けB_6で「いえ、いえ。」と答えることで、新たな情報を出していない※19。一方、終結はA_7とB_7にあたり、２回の「じゃあね。」によって最終的にこの会話は終わる※20。

この前終結と終結をあわせて終結部となるが、もし、前終結がなく本題から直接、終結に、つまりB_5の「はい、どうぞ。」からA_7「じゃあね。」に移ると不自然な会話になる。

※19
前終結に用いられる表現には、「ありがとう」「はい」「では改めて」などがある。

※20
終結では、A_7「じゃあね。」とB_7「じゃあね。」のほか、「またね→またね」や「バイバイ→バイバイ」のように、ほぼ同じ表現をお互いが繰り返す場合が多い。

● 隣接ペア（adjacency pair）

上で見た学生同士の会話のA_1とB_1のような発話の連続は、隣接ペアと呼ばれる。**隣接ペア**とは、２つの発話が連続して発せられるようなペアになっている発話を指す。

隣接ペアの意味的な機能に注目すると、特定の機能の組み合わせが多いことが分かる。代表的な隣接ペアには、**「①挨拶→②挨拶」**、**「①問い→②返答」**、**「①申し出→②受諾／拒否」**、**「①依頼→②受諾／拒否」**、**「①勧誘→②受諾／拒否」**などの組み合わせがある。

隣接ペア	機能の組み合わせ
①「おはよう。」→ ②「おはよう。」	挨拶と挨拶
①「今日も暑いね。」→ ②「そうだね。」	挨拶と挨拶
①「今何時ですか？」→ ②「3時半です。」	問いと返答

①「お持ちしましょうか？」 → ②「お願いします。」	申し出と受諾
①「ペン、貸してくれる？」 → ②「どうぞ。」	依頼と受諾
①「一緒に行かない？」→ ②「その日はちょっと……」	勧誘と拒否

表1-5-7　隣接ペア

これらは、基本的には、1つ目の発話（それぞれの①）が2つ目の発話（それぞれの②）を規定する（決まった返答を要求する）が、1つ目の発話が申し出や勧誘の場合、2つ目の発話は、受諾だけでなく、拒否（断り）の可能性もある。しかし、いずれも1つ目の発話に規定されているという点では等しい。

○ 優先応答と非優先応答

「①勧誘→②受諾／拒否」などの隣接ペアでは、2つ目の発話は「受諾」か「拒否」かの2つの可能性がある。このような場合、肯定的な応対（「受諾」）と否定的な応対（「拒否」）とでは、発話に異なった特徴が見られる。

相手の期待通りの返答（「受諾」）は**優先応答**と呼ばれ、一般的に短く簡単な発話となる。例えば、①「久しぶりに飲みに行かない？」→②「いいねえ。」の②のような返答が優先応答で、短く簡単なものとなっている。これに対し、相手の期待に沿わない返答（「拒否」）は**非優先応答**と呼ばれ、曖昧な言い方やいろいろな弁明が加わるため長くなりやすい。例えば、①「久しぶりに飲みに行かない？」→②「う～ん、最近あまり胃の調子が良くなくてね、明日の朝も早いし、ちょっとなあ……」の②のような返答が非優先応答で、曖昧で長くなる。

○ 挿入連鎖とムーブ

隣接ペアの間に別の隣接ペアが入り込むことがある。これを**挿入連鎖**という。例えば、賑わっている飲食店の入り口でなされた、客と店員の会話を見てみよう。

客$_{1}$　：「予約してないんですけど、席ありますか。」
　店員$_{1}$：「何名様ですか。」
　客$_{2}$　：「3人です。」　隣接ペア
店員$_{2}$：「はい、大丈夫です。こちらの席にどうぞ。」
隣接ペア

図1-5-2　挿入連鎖

上の会話では、最初の発話と最後の発話の隣接ペアの間に、もう1つの隣接ペアが入った会話となっている。このような会話で隣接ペアの挿入連鎖が見られる。

隣接ペアは2つの連続する発話から成るペアであるが、実際の会話では、A:「ペン、貸してくれる？」→B:「どうぞ。」→A:「ありがとう。」のように、3つ以上の連続する発話も数多く見られる。これらにも「依頼→受諾→感謝」のような組み合わせにパターンがある。そのような隣接ペアよりも大きなまとまりをなす複数の発話の組み合わせを**ムーブ**という。以下の会話を見てみよう。これは、朝の出社直後に、エレベーターの前で、同僚の会社員同士が話をしている場面である。

A：①「おはようございます」
B：②「おはようございます」
A：③「毎日暑いですね」
B：④「そうですね」
A：⑤「あっ、お先にどうぞ」
B：⑥「ありがとうございます」
A：⑦「何階ですか？」
B：⑧「あっ、8階お願いします」

この会話を小さい範囲で見ると、①と②が隣接ペアで、同様に③と④も、⑤と⑥も、⑦と⑧も隣接ペアであるが、大きく見ると、「[①→②]→[③→④]」という2つの隣接ペアでひとまとまりとなり、後半も「[⑤→⑥]→[⑦→⑧]」という2つの隣接ペアでひとまとまりとなっている。

図Ⅰ-5-3　ムーブ

一見すると、会話は個別性が強く、会話の参加者によってどのような展開になるかは予測がつかないように思える。しかし、その中には、

第1部 言語一般
第2部 言語と教育
第3部 言語と心理
第4部 言語と社会
第5部 社会・文化・地域
第6部 音声分野
第7部 記述問題

隣接ペアやムーブのような組み合わせのパターンがあるものも少なくない[※21]。

※21
言語教育では、教師がその言語に特徴的な発話の組み合わせのパターンを認識し、学習者が注意を向けるように促したい。そうすることで、日本語らしい会話のやり取りの習得が促進されるであろう。

ターン

隣接ペアやスモールトークは、発話の順序や組み合わせがほとんどパターン化されている。例えば、会話の開始部のスモールトークで、挨拶（おはよう→おはよう）と天気の話（いい天気だね→そうだね）をする場合、一般的な順序は下の表の左側のようになり、天気の話と挨拶を入れ替えた右側の順序は奇異に思える。

一般的な順序の発話	順序を入れ替えた発話
A_1：おはよう。	A_1：いい天気だね。
B_1：おはよう。	B_1：そうだね。
A_2：いい天気だね。	A_2：おはよう。
B_2：そうだね。	B_2：おはよう。

表1-5-8　発話の順序

しかし、会話の本題（主要部）では、誰が何をどのくらい話すかは決まっておらず、発話の順序の固定的なパターンがない場合が多い。その場合、発話の順序を積極的に取りに行くか、あるいは、相手に譲るかは話し手次第となる。

会話において1人が話し始めてから、次の人が話し始めるか、ポーズ（間）で区切られるまでの発話のまとまりを**ターン**（turn）といい、このターンが交替することを、**ターン・テイキング**（turn-taking）という。また、ターン・テイキングは、ターンの交替のほかに、**ターンの順番を積極的に取る**（自分にターンが来るようにする）ことも指す。一方、話し手が聞き手にターンを譲ることは、**ターン・イールディング**（turn yielding）と呼ばれる。ターンを譲りたい場合、話し手は、ポーズ（間）や上昇イントネーションによって聞き手に質問したり、身振りや視線で相手の発話を促したりする。会話の参加者は適切にターンが交替するように、それらに注意している。具体的なターン・テイキングとターン・イールディングの表現を考えてみよう。

ターン・テイキングを意図した言語表現には、**相手の考えや意見を否定して、自分のターンにする**もの[※22]や、**相手に同意・共感し、自分のターンにする**もの[※23]がある。

一方、ターン・イールディングを意図した表現には、相手に質問す

※22
例えば、「それは違うと思うよ。だって…」「いや、ちょっと待って、…」「そうかなあ、私は、…」。

※23
例えば、「そうそうそう、それでね、…」「ほんとにね〜。でさあ、…」「分かる、私も…」。

るもの[※24]や、相手に意見を言ってもらうための依頼や命令[※25]が用いられる。ただし、実際の会話では、明確な発話だけでなく、フィラー、目配せ、ジェスチャーなどの非言語的手段によって、ターン・テイキングやターン・イールディングが行われることも少なくない。

※24
例えば、「どう思いますか」「〜さんは、どう？」「〜でいいと思う？」。

※25
例えば、「では、〜さんの意見をお願いします」「なんとか言ってよ！」。

6. 結束性・照応・推論 ★★

文章や談話にはまとまりがあり、何らかの結び付きや繋がりがある。文章や談話における前後の文の間の結び付きを結束性という。また、ある文や語句と他の文や語句との対応関係を照応という。それぞれを順に見ていく。

○ 結束性

文章や談話における前後の文の間の結び付きを**結束性**（cohesion）という。結束性には、文法的な結び付き、語彙的な結び付き、前の要素・後の要素の結び付きなどがある。

文法的な結束性は、文法的な手段として、**「指示」**、**「代用」**、**「省略」**、**「接続詞」**などによる結び付きである。

指示	上司：「印刷室に大きな段ボール箱があるんですが、それを会議室に運んでおいて下さい。」 ***→指示詞の「それ」が「大きな段ボール箱」を指している。***
	講師：「いわゆる先進国では、少子・高齢化、若者の貧困、格差の増大などが問題となっています。このような社会的な問題について、具体的な事例を挙げながら1つずつ考えていきたいと思います。」 ***→「このような」が前の文脈の「少子・高齢化、若者の貧困、格差の増大」を指している。***
代用	先輩：「体調悪そうだね。早く帰ったほうがいいよ。」 後輩：「はい、そうします。」 ***→後輩の「そう」は「早く帰ること」の代用をしている。***
	店員：「ご注文は？　どの定食にしますか？」 客　：「う〜ん、迷うなあ。一番人気があるのはどれですか？」 ***→客の「の」は「定食」の代用をしている。***

省略	学生A：「この問題、難しいね。」 学生B：「やー、ホントに。」 *→学生Bは、「ホントに難しい」の「難しい」を省略している。*
接続詞	学生：「雪なので早めに家を出ました。でも、間に合いませんでした。」 *→「でも」によって、前後が逆接になることを示している。*

表1-5-9　文法的な結束性

語彙的な結束性は、「類義語」や「上位語と下位語」などの**語彙的な特性による結び付き**である。

類義語	A：「先日は娘がお世話になりました。」 B：「いいえ。とても礼儀正しいお嬢さんですね。」 *→「娘」を類義語の「お嬢さん」で言い換えている。*
	「ここまでの説明の中で質問はありませんか？　分からないことは遠慮なく聞いて下さい。」 *→「質問」を類義語の「分からないこと」で言い換えている。*
上位語と下位語	A：「何かお菓子でも買っていこうか。」 B：「クッキーなんかどう。」 *→上位語の「お菓子」と下位語で「クッキー」が結び付いている。*
	「弁当には唐揚げ、天ぷら、豚の角煮などが入っていた。私はどうも油っぽいものは苦手だ。」 *→下位語の「唐揚げ、天ぷら、豚の角煮」と上位語の「油っぽいもの」が結び付いている。*
	「いわゆる先進国では、少子・高齢化、若者の貧困、格差の増大などが問題となっている。このような社会的な問題について、具体的な事例を挙げながら一つずつ考えていきたい。」 *→「このような」という「指示」による「文法的な結束性」と、「上位語」である「社会的な問題」による「語彙的な結束性」の両方がかかわる。*

表1-5-10　語彙的な結束性

● 照応

ある文や語句と他の文や語句との対応関係を**照応**という。例えば、A：「さっき電話があって、リーさん、合格したって。」に対して、B_1：「おお、リーさん、良かった！」は同じ名詞「リーさん」による照応、B_2：「良かった。彼、頑張ってたもんね。」は代名詞「彼」による照応である。また、同じ状況で、B_3：「良かった。頑張ってたもんね。」は名詞も代名詞も用いない照応である。この３つのタイプの照応は、それぞれ、**名詞照応**、**指示詞照応**、**ゼロ照応**と呼ばれる。

A：「さっき電話があって、リーさん、合格したって。」

B_1：「良かった。リーさん、頑張ってたもんね。」
→同じ名詞「リーさん」による**名詞照応**

B_2：「良かった。彼、頑張ってたもんね。」
→代名詞「彼」による**指示詞照応**

B_3：「良かった。頑張ってたもんね。」
→名詞も代名詞も用いない**ゼロ照応**

照応には、前で用いられている語句や文を指す**前方照応**と、後で用いられている語句を指す**後方照応**とがある。例えば、「この間、新しいカメラ買ったって言ってたよね。今度それ見せてよ。」では、「それ」が前で示された「カメラ」を指すので、前方照応である。一方、「じゃあ、こうしましょう。今日の案件は、次回の会議で改めて検討するということで。」では、「こう」が後で示されている文を指すので、後方照応といえる。

推論

談話や文章を解釈する際に、音声や文字で与えられた情報と既有の知識（スキーマ）を利用し、明示されていない事柄について予想することを**推論**という。橋渡し推論と精緻化推論とがある。

橋渡し推論は、情報と情報をつなぐ推論のことである。結束性をもとに別々の情報を関連付けることで、談話や文章の内容を理解するために必要な意味的ギャップを埋める推論といえる。例えば、会社の同僚の「昨日、半年ぶりに子どもとテニスをしたんだけど、結構、手強くなっててね。何とか勝てたんだけど、筋肉痛で歩くのも大変だよ。」という発話から、「久しぶりに体を動かしたから、筋肉痛になった」という推論ができる。この推論は、単純そうに思えるが、実はそう簡単ではない。それは、「子どもが結構手強くなっていて、簡単には試合に勝てなかった」ということは、筋肉痛になったことと関係が薄いという判断もしなければならないため、情報を繋ぐだけでなく、情報を遮断することも必要だからである。このような橋渡し推論は、読解や聴解のタスクでは不可欠なスキルとなる。

一方、**精緻化推論**は、より深く談話や文章を解釈するための推論といえる。明示的に得た情報に加え、自分が持つ既有知識（スキーマ）を使用して推測することで、イメージを膨らませ、談話や文章をより深く解釈するための推論である。例えば、東京に住む会社員が2月のニュース番組の天気予報で、「今季一番の寒波の影響で、今夜遅くから雪が降り始めます。降雪は明日の朝から午前中の時間帯がピークで、関東北部では数十センチ程度の降雪も予想されます。」と聞いたとしよう。この明示的な情報から、その会社員は、自分の既有知識を働かせて、「それだけ長い時間雪が降れば、東京でも積もる可能性がある」こと、「東京では雪が積もると電車の遅延や運休が頻繁に起こる」こと、「東京で雪が積もらなくても、関東北部で雪が積もれば、鉄道に大きな影響が出る」ことなどを考え合わせて精緻化推論を行い、「明日は、普段以上に通勤に時間がかかり、もしかすると、会社に行けないかもしれない」というような解釈をすると思われる。しかし、現実は、通常通り電車が運行され、通勤に何の影響もないかもしれない。精緻化推論は、あくまでもイメージを膨らませるための推論である。したがって、いわゆる深読みや裏読み、また、文学作品等の鑑賞には非常に重要だが、読解問題や聴解問題での解答には不可欠なものとはいえない。

第6章　第1部　言語一般

言語の類型と世界の諸言語

この章では、言語類型論のうち形態的類型と統語的類型を概観した上で、日本語・韓国語・中国語・ベトナム語・英語を対照していく。これらの知識は、学習者の誤用の要因を考える上で重要なものとなる。

1. 対照言語学と言語教育　★★★

異なった複数の言語を対象にして行う言語の研究分野は、アプローチの違いによりいくつかに分けられる。複数の言語を通時的観点から比較し、それらの共通の起源である**祖語**（そご）を明らかにしようとするのが**比較言語学**であり※1、音韻対応などを手掛かりとする歴史的な研究である。

※1
例えば、フランス語／イタリア語／スペイン語／ポルトガル語の起源を考えると、これらは、ラテン語から分かれた同系の言語（＝ロマンス語族）であるなど。

これに対して、歴史的な関係を考えずに任意の複数の言語を対照させるのが、**対照言語学**である。さらに、言語間の特徴、類似点や相違点を類型的な見方で分類し、それらの現象を説明しようとするものが**言語類型論（タイポロジー）**である。以下では、対照言語学と言語類型論を取り上げる。

対照言語学とは、同時期の任意の２つ以上の言語を対照して分析し、それらの言語の間の構造上の共通点や相違点を明らかにしようとする共時的な研究である。

対照言語学は、1940年代からアメリカの構造主義言語学と行動心理学を理論的背景に生まれたフリーズやラドーの**対照分析**がもとになっている。これは、学習者の学習上の困難点や誤りやすい学習項目を予測し、それをもとに教材を作成し、練習の成果を上げようと考えたものであった。この考えは、学習者の母語の特徴が習得目標言語の言語体系に影響し、発音を誤らせたり、文法や表現の誤りを引き起こしたりするという**母語の干渉**を学習上の大きな問題と捉え、学習者の母語と目標言語の違いが大きいほど習得は困難であると予測したことによる。

言語教育の観点から見ると、当初、オーディオ・リンガル・メソッド※2は、学習者の**母語と目標言語との間の相違点は学習困難**であり、学習者の誤りのもとであると考えられた。

しかし、予想とは異なり、**母語と目標言語の違いの大きさと学習の困難さは比例しなかった**ため、この種の考えは、言語教育では重視されなくなっていった。

※2
オーディオ・リンガル・メソッドについては、p.219参照。

2. 言語類型論（タイポロジー）　★★★

言語間の特徴、類似点や相違点を類型的な見方で分類し、それらの現象を説明しようとする研究を**言語類型論**※3という。形態的観点からは、膠着語、屈折語、孤立語などに分類され、統語的観点からは、SOVタイプ、SVOタイプなどに分類される。

※3
タイポロジー（linguistic typology）ともいう。

2.1 形態的類型から見た言語の特徴

形態的類型は、言語を形態的な側面、特に、語形変化の特徴から分類するもので、語形変化が規則的な**膠着（こうちゃく）語タイプ**、語形変化が変則的な**屈折語タイプ**、語形変化のない**孤立語タイプ**などがある。

膠着語タイプ	実質的な意味を持つ語の**語基（語幹）に接辞がつく**という構造を持ち、**その切れ目がはっきりしている**タイプ ・語形変化の例：英語の「play→played」 ・この特徴の強い言語：日本語、韓国語、モンゴル語、トルコ語など
屈折語タイプ	**語そのものが変化する**ことによって示され、**その境界がはっきりしない**タイプ ・語形変化の例：英語の「go→went」 ・この特徴の強い言語：ラテン語、古代ギリシャ語など
孤立語タイプ	名詞や動詞、形容詞に限らず**語形変化を持たない**タイプ ・語形変化のない例：英語の「put→put」 ・この特徴の強い言語：中国語、ベトナム語、タイ語など

表1-6-1　膠着語タイプ、屈折語タイプ、孤立語タイプ

「膠着語、屈折語、孤立語」の「～語」は、ある1つの言語を指すのではなく、そのような特徴を持つタイプという意味で使われる。例えば、日本語の「食べる→食べた」は膠着語タイプの特徴を持ち、他の語形変化でも膠着語タイプの特徴しか持たない。一方、英語の「play→played」も膠着語タイプの特徴であるが、英語は、膠着語だけでなく、屈折語、孤立語の3タイプの語形変化も持つので、英語は膠着語タイプだけであるとはいえない。

形態的類型の特徴を、日本語・英語・中国語の名詞と動詞を例に、もう少し詳しく見てみよう。

名詞の語形変化は、主に「格」、「数」、「性」に見られる。**「格」**は、統語論の格関係で述べた「主格、目的格、与格（ガ格、ヲ格、ニ格）」などを指す※4。**「数」**は、「単数、複数」などの区別を指し、**「性」**は、「男性、女性、中性」などの区別を指す。

※4
「第4章 **5.1**文法関係と格関係」参照。

日本語では、「格」に関する語形変化があるが、「数」と「性」については語形変化がない。例えば、日本語の名詞「学生」の語形変化には、「学生が来る」「学生を呼ぶ」「学生に会う」「学生の本」などがある。これらは、日本語文法だけを対象とすれば、名詞「学生」+格助詞「が／を／に／の」と言えるが、他の言語と関わりを考える言語学ではこれも一種の語形変化と考える。名詞「学生」は、文中では「学生」だけの形態で現れることができず、「学生が／学生を／学生に／学生の」などの何らかの形態的な変化を伴わなければならない※5。また、文字で見ると「学生+が／を／に／の」となり、「漢語名詞+格助詞」の印象が強く出る。しかし、言語の1次的な要素である音声に注目すると、gakuseiga、gakuseio、gakuseini、gakuseinoのように具体化するので、文字とは印象が大きく異なり、名詞が語形変化していることが分かる。

※5
話しことばでの省略は可能であるが、省略されたものは、「が／を」などに復元できる。

下の表は、名詞の一種である代名詞の語形変化を示したものである。

	1人称／3人称の**主格**	1人称／3人称の**目的格**
膠着語タイプ（日本語）	私**が**／彼**が**・彼女**が**	私**を**／彼**を**・彼女**を**
屈折語タイプ（英語）	I／he・she	me／him・her
孤立語タイプ（中国語）	我／他・她	我／他・她

表1-6-2 代名詞の語形変化

膠着語タイプ（日本語）は、1人称と3人称の主格に「～が」が共通して現れ、1人称と3人称の目的格に「～を」が共通して現れるという規則性がある。一方、屈折語タイプ（英語）は、１人称と３人称の主格に形態的な共通性や規則性がなく、目的格にもない。また、孤立語タイプは語形変化そのものがない。

上でも述べたように、英語は屈折語タイプだけでなく孤立語タイプの特徴も持つため、以下のように「学生：student」のような名詞の場合は、孤立語タイプの特徴が現れる。なお、日本語は膠着語の特徴しか持たないので、名詞の場合でも代名詞と同様に、主格に「〜が」が、目的格に「〜を」が共通して現れるという規則性がある。

	「学生」の**主格**	「学生」の**目的格**
膠着語タイプ（日本語）	学生**が**	学生**を**
孤立語タイプ（英語）	student	student

表Ⅰ-6-3　名詞の語形変化

次に、動詞の「過去」を表す語形変化を比較してみると、膠着語タイプ（日本語・英語）は、現在（非過去）と過去の語形変化に形態的な共通性と規則性がある。

	現在（非過去）	過去
膠着語タイプ（日本語）	買**う** 遊**ぶ**	買**った** 遊**んだ**
膠着語タイプ（英語）	play	play**ed**
屈折語タイプ（英語）	go eat buy	went ate bought
孤立語タイプ（中国語）	去[※6] 吃	去 吃

表Ⅰ-6-4　動詞の語形変化

膠着語タイプから見てみよう。日本語の「行く → 行った」と「遊ぶ → 遊んだ」の語形変化は、形態論でいう形態素として過去の意味を表す {ta} があり、その異形態として、「った、んだ」のように、/tta/と/nda/が現れている。膠着語タイプは、異形態の/tta/と/nda/の現れ方にも共通性・規則性がある[※7]。また、英語の膠着語タイプの語形変化は、いわゆる規則動詞には、「play → played」のほか「open → opened」や「call → called」のような共通性・規則性がある。また、日本語と同様に異形態の現れ方にも共通性・規則性があり、「母音＋y」

※6
「去」は「行く」、「吃」は「食べる」の意味。

※7
１グループの「う」で終わる動詞の「買う、笑う、会う」はすべて「買った、笑った、会った」となる。同様に、１グループの「ぶ」で終わる動詞の「遊ぶ、喜ぶ、転ぶ」はすべて「遊んだ、喜んだ、転んだ」となる。

は、「play → played」や「enjoy → enjoyed」のように、「子音＋y」は、「study → studied」や「cry → cried」のような共通性・規則性がある[※8]。

言語類型論では、**動詞や形容詞などの語形変化の有無を「過去」を表す語形の有無**で判断する。したがって、日本語は形容詞も動詞と同様に過去を表す形態があるので、膠着語タイプの語形変化があるといえるが、英語は形容詞自体は過去を表さないので、中国語と同様に語形変化のない孤立語タイプとなる。なお、英語の形容詞は、いわゆる比較級・最上級などの語形変化はあるが、言語類型論では「過去」を表す語形の有無に注目するので、形容詞の語形変化はないということになる[※9]。

	現在（非過去）	過去
膠着語タイプ（日本語）	大き**い** 便利**だ**	大き**かった** 便利**だった**
孤立語タイプ（英語）	big convenient	big convenient
孤立語タイプ（中国語）	大[※10] 方便	大 方便

表1-6-5　形容詞の語形変化

このように、膠着語タイプの語形変化には共通性・規則性がある[※11]。日本語学習者からは日本語の活用は難しいと言われることも少なくないが、それは活用のルールが身に付いていないからである。日本語の語形変化は膠着語タイプであるため高い規則性を持っている。日本語教師が適切に活用のルールを示しながら指導していけば、次に見る屈折語タイプとは比較にならないほど易しいはずである。

次に、屈折語タイプの語形変化として英語の例を見てみる。いかにも屈折語タイプらしいのが「go → went」の語形変化で、語そのものが変化してしまっているので、「go」と「went」の関係を知らなければ、これらが同じ動詞の現在と過去だとは分からない[※12]。屈折語タイプの語形変化は、語そのものが変化するか、語の大部分が変化してしまうため境界がはっきりしない。したがって、このタイプの特徴を持つ言語の語形の習得は非常に困難であるといえる。

語形の習得という観点からは、語形変化のない孤立語が最も易しいといえる。孤立語タイプである中国語は、動詞そのものに現在や過去

※8
英語では、他にも「like → liked」や「live → lived」のように、edではなくdだけが付くものもあるが、「母音+y」と「子音+y」の違いも含めそれらは文字表記の違いであり、音声的には/d/か/t/かが重要な違いである。

※9
比較級・最上級の語形変化は、英語のほかフランス語やドイツ語などヨーロッパの言語（インド・ヨーロッパ語族）には多いが、世界の言語に共通する文法カテゴリーというわけではない。

※10
「大」は「大きい」、「方便」は「便利だ」の意味。

※11
もちろん部分的に異形態のバリエーションも多少はあるが、それらの例外を含めても、膠着語タイプの特徴を持つ言語は共通性・規則性が高い。

※12
同じように「eat」と「ate」は文字こそ類似性はありそうだが、発音上はまったく異なり、「buy」と「bought」は語頭の文字と音声には共通性があるが、その他は文字も音声も異なる。

に伴う語形変化がない。過去を表す文に、完了のアスペクトを示す「了」などを付けて表すことがあるが、「了」はテンスの過去ではなく、アスペクトとしての完了を表すので、未来の文にも用いられる。いずれにしても、語そのものの語形変化のないのが孤立語タイプの特徴である。

言語学習・教育の観点から３つの形態的類型を考えてみよう。韓国語、モンゴル語、トルコ語は膠着語タイプであるため、これらを母語とする日本語学習者は、日本語と同様の活用や接続の仕組みを持っている。したがって、他の学習者に比べると、日本語の活用や接続の仕組みが理解しやすい[※13]。一方、孤立語タイプである中国語、ベトナム語、タイ語を母語とする学習者は、母語に語形変化がないため、日本語の活用や接続の仕組みの前に、そもそも語形変化とはどのようなものかを理解しなければならない。したがって、これらを母語とする学習者にとって、日本語の活用は困難な学習項目となる場合が多い。

※13
ただし習得しやすいかどうかは個人差がある。

2.2　統語的類型から見た言語の特徴

統語的類型は、統語的な側面から言語のタイプを分類するもので、主に、主語（S：subject）、目的語（O：object）、動詞（V：verb）という３つの要素の配列、すなわち、語順に注目した構造的な類型化を考える。統語的類型の基準であるS、O、Vの基本語順の組み合わせは、①SOV、②SVO、③VOS、④VSO、⑤OVS、⑥OSVの６通りある。世界の言語の中に占める割合は、①SOVが40％強、②SVOが40％弱で、①と②合わせて約80％といわれ、次いで多いのが③VSO、④VOS[※14]となる。ここでは、世界の言語の中で最も多い基本語順のSOVタイプとSVOタイプの特徴を見ていく。

※14
日本語は①のSOVタイプである。

※15
表内の下線は日本語学習者が多く母語とする言語。

基本語順	主な言語
SOV	日本語、韓国語、モンゴル語、トルコ語、ネパール語、アイヌ語、ペルシャ語…
SVO	中国語、ベトナム語、インドネシア語、タイ語、英語、ドイツ語、スペイン語…
VSO	タガログ語、アラビア語、アイルランド語…
VOS	フィジー語、マダガスカル語…

表1-6-6　統語的類型から見た言語のタイプ[※15]

基本語順を考えることは、日本語教育にとって重要である。その理由は、基本語順の違いは、**①前置詞と後置詞の違い、②述語と助動詞の順序、③名詞修飾における修飾要素と名詞の順序**などの構造に関わっているからである。まず、SOVタイプの特徴を、このタイプの典型といわれる日本語の統語構造を例に考えていく。

① 前置詞と後置詞の違い

以下の日本語と英語の語群A、Bから2語ずつ選び、正しい語句を6例ずつ完成させてみよう。

語群A：日本語	で、から、に、駅、部屋
語群B：英語	at、from、to、the station、the room

表1-6-7　語群から選び正しい語句を作る

〈語群A〉からは、「駅で、駅から、駅に、部屋で、部屋から、部屋に」ができ、〈語群B〉からは、「at the station、from the station、to the station、at the room、from the room、to the room」ができる。では、これらの2語の配列にはどのような特徴があるのだろうか。まず、英語から考える。

英語の「at、from、to」などは、**前置詞**（preposition）と呼ばれ、「station、room」などの意味的な内容を表す**名詞の前**に付いて、文中での**他の要素との構造的・意味的な関係を表す**ものである。具体的には、以下のような意味を表す※16。

※16
改めて注目したいのは、「at、from、to」のどれも「the station」の前に付いているという点である。

at	the station		→	駅で ……“動作をする”
from	the station		→	駅から ……“離れる移動をする”
to	the station		→	駅に ……“近づく移動をする”

図1-6-1　前置詞

これに対して、日本語は、意味的には英語の例と同様であるが、構造的には、「格助詞」が場所を表す名詞「駅」の後ろに付いている点で異なる。

	駅	で	→	駅で ……“動作をする”
	駅	から	→	駅から ……“離れる移動をする”
	駅	に	→	駅に ……“近づく移動をする”

図1-6-2　後置詞

このように、日本語の格助詞は、名詞に付いて文中での他の要素との構造的・意味的な関係を表すが、英語の前置詞と異なり、**名詞の後ろ**に置かれるので、言語類型論では**後置詞**（postposition）と呼ばれる[※17]。

前置詞か後置詞かの違いは個別の言語の特性というよりも、SVOタイプかSOVタイプかの違いが大きい[※18]。すなわち、SVOタイプの言語は、主要部が前に来るので、ほとんどが前置詞となり、SOVタイプの言語は、主要部が後ろに来るので、ほとんどが後置詞となる。前置詞／後置詞の違い以外にも、基本語順と他の統語構造の関わりを説明するには、「主要部／補足部」という概念が有用である。

※17
日本語文法だけを考える場合は、「格助詞」と呼ぶのが一般的である。

※18
英語と同様のSVOタイプの中国語、タイ語、ベトナム語なども前置詞であり、日本語と同様のSOVタイプの韓国語、モンゴル語、トルコ語なども後置詞である。

文の統語構造を構成する要素は、同等のものが均等に並ぶのではなく、一方が中心的でもう一方が従属的である場合が多い。**中心的なものを主要部、従属的なものを補足部**という。ただし、注意しなければならないのは、主要部／補足部の違いは意味的なものではなく、**統語的な観点**からのものだという点であり、前置詞／後置詞と主要部／補足部の関係は以下のようになる。

	at	the station	駅	で
語の配列	前置詞	名詞	名詞	後置詞
主要部・補足部	主要部	補足部	補足部	主要部

表Ⅰ-6-8　前置詞／後置詞と主要部／補足部の関係

例えば、日本語の「駅で」は、意味的な内容は「駅」という名詞が担うが、文中での統語的な働きは「場所」を表す「で」が担っている。なぜなら、「場所」という意味を表す文には、【[　　]で　[　　]に乗る】という統語構造が必要で、この[　　]にはさまざまな名詞が入るが、文型を構成する「で」と「に」は他と置き換えられないからだ。したがって、**統語構造上は後置詞（格助詞）の方が主要**といえる。基本語順と主要部との関係は、SVOタイプは主要な要素が前に来る**主要部先行型**となり、SOVタイプは主要な要素が後ろに来る**主要部後行型**となる場合が多い。主要部先行型のSVOタイプか、主要部後行型のSOVタイプの違いは、前置詞か後置詞かの違いだけではなく、助動詞と動詞の配列、名詞と形容詞の配列、名詞と文レベルの修飾要素の配列など、いろいろな統語構造の違いに関係している。以下の表で分かるように、2タイプの統語構造は、ちょうど逆の配置になっている。

SVOタイプ			SOVタイプ		
主要部先行型			主要部後行型		
主要部	+	補足部	補足部	+	主要部
前置詞	+	名詞	名詞	+	後置詞
助動詞	+	動詞	動詞	+	助動詞
名詞	+	形容詞	形容詞	+	名詞
名詞	+	修飾節	修飾節	+	名詞

表1-6-9　主要部先行型／主要部後行型とさまざまな統語構造

② 述語と助動詞の順序

述語と助動詞の順序について見てみる。英語では、must、can、mayなどの助動詞は、否定のnotと同様に、すべて動詞（一般動詞）の前に位置する。英語での否定はnot単独では表せず、do、does、didなどを伴うが、いずれにしても動詞の前に来る。英語だけでなく、SVOタイプ＝主要部先行型のほとんどの言語では、［助動詞＋動詞］という配列になる。

一方、SOVタイプ＝主要部後行型の日本語では、助動詞はすべて動詞の後ろに来る。日本語教育では、「〜れる／られる」、「〜せる／させる」、「〜ない（否定）」だけでなく、「〜なければならない（義務）」、「〜ことができる（可能）」、「〜かもしれない（推量）」も助動詞として扱うが、これら助動詞はすべて動詞の後ろに位置する。これも、日本語の特徴というより、SOVタイプ＝主要部後行型の特徴といえる。

動詞	助動詞	助動詞	動詞
読ま	ない	(do) not	read
読ま	なければならない	must	read
読む	ことができる	can	read
読む	かもしれない	may	read

表1-6-10　日本語（SOVタイプ＝主要部後行型）と英語（SVOタイプ＝主要部先行型）の動詞と助動詞の順序

前置詞／後置詞の違いと同様に、動詞と助動詞の順序もSVOタイプかSOVタイプかと深く関わっている。

前置詞とSVOタイプ、後置詞とSOVタイプの対応関係は極めて強いので、SVOタイプの言語であればほぼ前置詞、SOVタイプの言語であればほぼ後置詞といえる。これに対し、動詞と助動詞の順序は多少例外も見られる[※19]。

③ 名詞修飾における修飾要素と名詞の順序

修飾要素と名詞の順序も、SVOタイプ＝主要部先行型かSOVタイプ＝主要部後行型かと関係しているが、これは動詞と助動詞の順序よりもさらに例外が多い[※20]。まず、例外のない日本語の例からSOVタイプの特徴を見ていく[※21]。

名詞修飾にもいろいろなものがあるが、ここでは形容詞による修飾といわゆる連体修飾節（名詞修飾節）による修飾を見ていく。日本語では、以下の例のように、形容詞が名詞を修飾する場合も、名詞修飾節が修飾する場合も、いずれも「修飾要素＋被修飾要素（名詞）」という構造となる。

修飾要素（形容詞）	被修飾要素（名詞）
おいしい	ケーキ
きれいな	花
難しい	本

修飾要素（連体修飾節）	被修飾要素（名詞）
子どもたちが作った	ケーキ
庭に咲いている	花
友だちに借りた	本

表1-6-11　形容詞による修飾と連体修飾節による修飾

日本語はSOVタイプの典型例なので、この「修飾要素＋被修飾要素（名詞）」という構造がすなわちSOVタイプの構造といえる。これまで見てきたように、SOVタイプとSVOタイプは逆の構造になるので、名詞修飾でも、SVOタイプはSOVタイプとは反対に「被修飾要素（名詞）＋修飾要素」となるはずである。

SOVタイプ	
修飾要素＋	被修飾要素
形容詞＋	名詞
名詞修飾節＋	名詞

SVOタイプ	
被修飾要素	＋修飾要素
名詞	＋形容詞
名詞	＋名詞修飾節

表1-6-12　SOVタイプとSVOタイプの一般的な統語構造

しかしながら、SVOタイプではすべて「被修飾要素（名詞）＋修飾要素」となるわけでなく、例外が見られる。例えば、英語のいわゆる関係代名詞節では、「the flower which I bought」のように、「被修飾要素（名詞）＋修飾要素」というSVOタイプの構造通りである。しかし、形容詞による名詞修飾は、「beautiful＋flower」となり、「修飾要

※19
すべてのSVOタイプの言語が助動詞＋動詞となるわけではなく、すべてのSOVタイプの言語が動詞＋助動詞となるわけではないが、高い関連性があるのは確かである。

※20
特に、ここで取りあげる英語と中国語は、SVOタイプ＝主要部先行型でよく用いられる順序とは逆の構造となる。

※21
なお、日本語は、SOVタイプの典型例であり、SOVタイプに多く見られる統語構造をほぼ例外なく持つ。したがって、まず、日本語の統語構造を考えて、これがSOVタイプの特徴だと考えると分かりやすい。

素（形容詞）+被修飾要素（名詞）」というSOVタイプの構造になる※22。

SOVタイプ			SVOタイプ	
修飾要素＋	被修飾要素		被修飾要素	＋修飾要素
形容詞＋	名詞		名詞	＋名詞修飾節
beautiful	**flower**		**the flower**	which I bought

表1-6-13　英語の2通りの統語構造

※22
つまり英語は、名詞修飾節による名詞修飾ではSVOタイプの構造が取られるが、形容詞による名詞修飾では日本語と同じSOVタイプの構造になってしまうのである。

さらに例外的なのが中国語である。中国語は英語と同様、SVOタイプなので「被修飾要素＋修飾要素」となるはずである。しかし、中国語は、形容詞による名詞修飾も名詞修飾節による名詞修飾もいずれもSOVタイプの特徴である「修飾要素＋被修飾要素（名詞）」の構造を取る。下の例で、日本語と同じ構造であることが分かる。

	SOVタイプ	
	修飾要素＋	被修飾要素
	形容詞＋	名詞
中国語	美味　的	葡萄
日本語	美味しい	ブドウ
	名詞修飾節＋	名詞
中国語	我吃　的	葡萄
日本語	私が食べる	ブドウ

表1-6-14　中国語と日本語の統語構造

しかし、SVOタイプの典型例といわれるタイ語はもちろんベトナム語でも、SVOタイプの特徴である「被修飾要素＋修飾要素」の構造が取られているので、例外ばかりではない。

● 形態的類型：語形変化の特徴は、膠着語、屈折語、孤立語タイプで異なる。日本語と韓国語は膠着語で、中国語は孤立語。英語は膠着語、屈折語、孤立語の全ての特徴を持つ。

● 統語的類型：SOVタイプの統語構造とSVOタイプの統語構造は基本的に対称的な語順になる。例えば、後置詞と前置詞、動詞＋助動詞と助動詞＋動詞など。

3. 日本語、韓国語、中国語、ベトナム語、英語の対照 ★★★

日本語学習者数の母語に多い韓国語、中国語、ベトナム語、英語と、日本語の相違点を言語類型論的な観点からまとめる。

3.1　音声・音韻的相違

① 有声・無声の区別

日本語では、無声音［t］と有声音［d］が、「旗（はた）」と「肌（はだ）」のように、意味の違いに関わる異なる音声として認識される[※23]。この［t ／ d］のような意味の違いに関わる無声音と有声音の区別で分けると次のようになる。

※23
詳細は、「第４章 **3.2** 日本語教育と形態論」を参照。

- 無声音と有声音の区別がある……日本語、英語
- 無声音と有声音の区別がない……韓国語、中国語、ベトナム語

- **声帯振動の有無が関わる「無声音／有声音」と、呼気の強弱が関わる「無気音／有気音」**

中国語のアルファベットを使ったピンインの表記では「t」と「d」が区別される。しかしこれはあくまで文字表記上の区別である。音声・音韻的には、いずれも歯茎破裂音で発音されており、**声帯振動を伴う有声音**［d］か、**声帯振動を伴わない無声音**［t］かは、中国語では意味のある区別として扱われない[※24]。「無声音／有声音」の違いは声帯振動の有無によるもので、「無気音／有気音」の違いは**呼気の強弱**によるもの（吐く息が強いか弱いか）である。中国語でのピンインの「b」という表記は、音声学的には、［p］すなわち無声無気音で発音され、「p」という表記は、音声学的には［p^h］すなわち無声有気音で発音される。つまり、いずれも無声音であり、両者の違いは、息を抑える無気音［p］か、息を強く出す有気音［p^h］かの違いである。

※24
言語学では「音声的な対立がない」という。

- **日本語教育における「無声音／有声音」の区別の重要性**

日本語には複数の無声音と有声音の対立があるが、特に日本語教育で問題になるのは、この［p ／ b］と、［t ／ d］、［k ／ g］である。無声音と有声音の区別を持たない中国語を母語とする学習者は、例えば、「<u>ただで</u>もらえる」の発音［tadade］を［tatade］や［tatate］や

[dadate]などと混同する場合が多い※25。このような無声音と有声音の区別が難しいという問題は、同じく母語に無声音と有声音の区別を持たない韓国語母語話者とベトナム語母語話者にも共通する。**日本語では、無声音と有声音の違いは意味の違いに関わり**、例えば、「価格」の[kakaku]という発音を、[kagaku]としてしまうと「科学」などと誤解されてしまうので、この区別を発音指導でしっかり行う必要がある。

※25
よく学習者からは「先生、それは、テンテンありますか、ありませんか」などの質問が出る。これは、無声音と有声音の聞き取りが曖昧なため、テンテンのない「た」なのか、テンテンのある「だ」なのかを文字に置き換えて確かめたいという意味である。

② 音声の単位

音声の単位としては、下記のように分けられる。

- 拍……日本語
- 「音節」的……韓国語、英語、中国語、ベトナム語

日本語では、「日本（にほん）」の撥音「ん」、「切手（きって）」の促音「っ」、「ページ」の「ー」や「昨日（きのう）」の長音「う（文字表記は「う」だが、実際の発音は前の母音の「お」が伸びる音）」を1拍とする。しかし、**撥音「ん」、促音「っ」、長音「ー」は、拍では1拍分**として数えるが、**音節では独立した1つの音声として数えない**。したがって、例えば、「八頭身」の拍と音節は以下のようになる※26。

※26
「はっとうしん」の「う」は長音なので、分かりやすく「ー」として表している。

	は	っ	と	ー	し	ん
6拍	1	1	1	1	1	1
3音節	1		1		1	

表1-6-15　拍と音節

撥音、促音、長音を1拍とする感覚は日本語だけのものなので、韓国語、英語、中国語、ベトナム語という母語の違いにかかわらず、**どの学習者にとっても同様に難しい**ものといえる。

3.2 形態的相違

③ 語形変化の有無

特定の品詞に限定せず、語そのものについていえば、語形変化の有無で次のように分けられる。

- 語形変化がある……日本語、韓国語、英語
- 語形変化がない……中国語、ベトナム語※27

※27
特殊拍に関する学習者の誤用例については、「第4章 2.3 誤用／発音上の問題点」を参照。

第1部 言語一般
第2部 言語と教育
第3部 言語と心理
第4部 言語と社会
第5部 社会・文化・地域
第6部 音声分野
第7部 記述問題

語形変化のある3言語は変化のしかたが異なる。**日本語と韓国語は、膠着語タイプの語形変化のみ**を持つが、**英語は、膠着語、屈折語、孤立語の3つのタイプの変化**を持つ。

④ 動詞（過去）の語形変化

・動詞（過去）の規則的な語形変化がある……日本語、韓国語、英語
・動詞（過去）の語形変化がない……中国語、ベトナム語※28

膠着語タイプの**日本語と韓国語は、規則的な語形変化**をする。例えば、日本語では「食べる→食べた」のように、動詞の意味を表す部分（「食べ」）は変化せず、「る／た」の違いにより、過去か非過去（現在）かが表される。

英語は、**3つのタイプすべての語形変化**を持つ。膠着語タイプの語形変化は「play→played」、屈折語タイプの語形変化は「go→went」、孤立語タイプの語形変化（実際は変化はしない）は「put＝put」となる※29。

※28
中国語とベトナム語に語形変化がないのは両言語が孤立語タイプだからである。孤立語タイプの中国語とベトナム語は動詞でも語形変化しない。

※29
詳細は、「**2.1** 形態的類型から見た言語の特徴」を参照。

⑤ 形容詞（過去）の語形変化

・「過去」を表す形容詞の語形変化がある……日本語、韓国語
・「過去」を表す形容詞の語形変化がない……英語、中国語、ベトナム語

英語は、動詞の過去を表す語形変化はあるが、形容詞の過去を表す語形変化がない点が特徴的である。日本語と韓国語は、形容詞でも膠着語タイプの特徴である規則的な語形変化をする※29。

⑥ 名詞（数）の語形変化

・「単数・複数」を表す名詞の語形変化がある……英語
・「単数・複数」を表す名詞の語形変化がない……日本語、韓国語、中国語、ベトナム語

英語は、名詞でも3つのタイプすべての語形変化を持つ。膠着語タイプの語形変化は「student→students」、屈折語タイプの語形変化は「mouse→mice」、孤立語タイプの語形変化（実際は変化はしない）は「fish＝fish」となる。

3.3 統語的相違

⑦ 基本語順

・SOVが基本語順……日本語、韓国語
・SVOが基本語順……英語、中国語、ベトナム語

基本語順のSOVとSVOの違いは、「前置詞／後置詞」の違い、名詞修飾での「修飾要素＋名詞／名詞＋修飾要素」の違い、「述語＋助動詞／助動詞＋述語」の違いなどと関わっている[※30]。

※30
詳細は、「**2.** 言語類型論（タイポロジー）」参照。

⑧ 主語・目的語の表示

文法関係[※31]に関わる主語・目的語の表示で分けると次のようになる。

※31
文法関係とは、「第４章 **5.1**」でみたように、主語、目的語、述語などの文における構造的な関係のことをいう。

・格助詞（後置詞）によって形態的に示される……日本語、韓国語
・語順によって統語的に示される……英語、中国語、ベトナム語

例えば、英語で語順の制約が強い理由は、語順によって文法関係が示されるからである。これに対し、日本語と韓国語は語順ではなく、格助詞（後置詞）によって表示されるので、語順の制約があまり強くない[※32]。

※32
例えば、「リンさんが キムさんに プレゼントを 渡した。」はこの語順だけでなく、「リンさんが プレゼントを キムさんに 渡した。」でも「プレゼントを リンさんが キムさんに 渡した。」でも「キムさんに リンさんが プレゼントを 渡した。」でも構造的には問題ない（ただし、意味的には違いがある）。

⑨ 前置詞・後置詞[※33]

※33
詳細は、「**2.2** 統語的類型から見た言語の特徴」を参照。

・後置詞を用いる……日本語、韓国語（SOVタイプ）
・前置詞を用いる……英語、中国語、ベトナム語（SVOタイプ）

⑩ 名詞修飾

形容詞による名詞の修飾と、いわゆる連体修飾節（名詞修飾節）による名詞の修飾で、それぞれの言語の構造が異なる。

・「修飾要素＋被修飾要素（名詞）」……日本語、韓国語（SOVタイプ）、中国語（SVOタイプ）、英語
・「被修飾要素（名詞）＋修飾要素」……ベトナム語（SVOタイプ）、英語

形容詞が修飾する場合も名詞修飾節が修飾する場合も日本語、韓国語は「修飾要素＋被修飾要素（名詞）」、ベトナム語は「被修飾要素（名詞）＋修飾要素」となり、これらの構造は、SOVタイプとSVOタイプのそれぞれの特徴に、例外なく当てはまる。

これに対し、中国語と英語は、SVOタイプの特徴である「被修飾要素（名詞）＋修飾要素」に当てはまらない例外的な構造を取る。中国語はSVOタイプだが、SOVタイプの「修飾要素＋被修飾要素（名詞）」となる。これは、形容詞が修飾する場合も名詞修飾節が修飾する場合も同様である。一方、英語では、形容詞が名詞を修飾する場合は「修飾要素＋被修飾要素（名詞）」、名詞修飾節が名詞を修飾する場合は「被修飾要素（名詞）＋修飾要素」というように、２つの構造を取る[※34]。

※34
詳細は、「**2.2** 統語的類型から見た言語の特徴」を参照。

⑪ 助動詞と述語

助動詞と動詞の順序は、ほぼSOVタイプとSVOタイプのそれぞれの特徴に当てはまる。例えば、「否定」は次のようになる。

・「述語＋否定」……日本語、韓国語（SOVタイプ）
・「否定＋述語」……英語、中国語、ベトナム語（SVOタイプ）

ただし、韓国語では、**形容詞と動詞の場合に、「否定＋動詞・形容詞」**の構造を取ることもできる。簡略化していえば、SOVタイプの「“食べる”＋ナイ」という構造だけでなく、SVOタイプの「ナイ＋“食べる”」という構造も可能ということである。

3.4 意味的相違

重要

⑫ 敬語の有無

意味的な相違のうち、敬語表現を考えた場合、次のようになる。

・体系的な敬語表現がある……日本語、韓国語
・体系的な敬語はない[※35]……英語、中国語、ベトナム語

※35
語彙レベルの敬意表現はある。

日本語の敬語体系は**相対敬語**と呼ばれ、話し手と話題の人物との上下関係よりも、話し手と聞き手との**ウチ／ソトの関係が優先**する。これに対し、韓国語の敬語体系は**絶対敬語**と呼ばれ、話し手と話題になっている人物との**上下関係のみ**によって形式が選択される。

ここまで見てきた日本語、韓国語、英語、中国語、ベトナム語の相違点を次の表にまとめる[※36]。

※36
一覧表にするにあたって細かな記述は省いてあるので、詳細な内容については、必要に応じて**2.2**～**2.3**の該当箇所で確認してほしい。

		日本語	韓国語	英語	中国語	ベトナム語
音声音韻	①有声・無声の区別	あり	なし	あり	なし	なし
	②音声の単位	拍	音節	音節	音節	音節
形態	③語形変化の有無	あり 膠着語	あり 膠着語	あり 膠着・屈折・孤立語	なし 孤立語	なし 孤立語
	④動詞（過去）の語形変化	あり 膠着語	あり 膠着語	あり 膠着・屈折・孤立語	なし	なし
	⑤形容詞（過去）の語形変化	あり 膠着語	あり 膠着語	なし	なし	なし
	⑥名詞（数）の語形変化	なし	なし	あり 膠着・屈折・孤立語	なし	なし
統語	⑦基本語順	SOV	SOV	SVO	SVO	SVO
	⑧主語・目的語の表示	形態的 格助詞による	形態的 格助詞による	統語的 語順による	統語的 語順による	統語的 語順による
	⑨前置詞・後置詞	後置詞	後置詞	前置詞	前置詞	前置詞
	⑩名詞修飾	修飾要素＋名詞	修飾要素＋名詞	名詞＋修飾要素 修飾要素＋名詞	修飾要素＋名詞	名詞＋修飾要素
	⑪助動詞と述語	述語＋助動詞	述語＋助動詞 助動詞＋述語	助動詞＋述語	助動詞＋述語	助動詞＋述語
意味	⑫敬語の有無	あり 相対敬語	あり 絶対敬語	なし	なし	なし

表1-6-16　日本語、韓国語、英語、中国語、ベトナム語の相違点

- 音声・音韻的相違：日本語と英語は有声音と無声音の区別を重視するが、韓国語、中国語、ベトナム語は重視しない。
- 形態的相違：日本語と韓国語は膠着語の特徴のみ、中国語とベトナム語は孤立語の特徴のみだが、英語は膠着語、屈折語、孤立語のすべての特徴を持つ。
- 統語的相違：統語的な配列は、基本語順がSOVかSVOかと関連性がある。ただし、SVOであっても中国語と英語は例外が多い。
- 相対敬語と絶対敬語：韓国語は上下関係による絶対敬語で、日本語は上下よりもウチ／ソトの関係が重視される相対敬語。

4. 言語の系統（語族・語派） ★

比較言語学的な研究では、通時的観点から異なった複数の言語を比較し、それらの共通の起源である祖語を明らかにしようとする。このような研究により、以下の表に示すような**言語の系統**が提案されている。しかし、言語の系統ないし、**語族・語派**は、唯一無二のものではなく、研究者によって分類の違いが見られるという性質のものである※37。

※37
以下の表は、角田太作（1991）『世界の言語と日本語』と、田中春美ほか（1982）『言語学演習』などを参考に、主な言語を大まかに分類したものである。

語族など	語派など	主な言語
インド・ヨーロッパ語族	スラブ語派	東スラブ語族：ロシア語 西スラブ語族：ポーランド語・チェコ語・スロバキア語 南スラブ語族：ブルガリア語・スロベニア語・マケドニア語・ボスニア語・クロアチア語・セルビア語
	ゲルマン語派	北ゲルマン語族：アイスランド語・ノルウェー語・スウェーデン語・デンマーク語 西ゲルマン語族：英語・ドイツ語・オランダ語
	ケルト語派	アイルランド語・ウェールズ語・スコットランド語
	イタリック（ロマンス）語派	東ラテン語族：イタリア語・ルーマニア語 西ラテン語族：フランス語・ポルトガル語・スペイン語
	ギリシャ（ヘレニック）語派	現代ギリシャ語
	インド・イラン語派	ペルシャ語・クルド語・ヒンディー語・ サンスクリット語（死語）
アフロ・アジア語族（旧セム・ハム語族）		アラビア語・ヘブライ語・アムハラ語（エチオピア語）
ウラル・アルタイ語族	ウラル諸語	ハンガリー語・フィンランド語・エストニア語
	アルタイ諸語	トルコ語・モンゴル語
シナ・チベット語族	中国語派	中国語（北京語）
	チベット・ビルマ語派	チベット語・ビルマ語
	タイ語派	タイ語
オーストロ・アジア語族		ベトナム語
オーストロネシア（マレイ・ポリネシア）語族	インドネシア語派	インドネシア語・マレイ語・タガログ語・ジャワ語
	メラネシア語派	フィジー語・トンガ語
	ポリネシア語派	ハワイ語・タヒチ語・サモア語
ドラヴィダ語族		タミル語・カンナダ語
アフリカ諸言語		スワヒリ語・ズールー語・スーダン語・ブッシュマン語
不明		日本語 韓国語 バスク語 アイヌ語

表Ⅰ-6-17　言語の系統

この表でのアフリカ諸言語には、ニジェール・コンドルファン語族、ナイル・サハラ語族、コイサン語族といった語族も指摘されている。

◎ 日本語の系統

日本語の系統は、明らかにされていない。また、韓国語[※38]も同様である。ただし、アルタイ語族の特徴との共通点も認められる。アルタイ語族（アルタイ諸語）は、一般に、①原則としてSOVの語順を取ること、②膠着語であること、③母音調和[※39]を行うこと、④語頭の音が/R/になりにくい（外来語以外ではほとんどない）こと、⑤語頭に子音が２つ以上来ないこと、などの特徴を持つ。このため、日本語、韓国語は、アルタイ語族に含まれるという見方もあるが、否定的な意見も多い。田中ほか（1982）では、日本語の系統や起源は不明であるとしながらも、日本語の成立は多層的で、“X”という不明の言語の上に、オーストロネシア語、オーストロ・アジア語、アルタイ語、中国語の順でそれぞれの要素が加わったという見方を示している。

※38
言語の分類としては、朝鮮語も用いられるが、本書では韓国語とする。

※39
母音調和とは、母音を発音しやすくするための、１単語中の母音の調和現象のこと。アルタイ語族の言語に多く見られ、母音調和は日本語にもあるとされる。例えば、「雨戸」は、{ame}＋{to}により、/amado/となるが、その際、ameのeがaに変化する現象がこれに当たるとされる。

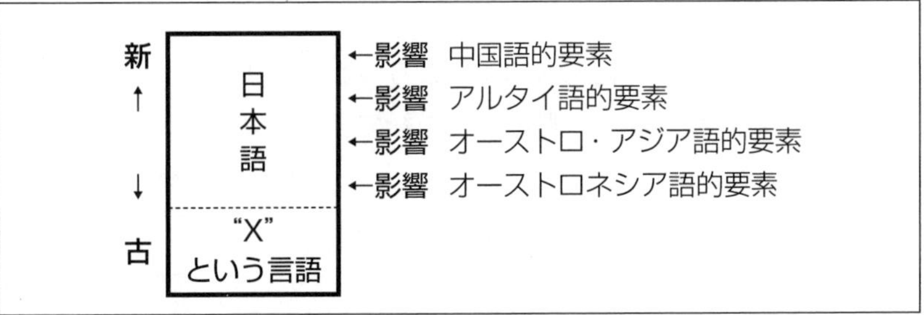

図1-6-3　日本語の系統

● 言語の系統：日本語と韓国語は系統不明だが、SOVで膠着語という共通の特徴を持つ。

1-6 言語の類型と世界の諸言語

第７章 第１部 言語一般
文字と表記、日本語史

ここでは、文字と表記、日本語史、日本語研究史について学ぶ。文字と表記では、漢字の文字としての性質、常用漢字表などの漢字表記に関わる内容、仮名遣い、送り仮名、ローマ字に関する知識が重要である。日本語史に関しては基本的な事項を、日本語研究史については人物を中心にまとめた。

1. 文字と表記 ★★

1.1 漢字の歴史

最古の漢字の姿といわれているのが、紀元前1300年ごろの殷の遺跡から見つかった**甲骨文字**(こうこつもじ)である。その後、字形の変遷を経て、今のような**楷書**(かいしょ)が生まれた※1。

※1
甲骨文字のあと、青銅器に鋳込まれた金文、秦の時代に定められた篆文(てんぶん)といわれる文字があった。この篆文を書きやすくしたのが隷書(れいしょ)、それを簡単にしたものが楷書といわれている。楷書が完成したのは隋・唐の時代といわれる。

● 六書(りくしょ)

許慎(きょしん)が後漢の時代（紀元100年）に、中国最初の字典『説文解字(せつもんかいじ)』を編纂(さん)した。許慎はその中で、漢字の成り立ちや用法に基づき、漢字の６分類を行っている。この分類は**六書**(りくしょ)と呼ばれ、**象形**(しょうけい)・**指事**(しじ)・**会意**(かいい)・**形声**(けいせい)・**転注**(てんちゅう)・**仮借**(かしゃ)から成る。このうち、象形・指事・会意・形声が漢字の成り立ち（造字法）による分類であり、転注と仮借が漢字の用法（用字法）に基づく分類である。日本語教育では、特に形声の性質を利用して指導し、漢字の習得に役立てることがある。

象形	もともとの形を絵で表したもの。 例：山、月、日、口、手
指事	象形では表現できない抽象的な内容などを線や点で表したもの。 例：上、下、中、一、二
会意	意味を表す要素を組み合わせて作ったもの。 例：林、森、明、計、休

形声	意味を表す要素と音を表す要素を組み合わせて作ったもの。 例：景、障、副、園、週
転注	本来の意味から派生した意味で使ったもの。 例：楽（元は音楽の意味だが、やがて楽しいに転じる）
仮借	ある言葉を書き表すとき、音が類似している字を転用したもの。 例：云（元は雲だが、音の重なりにより話す意に転じる）

表1-7-1　六書

日本で作られた漢字

漢字は主に中国から来たものだが、日本で作られた漢字もある。これを**国字**（こくじ）という。代表的なものは、榊、辻、峠、働などである。漢字の構成原理では、六書の会意に当たるものが多い。ある珍しい字が見つかったとき、それが国字かどうかはすぐには分からない。中国の文献などに見えず、おそらく日本で作られたであろうという可能性が強いとき、国字であると認定されることになるのである。音訓について言うと、国字は日本で作られたため訓のみを持つものも多いが、その字の構成要素から音を持つこともある。例えば「働」は「はたらく」という訓のほか、「ドウ」という音を持つ。なお、「働」は近代に中国に逆輸入されたといわれている。

1.2 漢字の構成

漢字を整理するために、あるいは記憶をしやすくするために、ある観点を設けて構成要素の面から漢字を分類することがある。

① 構成要素の中で、ある特徴を持った部分を「部首」と認定し、それを基にグループを作る
→ 伝統的な分類方法であり、漢和辞典の配列などに用いられる。

②「休」「村」のように左右に分解できるもの、「草」「家」のように上下に分解できるものなど、配置の点からグループを作る
→ ①と若干重なるが、「品」のように品になるもの、「盟」のように⊟になるもの、など、①の伝統的分類にとらわれない分け方をするもの。

③「全」「幸」のように左右対称性に注目する
→ 何らかの特色に着目すると、記憶しやすいとされる。

1.3 音と訓

日本語は、**音読み**と**訓読み**という2種類の読み方があり、それぞれに何種類かの読みがある場合がある。漢字圏の国でも、漢字は音読みのみでしかも1つの読み方しかないことが多い。そのため、日本語学習者が困難を覚えるところである。日本の音読みには以下の3種類があり、これはどの時代に中国のどの地方から伝わったかに由来する。

呉音（ごおん）	5～6世紀頃伝わった、揚子江の下流地域の南方音。朝鮮半島経由で伝わったともいわれている。
漢音（かんおん）	7～9世紀頃、隋や唐から留学生・遣唐使などが持ち帰った音。
唐音（とうおん）	宋、元、明などの時代に禅僧や商人が伝えた音。

表1-7-2　音読みの種類

「行」という字を「ギョウ」と読むのは呉音、「コウ」と読むのは漢音、「アン」と読むのは唐音である[※2]。日本語の音読みで多いのは漢音である。他に呉音・漢音などの体系から外れており、慣用的に使われてきた読み方つまり**慣用音**などがある。例えば、消耗の「耗」は、本来の「コウ」ではなく「モウ」と読むが、これが慣用音である。

※2
それぞれの例を挙げると「行者（ぎょうじゃ）」、「旅行（りょこう）」、「行脚（あんぎゃ）」。

訓読みは、大和言葉を「同じような意味を表す漢字」で書き表したり、漢字を「それと同じ意味を表す大和言葉」で読んだりしたことから生じた。1つの漢字に対して多くの読みがあることもある。

訓読みについては、**異字同訓**[※3]や**熟字訓**[※4]などの関連項目が存在する。

※3
例えば、上がる、揚がる、挙がるなどの使い分け。

※4
「紅葉」を「もみじ」と読むなど、単漢字の訓を積み重ねたものではなく、熟語全体に1つの読みがついているもの。

1.4 漢字表（漢字制限・漢字の使用範囲の目安）

重要

前島密（まえじまひそか）が1866年に書いた「漢字御廃止之議（ごはいしのぎ）」をはじめとして、近代化にとって障害となる漢字を使わないようにしよう、あるいは制限していこうというような意見があった。しかし、反対意見も多く、なかなか漢字制限は実現しなかった。漢字制限が実現したのは1946年の**「当用漢字表」**（内閣告示・訓令、1,850字）においてであった。

1981年には、**「常用漢字表」**（内閣告示・訓令、1,945字）が出された。当用漢字表が、この範囲内で漢字を使い、それから外れるものは仮名書きをしようなどという**制限色の強いもの**であったのに対し、常用漢字表は、**漢字使用の際の目安**という位置付けになっている。

2010年には常用漢字表が改定された[※5]。掲載字種は従来の1,945字から**2,136字**[※6]に変わった。追加漢字の選定基準は、①出現頻度が高く、造語力（熟語の構成能力）も高いもの、②出現頻度が高い代名詞（例：俺、誰）、③出現頻度がそれほど高くなくても漢字で表記した方が分かりやすいもの（例：謙遜の「遜」）、④書籍や新聞の出現頻度が低くても社会生活上よく使われ必要と認められるもの（例：訃報の「訃」）、⑤都道府県名で使われているものは入れるというものであった。

なお、小学校で学ぶ漢字を**教育漢字**（教育用漢字）といい、2017年３月に公示された新学習指導要領（2020年度から完全実施）では**1,026**字が示されている。また、日本語教育での漢字字数としては、2009年度までの日本語能力試験の出題基準において、４級で100字、３級で300字、２級で1,000字、１級で2,000字程度の習得が必要とされていた[※7]。

※5 Web
文化庁「常用漢字表（平成22年内閣告示第2号）」

※6
５字を削除し、新たに196字を追加した。改定検討の動機は、情報機器が普及した状況における漢字の扱いを再検討するということであった。なお、情報機器普及により手書きの機会が減ったことを受け、付随的に手書きの位置付けを考えることも審議会への諮問に含まれていた。

※7
2010年からの日本語能力試験では以前のような明確な出題基準は示されていない。語彙（ごい）と同様に、漢字数についても以前の出題基準を参考にしている。

1.5 仮名遣い

平仮名で日本語を書き表す際の決まりを**仮名遣い**という。明治時代には、契沖（けいちゅう）仮名遣い[※8]の流れを受ける**歴史的仮名遣い**を採用した[※9]。これは昔はどう書いていたかを基準とする書き方であったが、1946年の**「現代かなづかい」**（内閣告示・訓令）で、発音された音に近い表記をするのが原則という新しい方式を採用した。それをさらに整理したのが1986年の**「現代仮名遣い」**（内閣告示・訓令）である[※10]。主なポイントは以下のとおりである。

- **四つ仮名（じ・ぢ・ず・づ）**：原則は「じ・ず」を用いる。「ぢ・づ」を使うのは、その音が**同音の連呼**（例：つづる、ちぢむ）や、**二語の連合**（例：はなぢ、こづかい）によって生じた場合である。
- **オ列長音**：原則はオ列の仮名に「う」を付ける（例：おとうさん）。歴史的仮名遣いで、**オ列の仮名+「ほ」**または**「を」と書いていた部分には「お」**を付ける（例：ほほ→ほお、とをか→とおか）。

他に、助詞の「は」を「わ」と書かずに「は」と書く、「言う」は「ゆう」ではなく「いう」と書く、「例」「映画」「時計」「丁寧」などを、エ列長音で発音するか、レイ、エイなどと発音するかを問わず、「れい」「えいが」「とけい」「ていねい」のように書く、などの規定がある。

※8
契沖仮名遣いについては、「**2.** 日本語史」参照。

※9
一時期だけ表音的な棒引き仮名遣いを教科書で採用したことがあったが、それに対する反対も多く、結局元の仮名遣いに戻った。

※10 Web
文化庁「現代仮名遣い」

1.6 片仮名と外来語の表記

日本語を片仮名で書き表すのは、外来語や、外国の地名・人名を表記する場合が多い。これらについては1991年に出された**「外来語の表記」**（内閣告示・訓令）がある[※11]。用いる片仮名を示してある表（第1表左と第1表右と第2表に分かれる。第1表にはアイウエオ……などの一般的な片仮名が書かれている）と、留意事項1（原則的な事項）、留意事項2（細則的な事項）、付録（用例集）からなる。主なポイントは以下のとおりである。

※11 Web
文化庁「外来語の表記」

- 第1表の右にある片仮名表記（シェ、チェ、ツァ、ツェ、ツォ、ティ、ファ、フィ、フェ、フォ、ジェ、ディ、デュ）は、過去においては一般的でなかったため、第1表左の一般的な片仮名表記（セ、ホなど）で書かれていたことがあった[※12]。
- 第2表にある片仮名表記は、第1表の範囲でも書けるが、特に原音に近いような表記をする場合に用いるものである[※13]。

※12
例えば、「ミルクシェーキ」ではなく「ミルクセーキ」、「プラットフォーム」ではなく「プラットホーム」。

※13
第2表に示されているのは、イェ、ウィ、ウェ、ウォ、クァ、クィ、クェ、クォ、ツィ、トゥ、グァ、ドゥ、ヴァ、ヴィ、ヴ、ヴェ、ヴォ、テュ、フュ、ヴュ。

1.7 送り仮名

漢字仮名交じりで書くときの書き方についても決まりがある。1959（昭和34）年に「送りがなのつけ方」（内閣告示・訓令）が出されたが、それを修正したのが1973年の**「送り仮名の付け方」**（内閣告示・訓令）である[※14]。主なポイントは以下のとおりである。

- 活用語は活用語尾を送るのが原則だが、より基本的な語やペアになる語とバランスを取る読み方がその原則よりも優先される[※15]。
- 活用がない語に関しては、名詞に送り仮名を付けない、副詞などは最後の1字を送る、という原則がある。それぞれに「後ろ、斜め、独り」や「大いに」など、例外が存在する。なお、動詞などから転じてできたものは、それとバランスを取った送り方をする。例えば、「うごき」は名詞だが、「動く」から転じたので「動き」とする。

※14 Web
文化庁「送り仮名の付け方」

※15
例えば、変化を表す「かわる」は、原則どおりなら活用語尾の「る」を送って「変る」だが、「変える」とのバランスを取るため（つまり漢字で読ませる部分ができるだけ一致するように）「変わる」のように「わる」を送る。

1.8 ローマ字

ローマ字で書くときの決まりは、1954年の**「ローマ字のつづり方」**（内閣告示・訓令）がある[※16]。第1表でいわゆる訓令式、第2表でヘボ

※16 Web
文化庁「ローマ字のつづり方」

ン式・日本式のつづり方を併記している。ここでは、第1表を優先すると書かれているが、現状のローマ字のつづり方を見ると、ヘボン式をベースとしたような書き方になっていることが多い※17。

ヘボン式は、『和英語林集成（わえいごりんしゅうせい）』を作ったヘボンが始め、それを基本として成立した書き方である※18。同じ行に属する場合でも、音声学的に子音が違う場合は、違うつづりを採用しているところもある（例：タ行のta、chi、tsu、te、to）ので音声学的であるといえる。

日本式は、田中館愛橘（たなかだてあいきつ）が主張した、五十音図を前提として子音と母音の組み合わせでつづりを決める方式である。五十音図に沿って作られるので、日本式は、音韻論的であるといえる。

訓令式（くんれい）は、1937年にローマ字のつづり方の統一を目指して政府が内閣訓令として公布したものである。

※17
これには、①戦後ＧＨＱが標識などにヘボン式ローマ字表記を求めたこと、②パスポートの氏名記入にはヘボン式ローマ字で記入することなどの理由がある。

※18
ヘボン式ローマ字は、1885年に結成された羅馬字会が採用した。その後、同年、日本式ローマ字が田中館愛橘により提唱され、以後、両方式が対立することとなる。

ヘボン式と日本式、訓令式の違いは、「し、ち、つ、ふ、じ、しゃ、じゃ」に現れ、「shi、chi、tsu、fu、ji、sha、ja」と書くのがヘボン式、「si、ti、tu、hu、zi、sya、zya」と書くのが日本式・訓令式である。日本式と訓令式の違いは、日本式が「ぢ、づ」を「di、du」とするのに対し、訓令式では「zi、zu」とするところなどに現れる。

1.9 文字の分類

文字そのものがどのような性質を持っているかによって、文字を分類すると以下のようになる。

```
┌表意文字・・・・・・・・・・・・・・・・漢字
│
└表音文字 ──┬音節文字・・・・・・仮名
             └音素文字・・・・・・ローマ字
```

図1-7-1　文字の分類

その字自体が意味を持つ文字を**表意文字**という。その字が1つの語であるという特徴を重く見て**表語文字**という呼び名を使うこともある。字そのものには意味がなく、単に音を表すだけのものを**表音文字**という。仮名もローマ字も表音文字だが、ローマ字のように子音や母音のレベルで文字になっているものを**音素文字**、仮名のように基本的には子音と母音の組み合わせで文字になっているものを**音節文字**という。なお、このときの「音節」「音素」は便宜的な名称で、音声学・音韻論で使うときのように厳密な意味では使っていない。

2. 日本語史 ★

日本語史については、次のことを押さえておきたい[※19]。

※19
歴史関係では、現代の日本語に関係が深いものに注意。例えば音便（1グループの動詞に関してテ形の作り方が複雑になったのも音便があったから）、仮名の確立（今でも平仮名・片仮名を使っている）などに関して、その発生時期が試験で問われたことがあった。また、日本語教育史と絡んでキリシタン資料が扱われたり、社会言語学（社会政策）などと絡んで、国語調査委員会、上田万年、標準語、などの関連が試験の問題となることがある。時枝誠記、三上章にも注意。

- **万葉仮名**

漢字の形・音・義のうち、その形・音を利用して、仮名として日本語を表記したもの。平安時代には、平仮名・片仮名ができるが、それが成立する以前には、このような仮名を使っていた[※20]。

※20
例えば「あらたまの」は、万葉仮名で「安良多末野」などと表記してある。

- **平仮名・片仮名**

平安時代に独立した文字として確立した。平仮名は万葉仮名を崩したもので、「女手（おんなで）」「女文字（おんなもじ）」と呼ばれたことがあった。片仮名は万葉仮名の一部をとったものである。

- **ハ行の歴史**

複雑なので注意。古代には［p］音だったという説がある。奈良時代には両唇摩擦音［ɸ］だったが、その後、平安時代に、語頭以外のものはワ行音に変化した（**ハ行転呼（てんこ）の現象**）。一方、語頭の「は・へ・ほ」の両唇摩擦音は、江戸時代には［h］音に変化した。

- **音便の発生**

平安時代に発生した。イ音便、ウ音便、撥（はつ）音便（「しにて」→「しんで」など）、促音便（「たちて」→「たって」など）がある。

- **連声（れんじょう）**

前項末尾のn、m、tが、後項のア行、ヤ行、ワ行音に影響を与えて、新たにタ行音、ナ行音、マ行音を生じる現象[※21]。中世に起こったものが多い。

※21
例えば、因縁「いんえん」→「いんねん」など。

- **開音（かいおん）と合音（ごうおん）**

オの長音に、a+uからのオー（開音）とo+u（またはe+u）からのオー（合音）の区別があった。中世のキリシタン資料などから明らかになった。

● **キリシタン資料**

キリシタン宣教師が日本語を書き表す際、ローマ字書きなどで表記していた。こうしたローマ字表記が、16世紀後半～17世紀初め頃の日本語音を知る手掛かりとなっている。また、語彙・文法上の事実を知る上でも貴重な資料である。『日葡(にっぽ)辞書』や『日本大文典』が有名。『天草版平家物語』や『伊曽保(いそほ)物語』が教育のために使われたという。

● **定家(ていか)仮名遣い**

鎌倉時代初期に、藤原定家が『下官集(げかんしゅう)』で示した仮名遣い。ただし、実際には行阿の『仮名文字遣(かなもじづかい)』(14世紀後半に成立)で示された仮名遣いのことを「定家仮名遣い」と呼ぶことが多い※22。明治時代よりも前には尊重されていた。

※22
これは、『仮名文字遣』が定家の仮名遣いを受け継いだものであると称しており、また、一般に広まったのは、この書物のほうだからである。

● **契沖(けいちゅう)仮名遣い**

契沖が『和字正濫鈔(わじしょうらんしょう)』(1693年成立)で示した仮名遣い。契沖は定家仮名遣いを批判し、自分が示した仮名遣いが本来の仮名遣いであると主張した。この契沖仮名遣いは、明治時代に主流となった、いわゆる歴史的仮名遣いのもとである。

● **四(よ)つ仮名(がな)**

「じ・ぢ・ず・づ」の4つを指す。江戸時代には「じ・ぢ」「ず・づ」の音の区別がなくなったと考えられている。

● **標準語**

近代において、国家意識の高揚、1つの国家としてのまとまり、伝達の効率などの問題から、標準語が必要とされた。東京の山の手中流の言葉遣いをモデルとしていた※23。以前は標準語を重視するあまり、方言を軽視したり、方言をなくしていこうとする運動が起こったりしたが、今ではそのような態度は批判されている。

※23
文部省に設けられた国語調査委員会による『口語法』(1916年)では、こうした標準語の姿が示されている。

● **言文一致**

明治時代に、書きことばを話しことばに一致させ、文章を平易化させようとしたこと。

3. 日本語研究史 ★★

ここでは、日本語研究史に関して、人物中心にまとめた。

- **ロドリゲス（1561-1633）**

宣教師。17世紀初めに『日本大文典』などの文典を編集した。

- **チェンバレン（1850-1935）**

明治時代に英国から来た。数年ではあるが、帝国大学（現：東京大学）の博言学（言語学）を担当した。文部省の依頼を受けて日本語の文典を執筆した。

- **ヘボン（1815-1911）**

医者・宣教師。幕末にアメリカより来日。『和英語林集成（わえいごりんしゅうせい）』を作成した。辞書にローマ字で日本語を記す必要があったので、独自の工夫をし、それがヘボン式ローマ字となる。聖書の日本語訳などでも有名。

- **上田万年（うえだかずとし）（1867-1937）**

チェンバレンの教えを受け、ドイツに留学した。東京帝国大学で博言学（言語学）を担当。チェンバレンらの説をうけた「p音考」でハ行子音の音価がもともとは[p]だったのではないかと論じた。『国語のため』で、国語とはどのようなものであるかについて述べた。標準語、仮名遣い、文体などを具体的に検討するため明治30年代に組織された**国語調査委員会**で主事を務めた。

- **大槻文彦（おおつきふみひこ）（1847-1928）**

近代的辞書『言海（げんかい）』（1889-1891）の著者。『言海』に掲載していた自らの文法学説「語法指南」をさらに発展させ、『広日本文典（こうにほんぶんてん）』（1897）を著した。明治初期の洋式文典と江戸時代に行われた国学者などによる文法研究の統一を目指した。大槻の文法学説は近代文法学説の最初でもあるが、和洋折衷の文法学説ともいわれる。

- **山田孝雄（やまだよしお）（1873-1958）**

山田は、副詞の３分類（情態・程度・陳述）を行った。これが現代の副詞分類の基礎となっている。文法論では、文成立論が有名である[※24]。国語問題については伝統を重視する保守派。

※24
文が文であるのはなぜかと問い、文を成立させる力について分析した。これが陳述論の出発点となる。文のタイプに述語を持つタイプと持たないタイプがあり、これらの成立根拠が異なることを主張した。

- **松下大三郎（1878-1935）**

独自の用語による普遍的文法構築の試みを行った[※25]。松下については、中国人留学生に対する日本語教育に携わったこと、文章語だけではなく話し言葉にも関心を寄せたことなどの特色があるとされる。

- **橋本進吉（1882-1945）**

外形・形式重視の文法学説を展開した。文節という概念を使った。中学校で教えている現代語の文法（いわゆる学校文法）は橋本文法を簡単にしたものである。

- **時枝誠記（1900-1967）**

『国語学原論』（1941）で**言語過程説**という言語理論を提唱した。言語過程説では、主体の意識を重視した。時枝の「**詞**と**辞**」は「詞」=「客観的概念の表現」であり、「辞」=「概念過程を含まない表現・話し手の立場の直接表現」である。さらに、日本語は「詞と辞」が重層的に組み合わさった構造になっているという指摘をし、入子型構造と呼んだ。1927年から1943年まで京城帝国大学[※26]に奉職。

- **佐久間鼎（1888-1970）**

ゲシュタルト心理学を日本に紹介した心理学者であるが、文法にも興味を持ち、伝統にとらわれない論（コソアドについての論など）を展開した。音声関係の業績（アクセント論）も有名。

- **三上章（1903-1971）**

『現代語法序説』（1953、1972復刊）、『象は鼻が長い』（1960）などで、従来の学説にとらわれない分析を示した。「主語」を認めず、主語廃止論を主張した。

※25
松下の文法学説では原辞・詞・断句の3つのレベルを考える。「原辞」は文の成分より小さな単位のものを指す概念。「詞」は文の成分、またはそれがいくつか繋がったもの。「断句」は詞の中で独立性と絶対性を持ったもので、通常の「文」にあたる。

※26
今の韓国ソウルにあった旧帝国大学。

第1章
文法体系①：日本語教育における品詞

□□ ❶ 次の動詞は、(a) 1グループ動詞、(b) 2グループ動詞、(c) 3グループ動詞のどれか。

(1) 咲く　(2) こわす　(3) 誉める　(4) 勉強する
(5) 帰る　(6) 来る　(7) 煮る

□□ ❷ 次の品詞は、(a) 名詞、(b) ナ形容詞のどちらか。

(1) 祖父は元気だ。
(2) 逮捕されたその人は無実だ。
(3) その店の店員は親切だ。
(4) テストの結果が不安だ。
(5) この車は日本製だ。

□□ ❸ 次の形容詞は、(a) 属性形容詞、(b) 感情形容詞のどちらか。

(1) 花粉症で目がかゆい。
(2) 数学が苦手だ。
(3) 店の雰囲気が華やかだ。
(4) 式典の雰囲気が重々しい。
(5) 寝不足で太陽がまぶしい。

□□ ❹ 次の指示代名詞は、(a) 現場指示、(b) 文脈指示のどちらか。

(1) このお菓子、おいしいね。
(2) それっていつの話？
(3) その服、似合ってるよ。
(4) あそこにある鞄をとって下さい。
(5) あの約束、まだ、覚えている？

□□ ❺ 次の副詞は、(a) 情態副詞、(b) 程度副詞、(c) 陳述副詞のどれか。

(1) おそらく　(2) ぐっすり　(3) がやがや　(4) ぴかっと
(5) かなり　(6) もし

□□ ❻ 次の助詞は、(a) 格助詞、(b) 取り立て助詞、(c) 並列助詞、(d) 接続助詞、(e) 終助詞、(f) 複合格助詞のどれか。

(1) 親として責任をもつ。
(2) 9時に出かける。
(3) それは良かったね。
(4) 春になると花が咲く。
(5) 鉛筆と消しゴムが必要だ。
(6) 勉強ばかりする。

第2章
文法体系②：日本語教育における「文型」と助詞

1. 日本語教育における「文型」

□□ ❶ 次の述語文は、(a) 動詞文、(b) 形容詞文、(c) 名詞文のどれか。

(1) 大雪が降っている。　(2) 子どもの様子が心配だ。
(3) 祖母は元気だ。　(4) 私の親友は歯医者だ。
(5) 夕焼けが美しい。　(6) 彼は昨年結婚した。

□□ ❷ 次の動詞の文型は、(a)「～が 動詞」、(b)「～が ～を 動詞」、(c)「～が ～に 動詞」、(d)「～が ～と 動詞」、(e)「～が ～ を ～に 動詞」のどれか。

(1) 着る　(2) 見る　(3) 泣く　(4) 賛成する
(5) 喧嘩する　(6) 与える　(7) 起きる　(8) 押す
(9) 入る　(10) つきあう　(11) 教える　(12) 着く
(13) 結婚する　(14) 光る

2. 格助詞の用法

□□ ❶ 次の格助詞の用法の中で1つだけ異なるものを選べ。

(1) ガ格：　①音楽が好きだ。　②ギターが弾ける。
③空が青い。　④水が飲みたい。

(2) ヲ格：　①家を出る。　②近くを散歩する。
③橋を渡る。　④トンネルを通過する。

(3) ニ格：　①買物に行く。　②釣りに行く。
③学校に行く。　④食事に行く。

(4) デ格：　①地震で家が壊れた。　②風邪で休んだ 。
③おもちゃで遊んだ 。　④雨でバスが遅れた。

(5) ト格：　①姉とケーキを作る。　②弟と勉強する。
③母と口論する。　④父と出かける。

□□ ❷ 次の文の主題は、(a) ガ格、(b) ヲ格、(c) ニ格、(d) デ格、(e) ト格、(f) ヘ格、(g) カラ格、(h) ヨリ格、(i) マデ格のどの格成分から取り立てられたものか。

(1) 会社へは地下鉄で通勤している。
(2) ロサンゼルスは東京から直行便で12時間かかる。　(3) その場所は温泉が出た。
(4) このガラス絵は父が小樽で購入した。　(5) その公園は子供がサッカーをしている。
(6) ぶどうよりは桃のほうが好きだ。　(7) 太郎とは次郎が親友だ。
(8) 5月5日はこどもの日だ。　(9) 秋は食欲が増す。

3. 主題の「は」

□□ ❶ 次の文の命題を表す部分はどこか。なお、必ずしも語の単位で切れるとはかぎらない。

(1) 日本の近海で台風が発生したそうだ。
(2) 温泉でゆっくり休みたい。
(3) もしかしたら同窓会に参加できないかもしれない。
(4) この店のラーメンがうまいんだよね。
(5) 嘘をぜったいにつくべきではない。

第３章

文法体系③：日本語教育における重要な文法項目

1. 自動詞と他動詞

□□ ❶ 次の動詞は、(a) 自動詞、(b) 他動詞のどちらか。

(1) 遊ぶ　(2) 通る　(3) 着る　(4) 読む
(5) 泣く　(6) 見る　(7) 投げる　(8) 行く

□□ ❷ 次の自動詞に対応する他動詞を答えよ。

(1) 集まる　(2) 曲がる　(3) 落ちる　(4) 進む
(5) 掛かる　(6) 壊れる　(7) 広がる

□□ ❸ 次の他動詞に対応する自動詞を答えよ。

(1) 染める　(2) 伝える　(3) 沈める　(4) 消す
(5) 冷ます　(6) 揺らす　(7) 向ける

□□ ❹ 次の動詞は、(a) 自他の対応がある動詞、(b) 無対自動詞、(c) 無対他動詞、(d) 自他動詞のどれか。

(1) ぶつかる　(2) 濡れる　(3) 閉鎖する　(4) 置く
(5) 調べる　(6) 光る　(7) 泳ぐ

2. ヴォイス（態）

□□ ❶ 次の受身文は、(a) 直接受身文、(b) 迷惑受身文、(c) 持ち主の受身文のどれか。

(1) 雨に降られた。
(2) 満員電車で足を踏まれた。
(3) 父に作文をほめられた。
(4) 妹が母にほめられた。
(5) 寝ようとしたところへ友だちに来られた。
(6) 壁に絵が飾られている。

□□ ❷ 次の使役文は、(a) 強制、(b) 許可、(c) 原因のどれか。

(1) 悪いことばかりして親を心配させる。
(2) いやがる子どもに掃除をさせる。
(3) 子どもには好きなことをさせている。
(4) その知らせは皆を喜ばせた。
(5) 犬は公園で自由に走らせる。

□□ ❸ 次の下線部の表現について、(1)から(4)までで示した観点と異なるものを1つ選べ。

(1) 使役受身文
①先生に作文を書かされる。 ②母親に買い物に行かされる。
③子供に服を汚される。 ④子供が父親にピーマンを食べさせられる。

(2) 可能構文（状況可能）
①風が強くて、傘がさせない。 ②財布を忘れて、お金が払えない。
③パソコンが壊れて、仕事ができない。 ④英語が苦手で、全然しゃべれない。

(3) 自発構文
①9月になってめっきり秋が感じられる。 ②この傾向はますます強まると見られる。
③成績が悪くて母親に怒られる。 ④混雑はしばらく続くと思われる。

(4) 授受表現（使役文に近い意味）
①息子に迎えに来てもらった。 ②友だちに本を貸してもらった。
③部下に説明してもらった。 ④電気屋に修理してもらった。

3. アスペクト

□□ ❶ 次のテイル文は、(a) 動きの進行、(b) 動きの結果の状態、(c) 状態の継続、(d) 繰り返し、(e) 経験のどの用法になるか。

(1) 飛行機が次から次へと飛び立っている。 (2) 何の本を読んでいるんですか。
(3) 海が好きで、沖縄には５回も行っている。 (4) その選手の記録はとびぬけている。
(5) 昨日の大風で枯葉がたくさん落ちている。

□□ ❷ 次の動詞は金田一の分類である、(a) 状態動詞、(b) 継続動詞、(c) 瞬間動詞、(d) 第４種の動詞の中で、どの分類に当てはまるか。

(1) 飲む (2) 走る (3) ある (4) 点く
(5) 優れる (6) 割れる (7) 実在する

□□ ❸ 次のテアル文の中で非意図的な状況も表せるものを２つ選べ。

①風呂が沸かしてある。 ②封筒に会社名が印刷してある。
③家の前に車が止めてある。 ④雨戸が閉めてある。
⑤自転車が止めてある。 ⑥壁にポスターが貼ってある。

□□ ❹ 次のテアル文（他動詞）はテイル文（自動詞）に、テイル文（自動詞）はテアル文（他動詞）に変えよ。なお、この場合の自動詞と他動詞はペアとなっている。

(1) 居間に油絵が掛けてある。　(2) 部屋が片づけてある。
(3) お湯が沸かしてあった。　(4) ビールが冷えている。
(5) 洗濯物が乾いている。　(6) 電気が消えている。

□□ ❺ 次のテアル文について、「対応する自動詞＋テイル」をもたないものを１つ選べ。

①ドアが閉めてあった。　②手紙の封が開けてあった。
③ポスターが丸めてあった。　④たくさんのごみが捨ててあった。
⑤たくさんの商品が並べてあった。

□□ ❻ 次のテイル文について、「対応する他動詞＋テアル」で表せないものを１つ選べ。

①引き出しに鍵が掛かっている。　②針金が曲がっている。
③雨で地面が濡れている。　④故障したテレビが直っている。
⑤カバンに免許証が入っている。

4. テンス

□□ ❶ 次の文の中で、未来の事態を表していないものを１つ選べ。

①明日には台風が日本に上陸する。　②今日はスーパーへ行って買い物をする。
③今日はよく晴れている。　④間もなく信号が赤から青に変わる。
⑤今から町へ出かける。

□□ ❷ 次の文の中で、現在の事態を表していないものを１つ選べ。

①テーブルの上にミカンがある。　②父親が本を読んでいる。
③今日の海は穏やかだ。　④田中さんは大学生だ。
⑤天気予報によると今日は雨が降る。

□□ ❸ 次の文の中で、相対テンスではないものを１つ選べ。

①食べる前に手を洗う。　②テレビを見た後で、風呂に入る。
③歯医者に行くときに、歯を磨いた。　④実家に帰るときに、手土産を買った。
⑤試合に負けて、がっかりした。

□□ ❹ 次の文の中で、恒常的な表現ではないものを１つ選べ。

①コアラはユーカリを食べる。　②風が吹けば桶屋が儲かる。
③太陽は東から昇って西に沈む。　④山田さんは来週沖縄に行く。
⑤試験の点数で合否を決める。

□□ ❺ 次の文の中で、現在完了のタ形ではないものを１つ選べ。

①おっ、宅急便が届いた！　②おや、もうお父さんが帰ってきた。
③ねえ、今話題のアニメ、見た？　④昨夜すごい雨が降った。
⑤お湯が沸騰したよ。

□□ ❻ 次の文の中で、過去を表すタ形を1つ選べ。

①掃除の邪魔だよ、どいた。 ②俺のおごりだよ、さあ、食った。
③ありゃっ、また日本チームが負けた。 ④忘れてたよ、今日は会議だった。
⑤確か君は北海道の出身だったね。

5. モダリティ

□□ ❶ 次の下線部の表現について、それぞれの観点から異なる性質のものを1つ選べ。

(1) 対事的モダリティ

①ちょっと休憩しませんか。 ②明日は雪が降るらしい。
③あの木の枝は折れそうだ。 ④もしかしたら風邪を引いたかもしれない。
⑤今日は残業しなければならない。

(2) 対人的モダリティ

①その問題を解くには発想を転換することだ。
②そこの醤油を取ってください。 ③今度の会議、出席するんだよね。
④そこにゴミを捨ててはいけないよ。 ⑤忙しくてね、明日テストなんです。

(3) 断定のモダリティ（ϕ）

①私は新幹線で大阪に行く。 ②妹が来月結婚する。
③山田さんの家は新築だ。 ④今日の天気は快晴だ。
⑤次郎は試験に受かって喜んでいる。

(4) 意志のモダリティ（ϕ）

①何を言われても僕はあきらめない。 ②私は絶対に日本語教師になる。
③山田君は来年イギリスに留学する。 ④僕は今日は徹夜で宿題をやる。
⑤僕は一生君を愛します。

(5) 推量のモダリティ（そうだ）

①この雲行きだと雨が降りそうだ。 ②今日は夕立があるそうだ。
③どうやら台風が来そうだ。 ④子どもが今にも泣きそうだ。
⑤大雨で川の水があふれそうだ。

(6) 推量のモダリティ（らしい）

①この店は人気があるらしい。 ②リンさんは帰国するらしい。
③今日は涼しくて秋らしい。 ④新しい店ができるらしい。
⑤あの人は試験に合格したらしい。

(7) 確信のモダリティ（ちがいない）

①きっと彼が手伝ってくれるにちがいない。 ②もう子供が帰ってくるにちがいない。
③台風の影響で風が強くなるにちがいない。 ④この足跡はイノシシにちがいない。
⑤このかばんは君のものにちがいないね。

(8) 義務・必要のモダリティ（一般的な義務）

①その制度は廃止すべきだ。　②評価は客観的であるべきだ。
③君はもっと努力すべきだ。　④企業は従業員を大切にすべきだ。
⑤人々は平等であるべきだ。

6. 複文の構造

□□ ❶ 次の下線部の名詞修飾節は、(a) 内の関係、(b) 外の関係のどちらか。

(1) バーベキューをしている匂いがする。
(2) 落とした財布が戻ってきた。
(3) 高校で一緒に学んだ同級生と再会した。
(4) その授業で見たドキュメンタリーは衝撃的だった。
(5) 海外で日本語を教える夢をもっている。

□□ ❷ 次の下線部の名詞修飾節は、(a) 限定用法、(b) 非限定用法のどちらか。

(1) 古いお寺がある京都へ行ってみたい。
(2) 修理に出した時計が戻ってきた。
(3) チョコレートをもらったお礼にネックレスをプレゼントした。
(4) 地球に生きる我々にとって環境問題は人ごとではない。
(5) 昨年私は世界の金融の中心地であるウォール街を訪れた。

□□ ❸ 次の下線部の補足節の中で他と異なるものを１つ選べ。

(1) ピアノを弾くのは簡単ではない。
(2) 近藤さんが引越しするのを知っていますか。
(3) 祖父が散歩しているのを公園で見た。
(4) あの二人が兄弟であるのを誰も信じない。
(5) そこへ行くのは止めたほうがいい。

□□ ❹ 次の下線部の節は、(a) 名詞修飾節、(b) 補足節、(c) 副詞節、(d) 並列節、(e) 引用節のどれか。

(1) チャンさんは将来デザイナーになりたいと言った。
(2) 雨が降りそうなので、傘をもっていきます。
(3) 私は雨が止むことを願っている。
(4) あのメガネをかけた人は誰ですか。
(5) そこのコンビニを曲がると、駅が見えます。
(6) 今日は休みだし、天気もいい。
(7) 私が掃除をして、ルームメイトが洗濯をする。
(8) 参加した人全員に記念品が贈られる。

第4章
言語の構造

1. 言語記号の特徴

□□ ❶ 言語記号の形式の側面は、ソシュールにより何と呼ばれたか。

□□ ❷ 言語記号における形式と意味の結び付きには必然性はないということを何というか。

□□ ❸ 音声でも文字でも言語記号による表現は、時間の流れに沿った一方向性を持つことを何というか。

□□ ❹ 文はいくつかの語（形態素）に、さらに語（形態素）はいくつかの音声（音素）に分けられることを何というか。

□□ ❺ 時間の流れに沿って変化することばの側面を何というか。

□□ ❻ もともと音韻論の概念で、対立する2つの言語形式がある場合、より一般的で制約が少ない方を何というか。

2. 音声・音韻体系

□□ ❶ それぞれの言語において、同じ役割・機能を持つ音韻上の抽象的な単位を何というか。また、それが具体化したものを何というか。

□□ ❷ 音素はどのような記号で表記されるか。

□□ ❸ 発音の仕組みなど、無意識のうちに習得されるものなので、明示的に提示するのは難しい知識を何というか。

□□ ❹ 調音点の違いが誤用の要因になっているのは、「きて／きいて」の混同、「つき／ちゅき」の混同、「にまい／にばい」の混同、「わかる／わがる」の混同のうちどれか。

□□ ❺ 調音法の違いが誤用の要因になっているのは、「きて／きいて」の混同、「つき／ちゅき」の混同、「にまい／にばい」の混同、「わかる／わがる」の混同のうちどれか。

3. 形態・語彙体系

□□ ❶ 意味を担う最小の言語単位で、それ以上は分けられない抽象的なものを何というか。

□□ ❷ 上記の❶が実際の言語表現で、それぞれ同じ意味・機能を持ちながら、それが現れる環境・条件により異なる音形となったものを何というか。

□□ ❸ 上記の❶のうち、単独では語になることのできないものを何というか。

□□ ❹ 例えば「不真面目さ」という語の「真面目」は、語彙的な意味を持つ自由形態素であるが、「不」と「さ」はどんな意味を持つ何形態素か。

□□ ❺ 動詞「食べる」は、{tabe} と {ru} という2つの形態素からなっているが、このうちいろいろな活用においても変化しない {tabe} を何というか。

□□ ❻ 接辞のうち、品詞を変えるなどある語から別の語を作る働きを持つものを何というか。

□□ ❼ 接辞のうち、テンスやヴォイスなど文法関係の変更に関わる接辞を何というか。

4. 語彙の体系

□□ ❶ 使いこなせない場合もあるが、見聞きして意味が分かる語の集合を何というか。

□□ ❷ 特定の領域における語の集合の中で、特に重要で不可欠な語の集合を何というか。

□□ ❸ 中心的で基本的な意味から周辺的で拡張的な意味まで幅広い意味を持つ意味範囲が広いものは何か。

□□ ❹ 抽象的で体系的な概念を表す語が多いが、意味範囲が狭いものは何か。

□□ ❺ 語種に関して、初級レベルで中心的に扱われるものは何か。

□□ ❻ 語構成に関して、「子どもっぽい」と「お茶」は、単純語、複合語、派生語、畳語のどれか。

5. 統語構造

□□ ❶ 主語、目的語、述語など構造的な働きに着目した関係を何というか。

□□ ❷ 主格（ガ格）、目的格（ヲ格）など文中での形態的な表示に着目した関係を何というか。

□□ ❸ 文中での形態的、統語的、意味的な働きに対応し、名詞や代名詞が形態変化する文法カテゴリーを何というか。

□□ ❹ 構造的な点から見ると、単語よりも単文のほうが難易度は高いが、さらに難易度が高い構造的な単位は何か。

□□ ❺ 複文の統語構造に不可欠な品詞は何か。

□□ ❻ 文型が重視される教室活動（教授法）は何か。

6. 意味体系（Ⅰ）　一般意味論

□□ ❶ 語を意味成分に分解することを何というか。

□□ ❷「消しゴム」と「筆記用具」はどちらが上位語か。

□□ ❸ 語と語の関係において、「美しい」と「きれいだ」のような関係を何というか。

□□ ❹ 語と語の関係において、「売る」と「買う」のような関係を何というか。

□□ ❺ 両極的対義語とは、「表／裏」「入学／卒業」「長い／短い」「行く／来る」のうちどの組み合わせを指すか。

□□ ❻ 一般的に、言語習得においては、上位語と下位語のどちらが先に習得されやすいか。

7. 意味体系（2） 認知意味論

□□ ❶ 意味のカテゴリーにおいて、カテゴリーの境界は明確に分けられるものではなく、他のカテゴリーと連続であるというカテゴリーの見方を何というか。

□□ ❷ 既存のカテゴリーを転用し、新たなカテゴリーを作り出すことを何というか。

□□ ❸ 多義的な表現での意味の拡張に大きく関わっているものは何か。

□□ ❹ 比喩のうち、類似性の連想に基づき、抽象的なものをより具体的なもので表す比喩を何というか。

□□ ❺ 比喩のうち、あるものを隣接関係にある他のもので示す比喩を何というか。

□□ ❻ 比喩のうち、包摂関係に基づき、上位概念で下位概念を指したり、下位概念で上位概念を指したりする比喩を何というか。

□□ ❼ ある概念を理解する際に、その前提となる知識構造を何というか。

第5章

語用論的規範

□□ ❶ 発話行為論において、ある人が発話を行うことにより、聞き手に発話意図を伝えようとすることを何というか。

□□ ❷ 相手に何らかの発話意図を伝えるために用いる直接的ではなく間接的な発話を、サールは何と呼んだか。

□□ ❸ 協調の原理の４つの公理のうち、嘘や偽りだと思っていること、確信の持てないこと、根拠のないことを言ってはいけないという公理を何というか。

□□ ❹ 協調の原理の４つの公理のうち、不明確な表現や曖昧な表現は使わず、簡潔に順序立てて述べよという公理を何というか。

□□ ❺ ポライトネス理論において、相手のフェイスを脅かすような言語的な行動を何というか。

□□ ❻ ポライトネス・ストラテジーのうち、相手のポジティブ・フェイスを確保しようとする言語による行為を何というか。

□□ ❼ 会話分析において、1つ目の発話が2つ目の発話を規定するような連続する発話のペアを何というか。

□□ ❽ 談話や文章の内容を理解するのに必要な意味的ギャップを埋めるため、結束性をもとに別々の明示的な情報を関連付ける推論を何というか。

第6章

言語の類型と世界の諸言語

□□ ❶ 言語の形態的類型論から見て、実質的な意味を持つ語の語基（語幹）に接辞がつくという構造を持ち、その切れ目がはっきりしているタイプを何というか。

□□ ❷ 言語の形態的類型論から見て、語そのものが変化することによって示され、その境界がはっきりしないタイプを何というか。

□□ ❸ 言語の形態的類型論から見て、名詞や動詞、形容詞に限らず語形変化を持たないタイプを何というか。

□□ ❹ 形態的類型の観点から、日本語はどのタイプに入るか。

□□ ❺ 形態的類型の観点から、中国語とベトナム語はどのタイプに入るか。

□□ ❻ 形態的類型の観点から、韓国語はどのタイプに入るか。

□□ ❼ 統語的類型の観点から、モンゴル語とトルコ語はどのタイプに入るか。

□□ ❽ 統語的類型の観点から、タイ語とベトナム語と中国語はどのタイプに入るか。

□□ ❾ 統語的類型の観点から、「名詞＋後置詞」の構造は、どのタイプに多いか。

□□ ❿ 日本語、韓国語、英語、中国語、ベトナム語のうち、無声音と有声音の区別を持たないのはどの言語か。

□□ ⓫ 日本語、韓国語、英語、中国語、ベトナム語のうち、屈折語、膠着語、孤立語の3タイプの形態変化を併せ持つのはどの言語か。

□□ ⓬ 日本語、韓国語、英語、中国語、ベトナム語のうち、主語や目的語を形態的に表示するのはどの言語か。

□□ ⓭ 日本語、韓国語、英語、中国語、ベトナム語のうち、「名詞＋修飾語」の構造が可能なのはどの言語か。

□□ ⓮ 日本語、韓国語、英語、中国語、ベトナム語のうち、「述語＋否定」の構造が可能なのはどの言語か。

□□ ⓯ 日本語に見られる、上下関係よりもウチ／ソトの関係を重視する敬語を何というか。

第７章

文字と表記、日本語史

1. 文字と表記

□□ ❶ 3300年ほど前に見つかった、漢字の元になった文字を何と呼ぶか。

□□ ❷ 象形、指事、会意、形声のうち、最も数が多いのはどれか。

□□ ❸「峠、辻、働、榊」などのように日本で作られた漢字を何と呼ぶか。

□□ ❹ 遣唐使などによって伝えられた漢字の音を何というか。

□□ ❺「行」を「アン」と読むのは呉音・漢音・唐音のうちどれか。

□□ ❻ 現在、漢字の使用の基準（目安）となっているのは何か。

□□ ❼ 上記の❻が告示された（改定された）のは何年か。

□□ ❽ 現在、上記の❻に含まれている字種はいくつか。

□□ ❾ いわゆる教育漢字の字数は、全部でいくつか。

□□ ❿ 現在、仮名遣いの基準（目安）となっているのは何か。

□□ ⓫「ぢ」「づ」を使うのは、それらがどうやって生じたときか。2つ答えよ。

□□ ⓬ オ列の仮名に「お」を添えるのは、歴史的仮名遣いでどのようなつづり方をしていたものか。2つ答えよ。

□□ ⓭ 現在、漢字仮名交じりで書くとき、どこまで漢字に読みを分担させるかの基準（目安）となっているのは何か。

□□ ⓮「あきらかだ」を漢字仮名交じりで書くとどうなるか。

□□ ⓯ 現在、外来語を書くときの基準（目安）となっているのは何か。

□□ ⓰ 上記の⓯の第２表に挙げられた仮名は、外来語の元になっている外国語の何に近い書き表し方をしたい場合に使うか。

□□ ⑰ 現在、ローマ字のつづり方の基準（目安）となっているのは何か。

□□ ⑱「ぢ」を「di」とつづるのは訓令式、ヘボン式、日本式のどれか。

□□ ⑲ 上記の⑰の目安によると、優先されるつづり方は訓令式、ヘボン式、日本式のどれか。

2. 日本語史

□□ ❶ 漢字を仮名として（元の意味に関係なく音を表すためだけに）使うようになったものを歴史上何と呼ぶか。

□□ ❷ 平仮名と片仮名が独立した文字として確立したのはいつ頃か。

□□ ❸「女手」と呼ばれたのは、平仮名、片仮名のどちらか。

□□ ❹ 語頭以外で、ハ行音がワ行の音で発音される現象のことを何というか。

□□ ❺ 開音と合音の区別が記されているのは、どんな資料か。

□□ ❻『天草版平家物語』『日葡辞書』『日本大文典』『和英語林集成』の中で中世と関係がないものはどれか。

□□ ❼『下官集』で、仮名遣いについて述べたのは誰か。

□□ ❽『和字正濫鈔』で仮名遣いについて述べたのは誰か。

□□ ❾ 標準語はどの辺りの言葉をモデルとしていたか。

3. 日本語研究史

□□ ❶ 標準語、仮名遣いなどを検討するため明治30年代に作られた組織は何か。

□□ ❷ ❶の組織で主事を務めたのは誰か。

□□ ❸ 近代的辞書『言海』を作ったのは誰か。

□□ ❹ 言語過程説を唱えたのは誰か。

□□ ❺ 副詞の３分類に影響を与えたのは誰か。

□□ ❻ 文節の概念を作ったのは誰か。

□□ ❼『国語学原論』の著者は誰か。

□□ ❽ 主語廃止論を唱えたのは誰か。

確認問題　解答

第１章

文法体系①：日本語教育における品詞

❶ (1) a　(2) a　(3) b　(4) c　(5) a　(6) c　(7) b
❷ (1) b　(2) a　(3) b　(4) b　(5) a
❸ (1) b　(2) b　(3) a　(4) a　(5) b
❹ (1) a　(2) b　(3) a　(4) a　(5) b
❺ (1) c　(2) a　(3) a　(4) a　(5) b　(6) c
❻ (1) f　(2) a　(3) e　(4) d　(5) c　(6) b

第２章

文法体系②：日本語教育における「文型」と助詞

1. 日本語教育における「文型」

❶ (1) a　(2) b　(3) b　(4) c　(5) b　(6) a
❷ (1) b　(2) b　(3) a　(4) c　(5) d　(6) e　(7) a
(8) b　(9) c　(10) d　(11) e　(12) c　(13) d　(14) a

2. 格助詞の用法

❶ (1)③　(2)①　(3)③　(4)③　(5)③
❷ (1) f　(2) i　(3) g　(4) b　(5) d　(6) h　(7) e
(8) a　(9) c

3. 主題の「は」

❶ (1)日本の近海で台風が発生した
(2)温泉でゆっくり休み
(3)同窓会に参加できない
(4)この店のラーメンがうまい
(5)嘘をつく

第３章

文法体系③：日本語教育における重要な文法項目

1. 自動詞と他動詞

❶ (1) a　(2) a　(3) b　(4) b　(5) a　(6) b　(7) b
(8) a
❷ (1)集める　(2)曲げる　(3)落とす　(4)進める
(5)掛ける　(6)壊す　(7)広げる
❸ (1)染まる　(2)伝わる　(3)沈む　(4)消える
(5)冷める　(6)揺れる　(7)向く
❹ (1) a　(2) a　(3) d　(4) c　(5) c　(6) b　(7) b

2. ヴォイス（態）

❶ (1) b　(2) c　(3) c　(4) a　(5) b　(6) a
❷ (1) c　(2) a　(3) b　(4) c　(5) b
❸ (1)③　(2)④　(3)③　(4)②

3. アスペクト

❶ (1) d　(2) a　(3) e　(4) c　(5) b
❷ (1) b　(2) b　(3) a　(4) c　(5) d　(6) c　(7) a
❸ ②⑥
❹ (1)居間に油絵が掛かっている。
(2)部屋が片づいている。
(3)お湯が沸いていた。
(4)ビールが冷やしてある。
(5)洗濯物が乾かしてある。
(6)電気が消してある。
❺ ④
❻ ③

4. テンス

❶ ③　❷ ⑤
❸ ⑤　❹ ④
❺ ④　❻ ③

5. モダリティ

❶ (1)①　(2)⑤　(3)①　(4)③　(5)②
(6)③　(7)⑤　(8)③

6. 複文の構造

❶ (1) b　(2) a　(3) a　(4) a　(5) b
❷ (1) b　(2) a　(3) a　(4) b　(5) b
❸ (3)
❹ (1) e　(2) c　(3) b　(4) a　(5) c
(6) d　(7) d　(8) a

第４章

言語の構造

1. 言語記号の特徴

❶ 能記（シニフィアン）　❷ 言語の恣意性
❸ 言語の線条性　❹ 言語の二重分節性
❺ 通時態　❻ 無標

2. 音声・音韻体系

❶ 音素、異音
❷ / /
❸ 暗示的知識
❹「つき／ちゅき」の混同
❺「にまい／にばい」の混同

3. 形態・語彙体系

❶ 形態素
❷ 異形態
❸ 拘束形態素
❹ 文法的な意味を持つ拘束形態素
❺ 語基（語幹）
❻ 派生接辞
❼ 屈折接辞

4. 語彙の体系

❶ 理解語彙
❷ 基本語彙
❸ 和語
❹ 漢語とカタカナ語（外来語）
❺ 和語
❻ 派生語

5. 統語構造

❶ 文法関係　❷ 格関係
❸ 格　❹ 複文
❺ 接続助詞
❻ オーディオ・リンガル・メソッド

6. 意味体系（1）　一般意味論

❶ 成分分析　❷「筆記用具」
❸ 類義語　❹ 対義語（反義語）
❺「入学／卒業」　❻ 下位語

7. 意味体系（2）　認知意味論

❶ プロトタイプ・カテゴリー（的なカテゴリー観）
❷ カテゴリーの拡張（比喩的拡張）
❸ 比喩　❹ メタファー（隠喩）
❺ メトニミー（換喩）　❻ シネクドキー（提喩）
❼ フレーム

第5章
語用論的規範

❶ 発語内行為　❷ 間接発話行為
❸ 質の公理　❹ 様式の公理（様態の公理）
❺ FTA（フェイス侵害行為）
❻ ポジティブ・ポライトネス
❼ 隣接ペア　❽ 橋渡し推論

第6章
言語の類型と世界の諸言語

❶ 膠着語　❷ 屈折語
❸ 孤立語　❹ 膠着語
❺ 孤立語　❻ 膠着語
❼ SOVタイプ　❽ SVOタイプ
❾ SOVタイプ
❿ 韓国語と中国語とベトナム語
⓫ 英語　⓬ 日本語と韓国語
⓭ 英語とベトナム語　⓮ 日本語と韓国語
⓯ 相対敬語

第7章
文字と表記、日本語史

1. 文字と表記

❶ 甲骨文字　❷ 形声
❸ 国字　❹ 漢音
❺ 唐音　❻ 常用漢字表
❼ 2010（平成22）年　❽ 2136字
❾ 1026字　❿ 現代仮名遣い
⓫ ①同音の連呼　②二語の連合
⓬ ①オ列の仮名＋を　②オ列の仮名＋ほ
⓭ 送り仮名の付け方
⓮「明らかだ」　⓯ 外来語の表記
⓰ 原音・原つづり　⓱ ローマ字のつづり方
⓲ 日本式　⓳ 訓令式

2. 日本語史

❶ 万葉仮名　❷ 平安時代
❸ 平仮名　❹ ハ行転呼の現象
❺ キリシタン資料　❻『和英語林集成』
❼ 藤原定家　❽ 契沖
❾ 東京の山の手

3. 日本語研究史

❶ 国語調査委員会　❷ 上田万年
❸ 大槻文彦　❹ 時枝誠記
❺ 山田孝雄　❻ 橋本進吉
❼ 時枝誠記　❽ 三上章

第２部

言語と教育

これまでの言語教育における教授者と学習者には、“教える／教わる”という関係が想定されていました。しかし、近年は、学習者に“教え込む”のではなく、その学習活動を“支援する”という側面の重要性が強く指摘されています。

また、授業が分からないとか、テストの点数が低いなど、学習の成果が認められない場合も、「できないのは学習者のせい」というように、その非は学習者にあると考えられることが多かったと思われます。しかし、そのような問題の解決には、教授者側や学習項目、教材、さらにコース全体の問題も含めて、広く、分析、評価することが欠かせないという考えが一般的になってきています。

このようなことから、「日本語教育能力検定試験」の【言語と教育】では、以下のような視点・知識と能力が求められています。

学習活動を支援するために、次のような視点と基礎的な知識を有し、それらと日本語教育の実践とを関連づける能力を有していること。

- 個々の学習者の特質に対するミクロな視点と、個々の学習を社会の中に位置付けるマクロな視点
- 学習活動を客観的に分析し、全体および問題の所在を把握するための基礎的知識
- 学習者の抱える問題を解決するための教授・評価などに関する基礎的知識

そして、具体的な出題範囲では、以下のような基礎項目が優先的に出題されます。

【言語と教育】の出題範囲で優先的に出題される基礎項目

- 「言語教育法・実技（実習）」における「実践的知識・能力」、「コースデザイン（教育課程編成）・カリキュラム編成」、「教授法」、「評価法」、「教育実技（実習）」、「自己点検・授業分析能力」、「誤用分析」、「教材分析・開発」、「教室・言語環境の設定」、「目的・対象別日本語教育法」
- 「異文化間教育・コミュニケーション教育」における「異文化間教育・多文化教育」、「コミュニケーション教育」、「言語間対照」
- 「言語教育と情報」における「メディア／情報技術活用能力（リテラシー）」、「教材開発・選択」

第1章　言語教育法・実技

第2部　言語と教育

日本語教師には、コースの準備から始まり、授業を組み立て、日本語教育に関する基本的な知識と技術を踏まえて授業を展開し、その成果を適切に評価して次の指導に還元していく力が求められる。また、教師としての資質や能力に加え、学習者から期待される役割の意識や、過去の学習観や外国語教授法の変遷を押さえ、自己成長を続けていくことも欠かせない。本章ではこうした日本語教育の実践に関わる諸事情を順次取り上げていく。

1. 日本語教育とは　★★

1.1 日本語教育の社会的意義と使命

経済のグローバル化に伴い在留外国人は293万人を超え（2019年末現在）※1、それぞれの在留目的も多様化している。また、世界での日本語学習者は380万人以上（2018年度）※2となっている。

日本語教育が置かれた環境も変容し、時代の要請を受け、その果たすべき役割にも広がりが見られる。これからの社会で求められる日本語教育人材※3とはどのようなものなのであろうか。

文化審議会国語分科会による「日本語教育人材の養成・研修の在り方について（報告）改訂版」（平成31年3月4日）を見てみよう※4。まず、今後の日本語教育人材の在り方について報告するにあたり、その背景の一要因として以下のような指摘をしている。

> 外国人の受入れ拡大に向け、外国人が教育・就労・生活の場で円滑にコミュニケーションできる環境を整備するため、日本語教育の充実を図ることが求められている。環境整備に当たっては、外国人が共生の理念を理解し、日本語や日本の文化を理解できるよう支援するとともに、受け入れる側の日本人もまた共生社会の実現について理解し協力する姿勢を持つことが必要となる。そのため、日本語教育人材には、外国人に関わる多様な分野・立場の方に日本語教育の必要性を含め、言語・文化の相互尊重を前提とした、社会とのつながりを構築していく力が新たに求められている。

※1 Web
e-Stat 政府統計の総合窓口「在留外国人統計（旧登録外国人統計）」

※2 Web
国際交流基金「海外の日本語教育の現状 2018年度日本語教育機関調査より」

※3
ここでの日本語教育人材とは、主として日本語学習を希望する者に対して「日本語を教える／日本語学習を支援する」活動を行う者を指す。

※4 Web
文化庁「日本語教育人材の養成・研修の在り方について（報告）改訂版」

この報告の中では、日本語教育人材が、活動分野、役割、段階別に整理されている。

役割は以下のように３つに分けられている。

① 日本語教師	日本語学習者に直接日本語を指導する者
② 日本語教育コーディネーター	日本語教育の現場で日本語教育プログラムの策定・教室運営・改善を行ったり、日本語教師や日本語学習支援者に対する指導・助言を行うほか、多様な機関との連携・協力を担う者
③ 日本語学習支援者	日本語教師や日本語教育コーディネーターと共に学習者の日本語学習を支援し、促進する者

表2-1-1　日本語教育人材の役割

そして、日本語教育人材に求められる資質・能力について、次のように述べられている。

1　日本語教育人材に共通して求められる基本的な資質・能力

日本語教育人材に求められる基本的な資質・能力として、次のような点が重要である。

(1) 日本語を正確に理解し的確に運用できる能力を持っていること。

(2) 多様な言語・文化・社会的背景を持つ学習者と接する上で、文化多様性を理解し尊重する態度を持っていること。

(3) コミュニケーションを通じてコミュニケーションを学ぶ※5という日本語教育の特性を理解していること。

2　専門家としての日本語教師に求められる資質・能力

専門家としての日本語教師に求められる資質・能力として、次のような点が重要である。

(1) 言語教育者として必要とされる学習者に対する実践的なコミュニケーション能力を有していること。

(2) 日本語だけでなく多様な言語や文化に対して、深い関心と鋭い感覚を有していること。

(3) 国際的な活動を行う教育者として、グローバルな視野を持ち、豊かな教養と人間性を備えていること。

(4) 日本語教育に関する専門性とその社会的意義についての自覚と情熱を有し、常に学び続ける態度を有していること。

(5) 日本語教育を通した人間の成長と発達に対する深い理解と関心を有していること。

※5
日本語教育とは、広い意味で、コミュニケーションそのものであり、教師と学習者とが固定的な関係でなく、相互に学び、教え合う実際的なコミュニケーション活動と考えられる。

● 日本語教師に求められていることは、コミュニケーション能力、国際感覚、日本語および多様な言語・文化に対する知識、職業に関する意識の高さなどである。

1.2 日本語教員の役割

日本語学習者の増加に伴い、日本語教師の役割も多様化している。日本語教師には、日本語を教えることを中心に、授業計画を立てたり、日本文化を紹介したり、学習を促したり、評価したりするなど、さまざまな役割が求められる。例えば次のようなことが考えられる。

① 学習計画をデザインする役割

学習者の目的に合った学習計画を教師がデザインし、学習者本人に伝える。学習者自身が理解した上で積極的に参加することで、より効果的な学習が期待される。

② 日本語を紹介する役割

学習者に分かりやすく日本語について紹介するために、日本語に関する専門的な知識を持つ必要がある。学習者に文法、例文を示しながら日本語を紹介することにより、学習者の理解を深める。

③ 日本文化を紹介する役割

アニメ・マンガなどに興味をもったのがきっかけで日本語を学習し始める学習者もいる。伝統的な日本文化やサブカルチャーなど、学習者の興味・関心に合わせて伝えていくとよいだろう。

④ 学習者の心理的側面に配慮する役割

授業を行うクラスの雰囲気作り、学習者の心理状態の把握など、学習効果に影響を与える項目を考慮する必要がある。特に学習者の心理状態については注意を払おう。学習者の不安※6を取り除き、学習者のレベルに合わせた授業を行い、楽しくリラックスした雰囲気を作り学習への参加を促すと、学習効果が高まると言われている。

また、様々な背景をもつ学習者の文化多様性を平等に受け入れ、尊重することは言うまでもない。

※6
ここでいう不安は、「日本語学習に対する不安」などがある。

⑤ 教育を評価する役割

学習者を評価することはもちろん、教授法、学習計画、授業内容、教材など、全体を振り返り、評価し、改善し、よりよい授業を目指すことが大切である。評価というものを幅広くとらえる必要がある。具体例は以下のようなものである。

- 学習計画に対する評価：授業の進度や、学習項目の量が適切であるか。
- 教材に対する評価：教材が学習者に合っているか。
- 教授法に対する評価：教授法に問題がないか。
- 学習者に対する評価：学習計画通りの成果が上げられているか。
- 教師自身に対する評価：知識や能力、技術、授業準備が十分か。

- 日本語教師に期待される役割は、学習計画をデザインする、日本文化を紹介する、学習者の心理的側面に配慮する、教育を評価する、クラス運営や管理を行うなど、多岐にわたる。
- 日本語教師自身が学習者と触れ合い、教授経験を重ねていく中で、常にその役割を考え、必要なことを実践していくことが求められる。

1.3 指導と支援

かつての言語教育における教授者と学習者には、「教える／教わる」という関係が想定されていた。しかし、近年、学習者に一方的に「教え込む」のではなく、学習者および学習を「**支援する**」側面の重要性が強調され、さらに「**共に学ぶ**」姿勢が必要だと指摘されるようになってきている。

また、授業内容の理解が進まない、テストの点数が低いなど学習の成果が認められない場合は、教授者側や学習項目、教材さらにコース全体の問題も含め、広く分析、評価することが欠かせないという考えが一般的になっている[※7]。

※7
以前は、そのような場合、「できないのは学習者のせい」というように、その非は学習者にあると考えられることが多かった。

- 外国語教育は、「教える」から「支援する」へ、そして学習者を主体とし、「共に学ぶ」ことにパラダイムシフトしている。
- 学習者の支援方法には、学習支援・生活支援・教師の人間性がもたらす支援がある。

1.4 学習観の変遷と学習理論・言語観

重要

戦後の**学習観**については大きく次のような変遷が見られる。

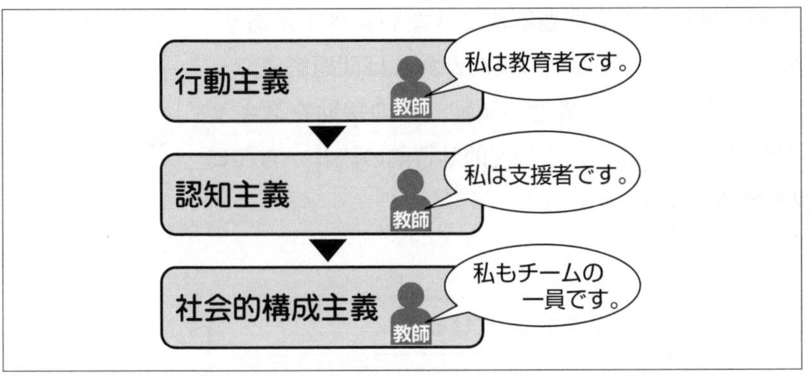

図2-1-1　学習観の変遷

- **行動主義**：**行動主義心理学**の考え方に基づく学習観。
  〈学習活動〉：教師主導
  〈学習理論〉：**行動主義心理学**の考え方に立つもの。学習の仕組みとは、ある**刺激**に対する**反応**の組み合わせを強化することであり、その連合が強固になる**条件付け**によって説明される。

- **認知主義**：**認知心理学**の考え方に基づく学習観。
  〈学習活動〉：学習者中心
  〈学習理論〉：**認知心理学**の考え方に立つもの。学習を、学習者の脳内で起きる情報処理の仕組みによって説明しようとする。

- **社会的構成主義における学習理論**：学習における社会や文化の働きを重視する学習観。
  〈学習活動〉：学習者主体、インターアクション重視
  〈学習理論〉：社会的構成主義は、**学習における社会や文化の働きを重視する**ものである。ここでは、学習とは、学習者がその時に置かれた環境で適切な振る舞い方を獲得する**状況的学習**によって説明される。文化人類学者のレイヴとウェンガーが、学習者が文化的な共同体の活動に新参者として実践的に参加していく中で成長し、一人前となっていくそのプロセスが学習であるとし、それを**正統的周辺参加**（LPP, Legitimate Peripheral Participation）と呼んだ[※8]。

※8
レイヴとウェンガーは、アフリカの仕立職の徒弟制度を観察した結果からこの考え方を引き出した。仕立職の徒弟がボタン付けやアイロンがけから、縫製係に担当が変わると、洋服づくりという全体の作業への捉え方が変化するように、実践共同体への参加形態（状況と行為の関係）が変化することで、学習者の視点が変化し、実践することへの新たな理解を生み出すというもの。

また、心理学者のヴィゴツキーは、子どもの知的発達は他者との関わりの中で起きると考え、子どもの発達を**発達の最近接領域**[※9]という概念を用いて説明した。子どもには、独力で問題解決できる発達のレベルと、周囲の大人が手助けしても問題解決できないレベルがあり、それらの中間に、独力では無理でも周囲の援助があれば問題解決できるレベルがある。その段階を発達の最近接領域、その援助を**スキャフォールディング（足場掛け）**と呼んだ。状況的学習論の流れから、**ピア・ラーニング（協働学習）**も生まれている。

※9
発達の最近接領域（**ZPD**, Zone of Proximal Development）とは、他者との関係において「あることができる」という行為の領域のこと。

ここがポイント

学習観と学習理論をまとめると、以下のようになる。

学習観	学習観のもと	学習理論
行動主義	行動心理学	条件付け
認知主義	認知心理学	認知の仕組み
社会的構成主義	社会と文化の働きを重視する	状況的学習：正統的周辺参加 ZPD：スキャフォールディング

2. 外国語教授法 ★★★

外国語教授法には、**アプローチ**と**メソッド**があるが、一般的には以下のように捉えることができる[※10]。

- **アプローチ**：理論面、つまり言語観や学習観に関わる仮説やビリーフ（信念）に着目した教授法。
- **メソッド**：指導法、つまり理論をどのように具体化するか、どのような技法や手順で教えられるべきかなどに関わる事項に着目した教授法。

次からは、おおよそ年代順に、これまでに誕生した教授法を紹介していく。

※10
ただし、オーディオ・リンガル・メソッドを、オーディオ・リンガル・アプローチと呼ぶ文献もあるなど、決定的な区分ではない。

2.1 文字中心・教養のための教授法

○ 文法訳読法（GTM, Grammar-Translation Method/～19世紀半ば）

ヨーロッパで伝統的にラテン語教育において用いられた教授法である。

〈学習目的および到達目標〉読解力の養成

〈必要な教材および教具〉辞書

〈指導および練習法〉語形変化や活用などの文法規則の理解、語彙（ごい）の暗記の後、辞書を用いて母語訳をすること。

〈長所〉読解力が身に付き、独習にも応用可能で、クラスサイズや言語環境を問わず、教師はその言語が話せなくても教えられるので、指導の負担が軽い。

〈短所〉音声面の能力が身に付かない。

2.2 音声中心・実用目的の教授法

○ ナチュラル・メソッド（19世紀後半～、後に**直接法**と呼ばれる）

19世紀後半から、会話力が養成されない**文法訳読法への批判**から、**ナチュラル・メソッド（自然主義教授法）**が開発された。幼児の母語習得の順序に注目した教授法で、その目的は音声を重視した会話力の習得であった。下記にナチュラル・メソッドに含まれる代表例を紹介する。

- **サイコロジカル・メソッド（グアン・メソッド**/Psychological Method）

提唱者はラテン語教師の**グアン**で、幼児が思考の順に言葉を使うことに着目した教授法である[※11]。教授法の内容は以下の通りである。

〈学習目的および到達目標〉話せるようになること。

〈指導および練習法〉一連の出来事を、動作をしながら言葉で表現して示す。幼児が言葉を覚えるように、聞いて理解するところから言葉との接触を始める。

〈長所〉目標言語の音声への接触が多い。動詞に着目している。

〈短所〉人の思考順序は何に関しても一律ではないため、教授可能な範囲が制限される。練習に動作を用いる点が幼稚に見える。

※11
日本では、戦前、**山口喜一郎**が、当時日本が統治していた台湾や朝鮮半島、および中国大陸の満州での日本語教育に採用し、一定の成果を収めた。

- **ベルリッツ・メソッド**

提唱者は、ベルリッツ・スクールの創始者**ベルリッツ**で、言語の音声面の運用を重視しており、教授法の内容は以下の通りである。

〈学習目的および到達目標〉話せるようになること。

〈指導および練習法〉翻訳を排し、語彙や文法の意味理解を**絵カード**、**レアリア**、**ジェスチャー**、**適切な例文**で促す形で導入し、口頭練習を重視している。母語習得順(「聞く」→「話す」→「読む」→「書く」)に指導し、訓練を受けたネイティブスピーカーが教師となることを指導原則としている。

〈長所〉目標言語の音声への接触が多い。

〈短所〉翻訳を排したために教師に一定レベルの指導技術が求められること、学習者によっては理解が完全にならないため不満を覚えること。

サイコロジカル・メソッドもベルリッツ・メソッドも、いずれも、第一言語習得過程をモデルとした口頭言語能力の育成を目指す立場を主張しており、20世紀の各種直接法へ発展した。

直接法(20世紀〜)

後に直接法と呼ばれるようになったナチュラル・メソッドのほか、以下の直接法がある。

- **オーラル・メソッド** (Oral Method)

オーラル・メソッドは言語学者**パーマー**が提唱した教授法で、「聞く」「話す」を第一次技能、「読む」「書く」を第二次技能とし、第一次技能である「聞く」「話す」の習得を優先した。また、戦前の日本語教育に多大な影響を与えた[※12]。

〈学習目的および到達目標〉話せるようになること。

〈必要な教材および教具〉**絵カード・レアリア・ジェスチャー**

〈指導および練習法〉**PPP**[※13]

〈長所〉目標言語の音声への接触が多い。

〈短所〉理解に時間がかかる。

- **GDM** (Graded Direct Method)

ゲシュタルト心理学を背景として開発された教授法[※14]で、簡単な項目から難しい項目へと段階的(Graded)に授業が進み、媒介語を使用せず直接的(Direct)にその概念が理解できる。

※12
パーマーとともに文部省の英語教授研究所に勤務していた**長沼直兄**(ながぬまなおえ)によって、日本語教育に導入された。

※13
PPPとは、文型の導入・提示／Presentation、基本練習／Practice、応用練習／Productionである。

※14
提唱者は**リチャーズ**と**ギブソン**。基礎理論は**ゲシュタルト心理学**(全体として認識して初めて意味を成すと考える心理学の一派)のほか、リチャーズの意味の三角形(言葉を①記号、②意味、③モノの三要素に分けて理解するというもの)がある。語彙はオグデンのBasic Englishを使用するとしている。

◎ 直接法に後続する行動主義心理学に基づく教授法

- **ASTP** (Army Specialized Training Program/**アーミー・メソッド**)

第二次世界大戦末期、アメリカで行われた短期間外国語教育プログラムで、目標言語の文法説明は両言語に精通する者が行い、口頭会話は目標言語母語話者（インフォーマント）が集中的に練習させる教授法である。

〈理論的基盤〉**構造主義言語学・行動主義心理学**

〈言語観〉言語は構造であり、言語の基本は音声である。

〈学習観〉習慣形成による学習

〈学習目的および到達目標〉話せるようになること。

〈必要な教材および教具〉音源

〈指導および練習法〉言語学者が学習言語の構造の特徴について、母語で講義を行う。ドリルマスターによる集中的な口頭練習により、自動的に言えるようになるまで基本文を徹底的に暗記させる。

〈長所〉流暢な話者を輩出できる。

〈短所〉反復練習は単調になりがちである。学習者に過度の緊張を強いる。

- **オーディオ・リンガル・メソッド** (Audio-Lingual Method /**AL法**)

ASTPを受け継ぎ、ミシガン大学の**フリーズ**によって提唱された。語や文型を入れ替えて繰り返し練習し、習慣化することによって覚える**パターン・プラクティス**（文型練習）が開発され、**ミム・メム (mim-mem) 練習**※15も使用する教授法である。

1950〜60年代にかけて、外国語教授法として広く用いられたが、コミュニケーション能力が身に付かないなどの批判が続出した。

〈理論的基盤〉**構造主義言語学・行動主義心理学**

〈言語観〉言語は構造であり、言語の基本は音声である。

〈学習観〉習慣形成による学習

〈学習目的および到達目標〉話せるようになること。

〈必要な教材および教具〉音源を使ったLL（ランゲージ・ラボラトリー）

〈指導および練習法〉**モデル会話**をベースに、教師主導で文型を模倣させ、記憶させる **ミム・メム練習**や、反復練習、代入練習、完成練習、拡大練習、結合練習、応答練習などの**パターン・プラクティス**、

※15
ミム・メム(mim-mem, mimicry-memorization) 練習とは、文章を正しい発音で言えるようにする練習で、教師のモデル発音に続いて学習者がそれを真似て繰り返し練習する方法である。

ミニマル・ペア※16（最小対立）の練習を行い、母語話者並みの正確で素早い反応を要求する。

〈長所〉言語知識の体系的な学習がしやすい。反復による記憶促進および正確さの向上が期待できる。

〈短所〉反復練習は単調になりがちである。意味の学習が不足するため、コミュニケーション能力が育ちにくい。

※16
ミニマル・ペアとは、以下のような１カ所だけ音の要素が異なる最小対を指す。
・母音：
秋（アキ）／駅（エキ）
・長音：
おばさん／おばあさん
・促音：
来て（キテ）／切手（キッテ）
・アクセント：
雨（アメ）／飴（アメ）

ヒューマニスティックな教授法

1960年代に高まったオーディオ・リンガル・メソッドに対する批判から、ヒューマニスティックな面を特徴とする教授法も生まれた。学習者の成長の可能性を信じ、その成長を言語面のみならず、人としての成長にまで拡大して捉えているという共通点がある。

- **サイレント・ウェイ**（Silent Way）
  心理学者**ガッテーニョ**が、認知心理学を基盤として提唱した教授法で、教師はできるだけ沈黙し、発音を色分けで視覚的に示した**サウンド・カラー・チャート**やそれを指し示すポインター、語彙や文型の導入に使用する**ロッド**など独自の教具を用いる。

- **コミュニティ・ランゲージ・ラーニング**（**CLL**, Community Language Learning）※17
  心理学者カランが提唱した教授法で、心理療法の理論と技術を外国語教授法に応用した理論である。学習者の不安を取り除くことが重要であり、教師をカウンセラー、学習者をクライアント、クラスをコミュニティと呼ぶ。

※17
集団カウンセリングの手法を応用したことから、**CL**（カウンセリング・ラーニング）とも呼ばれる。

- **TPR**（Total Physical Response／全身反応教授法）
  心理学者アッシャーが提唱した教授法で、学習目的・到達目標は聴解力の養成である。ジェスチャーを中心とした身体運動を用いる。指導・練習方法は、教師が指示・命令を口頭で行い、指示通りに体を動かすことによってその理解を示す。

- **サジェストペディア**（Suggestpedia）
  精神科医ロザノフが提唱、暗示学を外国語教授法に応用した。学習目的・到達目標は、学習者の潜在能力の開発である。リラックスできる環境作りのため、教室内の調度品（絵画、観葉植物、安楽椅子など）、採光などにも配慮する。クラシック音楽を使用し、パッシブ・コンサート、アクティブ・コンサートと呼ばれる教室活動を行う。学習者の自発的な活動のため、ウォールピクチャー（壁にかけた絵）などを用いる。授業の構成は、プレセッション、コンサートセッション、ポストセッションから成る。

◎ コミュニケーションにつながる教授法

オーディオ・リンガル・メソッドの欠点を補うべく、コミュニケーションにつながる新たな教授法が多く提唱された。

- **コミュニカティブ・アプローチ**（**CA**, Communicative Approach）

1972年、言語学者ウィルキンズが欧州評議会に提出した概念シラバスをもとにした教授法で、実際に日常生活においてコミュニケーションが行えることを目的とする。また、伝達能力の獲得を重視し、会話練習を中心としたタスク練習、ロールプレイ、ディベートなどが授業で行われる。

〈理論的基盤〉機能言語学者ハリデーの言語機能理論[※18]。社会言語学者ハイムズのコミュニカティブ・コンピテンス[※19]

〈言語観〉言語は機能である。

〈学習目的および到達目標〉コミュニケーション能力の向上・意思の疎通

〈指導および練習法〉学習者のニーズに合わせて学習を進める。教室活動では、現実のコミュニケーションに近い状況で練習が行えるように工夫する。**インフォメーション・ギャップ**（情報差）、**チョイス**（選択権）、**フィードバック**（反応）が生じる活動として、ロールプレイ、タスク、プロジェクト・ワーク[※20]などが行われる。

〈長所〉学習者のニーズに沿って学習でき、学習したことを現実のコミュニケーションに応用しやすい。

〈短所〉言語知識の体系的な学習がしにくく、意思疎通ができれば多少の誤りがあってもよしとするため、正確さが向上しない恐れがある。

- **タスク中心の教授法**（TBLT, Task-Based Language Teaching）

下記のように、オーディオ・リンガル・メソッドとコミュニカティブ・アプローチは、お互いの長所がお互いの短所となっている。互いの長所を得るべく**タスク中心の教授法**が誕生した。

※18
伝達場面における言語の社会的な働きを指摘した理論。

※19
言語習得には言語形式に関わる知識だけでなく、言語をどのように使うかという言語運用能力を身に付けることが不可欠だという理論。

※20
個人やグループ、クラス全体で具体的なテーマを決め、これに関する情報収集や調査などを行い、その結果を何らかの形でまとめる活動。

オーディオ・リンガル・メソッド	フォーカス・オン・フォームズ（FonFs） 形式重視
コミュニカティブ・アプローチ	フォーカス・オン・ミーニング（FonM） 意味重視

表2-1-2　オーディオ・リンガル・メソッドとコミュニカティブ・アプローチ

タスク中心の教授法には以下の特徴がある。

〈理論的基盤〉第二言語習得の**ロング**のフォーカス・オン・フォーム（FonF／言語形式の焦点化）※21

〈言語観〉「言語は目的をもって使われる」

〈学習目的および到達目標〉課題遂行

〈教室活動〉学習者は、実際の社会活動につながる経験をするために、与えられたタスクを達成する。

〈長所〉流暢さと正確さの両面を扱える。

〈短所〉言語を体系的に学習しにくい。

※21
フォーカス・オン・フォームについては、「第3部 第2章」参照。

- **ナチュラル・アプローチ**（Natural Approach）

母語習得の過程を観察し実践を重ねた**テレル**による教授法を、**クラッシェン**が第二言語習得理論仮説※22により裏付けたものである。聴解を優先していることが特徴である。

〈学習観〉自然に身につける「習得」と意識的に身につける「学習」を分け、実際的な伝達能力には「習得」が大切だとする。

〈学習目的および到達目標〉コミュニケーション能力の向上

〈指導および練習法〉学習者に不要な緊張を強いず、リラックスした状況を保つため、初期は聴解優先で話すことを要求しない。インプットを十分に行い、容易に回答できるごく簡単な応答練習を行うことから始め、発話活動を無理なく広げていく。効果的なインプット（i＋1）を与えることがポイントである。

〈長所〉過度の緊張がなく、自然な状況で言葉を身につけることが期待できる。

〈短所〉教師の発話量が多くなりがちで、学習者によっては発話の練習が進まない可能性もある。

※22
クラッシェンの第二言語習得理論の５つの仮説の内容は以下の通りである。
①習得ー学習仮説
②自然順序仮説
③モニター仮説
④インプット仮説
⑤情意フィルター仮説

- **内容重視の教授法**（CBI, Content-Based Instruction）

「言語**を**学習する」のではなく「言語**で**○○を学習する」という考え方に基づいた教授法をさす。言語学習そのものが目的ではなく、内容の学習のために言語を手段として使用する。

この教授法に近い考え方によるものとして、イマージョン教育がある。

ここがポイント

教授法を整理すると、おおよそ以下のようになる。流れや特徴をそれぞれ把握しておきたい。

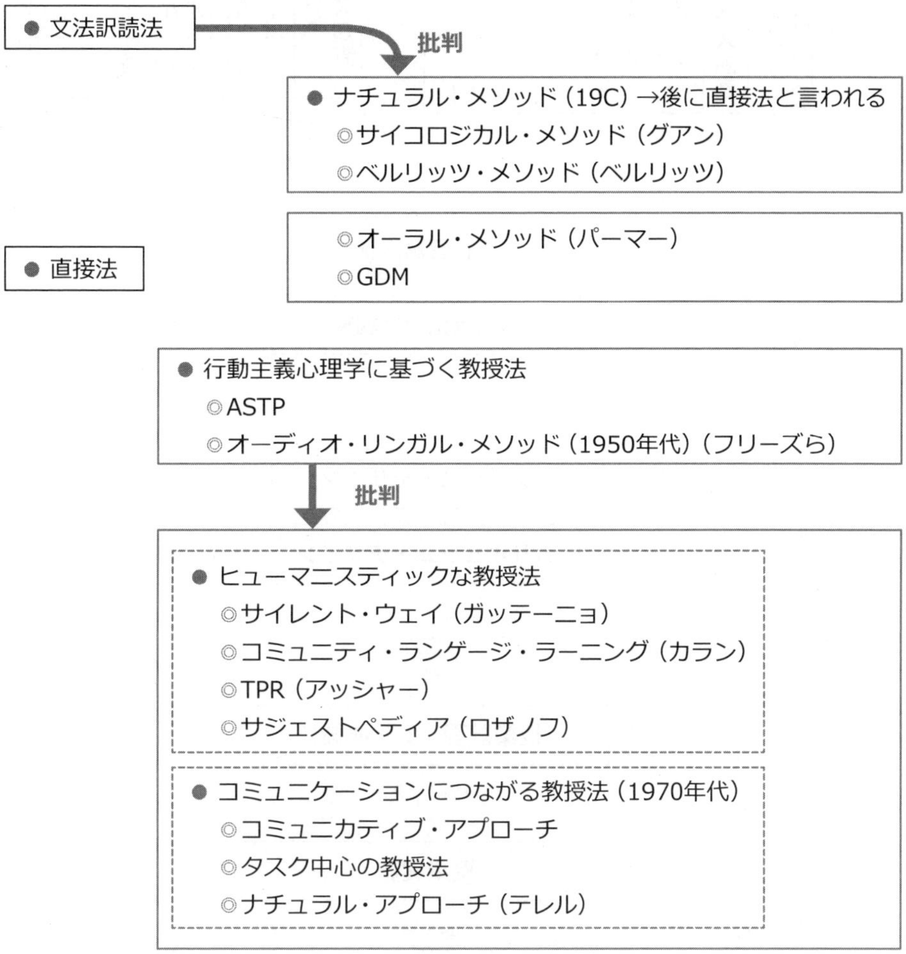

- 文法訳読法

↓ **批判**

- ナチュラル・メソッド（19C）→後に直接法と言われる
  - ◎サイコロジカル・メソッド（グアン）
  - ◎ベルリッツ・メソッド（ベルリッツ）
- 直接法
  - ◎オーラル・メソッド（パーマー）
  - ◎GDM
- 行動主義心理学に基づく教授法
  - ◎ASTP
  - ◎オーディオ・リンガル・メソッド（1950年代）（フリーズら）

↓ **批判**

- ヒューマニスティックな教授法
  - ◎サイレント・ウェイ（ガッテーニョ）
  - ◎コミュニティ・ランゲージ・ラーニング（カラン）
  - ◎TPR（アッシャー）
  - ◎サジェストペディア（ロザノフ）
- コミュニケーションにつながる教授法（1970年代）
  - ◎コミュニカティブ・アプローチ
  - ◎タスク中心の教授法
  - ◎ナチュラル・アプローチ（テレル）

3. コース・デザイン ★★★

　コース・デザインから授業計画、授業実施、評価までの一連の流れを図示すると以下のようになる。

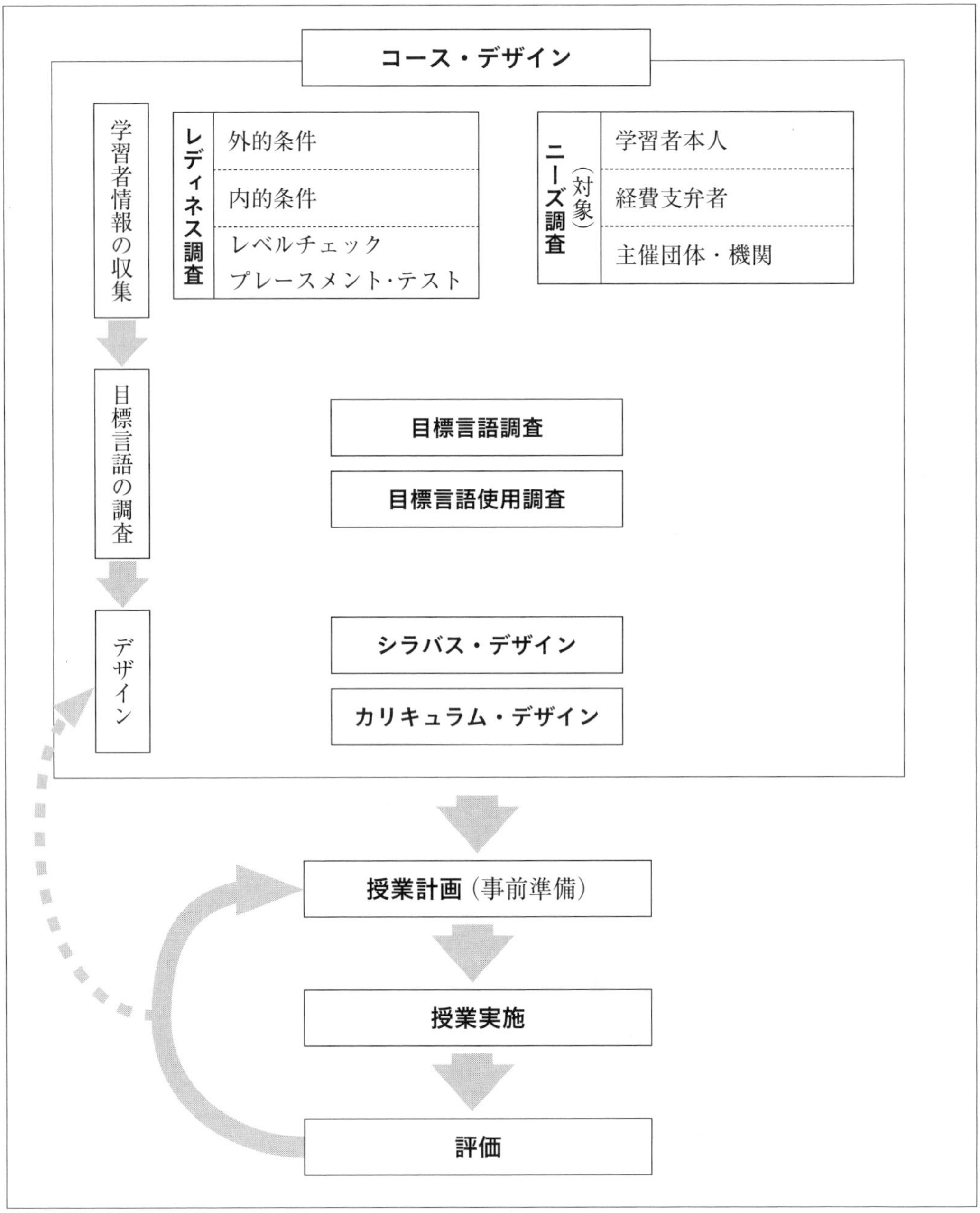

コース・デザイン

学習者情報の収集	レディネス調査	外的条件
		内的条件
		レベルチェック プレースメント・テスト

ニーズ調査（対象）	学習者本人
	経費支弁者
	主催団体・機関

↓

目標言語の調査：目標言語調査／目標言語使用調査

↓

デザイン：シラバス・デザイン／カリキュラム・デザイン

↓

授業計画（事前準備）

↓

授業実施

↓

評価

（評価 → 授業計画、評価 → デザインへ戻る矢印）

図2-1-2　コースの流れ

3.1 コース・デザイン

日本語教育を行うにあたって、まず、どこで（機関）、誰が（運営者・教師）、誰に（学習者）、どのくらいの時間と費用で、何を目標に、どんなことを、どんな方法で教え、どのように評価するかを決めなければならない。これらについて計画を立てることを**コース・デザイン**という。コース・デザインをするための、学習者に関する情報の収集を**レディネス調査**、学習目的の調査を**ニーズ調査**という。

日本語についての　アンケート　※この　クラスの　教師だけが　見ます。

① 名前：________________________　（呼んで　ほしい　呼び方：________________）

② 出身：　中国　・　韓国　・　台湾　・　ベトナム　・　ネパール　・　その他（____________）

③ 母語：　北京語　・　韓国語　・　台湾語　・　ベトナム語　・　ネパール語　・　その他（________）

④ 日本に　来る　まえ、国で　何を　して　いましたか。：
　大学生　・　大学院生　・　会社員　・　語学教師　・　主婦　・　その他（__________）

⑤ いつ　日本に　来ましたか。：　_____年_____月

⑥ 国へ　帰る　予定は　ありますか。：　はい（_____年_____月ごろ）　・　いいえ　・　わからない

⑦ いま　日本で　何を　して　いますか。：
　日本語学校生（　初級　・　中級・　上級　）　・　専門学校生　・　大学生　・　大学院生　・
　会社員　・　語学教師　・　ワーキングホリデー　・　主婦　・　その他（______________）

⑧ どのくらい　日本語を　勉強して　いますか。：　_____年_____か月

⑨ 使った　ことが　ある　教科書：　みんなの日本語　・　その他（____________________）

⑩ 日本語の　資格を　持って　いますか。
　はい　→　日本語能力試験　（　N1　・　N2　・　N3　・　N4　・　N5　）
　　　　　　日本留学試験　（_____／400）点　※記述問題（_____／50）点
　　　　　　J.TEST実用日本語検定　（　A　・　B　・　C　・　D　・　E　・　F　）レベル
　　　　　　BJTビジネス日本語能力テスト　（　J1+　・　J1　・　J2　・　J3　・　J4　・　J5　）レベル
　いいえ

⑪ 何が　得意ですか。　何が　苦手ですか。：
　聞く　→　とても得意　・　少し得意　・　普通　・　少し苦手　・　とても苦手
　話す　→　とても得意　・　少し得意　・　普通　・　少し苦手　・　とても苦手
　読む　→　とても得意　・　少し得意　・　普通　・　少し苦手　・　とても苦手
　書く　→　とても得意　・　少し得意　・　普通　・　少し苦手　・　とても苦手

⑫ この　学校　以外に　日本語を　覚えたり　練習したり　する　チャンスが　ありますか。：
はい　→　どうやって？ ______________
いいえ

⑬ どんな　勉強の　方法が　好きですか。：

（　）聞いて　覚えたい	（　）ルールを　考えたい
（　）見て　覚えたい	（　）暗記したい
（　）書いて　覚えたい	（　）知って　いる　言葉と　関連づけたい
（　）自分で　言って　覚えたい	（　）自分で　例文を　作りたい
（　）体を　動かして　覚えたい	（　）会話で　使いたい
（　）たくさん　例文を　知りたい	（　）間違ったら　正しく　直して　もらいたい
（　）日本語で　説明を　聞きたい	（　）その他 ______________
（　）自分の　国の　言葉で　何というか　知りたい	

⑭ 趣味： ______________

⑮ 好きな　食べ物： ______________

⑯ 嫌いな　食べ物： ______________

⑰ 何の　ために　日本語を　勉強しますか。：
生活　・　今の 仕事　・　将来の 仕事　・　入学試験　・　日本語の 試験　・　その他（______）

⑱ この　クラスに　来た　理由は　何ですか。：
____

⑲ 日本語の　勉強　以外で、　日本で　やりたい　ことは　何ですか。：
____

ありがとうございました。

図2-1-3　レディネスおよびニーズ調査のアンケートの例

3.2 ニーズ分析とレディネス調査 重要

ニーズとは、「学習者が望んでいることや必要だと感じていること」であり、レディネスとは「学習者自身の背景」であるが、両者ともに、コース・デザイン前に知っておく必要がある。

(1) ニーズ分析項目

学習者の多様化が進む今日において、学習者中心のコース・デザインをする上で、重要であり、学習者本人だけでなく、経費支弁者※23・団体に対しても行われる場合がある。

※23
経費支弁者とは学費や生活費を支払う人のこと。

・学習者本人のニーズ
・経費支弁者のニーズ
・主催団体や機関のニーズ

(2) レディネス調査項目

アンケートやインタビュー（面談）によって調べ、日本語既習者には客観的に現在の日本語レベルを測り、適切なクラスに配属するためのプレースメント・テストを実施する。

① 外的条件
・年齢
・職業
・国籍
・母語
・経済的条件
・時間的条件
・学習環境
・生活環境

② 内的条件
・日本語の学習について
・その他の外国語学習について
・言語以外の経験や能力について
・学習スタイル

● 学習者が近年多様化しており、ニーズも多様化している。
● レディネス調査には外的条件と内的条件がある。

3.3 シラバス・デザイン

教授項目を選び出して集めたもの、すなわち当該コースで教える項目を**シラバス**（教授項目）という。その際、ある基準により集められた教授項目が網羅的に並んだ原型シラバス（シラバス・インベントリー）の中から、コースで扱う項目を選定することになる。その選定を**シラバス・デザイン**という。シラバス・デザインには以下の調査が必要である。

① レディネス調査
② ニーズ調査
③ 目標言語調査
④ 目標言語使用調査

● シラバスの分類

日本語の総合教科書は複数のシラバスを組み合わせて編纂されているが、シラバスは、主に、以下のように分類される。

構造シラバス	学習者に必要な文型・文法・語彙の観点から整理されたシラバス
場面シラバス	学習者がコミュニケーション上、必要である場面での表現や語彙を集め、効率的に与えるシラバス　例：買い物・病院・郵便局
機能シラバス	言語におけるコミュニケーション上の働きに注目した項目を集めたシラバス　例：依頼する・断る・誘う・謝る
話題シラバス（トピックシラバス）	学習者が必要としている、あるいは興味のある話題で分類されたシラバス　例：スポーツ・若者言葉・余暇
技能シラバス（スキルシラバス）	「聞く」「話す」「読む」「書く」という4技能のそれぞれのマイクロスキルと呼ばれる下位技能を伸ばすことを集めたシラバス　例：発表の仕方・論文の書き方
課題シラバス（タスクシラバス）	目標言語を使ったコミュニケーションに必要なタスクをリストアップしたシラバス　例：歓送迎会の幹事になって、企画・運営をする。

表2-1-3　構成方法による分類

上記のうち複数のシラバスを組み合わせて構成されたシラバスを、**折衷シラバス**、あるいは、**複合シラバス**という。

なお、コースのどの段階でシラバスが完成するかに着目したのが、以下の表に示したものである。

先行シラバス	コース実施前にデザインされたシラバス
後行シラバス	学習者の要望をもとに毎回の授業を展開し、コース終了後に結果としてシラバス全体が見えてくる場合のシラバス
プロセス・シラバス	先行シラバス、後行シラバスの中間形態で、事前にある程度のシラバスを決めておき、コースの実際の進捗状況に応じて修正を加えていくシラバス

表2-1-4　完成時期による分類

- 日本語の総合教科書は複数のシラバスを組み合わせて編纂されている。
- 構成方法による分類は、構造シラバス、場面シラバス、機能シラバス、話題シラバス、技能シラバス、課題シラバスである。

3.4 カリキュラム・デザイン

選定した教授項目について、コース・シラバスよりも詳細に、年・学期・月・週・曜日などを単位にして、学習時間と学習内容の配分や教科書の進度などを決めることを**カリキュラム・デザイン**という。決めるべき項目の具体例は以下の通りである。

① 到達目標

学習者が到達するべきレベル。コース終了時の目標から、学期、月、週、日、コマという順に学習者のニーズやレディネスを踏まえ、段階的に設定する。

② 時間割

コース開始日、コース終了日、授業回数、授業時間が決まることにより、年間スケジュール、学期スケジュール、週の時間割等が決定する。

③ シラバスの配列

コース・デザインで決定されたシラバスの項目を、コースの時間に従って、配列する。

④ 教授法

どの教授法を使うのか、またはどの教授法の組み合わせで授業を行うのかを決める。

⑤ 教材・教具

どの教材・教具が学習を円滑に進められるか、考慮し、使用するものを挙げる。

⑥ 教員

担当する教員を決定する。

3.5 コースの評価

テストやアンケート、観察、面接等により、学習者の到達具合やコース全体を振り返ることができる。改善点を探り、修正し、現行のものよりさらに良いコースをデザインしようとする姿勢が求められる。

● コース・デザインは、学習者のニーズ・レディネスを分析し、学習言語調査・学習言語使用調査を加え、学習計画を立てる一連の流れである。

4. 教材分析・教材開発 ★★★

4.1 教材・教具

教材にはいろいろな種類があり、コースで主に使う教材を**主教材**といい、主に教科書を指す。また、主教材を補うために使われるワークブックや文法解説書を**副教材**、教室活動のために使う道具を**教具**という。

主教材	教科書 生教材（新聞や広告・雑誌の記事など）
副教材	ワークブック・問題集 ワークシート（練習用プリント） タスクシート（タスクで使用） ロールカード（ロールプレイで使用） ハンドアウト（学習項目のまとめや語彙表等を載せたもの）
教　具	絵カード（絵パネル） 文字カード（文字パネル） フラッシュカード 絵 写真 レアリア 五十音図 活用のルール表

表2-1-5　主教材・副教材・教具の例

副教材は、学習者や使用状況によっては教師が自作したほうが使いやすい場合も多いが、市販されているものを使用することもある。

いずれにせよ、授業の目的や用途に合うような形態、内容の配列、素材、文字の字形やサイズ、ルビの有無などを十分に吟味する必要がある。

ロールカード例

ロールカードA

- 今ホテルでパーティーをしています。
- あなたは 会社の同僚のCさんといっしょにパーティーに来ています。
- あるテーブルで、大学の先輩のBさん（日本人）に久しぶりに会いました。あいさつをしてから、Bさんに Cさんを紹介してください。

ロールカードB

- あなたは会社員です。
- 今ホテルでパーティーをしています。
あなたはそのパーティーでお酒を飲んだり料理を食べたりしています。
- 知っている人に会ったら、あいさつしてください。

タスクシート例

タスクシート

- ３人のともだちにたんじょうびをきいて、ここに書いてください。
あとで はっぴょうしてください。

わたし	3月	12日
さん	月	日
さん	月	日
さん	月	日

ワークシート例

れんしゅう　　　　なまえ＿＿＿＿＿＿

(1)なんじですか。ひらがなでかいてください。
例（れい）１：１０ →（いちじ じっぷん）

①１：００ →（　　　　　）
②４：１０ →（　　　　　）
③７：３０ →（　　　　　）
④９：４０ →（　　　　　）

ハンドアウト例

まとめ　テ形のつくりかた

1グループ			
ーく	ーいて	書（か）く	書（か）いて
ーぐ	ーいで	泳（およ）ぐ	泳（およ）いで
ーす	ーして	話（はな）す	話（はな）して
ーつ	ーって	待（ま）つ	待（ま）って
ーる		取（と）る	取（と）って
ーう		買（か）う	買（か）って
ーぬ	ーんで	死（し）ぬ	死（し）んで
ーぶ		遊（あそ）ぶ	遊（あそ）んで
ーむ		読（よ）む	読（よ）んで

2グループ			
ーる	ーて	見（み）る	見（み）て
		寝（ね）る	寝（ね）て

3グループ	
来（く）る	来（き）て
する	して

図2-1-4　副教材例

絵や写真、**レアリア**（実物）、五十音表や活用表など、視覚に訴える教材を特に**ビジュアル・エイズ**（visual aids、視覚教材）という。

初級レベルでよく使う**絵カード・文字カード**は、パネルとしてホワイトボードに貼り付けた場合は**絵パネル・文字パネル**と呼ばれる。さらに、学習者の即時的反応を引き出すためにリズミカルにテンポよく提示する場合には**フラッシュカード**と呼ばれる。同じものでも使い方によって呼び方が異なる。

　教育のために作られた教材ではなく、実際に世の中に出回っている素材を教材として利用するものを**生教材**（authentic material/raw material）という。例えば、新聞記事や雑誌記事を読む、テレビ番組を視聴するというのがこれに当たる。生教材を利用することで、学習者の意欲を高めたり、実践力を養ったりすることが期待できる。

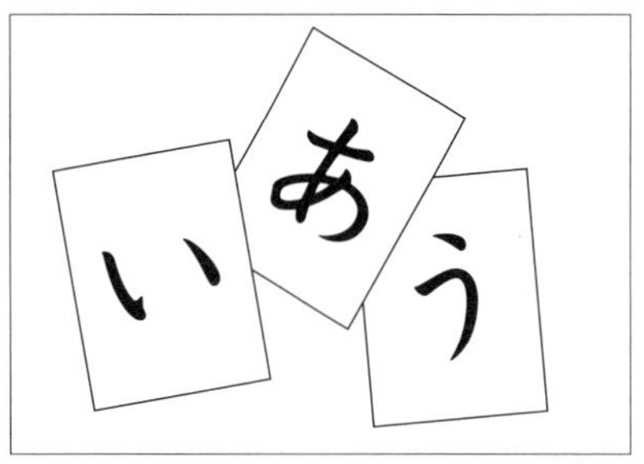

図2-1-5　文字カード例

図2-1-6　絵カード例

図2-1-7　レアリア例

● 教材は、カリキュラムや学習者のニーズに合わせて選定する必要がある。

4.2 教材分析の観点

教材に関しては、どのような構成で作られているのかをよく理解した上で使う必要がある。使用教材の特徴をさまざまな角度から検討することを**教材分析**という。教材を分析する視点の例には、以下のものがある。

① 対象レベル
② 中心となるシラバス
③ 課の構成
④ 指導項目の配列順
⑤ 教授法や教室活動の組み合わせ
⑥ 文法説明や訳の有無
⑦ 練習問題やワークブックの有無
⑧ 付属教材（絵教材や音源教材）の有無
⑨ 表記方法（漢字仮名交じり表記か、ローマ字表記か）
⑩ 指導参考書の有無
⑪ 内容の適切さ
⑫ 言語上の適切さ
⑬ 実用性への配慮

5. 授業実施のサイクル ★★★

5.1 授業の計画と基本準備

授業の事前準備を行ったり、進行予定を考えたりして、**授業計画**をたてる。授業計画は、教材分析、到達目標の設定、学習項目の分析を経て、教案作成、教具の準備、シミュレーションという手順で進められる。

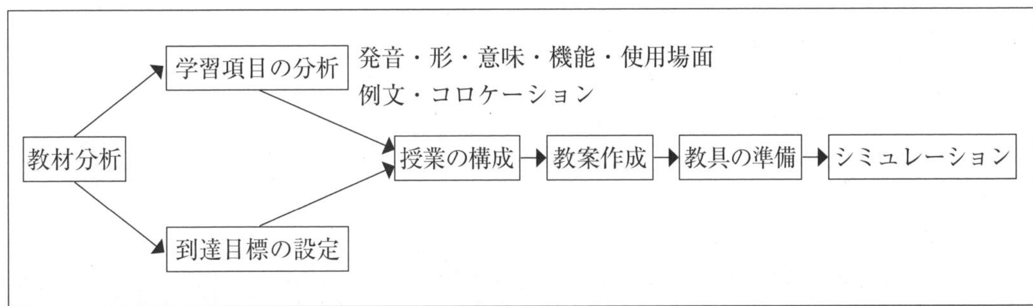

図2-1-8　授業計画

5.2 到達目標の設定

授業計画の基本準備でまず必要となるのが、**到達目標の設定**である。到達目標は、その授業で学習者に身に付けさせたいことは何であるかという授業のゴールのことで、Can-do※24の形で設定することが多い。

※24
各項目における日本語の熟達度を「〜できる」という形式で示したもの。

● 授業計画に当たって、まず到達目標の設定が必要である。

5.3 授業の構成

到達目標の設定ができたら、**授業の構成**を決定する。授業構成の基本作業は、授業全体の大まかな流れを考えることである。授業の流れの原則は「易しいものから難しいものへ」「基本から応用へ」である。しかし、実際に組み立てる際はその逆の順、つまり授業へのゴールを出発点に、そのために必要な活動として何が適しているかと考えるのがよい。

◎ 言語知識を扱う場合の基本構成

言語知識とは、音声、文字、語彙、文法に関する知識のことで、それを扱う場合の構成例は次の通りである。初級で多くとられる授業構成である。

基本構成：　オーラル・メソッドのPPP
ウォーミングアップ→導入→練習→まとめ

教師の役割：**キュー**（Cue）を、はっきりとテンポよく出す。
タスクシート、ワークシートを出すタイミングやその内容に十分配慮する。

以下は、言語知識を扱う場合の具体例である。

1．ウォーミングアップ
・出欠状況
・雰囲気作り
・前回の復習

2．導入
・使用場面での学習項目の理解（例文・教具を使用する）の段階である。

・教材や教具を工夫し、適切な例文を複数提示する。
・教師のモデル発音を提示→学習者はリピートする。
・リピート後に、文字パネルや板書によって、例文の文字情報を提示する。

3．練習（MMC※25）

●**機械的練習**（Mechanical・基本練習）
・言語形式面に焦点を当てる。
・正確さの向上を目的とする。
・パターン・プラクティスを多く行う。

●**有意味の練習**（Meaningful・基本練習）
・形式面の理解+意味面の理解を要する。
・正確さの向上を目的とする。
・自分自身のことについて考える。
・シチュエーション・ドリル(場面練習)を多く行う。

●**コミュニカティブな練習**（Communicative・応用練習）
・コミュニケーションにおける言語の意味に焦点を当てる。
・流暢さの向上、つまり、スムーズで適切なコミュニケーションができることを目指す。
　・インタビュー・ロールプレイなど、情報差を利用した練習をする。
　・ショー・アンド・テル※26
　・スピーチ
・現実のコミュニケーションに近付ける→**真正性**（authenticity、オーセンティシティ）※27を重視する。
・ビジターセッションを実施する。
　→ インターアクション※28、意味交渉※29をして、言語習得を促進させる。

練習に用いる方法

コーラス→ソロ→コーラス※30
チェーン・ドリル
ペア・ワーク（インタビュー、ロールプレイ）
グループ・ワーク（ディスカッション、ディベート）

4．まとめ
・学習項目の確認、定着のための再練習

図2-1-9　初級レベル授業例

※25
MMCとは
・機械的練習(M)
・有意味の練習(M)
・コミュニカティブな練習(C)
を指す。

※26
自分の気に入っている物やその写真などを人前で見せながら、説明をすること。

※27
学習内容やテスト内容などが学習者にとって、より現実性を持っているかを指す。

※28
学習者と母語話者(教師含む)、学習者同士の間で行われる言語を使った情報のやりとりのこと。

※29
インターアクションの過程で生じたさまざまな支障を乗り越えるためのもの。

※30
コーラス：学習者複数が一斉にリピートしたり回答したりする。
ソロ：学習者が一人でリピートしたり回答したりする。
チェーン・ドリル：学習者同士で〈質問→回答〉をつなげていく。
〈例〉(S1) 質問→ (S2) 回答、質問→ (S3) 回答、質問→・・・

上記の「機械的練習」で出てきたパターン・プラクティスの例を以下に示す。

模倣練習	T：本を読みます。→S：本を読みます。 のようにモデルを繰り返す練習
変形練習	T：読みます。→S：読みました。のように形を変える練習
代入練習	T：本を読みます。雑誌　→S：雑誌を読みます。 T：本を読みます。買います。→S：本を買います。 のように指示に従い、文中の語を入れ替える練習
拡張練習（拡大練習）	T：読みました。→S：読みました。 →T：本　→S：本を読みました。 →T：昨日　→S：昨日、本を読みました。 のように徐々に文を長くしていく練習
結合練習	T：昨日、本を買いました。本を読みました。 →S：昨日、本を買って読みました。 のように複数の文を1文にまとめる練習
完成練習	T：昨日、日本語の本を…？ →S：昨日、日本語の本を買って読みました。 のように不完全な文を完全な文にする練習
応答練習	T：昨日、何をしましたか？　→S：本を買って読みました。 のように質問に答える練習

（T＝教師、S＝学習者）

表2-1-6　パターン・プラクティス

言語技能を扱う場合の基本構成

言語技能とは、言語を使うための様式や方法のことで、聞く技能・話す技能・読む技能・書く技能がある。これらを**言語の4技能**と呼ぶ。

基本構成：　**前作業（プレタスク）・本作業・後作業**の3段階構成

教師の役割：適切な**タスク**（課題）の設定や準備
学習者のストラテジーの支援
学習者にフィードバックと評価をすること

以下、言語技能を扱う場合の具体例を示す。

1. 前作業(プレタスク)

- **課題遂行**の動機付け
- 背景知識(スキーマ)の活性→先行オーガナイザー使用
- **課題遂行**に必要な言葉や知識のインプット
- 課題の内容に関わる予測
- 目的意識
- 目標設定
- 本作業の準備

2. 本作業

- **課題遂行**
- ストラテジー使用
  「聞く」「読む」なら、内容全体に関する「推測」「予測」など
  「話す」なら場面に合わせた話し方など
  「書く」なら「推敲(すいこう)」など
- 観察や録音

3. 後作業

- 本作業で扱った課題やその遂行結果の他技能との統合
- フィードバック
- 評価
- ポートフォリオ作成

図2-1-10　中級レベル授業例

- 授業計画で到達目標が決まったら、授業の構成を決める。
- 授業の構成には、言語知識を扱う場合と言語技能を扱う場合がある。
- 言語知識を扱う場合は、パターン・プラクティスやコミュニカティブな練習を行う。
- 言語技能を扱う場合は、前作業・本作業・後作業で構成され、課題遂行や使用するストラテジーに重点が置かれる。

5.4 指導項目の選定

到達目標の設定や、授業内容の決定ができたら、その日のその授業で何を指導するのかという指導項目を選定し、教案作成を行う。

5.5 教案の作成とシミュレーション

目標到達のために考えた授業内容や手順を、時間の流れに沿って書き記したものが**教案**である。教案を考えることによって教師自身の知識の確認や授業の流れの見直し、シミュレーションなどができ、よりよい授業実施へとつなげることができる。

教案に記す事項としては以下のようなものが挙げられる。

・担当者
・クラス名
・年月日や時限
・担当課
・学習項目／指導項目
・学習目標／到達目標
・授業の時間配分／経過時間
・板書／教材・教具使用のタイミング
・活動時の注意事項等
・教師の発話（ティーチャートーク）
・新出語彙、使用する語彙、復習すべき既習語彙
・留意点、その他、指導上、気を付けておくべき点

学習項目のリスト　到達目標　経過時間　使用教材・教具　ティーチャートーク　新出項目

2020年7月7日	文法・文型の活動１ －導入の実践（模擬２）	デモ授業　15分	担当：○○○○
学習項目 L14 文法：テ形 文型：２「ミラーさんは　今　電話を　かけています。」 例文：６「佐藤さんは　どこですか。」 「今　会議室で　松本さんと　話しています。」 「じゃ、また　あとで　来ます。」		目標 テ形のルールが理解できる。 第三者の現在の状況を述べる言い方を理解できる。	

経過	教材・教具	新出項目	活動	メモ
(30秒)	S 名前カード		**●あいさつ、Warm-up** T：みなさん、こんにちは。 S：こんにちは。 T：○○さん、○○さん、○○さんですね。みなさん、元気ですか。 S：はい。 T：いいですね。わたしも元気です。では、始めましょう。	名前カードは机上に設置しておく。 １人１人アイコンタクトを取りながら元気かどうかを確認。
(2分)	絵１ (『日本語初級１大地』L15-5-2より)		**●ゴール提示** T：(絵を貼付&指しながら）みなさん、これを見てください。リンさん（A）です。田中さん（B）です。 二人は友達です。(絵の電話を指しながら）何ですか。 S：電話です。 T：はい、電話です。じゃあ、電話の会話を聞いてください。(Tが絵を指しながら２回実演) A：田中さん、今何をしていますか。 B：テレビを見ています。 A：そうですか。わたしは今友達とパーティーをしています。田中さんも来ませんか。 B：ありがとう。すぐ行きます。 T：じゃあ、質問します。 Q１　リンさんは今学校にいますか。 A１　いいえ、いません。 Q２　二人はこれから会いますか。 A２　はい、会います。 T：いいですね。	写真・絵はいずれもカラー印刷したものをB4サイズの厚紙に貼って用意。
(5分)	絵２	Vています	**●文型導入** T：(絵を見せながら）では、これを見てください。何	【Vています】

図2-1-11　教案の冒頭部分の例

授業前に、授業の流れをシミュレーションしておくと、スムーズに授業が進む。

- 到達目標・学習項目を挙げ、活動内容、使用教材・教具、留意点を時系列に沿って書き記す。
- 授業前にシミュレーションをしてから授業に臨む。

5.6 授業の振り返り

今日の日本語教育では、常に自身の教育姿勢の振り返りをしながら自己成長を目指す**自己研修型教師**※31／**内省的実践家**が求められている。つまり、日本語教師自身は、**内省**（自分自身を省みること）をしながら、自己成長につなげていく必要がある。内省のためには、授業構成の計画から評価までの流れを考え、授業を実施し、それぞれについて振り返ることを繰り返す方法と、主に授業の内容について、教案を使用して振り返る方法などがある。

※31
自己研修型教師には、学習者の学習過程と結果を観察し、自分自身の言語教育観を認識する一方、既存の教授法を批判的に検討する姿勢も求められる。

○ 授業構成の計画から評価までを振り返る

授業の計画（Plan）・授業活動（Do）・授業評価（See）について、主に授業に関わること全ての振り返りを行う。

① 授業の目標設定について振り返る。（Plan）

コースの目標・テキストの目標・学生の状況を踏まえ、設定した目標を振り返る。

② 授業活動の構成を振り返る。（Do）

目標が達成できるような授業内の活動の構成を振り返る。

③ 評価方法を振り返る（See）

目標が達成できたか判断する方法を教師間で、または個人で考え、評価につなげた内容や過程を振り返る。

○ 教案を使用し、授業内容について振り返る

作成した教案を使用し、授業前・授業中・授業後に授業等について、それぞれ振り返りを行う。

- 授業前　授業の目標や活動を考え、シミュレーションしながら授業の流れを確認し、振り返る。
- 授業中　授業をしながら、学習者の反応を観察して理解度を確認したり、予想外の出来事などを認識したりする。
- 授業後　授業の振り返りをしながら、改善点を記し、次の授業につなげる。

授業実施後に、授業を振り返る具体例として以下の方法がある。

- **ティーチング・ポートフォリオを使用する**

ティーチング・ポートフォリオは、ある一定期間、授業に関するものを保管、整理することによって、教師としての自己成長の過程と結果を記録するものである。

・教案
・教材
・シラバスやスケジュール
・授業記録
・評価表など

- **アクション・リサーチ**

教師が自己成長のために何かテーマを決めて計画・実施し、その行動の結果を観察して内省をする実践研究を**アクション・リサーチ**という。自分の授業の中での問題点や関心事など（例えば、発音の仕方やクラス運営、指名の仕方）をテーマとする。アクション・リサーチは伝統的な研究に比べ柔軟性を持ち、あらかじめ方法論を示してそれに沿って行っていく。また他の教員との協働的な実施も望ましいとされる。その教師自らの教室内のことであり、一般化を目指してはいない。

- 授業の振り返りは、Plan→Do→Seeのサイクルに沿って、行う。
- 今日の日本語教育では自己研修型教師が求められている。その方法として、ティーチング・ポートフォリオやアクション・リサーチがある。

5.7 教師の成長

従来の教師トレーニングでは、熟達した教師が実習生や新人教師にさまざまな教授技術を伝えるという考え方があった。しかし、伝えきれる技術、技能ばかりではなく、また受け取る側もそれを受け取る一方ではいけない。

先の、アクション・リサーチにより教師が自身の教室活動を客観的に捉えることも、また以下に示すような教師自身が成長を図ることも重要なことである。

ショーンは、教師が自己の実践の中でその行為を振り返ることを**省察**、これができる教師を**内省的（反省的）実践家**と呼び、重視した。これは、教師育成・教師の成長という観点の理論的背景となっており、近年は**教師の自己成長（ティーチャー・ディベロップメント）**という観点が広まっている。

省察は次のように分類される。

- 行為中の**内省**／**省察**（reflection in action）
- 行為後の**内省**／**省察**（reflection on action）
- 次の行為に向けての**内省**／**省察**（reflection for action）

参加型研修	ワークショップ形式の研修
アクション・リサーチ	現場の教師による実践研究。現場で発生した出来事を教師自身で検討分析し、改善策を立てて実行し、その成果を観察・内省したものを報告するという実践研究の事例報告。そのプロセスを教師の成長に結び付けるといった特徴がある。

表2-1-7　教師の自己成長を促す活動

- 教師の自己成長（ティーチャー・ディベロップメント）という観点が広まっている。
- 自己の教室活動などを見直すアクション・リサーチを行うことも必要。
- 自己研修を行う自己研修型教師の観点が重視されている。

6. 指導法 ★★

6.1 対象・目的別の指導

日本語学習者の背景や置かれた状況はさまざまで、学習目的も多様化している。「日本語教育人材の養成・研修の在り方について（報告）改訂版」※32が文化庁により提示されているが、その中で、日本語教育人材の活動分野別の整理が行われている。

例として国内での主な対象者を下に記す。

※32 Web
文化庁「日本語教育人材の養成・研修の在り方について（報告）改訂版」

<table>
<tr><td colspan="2">生活者としての外国人</td><td>生活者としての外国人とは、日常的な生活を営むすべての外国人を指す。日本人の配偶者等、家族滞在、定住者などの資格で滞在している人が主な対象者として挙げられる。地方公共団体や国際交流協会、NPOなどの民間団体が日本語教室を開催し、地域において日本語教育が行われている場合が多い。ボランティアへの依存度が高い。</td></tr>
<tr><td rowspan="2">留学生</td><td>大学・大学院・専門学校等</td><td>日本語で授業を受ける学生にはアカデミックジャパニーズが必要となる。ただし、英語による授業で学業を修める学生や短期留学生に対しては、初級の日本語を教える場合もある。</td></tr>
<tr><td>日本語学校</td><td>大学や大学院進学を目標に学習する学生が対象となる場合が多い。日本留学試験への対応を考慮した授業が行われることもある。</td></tr>
<tr><td rowspan="2">児童生徒</td><td>小・中学校</td><td>学齢期であれば受け入れ可能で、取り出し授業・入り込み授業・センター校への通級など形態はさまざまである。また、自治体によっては、来日間もない小・中学生を一定期間集中的に指導する教室が設置されているところもある。指導は、できるだけ楽しく飽きさせないように行う。また、中学生には高校受験指導も必要になる。</td></tr>
<tr><td>高校</td><td>取り出し授業を行っている学校、日本語の授業がある学校、特に日本語指導がない学校など、その対応はさまざまである。</td></tr>
<tr><td colspan="2">就労者</td><td>高度人材、研修や技能実習、特定技能などが主な対象者である。「生活者としての外国人」としての一面ももっている。
仕事内容によって、ニーズは変わってくるが、敬語などの待遇表現や、専門用語の指導が必要となることもある。</td></tr>
</table>

表2-1-8　主な対象者別の特徴・指導法

- どのような在留資格の学習者でも、日本語教育実践者が学習者のニーズを見極め、日本語指導計画を立て、実践することが重要である。

6.2 初級・中級・上級の違い

日本語教育においては、初級・中級・上級という区分けが、よく用いられる。以前は知識量や学習時間などを示して違いを表すこともあったが、最近では「何ができるか」という観点でレベルを考えるようになってきている。日本語能力試験もこのような基準で判定が行われるようになっているため厳密ではないが、おおよそN5とN4が初級、N3とN2が中級、N1が上級に当たると考えられる※33。

※33 Web
日本語能力試験「N1～N5：認定の目安」

JF日本語教育スタンダードやCEFR（ヨーロッパ言語共通参照枠組み）では6段階が設定されている。Aレベルは「基礎段階の言語使用者」、Bレベルは「自立した言語使用者」、Cレベルは「熟達した言語使用者」で、各段階はさらに2つに分かれている。

C	C2	熟達した言語使用者
	C1	
B	B2	自立した言語使用者
	B1	
A	A2	基礎段階の言語使用者
	A1	

表2-1-9　6段階のレベル

6.3 各レベルの特徴

初級・中級・上級レベルにおける言語知識面、言語技能面の特徴は次の通りである。

◎ 初級レベル

- 〈言語知識面〉語彙は具体的なもの、表現は挨拶のような対話で用いられる表現、単文で短い文の文型、基本的で単純な文字（ひらがな・カタカナ・漢字）を扱う。
- 〈言語技能面〉 短くて単純な情報の聞き取りや発話、日常的な内容の文章の読み書きを扱う。
- 〈目的および目標〉学習者によるニーズの差異がそれほど大きくないため、教える日本語としては、**JGP**※34が中心となるのが一般的である。正確さを重視し、到達度（アチーブメント）により評価されることが多い。学習目標は、日常生活に必要なことができるようになることである。

※34
Japanese for General Purposes：一般的な目的の日本語教育のこと。

中級レベル

- 〈言語知識面〉語彙は抽象的なものが増え、独話で用いる表現、複文、談話の文型、応用的で複雑な文字（漢字）を扱う。
- 〈言語技能面〉 長くて複雑な情報の聞き取りや発話、日常からやや離れた一般的な内容の文章の読み書きを扱う。
- 〈目的および目標〉 学習者によるニーズの差異があるため、JSP[※35]を扱うことが多くなる。内容志向で流暢さを重視するようになる。個人における技能の得手不得手である個人内差が現れてくる時期でもある。

※35
Japanese for Specific Purposes：特別な目的の日本語教育のこと。

上級レベル

- 〈言語知識面〉専門的・抽象的な内容の語彙、文型を扱う。
- 〈言語技能面〉複段落の聞き取りや発話、専門的・抽象的な内容の文章を扱う。

6.4 レベル別言語技能の指導

初級・中級・上級の各レベルの言語技能の指導内容は、おおよそ、以下の通りである。

初級

聞く	ミニマル・ペアを使い、表記と音をつなげる練習をすることから始まり、ある程度自然な速さで簡単な文や会話を聞く練習をする。
話す	モデル会話からフレーズや表現を学ぶことに始まり、学習者の興味・関心のある内容を話す練習をする。徐々にスピーチやロールプレイも取り入れる。
読む	既習語彙や既習文型を使用した短い文で、中級以降に向けて読むための準備としての練習をする。
書く	モデル文の模倣や、既習文型を使ったディクテーション、短文作りなどで書く練習をする。

表2-1-10　初級の言語技能別の指導内容

○ 中級

中級からは、学習者の目的に沿った指導がより必要になってくる。一般的には４技能のバランスを整え、得意分野を伸ばし、苦手分野を克服する指導が求められる。また、自律的に学習できるように促すことも必要となる。

聞く	フォーマルからインフォーマルな聞き取りへと幅を広げ、語彙を増やしながら、文法・表現・イントネーションを学習する。
話す	よりなめらかで自然な会話を目指す。社会生活に応じて、言葉を使い分ける待遇表現を習得していく時期である。ロールプレイ、スピーチ、プレゼンテーションなどを積極的に行う。
読む	説明文や評論文などの主述関係が構文的にはっきりしているものを使用。初級で学んだ知識を体系的に整理し、新出語彙や表現も習得しながら、文脈の中で確実にしていく練習をする。また、ボトムアップ方式だけでなくトップダウン方式[※36]の読解練習も行う。
書く	段落を意識して書いたり、長文の要約をしたりする。意見文などで「である体」が書けるように練習する。

表2-1-11　中級の言語技能別の指導内容

※36
ボトムアップ方式、トップダウン方式については、p.249参照。

○ 上級

聞く	日常よく使われる慣用句やことわざ、オノマトペ、漢語、より専門的な語彙や表現を学ぶ。
話す	専門的かつアカデミックな内容で意見が言え、その根拠も話せる練習をする。スピーチ、ディスカッション、ディベートなどを行い、相手への待遇表現を考慮し、フィラーやターン・テイキングなど、ディスコースにも配慮した会話ができるように指導をする。
読む	生教材を使用し、読み取った内容を話したり書いたりする練習をする。
書く	レポートや小論文、論文をアカデミックに書ける学習をする。文体や効果的な接続詞、文章構成（序論・本論・結論、起承転結）などの形式を学ぶ。

表2-1-12　上級の言語技能別の指導内容

6.5 技能別言語運用の指導

言語の4技能は、「音声言語の技能（聞く・話す）」と「文字言語の技能（読む・書く）」と2つに分けられることもあるが、実際のコミュニケーションでの使用という観点から、**産出に関わる技能（話す・書く）**、**受容に関わる技能（聞く・読む）**というように区別することもある。

話す技能の指導（産出）

話す技能の指導では、1人で話すことを基本とする**独話**と、複数人で話す**対話**に大きく分けられる。

① 独話活動

- スピーチ
- プレゼンテーション
- ストーリー・テリング

② 対話活動

- ロールプレイ

  モロウが挙げるロールプレイの重要要素は以下の通りである。実際のコミュニケーションの要素を、教室内での活動に取り入れるということになる。

  ・情報差（インフォメーション・ギャップ）

  自分は知らないが相手は知っている、ないし相手は知らないが自分が知っていることを伝えたいときは、互いに情報差がある。

  ・選択権（チョイス）

  言いたいことを決める。
  言いたいことをどのように言うか（語彙・表現・機能など）を決める。

  ・反応（フィードバック）

  相手に情報がきちんと伝わったか、相手は理解している上で話をしているかなどを確認しながら話す。
  相手の様子によって、自分の反応は変化する。

- ディスカッション
- ディベート

● 書く技能の指導（産出）

書く技能の指導において、特に初級レベルでは以下のような方法がよく用いられる。

① 制限作文アプローチ

特定の言語項目を使用して作文をする方法。書くことよりも言語知識の習得のために行われることが多い。

② ガイデッド・ライティング／ガイデッド・コンポジション

教師が与えた質問に対する答えを文で書いていき、その答えの部分だけをつなぎ合わせることでまとまった文章に仕上げていく方法。

中級レベルでは、小論文、要約、レポート、ノートテイキング、手紙やメールなどを以下の方法で指導していく。

① プロセス・アプローチ

文章を書くことを思考の循環的なプロセスであるとし、文章を**推敲**（すいこう）する過程を重視して、何度も書き直しをする方法。

② パラグラフ・ライティング

読み手にとっての分かりやすさを重視し、文章の構成や形式を一定のルールに沿って書く方法。

学習者によってはレポートや論文などの学術的な文章（アカデミック・ライティング）を書くことが必要になってくる。その場合は、適切な語彙や表現、構成等の指導が求められる。

その他の活動例としては、**協働学習**の観点から、**ピア・レスポンス**[※37]が挙げられる。また、**マッピング**[※38]を用いたプランニング、表現の工夫、読み返し、推敲、感想や評価の話し合い等を促すこともある。

※37
学習者同士が互いの作文を読み合い、文章の内容や形式の両面にフィードバックを行うことで、文章の改善を図る活動。

※38
概念図のこと。マッピングを用いて書き方の計画を行う。

● 聞く技能の指導（受容）

聞く技能の指導には、CDやDVD、教師の発話、インターネットなどさまざまなものが活用される。

聴解のプロセスには、言語知識を手がかりにして理解を進める**ボトムアップ処理**と、背景知識や文脈・場面・挿絵などを手がかりに**予測**や**推測**をして**仮説検証**をする聞き方の**トップダウン処理**、両者を相互に交流させることによって、「聞く」過程が作られる**相互交流モデル（補償モデル）**がある。

① ディクトグロス

音声を通じて日本語を統合的に練習する活動であり、以下の内容で進められる。

- まとまりのある内容を持つ短めの文章を、教師が数回音読している間、学習者はキーワードのメモを取る。
- その後、学習者が個別に、または他の学習者と協働して、元の文章と同等の内容・構成になるよう、文章を復元していく。

② ディクトコンポ

文のディクテーションをして、その後、続きを考えて、書く活動。

読む技能の指導（受容）

読解も聴解と同じように、トップダウンとボトムアップの理解モデルが提唱されている。

① トップダウン・モデル

キーワードや見出しなどから**予測**や**推測**をし、**仮説**をたて、理解の確認(**モニター**)をし、仮説の検証、修正をする。

② ボトムアップ・モデル

小さい単位(語彙)の理解から、大きい単位(文章全体)へと理解を進めていく。

速読には、知りたい情報を探す**スキャニング**と、おおよその内容や要旨をつかむ**スキミング**があるが、その際、トップダウン・モデルの活用が重要となる。また、黙読の際に語順は変えずに、文章の端から意味的なかたまりごとに意味を把握していくフレーズ・リーディングもある。速読は、**多読（エクステンシブ・リーディング）**につながる。

精読（インテンシブ・リーディング）とは、テクスト（文章）を**言語志向**（文章に含まれる言語項目に着目する読み方）と**内容志向**（内容把握に重点を置く読み方）の両面から詳細に読み込む方法である。

実際にはトップダウンとボトムアップを相互に交流させることによる**相互交流モデル**によって読んでいることが多い。

近年では、**ピア・リーディング**[※39]の手法を用いて活動を行うことも盛んになっている。

※39
学習者同士が対話し、助け合いながら理解していく読解活動のこと。

- 話す技能（産出）の指導には、独話活動と対話活動がある。
- 書く技能（産出）の主な指導法には、初級レベルでは制限作文アプローチ、ガイデッド・ライティングがあり、中級レベルでは、プロセス・アプローチ、パラグラフ・ライティング、アカデミック・ライティングがある。
- 聞く技能（受容）の指導では、ボトムアップ処理、トップダウン処理、相互交流モデルを使い、ディクトグロス、ディクトコンポも行う。
- 読む技能（受容）の指導でも、トップダウン（速読）でスキャニング・スキミングを行い、多読（エクステンシブ・リーディング）につなげ、ボトムアップ（精読・インテンシブ・リーディング）を行う。精読には、言語志向と内容志向がある。

6.6 指導技術

日本語教師として知っておきたい指導に関わる知識は、以下の通りである。

● 教師の話し方

教師の発話を学習者が理解するために、語彙や表現などの面から、コントロールをする必要がある。このように調整された話し方を**ティーチャートーク**という。直接法の指導では、既習文型を使う、1文の長さを短くする、複文ではなく単文で話す、大きい声ではっきり話すといったティーチャートークで話す必要がある。

教師が発する質問である**発問**は、次のように分類することができる。

① **クローズド・クエスチョン**（閉じた質問）：答えの内容や答え方をある程度絞り込める問い。

- **イエス・ノー・クエスチョン**（はい-いいえ質問）：正誤を問う質問。
- **オルタナティブ・クエスチョン**（二者択一質問）：二者択一の形で問う質問。

② **オープン・クエスチョン**（開いた質問）：さまざまな内容・方法の回答が可能な質問。疑問詞を使う。一般的にクローズド・クエスチョンより難しい。

③ **ディスプレイ・クエスチョン（提示質問）**：質問者があらかじめ回答が分かっている質問。

④ **レファレンシャル・クエスチョン（指示質問）**：質問者が未知の情報を求めている質問。

メーハンは、教室における独特の談話構造に、**IRF／IRE型**という基本構造があることを指摘した。

I……Initiation（教師による発話の始動）
R……Response（学習者の応答）
F/E……Feedback/Evaluation（教師のフィードバック/評価）

また、フィードバックには肯定的評価と否定的評価がある。このうち肯定的評価には談話を終結させる機能があり、否定的評価では教師が質問を続けるなどの形で暗示的に示されることが多い。

● 授業中の提示の仕方

板書は、書く**タイミング**や消すタイミング、字配りや字のサイズ、使用文字種（漢字・ひらがな・ふりがな）などの**レイアウト**など、板書プランを事前に考えておく必要がある。

書いている間の注意は、立ち位置に気を配り、書く時間や、学習者に背中を見せる時間が長すぎないよう配慮も必要である。板書に時間がかからないよう、文字パネルを用意しておくのもよい。

● 非言語面のテクニック

学習内容の促進、学習者との関係作りや雰囲気作りのためにジェスチャー・表情・視線・立ち姿・身だしなみなども工夫したり、気を付けたりする。

第1部 言語一般
第2部 言語と教育
第3部 言語と心理
第4部 言語と社会
第5部 社会・文化・地域
第6部 音声分野
第7部 記述問題

7. 訂正フィードバック ★★★

7.1 「誤用」についての考え方

外国語学習者が起こす**誤用**※40は、以前は排除されるべきものとして考えられており、そのためすべての誤りは訂正されるべきだとされ、「誤用訂正」という言葉が使われていた。しかし、現在では誤りは習得のプロセスであり、必然であると考えられ、中間言語※41発達のためにどうするべきかという観点から**訂正フィードバック**が考えられるようになってきている。

※40
誤用については、「第3部 第2章 **1.3** 言語転移と誤用」参照。

※41
中間言語については、「第3部 第2章 **1.3** 言語転移と誤用」参照。

7.2 訂正フィードバックの方法

訂正フィードバックには様々な方法があるが、大きく分けると「教師から正用を示す」場合と「学習者に訂正を促す」場合がある。また、その伝え方としてどちらにも「明示的」な方法と「暗示的」な方法がある。

例えば、「これ、昨日買ったの本です」という発話に対するフィードバックの例は次のようになる。

● 教師から正用を示す
・明示的：「これは昨日買った本です、が正しいです。」
　　　　　「『の』はいりません。昨日買った本です、です。」
・暗示的：「そうですか。昨日買った本なんですね。」

● 学習者に訂正を促す
・明示的：「『昨日買ったの本』でいいですか。」
　　　　　「んん？」(首を傾げたりして誤りに気づかせる)
・暗示的：「昨日買ったの本ですか？」

このうち、教師から暗示的に正用を示す方法を、**リキャスト**という。話の流れを切らずにさりげなく訂正する方法である。特に内容重視、コミュニケーション重視、流暢さ重視の授業で使われる。

これに対し、正確さを重視する授業の際には、明示的な方法がよくとられている。

また、学習者にアウトプットの修正を促す方法（**プロンプト**）の効果も報告されている。

- 訂正フィードバックのタイミングは、正確さ重視の練習時は誤用発生の直後に、流暢さ重視の練習時は活動全体の終了後にそれぞれ行う。
- 訂正フィードバックの方法は、明示的フィードバックと暗示的フィードバックがある。特に、暗示的に正用を示す方法は、リキャストと呼ばれる。

7.3 フィードバック上の注意点

教師にとって、どのように訂正フィードバックをするかは非常に悩ましい問題である。学習効果、学習者の心理面等を考慮することが大切となる。

また、リキャストをしても学習者に気づかれない、あるいはどこが間違ったか伝えられないということがある。できるだけ短く、示す箇所は1カ所のみに絞って行ったほうがよいとされる。また、声の調子を変えるなどの工夫をしてみることもおすすめする。

第2章 評価

第2部　言語と教育

評価は、教育の実践とセットで捉えられるべきものだ。なぜなら、やりっぱなしの教育では学習者の伸びを測定できず、カリキュラムや授業の問題点を見つけることもできない。本章では、目的や状況に合わせて評価を行うために、その種類や特性を学ぶ。具体的には、様々なテストの種類や作問形式、テストによらない評価方法、統計学的な分析手法などを扱う。

1. 評価の分類と方法 ★★

日本語教育における評価とは、学習者はもちろん、教師、教材、教授法、カリキュラム、教育機関などを含めた教育活動の全てに及ぶ。

評価の目的は、教授活動をより効果的に行うことである。フィードバックにより、**今後の指針となる貴重な情報源**にしなければならない。評価関連用語として、以下の3つの用語が使われている。

用語	内容
テスティング (testing：試験)	試験を行うこと。
アセスメント (assessment：査定)	試験、インタビュー、アンケート、その他の手段によって評価のためのデータを収集すること。
エバリュエーション (evaluation：評価)	アセスメントによって得られたデータを教育目標と照らし、その教育の成果を評定し、その後の方策を打ち出すこと。

表2-2-1　評価に関わる用語

評価をその性格や実施時期により分類すると、以下の通りである。

評価	内容
認定評価	学習者の能力や進歩が基準に達しているかを測定し、認定しようとするもの 例：日本語能力試験、OPI
測定評価	各段階の到達目標の達成度を評価するもの 例：中間テスト、単元テスト
選別評価	学習機関に受け入れるか否かを選別しようとするもの 例：入学試験

表2-2-2　性格による評価

診断的評価（事前的評価）	コース開始前に実施する 例：レベルチェックテスト、プレースメントテスト
形成的評価	コース開始後、学習の進行に応じて随時実施する 例：クイズ（小テスト）、単元テスト
総括的評価	学期修了・コース修了時に実施する 例：期末テスト
外在的評価	学習機関外で任意の時期に実施する 例：日本語能力試験、日本留学試験

表2-2-3　実施時期による評価

評価のための情報収集には以下の方法がある。

- テスト法
- アンケート法
- 観察記録法
- レポート法
- 面接法
- ポートフォリオ評価

成績の評価には以下のものがある。

相対評価	同一集団内での評価・位置付けを行う評価。	
絶対評価	学習目標の達成度を一定の評価基準に照らして判断する評価。	
	到達度評価	到達目標を基準とする評価。
個人内評価	個人の特性を評価することを目標に進歩の有無や得意不得意を捉える評価。	

表2-2-4　評価方法

相対評価は客観的で納得されやすい反面、個人の進歩が評価されにくい。一方、絶対評価は個人の努力などが評価されて学習の動機付けにも有効であるが、評価の判断基準が適切に設定されていないと、教師の主観に左右される恐れがある。

- 評価の種類として、性格で分けた認定評価・測定評価・選別評価、時期で分けた診断的評価・形成的評価・総括的評価・外在的評価がある。
- 評価の方法として、相対評価・絶対評価（到達度評価）・個人内評価があるが、それぞれ特性があるため、どの方法を使うか、見極めが必要である。

2. テストの種類 ★★

言語能力の測定と評価の方法として最も一般的に広く用いられているのが、言語テストである。言語テストの種類を用途別、実施目的・結果の解釈別、採点方法別に分けると次のようになる。

2.1 テストの種類（用途別）

言語テストを用途別に見た場合、主に次のものがある。

① 適性テスト（アプティテュード・テスト）

受験者の語学学習に対する適性を測るためのテスト。

- **現代言語適性テスト**（**MLAT**：Modern Language Aptitude Test /一般成人向け）

　音声と文字を一致させる力、文法に対する敏感さ、機械的な記憶力、帰納的に理解する力を測るテスト。

- **外国語学習適性テスト**（**PLAB**：Pimsleur Language Aptitude Battery /学校教育用）

　高校生向けの外国語学習適性テスト。言語的知性、音韻的能力、分析能力を測る。

② 組分けテスト（プレースメント・テスト）

日本語既習者の実力を測り、適切なクラスへ配属させるためのテスト。

③ アチーブメント・テスト（到達度テスト）

一定期間における学習の到達状況を見るためのテスト。

④ プロフィシエンシー・テスト（熟達度テスト）

受験者の実力を認定基準に照らし、どのレベルかを測るためのテスト。

2.2 テストの種類（実施目的・結果の解釈別）

言語テストを実施目的・結果の解釈別に見た場合、主に次のものがある。

① 集団基準準拠テスト（NRT）

ある受験者が他の受験者の得点と比較してどうだったか、受験集団における個人の相対的な位置付けを明らかにできるテスト。**相対評価**に結び付く。

② 目標基準準拠テスト（CRT）

ある受験者のできること（Can-do）や、能力の伸びを明らかにするテスト。**絶対評価**に結び付く。

2.3 テストの種類（採点方法別）

言語テストを採点方法別に見た場合、主に次のものがある。

① 客観テスト

正答が１つしかなく、コンピュータでも採点ができるテスト。

② 主観テスト

特に決まった正答がなく、採点者が採点基準に基づき、１つ１つ答案を採点するテスト。

評価の手段としてテストを利用するものとしないものがある。評価は、学習者の動機付けの役割を担い、学習の方向性を導くものなので、その作成には十分な配慮が必要である。

3. テストによる評価 ★★★

3.1 テストデザイン

テストを作成する前段階として、全体的な設計図である細目表を作成する。以下は、細目表の例である。

テスト名	20XX年　前期期末テスト
目的	総括的評価
受験者	中級クラス○名
出題範囲	教科書１課～５課
出題形式	ペーパーテスト
テストの構成	問題１…
⋮	⋮

表2-2-5　テストの細目表の例

3.2 テストによる評価：客観テストと主観テスト

テストには、**客観テスト**と**主観テスト**がある。客観テストには、用意されている選択肢の中から正答を選ぶ**再認形式**と、受験者が自分で解答を書き込む**再生形式**の２種類がある。以下に、それぞれの種類と例を示す。

○ 客観テスト（再認形式）

① 真偽法

長文を読ませた後、答えの真偽を問うものなど※1。

※1 いわゆる○×法がこれにあたる。

次の文を読んで、正しい文の（　　）に○、正しくない文の（　　）に×を書きなさい。

文（略）

1．山田さんは海へ行きました。（　　）
2．山田さんは友だちと行きました。（　　）
3．山田さんはラーメンを食べました。（　　）

② 多肢選択法

３択以上の選択肢の中から、正答を選ばせるもの。

次の文と　同じいみの　文は　どれですか。
１～４の中から　いちばん　いい文を　えらびなさい。

・明日天気がよかったら、遊びに行きませんか。

1．もし雨が降っても、遊びたいです。
2．もし雨が降ったら、遊びましょう。
3．もし晴れたら、遊びましょう。
4．もし晴れなくても、遊びましょう。

③ 組み合わせ法

各設問に合うものを組み合わせるもの。

左と右を　せんで　むすびなさい。

1．くつしたを　・　　　・　きます
2．ぼうしを　　・　　　・　します
3．メガネを　　・　　　・　かぶります
4．コートを　　・　　　・　はきます

④ 再配列法

単語を正しい順序に並び替え、文を作らせるもの。

正しい　文に　ならべなさい。

1．勉強しました・昨日・から・9時・6時・まで
（　　　　　　　　　　　　　　　　　　　）

なお、再認形式の採点はマークシート方式のようにコンピュータを使用することも可能で、事後処理は容易だが、問題作成には技術と時間と工夫が求められる。

客観テスト（再生形式）

① 単純再生法（穴埋め式）

漢字の読み方、動詞や形容詞の活用、助詞や接続詞、反意語などで、空欄を埋めさせるもの※2。

※2
ここでの例は漢字の読み方、反意語の記入。

問題1　＿＿＿の漢字の読み方を（　　）に書きなさい。

・八時に　学校へ　行きます。
（　　）（　　　）（ ）

問題2　（　　　）に入るイ形容詞を書きなさい。

・小さい　⇔　（　　　　）
・寒い　⇔　（　　　　）

② 訂正法

誤用のある文を訂正させるもの。

次の文を正しく書き直しなさい。

1．私の弟は去年に大学を卒業されました。
→（　　　　　　　　　　　　　　　　）

2．子どもの時に母は私を怒られました。
→（　　　　　　　　　　　　　　　　）

③ 完成法

下線部に書き入れて文を完成させるもの。

次の文を作りなさい。

1．今にも雨が＿＿＿＿＿＿＿＿。

2．彼女は、まるで＿＿＿＿＿＿＿＿。

④ 質問文作成法

答えの文を与えて、その質問に当たる文を作成させる形式。

次の会話を作りなさい。

1．Q：＿＿＿＿＿＿＿＿＿＿＿＿＿＿＿
A：ええ、いいですね。行きましょう。

2．Q：＿＿＿＿＿＿＿＿＿＿＿＿＿＿＿
A：6時に起きました。

⑤ 質問法

長文を読ませて、その内容に関する質問の解答を書かせるもの。

> 次の文を読んで　あとの　しつもんに答えなさい。
>
> 文(略)
>
> 1．かおりさんは、いつ東京へ行きましたか。
> 2．かおりさんは、東京で何をしましたか。

⑥ 指示法・転換法

指示を与えて、答えを書かせたり、文を変換させたりするもの。

> 次の文を受身の形にしなさい。
>
> 1．先生は私をしかりました。
> →＿＿＿＿＿＿＿＿＿＿＿＿＿＿＿＿＿＿
>
> 2．母は私の日記を見ました。
> →＿＿＿＿＿＿＿＿＿＿＿＿＿＿＿＿＿＿

⑦ 連想法

変換ルールを提示し、同じように変換させるもの。

> 次の文を例と同じように変えなさい。
>
> 例）この　じてんしゃは　新しくないです。
> → この　じてんしゃは　古いです。
>
> 1．このパソコンは　高くないです。
> → ＿＿＿＿＿＿＿＿＿＿＿＿＿＿＿＿＿＿

⑧ 翻訳法

日本語を母語に、母語を日本語に翻訳させ、意味理解を確認するもの。

> 次の文を中国語にしなさい。
>
> 1．私は昨日　へやで　勉強しました。
> →＿＿＿＿＿＿＿＿＿＿＿＿＿＿＿＿＿＿

第1部 言語一般
第2部 言語と教育
第3部 言語と心理
第4部 言語と社会
第5部 社会・文化・地域
第6部 音声分野
第7部 記述問題

⑨ 綴(つづ)り法

漢字の読みなど表記知識を問うもの。

> 漢字で書きなさい。
>
> 1. にほんじん（　　　　　）
> 2. がっこう　（　　　　　）

⑩ クローズ法／クローズ・テスト（cloze test）

文章から一定の、または任意の間隔で単語を抜いて空欄にし、そこに当てはまる語を記入させるもの[※3]。

※3
ここでの例は文末の動詞を抜いている。

> （　　　）に当てはまる言葉を書きなさい。
>
> 1. せんしゅう、わたしは　ほっかいどうへ　（　　　　）ました。いろいろな　たべものを　（　　　　）ました。とても　おいしかったです。

● 主観テスト

主観テストには次のようなものがある。

- 作文
- 小論文
- 要約
- 会話
- ロールプレイ
- スピーチ
- プレゼンテーション　など

なお、主観テストの採点方法には、パフォーマンスを総合的に判断する**総合的測定法**と、「発音」「文法」「流暢さ」というように評価項目を要素に分けて採点し、その総計を出す**分析的測定法**がある。

● テストには客観テスト（再認形式および再生形式）と主観テストがある。

4. テストによらない評価 ★

テストによらない方法には、**ポートフォリオ評価**がある。ポートフォリオ評価は、以下の数値化しにくいものに関するデータをファイル（ポートフォリオ）に保存し、学習者本人と教師が共同で評価する。

・スピーチ
・ロールプレイ
・作文
・レポート
・プロジェクトワーク

ポートフォリオの目的としては、資料を基に学習者自身が内省し自己評価を行うことでメタ認知能力を育成し、自立学習を促進することが挙げられる。

また、近年**ルーブリック**が利用されている。ルーブリック評価表は、縦軸に「評価の観点」、横軸に「評価点」を示し、それぞれの下に「評価基準」を記入する。

評価点／観点	Aランク	Bランク	Cランク
語彙	誤用がない	誤用が少ない	誤用が多い
文法	誤用がない	誤用が少ない	誤用が多い
発音	正確	ほとんど正確	正確さに欠ける

図2-2-1　ルーブリックの例

● テストによらない評価方法に、ポートフォリオ評価がある。

5. よいテストの条件 ★★

よいテストの条件としては、妥当性、信頼性、有用性が挙げられ、特に妥当性が重要視される。

5.1 妥当性

妥当性とは、そのテストの作成目的である特定の目標を、実際にどの程度的確に捉えているかの度合いである。

妥当性は以下の３種で構成される。

① 内容的妥当性

そのテストの問題の内容が、測定対象となる範囲から偏りなく適切に出題されているかどうかを問うもの。

② 基準関連妥当性

そのテストの成績が、そのテストにとっての外的基準となる他の尺度の成績とどの程度関連しているかを統計実証的に検証するもの。

③ 構成概念的妥当性

そのテストが根源的に何を測っているかを明らかにしようとするもの。

5.2 信頼性

信頼性とは、同じ測定対象に対して、同じ条件下では、同じ結果が得られるという測定の一貫性、安定性の程度を意味する。信頼性を高める方法や、測定方法は以下の通りである。

① 信頼性を高める具体例

- 問題文の指示を明確にする
- 解答例を添える
- 受験環境が均質になるよう整える（音響条件など）
- 採点基準、採点方法、減点方法の方針をあらかじめ決めておく

② 信頼性を測定する方法

・再テスト法

同じ受験集団に対して同一のテストを２度実施する方法。

・平行テスト法

難易度、質、量が同種のテストを重ねて実施する方法。

5.3 有用性

有用性とは、そのテストが実施しやすいかどうかを問うものであり、効率性と実用性の2つの側面から述べることができる。

① 効率性

実施時間や手続きなど、実施が容易かどうか。

② 実用性

費用、労力、設備など、経済的負担が大き過ぎないか、実施がスムーズに行われるかどうか。

このほか、テストの真正性（オーセンティシティ）では、テストが現実的な内容であるかを指す。

● よいテストの条件として、妥当性、信頼性、有用性がある。それらを考慮してテストを作成しなければならない。

6. テストの採点 ★★

テストの採点は、客観性を保つことが求められる。ただし、主観テストについては、以下に示す採点者の先入観など、ゆがみが生じる場合がある。適正な採点のためには、先入観が入らないように受験者の名前を分からなくするといった配慮をしたり、採点者の採点トレーニングを行ったりといった措置が必要とされる。

後光効果（ハロー・エフェクト）	評価対象外の要素が採点に影響を及ぼすこと。 例：字がきれいだと評価が高くなる
ラベリング効果	学習者に対する第一印象が評定を一定の方向へ誘導してしまうこと。

系列効果	出来の悪い答案が続いた後によくできている答案を見ると実際以上に高く採点し、逆に出来のよい答案が続いた後に不出来な答案を見た場合に実際以上に低く採点される傾向があること。
中心化傾向	評価対象をよく理解できないことなどから、さほど高くも低くもない得点に評価が集中してしまう傾向があること。
寛容効果（ジェネロシティー・エフェクト）	評価が採点者の個人的な感情や疲労度などに左右されて、採点が甘くなりがちなこと。これを特に**正の寛容効果**と呼び、逆に働く場合を**負の寛容効果**という。
対比誤差	評価者が絶対基準ではなく、自分自身あるいは誰かと比べて、評価してしまうこと。過大あるいは過小に評価してしまう危険性がある。

表2-2-6　テストの採点時の注意点

- 主観テストの採点時には、後光効果（ハロー・エフェクト）、ラベリング効果、系列効果、中心化傾向、寛容効果（ジェネロシティー・エフェクト）、対比誤差が現れないようにすることが必要である。

7. テスト理論 ★

7.1　古典的テスト理論

ここまでで述べてきた枠組みで捉えるテスト理論は**古典的テスト理論**といい、教師の自作による小規模試験の分析法として広く採用されている。しかし、これは**素点**（=得点）を基盤にした方式である。そのため、**標本依存**やテスト依存といった難点を抱える※4。

※4
標本依存とはテスト項目の難易度がそのテストの受験者集団の能力の高低によって決まること。一方、テスト依存とは受験者能力の判定がテスト項目の難しさによって左右されること。

7.2　項目応答理論

個人の能力を正しく評価するには、受験者集団にかかわらず使える客観的な基準（スケール）が必要であり、また、受験生が受けるどのテストも常に同じ基準で作成されていなければならない。そこで現在、語学の**大規模試験**（ハイステークス・テスト）で一般的に採用されているのが**項目応答理論**（**IRT**, item response theory）に基づくテストである[※5]。

この方式では、本テスト作成前に統計的に十分な数の受験者を集めて予備テスト（試行試験）を行い、テストの**項目**[※6]（小問）1つ1つについての、**困難度**や**弁別力**[※7]などのパラメータ（変数）の関係を表す推定値を算出し、検証する。

本番のテスト問題はこうして検証された問題を盛り込んで作成されており、得点はパラメータから導かれる**間隔尺度**[※8]に基づき、換算される。この操作を**得点等化**という。項目応答理論によるテストでは、問題や受験者集団に影響されない**尺度点**が使えることから、常に客観的で一貫したスケールにより受験者を評価でき、複数のテストの結果の相互比較も可能になる。

※5
現行の日本留学試験やBJTビジネス日本語能力テスト、2010年からの新しい日本語能力試験で項目応答理論が採用されている。

※6
アイテム（item）ともいう。使用可能な項目をストックしたデータベースをアイテムバンクといい、これは試験作成団体の内部の限られた人物しかアクセスできないのが通常である。

※7
「8.2 項目分析」参照。

※8
下記コラム「測定尺度」を参照。

測定尺度

ものさしや秤といった計量道具では目盛りが長さや重さをはかる尺度（基準）となる。では、言語能力のように目に見えないものを測定するにはどのような尺度を用いればよいだろうか。

一般に尺度は、その性質により比率尺度、間隔尺度、順序尺度（順位尺度とも）、名義尺度の４種類に分類される。距離の測定や人数を計測するときのように、絶対的な０（ゼロ）点（無の状態）があり、しかも各目盛りの間隔が等しい場合に用いられるのが**比率尺度**である。気温のように目盛りの間隔は均一だが、絶対的な０（ゼロ）点がないものを測る場合に用いられるのが**間隔尺度**である。各数字が一定の順に並んでいるが、各目盛り（数値）の間隔が等しいとは限らない場合に用いられるのが**順序尺度**である。対象を３グループに分け、１は英語母語話者群、２は中国語母語話者群、３は韓国語母語話者群などと分類するときのように、対象に数字を割り振っていても、それらの数字の順や大きさには意味がない場合に用いられるのが**名義尺度**である。

テスト結果の処理では、これらの尺度のどれが用いられているのだろうか。例えば、ここにＡ～Ｆの６人の受験者がいて、あるテストの得点が、Ａは96点、Ｂは30点、Ｃは72点、Ｄは68点、Ｅは86点、Ｆは０点だったとする。この場合、Ｆは得点が０（ゼロ）でも言語能力が０（ゼロ）を示すものではないことから、得点のカウントに用いられているのは比率尺度ではないことが分かる。また、この結果を得点の高い順に「Ａ96、Ｅ86、Ｃ72、Ｄ68、Ｂ30、Ｆ０」と並べた場合、ＡとＥの点差は10点だが、これは言語能力に10点分の差があることを示すものではないので、ここで用いられているのは間隔尺度ではなく、数値を一定の順に並べた順序尺度だといえる。この結果を「１位Ａ、２位Ｅ、３位Ｃ、４位Ｄ、５位Ｂ、６位Ｆ」とした場合も順序尺度によっている。そして「中国語母語話者群（Ａ、Ｅ）を１、韓国語母語話者群（C、D）を2、英語母語話者群（B、F）を3」と分けた場合に使われているのは名義尺度ということになる。

言語教育の場では、学習者の得点をそのままその人の能力に置き換えて捉えてしまうような問題が生じがちである。そうした勘違いを避ける上でも、学習者の言語能力の評価を行う際に扱う数値や順位などがどのような尺度で測られているかを意識しておくことが必要である。

- 古典的テスト理論の難点は、素点を基盤としているので、標本依存、テスト依存になることである。
- 項目応答理論の方式では、テスト項目の困難度や弁別度のパラメータ関係を表す推定値を算出し、検証する。
- テストの得点を、パラメータから導かれる間隔尺度に基づいて換算する操作を得点等化という。

8. テストの分析 ★

受験者がテストで取った結果を分析することは、学習者の評価だけでなく、テスト問題そのものや授業の良否の検討材料として有効である。

8.1 得点の分析

結果の分析では、**中心傾向**、すなわち受験者全体の平均的な傾向がどうであるかと、**散布度**、すなわち受験者の成績が平均からどれぐらい隔たったところに、どのぐらいの割合で分布しているかなどを知ることが基本である。

テストの得点は**素点**と呼ばれるが、素点だけでは結果の分析ができない。そこで、ある得点を取った受験者数である**度数**を調べ、各得点の度数を表したものを**度数分布**として把握する。素点ごとの度数（頻度）や累積数（累積度数）を一覧表にした度数分布表、分布の結果をグラフ化した**度数分布図**（**ヒストグラム**）や**度数分布曲線**によって、得点の分布状況や中心傾向をつかむことができる。

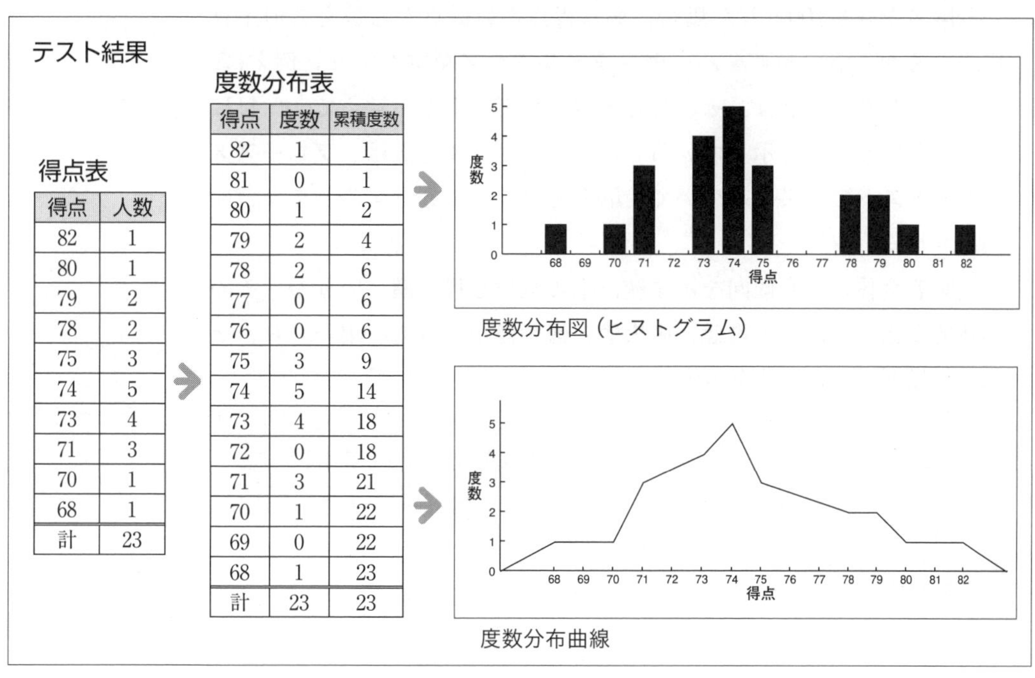

テスト結果

得点表

得点	人数
82	1
80	1
79	2
78	2
75	3
74	5
73	4
71	3
70	1
68	1
計	23

度数分布表

得点	度数	累積度数
82	1	1
81	0	1
80	1	2
79	2	4
78	2	6
77	0	6
76	0	6
75	3	9
74	5	14
73	4	18
72	0	18
71	3	21
70	1	22
69	0	22
68	1	23
計	23	23

図2-2-2　度数分布表・度数分布図・度数分布曲線

0点の得点者が突出して分布曲線がL字型を描き、能力の低い受験者の能力差が捉えられない場合を**床効果**（floor effect）といい、その反対に受験者の多くが満点をとった影響で、分布曲線が逆L字型を描き、能力の高い受験者の能力差が適切に測れない場合を**天井効果**（ceiling effect）という。**到達度テスト**や**目標基準準拠テスト**で多くの受験者が満点を取ったなら、それは目標設定が適切で学習者がそれをうまくクリアできたことになるので、天井効果の悪影響はないが、受験者間の能力の判定をする必要があるテスト（熟達度テスト）では天井効果も床効果も避けるべき現象である。

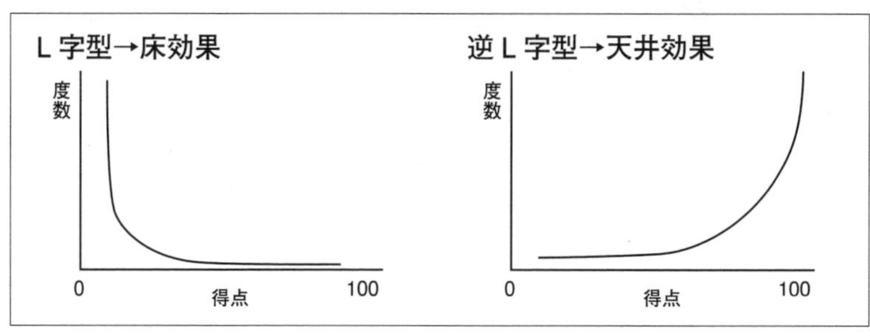

図2-2-3　分布曲線のタイプ

受験者全体を100とした場合、ある得点が最低点から数えて何番目に当たるかを示す数値を**パーセンタイル得点／順位**という。例えば、60パーセンタイルとは、その得点を取った者が下から数えて60％目に当たるということを示している。パーセンタイル得点は、**プレースメント・テスト**の結果に基づいて受験者をグループ分けするときなどに利用される。

受験者全体の中心傾向を示す統計上の数値を**代表値**というが、その具体的な指標には、**平均値**、**中央値**、**最頻値**が一般的に用いられ、それぞれ以下のような値を示す。

平均値	全受験者の得点の合計を受験者数で割って算出した値。
中央値	全受験者の得点を高い方から順に並べたときの50%に当たる得点で表される値。
最頻値（流行値）	最も多くの受験者が取った得点の値。

表2-2-7　平均値、中央値、最頻値

理想的な集団基準準拠テスト（NRT）の場合、受験者の得点の度数分布曲線は左右対称となり、この曲線を**正規分布曲線**（**ベルカーブ**）と呼ぶ。正規分布曲線では全ての代表値がその曲線の中央で重なる。受験者の得点に偏りがあると、分布曲線は歪んだ形になる。

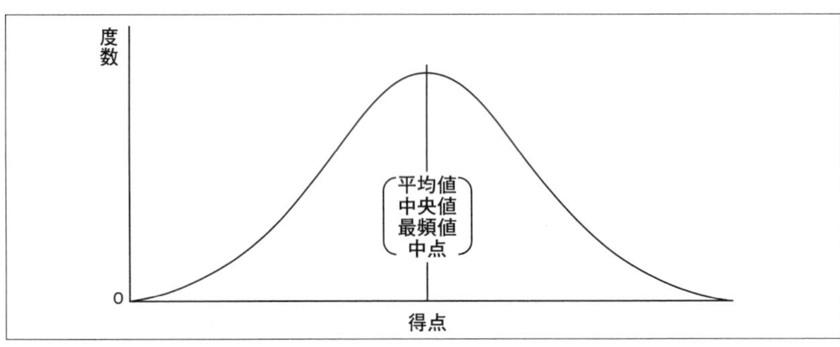

図2-2-4　正規分布曲線（ベルカーブ）

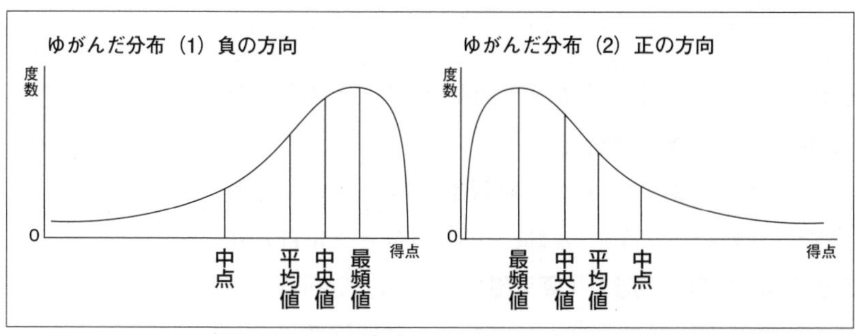

図2-2-5　ゆがんだ分布曲線

代表値を知るだけでは、受験者の得点をどう評価すべきかが分かりにくいので、得点の分布状況を見る必要がある。最高点と最低点の間の得点の散らばりの範囲を**レンジ**といい、その範囲は「最高点－最低点」の値になる。他に、より詳細に散らばりを把握したい場合に用いるのが**標準偏差**（**SD**, standard deviation）である。これは全体の得点が平均値を中心としてどのように分布しているかを示す指標である。平均値を「標準的な得点」とすれば、標準偏差は得点の分布状況における「平均値からの標準的な隔たり」を示すものと考えてよい。

以下の図のように、A・B 2つの集団の平均値が同じ場合、標準偏差が小さい集団（A）は能力が揃っているといえるし、逆に大きい集団（B）は能力にばらつきがあることになる。

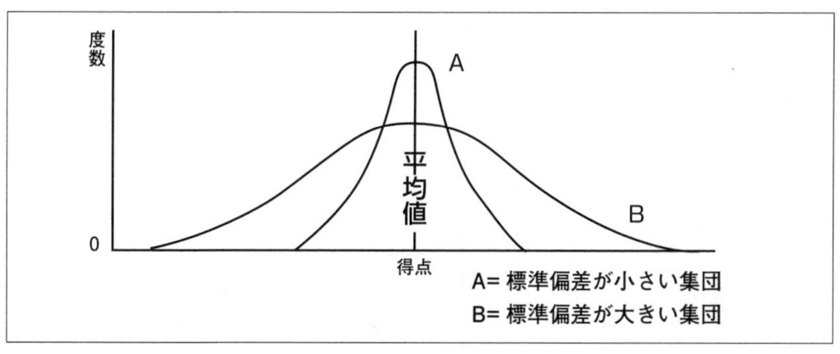

図2-2-6　標準偏差

複数の異なるテストに共通した評価を下すことは難しい。そこで利用されるのが、標準偏差を使って素点を標準化させた**標準得点**（**z得点**）であるが、これをさらに、50がちょうど真ん中の値になるように変換させたものが、**偏差値**（**Z得点**）である。この場合、偏差値はあくまで「同じテストを受けた集団」（**母集団**）の中だけで比較可能な数値であることに留意しなければいけない。

8.2 項目分析

テスト問題全体を構成する小問それぞれを項目というが、テスト実施後にその良否を検討することを**項目分析**という。

項目分析に用いる指標は2つあり、1つが**項目困難度**、いわゆる難易度であり、正答率で表される。もう1つは成績の上位群と下位群が正しく識別できているかを表す**項目弁別力**（**項目識別力**とも）である。項目弁別力には、成績上位群と下位群の正答率の差を表す**弁別指数**、もしくは各項目の正答率とテスト全体の正答率との相関を表す**点双列相関係数**が用いられる。

望ましい項目の目安は、項目困難度が0.2〜0.8、項目弁別力が0.3ないしは0.4以上とされる。項目困難度を横軸に、項目弁別力を縦軸にとり、全ての項目を一度に比較できるように示したものが**項目分析一覧図**である。また項目ごとに受験者の能力の高低を横軸に、正答率を縦軸にとって示したものが**項目特性曲線**である。項目の良否を視覚的に捉えることができる。大規模試験ではおおむねこの方法で項目の良否を分析し、望ましいと判断された項目を使用したりすることがある。

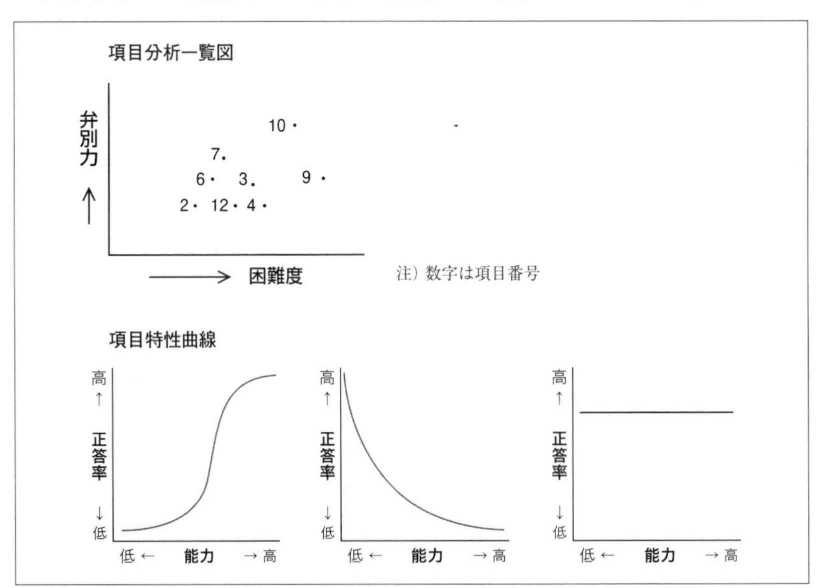

図2-2-7　項目分析一覧図・項目特性曲線

一方、学習者の到達度や項目の良否など、種々の情報が一度に手軽に得られるのが**SP表**である。SP表とは、各項目の正答を1、誤答を0として、縦軸に学習者（S=Student）、横軸に問題（P=Problem）をとり、それぞれを正答率の高い順に並べたものである。

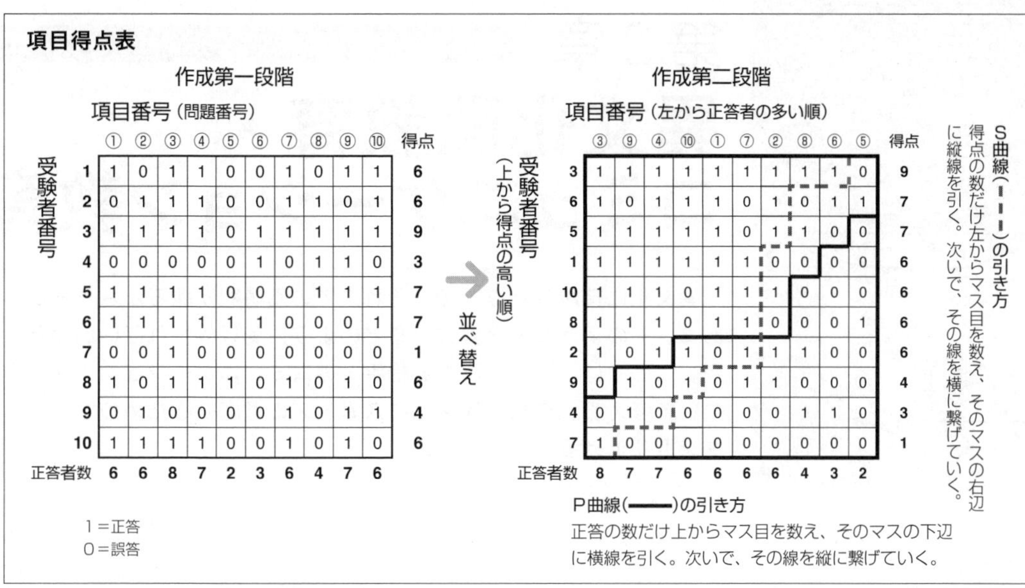

項目得点表

作成第一段階

項目番号（問題番号）

受験者番号	①	②	③	④	⑤	⑥	⑦	⑧	⑨	⑩	得点
1	1	0	1	1	0	0	1	0	1	1	6
2	0	1	1	1	0	0	1	1	0	1	6
3	1	1	1	1	0	1	1	1	1	1	9
4	0	0	0	0	0	1	0	1	1	0	3
5	1	1	1	1	0	0	0	1	1	1	7
6	1	1	1	1	1	1	0	0	0	1	7
7	0	0	1	0	0	0	0	0	0	0	1
8	1	0	1	1	1	0	1	0	1	0	6
9	0	1	0	0	0	0	1	0	1	1	4
10	1	1	1	1	0	0	1	0	1	0	6
正答者数	6	6	8	7	2	3	6	4	7	6	

1＝正答
0＝誤答

→ 並べ替え

作成第二段階

項目番号（左から正答者の多い順）

受験者番号（上から得点の高い順）	③	⑨	④	⑩	①	⑦	②	⑧	⑥	⑤	得点
3	1	1	1	1	1	1	1	1	1	0	9
6	1	0	1	1	1	0	1	0	1	1	7
5	1	1	1	1	1	0	1	1	0	0	7
1	1	1	1	1	1	1	0	0	0	0	6
10	1	1	1	0	1	1	1	0	0	0	6
8	1	1	1	0	1	1	0	0	0	1	6
2	1	0	1	1	0	1	1	1	0	0	6
9	0	1	0	1	0	1	1	0	0	0	4
4	0	1	0	0	0	0	0	1	1	0	3
7	1	0	0	0	0	0	0	0	0	0	1
正答者数	8	7	7	6	6	6	6	4	3	2	

S曲線（- - -）の引き方
得点の数だけ左からマス目を数え、そのマスの右辺に縦線を引く。次いで、その線を横に繋げていく。

P曲線（——）の引き方
正答の数だけ上からマス目を数え、そのマスの下辺に横線を引く。次いで、その線を縦に繋げていく。

図2-2-8　ＳＰ表の作成法と作成例

- テスト結果の処理は、さまざまな係数で分析される。
- 代表値：あるグループの得点分布の中心がどの辺りにあるかを示す値で以下の３種がある。

  平均値：得点の総和を受験者数で割った点。

  中央値：得点を順番に並べたとき受験者の50%に当たる得点。

  最頻値：最も多くの者が取った得点。
- 項目分析：テストにおける各設問の難易度と弁別度を使って、各設問の適切さを調べる。難易度は正答率で、弁別度は弁別指数や点双列相関係数で表すことができる。

第3章 第2部　言語と教育 異文化間教育・コミュニケーション教育

異文化に接触したことで、それまでの価値観が揺るがされることがある。そのようなとき異文化をどのように受け入れればいいのだろうか。ここでは、文化が異なる相手とのコミュニケーションの在り方について考える。また、異文化にスムーズに適応するためのトレーニングを取り上げる。

1. 異文化コミュニケーション ★★

異文化コミュニケーション（異文化間コミュニケーション）とは、文化背景が異なる人の間でのコミュニケーションを指す。異文化コミュニケーションの体系的な枠組みを最初に作ったのは、1950～55年に米国国務省で異文化トレーニングを担当した**エドワード・T. ホール**※1である。このトレーニングは海外に派遣される技術者や外交官を養成するものであった。

異文化コミュニケーション論の基礎は、19世紀、20世紀初期のダーウィン、マルクス、フロイトに負うところが大きい。**フロイトの無意識の概念**※2が文化の無意識レベルの解釈の基礎になっており、**ダーウィンの進化論**※3や**マルクス、スペンサーの社会進化論**※4が少なからず異文化コミュニケーション論に影響を与えている。例えば、ダーウィンの進化論の影響を受け、文化進化論というようなものが出てきて、文化は未開、野蛮を経て、文明に至るとした。**ボアズ**※5はこの考え方を**自文化中心主義（自民族中心主義、エスノセントリズム）**だとして強く批判し、**文化相対主義（カルチュラル・レラティビズム）**を提唱した。

ホール以降の異文化コミュニケーションにおける研究分野には、海外赴任などの一時的滞在のプロセス、同化と自己文化維持、偏見、差別、自文化中心主義と文化相対主義、ノンバーバル・コミュニケーション、集団主義と個人主義などがある。特に、アメリカの研究では、日

※1
Edward T. Hall（1914-2009）、アメリカの文化人類学者。異文化コミュニケーション学の先駆者。

※2
人間の心的過程の中には自我では意識できない領域がある。幼少期からの周囲の道徳的規範の影響下において、その道徳的規範と相違する意識内容が抑圧されることで、意識できない領域が形成される。ジークムント・フロイトは、無意識とは精神的なもので、各個人に持続的に存在し、主体の意識とは関係なく意識に影響を与え、各個人の精神的な動きを規定し、時には制限するものであるとしている。

※3
生物は造物主によって現在の形のまま創造されたとする種の不変説

本の集団主義とアメリカの個人主義をテーマにした研究が多く見られる。

異文化コミュニケーションの例を見てみよう。異文化の経験が全くないアメリカ人学生ジョンが日本に留学したとする。大学の授業で、日本人学生があまり意見を言わなかったので、ジョンが意見を言ったら、ユニークな意見で受け入れられず、何の反応も得られなかった。同じことをアメリカの大学の授業でしたら、自分の意見に対してさまざまな質問が来たのに、日本の大学の授業ではなぜ何の反応もないのか、ジョンは考え込んでしまった。異文化接触のときに起こりやすいこのような例はいくらでもあるが、ジョンはここで初めて自分の文化と日本の文化の違いを意識し始める。このような文化に対する自覚的態度が**カルチュラル・アウェアネス（文化的な気付き）**である。アメリカの文化と日本の文化の違いに気付いたジョンは、異文化に関する本を読み、日本が集団主義文化で、個々の意見より全体の意見を重視するため、自分の個人的なユニークな意見が受け入れられなかったことを学ぶ。ジョンは、日本人は協調を優先し、主張しない人たちだと理解した。その後、サークルで仲のよい友人とアメリカの経済政策の話をした。そのとき、日本人である友人が自分の意見をはっきり言い、アメリカ人のように主張しているのを見て、「日本文化とは何だろうか」と迷う。ジョンは、「日本人は集団主義思考だ」と決めつけてしまったことで、日本文化を理解するのを難しくしてしまった。このような、特定の集団や文化に対する画一的な固定観念やイメージが**ステレオタイプ**である。実は、ステレオタイプは書物やマスコミや中途半端な異文化の学習により植え付けられるものであることが多い。1つの文化にもさまざまなレベルがあり、いわゆる典型的な文化を持っている集団や個人はあり得ないので、ステレオタイプが異文化理解を困難にするといえる。

さらに、ジョンは日本に留学しているうちに、さまざまなことに遭遇し、自分のアメリカ人としてのアイデンティティに気付く。アメリカにいたときは、自分がアメリカ人であることを自覚したことなどほとんどなかったのに、日本で生活することで、**カルチュラル・アイデンティティ**または**自文化アイデンティティ**（**文化的自己同一性**[※6]）が浮き彫りにされた。

異文化に接触する人の中には、適応がうまくいかずに異文化に拒絶反応を示す人も多い。カナダ移住者の異文化適応を調べた研究報告で

に対し、原初の単純な形態から次第に現在の形に変化したと考えるもの。19世紀後半にダーウィンらによって体系づけられた。

※4
ダーウィンの生物進化論を、社会的諸関係に適用し、社会も次第に高次なものへと進化すると考える理論。

※5
Franz Boas：フランツ・ボアズ（1858-1942）、ドイツ生まれ。アメリカの人類学者。アメリカ文化人類学の創始者の1人。北米インディアンやエスキモーを調査し、文化相対主義を提唱した。

※6
文化的自己同一性とは、自分がどの文化に属するかという認識のこと。

は、「適応の遅い老年層、文化的自己同一性の危機から非行に走りやすい思春期世代、主婦」が最も異文化不適応を起こしやすいとしている。このようなグループを**ハイリスクグループ**と呼ぶ。逆に、カルチャーショックを乗り越え、海外生活に適応しやすい人の性格としては、試行錯誤を恐れないなどが挙げられている。

2. 異文化受容とコミュニケーションの在り方 ★★

ベリー※7は、ある人ないしは集団が別の社会に入った場合、参入者側、受入れ側がどのように対応するかにより、その後の社会の在り方が変わってくると論じている。これを**ベリーの文化変容モデル**※8という。文化変容というのは、異なった文化と接することでもたらされた変化をいう。2つ以上の異なる文化が接触することによって、双方、もしくは一方の文化が変化する過程のことである。ベリーは文化変容の形態を簡便なモデルで提唱した。

※7
John Widdup Berry：ジョン・ウィドアップ・ベリー（1939-）、カナダの心理学者。

※8
マイノリティ（特にアメリカン・インディアン）が西洋文化に接した際の文化変容を4つに類型化して整理した。

2.1 参入者から見た文化変容モデル

参入者であるマイノリティの文化変容の様相を、自らの文化的アイデンティティの保持と周囲との関係で説明した。

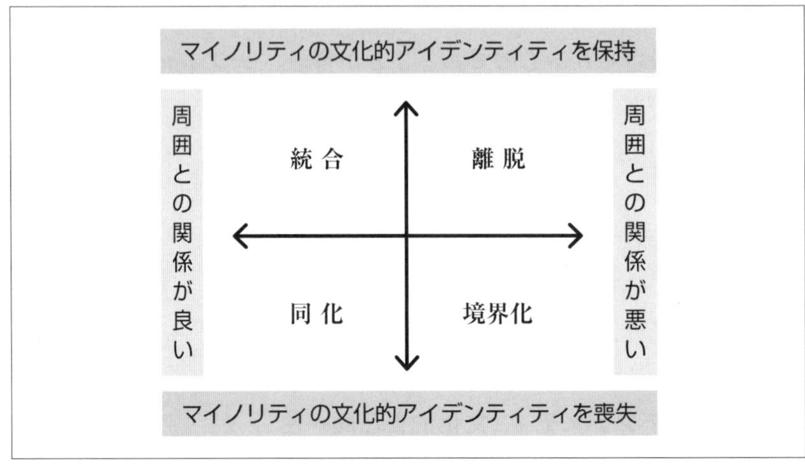

図2-3-1　参入者側の文化変容のモデル

縦軸は、参入者がどのくらい自分の文化を保持しているかを示す。自分の文化や自分らしさの維持を大切にすればするほど縦軸の上の方に位置し、逆に、自分の文化や自分らしさなどを大切にしなければしないほど下の方に位置する。横軸は受入れ側の文化の軸で、参入者が受入れ側の文化にどの程度親しんでいるかを示す。受入れ側との関係を大切にすればするほど、横軸の左のほうに位置する。逆に、受入れ側との関係を大切にしない場合、あるいは、受入れ側の一員だという意識が低ければ低いほど右の方に位置する。

ベリーは、参入者（マイノリティ）が、その文化的アイデンティティを保持するのか喪失してしまうのか、受入れ側（周囲）との関係が良いか悪いかによって、文化変容のモデルを４つの類型として示した。統合、同化、離脱、境界化である。

- **統合**…参入者が自分の文化を保持し、相手の文化との関係が良い場合のモデル。参入者が文化的アイデンティティを保持したまま異文化集団にも親しんでいる場合は、社会は参入者（マイノリティ）を取り込み、新たな社会を形成する（統合する）方向に向かう。
- **同化**…自分の文化を保持せず、相手の文化との関係を保持しているモデル。自分の文化的アイデンティティを否定することになり、アイデンティティの喪失などの問題が出てくることが考えられる。
- **離脱**…自分の文化は保持していて、相手の文化との関係が悪いモデル。自分らしさや自分の文化を大切にし、相手の社会に馴染む必要はないと考えている。
- **境界化**…受入れ側との関係が悪く、自分のアイデンティティも失っているモデルで、２つの文化集団に接触しているものの、どちらの文化的価値や特質をも受け入れず、どちらにも一体感を抱けないという状態になる。こうした場合、その社会の中で境界化し、社会の周辺で生きることを強いられるため、参入者側の人権は侵害される。「周辺化」とも呼ばれる。

例えば、ブラジル人の子どもが来日し、学校で日本人の子ども達と同じような行動をとるように指導されたらどうだろうか。同じことをするように指導されると、自分のアイデンティティを維持することが難しくなる。この状態が「同化」である。日本人と同じように振る舞ったとしても、日本人じゃないためにのけ者にされたら「境界化」の状態になる。一方、この子どもがブラジルの習慣や文化を保ちながら、日本の社会にも慣れていったら「統合」になる。両方持てるということは、自分に合った適度なバランスが見つけられるということでもある。そして、日本のやり方を受け入れず、ブラジルのやり方を固持して学校で浮いてしまう状況が「離脱」である。異文化で暮らす場合、それまでの自分のアイデンティティが通用しない経験をする可能性がある。

2.2 受入れ側から見た文化変容モデル

ベリーは、ある人が別の社会に入ったとき、その人や受入れ側がどのような対応をするかによって、その後の社会の在り方が変わってくるともいう。受入れ側と参入者との関係や、参入者が文化的アイデンティティを持っていられるかどうかで、その後の社会が決まるというのである。

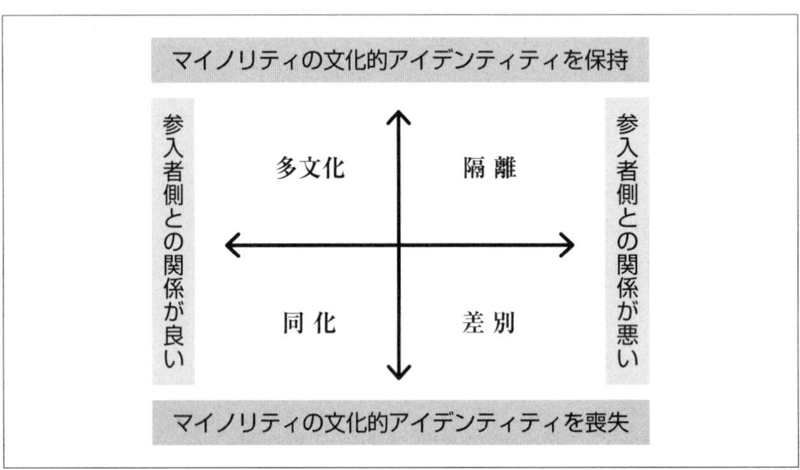

図2-3-2　受入れ側の文化変容のモデル

縦軸は参入者（マイノリティ）がどの程度自分の文化を保持しているかを、横軸は受入れ側が参入者をどのくらい受け入れているか、つまり、社会の一員として認めているかを示す。ベリーは、参入者（マイノリティ）がその文化的アイデンティティを保持するのか否か、受入れ側が参入者を社会の一員として認めるか否かによって、文化変容のモデルを多文化、同化、隔離、差別という4つの類型で示した。

参入者が自分の文化を保持し、受入れ側が参入者を社会の一員として認めていこうとした時、社会は多文化の方向へと向かい、多文化共生社会[※9]となる。反対に、参入者が自分の文化を失い、受入れ側が参

※9
多文化共生社会とは、さまざまな文化を持っている人たちが、お互いに認め合いながら、尊重しあって作っていく社会を意味する。

入者を社会の一員として認めようとしない場合、参入者は差別の対象になってしまう。

- ベリーの文化変容モデル：ベリーは社会の変化を、参入者と受入れ側との関係、態度によって捉えた。

3. 異文化トレーニング ★★★

3.1 異文化トレーニングの背景と目的

異文化トレーニングは、アメリカで、外交官、ビジネス関係者を海外に派遣するための準備トレーニングとして始まった。そこでは、派遣国の地理、法律、教育制度、習慣、天候などを講義形式で教えた。1970年代になると、異文化コミュニケーションをどのように捉えたらよいかが研究され、①目標文化に移行する前に行う研修、②現地研修、③帰国後の再適応の援助などを考慮に入れたトレーニングが行われるようになった。

異文化トレーニングは、単に頭の中で理解するという認知面だけではなく、異文化に共感が持てるように感情面をトレーニングしたり、認知面と感情面で学習したことを行動面で実践できるようにしたりするのが狙いである。また、異文化トレーニングでは、目標文化について学ぶことは言うまでもなく、自文化との対照の上で相手文化を捉えるために、自文化についての学習も必要となる。さらに、自文化と相手文化を理解する前提として、文化一般についての学習も不可欠である。

◎ 異文化トレーニングの方法

具体的なトレーニングの方法を見ていこう。

(1) 講義形式（大学モデル）

古くから一般に行われている形式で、講義を受けて、情報や知識を得る。目標文化の意識レベルと無意識レベルの両方を扱う。

(2) 自己学習形式（セルフスタディモデル）

目標文化の考え方や価値観を使い、ある行動や出来事の原因、意図を説明できるようにする訓練で、一人でできる方法である。具体的な方法に、**カルチャー・アシミレーター**がある。カルチャー・アシミレーターとは、①異文化コミュニケーションで生じた問題のエピソードを読む、②その原因となるものを選択肢の中から選ぶ、③解答を読む、という手法で行うケース・スタディである。

(3) 体験学習法

模擬的に異文化コミュニケーションの場面を体験し、異文化に入って問題が起きたときに、どう判断し、どう行動すればいいかを学ぶのを体験学習法という。

問題事例を使用した訓練	異文化で起きた問題となる事例を読み、グループで分析を行う。問題の事例を「問題事例」「危機的事例」「**クリティカル・インシデント**」という。グループディスカッション訓練で行ったりする。
ロールプレイ	その文化の中にいるという設定で葛藤や摩擦を経験し、文化自覚訓練を行う。
DIE法	異文化コミュニケーションで起こり得る事実を客観的に**描写**（Description）し、その事実が自文化と異文化ではどのような意味を持つのかを**解釈**（Interpretation）し、**評価**（Evaluation）するトレーニング。

表2-3-1　体験学習法

DIE法とは、自文化中心主義に起因する誤解や摩擦が起きたときに、価値判断を保留し、双方の立場から解釈を試みるスキルを習得するために開発された分析法である。私たちは普段、自分の文化や価値観というフィルターを通して解釈し、その解釈が動機となって行動を起こすが、それは客観的な解釈だとは言えない。さまざまな解釈をすることが大切で、それにより異文化理解が深まったりコミュニケーションが継続できたり人間関係が維持できたりする。トレーニングでは、ある事例を自文化と目標文化の両方の立場から考えられるようにするので、文化を相対的に捉えることが可能になる。DIE法は、異文化適応を、自分の**気付き**により促していく手法である。

(4) シミュレーション

異文化シミュレーションには、**バーンガ**、**バファバファ**、**エコトノス**、**アルバトロス**がある。

バーンガ (Barnga)	トランプを使った異文化トレーニング。参加者は異文化で遭遇するような状況を再現したゲームを行い、その後、ファシリテーターと行動を振り返りながら、価値観、感情的側面、行動様式などに見られる文化差を分析し、自文化がどのように関与しているかを考える。
バファバファ (Bafa-Bafa)	参加者が2つの教室に分かれ、お互い違った習慣や価値観を与えられ、その後、互いに交流し、異文化を体験する。例えば、一方のグループは挨拶のときには相手の身体に触れずにお辞儀をするように言われ、他方のグループは握手するよう教わる。その後、お互いに挨拶をし合い、異文化を体験するといった方法である。
エコトノス (Ecotonos)	バファバファのグループを3つに分けて行う異文化トレーニング。挨拶のときに、お辞儀をするグループと握手をするグループ、そして、ハグをするグループを作り、お互いに挨拶をし合うという方法が、例として挙げられる。
アルバトロス (Albatross)	架空の国アルバトロスでの体験を基にした異文化トレーニング。アルバトロスでは女性は床に正座をし、男性は椅子に座る。食べ物は男性が先に食べ、女性はその後に食べるという風習がある。このような文化を体験し、参加者はフィードバックを行う。多くの参加者はここを男尊女卑の文化と考えるが、実際はその逆で、アルバトロスには女尊男卑の考え方が根付いている。聖なる大地を踏みしめることができるのは女性だけであり、男性が先に食べ物を食べるのは毒見をするためである。

表2-3-2　異文化シミュレーション

異文化トレーニングでは、グループの進行役は**ファシリテーター**と呼ばれる。「講師（レクチャラー）」が自分の知識を受講者に伝えるのに対し、「ファシリテーター（進行役）」は、その場を活性化させ、受講者に考えることを促す役割を持つ。異文化トレーニングでは、受講者が自ら体験し、発見していくことが期待される。トレーニングの後は、ファシリテーターを中心とした**デブリーフィング**（振り返り）が行われる。これは参加者が、自分が考えたこと、学んだことをもう一度振り返り、意識化するものである。

ここで見てきた異文化トレーニングは、**ソーシャル・スキル・トレーニング**（**SST**[※10]）の一種である。SSTは対人関係のトレーニング全般を指す。SSTでよく使われる手法に**エンカウンター・グループ**の手法があり、異文化トレーニングにも取り入れられている。エンカウンター・グループの手法は1960年代にアメリカで作り出された。エンカウンターとは「出会い」という意味で、メンバーがそれぞれ本音を言い合うことにより、互いの理解を深め、自己成長や対人関係の改善などを目指すものである。この手法には、**構成的グループ・エンカウンター**と**非構成的グループ・エンカウンター**の2種類がある。

※10
SSTはSocial Skills Trainingの略。

構成的グループ・エンカウンター	ファシリテーターが中心となって、プログラムに沿って互いを理解するための活動が行われる。人数が多くても活動可能である。
非構成的グループ・エンカウンター	参加者が中心となり、参加者が自主的にどのような活動を行うかを決めて実行していく。自発的に集まった少人数のメンバーによって構成されるのが基本である。

表2-3-3　構成的グループ・エンカウンターと非構成的グループ・エンカウンター

● 異文化トレーニング：講義形式、自己学習形式のカルチャー・アシミレーター、体験学習法の問題事例を使用した訓練、ロールプレイ、DIE法、シミュレーションのバーンガ、バファバファ、エコトノス、アルバトロスがある。
トレーニングの後は、デブリーフィングを行う。

個の文化

異文化について記述してきたが、「異文化」を異なった国の人との接触と捉えない視点もある。日本対アメリカ、日本対中国といったような発想では、いつまでもステレオタイプ的なものの見方しかできない。むしろ、同国人であるか別の国の人であるかに関係なく、1人1人違った文化的背景を持って、異なった考え方をしていると捉えるべきではないか。1人1人の持っているものを**個の文化**（細川 1999）として、理解し、尊重していく中で、本当の出会いが生まれる。

4. 学習者支援とコミュニケーション ★★

学習者が日本で異文化ストレスを感じていたらどうすればいいか、学習者支援について考えてみよう。

自文化と日本文化の狭間でストレスに悩まされている学生があなたの勤める日本語学校にいたら、あなたはどうするだろうか。アメリカの学校では、小学校から大学までカウンセリングが充実していて、最低でも非常勤のカウンセラーが週に何度か学校に来て、生徒または両親とさまざまな問題を話し合っている。日本でも大きな大学であれば、ストレスに悩まされている学生を専門のカウンセラーに任せることも可能であろう。しかし、そうした専門家がいない場合、教師に、彼らの異文化ストレスを和らげることが求められる。

効果的な方法の１つとして、**ジャーナル・アプローチ**が挙げられる。学習者が学習や異文化についての感想や問題点などを自由に書き、フィードバックを受け取るというものである。教師は学生に対して日本語に関するフィードバックはしない。学生は教師のコメントを読んで、さらに教師に問題を投げかけることもできる。ジャーナル・アプローチは学生のストレス軽減を目的に行うが、このジャーナルを通して、学生の**文化受容態度**[※11]を少しずつ変えていくことも可能である。また、**文化相対主義**的な考えに気付き、相手の文化も認め、バランスのとれた見方で両方の文化を捉えられるようになることも期待できる。ジャーナル・アプローチはさまざまな気付きや意識付けを促す方法である。

※11
文化受容態度とは、異文化にどの程度まで適応できるかという態度をいう。

学生に対しては、クラスを担当する教師からの支援だけではなく、他の教師や留学生、アドバイザー、日本人の学生、事務職員、ボランティア、地域市民からの**ソーシャルサポート**[※12]も必要になる。例えば、異文化ストレスを扱った講義を行うことで、学生自身が自分の状態を客観的に把握できたり対処法に気付いたりすることが期待できる。また、スポーツ大会、料理教室、ダンス教室といったリラクゼーションを目的とした活動を行えば、リフレッシュできそうである。地域の人との交流会などお互いを知るような活動を取り入れれば、困ったときに相談しやすくなる。支援を受けるだけではなく、お互いに支え合う**ピア・サポート**での活動も大切である。

※12
ソーシャルサポートは、ある人を取り巻く友人・地域社会などから受けるさまざまな援助のことである。

学習者支援をおこなう際になくてはならないのが、学習者と支援者のお互いの信頼関係である。信頼関係のことを**ラポール**という。信頼しているからこそ、サポートが生きてくる。信頼関係は、学習者の援助だけではなく、異文化理解のためにも必須のものだといえる。

- 学習者支援：ジャーナル・アプローチ、ソーシャルサポートなどがある。

第4章 言語教育と情報

第2部 言語と教育

近年、あらゆる教育分野においてICT（情報通信技術）が活用されている。どのような環境でどのような対象に日本語を指導するにしても、これらを扱うための知識や技術の獲得が必須である。また、この分野における技術革新には目を見張るものがあり、常に最新情報をアップデートしていく必要がある。本章では日本語教師として現場に出る上で、最低限押さえておくべき内容を学ぶ。

1. 日本語教育とICT（情報通信技術） ★★

1.1 ICTとは

ICT（Information and Communication Technology，情報通信技術）は**IT**（Information Technology）とほぼ同義の意味を持つが、コンピュータ関連の技術をIT、コンピュータ技術の活用に着目する場合をICTと区別して用いる場合もある。国際的にICTが定着していることなどから、日本でも近年ICTがITに代わる言葉として広まりつつある。ICTを活用することで、遠隔教育、学習の管理、課題の提出、教材のデジタル化、教材の共有、テストのオンライン実施と自動集計などが可能となる。

郵便や電話などを使った遠隔教育は19世紀から存在したが、本格的な広がりは1990年代に入りインターネットの普及に端を発するものだった。2000年代には、日本でも企業研修を中心に**e（イー）ラーニング**（electronic learning）が導入されていった。これは、コンピュータや携帯端末を介した学習のことを指す。別の観点からは、オープンエデュケーションの普及が進み、**MOOC（ムーク）**※1（Massive Open Online Course）を利用して、誰でもどこからでも大学の講義が受講できる環境が整備されていった。

2004年にSkype（スカイプ）※2の無料サービスが開始される頃になると、オンラインレッスンが急速に増加した。翌年の2005年にYouTube（ユーチューブ）※3が開設

※1
インターネット上で公開されている、無償で受講できる大規模な講義。誰でもオンラインを通じて、遠方の教育機関の授業を視聴できるようにすることを目的に立ち上げられた。

※2
無料でオンライン通話やメッセージのやり取りができるツール。オンライン会議を開くこともできる。
https://www.skype.com/

※3
動画や音楽などのオリジナルコンテンツをインターネット上に配信し、世界中の人たちと共有することができるツール。
https://www.youtube.com/

され、誰でも動画を配信したり閲覧したりすることが可能となる。そして近年は、Facebook（フェイスブック）※4、Twitter（ツイッター）※5、Instagram（インスタグラム）※6、LINE（ライン）※7などの**SNS**（Social Networking Service）を用いて、簡単に日本語を用いた交流ができるようになっている。

新型コロナウイルス（COVID-19）の世界的流行により、2020年は急速にオンラインによる教育が広がった。Skype、Google meet（グーグル ミート）、Microsoft Teams（マイクロソフト チームズ）、Zoom（ズーム）などの通信ツールを活用することで、授業を行う側と受ける側が離れた場所にいても教育実践を行うことが可能となる。その利便性の反面、受講者側の環境、教育機関側の通信設備、教員のICTスキル、セキュリティ面などに問題点があることが浮き彫りとなった。同時に、学習者が個人単位で受講するために一体感が得られず、モチベーションの維持が困難である点も指摘されている。

これらの教育のICT化の流れは日本語教育にも及んでいる。関連する学習ツールや概念については、後に述べる。

※4
実名登録を基本とする世界最大規模のSNS。「友達」を基本としたグループで、オンライン上の交流ができる。
https://www.facebook.com/

※5
日本語では140文字以内の文章をつぶやく（投稿する）ことができるSNS。写真や動画の共有も可能。
https://twitter.com/

※6
Facebook社が運営している、写真・動画共有に特化したSNS。匿名での登録も可能。
https://www.instagram.com/

※7
テキストやスタンプを用いたチャットや、音声·ビデオ通話ができるSNS。ニュースの閲覧やオンライン決済など、機能は多岐にわたる。
https://line.me/

1.2 教育・学習リソース

日本語学習のリソースは、**物的リソース**、**人的リソース**、**社会的リソース**が挙げられる。近年、学習に活用できる素材が増えており、その一例を示す。

① 物的リソース

- Webサイト（日本語学習サイト）
- 動画
- デジタル教科書
- 書籍（漫画や小説なども含む）

② 人的リソース

- 教師
- 友人
- クラスメイト

③ 社会的リソース

- SNS
- 地域社会
- コミュニティ

第1部 言語一般
第2部 言語と教育
第3部 言語と心理
第4部 言語と社会
第5部 社会・文化・地域
第6部 音声分野
第7部 記述問題

1.3 教育・学習とコンピュータ

日本語教育にもその教育や学習にコンピュータの使用が求められている。プロジェクター、スマートフォン、タブレット、電子黒板などの活用が広まり、教材作成にクラウド[※8]が使用されている。それに伴い、教科書のデジタル化が進み、文字の拡大・音声読み上げ、マーキング機能など、紙の書籍にはない利便性が得られるようになった。

教育面では、**日本語コーパス**や日本語教材に関するサイトを活用し、授業に生かすこともある[※9]。**コーパス**とは、言語調査や研究のための**データベース**で、実際に使用された言語資料を体系的に収集し、研究用の情報を付け加えたものをいう。

※8
作成したデータを自分のPCや携帯端末などに保存せず、インターネット上に保存するサービス。

※9 Web
ここに紹介したサイトは、本書特設サイトからリンクされている。特設サイトについては、p.21を参照のこと。

- **「日本語話し言葉コーパス」**　国立国語研究所、情報通信研究機構、東京工業大学共同開発

  音声データ、テキスト、文法、談話情報、イントネーションなどがデータベース化され、現代日本語の分析が可能になっている。

- **「現代日本語書き言葉均衡コーパス（BCCWJ）」**　国立国語研究所

  現代日本語の書き言葉の全体像を把握するために構築したコーパスで、オンライン上で「少納言」と「中納言」が公開されている。

  書籍全般、雑誌全般、新聞、白書、ブログ、ネット掲示板、教科書、法律などのジャンルにまたがって1億430万語のデータを格納している。

日本語教材に関するサイトには次のものがある。

- **「みんなの教材サイト」**　国際交流基金

  日本語教師のためのユーザー登録制のウェブサイトで、日本語を教えるための教案や教材作成、授業準備のもととなる素材などが掲載されている。

- **「みんなのCan-doサイト」**　国際交流基金

  「みんなの教材サイト」と同アカウントでログインできるウェブサイトで、Can-do項目の検索、保存、共有などを行うことができる。

- **「かすたねっと」**　文部科学省初等中等教育局国語教育課

  帰国・外国人児童生徒の受入れ実績が豊富な地域で作成・公開された「外国人児童生徒教育のための教材」が検索できる。

- 「CLARINET（クラリネット）」 文部科学省初等中等教育局国際教育課

  海外子女教育・帰国児童生徒教育に関する情報を、広く一般にも提供している。

コンピュータを使用した教材関連で、下記の用語については覚えておきたい。

CAI (Computer Assisted Instruction)	コンピュータを使った学習用ソフトウェア
CALL (Computer Assisted Language Learning)	CAIに含まれる、コンピュータを使用した語学学習用教材のこと
CMI (Computer Managed Instruction)	コンピュータを使用した、成績管理や出席管理を行う学習管理ソフトウェアのこと
CBT (Computer Based Testing)	コンピュータを使用したテストのこと
WBT (Web Based Training)	インターネットを使用した教育
eラーニング	コンピュータなどの情報機器を使用して行う学習
LMS (Learning Management System)	eラーニングなどの学習を管理するシステム

表2-4-1　コンピュータを使用した教材に関する用語

- 日本語教育で使用できるデータベースには、「現代日本語書き言葉均衡コーパス（BCCWJ）」（国立国語研究所）、「日本語話し言葉コーパス」（国立国語研究所、情報通信研究機構、東京工業大学共同開発）などがある。

1.4 メディア／情報技術活用能力（リテラシー）

○ 情報リテラシー

元々は「読み書きの能力」を意味していた**リテラシー**という言葉がコンピュータにも使われるようになり、最近は**ITリテラシー**という言葉がよく使われる。ITリテラシーとは、ITを上手に利用できる能力をいう。また、このようにコンピュータから得た情報の意義が理解でき、その情報を効果的かつ効率的に活用する能力や、情報を取捨選択する能力を**情報リテラシー**という。

日本語教育においては、教師も学生も情報リテラシーを養成していくことが不可欠であろう。最近ではコンピュータやインターネットを

第1部 言語一般
第2部 言語と教育
第3部 言語と心理
第4部 言語と社会
第5部 社会・文化・地域
第6部 音声分野
第7部 記述問題

使いこなせる人と使うことができない人の間で、情報の処理や獲得に差が出てきてしまうことも指摘されている。このような格差は**デジタル・デバイド**（情報格差）と呼ばれている。

◘ 日本語学習サイト

日本語をコンピュータ上で学習することを目的としたサイトやソフトウェアも数多くある[※10]。

日本語学習で使われているオンライン上の学習プログラムとしては、「**リーディング チュウ太**」がある。このサイトでは、学習者のレベルに合わせて文章を選び、読解練習をすることができたり、サイト内のダイアログボックスに文章を入れると、その文章の語彙、漢字のレベルを判定することができたりする。また、「**Japanese language learning tools on Web**」というサイトには、オンライン上の日本語学習プログラムのリストが掲載されている。

国際交流基金では、以下のような日本語学習サイトを運営している。

「エリンが挑戦！にほんごできます。」
「NIHONGO eな」
「アニメ・マンガの日本語」
「日本語でケアナビ」
「JFにほんごeラーニングみなと」

オンライン上のサイトに掲載されている画像や文章は**著作権**がある。中には、著作権フリーで誰でも使用してよいとしているサイトもあるが、使用に当たっては著作権を規定した法律に抵触しないか確認する必要がある。こうしたオンラインでの学習では、異なる言語の母語話者同士がお互いの言語を教え合う**タンデム・ラーニング**などが盛んに行われている。

また、教室での活動と、コンピュータを使用した外部との接触を組み合わせた活動も行われている。いくつかのメディアや活動、例えば対面での活動とコンピュータを使用した外部の母語話者とのメール交換などを組み合わせた形の学習方法は**ブレンディッド・ラーニング**と呼ばれ、いろいろな試行錯誤が行われている。

学習ツールや教育の枠組みは、次々と新しいものが生まれてくるので、実践例を含めて、各自でキャッチアップしていく必要がある。

※10 Web
下記に紹介している日本語学習サイトには、一度は目を通しておこう。なお、本書の特設サイトには、これらのサイトへのリンクが張られている。特設サイトについては、p.21参照。

○ コンピュータを使った教育

コンピュータを使用した学習は、言語教育に関わるさまざまな考え方と密接な関係を持っている。教師がおらず、学習者が自分で日本語学習用のホームページなどで学習することは**自律学習**（**オートノマス・ラーニング**）の一種である。また、インターネット上で他の学習者や日本語母語者と交信しながら学習を行うことは**協働学習**（**コラボラティブ・ラーニング**）につながる。

オンライン教材などを活用し、先に理論を学習した上で、後から授業で練習や話し合いをすることがある。これは従来の手順を逆転させていることから**反転授業**と呼ばれる。現在では、学習者はインターネットを使用し、自分で必要な情報を得ることが容易にできる。そのような学習の環境を整えることを**学習環境デザイン**といい、教師の重要な役割となっている。なお、学習環境デザインには、情報機器ばかりではなく、学習に役立つ書籍を整えたり、学習者に日本語の実際使用の場として、ボランティア団体などが主催したりする場を紹介するような活動も含まれる。

現在、インターネット網を表すのにWebという語が使われているが、この語は元々は社会学・教育学に大きな足跡を残した**イリイチ**が『脱学校の社会』の中で使用したものである。イリイチの思想は、日本語教育の考え方にも多大な影響を与えている。教師が持っている知識を得るのではなく、学習者同士あるいは学習者と母語話者が交信する中で、知識を形成していくあり方は**社会的構成主義**※11の考え方に繋がる。コンピュータ上の交信の場を共同体と考えれば、そこに参加する中で日本語が使用できるようになるのは**レイヴ＆ウェンガー**の**状況的学習論**と重なる。このように、コンピュータを使用した日本語学習は、日本語教育、語学教育のさまざまな理論を背景として、今後、多様な研究、実践が行われていくだろう。

※11
社会的構成主義については、「第1章 1.4 学習観の変遷と学習理論・言語観」を参照。

最後にコンピュータを使用した教材についての用語を整理しておく。

- **インターフェイス**：パソコンなどの機器を使用する際、その使用者と機器をつなぐもの。具体的にはコンピュータの初期画面、キーボードのデザイン、学習ソフトウェアの画面などが含まれる。

- **アフォーダンス**：ある物体の形、材質などの属性は、使用者にそれをどう取り扱うかというメッセージを発信しているという考え方。

例えば、ドアのノブは、それを掴んでドアを開くことをその使用者に発信している。eラーニングを行う上で、機器やソフトウェアがどう設計されているかは、アフォーダンスの上からも重要な要素となる。

- **ユビキタス**：情報化社会が進み、いつでも、誰でも、どこでも、大量の情報を得たり、発信したりすることができるようになっているという概念。現在では、スマートフォンやタブレット端末を通じて、好きなときに、どこでも日本語学習を行える環境も整ってきている。そのような形の学習は**ユビキタス・ラーニング**と呼ばれる。

- 情報リテラシー：コンピュータを効果的、効率的に使いこなす能力。
- タンデム・ラーニング：ネットワークで繋がった異なる言語話者がお互いの母語を教え合うこと。
- ブレンディッド・ラーニング：対面での授業とコンピュータを使ったやり取りを組み合わせた学習法。
- 自律学習：自分で自分の学習を管理して行う学習。
- 協働学習：他の人と協力してタスクを達成する学習法。

2. 著作権 ★★

2.1 著作権

ICT（情報通信技術）を活用する上で、気づかずに著作権を侵害してしまうリスクがある[※12]。創作者の持つ権利のうち、知的な創作活動によって創出したものが他人に無断で利用されない権利を、**知的財産権**（または**知的所有権**）という。文化庁の「著作権制度の解説資料」によると、知的財産権には、**著作権**（著作者の権利）および産業財産権（特許や商標権など。工業所有権とも）などが含まれている。著作権は、著作者人格権と財産権を併せた著作者の権利、並びに著作隣接権から成る。

※12
著作権はICT関連のことに限らず、どんな場面においても適応される。

教材作成に関係するのは、このうちの**財産権**で、これは**著作物**を複製したり、上映したり、頒布したりする権利、あるいは二次的な著作物の利用などに関する権利で、著作物を創作した時点で自動的に著作者に付与され、死後も原則70年間は有効である。ここでいう著作物とは、文化的な創作物、すなわち小説、講演、音楽、美術、映画、コンピュータ・プログラム、データベースなどで、日本語教育で使われる市販のテキスト、音声教材、映像教材もこの著作物に該当する。財産権の代表としては、複製権[※13]、上映権、頒布権[※14]の３つが挙げられる。

※13
オーディオ・ビデオソフトのコピーを作るなどの権利。

※14
オーディオ・ビデオソフトを公的な場で上映したり、ソフトを貸したり、コピーしたりする権利。

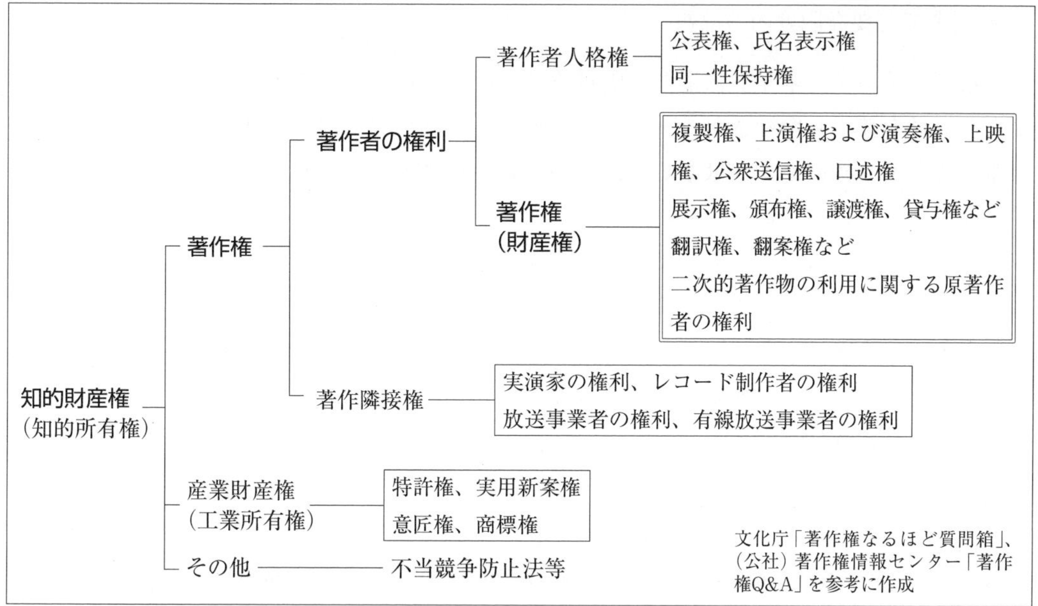

図2-4-1　著作権

教育の現場では、教材や試験の作成のためにどうしても複製が必要になる。しかしその都度、著作者の了解を得ていたのでは、効率的な教育活動の妨げになるため、学校などの教育機関に対しては、著作権法で以下のような例外措置を設けている。

- 発表用資料やレポートの中で他人の作品を「引用」して利用する場合（第32条第1項）
- 教員及び児童・生徒が、授業の教材として使うために他人の作品をコピーし配布する場合（第35条第1項）
- 試験または検定のために、他人の作品を使って入学試験問題を作成し配布する場合又は当該試験問題をインターネットなどで送信する場合（第36条）

- 学芸会、文化祭、部活動などで他人の作品を上演・演奏・上映・口述（朗読等）する場合（第38条第1項）

いずれの場合でも、出典を明らかにすることが求められている。またこの例外的処置は、次の場合に限られている。

- 営利を求めない教育機関（小・中・高・大学・高等専門学校、専修学校等）
- 授業を担当する教員または授業を受ける児童、生徒、学生によるコピー
- 授業で必要な限度内の部数

なお、インターネットによる遠隔授業では、主会場で引用などを含んだ教材を使用した授業が行われ、遠隔地にある副会場に同時中継する場合も例外処置が当てはまるが、その中継が録画の場合は例外処置には該当しない。

最近は、インターネットによる情報の交換が容易になり、著作物も簡単にデジタルデータで手に入れられるようになった。そのため、複製が手軽にできるようになり、無意識のうちに著作者の知的財産権を侵害してしまう恐れがある。そのようなことがあった場合は、損害賠償の対象になる[※15]。

※15 Web
文化庁「著作権」

- インターネットの普及により、手軽に教育現場で素材を使用できるようになったが、知らないうちに著作権を侵害していることもあるので、注意が必要である。
- 教育現場における著作権法の適用については、例外的に自由使用が認められていることもあるが、無自覚のうちに他人の著作権を侵害しないよう、気を付けなければならない。

第1章

言語教育法・実技

1. 日本語教育とは

□□ ❶ 戦後の学習観の変遷を、古い順に3つ挙げよ。

□□ ❷ 認知主義と社会的構成主義の共通点は何か。

□□ ❸ 条件付けの仕組みとは、刺激に対する反応をどうすることか。

□□ ❹ 状況的学習に関わる理論を提唱した人物は誰か。

□□ ❺ 学習者が文化的な共同体の活動に新参者として実践的に参加していくなかで成長し、古参者（一人前）となるプロセスを何というか。

□□ ❻ ヴィゴツキーが説明した、子どもが自主的活動において可能な問題解決のレベル（領域）と、大人の指導や援助のもとでも不可能な問題解決のレベル（領域）の間のレベル（領域）を何というか。

2. 外国語教授法

□□ ❶ 独学の方法としても応用できる、最も古い外国語教授法は何か。

□□ ❷ ナチュラル・メソッド系列の教授法には何があるか、2つ挙げよ。

□□ ❸ パターン・プラクティス、ミム・メム練習などを用い、正確さを重視する外国語教授法は何か。

□□ ❹ オーディオ・リンガル・メソッドとコミュニカティブ・アプローチの違いは何か。

□□ ❺ コミュニカティブな指導において、言語の形式面にも焦点を与えることを何というか。

□□ ❻ ❺を重視している外国語教授法は何か。

□□ ❼ テレルが提唱した、聴解重視の外国語教授法は何か。

□□ ❽ カウンセリングの理論に基づいた外国語教授法は何か。

□□ ❾ 潜在能力の開発を目標としたクラシック音楽を使用する外国語教授法は何か。

□□ ❿ 教師はできるだけ沈黙し、独自の教材・教具を用いて教える外国語教授法は何か。

□□ ⓫ 教師の指示に従い、学習者が体の動きで反応する、聴解重視の外国語教授法は何か。

2-Q 確認問題

3. コース・デザイン

□□ ❶ コース・デザインにおいて、学習者の日本滞在期間や日本語学習歴を調べることを何というか。

□□ ❷ コース・デザインにおいて、コースで教える項目を選定することを何というか。

□□ ❸ コース・デザインにおいて、教育の具体的なスケジュールを決めることを何というか。

□□ ❹ 言語の構造を易しいものから難しいものへ、文型・文法・語彙の観点から順に教えるシラバスは何か。

□□ ❺「誘う」「断る」「謝る」など、言語のコミュニケーション上の働きを中心に教えるシラバスは何か。

□□ ❻ 指導項目を網羅的にリストアップしたシラバスは何か。

□□ ❼ 事前にある程度のシラバスを決めておくが、コースの実際の進行状況に応じて修正を加えていくシラバスは何か。

4. 教材分析・教材開発

□□ ❶ 新聞記事を、何も加工せずにそのまま教材として使うとき、これを何というか。

□□ ❷ ロールプレイで使用する、役割の指示のために学習者に渡すものは何か。

□□ ❸ 教室で、あるいは宿題として使用する練習用のプリントを何というか。

□□ ❹ 授業中に実施する課題で使用するプリントを何というか。

□□ ❺ 視覚に訴える教具をまとめて何というか。

□□ ❻ 絵カードや文字カードを、学習者の即時的反応を引き出すためにリズミカルにテンポよく操って提示した場合、これを何というか。

□□ ❼ 例えば「新聞」の実物を学習者に見せながら語彙を教える場合、この「新聞」は何として使われるか。

5. 授業実施のサイクル

□□ ❶ 実際の授業の事前準備を行い、進行予定を立てることを何というか。

□□ ❷ 言語知識を扱う授業の基本構成は何か。

□□ ❸ 授業中に教師が練習の合図としてはっきりテンポよく出す行動を何というか。

□□ ❹ 授業で行う練習のMMCとは何のことか。

□□ ❺ 機械的練習は言語の何に焦点をあて、何の向上を目的としているか。

□□ ❻ 次の練習を何というか。

教　師：犬が好きです。猫。

学習者：猫が好きです。

□□ ❼ 有意味の練習は言語の何に焦点をあて、何の向上を目的としているか。

□□ ❽ コミュニカティブな練習は言語の何に焦点をあて、何の向上を目的としているか。

□□ ❾ 練習の際、クラスの全員ないし指定されたグループのメンバーが一斉に答えることを何というか。

□□ ❿ 練習の際、指名された学習者個人が答えることを何というか。

□□ ⓫ 学習者S1から学習者S2へ、学習者S2から学習者S3へと順番に質問と回答を繰り返していくことを何というか。

□□ ⓬ 言語技能を扱う授業の基本構成の３段階を挙げよ。

□□ ⓭ 授業のために考えたり準備したりした内容を、時間の流れに沿って詳細に書き記したものを何というか。

□□ ⓮ 教師の自己成長を促す活動を２つ挙げよ。

□□ ⓯ 「反省的実践家」を提唱した研究者は誰か。

6. 指導法

□□ ❶ 以下の活動を何というか。

① まとまりのある内容を持つ短めの文章を教師が数回音読している間、学習者はキーワードのメモを取る。

② その後、学習者が個別にまたは他の学習者と協働して、元の文章と同等の内容・構成になるよう文章を復元していく。

□□ ❷ 文章から知りたい情報を素早く探したり、おおよその内容や要旨を素早くつかんだりする読み方を何というか。

□□ ❸ 文章を言語志向と内容志向の両面から詳細に読み込む方法を何というか。

□□ ❹ ロールプレイで使う1組のロールカードを作る場合、役割によって状況を変えるのは、何を盛り込むためか。

□□ ❺ 文章を書くことを思考の循環的なプロセスであるとし、文章を推敲する過程を重視して何度も書き直しさせる方法を何というか。

□□ ❻ 学習者がペアになって、自分が書いた作文を互いに交換し、フィードバックする活動を何というか。

□□ ❼ 「用紙に氏名を記入しなさい」を初級学習者向けにティーチャートークにすると、どうなるか。

□□ ❽ 「ペン」という言葉を知っている学習者に、実物のペンを見せながら「これは何ですか」と問う場合、この質問を何というか。

□□ ❾ 教室における独特の談話構造を何というか。

7. 訂正フィードバック

□□ ❶ 学習者に誤用の存在をはっきり示すフィードバックを何というか。

□□ ❷ 学習者の誤用をさりげなく示すフィードバックを何というか。

□□ ❸ 次のような訂正フィードバックを何というか。

学習者：昨日、新宿で行きました。
教　師：昨日、新宿へ行って、何をしましたか。

第２章
評価

1. 評価の分類と方法

□□ ❶ プレースメント・テストが目的としている評価は何か。

□□ ❷ 集団内での位置付けを行う評価は何か。

□□ ❸ 学習目標の達成度を一定の基準に照らして行う評価は何か。

2. テストの種類

□□ ❶ 受験者の能力が認定基準に照らしてどのレベルかを測るためのテストを何というか。

□□ ❷ 決まった正答が特になく、採点者が採点基準に基づいて１つひとつ採点するテストを何というか。

□□ ❸ 正答が１つしかなく、コンピュータでも採点ができるテストを何というか。

3. テストによる評価

□□ ❶ ○×やa,bなど、二択で答えさせるテストの作問方法を何というか。

□□ ❷ 次のテストの作問方法は何か。

> （　　）に当てはまる表現を書きなさい。
> 1. 春になると、（　　　　）。

□□ ❸ 仮名や漢字の表記知識を問う作問方法は何か。

4. テストによらない評価

□□ ❶ 一学期間の学習の記録や成果物などをファイルなどにまとめ、それを学習評価の材料として使う評価を何というか。

5. よいテストの条件

□□ ❶「テストが測ろうとしているものを適切に測れているかどうか」を何というか。

□□ ❷「同一の条件でテストを実施した場合、同じ結果が得られるかどうか」を何というか。

□□ ❸「テストが時間や経費の面で実施しやすいかどうか」を何というか。

6. テストの採点

□□ ❶ 作文テストを採点する際、字のきれいな答案が一見よく見えて、採点が甘くなってしまうことを何というか。

□□ ❷ 直前の答案の出来が採点に影響してしまうことを何というか。

□□ ❸ 評価対象のことをよく知らないために、高くも低くもない点数に集まることを何というか。

7. テスト理論

□□ ❶ 項目応答理論が採用されている大規模試験を挙げよ。

□□ ❷ 項目応答理論が導入される以前の、教師の自作による小規模試験の分析法を何と呼ぶか。

□□ ❸ 上記❷の評価方法で基盤となる、加工をする前の点数のことを何と呼ぶか。

8. テストの分析

□□ ❶ テスト結果の良い順から順番に答案を並べたとき、ちょうど真ん中の順位になった答案の得点を何というか。

□□ ❷ ある集団において学習者のテスト得点の散らばり具合を示すものを２つ挙げよ。

□□ ❸ 各項目の正答を１、誤答を０として縦軸に学習者S（Student）、横軸に項目P（Problem）を取り、それぞれを正答率の高い順に並べた、テスト結果の分析のための表を何というか。

第３章
異文化間教育・コミュニケーション教育

1. 異文化コミュニケーション

□□ ❶ 自分がどの文化に属するかという認識を何というか。

□□ ❷ どのような人が異文化不適応を起こしやすいハイリスクグループになるか。

2. 異文化受容とコミュニケーションの在り方

□□ ❶ ベリーは、マイノリティの人がある社会に入ったとき、参入者側がアイデンティティを保持し、受入れ側との関係が悪い場合、どのようなことが起きるとしたか。

□□ ❷ ベリーによると、社会が多文化の方向へと向かうのはどのようなときか。

3. 異文化トレーニング

□□ ❶ 異文化コミュニケーションに関する問題事例を読み、選択肢から解答を選ぶトレーニングは何か。

□□ ❷「クリティカル・インシデント」とは何のことか。

□□ ❸ DIE法のD、I、Eとはそれぞれ何を指しているか。

□□ ❹ トランプを使った異文化トレーニングは何か。

□□ ❺ 異なる2つの価値観・行動を通して学ぶ異文化トレーニングを何というか。

□□ ❻ 上記❺の価値観・行動が3つになった場合のトレーニングの名前は何か。

□□ ❼ 異文化トレーニングでグループの進行役を何というか。

□□ ❽ 対人関係のトレーニングは何と呼ばれるか。

4. 学習者支援とコミュニケーション

□□ ❶ 学習者との文章のやりとりを通じて異文化に対する理解を深めていく方法を何というか。

□□ ❷ ソーシャルサポートとは何か。

□□ ❸ 学習者支援において学習者と支援者との間の信頼関係は必須だと考えられる。信頼関係を意味する用語は何か。

第4章

言語教育と情報

1. 日本語教育とICT

□□ ❶ 実際に使用された言語資料を収集し、研究用の情報を付け加えたデータベースを何というか。

□□ ❷「日本語話し言葉コーパス」はどこが開発したものか。

□□ ❸ 国立国語研究所が構築した書き言葉のデータベースは何か。

□□ ❹ 国際交流基金が日本語教師のために開発したオンライン上のサイトは何か。

□□ ❺ 自分の学習を学習者自身が管理するタイプの学習方法は何と呼ばれるか。

□□ ❻ 他の学習者と協力しながら、あるタスクを完成させる学習方法を何と呼ぶか。

□□ ❼ 対面での活動と、コンピュータを使用した外部の者との学習を組み合わせる方法を何と呼ぶか。

□□ ❽ 母語が異なる学習者同士が互いの言語を教え合う方法を何と呼ぶか。

□□ ❾ コンピュータを利用した、語学学習に特化した教材は何と呼ばれるか。

□□ ❿ インターネットを活用した教育は何と呼ばれるか。

確認問題　解答

第1章
言語教育法・実技

1. 日本語教育とは

❶ 行動主義・認知主義・社会的構成主義
❷ 学習者主体
❸ 強化
❹ レイヴとウェンガー
❺ LPP（正統的周辺参加）
❻ ZPD（発達の最近接領域）

2. 外国語教授法

❶ 文法訳読法（GTM）
❷ サイコロジカル・メソッド、ベルリッツ・メソッド
❸ オーディオ・リンガル・メソッド
❹ オーディオ・リンガル・メソッドは、構造（形式）重視で言語能力の獲得が目的である。（FonFs）
コミュニカティブ・アプローチは、意味重視で、コミュニケーション能力の獲得が目的である。（FonM）
❺ フォーカス・オン・フォーム（FonF）
❻ タスク中心の教授法（TBLT）
❼ ナチュラル・アプローチ
❽ CLL（コミュニティ·ランゲージ·ラーニング）または、CL（カウンセリング・ラーニング）
❾ サジェストペディア
❿ サイレント・ウェイ
⓫ TPR（全身反応教授法）

3. コース・デザイン

❶ レディネス調査
❷ シラバス・デザイン
❸ カリキュラム・デザイン
❹ 構造シラバス
❺ 機能シラバス
❻ 原型シラバス（シラバス・インベントリー）
❼ プロセス・シラバス

4. 教材分析・教材開発

❶ 生教材
❷ ロールカード
❸ ワークシート
❹ タスクシート
❺ ビジュアル・エイズ
❻ フラッシュカード
❼ レアリア

5. 授業実施のサイクル

❶ 授業計画
❷ PPP
❸ キュー
❹ 機械的練習、有意味の練習、コミュニカティブな練習
❺ 形式、正確さ
❻ 代入練習
❼ 形式と意味、正確さ
❽ コミュニケーションにおける言語の意味、流暢さ
❾ コーラス
❿ ソロ
⓫ チェーン・ドリル
⓬ 前作業（プレタスク）、本作業、後作業
⓭ 教案
⓮ 参加型研修、アクション・リサーチ
⓯ ショーン

6. 指導法

❶ ディクトグロス
❷ 速読
❸ 精読
❹ インフォメーション・ギャップ（情報差）
❺ プロセス・アプローチ
❻ ピア・レスポンス
❼「紙に名前を書いてください」
❽ ディスプレイ・クエスチョン（提示質問）
❾ IRF/IRE型

7. 訂正フィードバック

❶ 明示的フィードバック
❷ 暗示的フィードバック
❸ リキャスト

第2章
評価

1. 評価の分類と方法

❶ 診断的評価
❷ 相対評価
❸ 絶対評価

2. テストの種類

❶ 熟達度テスト（プロフィシエンシー・テスト）
❷ 主観テスト
❸ 客観テスト

3. テストによる評価

❶ 真偽法
❷ 完成法
❸ 綴り法

4. テストによらない評価

❶ ポートフォリオ評価

5. よいテストの条件

❶ 妥当性
❷ 信頼性
❸ 有用性

6. テストの採点

❶ 後光効果（ハロー・エフェクト）
❷ 系列効果
❸ 中心化傾向

7. テスト理論

❶ 例：日本留学試験・BJTビジネス日本語能力テスト・日本語能力試験
❷ 古典的テスト理論
❸ 素点

8. テストの分析

❶ 中央値
❷ レンジ、標準偏差
❸ SP表

第3章
異文化間教育・コミュニケーション教育

1. 異文化コミュニケーション

❶ カルチュラル・アイデンティティ（自文化アイデンティティ）
❷ 老年層、思春期世代、主婦など

2. 異文化受容とコミュニケーションの在り方

❶ 離脱
❷ 参入者側がそのアイデンティティを保持し、受入れ側が参入者を社会の成員として認めていこうとしたとき。

3. 異文化トレーニング

❶ カルチャー・アシミレーター
❷ 危機的事例、問題事例。異文化で起きた危機的な事柄を記述したもの。
❸ Dは描写（Description）、Iは解釈（Interpretation）、Eは評価（Evaluation）を指している。
❹ バーンガ
❺ バファバファ
❻ エコトノス
❼ ファシリテーター
❽ ソーシャル・スキル・トレーニング（SST）

4. 学習者支援とコミュニケーション

❶ ジャーナル・アプローチ
❷ クラスを担当する教員以外の人からの支援
❸ ラポール

第4章
言語教育と情報

1. 日本語教育とICT

❶ コーパス
❷ 国立国語研究所、情報通信研究機構、東京工業大学が共同で開発した。
❸ 現代日本語書き言葉均衡コーパス
❹ みんなの教材サイト
❺ 自律学習（オートノマス・ラーニング）
❻ 協働学習（コラボラティブ・ラーニング）
❼ ブレンディッド・ラーニング
❽ タンデム・ラーニング
❾ CALL（Computer Assisted Language Learning）
❿ WBT（Web Based Training）

第3部

言語と心理

言語の学習・教育の場面では、“何を教えるか／学ぶか”という言語的な知識や“どう教えるか／学ぶか”という教育・学習の方法だけでは解決できない、心理的な側面に関する問題があります。特に学習者の側から見れば、それぞれにものごとを理解する過程、理解したものを整理する方法、学習計画の立て方などにも大きな違いがあります。このような違いは、文化的な背景のみならず、スタイルや好みという心理的な特徴が大きく関わっています。

このようなことから、「日本語教育能力検定試験」の【言語と心理】では、以下のような視点・知識と能力が求められています。

> 言語の学習や教育の場面で起こる現象や問題の理解・解決のために、次のような視点と基礎的な知識を有し、それらと日本語教育の実践とを関連づける能力を有していること
>
> ・学習の過程やスタイルあるいは個人、集団、社会など、多様な視点から捉えた言語の習得と発達に関する基礎的知識
>
> ・言語教育に必要な学習理論、言語理解、認知過程に関する心理学の基礎的知識
>
> ・異文化理解、異文化接触、異文化コミュニケーションに関する基礎的知識

そして、具体的な出題範囲では、以下のような基礎項目が優先的に出題されます。

> 【言語と心理】の出題範囲で優先的に出題される基礎項目
>
> ・「言語理解の過程」における「談話理解」
>
> ・「言語習得・発達」における「習得過程（第一言語・第二言語）」、「中間言語」、「ストラテジー（学習方略）」
>
> ・「異文化理解と心理」における「異文化受容・適応」

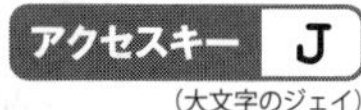

（大文字のジェイ）

第１章　第３部　言語と心理

言語知識の獲得と理解の過程

人との会話や文字でのやりとり、考えごとなどをする際に、私たちは言語を使用している。この「言語」を私たちはどのように身に付けたのか。また、どのように言語を用い、物事を理解しているのだろうか。記憶と理解の仕組みについて知っておくことは、日本語教師として授業を行う場合にも、また自分自身の勉学を進める際にも役立つだろう。

1. 言語知識の獲得　★★★

1.1　二重貯蔵モデルと短期記憶、長期記憶

言語知識の獲得に必要な能力の１つとして記憶がある。人はどのように言語を理解し、知識として記憶するのか、記憶として定着するまでにどのような流れがあるのか見てみよう。記憶に関する説は諸説あり、解明されていないことも多いが、ここでは代表的なモデルとして知られる二重貯蔵モデルを取り上げる。

二重貯蔵モデルとは、記憶には**短期記憶**（STM[※1]）と**長期記憶**（LTM[※1]）があるという考え方をいう。代表提唱者は、アトキンソンとシフリン[※2]である。短期記憶は短い間だけ一時的に覚えておくもの、長期記憶は長期間保存する記憶で必要なときに検索をかけると出力（アウトプット）できるものである。

私たちは日常多くのことを目や耳などを通して得ている。目や耳などから入った感覚情報は感覚記憶として保持されるが、そのうち注意が向けられたものだけが入力（インプット）され、短期貯蔵庫に送られる。そして、「リハーサル」や「符号化」がなされ、短期記憶となる。さらに、短期記憶のうち長期貯蔵庫へ転送されたものが長期記憶となる。長期記憶として貯蔵されたものは、検索をかけるとアウトプットできる。そこで出力できないと「覚えていない（＝長期記憶として貯蔵されていない）」ということになる。

※1
STMはshort term memory、LTMはlong term memoryの略。

※2
Atkinson, R. C.とShiffrin, R. M.はともにアメリカの心理学者。二重貯蔵モデルは1968年に提唱された。

この記憶のモデルは以下のようなイメージである。

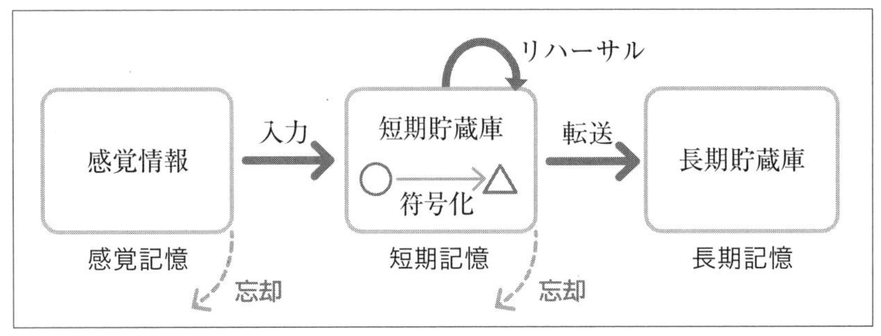

図3-1-1　二重貯蔵モデルの記憶の仕組み

リハーサルとは忘れないように繰り返し想起したり唱えたりすること、符号化とは記憶に残す形に変えること（音や形としてコード化[※3]すること）である。

※3
コード化とは、コンピュータ処理などで取り扱いやすくするため、記号で表現できるよう体系化することである。

● 二重貯蔵モデル：記憶には短期記憶と長期記憶がある。

1.2 ワーキングメモリ

二重貯蔵モデルでは一時的な記憶保持である短期記憶と長く記憶に留める長期記憶が示されたが、バドリー[※4]らは**ワーキングメモリ（作動記憶／作業記憶）**を提示した。短期記憶は情報保持という静的な役割を持つが、それだけではなく、情報を保持しつつ、情報の検索や分析、統合などの情報処理も行われているとし、短期的な記憶保持と情報処理を同時に行うものをワーキングメモリと呼んだ。ワーキングメモリは従来の短期記憶の概念を広くとらえたもので、代表提唱者は、バドリーとヒッチ[※5]である。私たちは、判断や思考などをする際、ある情報を一時的に留めつつ並行して長期記憶に貯蔵されている情報にアクセスしたり別の情報を加えたり、さらに統合したりする高度な処理を行っているが、その概念を表したものがワーキングメモリである。

※4
Alan Baddeley：アラン・バドリー、バッデレイともいわれる。イギリスの心理学者で1974年にワーキングメモリを提唱した。

※5
Graham Hitch：グラハム・ヒッチ、イギリスの心理学者。バドリーとともにワーキングメモリを提唱した。

ワーキングメモリの記憶のシステムは以下のような図で表せる。

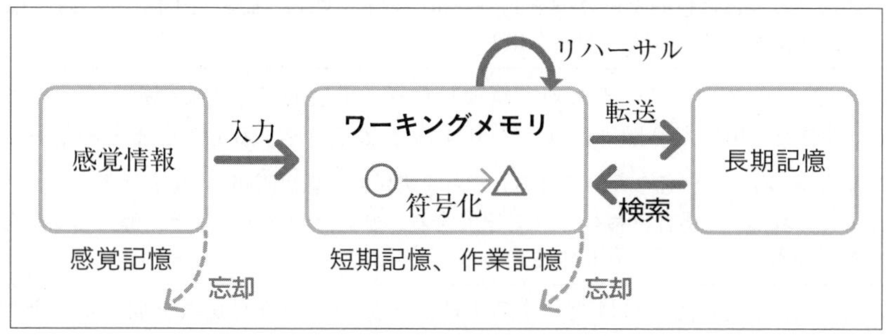

図3-1-2　ワーキングメモリを用いた記憶の仕組み

感覚記憶として入力されたものは短期記憶となり一時的に保持されるが、課題を遂行するために、長期記憶に検索をかけたり分析したりする。例えば、文章の内容を理解するときに、語彙や文などを一時的に記憶しつつ、長期記憶に貯蔵されている背景知識を検索したり、検索したものを用いて状況を推測したり、文の構造などを分析したりして理解を進めていく。このときの、一時的な記憶、情報の検索、推測や理解などの統合を行う際に使用するのがワーキングメモリである。

ワーキングメモリの容量には制限があると指摘されている。例えば、文章中の語彙や文法の理解にワーキングメモリの容量を多く費やしてしまうと、文章の内容を理解するためのメモリが不足し、内容把握が進まないという現象が起きる。初級レベルの学習者が発話をする際、使いたい表現の保持にワーキングメモリの容量を多くとられるためにスムーズに発話ができないのも、ワーキングメモリの容量制限によるものだと考えられる。

ワーキングメモリにある情報は何もしないと消えてしまうため、記憶したい物事については長期記憶に転送し、保存する。その際に用いられるのが**記憶ストラテジー**である。記憶ストラテジーはオックスフォード※6の言語学習ストラテジー※7の1つで、情報の記憶や想起に用いるストラテジーである。記憶ストラテジーには次の例がある。

※6
Rebecca L, Oxford：レベッカ L. オックスフォード、「言語学習ストラテジー」の提唱者。

※7
言語学習ストラテジーの分類は研究者により異なる部分がある。オックスフォードの言語学習ストラテジーについては、「第2章 **2.1** 学習ストラテジー」を参照。

生成効果	自分で問題を作成したり解いたりすることで記憶を促進させる方法。 例）大切なところに緑色のマーカーを引いて赤シートで隠し、隠した事柄が言えるか試す。問題集を解く。友人と問題を出し合う。
体制化	関連する情報をグループにまとめて整理したり、階層的に考えて把握したりする方法。図や表を用いたり順々に並べたりすることで関連するものをまとめる。 例）授受表現（あげる・もらう・くれる）の人間関係を、恩恵表現（～てあげる・てもらう・てくれる）の場合に移行させて理解する。歴史を勉強するとき、勢力ごとに分けたり時代ごとに分けたりしてまとめる。
精緻化（せいちか）リハーサル	情報を付け足したり関連付けたりする方法。イメージや既有知識を加えることで覚えやすくしたり、カテゴリーに分けて覚えたりする。 例）茶色という単語を覚えるときに、すでに覚えている、白、赤、青などのカテゴリーに入れて覚える。年号をストーリーを作って覚える（語呂合わせ）。
維持リハーサル	忘れないように声に出したり、心の中で何度も復唱したりして覚える。 例）単語テストの直前に、テストに出る単語を繰り返し声に出す。

表3-1-1　記憶ストラテジー

体制化では、ばらばらに出てきた情報を全体として関連を持つようにまとめるので、分かりやすくなる。精緻化[※8]された情報は長く記憶され、思い出す（検索する）のが容易になると言われている。維持リハーサルは長期記憶に残すというよりは、忘れないようにワーキングメモリに留めておく方法である。テスト前に声に出して覚えた単語はテストが終わると忘れてしまうので長期記憶に移す効果は弱いが、ワーキングメモリに入れておくことはできる。

※8
精緻化とは、既有知識とこれから覚える知識を結び付けることをいう。

維持リハーサルと同様に、ワーキングメモリへの転送に有効な方法として**チャンキング**がある。チャンキングとは、覚えるべき対象をいくつかの塊（チャンク）に分けて覚える方法である。ワーキングメモリに一度に保持できる情報の量の単位をチャンクというが、人が一時的に覚えられるのは５から９の要素だと言われている。これをマジカルナンバー７（±２）という。個々の要素ではなく、いくつかの情報要素を塊としてまとめると、その塊が１つの要素となり、覚えられるものが増えていく。チャンキングは、覚えるための、覚える容量を増やすための良い方法だといえる。

以上のようなストラテジーを用いなくても記憶されるものがある。衝撃の強かった出来事である。情報が貯蔵（記憶）される際の**頻度×強度**の値は一定だと言われており、一度の出来事でもインパクトが強ければ記憶に残ることになる。

● ワーキングメモリ：短期的な記憶保持と情報処理を同時に遂行する。

1.3 長期記憶

長期記憶には、**宣言的記憶**と**手続き的記憶**がある。宣言的記憶には、**意味記憶**と**エピソード記憶**がある。

用語	説明	例
宣言的記憶	knowing what（知識）に関わる記憶。	
意味記憶	言語の意味や知識の記憶。学校の教室で学んだ知識など。	単語の意味や文法のルールを知っている。
エピソード記憶	思い出のような記憶で、特定の時間的・空間的文脈を伴う一連の出来事に関する記憶。何かをした時の、したことだけではなく、その時の状況や場所、人なども含めた記憶をいう。	旅行先で食べた料理を、名前や味だけではなく、レストランの雰囲気や他の客の様子、時間帯や季節なども含めて覚えている。
手続き的記憶	knowing how（技能ややり方）に関わる記憶。 自転車の乗り方などの運動技能や言語を実際に運用する技能などが含まれる。	自転車に乗れる。英語が話せる。

表3-1-2　長期記憶

外国語ができるようになるためには、語彙や文法などの意味記憶と今まで何かをしたというエピソード記憶を手続き的記憶に移行させることが必要で、それを**手続き化**という。手続き化されないと、その言語を使うことができない。手続き的記憶には、言語を運用するための さまざまな技能の統合や自動化が含まれると考えられている。**自動化**とは、外国語を流暢に使うために、記憶の中の情報を努力なしに思い出せるようになった状態、迅速に処理できるようになった状態を指す。

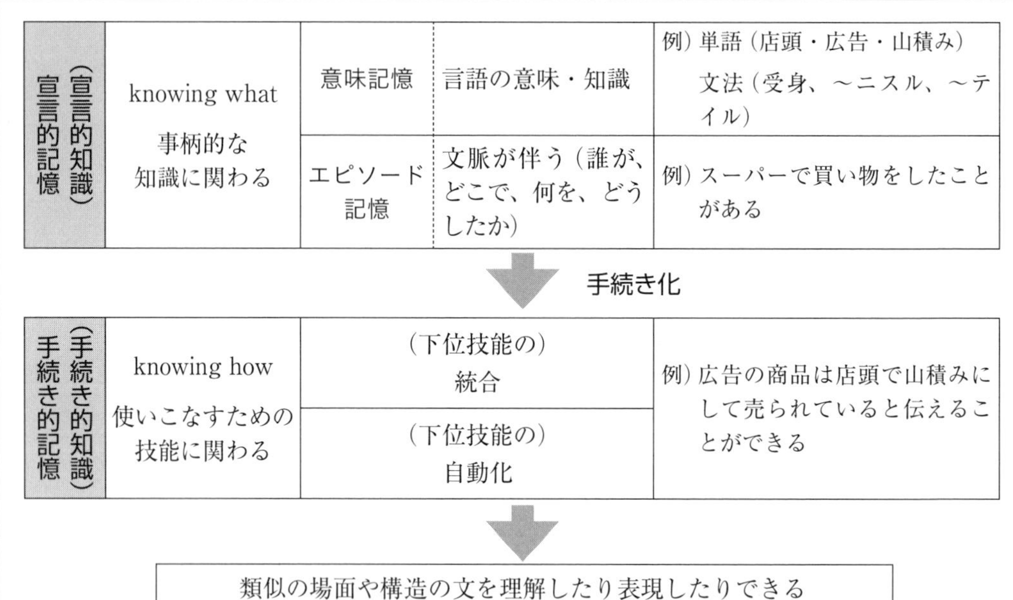

宣言的記憶（宣言的知識）
knowing what
事柄的な知識に関わる
意味記憶
言語の意味・知識
例）単語（店頭・広告・山積み）
文法（受身、～ニスル、～テイル）
エピソード記憶
文脈が伴う（誰が、どこで、何を、どうしたか）
例）スーパーで買い物をしたことがある
手続き化
手続き的記憶（手続き的知識）
knowing how
使いこなすための技能に関わる
（下位技能の）統合
（下位技能の）自動化
例）広告の商品は店頭で山積みにして売られていると伝えることができる
類似の場面や構造の文を理解したり表現したりできる

図3-1-3　外国語ができるようになるプロセス

単語や文法を知識として得て、今までの経験を生かし、さまざまな技能を統合して「広告の商品は店頭で山積みにして売られている」という文を発することができるようになる。つまり、「外国語ができる」ということは、宣言的記憶が手続き的記憶に移行し、迅速に処理できるようになった状態だといえる。語学学習では、得た知識を使うことが必要であり、使うことでさまざまな知識が統合され、自動的に使えるようになるため、初級の段階から手続き化、自動化をしていくことが大切になる。

● 長期記憶：宣言的記憶と手続き的記憶がある。宣言的記憶には意味記憶とエピソード記憶がある。宣言的記憶が手続き的記憶に移行し、迅速に処理することで、言語活動がスムーズに行えるようになる。

1.4　言語知識

言語活動を行う際に必要な知識には、**明示的知識**と**暗示的知識**がある。明示的知識は、規則などを分析的に明確に言葉で示せる知識である。英語の文法や理科の法則など学校で習ったり本で学んだりして得たものが明示的知識で、分析しながら、理解しながら、意識しながら獲得した知識なので、きちんと説明ができる。それに対し、暗示的知識は、無意識で感覚的なもので、直感的には分かるが説明できない知識である。母語話者の母語の知識のように自然に獲得され、説明されなくても感覚的に理解できる知識がこれにあたる。この知識は分析したり理解したりして得たものではないので、説明を求められても明確に答えることができない。

宣言的記憶と手続き的記憶それぞれについての明示的知識と暗示的知識の例をまとめたものが以下の表である。

	明示的知識	暗示的知識
宣言的記憶	・学校で習った外国語の文法規則 ・友人から聞いた駅名の由来	・母語の文法規則 ・自然習得した外国語の語彙
手続き的記憶	・学校で習った外国語の発音 ・アルバイト先で習ったお辞儀の仕方	・母語の発音 ・自然習得した外国語の発音

表3-1-3　明示的知識と暗示的知識

● 言語知識：明確に説明できる明示的知識と感覚的に理解して自然に習得した暗示的知識がある。

2. 言語理解、談話理解の過程 ★

2.1 言語理解、談話理解

言語を理解するというのは、語の意味や文の構造などを理解するだけではなく、文章の文脈やメッセージを理解することである。文の単位を超えた長さのテキストや発話の構造のことを**談話（ディスコース）**という。談話は一連の話し言葉や書き言葉で、まとまりのある内容を表すものである。例えば、学習者が例１のように言ったらどうだろうか。

例１：「今日、国から両親が来るので、空港へ迎えに行きたいんです。昼ご飯、何を召し上がりますか。」

途中で「何を言ってるの」と思うだろう。この発話は、前の文と後の文の内容に関係性がないため、談話として成立していない。では、例2はどうだろうか。

例2：「今日、国から両親が来るので、空港へ迎えに行きたいんです。定時まで働くと間に合わないので、今日の午後、早退させていただきたいのですが。」

例2の発話は前の文が状況説明、後の文がその状況における依頼で、まとまった内容になっており、談話として成立している。談話では複数の文でひとまとまりの内容を表す必要があり、談話レベルのコミュニケーションが学習者には求められる。

2.2 言語処理

談話を理解する過程で行っているのが**言語処理**である。言語処理とは、目や耳から入った言語情報を理解する、あるいは、自己の感情や思考を言語として表出するといったプロセスのことである。

言語処理の方法としては、**トップダウン処理**や**ボトムアップ処理**がある。トップダウン処理は、理解対象の周辺的な情報から、すでに持っている背景知識や常識などを利用して予測や推測などを行い、仮説をたて、それが正しいかどうか検証しながらマッチング[※9]を行うことで理解を進めていくというものである。理解対象の周辺的な情報とは、文章のタイトルやトピックに関すること、目次、写真や図表、会話の相手の表情や場の状況などを指す。

※9
マッチングとは、すでに自分が持っている知識と照合しながら読んだり聞いたりすることをいう。

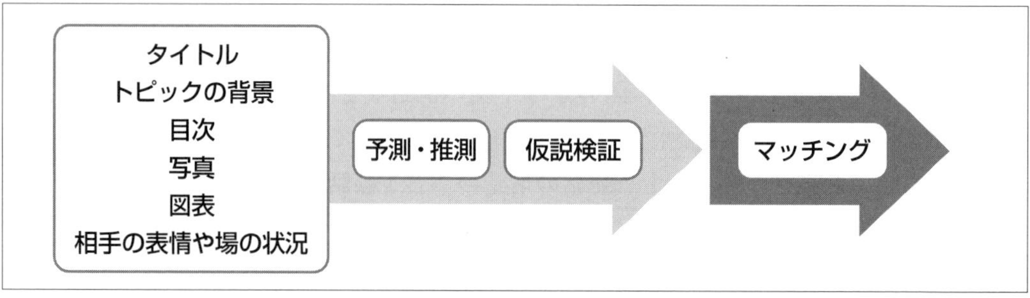

図3-1-4　トップダウン処理

トップダウン処理のメリットは、文章の内容を効率よく速く理解できる点である。一方で、間違った先入観があると文章内容を読み誤ってしまう危険性がある。

ボトムアップ処理は、理解対象の中に含まれる部分的な情報から理解を進め、その理解を積み重ねて情報全体を理解しようとするものである。部分的な情報とは、文字や音声、語句、文などを指す。ボトムアップ処理では、まず文字や音から単語の意味を理解し、文型や構文などを考え、文へと理解を進める。それを積み重ね、段落、そして文章全体を理解していくのである。

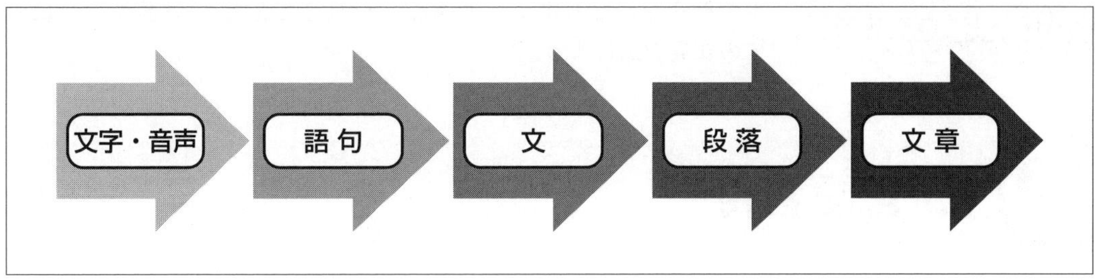

図3-1-5　ボトムアップ処理

ボトムアップ処理は、誤解をしたり先入観に影響されたりする可能性が低いため、「正確な読み」が期待できるというメリットがある。一方で、文の構造は理解できたものの内容はよく分からなかったということが起こりうる。また、読むスピードも期待できない。

通常、言語活動を行う際、私たちはトップダウン処理とボトムアップ処理を適宜組み合わせて理解を進めている。これを**補償モデル（相互交流モデル）**という。

● 言語処理：トップダウン処理とボトムアップ処理がある。
トップダウン処理とボトムアップ処理を組み合わせて行われる処理を補償モデルという。

第２章 第３部　言語と心理

言語習得・発達

私たちは母語を自然に身に付ける。母語習得で苦労した人はあまりいないだろう。一方で、外国語学習を難なく進められた人はどのくらいいるだろうか。言語の習得の仕方について知ることは、日本語教師として学習者に向き合う際の大きな助けになるだろう。ここでは、第一言語習得・第二言語習得・バイリンガリズムなどの研究状況、現時点で明らかになっている理論などを見ることで、「言語習得」についての知見を広げよう。

1. 言語習得 ★★

1.1 第一言語習得

○ 第一言語とは

第一言語とは、習得した複数の言語の中で優先的に使用する言語を指す。同じような言葉として**母語**がある。母語は生まれて初めて身に付ける言語で、第一言語と母語は区別なく使われる場合もあるが、必ずしも一致するものではない。日本語を話す日本人の母親から生まれ、学校でも社会でも日本語を使用している場合、第一言語も母語も日本語となる。しかし、例えば、インドシナ難民として来日したカンボジア人の３世の場合、生まれてすぐ覚える言葉、つまり母語はクメール語となるが、幼稚園や学校、社会で日本語を使用していると、第一言語はクメール語ではなく日本語となることもある。この場合は、第一言語＝母語とはならない。しかし、ここでは、第一言語と母語は区別して扱わず、最初に自然に覚えた言語という意味で第一言語という用語を使用する。

子どもはどのように第一言語を習得するのか。第一言語習得（FLA[※1]）についての研究は、どの言語にも共通する**言語の普遍性**と、各言語特有となる**言語の多様性**などに視点を当てて進められる。

※1
FLAはFirst Language Acquisitionの略。

第一言語習得のメカニズム

第一言語習得説には大きく2つの説があり、対立している。

①「後天的に学びとる能力だ」という説
②「持って生まれた生得的な能力だ」という説（言語生得説）

①の代表提唱者は**スキナー**※2である。スキナーの説は、第一言語習得は生まれたあとで学びとる能力だというもので、行動主義心理学に基づく。スキナーは子どもが第一言語を習得する手順を次のように説明した。

図3-2-1　スキナーによる第一言語習得の手順

まず、周囲からの刺激（例えば、周りの大人の話す言葉を聞く）を受ける。そして、子どもはその言葉を真似する。子どもが大人の言葉を真似すると、周りの大人は褒めたり喜んだり微笑んだり言い直したりする。これが反応である。それを見て子どもの習得は強化され、習慣づけられていくというものだ。周囲からの刺激には**肯定証拠**と**否定証拠**がある。

肯定証拠	どのような文が文法的に正しいか示された情報。子どもが親や周りの大人から言葉を学ぶときに与えられるもの。
否定証拠	どのような文が非文法的なのかを示す情報。第二言語学習者が教師に間違いを訂正されるときに与えられるのは、否定証拠である。

表3-2-1　肯定証拠と否定証拠

親が子どもに与えるインプットは、多くが肯定証拠で、否定証拠は含まれていないと考えられている。

子どもは間違いを訂正されることなく文法を獲得するのか、あるいは**リキャスト**※3を通して否定証拠を与えられているのか、またその場合、どのようなリキャストが否定証拠として利用され得るのかについては、現在なお研究が進められている。

②の代表提唱者は**チョムスキー**※4である。チョムスキーは、スキナーのラディカル行動主義※5とその理論を応用した著書『言語行動論』

※2
Burrhus Frederic Skinner：バラス・フレデリック・スキナー（1904-1990）、アメリカの心理学者で行動分析学の創始者。

※3
リキャストとは、誤りや不明瞭な発話の後に、発話者の意図を変えず、会話の流れを止めずに、正しい形を補って繰り返す方法。例えば、学習者が「景色がきれかったです」と言ったのを受けて「景色がきれいだったんですね」と返す。

※4
Avram Noam Chomsky：エイヴラム・ノーム・チョムスキー（1928-）、アメリカの言語学者。生成文法理論を提唱した。

※5
ラディカル（radical）とは「急進的な」、「過激な」、「根本的な」という意味で、ラディカル行動主義は「徹底的行動主義」と訳される。

にラディカルな批判を行った。チョムスキーは、子どもが大人から受け取る情報は限られたものなのに大人と同じ文法を習得するのは、もともとその能力を持っているからではないかと考えた。つまり、第一言語を習得する能力は、生まれるときにすでに持っている能力、生得的な能力だとした。これを**言語生得説**という。そして、もともと持っている能力を**言語獲得装置**（**LAD**[※6]）と呼び、LADがあるから言語の文法が分かると考えた。チョムスキーは大人から受ける刺激が十分ではない状況を、**刺激の貧困**という言葉で説明する。これは、親や周りからあまり話しかけてもらわなかったり、構ってもらわなかったりする状況をいう。このような状況にある子どもでも最終的に文法体系を身に付けられるのは、言語獲得装置があるからだというのである。言語獲得装置には**普遍文法**と呼ばれる文法体系が入っている。これはどの言語にも共通する文法で、子どもはこの普遍文法を自分の母語に合わせて書き換え、**個別文法**を作る。言語獲得装置があることで、比較的短期間に言語体系が習得できると考えられている。

※6
LADはLanguage Acquisition Deviceの略。

第一言語習得研究

言語習得研究での代表的な理論とその成果、現状は次の通りである。

行動主義学習理論	子どもは**周囲からの刺激**を受けて言語を習得すると考える。 20世紀前半に発展した行動主義心理学は、学習を主な研究対象とし、習慣形成理論などの学習理論を展開したが、刺激の貧困の中でも幼児が正しい文法を獲得することから、刺激→模倣→習慣形成という言語習得過程が否定された。
原理とパラメーターのアプローチ	チョムスキーの**生成文法理論**に基づく理論で、**言語の領域固有性**[※7]を認める立場を取る。 全ての言語に共通する**普遍文法**という原理がある。普遍文法はどんな言語の文法にも変わることができ、普遍文法を個別言語に対応させるための可変値であるパラメーターが存在すると考える。子どもはインプットに基づいて、習得する言語のパラメーター値を設定する。例えば、日本語という個別言語に変えたい場合、パラメーター値を日本語の値に設定し、日本語という個別文法を獲得し、アウトプットするようになる。

※7
人のさまざまな認知機能はそれぞれ独立して存在しており、言語に関する領域は、そのほかの認知機能を司る領域とは根本的に別であるという考え方。

トマセロ※8の言語獲得モデル（用法基盤モデル）	言語を習得する能力は生得的であるが、言語そのものに関する知識は後から学習されるものだという理論。言語を習得するためには周りの状況を認知する能力と学習が必要であり、第一言語習得には**領域一般**※9の認知能力、特に**社会的認知スキル**が働いていると考える。後天的に獲得された慣用的な表現や社会独特の言い回しなどを含む、言語の全ての側面が研究対象となる。

表3-2-2 第一言語習得研究

※8
Michael Tomasello：マイケル・トマセロ（1950-）、アメリカの認知心理学者。

※9
言語の領域固有性を認めない立場のこと。

行動主義学習理論に基づくスキナーの習慣形成という概念は構造言語学に影響を与え、オーディオ・リンガル・メソッド※10の理論的基盤になったが、文型練習（パターン・プラクティス）を徹底的に行い、自動的に文型が言えるようになるまで繰り返し訓練する方針の教授法は、教育現場などから相次ぐ批判を受けている。

※10
ミシガン大学のフリーズ（Fries）が提唱した教授法で、行動主義心理学、アメリカ構造言語学を理論的背景とする。

原理とパラメーターのアプローチでは、言語の根幹に関わる部分、つまり個別文法の中でも普遍文法の制約を受ける側面を研究対象としており、第一言語習得のみならず第二言語習得も取り扱う。チョムスキーが提唱する言語理論の理論的発展は、長く多くの研究者によって修正が行われ、現在も普遍文法の中身（原理やパラメーターなど）の解明に焦点を当てた研究が進んでいる。

トマセロの理論の歴史は浅いが、**認知文法**という言語理論の基盤を持ち、中でも**構文文法**に基づいた研究が進んでいる。用法基盤モデルでは、インプットからパターンを抽出し、抽象的で複雑な文法を獲得する子どもの学習能力を、領域一般の認知能力として説明しようと研究が進められている。

- 第一言語習得：「後天的に学びとる能力だ」、「持って生まれた生得的な能力だ」という２つの説がある。
- 第一言語習得研究：トマセロの用法基盤モデルもある。

1.2 第二言語習得

第二言語とは

第二言語とは、第一言語以外に意識的に学習する言語を指す。**外国語**との違いは、目標言語（学習言語）をどこで学習するかである。目標言語が日常的に使用されている環境で学ぶ場合は第二言語、目標言語が話されていないところで学ぶ場合は外国語と呼ぶ。例えば、日本で日本語を学ぶ場合は「第二言語としての日本語（**JSL**[※11]）」となり、海外や日本国内の外国人学校などで教科として学ぶ場合は「外国語としての日本語（**JFL**[※12]）」となる。ここでは、第二言語と外国語は区別して扱わず、第二言語という用語を用いる。

※11
JSLはJapanese as a Second Languageの略。

※12
JFLはJapanese as a Foreign Languageの略。

第二言語習得

第二言語習得（SLA[※13]）は、第一言語習得時の状況と比べ、①すでに1つの言語体系を獲得している、②すでに認知能力が発達している、③習得状況に個人差が大きい、という点で異なっている。第二言語習得時には、学習者は言語の組み立てや文法ルールなどを知っているのでそれを学習に利用することができ、さらに、学習者に理解力が備わっているので学習しやすい。一方で、第一言語習得時は無意識のうちに言語を覚えていくため皆同じように習得していくが、第二言語習得時は学習者一人一人の状況が異なり、個人差が大きくなると考えられる。

※13
SLAはSecond Language Acquisitionの略。

第二言語習得研究

第二言語習得研究は1950年代から本格的に行われるようになり、人はどのように第二言語を学ぶのかが盛んに研究された。普遍的な言語習得の道筋を明らかにすることと、どのような要因が言語習得に違いをもたらすかを明らかにすることが目的で、第一言語習得研究や社会言語学、心理学などの分野にも関わっている。研究結果は成功と言えるものもあれば、結果が不明瞭なものもあるが、ここでは、これまでの主要な理論とその成果をまとめる。

(1) モニター・モデル（インプット仮説、インプット理論）	**クラッシェン**が1970年代から1980年代にかけて提唱した第二言語習得理論全体をこう呼ぶ。クラッシェンは、第二言語習得で考慮すべきものとして、習得・学習仮説、自然順序仮説、モニター仮説、インプット仮説、情意フィルター仮説という5つの中心的な仮説を提示した。第二言語習得には理解可能なインプットが大事だと考える。
(2) インターアクション仮説（インタラクション仮説、相互交渉仮説）	**ロング**は、理解可能なインプットの重要さを認めつつ、話者と対話者の**意味交渉によるインターアクション（やりとり）**が重要であると唱えた。ロングが提唱したのは1980年代初めであったが、広く認められるようになったのは1996年である。他者との言語を使ったやりとりの中でお互いの意図が通じるように工夫することによって第二言語習得は促進されると考える。
(3) アウトプット仮説	**スウェイン**は、言語習得を促すには、理解可能なインプットだけではなく、相手に理解してもらえるようなアウトプットを試みることが重要だと提唱した。インプットが言語の意味を処理するときに主な役割を果たしているのに対し、アウトプットは言語の構文や形式を正確に作ることに役立つ可能性があると、スウェインは指摘する。

表3-2-3　第二言語習得研究

(1) モニター・モデル（インプット仮説、インプット理論）

クラッシェン[※14]の５つの仮説は以下の通りである。

※14 Stephen D. Krashen：スティーヴン・クラッシェン（1941-）、言語学者、教育学者。

① 習得・学習仮説

「**習得**」とは、無意識に身に付けることをいう。他の人とのコミュニケーションの中で言語に触れ、自然にその言語を身に付けていく過程のことで、子どもが第一言語を学んでいくようなプロセスである。それに対し、「**学習**」は文型や文法知識などを意識的に学ぶことを指す。学校で教科の内容を学ぶのは学習である。

クラッシェンは、大人が第二言語を身に付ける上で、無意識による習得と、意識して行う学習という、２つの独立した異なるプロセスがあると主張した。つまり、習得を通して得た知識と学習を通して得た知識は独立している別のもので、学習で得た知識が習得された知識になることはないと考えた。これは、頑張って文法を勉強しても無意識に使えるようにはならないということを意味する。クラッシェンは、習得こそが第二言語の発話を引き起こすものであり、学習で得た知識は発話が正しいかどうかをチェックするモニター機能しか持っていないと述べている。

この仮説では、習得と学習の基礎となる認知的な情報処理については何も触れられておらず、実証することができない仮説との批判がなされてきた。また、習得と学習が明確に分けられるものだという論理的な根拠がないなどの批判もある。

② 自然順序仮説

自然順序仮説（自然習得順序仮説）とは、言語を習得するにあたり、習得する自然な順序があるという考え方である。第二言語習得にも母語習得と同様に自然な順序があり、ほぼすべての学習者がこの順序に沿って言語を習得するとクラッシェンは述べる。この順序は、同じ言語でも、母語として習得する場合と第二言語として習得する場合とで異なることがある。第二言語の習得順序は母語の影響を受けることも考えられる。また、学習者の自然習得順序は、教える順序とは関係ないとされる。

③ モニター仮説

モニター仮説とは、学習者の発話は「学習」によって得られた知識を利用して、修正やチェックが行われるとする仮説である。学習者が規則を意識して蓄積していることでモニターが働く。ここでは、「学習」で得られた知識がモニター機能として使われる。モニターは発話の前後に使われ、十分な時間があり、形式に焦点が当てられていて、適切な言語の規則を認識しているときに働く。つまり、自分の知っている知識を正しく使おうと意識し、かつ、それについて考える時間があるときに、学習された知識が役立つのである。正確さを意識しすぎるとモニターが働きすぎて流暢に話せなくなる。また、流暢に話そうとするとモニターを使う時間がなくなるため、正確さが失われてしまう。

言語を使ったコミュニケーションの中で、その方法が正しいか否かを人に意識させる潜在的な批判能力というものが存在するのかなど、仮説を支持する実証的な研究がなく、また、実験で確かめられないものであることから、この仮説は批判されている。

④ インプット仮説

インプット仮説とは、学習者は、自分の言語能力よりやや高いレベルの言語項目「i（アイ）（現在の言語能力）+1（1段階上）」が含まれるインプットを与えられると第二言語習得が進むとする仮説である。理解可能なインプットが与えられたとき、言語構造が自然に「習得」

されるとする。「+1」は少し高いレベルで、未習であっても文脈などから推測できる範囲のものを指す。クラッシェンは理解可能なインプットが大事だと述べたが、アウトプットについては、言語習得の結果であり、学習者の言語能力の向上には影響しないとしている。理解可能というのは、今の学習者のレベルで頑張れば理解できるということだが、「i+1」の「+1」が具体的にどのレベルまでを指すのかよく分からない点が指摘されたり、アウトプットの有用性を否定している点が批判されたりしている。

第二言語学習にはインプットが大事という考え方は、カナダでのフレンチ・イマージョン教育[※15]にも取り入れられた。フレンチ・イマージョン教育では、子どもたちは高いレベルのフランス語能力を習得できたと言われている。

※15
カナダのケベック州で行われた教育。英語話者の子ども達がフランス語で教育を受けることでフランス語能力を習得するというもの。

⑤ 情意フィルター仮説

情意フィルター仮説とは、言語に対する態度や自信、不安などの情意面での要因が、学習者が接触するインプットの量と吸収するインプットの量を左右するという仮説である。感情的な要因が第二言語習得に影響を及ぼすということで、動機が強かったり自信があったりする場合は情意フィルターの目が粗くなり、学習者が取り込むインプットの量が増え、言語を習得しやすくなる。反対に、不安な気持ちが強いと情意フィルターの目が細かくなり、取り込むインプットの量が少なくなるため、習得が阻まれる。これは、心理的に準備ができていないときに強制されたり、正確さを求められたり、誤りを訂正されたりしたときなどに生じる。自信を持たせながら学ばせるということも大切なことになる。

クラッシェンのモニター・モデルは語学教育に大きな影響を与えた一方で、アウトプットに対する軽視などから批判も受けてきた。しかし、クラッシェンが第二言語習得分野に残した功績は偉大で、その後の外国語教授法に大きな示唆を与えた。この第二言語習得理論に基づく教授法としては、**ナチュラル・アプローチ**がある。スペイン語教師のテレル[※16]が、クラッシェンの第二言語習得理論の５つの仮説を応用して開発した。ナチュラル・アプローチは、母語習得と同様に自然に第二言語を習得させようという方法で、到達目標はコミュニケーション能力の向上にあり、特徴は次の通りである。

※16
Tracy D.Terrell：トレイシー·D·テレル（1943-1991）、応用言語学者、スペイン語学者。スティーヴン・クラッシェンとの共著書『ナチュラル・アプローチ（The Natural Approach）』の著者として知られる。

- 形式的な「学習」よりも「習得」のほうを言語習得の中心にする。クラッシェンは「習得」こそが第二言語の発話を引き起こすものとした。
- 聴解優先で、聞くことから始め、話せるようになることを目指す。言葉に対しての抵抗感を持たないように、「話す」ことはあまり強制せず、話したくなるのを待つようにする。
- 適切な難易度のインプットを、教師が口頭で与える。学習者は不要な緊張を強いられることなく、リラックスした状態で学習できる。

(2) インターアクション仮説（インタラクション仮説、相互交渉仮説）

第二言語習得には意味交渉によるインターアクションが大切である。意味交渉とは、会話で意味が通じないときに意思疎通をしようと工夫する対話のことで、**明確化要求、確認チェック、理解チェック**などの方略がある。

明確化要求	相手の発話が不明確で理解できないときに、発言を明確にするよう要求すること。これをすることで、より多くの時間をインプットにかけることができ、結果として新しい言語形式がよりよく理解できるようになる。 例）「どういうことですか」とか「もう少し詳しく教えてください」と相手に言う。
確認チェック	相手の発話を自分が正しく理解しているかどうか確認すること。発話者は、相手からの確認チェックを受け、自分のアウトプットの間違いに気付くことがある。 例）「会議は水曜日ですね」と終助詞「ね」をつけ、確認したり同意を求めたりする。
理解チェック	自分の発話を相手が正しく理解しているかどうか確認すること。 例）「私の話、分かりましたか？」と相手に聞く。

表3-2-4　意味交渉過程での方略

明確化要求と確認チェックは相手の発話を理解できないときに行い、理解チェックは自分の言ったことを相手に分かってもらえるようにする意味交渉である。

相互交渉の中では、発話者は相手からフィードバックを受ける。このフィードバックには、自分の言葉が相手に伝わらなかったり相手が理解できなかったりするときに言葉や形式を直してもらうというものも含まれ、フィードバックによって、自分が完全には理解していない文法や言葉を認識することが可能となる。インターアクション（やりとり）により相手から多くのインプットが得られ、自分の知識と実際の発話との差に気付くことができる。ロング[※17]は、相手との対話の中で得

※17
Michael H. Long：マイケル・ロング（1945-）、アメリカの応用言語学者。1996年に公表した "The role of the linguistic environment in second language acquisition." により広く認められるようになった。

られるフィードバックや新たなインプット、気付きが第二言語習得を促進すると主張したが、これにはインプットとアウトプットの両方が重要となる。

ロングのインターアクション仮説では、学習者の注意が言語形式に向く必要があり、これは意味交渉によって生じると考えられている。コミュニケーションや意味理解を中心とする活動の中で語彙や文法構造などの言語形式に注意を向けさせるという指導の考え方を**フォーカス・オン・フォーム**というが、これは1991年にロングが提唱した概念である。この考えから、相互交渉が必要となるタスクベースの指導法、**タスク中心の教授法**（**TBLT**[※18]）が広まった。TBLTは、学習者にタスクを課して、相互交渉が必要な状態を作り出すことで学ばせる指導方法で、目標は課題遂行能力を高めることにある。課題は学習者のニーズに合わせて設定する。課題の遂行を重要視し、そのために必要となる語彙や文法は課題の後で扱う。課題遂行のためにインターアクションを行う状況が生まれることから、学習者には自然なコミュニケーション能力が身に付き、授業は学習者中心のコミュニカティブな授業になる。

※18
TBLTはTask-Based Language Teachingの略。

(3) アウトプット仮説

スウェイン[※19]のアウトプット仮説の理論は以下の通りである。

※19
Merrill Swain：メリル・スウェイン、言語学者。アウトプット仮説の提唱者。

- 学習者は、インプットの量を増やすだけでは第二言語の能力を満足に向上させることはできない。目標言語で話したり書いたりして、積極的に言葉をアウトプット（産出）することにより言語能力が向上する。
- 学習者が第二言語を習得するためには、**理解可能なアウトプット**を試みる必要がある。
- 学習者はアウトプットすることで、自分の言語表現を自分で検討できるだけではなく、表現できることとできないことのギャップに気付くことができ、その結果、インプットに対する意識も高くなる。

アウトプットすることは、第二言語習得のさまざまな認知プロセスに大きな影響を与えると考える研究者もいる。

- 第二言語習得研究：モニター・モデル（インプット仮説）、インターアクション仮説、アウトプット仮説がある。

1.3 言語転移と誤用

◎ 言語転移

転移とは、第二言語の学習過程で第一言語・母語が影響を及ぼすことをいう。転移には、**正の転移**と**負の転移**がある。正の転移は第一言語が第二言語に及ぼすいい影響で、共通する文法や音声、文字が習得を促進させるような場合をいう。共通しているものが多いと、学びやすくなる。一方、負の転移は第一言語が第二言語に悪い影響を与えることで、**母語の干渉**とも呼ばれる。

用語	説明	日本語学習者の例
正の転移	第二言語を学ぶ際に第一言語がいい影響を与える。言語の共通点が多いと習得が促進される。	韓国語話者の場合、助詞が容易に理解できる。 中国語話者の場合、漢字が語彙の意味理解を助ける。 英語話者の場合、「トムの車」がTom's carとなり、語順も意味も同じで分かりやすい。
負の転移／母語の干渉	母語・第一言語が第二言語習得を妨げたり、学習を遅らせたりする。	韓国語話者の場合、音韻に破擦音がないため、「ツ」の発音が「ス」になってしまう。 中国語話者の場合、日本語の「の」は中国語の「的」に置き換えやすいため、「おもしろいの本」と間違えたりする。

表3-2-5　転移

学習者の言語習得状況を観察し、分析する中で、言語間の違いを明らかにすることが盛んに行われるようになった。そして、研究が進むうち、**誤用**というものに対する認識にも変化が起きてきた。

※20
Stephen Pit Corder：ピット・コーダー(1918 -1990)、イギリスの言語学者。

第二言語学習者の誤用のほとんどは負の転移なので、母語と学習言語の違いを明らかにすることで誤用は防げると考えた。

言語間の違いを分析する**対照分析**が頻繁に行われる。(1940年代～1960年代前半)

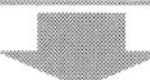

負の転移だとは考えられない誤用が頻繁に起こっていることが分かる。

誤用そのものを分析する**誤用分析**がコーダー[※20]らを中心に盛んになる。(1970年代)

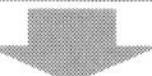

第一言語からの転移による誤りと、第一言語が異なる学習者でも共通して起こる発達上の誤りがあることが明らかになる。

誤用は「排除されるべきもの」から「習得のプロセスであり必然である」という認識に変わる。

図3-2-2　誤用に対する認識の変化

誤用

第二言語学習者の誤用には、**ミステイク**と**エラー**がある。さらに、エラーは、**グローバル・エラー**と**ローカル・エラー**に分けられる。

ミステイク	単なる言い間違い。自ら間違いに気付き、修正できる。緊張したり疲れたりしたときなどに起こす不注意な間違いで、母語話者でもする。
エラー	ルールを正確に覚えていなかったり理解していなかったりすることによる間違いで、繰り返し起こしやすい。
ローカル・エラー	コミュニケーションに支障のないエラー 例)「おいしいのパン」「部屋はきれかった」
グローバル・エラー	コミュニケーションに支障をきたすエラー 例)「友達に借りた本」と言いたいところを「友達が借りた本」と間違える。

表3-2-6 ミステイクとエラー

その間違いがミステイクなのかエラーなのかの判断を１回の間違いでするのは難しい。普段は間違えないのに、たまたまその時だけ間違えてしまったということもあるので、その学習者を観察し、誤用が他でも起きているかなどのデータを集めたり、学習者自身で誤用を修正できるかなどを確認したりする必要がある。

文法的に誤りではないが不適切な表現を、**プラグマティック・トランスファー（語用論的転移）**という。これは、学習者が自国での言葉の使い方を第二言語でも用いてしまうことが原因で起こる。例えば、コーヒーを人に勧めるとき、英語では、“Would you like to drink a cup of coffee ?”というが、日本語では、「コーヒー、いかがですか」という。日本語の表現を知らない学習者が英語文を直訳して「あなたはコーヒーを飲みたいですか」と言ったらどうだろうか。文法は正しいが違和感を感じるであろう。これがプラグマティック・トランスファーである。

エラーの原因がどこにあるかによって、エラーを２つに区別する場合がある。**言語間エラー**と**言語内エラー**である。

用語	説明	日本語学習者の例
言語間エラー	第一言語と第二言語の言語間の差異から生じる。	中国語話者が「薬を食べる」と言う。 英語話者が「ピアノを遊ぶ」と言う。
言語内エラー	第二言語の学習の不完全さから生じる。	
過剰般化（過剰一般化）	第二言語の規則を過剰に適用したことで生じる。	２グループの動詞のテ形の活用ルールを１グループの動詞にも適用し「薬を買いてきた」と言う。
簡略化	言語規則を単純化することで生じる。	「東京　行きます」など助詞が抜ける誤り。

表3-2-7　言語間エラーと言語内エラー

言語間エラーは、負の転移、母語の干渉による間違いである。中国語話者が「薬を食べる」と言うのは中国語の言い方をそのまま訳したからで、英語話者が「ピアノを弾く」ことを「ピアノを遊ぶ」と間違えるのは、I can play the piano. のplayが日本語で「遊ぶ」だと思ったからだと考えられる。

言語内エラーは学習の途中で起こるもので、母語とは関係ないエラーである。「おいしいのケーキ」は中国語話者の間違いであれば言語間エラーの可能性があるが、英語話者の間違いの場合は「名詞＋の＋名詞」の規則を形容詞にも当てはめた**過剰般化（過剰一般化）**のエラーだと考えられる。「学生じゃない」「静かじゃない」と同じように「ほしいじゃない」というのもこの例である。**簡略化**は、複雑なもの、分かりにくいものを簡単にしようとすることで起こるエラーである。助詞は学習者にとって複雑で面倒なものかもしれない。「東京　行きます」は助詞がなくてもメッセージが伝わるが、「彼女　彼　チョコ　あげた」はどうだろうか。彼女が彼にあげたのか、彼女に彼があげたのかで状況が全く異なり、簡略化によってグローバル・エラーが生じる。誤りの原因はさまざまなので、教師はどんな間違いなのか、なぜ間違えたのかを注意深く観察し、分析して、その原因を突き止める必要がある。それが適切な指導につながるといえる。

誤用に関する用語に**化石化**や**逆行（バックスライディング）**がある。

化石化	ある習得項目の発達が不完全なまま停滞してしまい、それ以上向上しなくなってしまった現象。誤りが訂正されないまま固定化した状態で、上級レベルの日本語学習者が「きれくない」と言うのがこの例である。

逆行（バックスライディング）	誤用が改善された後に、不安や緊張などで再び間違えること。これは単なる言い間違い（ミステイク）なので、自ら修正できる。

表3-2-8 化石化と逆行

誤用は学習者の言語能力を知るための有効なデータになるが、誤用だけを集めることには限界があると言われている。間違えやすそうな語彙や表現は使わないようにしようという心理が学習者に働くからだという。アメリカの心理学者である**シャクター**[※21]は、学習者が自信の持てない発音や語彙などの使用を避けるため、結果として誤用が現れない場合があると指摘する。学習者が曖昧な語彙や表現を避ける方略を**回避**という。難しい文型形式を使わずに、簡単に言い換えようとするのも回避である。何を誤用とするかの見極めも難しい。表面上は誤りがなくても、表現されたことが実際に意図することと異なる場合もある。誤用は、学習者の学習上の問題であり、注意深く見ていく必要がある。

※21
Stanley Schachter：スタンレー・シャクター（1922-1997）、アメリカの心理学者。情動は身体反応とその原因の認知の両方が不可欠だとする情動の二要因説を提唱した。

● 中間言語

学習者は間違えるものである。間違えながら言語を習得していく。学習者の、間違いを含んだ言語体系を**中間言語**と呼ぶ。中間言語は1970年代前半、セリンカー[※22]によって唱えられた概念で、学習者のある時点での目標言語能力を指す。目標言語と第一言語の間に位置し、常に変化し、目標言語に近付いていくと考えられている。中間言語は第一言語とも目標言語とも異なる言語体系で、学習者の目標言語のレベルの変化に伴って変化し、学習者が母語話者レベルに達すると消滅する。ある特定の時点における、その学習者に特有な言語体系が中間言語である。この概念は、学習者の誤りに規則性が見られ、共通した一連の段階を経て学習することが分かったことから生まれた。

※22
Larry Selinker：ラリー・セリンカー（1937-）、アメリカの言語学者。

● 有標性差異仮説

第二言語習得における第一言語の影響を説明したものに**有標性差異仮説（有標性弁別仮説）**がある。これは、第二言語に第一言語と異なる部分があり、それが第一言語より有標である場合は学習が困難となり、**無標**である場合は習得はそれほど難しいものにはならないという考えで、エックマン[※23]が唱えたものである。

※23
Eckman, Fred R.：フレッド・エックマン。アメリカの言語学者。

用語	説明	日本語話者が英語を学ぶ場合の例
有標	言語に関するルールでより複雑で特殊なもの。特別な意味があるかもしれない、普通ではない、注意しなくてはいけないという意味。	名詞の複数形、不規則動詞の活用（日本語にはないルール、あっても少ないもの、など）
無標	言語に関するルールでより単純で一般的なもの。そのまま普通に、自然に受け取ればいいという意味。	名詞の単数形、規則動詞の活用（日本語にもあるもの）

表3-2-9　有標と無標

この説は、第二言語学習の困難度は有標性の程度によって決まるとする。これにより、第一言語と第二言語の単純な対照のみでは説明できない習得上の困難点について解明が進むのではないかと期待されている。

- 言語転移：第二言語の学習過程で、第一言語・母語が影響を及ぼす。
- 誤用：言語間エラーは第一言語と第二言語の差異から生まれる。言語内エラーは第二言語の不完全さから生まれる。
  プラグマティック・トランスファーは、文法的には誤りではないが不適切な表現をいう。
- 中間言語：学習者のある時点での目標言語能力をいう。
- 有標性差異仮説：第二言語に第一言語より有標なものがあると学習が困難になるという説である。

1.4　習得順序と発達順序

第一言語習得と第二言語習得とでは状況が異なる。違いの１つに、認知能力の発達が挙げられる。第二言語を外国語として教室で学ぶ場合、第一言語習得時のような大量のインプットによる無意識な習得は期待できないが、第二言語を習得する段階で認知能力がすでに発達していれば、教室での分析的な学習スタイルが選択できる。このスタイルは年長者に向いているとされる。論理的に理屈で規則を覚える方が言語習得に有効だとする研究結果も多い。また、抽象的な概念を表す語彙の習得や使用には、学習者の認知能力が役に立つと考えられている。ただし、認知能力の優位さが常に良い影響を与えるわけではない。音声面の獲得は、認知能力の高い成人より、認知的に成長段階にある年少者のほうが、一般的に有利だと言われている。

認知能力の影響とは関係なく、第二言語習得にも第一言語習得と同様、一定の**習得順序**や**発達順序**があることが1970年代以降の研究から明らかになってきた。習得順序とは、過去形・進行形など複数の文法項目（形式）を習得していく際の順序をいう。一方、発達順序は、1つの形式（例えば過去形など）を否定文や疑問文などに展開する順序である。第二言語習得において、学習者は無秩序に第二言語を習得するのではなく、どの学習者も類似した一定の道筋をたどり、習得が進むとされる。教科書の順番通りに学習が進められる場合でさえ、学習者は教わった順ではなく、ある一定の決まった習得順序や発達順序に沿って第二言語の文法を習得することが報告されている。教科書の項目が必ずしも学習者にとって習得しやすい順序になっているとは限らないということを知っていれば、学習者の誤用に対する教師の理解は異なったものになる。また、学習者への無用なプレッシャーも抑えられる。

ピーネマン※24は、学習者の言語習得の発達段階を説明するため、以下のような仮説を立てた。

※24 Manfred Pienemann：マンフレッド・ピーネマン。ピネマン、ピネーマンともいう。

① **処理可能性理論**（Processability Theory）：第二言語の学習者が中間言語の知識体系を再構成し、より第二言語に近づけていく努力をする過程の認知論的なアプローチの1つで、学習者は認知的負担の少ない、処理可能な順序によってのみ第二言語を習得できるとする。

② **教授可能性仮説**（Teachability Hypothesis）：学習者はたとえ指導を受けても段階を飛び越えて習得することはできず、また、学習の準備ができていない段階の項目を指導しても効果は得られないとする仮説である。次なる段階のレベルにある項目を教えれば効果が上がる。

● 習得順序、発達順序は第二言語習得にもある。

1.5 文化的アイデンティティと日本語教育

アイデンティティというのは、自己同一性、自我同一性と訳され、自分はこういう人間だという意識のことを指す。普段は意識しなくても、異文化との接触などで**アイデンティティ・クライシス**（アイデンティティの危機）に陥ったときには強く意識される。アイデンティティは、自分がどう見られるかということと関係している。自分が考えている自分の姿と、他人が自分を見る見方が違っている時などは、自分のアイデンティティを意識せざるを得なくなる。

日系３世のブラジル人の場合を見てみよう。日系３世のブラジル人が来日し、日本での生活を始めた。まず何をするだろうか。日本語が不自由であれば、地域の日本語教室に通うことが考えられる。教室に通っている時は、ブラジル人としてのアイデンティティが強く出てくるだろう。一方で、ブラジル人ばかりが集まっているところに行くと、日系人としてのアイデンティティが出てくると考えられる。近年では、アイデンティティは固定したものではなく、変化するものだと考えることが多くなっている。また、１人の人の中にはいくつかのアイデンティティがあると考えられている。アイデンティティは複合的なもので、１人の人がいろいろなアイデンティティを持っており、場面や状況によって異なった側面が出てくるのである。日系３世のブラジル人の場合は、日本語教室ではブラジル人というアイデンティティが、ブラジル人の集まりでは日系人というアイデンティティが浮き彫りにされた。

学習者の文化的アイデンティティを尊重することは大切である。現在、留学生にも技能実習生にも生活者にもイスラム教の人が増えているが、イスラム教には宗教によるさまざまなルールがある。例えば、一日に５回お祈りをする、ハラルフード[※25]を食べる、ラマダン（断食）[※26]があるなどで、日本ではイスラム教の人が困らないように、空港にお祈りできる場所を作ったり、ハラルフードを扱うレストランを増やしたりするなどの対応が進められている。日本語学校でも、お祈りの部屋の確保やイスラム教の学生が食べられるメニューの用意など、個々のアイデンティティを尊重する対応がとられている。

アイデンティティは第二言語を学ぶときにも意識される。第二言語習得時に、第二言語と母語の違いを抵抗なく受け入れられる人もいれば、第二言語習得が困難になる人も出てくる。日本に来た子どもたちは日本の学校で第二言語として日本語を学ぶが、その時に自分は何人なのかというアイデンティティ・クライシス[※27]に陥ることが考えられる。

第二言語としての日本語教育の目的は、コミュニケーションが取れるようになるということだけではなく、自己を実現することだという考えが出てきている。日本語を学習してなりたい自分になる、そのような自己を実現するための過程として日本語学習を捉えるという考え方である。自分の新たなアイデンティティの確立を目指すものとして、日本語教育が捉えられるようになってきている。

※25
イスラム教（ムスリム）の戒律によって食べることが許された食品や料理のこと。

※26
イスラム教徒（ムスリム）は、年に一度、ラマダン月（ラマダーン月）に１か月間断食をする。日の出から日没まで、水、たばこ、食べ物を一切口にしない。

※27
自分が何者であるか分からなくなってしまった状態。

2. 学習ストラテジーと学習者の要因 ★★

2.1 学習ストラテジー

我々は言語学習や言語使用を成功させるために、意識的か否かにかかわらず、さまざまな工夫を行っている。その際の手段や方法を**ストラテジー**という。効率的に言語学習を行うために使われる手段を**言語学習ストラテジー**、言語能力によるコミュニケーションの障害を乗り越えるために使用される方法を**コミュニケーション・ストラテジー**と呼ぶ。

◎ 言語学習ストラテジー

言語学習ストラテジーは、レベッカ. L. オックスフォードが1990年代に発表したもので、学習をより易しく、より早く、より楽しく、より自主的に、より効率的に、かつ新しい状況に素早く対処するために学習者がとる具体的な行動のことをいう。ある言語を学ぶときに、容易に早く楽しく効果的に学ぶ方法を知っているか否かが、習得に影響すると考えられる。オックスフォードは、言語を学習するときの、さまざまな方法を体系的にまとめて分類した。

直接ストラテジー	記憶ストラテジー	情報の記憶や想起に使うストラテジー。語彙や文法を効率よく覚えるために用いる方法。 例）語呂合わせで覚える。具体的なイメージやキーワードを使って単語を覚える。何度も書いて覚える。
	認知ストラテジー	言語学習での実用的なストラテジー。認知的な理解を促進させるための工夫。 例）辞書などで意味や用法を調べ、分析や整理を行う。目標言語と母語を対照して分析する。重要事項に線を引く。ノートに自分の言葉でまとめる。
	補償ストラテジー	言語知識の不足を補うためのストラテジー。 例）分からない単語を前後の文脈で判断する。相手の表情などから話していることを推測する。身振り手振りで伝えようとする。

間接ストラテジー	メタ認知ストラテジー※28	学習過程を調整するためのストラテジー。自分自身の学習状況について客観的に観察し把握するために用いる。 例）自分の弱点を知ったうえで学習計画をたてる。学習目的を書き、達成期限を設定する。
	情意ストラテジー	学習における情緒や態度をコントロールするストラテジー。学習しやすくなるように気持ちや環境を自分で整える方法。 例）やる気が出ないときにやる気を出すべく気持ちを切り替える。準備をして自信をつけ、不安を軽くする。自分を勇気づける。
	社会的ストラテジー	学習のために環境や周囲の人を取り込むストラテジー。自分以外の環境や人を活用する方法。 例）図書館を利用する。日本語学習時に日本人の友人に文章をチェックしてもらう。質問ができる友人を作る。

表3-2-10　言語学習ストラテジー

※28
メタはもともとはギリシャ語から来た接頭辞。メタ認知は、自分自身の態度や理解、思考、立場などを客観的に見ること、自分自身を外から捉えることを意味する。

直接ストラテジーは学習に直接かかわるもので、**記憶ストラテジー**、**認知ストラテジー**、**補償ストラテジー**に分かれる。**間接ストラテジー**は学習を間接的に支え、習得のための条件を整えるもので、**メタ認知ストラテジー**、**情意ストラテジー**、**社会的ストラテジー**に分けられる。直接ストラテジーと間接ストラテジーは相互に作用し、６種類のストラテジーは互いに関係を持ち、助長し合うという。どのストラテジーをどう使用するかは人によって異なるが、言語学習ストラテジー研究の成果から、言語学習の成功者には以下のような類似した傾向が見られた。

① メタ認知ストラテジーが大きく関わっている。
② 学習の熟達度により、使うストラテジーが異なる。
③ 学習成果の個人差は、言語学習ストラテジーだけではなく、学習者の持つ信条（ビリーフ）、感情、内発的動機付けによってももたらされる。
④ 明示的指導が効果的である。

● コミュニケーション・ストラテジー

言語力の不足などによりコミュニケーションがうまくとれない場合に使用する方略を**コミュニケーション・ストラテジー**という。コミュニケーションにおけるさまざまな障がいを乗り越えるために使う方法で、語彙が分からないときに別の言葉で言い換えたり、文法力が足りないときに簡単な文法で表したりするのがこれに当たる。

タローン[※29]は、コミュニケーション・ストラテジーを、**回避**、**言い換え**、**母語使用**あるいは**意識的な転移**、**援助要求**、**ジェスチャー**の5つに分類した[※30]。

コミュニケーション・ストラテジーには**コードスイッチング**という方法もある。コードスイッチングは場面や相手によって言語を切り換えることである。バイリンガルがどちらの言語を使うか選んだり、バイリンガルではなくても相手に合わせて言語や態度を切り替えたりすることをいう。日本人だと思って話しかけた相手が外国人だと分かったときに英語に変えたり、外国で食事をするとき一緒にいる友人とは日本語で話し、お店の人にはその国の言葉で注文したりするのが、この例である。そうすることでコミュニケーションを成立させている。コミュニケーション・ストラテジーは、母語話者の場合は無意識に使っていることが多い。言語の学習者の場合は、コミュニケーションがとれるように、語彙や文法だけではなく、コミュニケーション・ストラテジーについても学ぶ必要がある。

※29
Elaine Tarone：エレイン・タローン（1945-）、エレーヌ・タローネとも呼ばれる。アメリカの言語学者。

※30
タローンの分類したコミュニケーション・ストラテジーについては、「第4部 第1章 **2.2** コミュニケーション・ストラテジー」参照。

3-2
言語習得・発達

- 言語学習ストラテジー：直接ストラテジー（記憶ストラテジー、認知ストラテジー、補償ストラテジー）と間接ストラテジー（メタ認知ストラテジー、情意ストラテジー、社会的ストラテジー）がある。
- コミュニケーション・ストラテジー：コミュニケーションが円滑に行えるように用いるストラテジー。

2.2 学習者の要因

第一言語習得と異なり、第二言語学習者の習得は不完全な状態で停滞してしまうことが多い。また、学習を開始した年齢や学習時間が同じでも、到達レベルは学習者によって異なる。このような差を生じさせる原因の1つに、学習者が持つ個人的な要因が挙げられる。第二言語学習に関わる要因には**外的要因**と**内的要因**がある。外的要因は外にある要因、つまり、第二言語学習を進めるときに外から受ける影響のことで、内的要因は学習者の中の要因である。

● 外的要因

外的要因としては、学習環境、学習場所、学習時間などが挙げられる。

第1部 言語一般
第2部 言語と教育
第3部 言語と心理
第4部 言語と社会
第5部 社会・文化・地域
第6部 音声分野
第7部 記述問題

学習環境は、第二言語環境と外国語環境に分けられる。第二言語環境は、習得しようとする言語を授業以外でも使う必要のある環境のことを指す。外国語環境は、習得しようとする言語を授業以外で使う機会がない環境である※31。言語の使用機会が多ければ習得が進むと考えられる。また、学習が行われる場所も習得に関わる要因となる。例えば、エアコンが効いている教室かどうか、他の人の話し声が聞こえるか否かで学習効率は変わるだろう。学習時間は長い方が学習効果が上がるのか、細切れの時間を効率よく使う方がいいのか、人によって異なる。学習者を取り巻く環境のような要因が第二言語の習得に関係してくる。

※31
学習環境については、「**2.3** 学習環境と気付き」で扱う。

内的要因

内的要因としては、学習の動機（動機付け）、個人の性格、知能、言語適性、学習スタイル、ビリーフ、学習開始年齢などが挙げられる。

(1) 動機付け

動機というのは行動を起こす要因を表し、**動機付け**は目的や目標に向かって行動を起こし、達成するまでそれを持ち続ける心理的な過程を表す言葉である。つまり、動機付けは、動機をきっかけに行動を起こし、それを続けさせる気持ちのプロセスを表す。第二言語習得において動機付けは重要な要素であり、習得の速さや最終的に達成される熟達度に影響を与える。言語学習を促進する動機付けの枠組みとして、代表的なものを２つ紹介する。

① 統合的動機付けと道具的動機付け

ガードナー※32とランバート※33により提唱された。

※32
Robert G. Gardner：ロバートG. ガードナー（1925-2014）、アメリカの人類学者。

統合的動機付け	目標言語の社会や文化への参加が第二言語学習の動機となるもの。「その言葉を使う人々の文化や価値観が理解できるから」「より多くの人とコミュニケーションできるから」という理由で学習する場合が統合的動機付けとなる。 例）世界中の人と友達になりたいという気持ちで英語を勉強する。
道具的動機付け	社会的地位を向上させる道具として学習するもの。第二言語を学習することで、就職、昇進、社会的または経済的評価などの実益を得ることを目的とする。 例）英語の試験で高得点を取れば就職に有利なので勉強する。

表3-2-11　統合的動機付けと道具的動機付け

※33
Wallace E. Lambert：ウォレス E.ランバート（1922-2009）、カナダの心理学者。

ガードナーとランバートは、研究結果から統合的動機付けによる学習のほうが習熟度が高かったとしたが、違う研究結果もあり、一概にどちらがよいとは言えない。習得の度合いは学習環境や社会的な状況によっても異なる。実際に、学習者の動機は両者が微妙に混じり合ったもので、学習動機は時間とともに変化していくともいわれる。

※34
Edward L. Deci：エドワード L. デチ(1942-)、アメリカの心理学者。デシと呼ばれることもある。

② 内発的動機付けと外発的動機付け

教育心理学による分類で、デチ※34によって提唱された。

内発的動機付け	学習者の内側からくるもの。学習すること自体が目的となる。学習そのものに楽しさや意義を見い出す。人の内面で自発的に湧き起こる知的好奇心などによって行動が起こり、持続することが特徴で、自発的、自律的な動機付けだといえる。 例）面白いから勉強する。
外発的動機付け	報酬や賞賛など外側から受ける利益のために学習しようとするもの。学習環境や親や先生など外部から受ける要因がきっかけで行動を起こすのが特徴である。 例）褒められたいから勉強する。しないと怒られるからする。

表3-2-12　内発的動機付けと外発的動機付け

一般に内発的動機付けのほうが持続的で強いといわれている。例えば、母親に褒められたいから勉強するというのは、「褒められる」という報酬が母親から与えられることが勉強への動機付けになっており、「褒められなければ勉強しない」ということになる。しかし、「知らないことが分かるようになるのは楽しい」「興味があるから知りたい」と思って勉強する場合は、知ることそのものが知的好奇心を満たすことになる。後者の方が勉強は続くと思われることから、内発的動機付けを持つことが学習を持続させるのに重要だといわれる。

内発的動機付け	メリット	自発的な動機付けなので行動が持続する。能力開発や自己成長に繋がる。
	デメリット	本人の興味や関心がないと動機付けが難しかったり、個人差があったり、効果が現れるまで時間がかかったりする。
外発的動機付け	メリット	評価や報酬など誰にでも使いやすい。短時間で効果が見込める。適正な評価や公平な報酬などの場合、内発的動機付けのきっかけを与えることがある。
	デメリット	持続性がない。期待以上の成果が出にくい。自主性を引き出すことが難しい。外発的動機付けに慣れてしまうと効果がなくなり、より強い刺激が必要になる。内発的動機付けによって強い意欲がある場合は、外発的動機付けをすることで、反対に内発的動機付けを低下させてしまうことがある。

表3-2-13　内発的動機付けと外発的動機付けのメリット、デメリット

最近では、**自己決定理論**が有力な理論として提案されている。これは、内発的動機付けと外発的動機付けの概念を利用したもので、人から強制されて行うより自分自身の意志で行ったほうがより強い動機付けを生み出すことができるという考えである。例えば、「日本語能力試験に合格する！」と自ら目標を立てることが強い動機付けになるということである。

(2) 性格

第二言語学習には少なからず個人の持つ性格が影響していると考えられる。学習に影響する性格としては、次のようなものが例として挙げられる。

- 第二言語の言語能力に自信が持てるか。
- 不安や失敗を恐れず挑戦する姿勢を持てるか。
- 異なる言語や文化を受け入れる寛容さがあるか。
- 他人とのコミュニケーションを円滑に進めるために必要な共感力があるか。
- 外向的な性格か内向的な性格か。

このような内的な要因を調査するには、主にアンケート方法が用いられるが、アンケートで得られたデータをいかに的確に処理し、分析するかが重要となる。

(3) 知能

知能とは一体どのようなものなのか。どういった学習者を知能があるとするのか。知能の定義や測定法は明確ではないことが多い。知能は１つにまとまったものなのか、知能の発達は遺伝で決まるのか環境によるものなのかなど、知能についてはいろいろな論争がある。知能が高いというよりは、分析的な能力や論理的な思考能力が高いという表現のほうが適切な場合もあるだろう。第二言語習得研究では、学習者の知能は第二言語での読解能力や文法学習、語彙学習には関係するが、口頭でのコミュニケーション能力や音声の習得とは関係が薄いと指摘される。しかし、学習者の知能とは何か、その全体像はまだ明らかにされていない。

(4) 言語適性

言語適性とは、外国語を学ぶために必要だと考えられる能力のことである。では、どんな能力があれば言語学習が進むのだろうか。例えば、母語以外に他の言語を習得したことがある人は次の言語も習得しやすいといわれる。他の言語の習得過程で、音・語・文の構成を認識する能力や、機能的に分析する能力が培われたと考えられるからだ。記憶する能力も言語適性にあたる。

外国語学習の適性の有無や、どのような点で適性が認められるかなどを測定する適性テストを**予測テスト**という。テスト結果により、外国語学習での成否の可能性や、特定の言語技能の習得に要する期間が予測できる。外国語学習に向いているかどうか、個人の適性を測定するために開発されたMLAT[※35]では、①異なる音を識別し、文字に表せる能力、②微妙な文法の違いに気付くことのできる文法的感度、③丸暗記する力、④具体的な例から一般的な文法法則を見つける帰納的学習能力の4つがテストされる。この4つの力が高ければ高いほど、言語学習に向いているという。

第二言語学習の適性は、音・語・文の構成を認識する能力、音・語・文を機能的に分析する能力、そしてそれらを記憶する能力に分けられる。これまでの研究から、分析能力は、成人学習者のみならず子どもの学習者においても言語習得に有利に働くとの結果が示されている。また、記憶力が最も重要な要素であると主張するものもある。さらに、個人の特性に合った教え方をした場合、学習者は高い熟達度を示すとされている。

※35
MLATはModern Language Aptitude Testの略。Language Learning and Testing Foundationによって発行されている。すべての基本的なコミュニケーションスキル、特にスピーキングとリスニングの学習の成功を予測するために使用できるとされる。キャロルによって開発された。John Bissell Carroll：ジョン・ビッセル・キャロル（1916-2003）、アメリカの心理学者。

(5) 学習スタイル

学習スタイルというのは、学習者が好んで用いる学習法や学習習慣のことをいう。学習スタイルは、**認知スタイル**からも影響を受ける。認知スタイルとは情報を記憶に保存する処理の方法のことで、情報の受け入れ方にも個人による傾向がある。例えば、視覚からの情報に頼る者もいれば、聴覚からの情報に頼る者もいる。また、声に出して覚える人もいれば、ひたすら書いて覚える人もいる。これが認知スタイルの違いである。

よく知られている認知スタイルに、**場独立**と**場依存**という考え方がある。下の図はゴットシャルトの埋没図形テスト[※36]、隠し絵テストを参考に作ったもので、右側の複雑な図形の中に左側の単純な図形が埋め込まれている。その図形を限られた時間内で見つけ出すという課題が与えられ、かかる時間の平均値によって、その学習者の認知スタイルが分かるというものである。

※36
Kurt Gottschaldt（カート・ゴットシャルト）が考案した検査。複雑な図形中に隠された単純な幾何学的図形を探し出す検査で、場依存一場独立を測定するために用いられる。場独立型の人は場依存型の人に比べ、単純図形を素早く見つけ出すことができる。

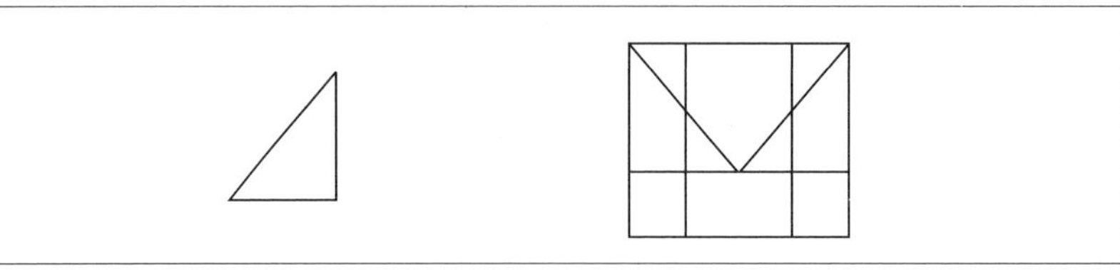

図3-2-3　認知スタイルのテスト例

心理学の世界では、素早く図形を見つけられる場合は場独立的で、時間がかかる場合は場依存的な認知スタイルとされる。

用語	認知スタイル	学習スタイル
場独立型の人	周りに左右されずに細部を全体から切り離して分析的に把握する。独立心が旺盛。	規則を使って暗記するような学習や、文法的な規則や文章の構造などの体系的な学習を好むことが多い。ある特定の項目に集中するドリルやテストを行う学習で効果をあげる。
場依存型の人	物事を全体的に捉える。社会的感受性が強く、共感する能力が高い。	状況の中から発話の意味全体を捉えようとするため、自然な状態での言語獲得を得意とし、母語話者との会話の中での言語習得が効果をあげる。

表3-2-14　場独立と場依存

それぞれの認知スタイル、学習スタイルに合った指導を行えば、効率よく学習できることになる。とはいえ、このスタイルは常に固定的だというものではなく、場面によってスタイルを選択することができるので、最適なスタイルとなるような環境を作ることが教師の役目になる。

(6) ビリーフ

言語習得に関して、どのようにすれば言語ができるようになるかの考え方を**ビリーフ（信念）**という。教師側のビリーフと学習者側のビリーフがあるが、両者のビリーフが一致していればプラスの効果が得られ、お互いのビリーフが異なっているとマイナスの作用が生じ、授業に対する満足度が低くなる恐れがある。例えば、教師が言語学習には正確さより運用が大切だと考え、重大な間違いでなければすぐには直さないという考え方なのに対し、学習者が言語規則を正しく使用することを重視し、間違いはすぐに訂正してほしいと考えていたらどうだろうか。お互いに困惑してしまうだろう。教師の考え方と学習者の考え方が違うことで、教えにくさ、学習のしにくさが生じる。学習スタイルもビリーフも合っていれば、教師も学習者も満足し、学習者の習得が進むとされている。

(7) 学習開始年齢

年齢と言語習得との関連を調べた初期の研究に、**レネバーグの臨界期仮説**がある。レネバーグ※37は、言語の獲得には年齢限界があり、乳児期から思春期（12歳ごろ）までの成熟期間を過ぎると、母語話者並みの言語を獲得できなくなるとした。この年齢限界を**臨界期（クリティカル・ピリオド）**という。レネバーグはその根拠を脳の発達と関連付けて説明している。臨界期という考え方は、もともとは母語の習得について述べられたものであったが、後に第二言語習得論の分野へ持ちこまれ、現在は第一言語と第二言語の両方の習得に対して使われる。ニューポート（1989）には、第二言語習得においても思春期を過ぎてからの習得が困難であることが示されている。しかし、臨界期を過ぎても努力次第で完全な言語習得は可能ではないのかという指摘や、言語の領域（発音や文法など）によって臨界期が異なるとされる**複数臨界期説**など、第二言語習得に適した年齢についてはさまざまな見解が出されている。第一言語と第二言語の両方の習得に関して年齢が重要な要素であることは定説となっているが、はたして臨界期なるものが本当に存在するのか、また存在するとしたらそれがいつなのかなどについては長い議論があり、仮説の域を出ていない。

※37
Eric Lenneberg：エリック・レネバーグ（1921-1975）、アメリカの神経生理学者。

言語習得時期には**沈黙期（サイレント・ピリオド）**もある。言語習得の初期段階における現象で、第一言語習得では、話し始める前の無言の期間を指す。この期間は十分にアウトプットできなくても周囲の言葉を耳から取り入れている。第二言語習得の初期段階でも沈黙期は見られる。特に子どもの学習者の場合、第二言語に触れだしても決まり文句以外はほとんど話そうとしない期間が続く。この期間（沈黙期）は第二言語使用の準備段階として必要な期間とされる。大人の場合は、沈黙期を選ぶ学習者と選ばない学習者とに分かれるが、これには社会的適応などが関係してくる。

学習者はそれぞれに異なる学習者要因を持ち、それらが複雑に絡み合い、第二言語を習得する速度や、最終的に達成される熟達度に影響を与えている。教師に必要なのは、どのような学習者要因を持つと言語学習が成功するかという見方ではなく、学習者がどんな要因を持って学習に臨んでいるかを見て、適切な指導法や教材を提供していくことである。学習者が学習困難な状況に陥ったときにどのような要因が関係しているか考えることも教師に求められる。

- 学習者の要因：外的要因と内的要因がある。
- 動機付け：統合的動機付けと道具的動機付け、内発的動機付けと外発的動機付けがある。

2.3 学習環境と気付き

第二言語を学習する環境を大きく分けると、**第二言語環境**と**外国語環境**に分けられる。

第二言語環境	日常生活で目標言語が使用されている環境。 例）日本で日本語を学ぶ場合の日本語学校や日本語クラス
外国語環境	日常生活で目標言語が使用されていない環境。 例）日本で英語を学ぶ環境

表3-2-15　第二言語環境と外国語環境

第二言語環境ではクラスにいる学習者の出身や母語が異なる場合が多く、クラス内の共通語は日本語になる。学習者の目的はさまざまだが、日常生活を送るのに必要だということは共通の目的として挙げられるだろう。教室外でも日本語が使用されているため、日本語を学ぶモチベーションは高いことが推測できる。第二言語環境においては、教室外で役に立つことを授業に取り入れる工夫が必要になる。一方、外国語環境では目標言語を自然に習得することは難しく、教師が重要な役割を担う。

● 気付き

シュミット[※38]は、教室で第二言語を向上させるためには学習者の**気付き**が必要だと唱えた。気付きというのは学習者が言語形式に気付くことである。シュミットの主張は以下の通りである。

- 学習する言語の形式（音声や文法）と、それらが表す意味や機能（ある発話が文脈上で果たす役割）との関連に学習者が気付いたとき、習得が可能となり、学習が促進される。
- 文法のみに重点を置いた指導法では、学習者の気付きは起こりにくい。
- コミュニケーション重視の言語活動の中で、学習者の意識を言語形式に向けさせる指導をしなくてはならない。

※38
Richard Schmidt：リチャード・シュミット（1941-2017）、アメリカの言語学者。主な研究対象は、成人の第二言語習得における認知的要因および感情的要因で、気付き仮説（noticing Hypothesis：第二言語学習に大切なのは学習者が学習項目に「気付く」ことであるとする仮説）の提唱者として最もよく知られている。気付いたものが第二言語習得においてインテイクになると主張する。

(1) フォーカス・オン・フォーム

シュミットの提案以降、教室において学習者の意識を、学習すべき言語形式にいかに向けさせるかという研究が盛んになった。さまざまな指導法が提案されてきたが、こうした中から出てきた方法が、**ロング**が提唱した**フォーカス・オン・フォーム（focus on form）**である。フォーカス・オン・フォームは、コミュニケーション重視の言語活動の中で、学習者の注意を、文法や文型などの言語形式に向けさせる指導法で、「知識としての文法」ではなく「使うための文法」が前提となっている。相手にメッセージを伝えたいとき、どのようなメッセージを伝えるかということを考えるが、そのためにはどうすれば伝わるかという言語形式にも目を向ける。それが形式（フォーム）に焦点を当てるということである。相手に意味を伝えようとする行動が引き金となって、学習者の注意が意味から言語形式に移行するのである。

フォーカス・オン・フォームと異なる指導法に、**フォーカス・オン・フォームズ（focus on forms）**と**フォーカス・オン・ミーニング（focus on meaning）**がある。フォーカス・オン・フォームは、フォーカス・オン・フォームズとフォーカス・オン・ミーニングの中間に位置付けられる。

フォーカス・オン・フォーム（FonF）	言語形式の焦点化	コミュニケーション重視の言語活動の中で、学習者の注意を文法や文型などの言語形式に向けさせる。この理論を基盤とした教授法に、タスク中心の教授法がある。
フォーカス・オン・フォームズ（FonFs）	形式重視	コミュニケーションや意味理解は軽視され、とくに文法を中心とした言語の形式面に注目する。代表的な教授法は、オーディオ・リンガル・メソッドである。
フォーカス・オン・ミーニング（FonM）	意味重視	言語の意味を重視する。コミュニケーション重視で、意味の理解ややりとりに意識を向けさせる。代表的な教授法に、コミュニカティブ・アプローチがある。

表3-2-16　フォーカス・オン・フォーム、フォーカス・オン・フォームズ、フォーカス・オン・ミーニング

(2) ノン・インターフェイス・ポジションとインターフェイス・ポジション

第二言語習得研究において、明示的知識と暗示的知識を最初に区別したのはクラッシェンである。彼は前者を「学習」、後者を「習得」とし、両者は独立した知識であり、結び付くことはないとした[※39]。このような立場を**ノン・インターフェイス・ポジション**（non-interface position）と呼ぶ。これに対し、学習で得た知識や技能が習得に移行すると考える立場を**インターフェイス・ポジション**（interface position）という。

※39
クラッシェンのモニター・モデルの中の、習得・学習仮説（「1.2 第二言語習得研究」参照）。クラッシェンは、その後、立場を変え、規則は初め意識的に「学習」されるが反復練習により徐々に自動化されるという「弱いインターフェイスの立場」に変更した。

3-2 言語習得・発達

ビアリストク[※40]は、ノン・インターフェイス・ポジションを支持しながらも両者が相互に影響し合って学習が習得に変換するというインターフェイス理論を展開した。「学習」した知識が「習得」に変わることもあると考えるこの立場は「弱いインターフェイスの立場（weak interface position）」とも呼ばれる。これに対応させて、従来のインターフェイス・ポジションを「強いインターフェイスの立場（strong interface position）」と呼ぶこともある。

「学習」した明示的知識が暗示的知識の「習得」に変わるか否かについては、①ノン・インターフェイスの立場、②強いインターフェイスの立場、③弱いインターフェイスの立場の３つの考え方が存在する。①のインターフェイスを否定する立場の人は、異なる性質をもつ明示的知識が暗示的知識へ移行することはありえず、その逆も起こり得ないという。つまり、教室環境で学習された語彙や文法規則は自動化されないと考える。②の立場の人は、暗示的知識が明示的知識に変換されるだけではなく、明示的知識も暗示的知識に移行するとしている。明示的知識を得た学習者がそれを自然に使いこなすに至る場合や、無意識に言語を使用している母語話者がルール等を明確に意識する場合などがこれに当たる。③の立場の人は、暗示的知識に移行するのは全ての明示的知識ではなく、部分的に限定されると考える。

インターフェイス・モデルを提唱したビアリストク（1978）は、言語形式を繰り返し練習することで明示的知識は暗示的知識に変わり得るとした。学習した文法規則は意味記憶として保持されるが、反復練習を行うことによって手続き的記憶に変換され、自動化されるという。また、ピーネマンも、練習すれば変換が可能であるとの立場をとり、変換は第二言語の発達順序に応じた項目についてのみ可能だとした。一方、エリス（1994）は、明示的知識は暗示的知識に移行し得るが、学習項目が学習者に明確に示され、学習者がそれに**気付く**場合にのみ変換が起こるとしている。これらのことから、教室のような形式的な学習の場で教師が行うべきことは、学習者に理解可能なインプットを大量に与え、できるだけ自然に言語習得ができるよう言語使用の機会を増やすことだとの提案がなされている。繰り返し使用することによって明示的知識は暗示的知識へ変容するが、知識の変容には学習者の適切な言語能力が必要であり、学習者の**気付き**が重要な役割を果たす。

ロングは、教室での指導効果についての研究を「習得の過程」「習得

※40
Ellen Bialystok：エレン・ビアリストク。カナダの心理学者。

の道筋」「習得の速度」「習得の最終的熟達度」の４項目に分けて整理しているが、その中で、

- 自然な環境で学んでいる第二言語学習者と、教室で指導を受けている学習者の間には、類似点が多い。
- 学習者の発達順序に合った指導は、教室場面においても第二言語習得の速度を速めることができる。

などの点を指摘し、教室での指導は有効であると結論付けている。

● 学習方法

学習の成果に影響を与えることとして、さまざまなことが考えられる。

- 第二言語環境で学習するのか、外国語環境で学習するのか。
- 教室で学習する場合、教師主導なのか、学習者主体の協働学習なのか。
- 教科書を使用し、学習項目に沿って進めていくのか。
- 会話中心か、言語知識の習得を重視するか。
- どのくらいの進度で進めていくか。
- どのくらいの時間が学習に費やせるのか。

指導の仕方や学習法も習得に影響する。指導の仕方としては、**明示的指導**と**暗示的指導**がある。明示的指導は学習目標となる言語項目を学習者がはっきり意識するように説明して教える指導法で、暗示的指導は説明しないで自然に習得できるよう誘導する方法である。これは、学習者の立場から見ると、明示的学習と暗示的学習になる。

明示的学習	学習者が演繹的に言語規則を学習したり、規則に関する仮説を検証したり、指導を受けて規則を自分の中に取り込んだりする。
暗示的学習	学習者が言語の使用例に触れることで、帰納的にその言語の構造的な特徴を身に付ける。

表3-2-17　明示的学習と暗示的学習

この２種類の学習法が学習者の言語発達にどのような影響を与えるかを調べることは、第二言語習得のメカニズムを明らかにする上で重要な意味を持つといわれる。

● 気付き：フォーカス・オン・フォーム、フォーカス・オン・フォームズ、フォーカス・オン・ミーニングの違いを確認しよう。気付きが大切である。

2.4　学習障害

学習障害はLD※41とも呼ばれる。文部科学省が平成11年7月に出した「学習障害児に対する指導について」という報告では、学習障害は次のように定義づけされている※42。

> 学習障害とは，基本的には全般的な知的発達に遅れはないが，聞く，話す，読む，書く，計算する又は推論する能力のうち，特定のものの習得と使用に著しい困難を示す様々な状態を指すものである。
>
> 学習障害は，その原因として，中枢神経系に何らかの機能障害があると推定されるが，視覚障害，聴覚障害，知的障害，情緒障害などの障害や，環境的な要因が直接の原因となるものではない。

※41
LDはLearning Disabilitiesの略。

※42 Web
文部科学省「学習障害児に対する指導について（報告）」

ディスレクシア

学習障害の中に**ディスレクシア**がある。ディスレクシアというのは、学習障害の中で特に読み書きに困難を伴う場合を呼ぶ言葉である。日本語では「読み書き困難」や「読字障害」という。困難の例としては、形が似た文字を区別できない、文字を読みながら同時に言葉の意味を理解することができないため読むのに時間がかかる、書こうとした言葉を正確に書けない、などが挙げられる。表記された文字とその読み、音の対応が自動化しにくく、それを司る脳機能の発達が未熟だとされている。

発達性ディスレクシアの読字や書字の特徴として下記があげられる※43。

> 1．文字を一つ一つ拾って読むという逐次読みをする
> 2．単語あるいは文節の途中で区切って読む
> 3．読んでいるところを確認するように指で押さえながら読む
> （これらは音読の遅延，文の意味理解不良につながる）
> 4．文字間や単語間が広い場合は読めるが，狭いと読み誤りが増えて行を取り違える

※43 Web
厚生労働省「学習障害（限局性学習症）」

5．音読不能な文字を読み飛ばす
6．文末などを適当に変えて読んでしまう適当読み
7．音読みしかできない，あるいは訓読みしかできない
8．拗音「ょ」促音「っ」など，特殊音節の書き間違えや抜かし
9．助詞「は」を「わ」と書くなどの同じ音の書字誤り
10．形態的に類似した文字「め・ぬ」等の書字誤りを示す

このような読み方は日本語学習者もしないだろうか。例えば、日本の学校の教室にいる外国人児童生徒のことを想像してみよう。日本語があまりできないと、うろ覚えの平仮名を読むとき、途切れ途切れになったり適切ではないところで切ったりする。日本語の習得が進まず、同じような状態が続いたら、その子はディスレクシアだと思われるかもしれない。外国人児童生徒が日本語が分からないことでディスレクシアと判断され、特別支援学級に入るケースがある。特別支援学級に入ることで科目の勉強も日本語学習も思うように進まないという状況も起きている。

ろう者

ろう者にとっては、第一言語が手話、第二言語が日本語となるが、手話と日本語では文法構造も語順も異なる。手話は独特の文法体系を持つ。手の形や位置、動きに意味があるだけではなく、肩の向きやうなずき、顔の表情、首や口の動きなどにも文法的な意味がある。手話が第一言語、日本語が第二言語と考えると、中間言語もあるし、バイリンガルという考えも出てくる。ろう者の中には、手話はできるが、日本語の文章が書けない人がいる。日本語教育で何か手助けする方法がないか考えられている。

言語権

言語権とは、言語話者の民族性や国籍などにかかわらず、自らが望む言語を自由に使用できる権利である。この権利は基本的人権の中に含まれるという考えから、言語権も保障されるべきだと言われている。つまり、公用語や共通語と同様に民族語も使う権利があるということである。

言語権には**個人的権利**と**集団的権利**がある。個人的権利としての言語権とは、個人は私的空間でどのような言語でも話せるという権利で、

例えば、どの言語でも名前を付けられること、私的または公の場でどの言語でも使用できること、学校内でどの言語でも教育できることなどが含まれる。一方、集団的権利としての言語権では、それを保障するかどうか議論が分かれる。比較的保障されやすい権利は、その地域における「公用語」や多数派の言語を学ぶ機会の保障である。集団的権利を保障する場合、政府は守るべき少数派の言語を行政で使用し、言語使用を援助しなければならないとされる。これは、例えば、行政の窓口での対応において少数派言語が使用できることや、公立学校において少数派言語による教育が保障されることが含まれる。

● 日本語能力試験における受験上の配慮

日本語能力試験では、視覚障害、聴覚障害、運動障害、LD/ADHD等の学習障害などがある人に対し、以下のような配慮がされている[※44]。

※44 Web
日本国際教育支援協会「日本語能力試験　受験上配慮について」

① 特別形式の問題（点字問題、拡大文字問題）
② 特別な解答方法（点字、拡大解答用紙）
③ 試験時間の延長
④ 別室での受験
⑤ 補助器具の使用（拡大鏡、補聴器、ヘッドフォン等）
⑥ その他、本協会が適当と認めた措置

3. バイリンガリズム ★★

3.1 バイリンガルとバイリンガリズム

バイリンガルは一般的に二言語が使用できる人を指す。これに対し、一言語使用者をモノリンガル、三言語以上の多言語使用者をマルチリンガルという。世界的に見ると、1言語しか使えないモノリンガルは、3つ以上の言語を使用するマルチリンガルより少ないと言われている。**バイリンガリズム**は個人が二言語を使用している状況を指す。例えば、日本にいる日本語学習者が、生活で母語と日本語を使用している状況をいう。また、社会の中に2つの言語変種が存在し、状況によって使い分けられている社会状況を**ダイグロシア**という。言語変種とは同一言語の中の異なった言語形式をいい、これらは使い分け

がされている。一般に、一方が政治や法律、教育、報道など公の場で用いられ、もう一方が日常会話や大衆芸能などで用いられる場合が多い。前者の言語形式は**高変種**（H〔High〕変種）、後者の言語形式は**低変種**（L〔Low〕変種）と呼ばれる。例として、シンガポール[※45]とスイス[※46]が挙げられる。

バイリンガルと一口に言っても、各個人の状況はさまざまである。バイリンガルを特徴付ける要素としては、言語能力、言語熟達度、言語使用、言語習得時期、文化習得などが挙げられる。

※45
シンガポールでは標準英語以外に各民族の言語が影響したシンガポール英語が話されている。この独特の英語はシングリッシュと呼ばれ、状況に合わせて標準英語との使い分けをしている人が多い。

※46
スイスでは標準ドイツ語とスイス・ドイツ語の2つの言語変種が使用されている。

言語能力

言語能力は４技能（読む、聞く、話す、書く）で見るが、二言語の習得状況を４技能の観点から分けた場合、いくつかのタイプに分類される。

	言語A				言語B			
	受容		産出		受容		産出	
	読む	聞く	話す	書く	読む	聞く	話す	書く
読み書き型バイリンガル（バイリテラル）	○	○	○	○	○	○	○	○
会話型バイリンガル	○	○	○	○		○	○	
聴解型バイリンガル	○	○	○	○		○		

表3-2-18　４技能の観点からみたバイリンガルの分類

バイリンガルは２言語使用者を指すが、そのうち１言語は全技能できる。この表では、言語Aは４技能が全てでき、もう１つの言語Bで何ができるかによって呼び方が異なる。言語B、つまりもう一言語でも４技能できる人を**読み書き型バイリンガル**、**バイリテラル**といい、もう一言語で聞く、話す、つまり会話ができる人を**会話型バイリンガル**、聞くことだけができる人を**聴解型バイリンガル**という。２つ目の言語を習得するとき、まず聞くこと、次に話すことが身につくと考えられる。読み書きは勉強しないとできない。他の言語話者とのコミュニケーションを通してその言語を聞いたり話したりできるようになったのが会話型バイリンガルで、さらに読み書きを学んだのが読み書き型バイリンガルだといえる。

実際には、バイリンガルの実情はさまざまで、簡単な枠組みではとらえられない、複雑なものとなっている。

◎ 言語熟達度

熟達度とは、言語を使ってある課題や作業を行うことができるかどうかを示す指標である。その言語に熟達している母語話者と比べ、どの程度言語活動ができるかという言語能力を指す言葉である。第一言語と第二言語の熟達度を比べてバイリンガルを分けると3つに分類できる。**均衡バイリンガル**、**偏重バイリンガル**、**限定的バイリンガル**である。

均衡バイリンガル （バランス・バイリンガル）	2つの言語をそれぞれ年齢相応の母語話者レベルで使用できる人
偏重バイリンガル （ドミナント・バイリンガル）	一方の言語のみが年齢相応のレベルまで発達している人
限定的バイリンガル （ダブル・リミテッド・バイリンガル）	どちらの言語も十分な言語能力を身に付けていない人

表3-2-19　言語熟達度の観点からみたバイリンガルの分類

限定的バイリンガルはセミリンガルという言い方もあるが、差別的な印象を与えると考えられ、ダブル・リミテッド・バイリンガルという言葉を使うことが多くなっている。自分の母語と第二言語のどちらも十分に発達しないということは、抽象的、論理的な思考が十分にできないことにつながる。これは主に子どもに起こると考えられる。

◎ 言語使用と言語機能

多くのバイリンガルは2つの言語を目的と場面によって使い分けている（**機能的バイリンガリズム**）。いつ、どこで、誰とコミュニケーションをとるかによって、どちらの言語を使うかが選択されている。バイリンガルの言語選択は、複雑な要因の組み合わせの結果であり、常に変化していると考えられる。

◎ 言語習得時期

バイリンガルを二言語の習得時期で分けると、2つに分類される。**達成型バイリンガル**と**獲得型バイリンガル**である。獲得型バイリンガルはさらに**同時バイリンガル**と**連続バイリンガル**に分けられる。

達成型バイリンガル	子ども時代を過ぎてから二言語使用を始める人
獲得型バイリンガル	幼児期から二言語を身に付ける人
同時バイリンガル	ほぼ同時に二言語に触れ、習得する人
連続バイリンガル	1つ目の言語の習得が進んでから、2つ目の言語習得をする人

表3-2-20　言語習得時期の観点からみたバイリンガルの分類

同時バイリンガルと連続バイリンガルは、およそ3歳を境に分けられる。両親がそれぞれ別の言語で話しかける場合に子どもは同時バイリンガルになり、海外で生活している人で、家の中では日本語を使い、幼稚園や学校に入ったら英語を使うというような場合に連続バイリンガルになると考えられる。

習得状況を指す場合には、**達成型バイリンガリズム**、**獲得型バイリンガリズム**という。

文化習得

2つの言語ができても、二つの文化を習得しているとは限らない。文化習得の状況からバイリンガルを区別する言葉が、**モノカルチュラル**、**バイカルチュラル**、**デカルチュラル**である。

モノカルチュラル	バイリンガルであっても文化的に1つの文化に留まっている状態
バイカルチュラル	価値観や行動が両方の文化にわたっている状態
デカルチュラル	文化的な側面について、どちらの文化にも帰属意識が持てず、文化的なアイデンティティを失ってしまった状態

表3-2-21　文化習得の状況からみたバイリンガルの分類

デカルチュラルの例としては、日系ブラジル人の場合が考えられる。ブラジルでは日系人、日本人だと言われ、日本では、日本人とは違うと感じる。言語はポルトガル語も日本語もできるが、自分がどちらの文化に属しているのか分からない状態になる。

さらに、文化の捉え方の違いから分類することができる。第二言語や文化との接触によって第一言語をどう捉えるかを表す言葉が**付加的バイリンガリズム（加算的バイリンガリズム）**と**削減的バイリンガリズム（減算的バイリンガリズム）**である。

付加的バイリンガリズム	第二言語や文化に触れることで母語や母文化に新たな価値を見いだす状況。人を指す場合は、付加的バイリンガルという。 例）日本人が英語を学ぶと同時にアメリカの生活様式や立ち居振る舞い、価値観、考え方などに触れ、興味を持ったもの（音楽やファッションなど）を自分の生活に取り入れることで、生活も気持ちも豊かになる。
削減的バイリンガリズム	バイリンガルになることで母語や母文化が失われてしまう状況。アイデンティティの喪失につながる恐れがある。また、少数派言語や文化が失われることが考えられる。 例）母文化とは違うところで生活することで、自分の母語や母文化にプライドが持てずに過小評価してしまい、母語や母文化を失くしていく。

表3-2-22　付加的バイリンガリズムと削減的バイリンガリズム

● バイリンガル：４技能の習得状況の観点や習熟度、習得時期、文化習得の状況などでそれぞれいくつかに分けられる。名前を覚えよう。

3.2 バイリンガリズムと認知理論

バイリンガリズムにおける言語能力と認知機能および学力の関係については、さまざまな議論がなされ、時代とともに変遷している。

● 風船説と氷山説

バイリンガルの言語能力として、**カミンズ**[※47]は２つのモデルを提示した。**分離基底言語能力（SUP**[※48]**）モデル（風船説）**と**共有基底言語能力（CUP**[※48]**）モデル（氷山説）**である。

分離基底言語能力モデル（風船説）は、２つの言語が脳内に風船のように共存しているイメージである。１つの風船が膨らむ（強くなる）と、脳内のスペースが限られているため、もう一方はしぼむ（弱くなる）。つまり、第二言語を使用している時は第一言語の風船はしぼみ、第一言語を使用するときはその風船が膨らんで第二言語の風船がしぼむという考えである。この説は、第一言語は第二言語の妨げになるという考えに繋がり、バイリンガルであることをネガティブに捉えている。また、２つの言語を習得したり使用したりするときに、風船が膨らんだりしぼんだりすることから、それぞれに培った知識や能力は別々に機能すると考える。

※47
Jim Cummins：ジム・カミンズ、バイリンガル理論の研究者、アイルランド出身。
分離基底言語能力モデルと共有基底言語能力モデルのほか、敷居理論、発達相互依存仮説、生活言語能力（BICS）と学習言語能力（CALP）などの概念を提示した。

※48
SUPはSeparate Underlying Proficiencyの略。
CUPはCommon Underlying Proficiencyの略。

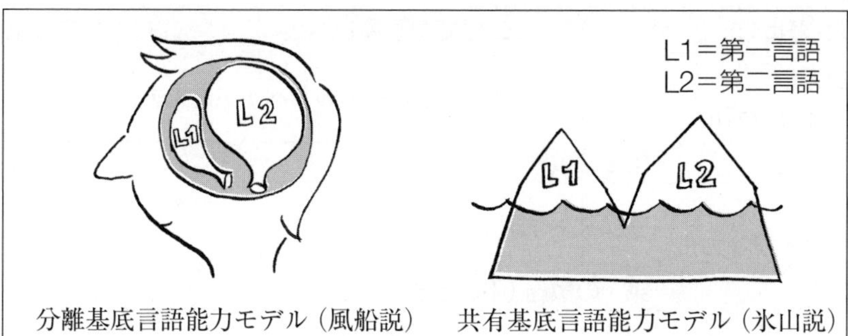

分離基底言語能力モデル（風船説）　共有基底言語能力モデル（氷山説）

図3-2-4　風船説と氷山説

共有基底言語能力モデル（氷山説）のイメージは氷山である。氷山は海上では離れて見えるが、下ではつながっている。バイリンガルが二つの言語を習得したり使用したりする場合、別々に機能しているように見えたとしても基底部分は共有しているという考え方が氷山説である。風船説では一つの言語が他の言語を犠牲にして発達すると考えているが、氷山説では一方の言語で理解したことは他方の言語への転移が可能で、言語間で相互に行き来すると考える。例えば、1つの言語で抽象度の高い読解ができるようになったら他の言語でも読解ができるようになるという考えである。主に共有されるのは、生活言語能力ではなく、学習言語能力[※49]だと言われている。

※49
生活言語能力、学習言語能力については、p.353参照。

現在、共有基底言語能力モデルが有力となっているが、上記２つのモデルはバイリンガリズムと認知機能に関する研究成果を十分に反映していないという指摘もある。

◎ 敷居理論

敷居理論（敷居仮説、閾仮説ともいう）もカミンズが提唱したもので、バイリンガリズムの程度と認知との関係をまとめた理論である。カミンズは、バイリンガリズムと認知との関係を３階建ての家で示し、二言語それぞれの言語習熟度と認知能力との関係を説明した。

	〈バイリンガルのタイプ〉	二言語の到達レベル	認知力への影響
3階	均衡バイリンガル バランス・バイリンガル	二言語とも年齢相応のレベル	プラス
第２の敷居（上の敷居）			
2階	偏重バイリンガル ドミナント・バイリンガル	一言語のみ年齢相応のレベル	プラスでも マイナスでもない
第１の敷居（下の敷居）			
1階	限定的バイリンガル ダブル･リミテッド･バイリンガル	二言語とも年齢相応のレベルに達していない	マイナス

表3-2-23　敷居理論

１階と２階、２階と３階の間に敷居があると考える。１階にいるときは限定的バイリンガル、つまり、二言語とも年齢相応のレベルに達していないため、バイリンガルであることが認知能力にマイナスの影響を与える。それが第１の敷居を越えて２階に上がると偏重バイリンガルになり、一言語は年齢相応のレベルになるため、認知能力に与える影響はモノリンガルと同じになる。ここでは、バイリンガルであることが認知能力に対してプラスにもマイナスにも影響しない。そして、第２の敷居を越えて３階に上がると均衡バイリンガルになり、二言語とも年齢相応のレベルに達することで、バイリンガルであることが認知的にプラスに働くとされる。

具体的な例で考えてみよう。ここに２軒の家がある。一軒は日本人夫婦である田中さんの家、もう一軒は、夫がアメリカ人、妻が日本人の、スミスさん宅とする。２軒の家に同じころに子どもが生まれた。子どもに対し、田中さんの家では両親とも日本語で話しかけるが、スミスさん宅では、お父さんは英語で、お母さんは日本語で話しかける。その場合、「あの動くものはクルマという名前なんだ」ということを早く認識するのは田中さんの子どもである。田中さんの子どもは、車を見るたびに「車が来たね」「青い車だね」と話しかけられ、車というものを認識していく。一方、スミスさんの家では父親にはcarと言われ、母親には車と言われ、子どもは混乱するかもしれない。したがって、１階にいるときは二言語使用が認知面でマイナスになると考えられる。その後、子どもが成長し、幼稚園や小学校に通うようになると、スミスさんの子どもも日本語を主に使うようになり、モノリンガルの田中さんの子どもと同じように言葉を習得し、さまざまなことを認識していくようになる。これが２階である。この状態では、一言語が年齢相応レベルまで習得できているので、認知力への二言語使用の影響は見られなくなる。では、2人が中学校に進学したらどうか。社会の時間に、先生が世界における日本とアメリカの役割や関係に関する話をしたとしよう。田中さんの子どもは日本的な価値観を持っていて、日本的なものの見方、考え方をする。一方、スミスさんの子どもは日本的な考え方に加え、英語を習得する中でアメリカ的な思考や論理の展開の仕方、見方なども身に付けてきた。どちらがより深く、あるいは多面的に考えられるだろうか。スミスさんの子どもだろう。英語と日本語ができることで、アメリカ的、日本的の両面から捉えられるようになり、認知面でプラスに働くのである。

この例では、1階が家庭、2階が幼稚園や小学校、3階が中学校としたが、この理論には年齢的な区切りは示されていない。個々の子どもの環境によって変わると考えられる。

○ 発達相互依存仮説

カミンズは、2つの言語の習得の関係について、第一言語やそれに伴う認知力が発達しているほど第二言語も発達しやすく、第一言語の発達が低い段階だと第二言語や認知力の発達も難しくなると唱えた。これを**発達相互依存仮説**という。第二言語習得は、第一言語の発達度に依存しているという考えである。カミンズは、バイリンガルには1つの言語で習得した認知的な内容を他言語での活動にも使える可能性があると説いている。複数の言語を獲得するとき、口から出るのは異なる言語だが、頭の中では共通する部分があり、第一言語で得たことが2つ目の言語に転移し、その逆もありうるとした。

○ 生活言語能力（BICS）と学習言語能力（CALP）

カミンズはさらに、言語能力を2つに分ける概念を提示した。**生活言語能力（BICS(ビックス)）**と**学習言語能力（CALP(カルプ)）**である※50。

※50
BICSはBasic Interpersonal Communicative Skillsの略。
CALPはCognitive Academic Language Proficiencyの略。

生活言語能力（BICS）	生活場面で必要とされる能力で、文脈の支えがある場合に働くもの。抽象的な概念や高度な思考を伴う言語活動ではないため、比較的早く身に付けることができる。一般的には2年ほどで習得が可能である。
学習言語能力（CALP）	教科学習など、抽象的な思考や、分析・統合・評価といった高度な思考技能が必要とされる場で用いられるもの。文脈の支えがない学習場面で必要になり、認知的な負担も大きくなる。習得には、5年から7年以上必要だとされている。

表3-2-24　生活言語能力と学習言語能力

日本の小学校で学ぶ外国人児童が流暢に第二言語を話すのに学力が付かないという状況が、この概念によって説明できる。生活言語能力は習得したが、学習言語能力が身に付いていないのである。子ども達の言語教育を考える場合、生活言語能力が付いたからといって安心せず、学習言語能力についてしっかり見ていかなければならない。

カミンズの言語能力の分け方に関しては、実証的な裏付けがなく、言語能力は単純に二分できるものでも容易に区別できるものでもないという批判がある。

● カミンズの理論：風船説と氷山説、敷居理論、発達相互依存仮説、生活言語能力（BICS）と学習言語能力（CALP）の内容を確認しよう。

3.3 バイリンガル教育

バイリンガル教育とは、バイリンガルを育成する教育、あるいはバイリンガルの子どもに対して行う教育をいう。言語や文化、社会に対する考え方が多岐にわたるため、一言でバイリンガル教育といっても方法や目的はさまざまである。例えば、少数派言語集団の同化を優先させるものもあれば、言語の多様性を重視し、多文化主義を目指すものもある。また、家庭での使用言語や学校の授業での使用言語、地域社会での使用言語、国際的・地域的に見た言語の地位などを考慮する必要があり、複雑な要素が絡んでいる。バイリンガル教育は、社会、経済、文化、政治など幅広い枠組みの中で捉える必要がある。

バイリンガル教育を教育形態で分類すると、二言語使用に消極的なバイリンガル教育と積極的なバイリンガル教育とに大きく分けられる。

二言語使用に**消極的**	移行型バイリンガル教育	子どもが使う言語を、家庭で使われている少数派言語から、社会の中で優勢な多数派言語へ移行させることを目指す。同化主義的な目的の下で行われる。
	サブマージョン・プログラム	少数派言語集団の子どもを多数派言語集団の中に入れ、通常の授業を受けさせ、自然に言葉を覚えさせるプログラムで、同化主義に基づいている。

二言語使用に積極的	維持型バイリンガル教育（継承語バイリンガル教育）	子どもが持つ少数派言語能力を伸ばし、文化的アイデンティティの強化を目指す教育。国内の少数民族集団の権利を肯定するものである。
	イマージョン・プログラム	学校の教科内容を第二言語で指導するバイリンガル教育で、共生社会を目指す。いつ、どのように行うかで、呼び方が異なる。

表3-2-25　バイリンガル教育の分類

移行型バイリンガル教育は、移行が目的なので、子どもに多数派言語の力を付けさせ、多数派言語での授業参加ができるようにしていくが、授業についていける語学力が付くまでは、一時的に母語での授業を受ける。**サブマージョン・プログラム**では、授業は多数派言語のみで行われるが、特別補習クラスなどを設け、多数派言語を教えることもある。外国人児童生徒等に対する日本での教育環境は、実態としてサブマージョン状態となっている場合が多い。

二言語使用に積極的なバイリンガル教育である**維持型バイリンガル教育**は、学校で少数派言語集団の子ども達が自分の母語、民族や家庭の言語（**継承語**）を使って授業を受け、一方で、社会における多数派言語の力も付けさせ、二言語を十分に使用できるようになることを目指す。例としては、アメリカのナバホ語[※51]やスペイン語で行われる授業などが挙げられる。維持型バイリンガル教育は、**継承語バイリンガル教育**とも呼ばれる。継承語というのは親から受け継ぐ言語を指し、「母語」や「相続言語」「民族語」「コミュニティー言語」ともいう。移民が多い国では継承語教育が政策として行われることがある。例えば、オーストラリアでは、英語以外の言語を学ぶLOTE（ローテ）プログラムが行われている。これは、移民の国であるオーストラリアの人的資源を伸ばすことを目的としており、具体的には、アラビア語、フランス語、ドイツ語、イタリア語、ギリシャ語、スペイン語、インドネシア語、マレー語、中国語、そして日本語が優先９言語とされ、学ばれている。

※51
ナバホ語はアメリカ南西部のインディアン部族、ナバホ族の言葉。

イマージョン・プログラムの多くは小学校など比較的早い時期に行われる。

早期イマージョン	5、6歳（小学校入学くらい）から開始する。
中期イマージョン	9、10歳（小学校5年生くらい）から開始する。
後期イマージョン	11歳から14歳（中学校入学あたり）までに開始する。

表3-2-26　イマージョン・プログラムの開始時期による分類

また、教科の全てを第二言語（目標言語）で行うのを**全面的イマージョン**、授業の一部を第二言語（目標言語）で行うのを**部分的イマージョン**という。部分的イマージョンは、授業の何%を第二言語で行うかにより50%イマージョン、30%イマージョンなどと呼ばれる。

イマージョン・プログラムの成功例として、カナダのケベック州で1960年代に行われたフレンチ・イマージョンが挙げられる。カナダは公用語が英語とフランス語だが、ケベック州ではフランス語が話されている。ケベック州に来た英語話者の子ども達がフランス語で教育を受けることで、高いレベルのフランス語能力が習得でき、英語能力においてもモノリンガルの子ども達と遜色がなかったとされている。ただし、イマージョン教育を受けた子ども達が文法的に正しいフランス語を使えるようになるとは限らないことや、社会的・文化的に適切な言語使用感覚が身に付かないことが多いという問題や限界も指摘されている。

バイリンガル教育の成功は、対象となる子どもの年齢や学習動機、属する社会的階層、親の関心、二言語使用の環境が削減的か付加的かなど、数多くの要因に左右される。また、成果として何が大切なのか、何をもって成功とするのかという問題も重要である。さらに、バイリンガル教育に関する研究が中立的な立場からなされることはほとんどないと言われるように、バイリンガル教育は社会政策やイデオロギーに基づいて実施されているものだと考えられている。

- バイリンガル教育：二言語使用に消極的な教育と積極的な教育がある。サブマージョン教育とイマージョン教育を確認しておこう。

3.4 日本語指導が必要な児童生徒

1990年の「出入国管理及び難民認定法」の改正施行に伴い、日系人を含む外国人の滞日が増え、同伴される子どもが増加した。そこで、1991年度から文部科学省は「日本語指導が必要な児童生徒の受入状況等に関する調査[※52]」を実施している。「日本語指導が必要な児童生徒[※53]」には、外国人児童生徒だけではなく、日本国籍の児童生徒も含まれる。国際結婚が増え、日本国籍の児童生徒の家庭内言語が日本語ではない場合も多くみられるようになってきており、国籍、母語、第一言語な

※52 Web
文部科学省「日本語指導が必要な児童生徒の受入状況等に関する調査」

※53
「日本語指導が必要な児童生徒」とは、「日本語で日常会話が十分にできない児童生徒」および「日常会話ができても、学年相当の学習言語が不足し、学習活動への参加に支障が生じており、日本語指導が必要な児童生徒」を指す。

どがこれまでの枠組みでは語れない状況だということを認識する必要がある。外国人児童生徒の場合は、その子の言語を保障した上で、日本語学習を考える必要もある。日本語指導と言っても、対象になる児童生徒の背景はさまざまであり、人権・言語権の保障や母語・母文化の継承なども考慮しながら、きめ細かく対応することが求められる。

● 日本語指導が必要な児童生徒の権利

日本国憲法（第26条 教育を受ける権利、教育の義務）、教育基本法、学校教育法では、国民がその保護する子に普通教育を受けさせる義務を負う旨が規定されている。この義務教育は日本国籍の児童生徒が対象となる。つまり、外国人児童生徒については義務教育の対象外になるのだが、公立の小中学校では、外国人児童生徒が就学を希望する場合、無償で受け入れを行っている。

受け入れの根拠になっているのは、「経済的、社会的及び文化的権利に関する国際規約（社会権規約、A規約）」※54やユネスコの「学習権宣言」、児童の権利に関する条約（第28条 教育についての権利）などである。児童の権利に関する条約の第28条は「締結国は、教育についての児童の権利を認めるものとし」から始まる。これは、すべての児童が無償で教育を受ける権利を有していることを記している。この条約は18歳未満の児童の権利について定められた国際条約で、**「子どもの権利条約」**とも呼ばれる。日本はこの条約を1994年に批准した。全ての児童が教育の権利を有していることから、日本の小中学校では外国人児童生徒を無償で受け入れている。外国人児童生徒が日本における生活の基礎を身に付け、その能力を伸ばし、未来を切り拓くことができるようにすることは、国際人権規約に基づく確固とした権利であるため、「誰一人取り残さない」という発想に立ち、社会全体としてその環境を提供できるようにしなければならない。

※54
「経済的、社会的及び文化的権利に関する国際規約（社会権規約、A規約）」とは「国際人権規約」の中の人権に関する多国間条約で、教育に関する権利が定められている。国際人権規約は、この社会権規約と「市民的及び政治的権利に関する国際規約（自由権規約、B規約）」及びその選択議定書の総称であり、1966年の国連総会において採択され、1976年に発効された。日本は1979年に批准した。

● 日本語指導が必要な児童生徒に対する指導

日本語指導が必要な児童生徒に対する指導には、**取り出し授業**と**入り込み授業**が挙げられる。

取り出し授業	在籍するクラスの正規の授業から該当する児童生徒を取り出し、通常授業を受ける代わりに、別室で日本語指導を行う。取り出し指導。日本語をたくさん使う授業（例えば、国語や社会）のときなどに行われることが多い。

入り込み授業	在籍するクラスの授業中に、日本語指導担当教員や支援員などが教室に入り、該当の児童生徒のそばで学習をサポートする。入り込み指導。人員がいて時間が合えば、どの科目でも可能である。

表3-2-27　取り出し授業と入り込み授業

また、学校間をまたぐ取り組みとして、**拠点校方式**、**センター校方式**がある。

拠点校方式	日本語指導が必要な児童生徒を、地域において日本語指導体制が整備されている特定の学校（拠点校）に集中して在籍させ、指導を行う方式。拠点校には、外国人児童生徒担当教員や指導補助員を重点的に配置するなどの処置がとられる。
センター校方式	在籍する学校での日本語指導が不十分な場合や、より充実した日本語指導を受けるためなどに、広域内の特定の学校の日本語教室に定期的に通って勉強する方式。

表3-2-28　拠点校方式とセンター校方式

拠点校方式では、学校側は対象の児童生徒を１カ所に集められるので指導がしやすいというメリットがある。学習者側にとっても手厚い日本語指導が受けられ、一緒に勉強する仲間がいるのはいいことである。しかし、拠点校が家から遠い場合は毎日の通学が大変になる。一方、センター校方式のメリットは、十分な日本語指導が受けられる点や、学区内の学校に在籍できるので友達が近くにいる点などである。デメリットとしては、授業のたびに違う学校に行くことが考えられる。

これ以外に、地方公共団体が管理運営する学校外の施設（公民館や教育センターなど）に通い、日本語指導を受ける場合もある。日本語指導が必要な児童生徒が多い学校には、専任の日本語指導担当教員として**加配教員**[※55]が配置される。しかし、加配教員はまだ十分に配置されているとはいえず、その定数改善が急がれる。学級担任や支援員、指導協力者などが日本語指導に当たる場合もあり、援助体制の整備が必要とされる。また、教育相談員などの学校支援スタッフの配置も望まれている。子どもの母語を話す支援員は、外国人児童生徒等の日本語指導や教科指導の支援、教材や学校便りなどの翻訳、学校と保護者との連絡など、その活躍が期待されるため、人材確保を進めていく必要がある。

※55
加配教員とは、法律に基づく公立学校の教員定数に追加して、文部科学省が学校に配置する教員をいう。

外国人児童生徒等にはさまざまな困難が生じる。例えば、日本語が分からず授業についていけない、いじめの対象になる、学校に通わない不登校や不就学問題、困ったときに相談できるところが分からないなどである。児童生徒一人一人の実態に応じた指導体制は十分に整備されていると言えないのが現状である。

学校教育における日本語指導のあり方

外国人児童生徒等の日本語指導においては、生活言語能力とともに、教科学習へつながる学習言語能力をいかに向上させるかが重要になる。日本語の初期指導段階を終え、日常生活に不自由しなくなっても、授業内容が理解できず学習活動に支障が生じる子どもが多く見られる。学習言語能力の育成は容易ではないが、さまざまな取り組みが行われている。例えば、学校教育における**JSLカリキュラム**の開発などがある。JSLカリキュラムは、日本語指導と教科指導とを統合的に捉え、学習活動に参加するための力の育成を目指したもので、体験を重視し、具体的なものに触れながら、各教科特有の学び方を習得しようとするカリキュラムである。JSLプログラムのカリキュラムには2種類ある。**トピック型JSLカリキュラム**と**教科志向型JSLカリキュラム**である。

トピック型JSLカリキュラム	日本語を使って特定のトピックを探究する共同的な学習活動をする。学習活動としては、体験の具体化、探究の体系化、成果の発信がある。
教科志向型JSLカリキュラム	各教科における学ぶ力の育成を目指す。学習活動は教科の内容と密接に関連づける。

表3-2-29　トピック型JSLカリキュラムと教科志向型JSLカリキュラム

外国人児童生徒等の教育は、単に日本語指導を行うだけではなく、児童生徒の文化的背景を踏まえた学校生活への適応や学力保障の観点から、日本語と教科の統合指導、生活指導等を含めた総合的・多面的な指導を含んでいる。2014年度から日本語指導が「**特別の教育課程**」に位置づけられ、学校教育の一環として行うことが認められるようになったことから、児童生徒一人一人の実態に応じたきめ細かな指導の実現が期待される。また、外国人児童生徒等が学校で大半の時間を過ごすのは在籍学級であるため、学級担任が日本語指導担当教師等と連携し、外国人児童生徒等が教科学習や学級の活動等に参加できるような指導・支援を行うことも重要である。

一方で、文部科学省は、児童生徒のアイデンティティの確立を支え、自己肯定感を育むとともに家族関係の形成に資するためには、これまで以上に母語、母文化の学びに対する支援に取り組むことも必要だとしており、学校で母語、母文化に焦点を当てた学習活動を行うことに加え、地域の関係機関と連携した学校外の取組を進めていくことの重要性を述べている※56。今後は、日本語習得と母語継承とのバランスをいかにとるかということも、より大きな課題となっていくだろう。

多様性は社会を豊かにするという価値観の醸成やグローバル人材の育成など、異文化理解・多文化共生の考え方に基づく教育が求められているものの、現状では、日本語指導が必要な児童生徒のうち２割程度は日本語の指導や教科の補習等の特別な指導を受けられていない状況にあった※57。日本の公教育で行われている教育は、多くが同化を目的としたサブマージョン型であるとも言われる。多文化共生社会の構築の観点から疑問が投げかけられている点も留意しておこう。

- 日本語指導が必要な児童生徒に対する指導：取り出し授業、入り込み授業、拠点校方式、センター校方式などがある。
JSLカリキュラムが開発されている。

※56 Web
文部科学省（令和2年3月）「外国人児童生徒等の教育の充実について（報告）」

※57
文部科学省が 平成 30 年度に実施した「日本語指導が必要な児童生徒の受入状況等に関する調査」の結果から明らかになった。この調査において、日本語指導等特別な指導を受けている児童生徒の割合は、外国籍の児童生徒が79.5%、日本国籍の児童生徒が74.4％であった。特別な指導とは、在籍学級での指導以外に、「特別の教育課程」による日本語指導や教科の補習等、当該児童生徒に対して行う指導を指す。

Web
文部科学省（令和元年9月）「『日本語指導が必要な児童生徒の受入状況等に関する調査（平成30年度）』の結果について」

確認問題

第1章

言語知識の獲得と理解の過程

1. 言語知識の獲得

□□ ❶ 記憶は短期記憶と長期記憶からなるというモデルを何というか。

□□ ❷ 記憶に関して、情報を一時的に保ちつつ情報処理や作業をする働きを何というか。

□□ ❸ 長期記憶から、すでに記憶している情報を取り出すことを何と呼ぶか。

□□ ❹ 動詞の活用をグループごとに分類し、整理して覚えようとする記憶ストラテジーは何か。

□□ ❺ 自分で問題を作ったり解いたりする記憶ストラテジーは何か。

□□ ❻ 長期記憶に蓄えるために、既有の知識と関連付けたりイメージ化したりする記憶ストラテジーは何か。

□□ ❼ ワーキングメモリで一時的に情報を保持するために有効な記憶ストラテジーは何か。

□□ ❽ ワーキングメモリで一時的に保持できる情報のかたまりの数は平均的に7±2だと言われているが、これを表す単位を何というか。

□□ ❾ 長期記憶の中の知識に関わる記憶で、学校で学んだ知識の記憶をどう呼ぶか。

□□ ❿ 知識としての言語を使いこなす「技能」に関わる記憶を何というか。

□□ ⓫ 母語のように、無意識で習得した知識をどう呼ぶか。

2. 言語理解、談話理解の過程

□□ ❶ 読解や聴解の際、トピックについての背景知識や関連する経験等を活かし、内容を予測して理解していくような言語処理を何というか。

□□ ❷ 上記❶の過程で仮説検証を行い、自分の予測が正しかったかどうか照合することを何というか。

□□ ❸ 読解や聴解の際、語句や文などの部分的な理解を重ねることによって、全体の理解をしていく言語処理を何というか。

□□ ❹ 読解や聴解を行う際、一般的には上記❶と❸の両者を適宜組み合わせている。このモデルを何というか。

第2章
言語習得・発達

1. 言語習得

□□ ❶ 第一言語とは何か。

□□ ❷ 母語とは何か。

□□ ❸ 行動主義心理学の考え方を言語に当てはめ、「言語は、外部からの言語刺激に反応し、その強化が繰り返された結果身に付く」という理論を述べたのは誰か。

□□ ❹ 親が子どもに与えるインプットは肯定証拠と否定証拠のどちらが多いと考えられているか。

□□ ❺ 学習者が間違えたときに、明示的訂正をするのではなく、正しい表現を使って暗示的に間違いをほのめかすようなフィードバックの仕方を何というか。

□□ ❻ 人には生まれつき言語を習得する能力があり、適当な言語環境が与えられれば、子どもは短期間のうちに母語の体系を習得できるとする説は何か。

□□ ❼ 特定の言語の特定の規則の組み合わせではなく、あらゆる言語に適用される一般原理の組み合わせを指す概念を何というか。

□□ ❽ 上記❻を唱えた研究者は誰か。

□□ ❾ 言語能力は他の認知能力から独立しているという考え方がある。このような言語の特性を何というか。

□□ ❿ 子どもは言語の使用パターンに基づいて知識を積み上げ、規則を一般化することで言語を習得すると考える理論を何というか。

□□ ⓫ 第二言語とは何か。

□□ ⓬ 外国語とは何か。

□□ ⓭ クラッシェンのモニター・モデルを構成する5つの仮説の名前は何か。

□□ ⓮ クラッシェンのモニター・モデルに基づく教授法は何か。

□□ ⓯ 話者と対話者のやりとりの中での意味交渉が言語習得にとって重要な働きをするとした仮説を何というか。

□□ ⓰ 上記⓯の仮説を提唱したのは誰か。

□□ ⓱ 円滑なコミュニケーションのために行う意味交渉を3つ挙げよ。

□□ ⑱ 学習者が目標言語を習得するには、相手に理解されるような言葉の産出を試みることが必要だとする仮説を何というか。

□□ ⑲ 上記⑱の仮説を提唱したのは誰か。

□□ ⑳ 母語の影響で第二言語の習得が妨げられたり学習が遅れたりすることを何というか。

□□ ㉑ コミュニケーションに大きな誤解や重要な影響を与える誤りを何というか。

□□ ㉒ 単なる言い間違いで、自分で気付いて修正できる誤りを何というか。

□□ ㉓ 学習者が自国の社会文化的規範を第二言語使用に当てはめてしまうことで起こる誤用を何というか。

□□ ㉔ 学習者がある言語規則を必要以上に適用することで生じる誤りは何か。

□□ ㉕ ある言語規則や言語項目の習得が不完全なまま停滞してしまった結果、特定の誤りが繰り返される現象を何というか。

□□ ㉖ 学習者の母語から目標言語へと向かう過渡的な構造を持つ、学習者独自の言語体系を何と呼ぶか。

□□ ㉗ 言語類型論の有標性の概念を用いて第二言語学習の困難度を説明したエックマンの仮説を何というか。

□□ ㉘ 学習の準備ができていない段階の項目を指導しても効果は得られないとするピーネマンの説は何か。

2. 学習ストラテジーと学習者の要因

□□ ❶ オックスフォードの言語ストラテジーのうち、直接ストラテジーに分類されるもの、間接ストラテジーに分類されるものを3つずつ挙げよ。

□□ ❷ コミュニケーション・ストラテジーの中で、適切な語を使わず、別の言い方で表現する方法を何というか。

□□ ❸ 就職や昇進など実益を得ることを目的に第二言語を学習する場合は、ガードナーとランバートが分類した学習動機の何にあたるか。

□□ ❹ 上記❸の場合を、教育心理学による分類では何というか。

□□ ❺ 人から強制されて行うより自分自身の意志で行ったほうがより強い動機付けを生み出すと考える理論は何か。

□□ ❻ 言語習得に関して、どのようにすれば言語ができるようになるかの考え方を何というか。

□□ ❼ 子どもには言語を習得する最適の時期があり、それを過ぎると言語習得が困難になるといわれる時期を何と呼ぶか。

□□ ❽ 第二言語習得の初期段階で学習者が第二言語で話そうとしない時期を何というか。

□□ ❾ コミュニケーションを重視する言語活動の中で、学習者の注意を文法や文型などの言語形式に向けさせる指導法を何というか。

□□ ❿ 学習者の明示的知識と暗示的知識は独立した別のもので、明示的知識が暗示的知識につながることはないとする立場を何というか。

□□ ⓫ 第二言語の規則などを演繹的に指導することを何というか。

□□ ⓬ 学習者に言語の使用例を提示し、帰納的に指導することを何というか。

□□ ⓭ 学習障害の中で特に読み書きに困難を伴う場合を何と呼ぶか。

□□ ⓮ 誰もが自らが望む言語を自由に使用できる権利は何か。

3. バイリンガリズム

□□ ❶ 1つの社会で2つの言語あるいは言語変種が別々の機能をもって使用されている状況を何というか。

□□ ❷ バイリンガルを2つの言語の熟達度をもとに3つに分類した場合、それぞれを何と呼ぶか。

□□ ❸ 子ども時代を過ぎてから二言語使用をはじめる達成型バイリンガリズムとは別に、幼児期にはじめる二言語使用を何というか。

□□ ❹ 2つの言語をその使用目的や場面によって使い分けることを何というか。

□□ ❺ 子どもが同時期に2つの言語を習得する二言語使用を何というか。

□□ ❻ 付加的バイリンガリズムとは逆に、多数派言語を第二言語として学ぶことで母語や母文化がそこなわれる二言語使用の状況を何というか。

□□ ❼ モノカルチュラルやバイカルチュラルと異なり、どこの文化にも属せず文化的アイデンティティを確立できない場合を何というか。

□□ ❽ バイリンガルの2つの言語は個別に機能し、一方の言語が強くなれば他方の言語は弱くなると捉える、バイリンガリズムのモデルを何というか。

□□ ❾ バイリンガルの2つの言語は相互に影響し合い、両言語とも同じ処理システムを通じて機能していると考える、バイリンガリズムのモデルを何というか。

□□ ❿ バイリンガルに育つことが認知発達に良い影響を及ぼすか否かは、二言語の言語能力レベルによって異なるとする理論を何というか。

□□ ⓫ 子どもの第二言語能力の発達は、すでに習得した第一言語の言語能力レベルに依存するというカミンズの説を何というか。

□□ ⓬ カミンズはバイリンガルの言語能力を、生活場面で必要とされる言語能力と、学習場面で必要とされる言語能力とに分けたが、それぞれを何と呼ぶか。

□□ ⓭ 少数派言語集団の同化を優先させるバイリンガル教育とは逆に、社会における言語の多様性を重視した教育は何という主義にもとづいたものか。

□□ ⓮ 社会の多数派言語集団の子どもが第二言語を習得できるよう、学校の教科内容を第二言語で指導するプログラムを何というか。

□□ ⓯ 少数派言語集団の子どもに多数派言語のみで教育を受けさせるプログラムを何というか。

□□ ⓰ 子どもの言語を、家庭で使われている少数派言語から、社会で優勢な多数派言語へと移行させることを目的とするバイリンガル教育を何というか。

□□ ⓱ 子どもの母語である少数派言語能力を伸ばし、文化的アイデンティティの強化を目指すバイリンガル教育を何というか。

□□ ⓲ 文部科学省は「日本語で日常会話が十分にできない児童生徒」および「日常会話ができても、学年相当の学習言語が不足し、学習活動への参加に支障が生じている児童生徒」を何と呼んでいるか。

□□ ⓳ 日本語指導が必要な児童生徒に対して、別室で日本語指導を行う形態を何というか。

□□ ⓴ 日本語指導者が授業中そばに付き添い学習をサポートする形態を何というか。

□□ ㉑ 特定の学校に日本語学級を設けて近隣の学校から定期的に通わせる方式を何というか。

□□ ㉒ 学ぶ力の育成を重視し、教科指導と日本語指導を統合的に行うカリキュラムを何と呼ぶか。

□□ ㉓ 2014年度から学校教育の一環として日本語指導を行うことが認められるようになった。それは、どんな課程に位置づけられることになった結果か。

確認問題　解答

第1章

言語知識の獲得と理解の過程

 1. 言語知識の獲得

❶ 二重貯蔵モデル
❷ ワーキングメモリ（作動記憶／作業記憶）
❸ 検索
❹ 体制化
❺ 生成効果
❻ 精緻化リハーサル
❼ 維持リハーサル
❽ チャンク
❾ 意味記憶
❿ 手続き的記憶
⓫ 暗示的知識

2. 言語理解、談話理解の過程

❶ トップダウン処理
❷ マッチング
❸ ボトムアップ処理
❹ 補償モデル（相互交流モデル）

第2章

言語習得・発達

 1. 言語習得

❶ 習得した複数の言語の中で、優先的に使用する言語
❷ 生まれて初めて身に付ける言語
❸ スキナー
❹ 肯定証拠
❺ リキャスト
❻ 言語生得説
❼ 普遍文法
❽ チョムスキー
❾ 領域固有性
❿ 用法基盤モデル
⓫ その言語が日常的に使用されている環境で学ぶ言語
⓬ その言語が話されていない環境で学ぶ言語
⓭ 習得・学習仮説、自然順序仮説（自然習得順序仮説）、モニター仮説、インプット仮説、情意フィルター仮説
⓮ ナチュラル・アプローチ
⓯ インターアクション仮説
⓰ ロング
⓱ 明確化要求、確認チェック、理解チェック
⓲ アウトプット仮説
⓳ スウェイン
⓴ 負の転移／母語の干渉
㉑ グローバル・エラー
㉒ ミステイク
㉓ プラグマティック・トランスファー（語用論的転移）
㉔ 過剰般化（過剰一般化）
㉕ 化石化
㉖ 中間言語
㉗ 有標性差異仮説
㉘ 教授可能性仮説

2. 学習ストラテジーと学習者の要因

❶ 直接ストラテジーは、記憶ストラテジー、認知ストラテジー、補償ストラテジー
間接ストラテジーは、メタ認知ストラテジー、情意ストラテジー、社会的ストラテジー
❷ 言い換え
❸ 道具的動機付け
❹ 外発的動機付け
❺ 自己決定理論
❻ ビリーフ（信念）
❼ 臨界期（クリティカル・ピリオド）
❽ 沈黙期（サイレント・ピリオド）
❾ フォーカス・オン・フォーム
❿ ノン・インターフェイス・ポジション
⓫ 明示的指導
⓬ 暗示的指導
⓭ ディスレクシア
⓮ 言語権

3. バイリンガリズム

❶ ダイグロシア
❷ 均衡バイリンガル（バランス・バイリンガル）
偏重バイリンガル（ドミナント・バイリンガル）
限定的バイリンガル（ダブル・リミテッド・バイリンガル／セミリンガル）
❸ 獲得型バイリンガリズム
❹ 機能的バイリンガリズム
❺ 同時バイリンガリズム
❻ 削減的バイリンガリズム
❼ デカルチュラル
❽ 分離基底言語能力モデル
❾ 共有基底言語能力モデル

⑩ 敷居（閾）理論
⑪ 発達相互依存仮説
⑫ 生活言語能力（BICS）、学習言語能力（CALP）
⑬ 多文化主義
⑭ イマージョン・プログラム
⑮ サブマージョン・プログラム
⑯ 移行型バイリンガル教育
⑰ 維持型バイリンガル教育（相続言語／継承語バイリンガル教育）
⑱ 日本語指導が必要な児童生徒
⑲ 取り出し授業（取り出し指導）
⑳ 入り込み授業（入り込み指導）
㉑ センター校方式
㉒ JSLカリキュラム
㉓ 特別の教育課程

アクセスキー f
(小文字のエフ)

第4部

言語と社会

「言語教育・言語習得」と「言語使用」には、言語に関する知識だけではなく、社会的な問題が大きく関わっています。

例えば、「本を取ってください」「本を取っていただけませんか」は、いずれも誰かに何かを「依頼」する場合に用いる表現ですが、これらの使い分けを習得し、また、適切に運用するには以下のようなさまざまな知識が必要になります。

まず、動詞「取る」をテ形にして、「取ってください」と「取っていただけませんか」という言語形式を作ることができることが必要ですが、これは、言語的な知識だけの問題です。しかし、この「取ってください」と「取っていただけませんか」のどちらを選択するかは、「目上／目下」「親しい／親しくない」という社会的な要因を考えなければなりません。これは、社会言語学的な問題です。さらに、そもそもこのような「依頼」ができるのは、どのような範囲の相手なのか（親には？　先輩には？　先生には？）という判断は、社会や文化によって異なる可能性があります。

このようなことから、「日本語教育能力検定試験」の【言語と社会】では、以下のような視点・知識と能力が求められています。

言語教育・言語習得および言語使用と社会との関係を考えるために、次のような視点と基礎的な知識を有し、それらと日本語教育の実践とを関連づける能力を有していること。

- 言語教育・言語習得について、広く国際社会の動向からみた国や地域間の関係から考える視点とそれらに関する基礎的知識
- 言語教育・言語習得について、それぞれの社会の政治的・経済的・文化的構造等との関係から考える視点とそれらに関する基礎的知識
- 個々人の言語使用を具体的な社会文化状況の中で考える視点とそれらに関する基礎的知識

そして、具体的な出題範囲では、以下のような基礎項目が優先的に出題されます。

【言語と社会】の出題範囲で優先的に出題される基礎項目

- 「言語と社会の関係」における「社会文化能力」、「言語政策」
- 「異文化コミュニケーションと社会」における「多文化・多言語主義」
- 「言語使用と社会」における「待遇・敬意表現」、「言語・非言語行動」

第1章 第4部 言語と社会

異文化コミュニケーションと社会

言語使用は、社会的な広い視野で捉える必要がある。この章ではまず、文化の概念について整理し、異文化適応や異文化理解において重要なことを押さえる。次に、言語 / 非言語コミュニケーションを達成するための方略、さらには、異なる言語や文化を背景に持つ人同士のコミュニケーションにおける考え方についても触れる。そして、言語と社会の関わり、各国の言語政策を概観し、広い視野で言語教育および言語使用と社会との関係を考えていく。

1. 異文化コミュニケーションと社会 ★★

1.1 文化の概念・文化のモデル

異文化とは、異なる「文化」であるが、「文化」とは何だろうか。まず「文化」について見てみよう。

文化の概念

日常生活で「文化」という言葉はよく使われるが、「文化」という語の捉え方は一様ではない。**ブルックス**（1975）は、文化には2つの側面があるとし、**c文化（スモールシー文化）**と**C文化（ラージシー文化）**に分けて文化を捉えた。c文化は**低文化、見えない文化**、C文化は**高文化、見える文化**とも呼ばれる。

c文化、低文化、見えない文化	人間生活における全てのものとしての文化。日常の生活文化（考え方、慣習、行動、価値観、時間感覚など）を指す。
C文化、高文化、見える文化	人間生活における全てのものの中で最良なものとしての文化。文学、美術、絵画、音楽、建築、衣服、料理などがこれに当たる。

表4-1-1 c文化とC文化

1960年代以前の外国語教育（文法訳読教授法が中心だった時代）における文化に対する考え方は、C文化が主流であった。しかし、C文化を学ぶことは意味があるものの、C文化は文化の一部にすぎず、もっと広い概念から文化を捉えないと、ある文化に属する人々を理解するに至らないことから、1960年以降はc文化に焦点が当てられるようになった。文明や伝統としての文化よりも、考え方や行動などから起こる異文化コミュニケーション上の摩擦への対処方法が重視されるようになったことが背景にある。

ブルックスはc文化をCulture BBV※1とも呼び、日常生活や個人行動のパターン、社会習慣など全てを含むとした。文化はどちらの側面でも捉えられているが、いわゆる「異文化体験」や「異文化適応」などで使用されるのは、生活全般や考え方、価値観などを指すc文化だと考えられる。

※1
BBVは、beliefs（信念）、behavior（行動）、values（価値観）のこと。

文化には、**トータルカルチャー、サブカルチャー、カウンターカルチャー**という捉え方もある。

トータルカルチャー	ある社会の支配的な文化または主要な文化を指す概念。社会が共通して持っている習慣や行動のことで、日本文化と呼ばれるものがこれに当たる。
サブカルチャー	トータルカルチャーの中に複数存在する下位文化のことで、ある社会の中の、あるグループが共通して持っている習慣や行動などを指す。その地域特有の食べ物やある世代特有の習慣などがこれに当たる。
カウンターカルチャー	サブカルチャーの1つで、現在の体制に抵抗する文化を指す。例として、1960年代のアメリカで盛り上がったヒッピーの文化が挙げられる。

表4-1-2　トータルカルチャー、サブカルチャー、カウンターカルチャー

文化のモデル

カーターが提唱したモデルを**「文化の島」**と呼ぶ。カーターは複雑な側面を持つ文化を島に例え、説明した。

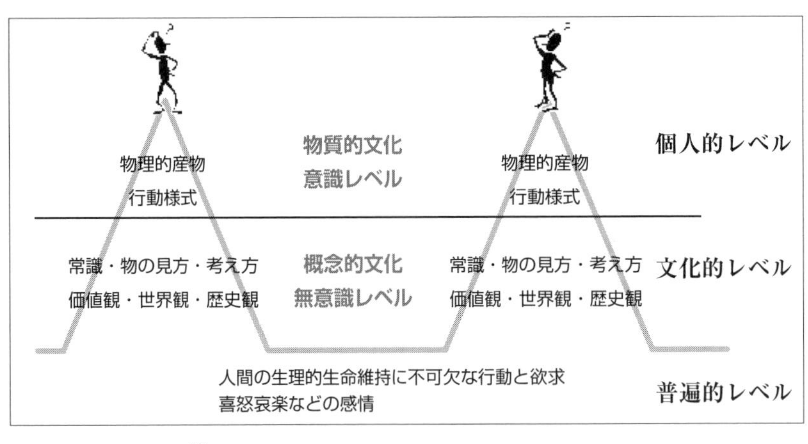

図4-1-1　文化の島※2

※2
出典：坂本欣也
http://home.comcast.net/~ngocolumn/030310ks.html

この図では、左の島が1つの文化、右の島がもう1つの文化を示す。左の島の人が自分の島から右の島を見ると、見える部分と見えない部分がある。見えない部分はさらに2つに分かれ、より深い部分は左右の島が海の下でつながっている。見える部分を**意識レベル**とし、文化の物理的産物や行動様式と考えた。衣食住などがこのレベルである。見えない部分は**無意識レベル**と**普遍的レベル**で、無意識レベルは見える部分を支えている考え方や価値観などとした。海の下でつながっている普遍的レベルは人間生活を維持する基本的なレベルであり、異なる文化であっても共通している部分である。食欲や睡眠などがこのレベルに当たる。

このように文化には三種のレベルがあり、この視点で文化を考えると、文化の実態が明らかになってくる。

異文化コミュニケーション

異文化コミュニケーション（異文化間コミュニケーション）とは、異なる言語や文化を背景に持つ人同士のコミュニケーションのことである。これは外国の人とのコミュニケーションのみを指すのではない。例えば日本国内においても、地域によって文化や習慣が異なっていたり、世代が違うと価値観などが異なっていたりすることがある。そうした異なる背景を持つ人同士の中で行われるコミュニケーションでは、誤解や摩擦が起こりやすい。

- 文化の捉え方：見えない文化（c文化、低文化）と見える文化（C文化、高文化）がある。
- 文化の島では、文化を、意識レベル、無意識レベル、普遍的レベルに分けて考える。

1.2 異文化適応

異文化適応

人は子どものときに**自文化適応**を経験する。自文化適応とは、生まれた文化圏の文化に適応することで、**文化化**、社会化とも呼ばれる。

そして、異文化に接すると、新たな文化に適応するため、その文化の一部を学び始める。このような段階を**文化変容（アカルチュレーショ**

ン）と呼ぶ。文化変容と同時に起こるのが**脱文化**である。脱文化は、自文化（古い文化）の習慣を少しずつ捨て去ることをいう。文化変容と脱文化を繰り返す過程を**異文化適応**と呼ぶ。個人が完全に異文化を受け入れ、内面化できるようになった段階が**同化（アシミレーション）**である。

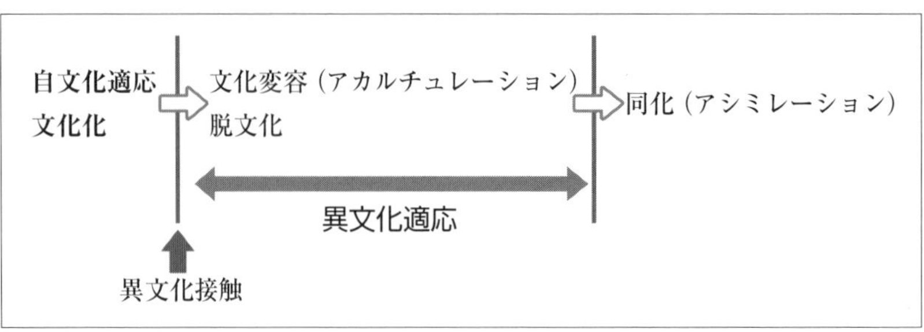

図4-1-2　異文化適応

同化とは、理論的には脱文化と文化変容の最も高い程度であるが、実際には完全に同化することはあり得ないと思われる。１人の人間の中にはさまざまな文化が混在しており、それを状況によって使い分けられるようになった段階が同化だと考えた方がよいだろう。

アドラー※3（1975）は、異文化への適応過程を、自文化を捨て去るのではなく、異文化と自文化の違いを知り、その上で異文化の中での自分のあり方を確立していくことだと考えた。

異文化への態度が言語学習に影響を及ぼすという理論がある。**シューマン**※4が唱えた**文化変容モデル（アカルチュレーション・モデル）**である。文化変容モデルとは、言語習得は、そのプロセスそのものが自分の文化から異文化に変容していくことだとする考え方である。目標言語集団に対して、社会的、心理的に一体化したいという強い願望があれば言語習得は促進され、反対に、習得する言語の文化が自国の文化と隔たりが大きければ大きいほど、社会的・心理的な側面から言語習得が難しくなる。この理論は、特に海外からの移民の言語習得などを参考にして作られた。また、言語習得を、学習者が所属している集団（**ウチ集団**）と目標言語を使用する集団（**ソト集団**）への帰属意識の視点から論じたものもある。**ジャイルズ**（1973）※5らが提唱した**アコモデーション理論（適応理論）**である。自分の母語を話す集団（ウチ集団）への帰属意識が強く、目標言語を話す集団（ソト集団）への帰属意識が低いと、言語習得が遅れると考える。例えば、日本で日本語を学習している人の場合、日本や日本人に馴染まないと、その学習者の言語習得は遅れることになり、反対に、日本人に対して心理的

※3
P. S. Adler：ポール・アドラー。アドラーの異文化適応はp.377参照。

※4
John H. Schumann：ジョン・H・シューマン（1943-）、応用言語学者。

※5
Howard Giles：ハワード・ジャイルズ。アコモデーション理論は、Giles（1973）の、相手との関係の調節を言語表現の調節から分析しようとするSAT（Speech Accommodation Theory）に始まる。

に近づきたいという気持ちがあれば言語習得は促進される。シューマンの理論は異文化への態度から、ジャイルズらの理論は帰属意識の観点から、それぞれ言語習得の影響を考えたものである。

◎ 異文化適応過程

外国語学習者は母語の文化と学習言語の文化との狭間で予想もしなかった体験をする。異なった文化を持つ地域に移動したとき、どのような気持ちになるだろうか。異文化に接触すると誰もが何らかの形で**カルチャーショック**を受けるが、ショックがそのまま続くわけではなく、心理状況は変化していく。カルチャーショックとは、異文化に接触した際、自文化との違いに衝撃を受けることをいう。これは国境を越える場合に限定されたものではなく、誰にでも、どこででも起こりうるものである。

(1) リスガードの異文化適応過程

リスガード（1955）は異文化への適応過程を以下のように捉えた。

① **ハネムーン期**：最初の段階で、環境の全てが新しく、楽観的に異文化に接することができる段階。期待感が高く、希望に満ち溢れている心理状態。

② **ショック期**：異文化接触の興奮状態が収まり、落ち着きを取り戻し現実が見えてくる時期。期待感が失望感に変わり、焦燥感などにもかられる時期で、新しい文化に敵対心を持ったり異文化を**ステレオタイプ**[※6]的に捉えたりする。

③ **回復期**：一時期の落ち込みを克服し、言語や周りの環境にも慣れ、徐々に文化変容が見られていく。

④ **安定期**：異文化を受け入れ、ストレスや心配などがなくなり、精神的にも安定してくる時期。異文化理解が進み、楽しむようにもなる。

この心理的モデルは**Uカーブ仮説**として提唱された。新しい環境下で起こる人間の心理状態の変化を表したもので、**U字型曲線モデル**とも呼ばれる。ハネムーン期、不適応期、適応期という分け方もある。

異文化に適応したのちに自文化に戻ると、異文化に入ったときと同じようなストレスを感じることがある。それを、**リエントリーショック**、または**逆カルチャーショック**という。自文化への再適応が必要な時期である。その後、自文化と異文化とのバランスが取れた見方がで

※6
人々をグループ化し、その集団に対して固定的なイメージを持つこと。

きるようになり、最後には自文化に対するストレスもなくなり、自文化の価値観や行動様式なども受け入れられるようになる。この過程を表したのが**Wカーブ仮説（W字型曲線モデル）**である。Uカーブ仮説を基とし、ガラホーンとガラホーン（1963）によって提唱された。Uカーブ仮説に帰国後の自文化での再適応過程を加え、その適応過程がW字に見えることからこのような名前がつけられた。

これを図で示すと、次のようになる。

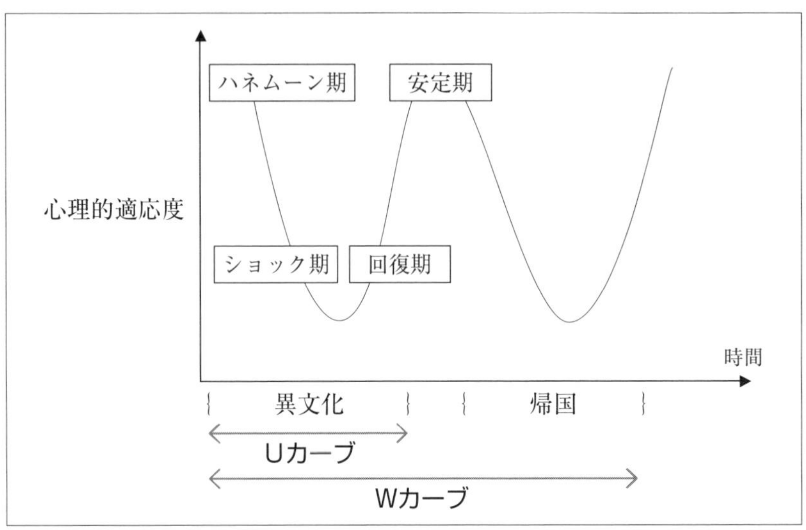

Gullahorn &Gullahorn（1963）に基づき作成

図4-1-3　カルチャーショックと逆カルチャーショック

図に示したように、異文化との接触時のみを**Uカーブ（U字曲線）**、異文化と帰国後の両方を併せたものを**Wカーブ（W字曲線）**という。このように見ると、異文化適応の段階ははっきりしているように見えるが、必ずしもそうではない。例えば、ショック期がいつ始まるかは個人や状況によって異なる。ハネムーン期がどのくらい続き、ショック期にいつ移行するかも個人差がある。また、安定期に達しても、再びショック期に戻ることもある。この意味では、U字曲線は単純化された描写だといえるかもしれない。

(2) キムのらせん状図

ほかに異文化適応の様相を示したものに、**キム**（1988）の**らせん状図**がある。キムは、ショックと安定の間を常に行ったり来たりしながら、時間が経つにつれてショックの度合いが小さくなるとした。

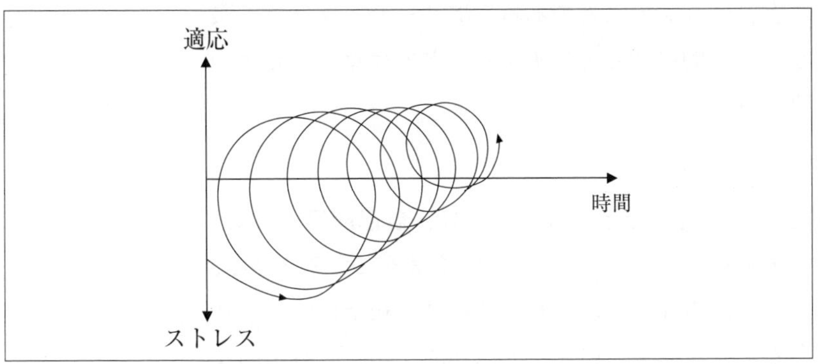

図4-1-4　らせん状図

(3) アドラーの異文化適応過程

異文化適応について、**アドラー**（1975）は、異文化に入って適応するまでをその人の成長と考えた。カルチャーショックはマイナス要因ではなく、異文化に接触し、その文化の中で自己を再発見し、異文化について学ぶ過程として肯定的に捉えた。アドラーは異文化に適応していく過程を、①**異文化との接触**（初期ショック）、②**自己崩壊**（移行期ショック）、③**自己再統合**、④**自律**（安定期）、⑤**独立**の５段階で示した。アドラーのいう自律、独立とは、自文化を捨て、異文化に適応するのではなく、自文化と異文化の差異を理解し、その上で異文化の中で適切に対応できるようになることを指す。

異文化適応に大切なこと

異文化に適応するにはどうしたらよいだろうか。異文化適応に大切なことを見ていく。

(1) 共感（エンパシー）

異文化に適応するには、まず、認知的にも感情的にも異文化に対して**共感（エンパシー）**を持つことが大切である。認知的な共感とは、異文化の価値基準を理解するように心掛けることであり、感情的な共感とは、他人の感情を理解し、自分のものとして共有することである。

(2) 相互尊重のコミュニケーション（アサーティブ・コミュニケーション）

異文化に対して共感（エンパシー）を持つことは、**相互尊重のコミュニケーション（アサーティブ・コミュニケーション）**にも繋がる。相互尊重のコミュニケーション（アサーティブ・コミュニケーション）とは、自分の権利を主張すると同時に、相手の権利も尊重し、相互に理解し合うコミュニケーションのことである。アサーティブとは主張するという意味だが、一方的に意見を主張することではなく、相手の意見も尊重する必要がある。

(3) 自己開示

異文化に適応するために有効だとされる態度に、**自己開示**もある。自分のことについて積極的に相手に話し、心を開くようにすることで、対人関係が表面的なものから徐々に深いものになり、相手の中により深く入っていくことができ、異文化に対して認知的な共感も感情的な共感もできるようになる。

自己開示の様相を説明するために、ジョセフ・ラフト[※7]とハリー・インガム[※8]は、**ジョハリの窓**[※9]を提案している。このモデルは、自分自身が知っているか否か、他人が知っているか否かという視点により、自身を４つの窓（領域）から考えるものである。４つの窓は、自分について自分も他人も知っている「開放の窓」、自分について自分は知っているが、他人は知らない「隠蔽の窓」、自分について自分は知らないが、他人は知っている「目隠しされた窓」、自分について自分も他人も知らない「未知の窓」である。「窓」と呼ぶのは窓枠に見えることによる。この窓枠は固定されていない。

※7
Joseph Luft：ジョセフ・ラフト、ジョゼフ・ルフトともいう。心理学者。

※8
Harry Ingham：ハリー・インガム、心理学者。

※9
ジョハリというのは２人のファーストネームを組み合わせて付けられた。ジョセフ・ラフトとハリー・インガムが発表した「対人関係における気づきのグラフモデル」というものが「ジョハリの窓」と呼ばれるようになった。

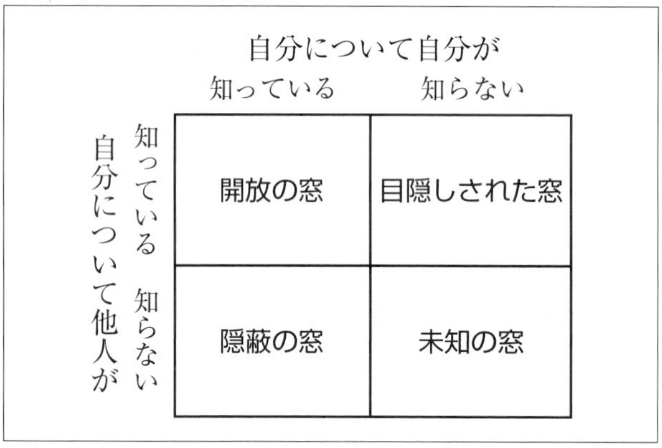

		自分について自分が	
		知っている	知らない
自分について他人が	知っている	開放の窓	目隠しされた窓
	知らない	隠蔽の窓	未知の窓

図4-1-5　ジョハリの窓

「開放の窓」[※10]は、自分が自分について考えている姿と他人に見えている姿が一致している状態を示す。この窓が大きい人は、自分の内面や能力などを他人が分かるように表に出し、誤解のない、円滑なコミュニケーションがとれているといえる。自己開示ができている状態である。開放の窓が大きくなると同時に、それ以外の窓は小さくなる。

※10
「開放の窓」は「open self、公開された自己」と説明される。

開放の窓が小さいと、他人から「よく分からない人」と見えていることになる。

「隠蔽の窓」※11は、自分では自分のことが分かっているが、それを他人には見せないという状態を示す。この窓が大きい人は隠している性質が多いといえる。自分を隠す理由はさまざまだが、例えば、自分を出したことで他人にどう思われるか不安だ、嫌われたくない、よく思われたい、ということが考えられる。隠蔽の窓が大きいと、隠している自分に対してストレスを感じたり、人との接触が怖くなったりすることがある。この窓を開くことは難しいかもしれないが、自分をオープンにすることで、この窓は小さくなり、円滑なコミュニケーションがとれるようになる。

※11
「隠蔽の窓」は「秘密の窓」とも言われ、「hidden self、隠された自己」と説明されている。

「目隠しされた窓」※12は、自分について自分は知らないが、他人は知っているということで、「あの人、自分では気付いてないけど○○だよね」と言われる部分である。この窓が大きいと、自分が自分の性質に気付いていない、自己分析ができていないということになり、良好なコミュニケーションをとるのが難しくなる。自分が知らなかった自分の性質に気付き、理解して受け入れていくことで、「目隠しされた窓」は小さくなって「開放の窓」に移っていく。

※12
「目隠しされた窓」は「盲点の窓」とも言われる。「blind self、自分は気が付いていないものの、他人からは見られている自己」である。

「未知の窓」※13は、未開発である潜在的な性質を表す領域で、無限の可能性を秘めている部分と捉えることができる。新しいことへの挑戦で気付いたり、新たに開発されたりしていく可能性がある。自分が成長するためには自己開発が必要となり、自己開発をすればこの窓は小さくなっていく。未知の窓に気付くことが、自分を成長させるチャンスだといえる。

※13
「未知の窓」は「unknown self、誰からもまだ知られていない自己」と説明される。

この４つの領域は、話し手と聞き手の信頼関係やコミュニケーションの形態によって変化する。開示の度合いや内容については文化差や個人差があり、相互コミュニケーションに影響を与えると言われている。開示の仕方に違いがあるのは当然で、それを認めて尊重する必要がある。

ジョハリの窓は、４つの窓を組み合わせることで自分の性質や能力を分析し、自分を理解することから、自己開発や人間関係を改善する目的で、コミュニケーション心理学や健康心理学などでよく使われる。

(4) エポケー（判断留保）

エポケー（判断留保）とは、異文化において遭遇する諸現象につい

第1部 言語一般
第2部 言語と教育
第3部 言語と心理
第4部 言語と社会
第5部 社会・文化・地域
第6部 音声分野
第7部 記述問題

て、自分の価値判断によって早急に判断するのではなく、意識的に一旦判断を停止することである。判断を留保し、話をよく聞くようにすれば、ステレオタイプ的な判断や自文化中心主義にならず、正しい判断が可能となる。異文化に接したとき、それまでの価値観とは全く異なる状況になり、どう対応してよいか分からなくなることがある。このような混乱状態、疎外感をデュルケーム※14は**アノミー**と呼んだ。人がアノミーに陥った際に、エポケーは一時的に混乱を回避する役割を持つ。

※14
Émile Durkheim：エミール・デュルケーム(1858-1917)、フランスの社会学者。デュルケム、デュルケイムなどと表記されることもある。デュルケームは著書『社会分業論』(1893)と『自殺論』(1897)において「アノミー」の概念を提示した。

ここがポイント

- 異文化適応：アカルチュレーション・モデルは、言語習得のプロセスそのものが自文化から異文化に変容していくことだとする考え方。
  アコモデーション理論は、ウチ集団とソト集団をどのように捉えるかが言語習得に関わるとする理論。
- 異文化適応の過程：U字曲線は異文化に入り適応するまでの心理状態を表したもの。W字曲線は自文化に戻ったときの心理状態をU字曲線に加えたもの。
  アドラーは、異文化に入って適応するまでを、その人の成長と考えた。
- 異文化適応に大切なこと：共感、アサーティブ・コミュニケーション、自己開示、エポケーなどがある。

1.3 異文化理解

異文化に適応するためには、相手の文化を知ることが大切である。ここでは、コミュニケーション時における言語の重要性、集団と個人のどちらを重視するか、相手の文化をどう判断するかという視点で文化を分けてみよう。

● 高コンテクスト文化と低コンテクスト文化

文化人類学者のエドワード・T・ホール※15は、世界の30カ国のコミュニケーションにおける言語の使用頻度に着目し、世界の文化を「**高コンテクスト文化(高文脈文化)**」と「**低コンテクスト文化(低文脈文化)**」に分けた※16。コンテクストというのは文脈の意味で、状況や話の流れ、その場の雰囲気などを指す。

※15
Edward T. Hall(1914-2009)、アメリカの文化人類学者。異文化コミュニケーション学の先駆者。

※16
ホールが『文化を超えて(英語版)』(1976)で世界30カ国の言語コミュニケーションの型を高コンテクスト文化と低コンテクスト文化に分類した。

高コンテクスト文化（高文脈文化）	実際に言葉として表現された内容よりも、言外の意味を察して理解するコミュニケーションの取り方をする。お互いの既知知識が重要視される。非言語コミュニケーションの役割も大きい。高コンテクスト・コミュニケーションが行われる。
低コンテクスト文化（低文脈文化）	言葉にした内容のみが情報として伝わるコミュニケーションで、正確性が必要とされる。情報や意図をできるだけ言語化する。低コンテクスト・コミュニケーションが行われる。

表4-1-3　高コンテクスト文化と低コンテクスト文化

高コンテクスト文化はいわば「空気を読む」言語文化で、沈黙があっても不快に感じないが、低コンテクスト文化では「言わなくても分かる」は通用しない。高コンテクスト文化の極端な例は日本語、低コンテクスト文化の極端な例はドイツ語だと言われている。

○ 集団主義と個人主義

文化を**集団主義**と**個人主義**で分けて考えることがある。

集団主義	集団の利益や目標を、個人の利益・目標より重視する考え方。自分の意見より周囲の人の意見が重要で、はっきり言うのを避ける傾向がある。
個人主義	個人の利益や目標を、集団の利益・目標より重視する考え方。他人の意見や一般的な意見より自分の意見が大切で、表面上だけの会話を避ける傾向がある。

表4-1-4　集団主義と個人主義

集団主義のよい点は助け合いの精神が生まれやすい点で、本音が言いにくい点がデメリットになる。一方、個人主義では他人のことを気にしなくて済む点はよいが、自己主張できないと評価されない場合がある。集団主義と個人主義では価値観も考え方も異なるため、コミュニケーションをとる際には、どちらの考え方なのか知っておくとよい。どちらが良いか悪いかなのではなく、違いを知るということが必要である。

○ 自文化中心主義と文化相対主義

他の文化をどう判断するかという視点から、**自文化中心主義（自民族中心主義、エスノセントリズム）**と**文化相対主義（カルチュラル・レラティビズム）**に分けられる。

自文化中心主義（自民族中心主義、エスノセントリズム）	自己の属する集団のもつ価値観を中心にして、異なった人々の集団の行動や価値観を評価しようとする見方や態度をいう。自分の文化が最も優れていると考え、他の文化を自分の文化の尺度で判断する傾向にある。
文化相対主義（カルチュラル・レラティビズム）	文化にはそれぞれ異なる価値観があるが、優劣はないと考える。ある文化の行動様式を他の文化の基準で判断するのではなく、その文化の問題や機会などを考慮に入れて判断しなくてはならないという考え方である。

表4-1-5　自文化中心主義と文化相対主義

文明の進んだヨーロッパ文化を中心に他の国の文化を捉える自文化中心主義を、**ボアズ**※17は強く批判し、どんな文化もそれぞれ独自の発展をとげてきたものであり、このような文化に対して特定の立場から他文化の優劣を決めることは正しくないとする文化相対主義を示した。

● 異文化理解：相手の文化を知ろう。高コンテクスト文化か低コンテクスト文化か、集団主義か個人主義か、自文化中心主義か文化相対主義か、違いを知ることが理解につながる。

1.4 コミュニケーション能力と異文化間トレランス

異文化を理解することは、初めて異文化に接触したときにその文化と自分の文化の違いを意識することから始まる。他の文化と自分の文化の違いに対する気付きを、**カルチュラル・アウェアネス（文化的な気付き）**という。そして、他の文化に適応するためにコミュニケーションをとるが、その時に必要な能力がコミュニケーション能力である。**コミュニケーション能力（伝達能力、コミュニカティブ・コンピテンス）**について**ハイムズ**※18は、正しい文を組み立てるだけではなく、いつ、どこで、誰にその正しい文を使ったらよいかという知識が不可欠であると主張した。実際の会話が行われるときは言語能力だけではなく適切な言語使用が必要だと提唱したのである。この能力を、**カナル**※19と**スウェイン**※20が1980年に3つに分類し、その後、カナルが4つに整理した※21。**文法能力、社会言語学的能力、ストラテジー能力、談話能力**である。

※17
Franz Boas：フランツ・ボアズ（1858-1942）、ドイツ生まれ。アメリカの人類学者。アメリカ文化人類学の創始者の1人。北米インディアンやエスキモーを調査し、文化相対主義を提唱した。

※18
Dell H. Hymes：デル・ハイムズ（1927-2009）、アメリカの言語学者。

※19
Michael Canale：マイケル・カナル、言語学者。カネールともいう。

※20
Merrill Swain：メリル・スウェイン、言語学者。アウトプット仮説の提唱者。

※21
1983年にカナルが3つの能力の1つであるストラテジー能力を、談話能力とストラテジー能力に分け、4つになった。

文法能力	語や文法、話、表現などを正確に組み立て、使用できる能力
社会言語学的能力	社会習慣に基づいて、相手や場面に合った、適切な表現を使用できる能力
ストラテジー能力	コミュニケーションを円滑に行うための能力
談話能力	文よりも上のレベルにおける発話を理解し、構成する能力

表4-1-6　コミュニケーション能力

異文化の人と良好な関係を築くためには、**異文化間トレランス**[※22]も必要となる。異文化に触れてショックを受けたときに、そういう文化なんだと思うことでショックを和らげたり調節したりするが、このような状態を異文化間トレランスという。つまり、異文化間トレランスとは、他者を受容し、その過程で生じる葛藤に耐え、相互作用が生み出される状態をいう。文化の違いを自覚し、いろいろな視点から判断し、受け入れて順応していく能力が必要である。異文化に接触したときのショックを予防、解消、調節するために、異文化間トレランスを身に付けるとよい。

※22
トレランス（tolerance）とは、（他に対する）寛容さ、寛大、公平さ、許容度の意味である。

異文化理解を困難にするものに**ステレオタイプ**がある。ステレオタイプとは、特定の集団や文化に対する画一的な固定観念やイメージをいう。例えば、「日本人は時間に正確だ」「日本人ははっきり意見を言わない」というような日本人全体に対するイメージである。ステレオタイプには、いい面を捉えるものとマイナスイメージのものがあるが、マイナスイメージのステレオタイプを当てはめて他人を判断するのは、偏見や差別につながる可能性があるため、注意が必要である。

- 異文化間能力：ハイムズがコミュニケーション能力について言及し、カナルが４つ（文法能力、社会言語学的能力、ストラテジー能力、談話能力）に整理した。
- 異文化に対する寛容さも大切である。

2. 言語/非言語コミュニケーション ★★

2.1 コミュニケーションの方法

コミュニケーションの手段は、言語によるものとそれ以外に分けることができる。言語によるものを**言語コミュニケーション（バーバル・コミュニケーション）**、言語以外によるものを**非言語コミュニケーション（ノンバーバル・コミュニケーション）**という。

◎ コミュニケーションモデル

対人コミュニケーション（インターパーソナル・コミュニケーション）のモデルを見ておこう。

古典的なコミュニケーションモデルは、シャノン&ウィーバーの**伝達型モデル**が挙げられる。次の図の通り、人間同士が行うコミュニケーションを電気通信的なモデルで表現している。送り手からメッセージを送る場合、メッセージの情報を**符合化（エンコード）**する段階、符号化された信号を送信する段階（**チャンネル**）、受信した信号を**解読（デコード）**する段階、これらを経て、受け手にメッセージが届くとするモデルである。チャンネルの段階では**ノイズ**の混入により、信号が変容する可能性も示されている。

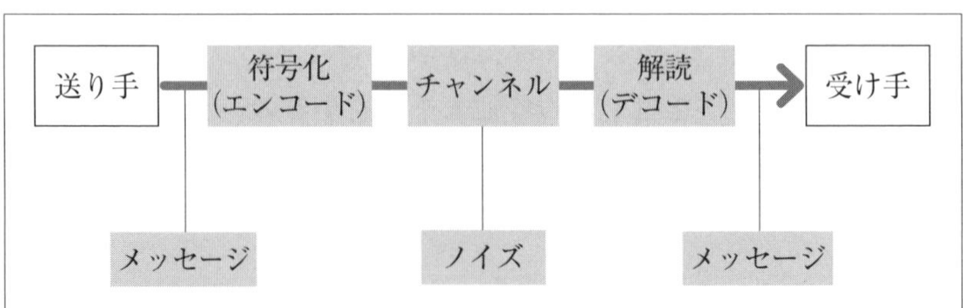

図4-1-6　伝達型モデル

伝達型モデルを人間同士のコミュニケーションとして見たい。例えば、コミュニケーションによって伝えたいメッセージ（例：「あなたのことが好きです」）を決める。**符号化（エンコード）**の段階である。次に、メッセージを運ぶ媒体（**チャンネル**）を決める。直接会って口頭で/電話で/メールで/手紙で/その他/色々あるが、「あなたのことが好きです」と伝える媒体を電話に決めた場合を考えてみよう。周りがうるさかったり電波の調子が悪い中では、自分の声が届かなかったり、相手の声が聞こえなかったりすることがある。言語が違う相手であれば、相手の言った言葉の意味が分からなかったり、コミュニケーションの特徴の違いでうまく伝わらなかったりすることもあるだろう。これらはすべて**ノイズ**と呼ばれる。ノイズも含む情報を解読し、伝えたいメッセージが相手に届くというわけである。

伝達型モデルのメッセージの伝達は、直線的であることが特徴となっている。メッセージは送り手から受け手への一方向であり、受け手の反応という概念はない。しかし、実際のコミュニケーションではメッセージの送り手と受け手がお互いに交渉しあいながら意味を作り出していく。これを**構成主義（コンストラクティビズム）**のモデルという。構成主義のモデルはコミュニケーションが相互的であることが特徴となっている。例えば「あなたのことが好きです」というメッセージを送る場合、受け手の「なぜ（好き）？」「どこが（好き）？」のような反応によって、お互いに交渉しあいながらメッセージの意味を作り出す。

コミュニケーション能力

コミュニケーション能力（**コミュニカティブ・コンピテンス**）とは、言語やそれ以外の手段を使って意思の伝達をする能力のことである。アメリカの社会言語学者**ハイムズ**がこの概念を提唱した。単に文法的に正しい文を作るだけではなく、だれが、だれに、どのような状況で、どのように話すのかといった言語使用の適切さに関する能力も含まれると主張した※23。

カナルと**スウェイン**はハイムズの影響を強く受け、コミュニケーション能力モデルを提唱した※24。

2.2 コミュニケーション・ストラテジー

コミュニケーシヨン・ストラテジーとは、コミュニケーションを達成するために用いる方略（ストラテジー）のことである。**タローン**はコミュニケーション・ストラテジーを次のように分類している。

※23
例えば、会社で上司に「あなたも明日の会議に出席するんですか」などと言うと、文法的には正しくても、適切な使い方ではない。ハイムズはこういった状況や文脈に合わせて適切に言語を使用する能力に着目した。

※24
コミュニケーション能力については、**1.4**も参照のこと。

回避	語彙力が不足しているために表現できないものは表現しない。複雑な文法構造を使わずに、別の構造を使って表現する。 例）受身形（受動態）を使わずに能動態で表現する。 「男の人に足を踏まれました（受身形）」 「男の人が足を踏みました（能動態）」
言い換え （パラフレーズ）	ある語が分からないときに、別の言葉を使って表現する。造語や類似表現も含まれる。 例）「キャッシュカード」が分からないため「銀行のカード」と言ったり、「銀行でお金を出すときに使うもの」と言ったりする。
母語使用あるいは 意識的な転移	母語または他の言語による翻訳に頼る。 例）・一部分に母語や英語を交えて話す。 ・話している人の母語が中国語だと分かったので、中国語に切り替えて話す。
援助要求	直接聞き返す、部分的に繰り返して確認する、辞書で調べる。 例）・「もう一度言ってください」「教えてください」と言う。 ・「夜間中学校って知っていますか。」 「や…ちゅうがっこう？」 「はい、やかんちゅうがっこうです。」 ・会話の途中でも辞書やインターネットの翻訳などで調べる。
身振り （ジェスチャー）	手振り、身振りに頼る。 例）静かにしてほしいことを伝えるために、人差し指を立てて口元にあてて「シー」というジェスチャーをする。

表4-1-7　コミュニケーション・ストラテジー（タローンの分類）

2.3 非言語コミュニケーション

非言語コミュニケーションは、言語や文字以外のコミュニケーションを指す。例えば、身振りや手振りなどのジェスチャー、表情、視線、姿勢などである。バードホイステルは、二者間の対話において、ことばで伝えられる情報は全体の30％で、残りの70％は非言語コミュニケーションによって伝達されるとしている。

エックマンとフリーセンは、非言語行動を次のように分類している。

① エンブレム（語彙の代用）

特定の集団の共通語彙となっており、語彙の代わりとして用いることができるものを**エンブレム**という。例えば、首を縦に振ることで、「はい」や「賛成・同意」といった意味を表したり、人差し指で鼻を指すことで「私」を表したりする。

一方で、異文化間のコミュニケーションでは、エンブレムの持つ意味が文化によって異なる場合があることに注意しなければならない。例えば、親指を立てる仕草は「いいね！」という意味でよく使われるが、アフガニスタン、イラン、ギリシャなどでは相手を侮辱する意味になる。同様に、日本では「OK」という意味で親指と人差し指で円を作るが、フランスやトルコ、ラテンアメリカなどでは相手を侮辱する意味になる。このように、異文化間のコミュニケーションでは、エンブレムの違いによって誤解が生じる場合がある。

② イラストレーター（動作による意味の強調）

物事を描写したり意味を強調したりするジェスチャーのこと。例えば、大きさや長さを描写する場合に、腕を広げて示すような場合である。また、絵や記号、メールなどで使うような顔文字※25などもイラストレーターの一種である。

※25
「(^_^)v」や「☺」など。国によって違いがある場合もある。

③ アフェクトディスプレイ（感情の表現）

喜怒哀楽を含むさまざまな感情を顔や動作で示すこと。例えば、怒りを表す場合に、眉をひそめる、頬を膨らませる、腕組みをする。

④ レギュレーター（会話の調整）

会話の続行や中断を促すなど、会話を調整する動作のこと。例えば、あいづちをうつことで会話の続行を、視線をそらすことで相手の話に興味がないことを示して会話の中断を促すなど。

⑤ アダプター（状況に付随する動作）

メッセージとしての意味はなく、状況に関連して生じる動作のこと。例えば、眠いからあくびをする、痒いから痒いところをかく、落ち着かないから貧乏ゆすりをするなどの動作のこと。その動作にメッセージは込められておらず、生理的欲求を満たすための動作だと言える。

2.4 近接空間学

アメリカの文化人類学者エドワード・ホールは、人と人との距離の取り方を**近接空間学（プロクセミクス）**という分野で体系化した。ホールは、コミュニケーションの場での空間の捉え方について、相手に簡単に接触できる**密接距離**、相手の顔の表情が分かるぐらいの**個人距離**、会話はできる距離だが簡単に相手に手が届かない**社会距離**、街頭演説をする人と聴衆のような**公的距離**の4つに分類している。

また、自分が心地よいと感じる対人距離（ボディ・バブル）や、他人に近付かれると不快に感じる心理的な縄張り（パーソナル・スペース）は、性別、年齢、文化などによって異なる。

2.5 パラ言語

声の大きさ、声の速さ、声質、イントネーション、ポーズ、といった言語の周辺的側面を**パラ言語（周辺言語）**という。例えば、「はい」ということばは、文字情報だけでは話し手の意図を読み取るのは難しい。しかし、上昇調で話した場合は、（聞こえません）や（分かりません）といったメッセージとして伝わり、下降調の場合は、相手に対する（聞いています）という返事やあいづちといったメッセージとして伝わる。

ことばによる伝達においては、このようなパラ言語の情報を手がかりに、文字情報だけでは伝わらない話し手のメッセージを読み取ることが多い。メールやSNS上のやりとりなどの文字だけのコミュニケーションでは、送り手の真意とは異なる受け取り方をされることがあるが、これはパラ言語情報がないためである。そのため、「分かりました。」のように文字だけで返信を送る場合に、「！」「～」のような記号、「(^^) /」のような顔文字、スタンプなどを用いて言語の周辺的側面を伝えようとする。

- コミュニケーション・ストラテジー：回避、言い換え、母語使用あるいは意識的な転移、援助要求、身振りなど、コミュニケーションを達成するための方略。
- 非言語コミュニケーション：言語や文字以外のコミュニケーションのこと。エンブレム、イラストレーター、アフェクトディスプレイ、レギュレーター、アダプターなどがある。
- パラ言語：言語の周辺的側面のこと。声の大きさや速さ、声質、イントネーション、ポーズなど。

3. 言語と社会 ★★★

3.1 多文化・多言語主義

欧州連合（EU）は、複数国家が存在する欧州の未来は、お互いの文化と言語の尊重にあるとする**多文化・多言語主義**を基本原理とする。多様な文化と言語が共存する社会では、国境を越えて外国語能力を評価する共通の枠組みが必要であった。そこで、欧州評議会は2001年にヨーロッパ共通参照枠（Common European Framework of Reference for Languages: CEFR）を発表した。

CEFR（セファール）はフランス語やドイツ語といった各言語の能力ではなく、**行動中心主義（行動中心アプローチ）**を採用している。その人が「その言語を使って実際に何がどのぐらいできるか」が具体的な状況設定で示されている。**「〜ができる（Can-do）」**という形での能力記述文のため、国や言語を超えた共通の尺度で評価できる利点がある。CEFRの等級はA1、A2、B1、B2、C1、C2の６段階に分かれている。A1・A2レベルは「基礎段階の言語使用者」、B1・B2レベルは「自立した言語使用者」、C1・C2レベルは「熟達した言語使用者」となっている。CEFRが開発されて以後、世界でも広く外国語教育や評価の場で利用されている。

日本語教育では、CEFRに基づいて国際交流基金が「**JFスタンダード**」を作成している。言語によるコミュニケーションの力を例示した**JFスタンダードの木**では、木の枝として表現されるコミュニケーション言語活動（受容、産出、やりとり、テクスト、方略）、木の根として表現されるコミュニケーション言語能力（言語構造的能力、社会言語能力、語用能力）が描かれている[※26]。

※26 Web
国際交流基金「JF日本語教育スタンダード」

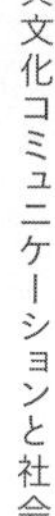

3.2 複言語主義

多言語主義は社会における言語の多様性を指すのに対し、**複言語主義**はある個人における複数の言語能力の存在に焦点を当てる。CEFRの基盤である相互理解のための言語使用の考え方となっている。他者との相互理解を図る場において、個人が持つ複数の言語能力を統合して用いるという考え方が複言語主義である。

例えば、日本語が母語で、英語は日常会話程度、中国語は部分的には読めるが話せない、といったように、個人の中に複数の言語能力が存在する。この人が中国に旅行に行った場合、状況に応じて複数の言語を使い分けるだろう。日本語が話せる人には日本語で、英語が通じる人には英語で、中国語しか通じない相手には筆談やジェスチャーなども用いてコミュニケーションをとろうとする。

複言語主義より前の言語教育では、目標言語の母語話者と同程度のレベルになることを外国語学習の目標としていた。しかし、複言語主義では、学習者の必要に応じたレベルの外国語が習得できればいいと考える。他者との相互理解を図る場において、個人の複言語能力を統合して使える能力を育てるという考え方が複言語主義である。

3.3 『21世紀の外国語学習スタンダーズ』

1996年に出されたアメリカの**『21世紀の外国語学習スタンダーズ』**は、アメリカの21世紀における外国語教育の方向を示すために開発された教育内容の枠組みである。その中では、教育の目標領域の項目として、次の５つを挙げている[※27]。

- Communication（コミュニケーション）：その言語でコミュニケーションを行うこと。
- Cultures（文化）：他の国の文化に関する知識と理解を深めること。
- Connections（関連付け）：言語を通して他の分野とつながりを持ち、情報を得ること。
- Comparisons（比較）：学習言語と自分の国の言語を比較することによって、言語・文化への洞察力を養うこと。
- Communities（コミュニティ）：国内および国外において、多文化・多言語社会に参加すること。

※27
それぞれの英単語の頭文字は全てCのため、この５つのCを合わせて5Cと呼ばれている。

- Communication（コミュニケーション）
- Cultures（文化）
- Connections（関連付け）
- Comparisons（比較）
- Communities（コミュニティ）

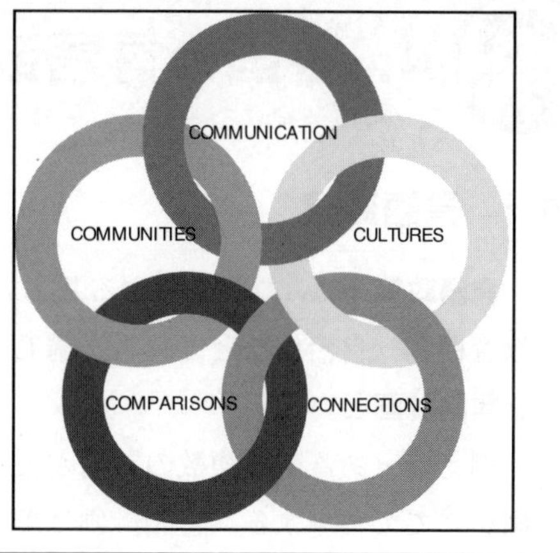

https://www.actfl.org/から転載

図4-1-7　『21世紀の外国語学習スタンダーズ』における5C

図の通り、従来の外国語教育と比べて幅広い視点・観点から教育内容が捉えられていることが大きな特徴となっている。このうち文化はさらに、次の3つの観点で捉えられている。

- Perspective（ものの見方）：考え方、価値観、態度、意味など。
- Practices（生活習慣・慣習）：例えば日本では、家の中では靴を脱いで生活する、毎日湯船につかるなど。
- Products（社会の産物）：本、道具、食べ物、法律、音楽、ゲームなど。

外国語教育では、他の文化についての理解を深めることを重視している。言語を学ぶことは、単にその言語の文法や語彙の知識を習得して使いこなせるようになることではない。その言語が話されている国や地域の文化を知り、理解を深めることでもある。上記のような3つの観点で異なる文化を捉えることによって、共通点と相違点を理解し、文化の多様性が認識できる。

ここがポイント

- 行動中心主義（行動中心アプローチ）：「その言語を使って具体的に何ができるか」に重点を置く。
- 複言語主義：ある個人における複数の言語能力の存在に焦点を当てる。多言語主義は社会における言語の多様性を指す。
- 『21世紀の外国語学習スタンダーズ』：1996年にアメリカで出された21世紀の外国語教育の方向を示すための教育内容の枠組み。幅広い視点・観点から教育内容が捉えられていることが特徴。

4. 各国の言語政策 ★★

4.1 言語政策

言語政策とは、言語に関する基本方針を決定することである。政府、教育機関、自治体などで政策を講じ、それを具体的に進めていくことを**言語計画**という。

例えば、ある国で複数の言語が使用されている場合、政府は言語計画を立てて実施する。言語計画は**席次計画**、**実体計画**、**普及計画**の3つの段階で進める。

- **席次計画**※28：使用されている複数の言語の順位付けを行い、主要な言語に特定の地位を与えること。公用語、司法や行政、教育現場、マスメディアなどで用いる言語の選定を行う。
- **実体計画**※29：席次計画によって選ばれた言語の機能が果たせるように整えること。文法書や辞書の作成、表記法を定めるといったことを行う。例えば、明治初期の日本では、地域や社会階層によって異なる話し言葉を使用していたが、話し言葉を統一し、それに基づいた書き言葉の確立がなされた。これも実体計画といえる。現代日本における内閣告示の常用漢字や現代仮名遣いなども実体計画にあたる。
- **普及計画**※30：その言語を学校教育の場などでどのように習得させ、国民に普及させていくかを決めること。かつての日本では、標準語の普及を重視するあまり、方言をなくそうとする運動が起こったことがある。

※28
地位計画ともいう。

※29
本体計画、**コーパス計画**ともいう。

※30
習得計画ともいう。

4.2 アメリカ合衆国

アメリカ合衆国は人種のサラダボールと表されるように多民族国家であり、様々な言語が使用されている。アメリカでは国レベルの公用語は法的には定められていない。州単位では、ルイジアナ州、ニューハンプシャー州など31の州で英語が公用語となっている。英語以外の言語も公用語と承認しているところもあり、例えばハワイ州では英語と先住民族の言語（ハワイ語）が公用語となっている。

アメリカで公用語について議論が始まったのは1970年代後半からである。イングリッシュ・オンリー運動と呼ばれるもので、ヒスパニック住民から参政権を奪う法案が州議会に提出されたり、外国語教育などに公金の使用が禁止されたりする動きがあった。ヒスパニック住民を排除する動きは、英語をアメリカの公用語にしようとする運動（**英語公用語化運動**）に発展した。英語公用語化運動は、移民をアメリカ社会に同化させようという要素が強く、アイデンティティへの影響も大きいものであった。

一方で、1968年にはバイリンガル教育法が成立し、英語を母語としない子どもたちの教育の改善を図る動きもあった。少数言語の子どもたちの母語維持と発展、教育機会の保障や課題を解決するための教育プログラムに補助金を支給するものである。しかし、1980年代から90年代にはバイリンガル教育への批判が強まり、英語習得のためのプログラムへの補助金の支給は2002年に廃止された。フロリダ州などではイングリッシュ・プラス政策を掲げて、英語にプラスしてほかの言語も尊重することを州の法律で定め、バイリンガル教育に取り組んでいる。

4.3 カナダ

1969年に**連邦公用語法**が制定され、カナダでは現在、英語とフランス語の２か国語が公用語となっている。国民への行政サービスを英語とフランス語で提供する体制が詳細に規定されているほか、公共交通機関やお店で買う食品や商品などのラベルには英語とフランス語を併記することが定められている。どちらか一方の言語に偏ってしまうと不公平となるため、国民への情報提供が２つの言語で行き渡るようになっている[※31]。

※31
州レベルではニュー・ブランズウィック州のみが両言語を公用語としている。ケベック州はフランス語のみ、その他の州では英語を公用語としている。

カナダは、イヌイットなどの先住民族、フランス系住民、他国からの移民など多様な民族的背景を持った人々が暮らす多民族国家である。文化・民族の多様性は国家を豊かにするという立場に立ち、早くから多文化主義を政策として取り入れてきた。1971年には、民族や人種の多様性を尊重しながらすべての人が平等に社会参加できる国づくりを目指し、世界で初めて**多文化主義政策**（multiculturalism）を導入した。**カナダにおける権利と自由の憲章**（1982年）においても多文化主義を謳い、カナダにおける人権保障の中核をなしている。1988年には世界で初めて多文化主義の法律（**多文化主義法**）を制定した。

言語教育の面では、英語圏においてフランス語を母国語と同程度まで習得できることを目標に取り組んだ**イマージョン・プログラム**の発展が挙げられる。1971年、当時のトルドー首相の多文化主義宣言以後奨励され、カナダ全土で導入されている。イマージョンは「浸す」という意味で、算数や理科などの教科の授業を第二言語で行うことである。英語を使用している地域の生徒が、学校の授業をフランス語で受け、学習しながら第二言語を身に付けていく教育方法である。カナダのフレンチイマージョン教育は、カナダ以外の国でも広がりを見せている。

4.4 オーストラリア

かつてオーストラリアは有色人種の移民を禁止する**白豪主義**をとっていたが、1966年に移民法が改正された後は、中国、韓国、ベトナムなどのアジア系移民が急増した。それに伴い、1970年代以降白豪主義を多文化主義へと転換していった。

多文化主義に対する関心の高まりと同時に移民への言語教育が重要視されるようになった。ガルバリー報告書（1987年）で初めて英語以外の言語教育の必要性が示され、政府は英語教育、英語以外の言語教育、バイリンガル教育に力を入れるようになった。1987年に**LOTE**（ローテ）[※32]に関する政策が実施された[※33]。LOTEはもともと先住民や移民の母語を維持・継承していくことを権利として認めようとする立場からの政策であった。一方で、外交や経済の発展といったオーストラリアの国益に資する観点でも推奨された。

1990年代には当時の日本語ブームに乗り、1994年からアジア言語文化特別教育プログラム（**NALSAS**（ナルサス））が開始され、アジア地域の言語教育がさらに推進された[※34]。オーストラリアでは初等教育での日本語教育が1990年代から増えているが、NALSASの推進が影響を与えたと言われている。政権交代によって、NALSASは2002年に終了した。2009年からは、学校におけるアジア語・アジア学習推進計画（**NALSSP**（ナルサップ））が実施された[※35]（2012年に終了）。

オーストラリアでは現在、ほとんどの州で外国語学習を必修化している。一方で、どの言語を指定し、どのぐらいの期間・時間を費やすかは、州教育省や学校長などの方針で決まる。そのため、学習内容や到達目標は学校によってかなり異なる。

※32
LOTE（Languages other than English）とは、「英語以外の言語」という意味である。

※33
優先学習言語として、アラビア語、ギリシア語、中国語、日本語、フランス語、イタリア語、ドイツ語、スペイン語、インドネシア語／マレー語の9言語が指定され、これらの言語の学習が奨励された。

※34
NALSASの優先学習言語として、中国語、日本語、インドネシア語、韓国語の4つを指定し、これらの言語教育を全国の小学校に導入することを目標にした。

※35
NALSSPでは中国語、日本語、インドネシア語、韓国語の4言語が重点言語とされ、アジア語クラスの増加や教育体制の強化などが実施された。

4.5 ヨーロッパ

ヨーロッパは1980年代半ばより、母語に加えてEUの２か国語習得（**母語プラス２言語政策**）が提唱され、各国の外国語教育の整備が進められている。英語による単一言語主義がヨーロッパを支配することのないよう、自国の教育制度に**多言語主義**を導入している。

またEU諸国には古くから移民や難民を受け入れてきた歴史を持つ国が多く、そういった背景を持つ人々への言語教育の歴史も長い。ここでは、ドイツ、フランス、イギリスを取り上げる。

ドイツ

ドイツの公用語はドイツ語である。ドイツ語はオーストリア、スイス、ベルギー、ルクセンブルク、リヒテンシュタインでも公用語となっている。また、ドイツは古くから移民や難民を受け入れてきた歴史を持つ。

ドイツは第二次世界大戦後の復興の中で、イタリア、スペイン、トルコなどから多くの外国人労働者を受け入れた。彼らは**ゲストワーカー**と呼ばれ、一時的な滞在を前提としていたが、故国から家族を呼び寄せ定住する者も多くいた。オイルショック後の景気悪化により、1973年には外国人労働者の募集を取り止めたが、その後も家族の呼び寄せや難民の受入れなどにより外国人の数は増え続けた[※36]。

※36
ドイツは人口の約11％が外国籍（2017年）となっている。

一方で、ドイツは2000年代に入り、少子高齢化に伴う深刻な労働力不足を補うため、移民受入れ政策に転向した。2005年の**新移民法**の施行により、外国人のドイツ語の習得や職業訓練などへの支援策が講じられている。新移民法では、移民の統合促進のため、移民対象の社会統合コースを連邦政府が実施することが定められた。統合コースには、ドイツ語を学ぶ言語コースと、ドイツの文化や法制度などを理解するためのオリエンテーションコースが設けられている。各コースの終了時には修了テストがある。言語コースの終了時は**移民のためのドイツ語テスト**（DTZ）があり、CEFRのB1レベルに達することが目標となっている[※37]。各コースの修了テストに合格すると、統合コース修了証明書が交付される。

※37
B1レベルは「社会生活での身近な話題について理解し、自分の意志とその理由を簡単に説明できる」言語能力である。

フランス

フランス政府は1992年に憲法第２条を改正し「共和国の言語はフランス語である」との条項を付け加えた。1994年にはフランス語の使用に関する法律（**トゥーボン法**）が成立し、公共性の高い分野におけるフランス語の使用を義務づけた。契約書や請求書などのほか、会議などの配布資料にもフランス語の使用を求め、さまざまな場面においてフランス語が優位に立つよう整備した。一方で、同法はフランス語以外の複数の少数言語への配慮を欠いたものであるとの批判から、2008年の憲法改正において地方言語の部分的保護を約束した。

フランスは第二次世界大戦後の経済成長期である栄光の30年（1945～75年）には、安価な労働力としてスペインやポルトガルなどから大量の移民を受け入れていた。その後、移民人口の増加による国内経済への負担増や不法移民に焦点が当たるようになり、2006年に移民法を策定した。これにより、フランスの経済や社会の発展につながる移民を選別して受け入れる方式（**選択的移民政策**）への転換および移民のフランス社会への統合促進を目指した。

フランスでは初等・中等教育機関に移民に対するフランス語の教室が設置されている。1973年にポルトガル政府との二国間協定が結ばれ、移民の子どもたちの出身言語および出身国の文化の維持が保障されるようになった。それ以降、二国間協定が締結された国々の言語および文化教育が公立小学校で展開されている。しかし、教育基盤は一定しておらず、実施地域や規模が限定的であることや、指導にあたる教員不足などといった問題がある。

イギリス

イギリスは４つの地域からなる連合国家[※38]である。各地域に民族、言語、アイデンティティがあるため、イギリスには英語以外にも公用語とされる言語が複数ある。例えば、ウェールズでは1993年にウェールズ語が法的に英語と同等の地位を得て公用語になった。北アイルランドとスコットランドでは英語とゲール語（スコットランド・ゲール語）が公用語となっている。イングランドには公用語を規定した法律はない。

イギリスもフランスと同様、**選択的移民政策**を実施している。戦後の復興期には、労働力不足の緩和を目的として、カリブ諸国、南アジ

※38
イギリスの正式な国名はUnited Kingdom of Great Britain and Northern Ireland（グレートブリテンおよび北部アイルランド連合王国）で、イングランド、ウェールズ、スコットランド（以上３地域をグレートブリテンと称する）、および北アイルランドの４地域からなる。

ア、西インド諸島などの旧植民地からの移民を多く受け入れた。大量の移民の受入れとその子どもたちの増加により、イギリス政府は移民の子どもに対する教育政策を進めてきた。白人社会への同化を目的とした同化主義による教育（1950年代～1960年代）、統合主義によるESL教育の促進（1960年代）、1970年頃から行われた多文化教育、1980年以降は、人種差別や偏見を減らす教育を学校やカリキュラムに取り入れる動きが進んでいる。特に、1985年に公表された『すべての子どものための教育（Education for All）』、通称スワン・レポートは、移民の教育政策には欠かせない報告書であった。

イギリスは英語単一主義と言われることもあるほど、EU諸国の中でも外国語教育への関心が薄いことが指摘されてきた。しかし2014年からは、それまでは義務づけられていなかった小学校での外国語教育が必修となっている。州の自治に任されているアメリカとは違い、イギリスは国内統一のカリキュラムを採用している。

4.6 アジア

重要

アジア諸国の多くの国では複数の言語が話されている。そのため、それぞれの国の言語状況や言語政策を個別に明らかにすることは難しいと言われている。ここでは、シンガポールの言語政策と、中国・韓国の漢字に関する政策、日本の少数言語であるアイヌ語について取り上げる。

○ シンガポール

シンガポールは、華人（中国系住民）、マレー人、インド人、その他の住民からなる複合民族国家である。国語はマレー語であり、公用語として英語、マレー語、中国語（北京語）、タミル語の４つの言語が定められている[※39]。

複数の言語が公用語となっているため、シンガポールでは、これらの言語で様々な情報が提供されている。

４つの公用語のうち英語は、標準英語以外に各民族の言語が影響した**シンガポール英語（シングリッシュ）**[※40]が話されている。シンガポールは、約150年にわたってイギリスの植民地であった。そのため、シングリッシュはイギリス英語がベースになって複数の言語が混ざって出来上がったものだと考えられている。シングリッシュの特徴とし

※39
華人の中には、公用語の北京語以外の福建語、広東語などを話す人もいる。

※40
シングリッシュという言葉はシンガポールとイングリッシュを合わせた造語。

て、文法が簡略化されていたり、発音が中国語やマレー語の影響を受けていたりといったことが挙げられる。公的な場面では標準英語を話し、くだけた場面ではシングリッシュを話すといったように状況に合わせて使い分ける人も多い[※41]。一方で、シンガポール政府はシングリッシュではなく正しい英語を話すように国民に呼びかけ、2000年から**「良い英語を話そう」運動**（Speak Good English Movement：SGEM）を実施している。

シンガポールでは全ての小学校で、英語と母語（マレー語、タミル語、中国語のいずれか）を選択して学ぶことが義務づけられている。小学校卒業時の修了試験は英語・母語・数学・理科の4科目で実施され、その結果によって進学できる中学校が決まる。特に英語教育においては2010年から**STELLER**[※42]という英語教育プログラムを実施し、対話式の授業スタイルを通して自分の意見を口頭でも文章でも表現できる力の養成を目指している。

※41
このように社会の中に二つの言語変種が存在し、状況によって使い分けられている社会状況のことを**ダイグロシア**という。詳しくは「第2章 **2.2** ダイグロシア」参照。

※42
STELLERはStrategies for English Language Learning And Readingの略。

● 中国

中国には政府が規定した国民の約９割を占める漢民族以外に、朝鮮族やウイグル族、モンゴル族など55の少数民族が住んでいる。少数民族はそれぞれの言語や文化を維持する権利が保障されており、80以上の言語が存在しているとされる。共通語としての中国語は、北京語を基とした**普通話**（Putonghua、プートゥンホァー）という。2001年施行の**中華人民共和国国家通用語言文字法**では、普通話を**国家通用言語**と定めている。

中国語には**繁体字**と**簡体字**という２種類の漢字がある。かつてはすべて繁体字が使用されていたが、1951年から文字改革が行われ、簡略化した漢字の推進が図られた。1956年に公布された漢字簡化方案では簡体字が正規の字体（正字体）として導入された。1964年には中国文字改革委員会から**『簡体字総表』**が交付され、現在の簡体字数の総数は2,235となっている。台湾や香港、マカオなどでは、現在も主に繁体字が使われている。

繁体字	簡体字
廣	广
雲	云
岡	冈

表4-1-8　繁体字と簡体字の例

韓国

韓国の公用語は韓国語であり、国語を表記する文字はハングルである。日本の統治時代には日本植民地時代の同化政策により、韓国語とハングル文字の使用が禁じられた。独立後は漢字を排斥し、国語をハングルのみで表記しようとする動きが活発化し、1945年以降ハングルが国字とされた。

1948年に**ハングル専用に関する法律**により、公文書をハングルで書くことや、漢字を使用するときはかっこ（　）に入れて書くことなどが示された。漢字を徐々に廃止し、ハングルのみを使用することを推進するものであった。1967年には5か年計画で漢字を一掃する実施案（**漢字廃止5か年計画**）が出され、1970年には総理大臣訓令によって漢字を全廃することが決まった。2005年に**国語基本法**では、公文書ではハングルを使用することが原則となり、漢字の使用（かっこに入れて書く）は、大統領令が定める場合に限定された。

一方で、ハングル専用化に反対する立場の動きとしては、1969年に語文教育研究会（主に国語や国文学者の団体）がハングル漢字混用文を主張する声明文を出すなどの動きがあった。その動きを受け、1972年には中学・高等学校で漢字の教育を行う特別政令が出ている。1975年以降は高等学校の教科書に漢字が併用されている。1998年には**漢字復活宣言**が発表され、再び漢字が使われるようになった。現在においても漢字をめぐる議論は続いており、韓国での漢字教育の今後の予測は難しいものとなっている。

日本

日本で最も広く使われている言語は日本語であるが、法令によって公用語を規定しているわけではない。法令や公文書などの記述や学校教育における「国語」は日本語であり、実質的な公用語は日本語だと言える。一方で、日本は日本語のみの単一言語の国ではなく、**アイヌ語**、**ウィルタ語**、**ニブフ語**、**小笠原クレオール**などもある。ここでは、日本の民族語[※43]の1つであるアイヌ語を取り上げる。

アイヌ語とは、歴史的に北海道、樺太、千島列島に居住していたアイヌ民族の言語である。アイヌ語は日本語と系統の異なる言語であり、文字を使わず口頭でのみ使われてきた。そのため、アイヌ語を伝承するための表記法などさまざまな模索がなされ、記録に努めてきた。

※43
民族語とは、ある国、地域での少数言語のこと。

現在、国立国語研究所は『アイヌ語口承文芸コーパス―音声・グロスつき―』[※44]を公開している。このコーパスは日本語と英語による訳とグロスや注解を付けた初めてのアイヌ口承文芸デジタル集成となっている。

2009年、国際連合教育科学文化機関（ユネスコ）は世界で2500の言語が消滅の危機にさらされているという調査結果を発表した。危険な状況にある日本の８言語のうちアイヌ語は「最も危険な状態にある言語」とされている。明治維新以降、北海道の開拓に乗り出した政府はアイヌ民族に対する同化政策を押し進め、日本語使用の強制などにより、アイヌ語は日常生活から消えていくこととなった。1980年代以降、萱野茂（かやのしげる）[※45]らの努力もあり、アイヌ語教室を各地で開催するなど、普及に努めている。

1997年に「アイヌ文化の振興並びにアイヌの伝統等に関する知識の普及及び啓発に関する法律」（通称、**アイヌ文化振興法**、**アイヌ新法**、アイヌ文化法）が施行された。この法律によってはじめて、アイヌ民族の独自の言語や文化の尊重と、民族としての誇りを尊重する社会の実現に向かうことになった。アイヌ文化振興法に基づき、同法に規定された業務を行う公益財団法人アイヌ文化振興・研究推進機構が設立された。2018年には公益財団法人アイヌ文化振興・研究推進機構と一般財団法人アイヌ民族博物館が合併し、**公益財団法人アイヌ民族文化財団**となった。同財団は2020年7月に北海道白老町に**ウポポイ（民族共生象徴空間）**[※46]をオープンした。

2019年に「アイヌの人々の誇りが尊重される社会を実現するための施策の推進に関する法律」（通称、**アイヌ施策推進法**）が施行され、それに伴い、アイヌ文化振興法は廃止された。アイヌ施策推進法は、アイヌ民族を法律として初めて「先住民族」と明記し、独自の文化を生かした地域振興策のための交付金制度などが規定されている。

※44 Web
国立国語研究所「アイヌ語口承文芸コーパス―音声・グロスつき―」

※45
萱野茂（1926-2006）はアイヌ民族初の国会議員であり、「アイヌ新法」の制定に尽力した人物。

※46
ウポポイはアイヌ文化を復興するための空間や施設であると同時に、アイヌ文化を復興・発展させる拠点となることを目指している。

- 言語計画：言語政策を具体的に進めていくための計画。席次計画、実体計画、普及計画からなる。
- イマージョンプログラム：算数や理科などの授業を第二言語で行うこと。カナダのフレンチイマージョン教育は世界的に有名である。
- 選択的移民政策：自国の経済や社会の発展につながる移民を選別して受け入れる政策。フランスやイギリスなどで実施されている。
- アイヌ語：日本の民族語の１つ。2009年のユネスコの調査では、消滅の危機にさらされている世界の2500の言語の中で、アイヌ語は「最も危険な状態にある言語」とされている。現在、アイヌ語やアイヌ文化の伝承や普及を目指し、さまざまな取り組みがなされている。

第2章 社会言語学

第4部 言語と社会

言葉は、音韻・語彙(ごい)・文法などの言語そのものの規則だけで成り立っているわけではない。例えば、述語の形式には、普通体「〜だ／〜る」と丁寧体「〜です／〜ます」があるが、これらの使い分けは、言語そのものの規則ではなく、例えば、“目上／目下”、“公的／私的”などの社会的な要因が深く関わっている。別の言い方をすれば、社会的な要因が言語規則に組み込まれているのである。このように言語研究において社会的な要因を重視する立場にあるのが、社会言語学である。

1. 言語変種 ★★

一言語は、その言語内にさまざまな多様性を持つ。言語変種とは、この一言語内の言語の多様性（バリエーション）のことをいう。この多様性は大きく2つの観点から整理される。1つは、地域差による多様性であり、もう1つは社会的な属性による多様性である。つまり、1つの言語は、その言語社会に属する人全員が全く同じ言語を使っているのではなく、地域の違いによる言語体系である**地域方言**※1と、男女差・年齢差・階層差・職業差・教育差などの社会的な属性に対応した部分的に異なる言語体系である**社会方言**と呼ばれる言語変種が存在し、全体として1つの言語を形成していると考えられる。この社会方言は、伝統的な国語学では**位相語**(いそうご)※2と呼ばれ、特に江戸時代の身分・社会階層に応じた武士言葉、廓(くるわ)言葉などの研究が有名である。

※1
関西弁、東北弁などのいわゆる「方言」。

※2
同じ内容を指していても、話す人が所属する社会集団、発話される場面、地域などの違いによって、違う語を使ったり、違う言い方をしたりすることがある。これを**位相**といい、ある特別な集団によって使われる語を**位相語**という。

1.1 社会方言

● ジェンダー

言語には、生物的な側面ではなく、歴史的・社会的・文化的側面による性の差異（男女の差）が認められる。この社会方言の中の性差（男女の差）は**ジェンダー差**といわれる。例えば、男性に特徴的な言語表現には、「めし」、「腹」、「食う」などの固有の語彙があるが、女性に固有の語彙は少なく、主にイントネーションなどのパラ言語的な要素によって'女性らしさ'を表現すると言われている。また、女性に特徴的な言語表現としては、「～わ」「～ね」などの終助詞・間投助詞[※3]の使用が多いとされるが、現代社会では言葉づかいの性差は少なくなっている。

※3
文節末尾について、語調を整えたり、感動などの意味を添えたりする助詞。「ね」「よ」など。

男女雇用機会均等法の施行（1986年）以降、それまで使われていた職業の呼称が変わったものがある。例えば、2002年からは男女共に「看護師」と呼ばれているが、それまでは看護婦（女性）／看護士（男性）と呼称が異なっていた。他にも、保育士（以前は保母または保父）などもそうである。

若者ことば

若者が使用することばは、**若者ことば（若者語）**と呼ばれる。10代から20代前半の若者が日常的に用いる俗語・スラングなどのことで、それ以外の世代ではあまり用いない。ある特定の仲間内で使用し、そこに所属する者の仲間意識を高める働きを持つ**集団語**である。

例えば、了解を意味する「り」、タピオカドリンクを飲む「タピる」などのような**略語**を用いるのが特徴の１つである。マスメディアなどで広がり**流行語**となったものも多く、空気が読めないことを「KY（ケイワイ）」、誇張した表現として「超～」を多用するなどが挙げられる。また、「むかつく」や「めっちゃ」などのように、もともと近畿地方で用いられていた方言が全国一般の若者ことばとなった例もある。さらに、若者ことばは流行語として一時的に使われて廃れていくものと、広く一般化して定着していくものがある。土壇場でキャンセルする「ドタキャン」やカーナビゲーションの略語である「ナビ」、「食べれない」のような**ら抜き言葉**などは、世代を超えて定着している。

幼児語

幼児期に特有の語彙や不完全な話し方のことを**幼児語**という。１つの単語で話す（一語文）、不完全な発音で話す、もしくは、発音しやすい音で話すなどの特徴がある。

（例）・「わたし」と発音できず「あたち」になる。
・犬を「わんわん」、自動車を「ブーブー」のように、擬声語や擬音語を使って表現する。

・ごはんのことを「まんま」のように、乳幼児が発音しやすいマ行やバ行の音を使う。
・片付けることを「ないない」のように反復して言う。

○ 役割語

役割語は「ある言葉遣いから特定の人物を想起させる特徴的な話し方」のことである。文学作品、ドラマやアニメ、漫画などの登場人物の印象を特徴付けるために使われている。例えば、「そうじゃよ、わしが博士じゃよ」という表現からどんな人物を想像するだろうか。日本で育った日本語話者であれば、この表現から想起する人物像（高齢・男性・白衣・ひげやメガネ）はある程度共通しているだろう。役割語は**言語上のステレオタイプ**ともいえる。

日本語の一人称は「私、僕、俺、わし、うち、おいら」など複数ある[※4]。どの一人称を使用するかによって話し手の属性を特徴付けるため、これも役割語だといえる。日本語は役割語が特に発達している言語であり、他言語への翻訳が難しい。海外のスポーツ選手などのインタビューなどではどの一人称を選択して日本語に訳されているか注目して見てほしい。

※4
例えば英語は人称代名詞が少ないため、文字情報から話者の人物像を想起する手がかりは少ない。

- 言語変種（地域方言・社会方言）：言葉の多様性には、年齢差や男女差などの社会的要因による社会方言と地域差による地域方言がある。
- ジェンダー：社会的な言葉の男女差で、歴史的、社会的、文化的側面の力によって継承されている。
- 若者ことば：若者が日常的に使う俗語・スラングのこと。略語などが特徴として挙げられる。流行語として全国的な広がりを見せるものや、ら抜き言葉のように世代を超えて定着していくものもある。
- 役割語：ある言葉遣いから特定の人物を想起させる特徴的な話し方のこと。言語上のステレオタイプ。

1.2 地域方言

◎ 各地域方言の特徴

地域方言の研究は、方言学や言語地理学においてなされる。**柳田国男**（やなぎだくにお）の**『蝸牛考』**（かぎゅうこう）の中で示された方言分布のパターン（**方言周圏論**）は特に有名である。蝸牛は今でいうカタツムリのことであるが、柳田はその方言が、当時の文化的中心地だった京都から、デデムシ<マイマイ<カタツムリ<ツブリ<ナメクジのように、同じ方言が同心円状に分布していることを発見し、同心円の中心地（京都）から周辺に向かって方言が伝播していったと考えた。

方言分布のパターンは他にも、**東西分布型**（打ち消しの「ない」と「ぬ」、「しょっぱい」と「からい」などが東西に分かれて分布）、**複雑分布型**（「メダカ」「おたまじゃくし」などは複雑に全国に分布）などが代表的な研究として知られている。

方言の地域区分を方言区画という。以下に、方言区画に沿った地域方言の特徴を資料として挙げる※5。

北海道方言※6	「はりきる」を「はっちゃきこく」、「とても」を「たいした」、別れ際の挨拶で「したっけ」などの表現を用いる。
東北方言	音韻面で、イとエの区別がなく中間的な音で発音されること、ス／シ、チ／ツ、ジ／ズの区別がなく、ともに中舌音で発音されることなどの特徴がある。文法の面では、「東京さ行く」のような方向・場所・目的を表す助詞「さ」を用いること、また、在宅かどうかを尋ねる場合、「～さん、いたか」のような現在の事象でも確認の意味などで「た」を用いることなどの特徴が見られる。
関東方言	音韻面で、母音の無声化が目立つこと、「布団をヒく（しく）」のように、ヒ／シの混同が見られること、「うるセー（うるさい）」「おメー（おまえ）」などのように、[ai]や[ae]が[e:]になることなどの特徴がある。
東海東山方言	文法面で、「そうズラ（そうだろう）」、「きツラ（来ただろう）」、「いかーズ（行こう）」のような推量・意志などの助動詞的な言語形式に特徴が見られる。
八丈島方言	「アカケ花（赤い花）」、「カナシケこと（悲しいこと）」のように形容詞の連体形が「ケ」になるなど、古い時代の東国方言の名残と考えられる形式がいくつか見られる。
北陸方言	音声面で、うねり音調（ゆすり音調）といわれる卓立下降型の文節末イントネーションが分布している。

※5
参考：真田信治（1996）

※6
北海道方言については、東北方言に準じるという見方もある（国立国語研究所『方言と日本語教育～日本語教育指導参考書20』）。

近畿方言	音韻面で、母音の無声化がほとんど見られないこと、「メー（目）」や「テー（手）」などのように1拍の語が長めに発音されることなどの特徴が見られる。文法面では、尊敬の助動詞として「食べハル」のように「ハル・ヤハル」を用いるのも特徴的である。
中国方言	音韻面で、[ai] や [ae] が [a:] などに、[io] や [eo] が [ju:] や [jyo:] などに変化することが特徴的である。
四国方言	音韻面で、過去の中央語にあった四つ仮名（ジ・ヂ・ズ・ヅ）の区別が残っている。文法面で一部に係り結びが残っている。
豊日（ほうにち）方言※7	文法面で、「オクル（起きる）」、「アクル（開ける）」などの動詞の2段活用形式が残っている。
肥筑（ひちく）方言※8	文法面で、「本バ読む」「赤カ花ノ咲いた」「良カバッテン」「明日雨バイ」「今日晴れタイ」などの助詞・助動詞の言語形式に特徴がある。
薩隅（さつぐう）方言※9	音韻面で、「口」「首」「来る」がいずれもクッのような音で発音されるように、語末に現れる狭母音（[i] [u]）が脱落することが特徴的である。文法面では、丁寧表現として、「ゴワス・モス・ゴザンモス」などを用いる。
奄美方言	音韻面で、共通語のような5母音ではなく、7母音の体系を持つ。文法面では、動詞の終止形が、例えば、「書く」では「カキュン／カリュリ」などの形をとり、形容詞の終止形が、例えば、「赤い」では「アカサリ・アカサン」のような形をとることが特徴的である。
沖縄方言	音韻面で、「アミ（雨）」、「ウトゥ（音）」のように、共通語（主に東京を中心とする関東方言）の [e] が [i] に、[o] が [u] に対応して現れる。
先島（さきしま）方言※10	音韻面で、「花」「箱」が「パナ」「パコ」となるように、[h (a)] が [p (a)] で発音されるという古い時代の日本語に見られた発音の名残がある。

表4-2-1　各地域方言の特徴

※7
大分、宮崎の大部分、福岡の一部。

※8
福岡の大部分、長崎、佐賀、熊本。

※9
鹿児島、宮崎の一部分。

※10
沖縄県の先島諸島（宮古諸島・八重山諸島）。

○ 新方言

新方言は、共通語とは認められず、もともとその方言が使用されていた地域でも方言扱いされる語形のことを指す。**井上史雄**（ふみお）が提唱した。若い世代を中心に広がり、新たに方言が生まれる現象である。例えば、動詞や形容動詞を形容詞のように活用させた「ちがかった」や「〜みたく」などは、もともと地方で使われていた方言であった。これらの新方言は、現在は主に若い世代を中心に使われている。

◘ 地域方言と日本語教育

日本語教育で扱う教材は、文法や音声など共通語を基準に作成されているものが多い。教授者が用いる日本語も共通語であることが多く、「教室の中で学ぶ日本語と実際の日本語が違う」といった声を学習者から聞くことがある。特に地方在住の学習者の場合、教室から一歩外に出れば、方言があふれている。また、皆さんは地元で使っていた語彙が別の地域出身の人に通じず、その時に初めてその語彙が方言だと知った、という経験はないだろうか。その地域で暮らす話者は無意識に方言を使っている可能性も高く、辞書にも載っていない語彙や表現は学習者の混乱を招くこともある。

方言は音韻だけでなく、文法や語彙などの面でも共通語と異なる場合が多い。地域の住民として生活する上で、その地域で話されている方言を理解することは、日本語や地域への理解を深めることにもつながる。地域での日常的なコミュニケーションを生み出したり、仕事の場における客や社内外の人などとのやりとりでも重要な役割を果たしたりすることもあるだろう。地元の方を教室に招いたり、日本語学習者向けのウェブサイト[※11]や教材を活用したりしながら、教室にその地域の方言を知る機会を取り入れることも大切な視点である。

※11
日本語学習ポータルサイト「NIHONGO eな」(国際交流基金)の中にある「日本の方言が知りたい!」など。

2. 言語接触 ★★★

異なる言語を母語とする2つ以上の集団が社会的に接触する状況を**言語接触**という。この言語接触の場面では、どちらか一方の言語が影響を受ける場合が多いが、どちらにも属さない独特の状況が生まれることがある。その結果として、生じた状況や言語がピジンやクレオールである。

2.1 ピジンとクレオール

ピジンとは、お互いに異なる言語を持つ人たちが、通商などの目的で互いの言語の要素を取り入れて作った人工的な補助言語をいう[※12]。ピジンの特徴としては、①文法が単純である、②音韻や語彙の数が少ない、③書き言葉を持たない、などが挙げられる。ピジンは特定の目

※12
一説では、ピジン(pidgin)は、英語のbusinessの中国語なまりともいわれる。

的のため臨時に作られたものであり、これを母語とする人々はいない。

一方、**クレオール**とは、ピジンが後の世代に受け継がれることによって、その言語共同体の共通の言語となったもので、ピジンより文法体系が整っており、音韻や語彙の数も多い。ヨーロッパ諸国の植民地支配を受けたカリブ海地域、西アフリカ、南アフリカ、太平洋地域に見られる。ピジンの発生やクレオールの形成過程は、言語の本質に関わる問題であると同時に、異文化接触のあり方としても注目されている。

2.2 ダイグロシア

1つの社会で2つの言語変種が共存し、それぞれが異なった社会的機能を持っている状況を**ダイグロシア**（二重言語併用）[※13]という。異なった社会的機能とは、一般に、一方が政治・法律・教育・報道など公の場で用いられ、もう一方が日常会話や大衆芸能などで用いられるという場合が多い。前者は**高変種（H変種／High変種）**と呼ばれ、これは主に学校教育を通して学習されるものである。後者は**低変種（L変種／Low変種）**と呼ばれ、自然と身に付く（学校教育を必要としない）ものである。具体的には、スイスのドイツ語が有名で[※14]、高変種（H変種／High変種）の標準ドイツ語と低変種（L変種／Low変種）のスイス・ドイツ語の2つの言語変種が使用されている。

なお、3つ以上の場合は**ポリグロシア（多重言語併用）**という。

※13
ダイグロシアは、ファーガソンが唱えた。

※14
その他、アラビア語のフスハとアンミーヤ、ギリシャ語のカサレブサとディモティキなども知られている（いずれも前者がH変種、後者がL変種）。

- 東西分布型・周圏分布型・複雑分布型：地域方言の分布のパターン。
- ピジン：異なる言語を持つ人同士が、通商などの目的で互いの言語の要素を取り入れて作った人工的な補助言語。
- クレオール：ピジンが後の世代に受け継がれて、その言語共同体の共通の言語になったもの。

3. 言語の多様性 ★

言語は、その言語を母語とする人々の間でだけ使用されるわけではない。例えば、英語、スペイン語、フランス語などは、母語話者数よりもはるかに多くの人々によって公用語などとして用いられている。非母語話者同士によって、母語話者のものとは発音や文法の異なる多様な言語が使用されているのである。

では、日本語はどうであろうか。日本語は、母語話者以外の人々の間で公用語として用いられてはいない。しかし、強大な経済力や留学生の増加などにより、日本語においてもこのような状況、つまり、非母語話者が日本語を使用する機会は増えつつある。実際、日本語学習者は、日本国内の留学生だけでも31万人（2019年５月現在）に上っている。これに、留学生以外（定住者、帰国者、難民など）の日本国内の学習者や海外の学習者を合わせると、日本語を学習した（している）人の数は、相当なものであると思われる。

しかしながら、日本語母語話者は、そのような状況に慣れていない。母語話者として、とりわけ、日本語教師として、母語の多様性にどのような態度を持つべきなのか。この問題について、最も多様性に富む英語を例にとって考えてみたい[※15]。

※15
以下の英語についての記述は、太田智加子(2003)「グローバル化と言語の多様性」（山梨正明・有馬道子編著『現代言語学の潮流』勁草書房、pp.178-185）による。

3.1 共通言語としての英語とその多様性

現在、アジア地域では、「新英語（New Englishes）」と呼ばれる英語が発達している。この新英語とは、旧宗主国である英米の英語をそのまま受容するのではなく、それぞれの地域の歴史的、社会的、文化的現実を反映した独特な英語の種（変種）のことである。

英語は母語話者数よりも非母語話者数の方が圧倒的に多く、母語話者は３億人程度であるのに対し、公用語などとして用いている非母語話者は10億人以上といわれる。このことから容易に推測がつくように、英語は、母語話者の文化と結び付いた民族語というよりは、非母語話者同士の**共通言語**（**リンガ・フランカ**[※16]）として、よりその本領を発揮する。

※16
リンガ・フランカは、元は中世ヨーロッパで、地中海沿岸地域で用いられた混種言語を指していた。現在では広義の共通言語、共通語としての用いられ方をする。

3.2 危機言語と言語的人権

英語は、共通言語としての性質を強める一方で、次のような言語的人権の侵害と危機言語の問題も生まれている。それはつまり、ある有力言語の普及には、他者の言語的人権を脅かす側面がついてまわるということである。事実、英語が強力言語になってきた背景には、多くの小言語が消滅したり、その危機にさらされていたりする現実があることを知っておかなければならない。ネイティブアメリカン諸語やオーストラリアの先住民語などがその典型例である。特に、歴史的に母語が脅かされたことが少なくない。母語以外の自国内公用語の必要もなかったという場合、このような言語権の問題に鈍感になりがちである。

3.3 日本語の多様化

日本語が英語と同じような道を辿ることはまずない。しかし、これらの例から考えるべきことは多い。日本語は母語の地位を追われたり、脅かされたりしたことがなかった[※17]ため、言語的人権に鈍感であるというのは事実であろう。現に、「日本の国語＝日本語」という考えは、アイヌ語を話すアイヌ民族や琉球語を話す琉球民族を考慮していない。

※17
逆に韓国、中国などのアジア諸国の母語を脅かしたことはあった。

また、日本語の多様性に関しても考えておく必要がある。まず、注意しなければならないのは、全ての日本語学習者がいわゆる上級レベル[※18]に達しているわけではないということである。例えば、流暢（りゅうちょう）とは言えない学習者の日本語の発話に「日本語がお上手ですね」と返したり、「外国人なのに、日本語ができる」ということに驚いたり、喜んだりするという態度は、当然、改められるべきだ。その根底には、「日本語は日本人のもの」といった考えがあるからだ。

※18
目安として、600時間以上の学習、日本語能力試験N2、N1に合格しているレベル。

ある言語は母語話者だけのものではない。母語話者同士、母語話者と非母語話者、非母語話者同士などの間で、それぞれ異なった、多様な言語が用いられる。必要なことは、そのような言語の多様性を受け入れることである。

3.4 ティーチャートーク、フォリナートーク、ベビートーク

一方で、非母語話者とのコミュニケーションにおいて、教師が学習者に対して使用する言語変種である**ティーチャートーク**や、母語話者

が非母語話者に対して用いる言語変種である**フォリナートーク**を必要以上に多用しないという態度も必要であろう。相手に合わせて言語や態度を切り替えることを**コードスイッチング**といい、話し方を変えることを**スタイルシフト**という。教師とのコミュニケーションに慣れ過ぎてしまった学習者は、教室を離れて一般の人とコミュニケーションを取ることが難しくなる場合もあるので、注意が必要だ。

ましてや、学習者を子ども扱いするような**ベビートーク**[※19]は、その必要性を十分に考慮する必要がある。学習者と日本語でコミュニケーションが十分に取れないのは、単に日本語能力の問題であり、学習者の知的好奇心や日本語以外のさまざまな知識・能力をないがしろにするようなことは避けるべきである。

※19
ベビートークとは母親が幼児に用いる言語変種で、**マザートーク**ともいう。

繰り返しになるが、今後、日本語学習者（ないしは、日本語学習歴を持つ人々）の増加に伴い、日本語の非母語話者同士が日本語でコミュニケーションをする機会も増えるだろう。そこでは、いわゆる規範的な日本語とは異なる多様な日本語が用いられるということを認識しておく必要がある。

3.5 待遇表現

待遇表現とは、話し手の上下意識や親疎意識に基づく言語表現である。その代表格である敬語表現を例にとって、社会言語学的な観点について考えてみよう。

敬語（尊敬語・謙譲語・丁寧語）は、年齢や地位の上下といった“目上／目下”という**上下関係**によって使い分けられるが、これに加え、“親しい／親しくない”といった**親疎関係**も関わっている。これは、明らかに自分より年下の人に対しても、初対面であれば敬語を使うということからも分かるであろう。さらに、社内では上司に対して尊敬語を使う（例：山田部長はいらっしゃいません）が、社外の人に対しては同じ事柄を表すのに謙譲語を使う（例：山田はおりません）ことから、“身内／身内以外”といった**ウチとソト**の違いも敬語の使用に関わっている。

このような状況や場面に応じて使い分けられる敬語を**相対敬語**という。日本語は相対敬語である。一方、韓国語は状況や場面に関係なく、年齢を重視した上下関係が固定されており、これに応じて敬語が使い分けられている。このような敬語を**絶対敬語**という。

なお、待遇表現と混同されやすい用語に**ポライトネス**[※20]がある。ポ

※20
例えば、忙しくしている相手に対する「忙しいところ、ほんとに悪いんだけど、これ読んでおいてくれない？」という発話では、敬語使用はしていない。しかし、相手への配慮があり、ポライトネスを生かしたものとなっている。ポライトネスについては、「第1部 第5章 **4.**ポライトネス理論」を参照。

ライトネスとは、単なる“丁寧さ”や“敬意”ではなく、より広く、相手を心地よい気分にさせて円滑にコミュニケーションを行うために行う言語行動を指す。

- 共通言語（リンガ・フランカ）と言語的人権（言語権）：英語など一部の有力な言語がその力を増して共通言語化することに伴って、その他の少数言語を使う言語的人権が脅かされることも少なくない。
- コードスイッチング：相手に合わせて言語や態度を切り替えること。
- 待遇表現：話し手の上下意識や親疎意識に基づく言語表現。

4. やさしい日本語 ★★★

4.1　3つの壁

マイノリティである外国人が日本でぶつかる3つの壁を見ておきたい。

● 制度の壁

法律や条例、社会保障や生活支援に関する制度などの内容を正しく理解し、自分が必要な制度にアクセスするのは日本語母語話者にとっても簡単なことではない。外国人住民の中には、必要な手続きや申請ができずに困っている人や、利用できる制度の存在自体を知らなかったりする人もいる。本来受けられる支援が受けられなかったということが起きないように、情報の届け方を考える必要がある。

● ことばの壁

外国人住民の中には日本語能力が十分ではない人もいる。日本語は文字表記だけでも、ひらがな・カタカナ・漢字の3種類ある。日常会話はなんとかできても読み書きは難しいと感じる人もいれば、省略やあいまいな表現の多さから日本語によるコミュニケーションに難しさを感じる人もいる。必要な情報を正確に届けるためには、適切な情報を分かりやすく届けることが大事である。

◘ 心の壁

私たちに独自の文化や生活習慣があるのと同じように、外国人住民には彼らの文化や生活習慣がある。しかし、文化や生活習慣の違いへの不理解により、地域社会から差別を受けたり、偏見や誤解につながったりすることもある。外国人住民との関わりをなるべく持たないようにする空気が地域にできてしまうと、外国人住民からの歩み寄りも難しくなる。同じ地域社会の構成員として互いの理解・歩み寄りが必要である。

制度の壁、ことばの壁、心の壁は、１つ１つ独立したものではない。必要な情報を彼らにとって分かりやすい言葉で届ける行動が、お互いの歩み寄りにつながる。そしてそれが、地域社会を共につくっていくことにつながっていくだろう。

4.2 多文化共生社会における言語サービス

外国人住民への情報発信としてまず考えられるのは、彼らの母語または彼らが理解できる言語を用いて情報発信をすること、すなわち多言語での情報発信である。生活情報、公共の掲示、災害、医療など、さまざまな場面において多言語で対応する取り組みが進んでいる。近年では、**多言語での情報発信**と並び**やさしい日本語**での情報発信も重視されている。このような言語的なサービスのことを**言語サービス**という。移民を多く受け入れているアメリカでは、医療通訳や翻訳、行政文書など多方面で多言語および〈やさしい英語〉による言語サービスを実施している。

4.3 やさしい日本語

やさしい日本語とは、普通の日本語よりも簡単で、外国人も分かりやすい日本語のことである。「やさしい日本語」という概念が注目されるようになったきっかけは、1995年の阪神・淡路大震災だと言われている。当時、多くの外国人が震災時に必要な情報を受け取ることが出来なかった。このことがきっかけで、特に災害時などに、その情報を迅速に正確に伝える１つの手段として、やさしい日本語が生まれた。現在、やさしい日本語は災害時だけでなく、各自治体の生活情報、医療、観光などさまざまな場面での情報発信やコミュニケーション手段の1つとして活用されている[※21]。

例えば下記のようになる。

	普通の日本語	やさしい日本語
簡単な言葉を使う	服用	くすりを飲みます。
	無料	お金はかかりません。
	公共交通機関でお越しください。	電車やバスできてください。
	いつ日本にいらっしゃいましたか。	いつ日本にきましたか。
一文を短くする	この用紙に住所、氏名、生年月日をご記入の上、ご持参ください。	この紙に住んでいるところ、名前、誕生日を書いてください。○月○日に持ってきてください。
カタカナ語をあまり使わない	ウォーキングが日課です。	毎日歩きます/散歩します。
あいまいな表現を使わない	行けないこともない。	行くことができます。

表4-2-2　やさしい日本語の例

やさしい日本語は、難しい言葉を簡単な言葉に言い換えたり、一文を短くしたりするだけでなく、ゆっくり大きく話したり、漢字にはルビ（ふりがな）をつけたり、イラストや写真を用いて分かりやすくするなど、相手の立場に立つ「やさしさ＝優しさ」が根底にある。そのため、やさしい日本語は外国人のためだけでなく、子どもや高齢者など、多様な立場の人へも配慮したコミュニケーションツールだといえる。

※21
例えば、NHKが運営するウェブニュース（NHK NEWS WEB EASY）では、やさしい日本語でニュースが配信されている。

第Ⅰ章
異文化コミュニケーションと社会

1. 異文化コミュニケーションと社会

□□ ❶ c文化（スモールシー文化）とは何か。

□□ ❷ C文化（ラージシー文化）とは何か。

□□ ❸ カーターが提唱した文化についてのモデルは何か。

□□ ❹ 自文化適応（文化化、社会化）とは何か。

□□ ❺ シューマンが提唱した、学習者の目標言語集団に対する意識が言語習得に影響するという考えを何と呼ぶか。

□□ ❻ ジャイルズの、学習者の目標言語を使用する集団に対する帰属意識が強いほど言語習得が促進されるという考えを何と呼ぶか。

□□ ❼ リスガードは、異文化に適応するまでにどのような過程を経ると説明したか。

□□ ❽ 異文化の環境に入ったあとで自文化の中に戻ったときに感じる心理状態を何と呼ぶか。

□□ ❾ 異文化の中に入り、その文化に適応していく過程を示した曲線は何か。

□□ ❿ 上記❾の曲線に、自文化の中に戻ってから適応していくまでの過程を加えた曲線を何というか。

□□ ⓫ アドラーは、異文化に接して感じるショックをどのように考えたか。

□□ ⓬ アドラーは、異文化に入り、適応していく過程を5段階で捉えた。アドラーの５段階とは何か。

□□ ⓭ 異文化の価値基準を理解し、他人と感情を共有しようとすることを何というか。

□□ ⓮ 自分の考えだけではなく、異文化の中での相手の価値観も尊重するようなコミュニケーションは何と呼ばれるか。

□□ ⓯ 自分についての情報を相手に伝えることを何というか。

□□ ⓰ ジョハリの窓の４つの領域をどう呼ぶか。

□□ ⓱ エポケーとは何のことか。

□□ ⑱ 異文化に接し、それまでの価値観とは異なる状況になり混乱する状態を何というか。

□□ ⑲ 言葉よりも言外の意味を察して理解するようなコミュニケーションの取り方をする文化をどう呼ぶか。

□□ ⑳ 言葉が重要で、言葉にした内容のみが情報として伝わるようなコミュニケーションをとる文化をどう呼ぶか。

□□ ㉑ 文化には優劣はないとして、自分の文化も相手の文化も尊重しようとする考え方を何と呼ぶか。

□□ ㉒ 異文化に接触したとき、自分が持っていた文化的価値観に改めて気付くことがある。これを何というか。

□□ ㉓ ハイムズが提唱したコミュニケーション能力をカナルとスウェインが整理した。カナルが分けた４つの能力は何か。

□□ ㉔ 他文化に対して持っている固定観念を何と呼ぶか。

2. 言語/非言語コミュニケーション

□□ ❶ シャノン＆ウィーバーが提唱したメッセージの送り手から受け手への直線的なコミュニケーションモデルを何というか。

□□ ❷ ❶のモデルにおいて、情報の伝達を妨げるさまざまな要素を何というか。

□□ ❸ メッセージの送り手と受け手がお互いに交渉しあいながら意味を作り出していくコミュニケーションモデルを何というか。

□□ ❹ コミュニケーション能力という概念を提唱したアメリカの社会言語学者は誰か。

□□ ❺ 「キャッシュカード」が分からないため「銀行のカード」と言うようなコミュニケーション・ストラテジーを何というか。

□□ ❻ 首を縦に振ることで、「はい」や「賛成・同意」といった意味を表すような非言語行動を何というか。

□□ ❼ エドワード・ホールは、人と人との距離の取り方を何という分野で体系化したか。

□□ ❽ 声の大きさ、声の速さ、声質、イントネーション、ポーズ、といった言語の周辺的側面を何というか。

3. 言語と社会

□□ ❶ CEFRが採用している「その言語を使って実際に何がどのぐらいできるか」という考え方を何というか。

□□ ❷ CEFRのB1・B2レベルは、どんな言語使用者と表現されるか。

□□ ❸ 国際交流基金がCEFRに準じて作成した日本語教育のための枠組みを何というか。

□□ ❹ 他者との相互理解を図る場において、個人が持つ複数の言語能力を統合して用いるという考え方を何というか。

□□ ❺ 1996年にアメリカで出された言語教育の基準を何というか。

4. 各国の言語政策

□□ ❶ 複数の言語が使用されている社会における政府の言語計画で、文法書や辞書の作成、表記法を定めるといったことを行う段階を何というか。

□□ ❷ カナダの英語圏においてフランス語を母国語と同程度まで習得できることを目標に取り組んだプログラムを何と呼ぶか。

□□ ❸ 1987年にオーストラリアで実施された、英語以外の言語を積極的に学ぼうというプログラムは何か。

□□ ❹ シンガポールで話されている標準英語以外に各民族の言語が影響した英語を何と呼ぶか。

□□ ❺ 中国で使われている漢字の字画を簡略化した字体を何というか。

□□ ❻ 初めてアイヌを先住民族と明記し、アイヌ施策の推進を目的として2019年に成立した法律は何か。

第2章

社会言語学

1. 言語変種

□□ ❶ 社会的な属性による言語変種を何というか。

□□ ❷ 地域差による言語変種を何というか。

□□ ❸ 言語変種に見られる社会的な性差（男女差）を何というか。

□□ ❹ ある言葉遣いから特定の人物を想起させる特徴的な話し方を何というか。

□□ ❺ 方言周圏論が示された柳田国男の著書の名前は何か。

□□ ❻「ちがかった」や「〜みたく」のように、共通語とは認められず、もともとその方言が使用されていた地域でも方言扱いされる語形のことを何というか。

2. 言語接触

□□ ❶ 異なる言語を母語とする2つ以上の集団が社会的に接触する状況を何というか。

□□ ❷ お互いに異なる言語を持つ人たちが、通商などの目的で互いの言語の要素を取り入れて作った人工的な補助言語を何というか。

□□ ❸ 上記❷の特徴として、文法が単純であること、音韻や語彙の数が少ないことの他にどんなことが挙げられるか。

□□ ❹ 上記❷が世代間に受け継がれることによって語彙や文法に体系性が生まれ、その地域の共通言語として用いられるようになったものを何というか。

□□ ❺ 1つの社会に2つの言語変種が共存し、それぞれが異なった社会的機能を持っている状況を何というか。

□□ ❻ 上記❺で用いられる2つの言語変種のうち、政治、教育、報道など公の場で用いられるものを何というか。

□□ ❼ 上記❺で用いられる2つの言語変種のうち、日常会話や大衆芸能などで用いられ、学校教育で学習されるものではなく、自然に習得されるものを何というか。

3. 言語の多様性

□□ ❶ 話し手と聞き手の上下や親疎などの社会的、心理的な意識に基づく言語表現を何というか。

□□ ❷ 日本語の敬語（尊敬語・謙譲語・丁寧語）の使い分けに関わる重要な概念は、上下関係と親疎関係のほかに何があるか。

□□ ❸ 韓国語の敬語のように、状況や場面よりも、主に年齢や社会的な地位による上下関係を重視して使い分けられる敬語体系を何というか。

□□ ❹ 日本語の敬語のように、身内か身内以外かなどの状況や場面に応じて使い分けられる敬語体系を何というか。

4. やさしい日本語

□□ ❶ やさしい日本語に変換してみよう。

⑴ 利用

⑵ 雨天中止

⑶ こちらでの写真撮影はご遠慮ください。

⑷ 令和３年6月15日（火）　９：００～１８：００

確認問題 解答

第1章

異文化コミュニケーションと社会

1. 異文化コミュニケーションと社会

❶ 低文化、見えない文化のこと。立ち居振る舞い、時間感覚など。
❷ 高文化、見える文化のこと。文学、絵画、建築、衣服など。
❸ 文化の島
❹ ある社会の成員が当該社会の文化を身に付けていくこと。
❺ 文化変容モデル（アカルチュレーション・モデル）
❻ アコモデーション理論（適応理論）
❼ ハネムーン期、ショック期、回復期という過程を経て、安定期に至る。
❽ リエントリーショック（逆カルチャーショック）
❾ U字曲線（Uカーブ）
❿ W字曲線（Wカーブ）
⓫ 新たな自己を再発見し、異文化について学んでいく過程と考えた。
⓬ 異文化との接触（初期ショック）、自己崩壊（移行期ショック）、自己再統合、自律（安定期）、独立
⓭ 共感（エンパシー）
⓮ アサーティブ・コミュニケーション（相互尊重のコミュニケーション）
⓯ 自己開示
⓰ 開放の窓、隠蔽の窓、目隠しされた窓、未知の窓
⓱ 判断留保。異文化で出会ったことをその場で判断せずにいること。
⓲ アノミー
⓳ 高コンテクスト文化（高文脈文化）
⓴ 低コンテクスト文化（低文脈文化）
㉑ 文化相対主義（カルチュラル・レラティビズム）
㉒ カルチュラル・アウェアネス
㉓ 文法能力、社会言語学的能力、ストラテジー能力、談話能力
㉔ ステレオタイプ

2. 言語/非言語コミュニケーション

❶ 伝達型モデル　❷ ノイズ
❸ 構成主義（コンストラクティビズム）のモデル
❹ ハイムズ　❺ 言い換え（パラフレーズ）
❻ エンブレム　❼ 近接空間学（プロクセミクス）
❽ パラ言語（周辺言語）

3. 言語と社会

❶ 行動中心主義（行動中心アプローチ）
❷ 自立した言語使用者
❸ JFスタンダード
❹ 複言語主義
❺『21世紀の外国語学習スタンダーズ』

4. 各国の言語政策

❶ 実体計画
❷ イマージョン・プログラム
❸ LOTE
❹ シンガポール英語（シングリッシュ）
❺ 簡体字
❻ アイヌ施策推進法（アイヌの人々の誇りが尊重される社会を実現するための施策の推進に関する法律）

第2章

社会言語学

1. 言語変種

❶ 社会方言　❷ 地域方言
❸ ジェンダー差　❹ 役割語
❺『蝸牛考』　❻ 新方言

2. 言語接触

❶ 言語接触　❷ ピジン
❸ 書き言葉（文字）を持たないこと
❹ クレオール　❺ ダイグロシア
❻ 高変種（H変種/High変種）
❼ 低変種（L変種/Low変種）

3. 言語の多様性

❶ 待遇表現　❷ ウチとソトの関係
❸ 絶対敬語　❹ 相対敬語

4. やさしい日本語

❶ やさしい日本語には正解はないと言われている。相手に合わせたやさしさを考えてみよう。
(1) 使（つか）います
(2) 雨（あめ）が降（ふ）ったらしません
(3) ここで写真（しゃしん）をとらないでください。
(4) 2021年（ねん）6月（がつ）15日（にち）（火（か）よう日（び））
午前（ごぜん）9時（じ）から午後（ごご）6時（じ）まで

第5部

社会・文化・地域

日本語教育を行っている場面を思い浮かべてみてください。多くの読者は、日本語学校などで教科書を開いて学んでいる留学生の姿を思い浮かべるのではないでしょうか。しかし、日本国内の外国人登録者に占める留学生の割合は11～12%程度でしかありません。それ以外の全ての外国人が日本語教育を必要としているわけではありませんが、日本語教育を必要としている外国人は少なくとも留学生の何倍にもなるのは確かです。具体的には、近年増加している日系ブラジル人・ペルー人などの定住者や、フィリピンや中国出身の日本人の配偶者およびその子どもたち、そして、中国やインドネシアやタイからの研修生、さらにフィリピンやインドネシア、ベトナムからの看護師や介護福祉士など、多くの外国人が日本語教育の場には存在します。

「日本語教育能力検定試験」の【社会・文化・地域】分野では、以下のような視点・知識と能力が求められています。

> 日本や日本の地域社会が関係する国際社会の実情や、国際化に対する日本の国や地方自治体の政策、地域社会の人々の意識等を考えるために、次のような視点と基礎的な知識を有し、それらと日本語教育の実践とを関連づける能力を有していること。
>
> ・国際関係論・文化論・比較文化論的な視点とそれらに関する基礎的知識
> ・政治的・経済的・社会的・地政学的な視点とそれらに関する基礎的知識
> ・宗教的・民族的・歴史的な視点とそれらに関する基礎的知識

そして、具体的な出題範囲では、以下のような基礎項目が優先的に出題されます。

> 【社会・文化・地域】の出題範囲で優先的に出題される基礎項目
>
> ・「世界と日本」における「日本の社会と文化」
> ・「異文化接触」における「異文化適応・調整」
> ・「日本語教育の歴史と現状」における「日本語教育史」、「言語政策」、「日本語及び日本語教育に関する試験」

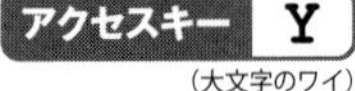

(大文字のワイ)

第Ⅰ章　日本語教育事情

第5部　社会・文化・地域

本章では国内外の日本語教育の現状をさまざまな観点から取り上げる。「今日の日本語教育の概況」は各種統計を基に解説しているが、細かな数値にこだわらず、おおよその傾向をつかんでおいてほしい。

本章で取り上げた日本語教育の現状やその背景、問題点については、教師として押さえておかなくてはならない知識である。キーワードに注目しながら、「何が」「なぜ問題なのか」をしっかり押さえていくことが肝要である。

1. 国内の日本語教育事情　★★★

1.1　今日の日本語教育の概況[※1]　重要

日本に在留する外国人の数は、2019年末には約293万人となっている。2019年４月には「出入国管理及び難民認定法及び法務省設置法の一部を改正する法律」の施行により、在留資格「特定技能」が新たに創設された。同年６月には「**日本語教育の推進に関する法律（日本語教育推進法）**」が公布・施行された。本法律の基本理念として、外国人児童生徒や留学生、就労者に対して、日本語教育を受ける機会を最大限確保することを掲げている。また、その責務を国や自治体、外国人を雇用する企業に対して規定した。国内における日本語教育環境の整備への期待とともに、日本語教育の役割の拡大も予想される。

● 学習者数[※2]

国内における日本語学習者数が急増したのは、1980年代後半で、これは日本のバブル期に符合する。

その後も、基本的には**増加傾向**だが[※3]、上海事件[※4]がきっかけで入国管理局（入管）審査が厳しくなったのを反映した1990年、前年に阪神・淡路大震災と地下鉄サリン事件があった1996年、東日本大震災と福島第一原発事故があった2011年などには学習者が落ち込むという現象が見られる。2020年は新型コロナウイルスの感染拡大の影響による

※1
統計資料等は、本書の特設サイト（p.21参照）などを利用し、常に最新の情報を見ておくこと。

※2 

文化庁「日本語教育実態調査等」

※3
国内の日本語学習者数（概数）

1986年	3.5万人
1989年	7.2万人
1990年	6万人
2000年	9.5万人
2005年	13.6万人
2010年	16.8万人
2011年	12.8万人
2015年	19.1万人
2019年	27.8万人

※4
日本の日本語学校にお金を払い込んだのにビザが発給されなかったことに抗議し、就学希望者が大挙して日本総領事館に押しかけて騒ぎになった事件。

外国人の入国規制が続き、日本語教育業界に深刻な打撃を与えている。このように日本語の学習者数は世の中の動きを敏感に反映している。

国内の日本語学習者数を出身国別に見てみると、2019年は、中国、ベトナム、ネパール、韓国、フィリピンの順となっている。特に近年は、**ベトナム**の学習者が増加傾向にある。

地域別では、**アジア地域**の占める割合が圧倒的に高く、近年は全体の８割ほどを占めている。

○ 教師数・教育機関数[※5]

日本語教師数や**日本語教育機関・施設等数**も、過去20年余、おおむね**増加の傾向**を示している[※6]。

日本語教師数は、増減を繰り返しながらも全体として増加してきている。勤務形態の内訳別に見ると、2019年においては、常勤（14％）、非常勤（32％）、ボランティア（53％）となっており、日本国内の日本語教育の担い手の大部分を**非常勤とボランティア**が占めていることが分かる。日本語教師等の数を年代別に見ると、60代が全体の22％、50代が17％を占めている。

学習者数を学習機関別に見てみると、法務省告示機関（40％）、大学等機関（23％）、国際交流協会（12％）、任意団体（7％）、地方公共団体（6％）、教育委員会（4％）の順となっている。

○ 留学生

第二次世界大戦後、政府は主として海外からの国費留学生や政府派遣の留学生を受け入れたが、その数は先進諸国の中で際立って少なかった。そこで、1983年に留学生政策として、**留学生受入れ10万人計画**が提示された[※7]。翌年（1984年）には実行のための長期的指針が取りまとめられ、各大学の留学生の受入れが加速された。同時に日本語教員養成のための学科や課程（主専攻・副専攻）の設置も進んだ。こうした結果、2003年に留学生は10万人に届き、目標は達成された。

文部科学省は2008年、**留学生30万人計画**の骨子を策定した[※8]。これは、日本を世界により開かれた国とし、アジア、世界との間のヒト・モノ・カネ・情報の流れを拡大する「グローバル戦略」展開の一環であり[※9]、2020年を目途に留学生の受入れ30万人を目指すものであった。大学などの教育研究の国際競争力を高め、優れた留学生を戦略的に獲得するために関係省庁（外務省、法務省、厚生労働省、経済産業省、

※5 Web
文化庁「日本語教育実態調査等」

※6
国内における日本語教師数（概数）

1995年	1.6万人
2005年	2.9万人
2015年	3.6万人
2019年	4.6万人

国内における学習機関・施設等の数（概数）

1995年	1500機関
2005年	1700機関
2015年	2000機関
2019年	2500機関

※7
当時のフランス並みの10万人の留学生を2000年までに日本に受け入れ、諸外国との相互理解や交流ならびに開発途上国の人材育成を図ろうという計画。その中で、国費留学生と私費留学生の割合は１：９程度とされた。

※8 Web
「『留学生30万人計画』の骨子」平成20年7月29日

※9
文部科学省では、同時に日本人の海外への留学生数を2010年の6万人から2020年までに12万人に倍増するという目標も掲げた。

国土交通省）と連携をしながら、施策の具体化を目指した。

また、従来、勉学を目的に来日する場合の在留資格は、大学生を主な対象とした「**留学**」と、日本語学校生を対象とした「**就学**」に分けて扱われていたが、2010年に改正された入管法によって、新たな在留資格制度が導入され、両者は**「留学」に一本化**された[※10]。

2019年５月１日現在の留学生数は31万2,214人で過去最高を記録し、留学生30万人計画は達成された[※11]。留学生の出身国・地域の上位５か国は、中国（12万4,436人）、ベトナム（7万3,389人）、ネパール（2万6,308人）、韓国（1万8,338人）、台湾（9,584人）となっている。

一方で、厚生労働省の2019年「外国人雇用状況」によると、日本で働く外国人労働者約165万人のうち留学生が22.5％に上っている。コンビニや飲食店などで働く留学生を目にする機会も多いが、留学生に認められている労働時間（週28時間）を超えて働くケースも少なくない。

※10
2015年より、学校教育の場における国際交流促進のため、小中学生の留学生にも在留資格「留学」が付与されるようになった。

※11 Web
独立行政法人日本学生支援機構（JASSO）「外国人留学生在籍状況調査」

技能実習生

開発途上国の人材育成と技能移転を目的に1990年に**外国人研修制度**が発足し、中小企業へ研修の受入れが可能となった。1993年には、研修後、技能検定に合格すると、その後は受入れ企業と雇用契約を結び、最長２年間**技能実習生**として実地訓練が受けられる**技能実習制度**が発足した。

技能実習制度は、日本で開発され培われた技能・技術・知識を開発途上国等へ移転することで国家発展に協力することを目的としている。公益財団法人国際人材協力機構（JITCO（ジツコ））[※12]の監督下に置かれた民間企業・団体などで訓練を受ける、いわゆるOJT（On the Job Training）によって技能実習生が学んだことを、帰国後に活かして活躍する「人づくり」の国際貢献の制度である。しかし、技能移転は形骸化して、実質的には合法的に単純労働を供給するという側面があることは否めず、賃金の未払いや長時間労働などさまざまなトラブルが発生し、社会問題となった。

2008年３月に閣議決定された入管法改正案を受け、在留資格**「技能実習」**[※13]が新設された。この制度改正により、来日２か月目から**労働基準法**や**最低賃金法**などの関係法令の適用を受けながら、雇用契約に基づく技能等習得活動をほぼ３年間行える仕組みが整った。また、東京オリンピックの建設特需に対応すべく、2014年から、建設分野の技

※12 Web
公益財団法人国際人材協力機構（JITCO）

※13 Web
法務省「技能実習法による新しい技能実習制度について」（技能実習法：平成29年11月施行）

能実習生は3年間の技能実習終了後、**「特定活動」**の在留資格でさらに2年間の雇用契約を結べることとなった。2016年11月には入管法改正案が可決され、技能実習に**「介護」**が新設された。

2017年に、外国人の技能実習の適正な実施及び技能実習生の保護に関する法律（**技能実習法**）が施行され、外国人技能実習機構[※14]が設立された。技能実習法では、基本理念として「技能実習は、技能等の適正な修得、習熟又は熟達のために整備され、かつ、技能実習生が技能実習に専念できるようにその保護を図る体制が確立された環境で行われなければならない。」（法第3条第1項）と明記されている。技能実習法の施行により、技能実習生の適正な実習の実施体制が一層強化されることとなった。また、一部の職種を除いて、条件をクリアすれば最大で5年間の技能等習得活動が行えるようになった。

※14 Web
外国人技能実習機構

2019年末現在、技能実習生は約41万人在留しており、出身国別ではベトナム（53.2％）、中国（20.0％）、フィリピン（8.7％）、の順となっている。一方で、2019年に厚生労働省が行った調査[※15]では、調査対象の全国約7,300の事業場のうち70%以上で労働基準関係法令違反があったことが報告された。違反の内容として多い順に、労働時間（23.3％）、使用する機械に対して講ずべき措置などの安全基準（22.8％）、割増賃金の支払（14.8％）となっている。

※15 Web
法務省「外国人技能実習生の実習実施者に対する平成30年の監督指導、送検等の状況」

- 国内の日本語学習者数は東日本大震災などで一時減少したが、その後は増え続けている。
- 近年ではベトナムからの留学生の増加が著しい。
- 留学生30万人計画：2008年に策定された、2020年までに留学生の数を30万人にしようという計画。2019年に達成された。
- 技能実習制度：2008年の入管法改正により、日本で技能実習を行う者に対し、労働基準法などが適用されるようになった。

1.2 外国人児童生徒の教育問題

重要

1980年代以降、中国帰国者や日系人などニューカマーの子どもたちが公教育の場に急増したことが学校教育上、大きな問題となるにつれて、国や地方自治体も教育現場も外国人児童生徒の支援対策に正面から取り組まざるを得ない状況になってきた※16。こうした文化間を**「移動する子どもたち」**、すなわち自分の意志ではなく親の都合で国境を越えてきた子どもたちを、**学習権**の保障の観点から積極的に受け入れ、就学の機会を保障すべきだと考えられるようになってきた。その法的根拠となっているのは、1979年に批准された国際人権規約および、1994年に批准された**児童の権利に関する条約**(**子どもの権利条約**ともいわれる)である。この条約では、人種や言語、社会的出自その他を理由にした差別を禁止し、あらゆる権利が全ての子どもに保障されることを規定している。

そうした動きを踏まえ、文部科学省では種々の施策を展開している。まず、外国人児童生徒の実態把握のため、1991年から**日本語指導が必要な外国人児童生徒の受入れ状況等に関する調査**を実施しており、2005年には各国語版の**就学ガイドブック**の作成を行っている。また外国人児童生徒の教育の指針として、日本語学習と教科学習の統合を目指す**JSLカリキュラム**※17**(小学校編/中学校編)**の作成およびその実践支援活動、担当教員の指導力向上のための研修の実施のほか、**『にほんごをまなぼう』**などの教材や、1995年には外国人児童生徒の受入れ時の留意事項をまとめた教員用の手引書『ようこそ日本の学校へ』を、また、その後の状況に対応すべく2011年には**『外国人児童生徒受入れの手引き』**を発行した。また、オンライン情報提供サービスとして、海外子女教育、帰国・外国人児童生徒教育等に関するホームページ**CLARINET(クラリネット)**※18および外国につながりのある児童・生徒の学習を支援する情報検索サイト**かすたねっと(CASTA-NET)**※19を運営している。

◘ 日本語指導の必要な児童生徒

文部科学省では2014年4月から「日本語の能力に応じた特別の指導」を行う場合に「**特別の教育課程**※20」を編成・実施することができるようにした。これは、学校教育の一制度として、公立の小・中学校が日本語指導の必要な児童生徒に対して学校の授業として日本語学習

※16
オールドカマーの子どもたちは、インターナショナル・スクール(多様な国籍・民族の子弟対象)や外国人学校(特定の国籍・民族の子弟対象で民族学校ともいわれる)で学ぶケースが多かった。これらの学校の大部分は各種学校の扱いであるため、学習指導要領などの縛りから自由な反面、大学入学資格や教育助成金の面で不利な立場に置かれている。

※17
JSLカリキュラムについては、「第3部 第2章 3.4 日本語指導が必要な児童生徒」参照。

※18 Web
「外国人児童生徒のためのJSL対話型アセスメントDLA」や「外国人児童生徒教育研修マニュアル」などが公開されている。
文部科学省
「CLARINETへようこそ」

※19 Web
外国人児童生徒教育のための他国語版教材などがある。
文部科学省
「かすたねっと」

※20
「特別の教育課程」は2008年に定められた制度で、各学校で不登校の児童生徒や特別支援学級などの実情に合わせた授業の編成ができるよう、小・中学校の学習指導要領によらずカリキュラムを作成することが認められている。

の機会を提供するものである。さらに、文部科学省では2014年度に学校で学ぶ児童生徒の日本語力を把握し、指導方針を検討するため「**外国人児童生徒のためのJSL対話型アセスメントDLA**」[※21]を作成した。

※21 Web
文部科学省「外国人児童生徒のためのJSL対話型アセスメントDLA」

JSLの子どもたちの中には、母語、日本語のどちらの言語、文化も十分に習得できていないことから、日本人に交じって学業を進めていけない、日本の学校文化になじめない、親が子どもの教育に消極的など、さまざまな理由で不登校または不就学となる子どもの数も少なくない。その結果、勉学、進学、就職でのつまずき、アイデンティティの混乱、家族とのコミュニケーションの不具合など、多くの深刻な問題を引き起こしており、そうした事態の早期解決の必要性が叫ばれている。

文部科学省が2018年度に実施した「日本語指導が必要な児童生徒の受入状況等に関する調査」[※22]では、日本語指導が必要な児童生徒（外国籍・日本国籍含む）は５万人を超えている。また、文部科学省が2019年度に初めて実施した「外国人の子供の就学状況等調査」では、約２万人の外国人の子どもたちが就学していない可能性がある、または就学状況が確認できていない状況にあるという結果が示された。

※22 Web
文部科学省「日本語指導が必要な児童生徒の受入状況等に関する調査」

自治体別の外国人児童生徒数は、**愛知県**が突出している。２位以下は年度によって順位に違いはあるが、神奈川、静岡、東京、大阪が多い。地域としては東海地方（愛知、静岡、三重、岐阜）と、関東・首都圏（神奈川、東京、埼玉、千葉、群馬、茨城、栃木）が多くなっている。これら地域に児童生徒が多いのは、そこに彼らの親の職場（主として工場）が多いことも要因の１つとして考えられる。

日本語指導が必要な外国籍の児童生徒を母語別にみると、**ポルトガル語**を母語とする者の割合が全体の約４分の１を占め、最も多い。次いで、中国語、フィリピノ語、スペイン語と続く。これら４つの言語で全体の８割程度を占める。一方で、「その他」の言語を母語とする児童生徒も増加しており、多様化が進んでいる。

◎ 外国人児童生徒の教育の充実に向けて

このような近年の状況を踏まえ、文部科学省では「**外国人児童生徒等の教育の充実に関する有識者会議**」（2019年5月設置）[※23]において、さらなる充実の方向性を検討した。基本的な考え方を以下に示す。

※23 Web
文部科学省「外国人児童生徒等の教育の充実に関する有識者会議」

- 外国人の子供たちが将来にわたって我が国に居住し、共生社会の一員として今後の日本を形成する存在であることを前提に制度設計を行うことが必要。「誰一人取り残さない」という発想に立ち、社会全体としてその環境を提供できるようにする。
- 就学前段階や高等学校段階、学校卒業後も見据えた体系的な指導・支援、また、日本語教育のみならず、キャリア教育や相談支援などを包括的に提供する必要。
- 学齢期から様々なルーツを有する子供達がともに学習することで、国際的な視点を持って社会で活躍する人材となり得ることを重視し、指導に取り組む。

これらの基本的な考え方にもとづき、①指導体制の確保・充実、②日本語指導担当教師等の指導力の向上、支援環境の改善、③就学状況の把握、就学の促進、④中学生・高校生の進学・キャリア支援の充実、⑤異文化理解、母語・母文化支援、幼児に対する支援、以上の各分野において具体的な施策が検討されている。

- 日本語指導が必要な外国人児童生徒の増加：1994年に児童の権利に関する条約が批准され、日本語の指導が必要な児童生徒が公立学校に入学するようになった。
- JSLカリキュラムは、日本語と教科学習の統合を目指すカリキュラム。
- 特別の教育課程：公立学校で日本語能力に応じて日本語学習の機会を提供するもの。
- 日本語指導を必要とする外国籍の児童生徒も多く、母語別ではポルトガル語、中国語、フィリピノ語、スペイン語の順である。

2. 外国人の受入れ ★★★

2.1 出入国管理

在留資格

日本における在留外国人の数は、1970年代は80万人前後で落ち着いていたが、80年代に入ると次第に上昇し、1990年には100万人を突破し、2005年には200万人の大台に乗った。2019年には293万人を超え、過去最多となっている。これは日本の総人口の２％強に相当するもので、日本において外国人の存在はすでに大きな存在となっている[※24]。

在留資格は大きく２つに分けて見ることができる。日本で行うことができる活動によって与えられるもの（**活動資格**）と、日本における身分または地位によって与えられるもの（**居住資格**）である。後者は**永住者、日本人の配偶者等、永住者の配偶者等、定住者**の４つの区分があり、歴史的経緯を踏まえ、オールドカマーとその子孫にはこの４つとは別に**特別永住者**の在留資格が与えられている。

なお、法的な在留資格としての定住者の規定とは別に、一般に**定住外国人**ないし**外国人定住者**といった場合、帰化者や永住者ではなく、日本国籍も永住権も取得していないことが多く、長期にわたり日本に住んで日本社会に生活基盤を築いている**生活者としての外国人**[※25]と捉えられている。

2009年にはこれまで入国は国、外国人登録証は地方自治体と、別々に管轄されていた外国人情報を一元管理することを目指した入管法改正案が可決された。これにより、2012年７月に外国人登録制度が廃止され[※26]、新しい在留管理制度がスタートし、３か月を超えて滞在する外国人には**在留カード**[※27]が発行されることになった。在留カードをチェックすることで、不法滞在者の取り締まりの強化に有効とされる。また、外国人の在留期間が従来の３年から５年に延長され、子弟の就学問題や健康保険などの対応がしやすくなった。

外国人労働者の受入れ

1990年に改正施行された入管法では、外国人労働者は**専門的・技術的労働者**と**単純労働者**[※28]に分けて捉えられていた。

※24 Web
法務省「昨今の外国人入国・在留の状況と出入国管理政策について」

※25
この中で、移動先社会に文化的には同化しないで帰国の意思を持っているものの具体的な帰国計画が立っていない者を特に区別して**ソジョナー**と呼ぶ場合がある。

※26
以前は、日本に一定以上滞在する16歳以上の外国人は、外国人登録法の規定により、外国人登録をすることが義務付けられていた。当初、外国人登録では、新規登録時や再交付時に指紋押捺が義務付けられていたが、1980年代に入り指紋押捺制度の当否が裁判で争われた結果、経過措置を経て、1999年に全廃された。

※27
特別永住者は別扱いで、「**特別永住者証明書**」が発行される。

※28
単純労働者には、合法的労働者である日系人、技能実習生、アルバイトをする留学生などのほかに、非正規滞在の労働者が含まれる。

しかし近年、国際的に労働力移動が活発化していること、国内で少子高齢化が進行していることなどから、労働市場が大きく変化し、外国人労働者の捉え直しが迫られる状況となった。外国人の受入れがクローズアップされてきたことを受け、専門的・技術的労働者は**高度人材**と読み換えられ、単純労働者の領域には**特定技能労働者**が認められるようになってきている。**高度人材**、すなわち高い付加価値を生み出し国際競争力を強化できるような高度な資質・能力を有すると認められる外国人の受入れを重視し、2012年5月から**高度人材ポイント制**※29が導入された。これは高度人材と認められた外国人に対して出入国管理上の優遇措置を講ずることにより、その受入れを促進しようとするものである※30。また、2015年4月から在留資格に「**高度専門職**」が新設された。

こうした流れの中で、政府も高度人材の予備軍となる優秀な留学生の受入れに積極的に取り組む姿勢を見せていて、経済産業省と文部科学省の共催による**アジア人財資金構想**が2007年～2012年まで実施された。これは産業界と大学が手を結び、アジアから優秀な留学生を受け入れ、専門教育・日本語教育から就職までを支援するという**留学生支援事業**、言い換えれば**人材育成プログラム**である。このプログラムはその後、**留学生就職支援ネットワーク**に引き継がれ、大学公認の外国人留学生の日本での就職の支援システムが構築されている※31。

2017年1月に法務省は一定の要件を満たした高度な能力を持つ人材に限り、永住許可申請に必要な在留期間を今までの5年から1年に短縮することを発表した。今後は高度人材の受入れが積極的に行われていくであろう。

一方、政府は**看護師**や**介護福祉士**など、一定の技能などの評価が可能な職種の労働者を積極的に受け入れる方針を打ち出し、日本とフィリピン、インドネシア、ベトナムとの間では二国間の**経済連携協定(EPA)**※32によって、2008年にその受け入れがスタートした。母国で資格や実務経験を持つなど一定の条件をクリアした外国人候補者が日本で一定の研修期間（看護師は3年、介護福祉士は4年）の後、**国家試験**に合格すれば正規の就労を認めるものである。日本側の受入れ窓口は公益社団法人**国際厚生事業団**（JICWELS）※33が行い、日本語力育成や日本社会理解のため、一般財団法人**海外産業人材育成協会**（AOTS）および独立行政法人**国際交流基金**などが、半年間の研修を行っている。

なお、外国人候補者と受入れ機関との契約は雇用契約であり、日本

※29
学歴、年齢、職務経歴などに応じてポイントが与えられ、ポイントが70点以上で高度人材とされるもの。

※30 Web
法務省入国管理局「高度人材ポイント制による出入国管理上の優遇制度」

※31 Web
一般社団法人留学生支援ネットワーク「留学生就職支援ネットワーク」

※32
EPA=Economic Partnership Agreement
インドネシアは2008年度から、フィリピンは2009年度から、ベトナムは2014年度から受入れがスタートしている。

※33
JICWELS
=Japan International Corporation of Welfare Services

人が従事する場合に受ける報酬と同等以上の報酬を支払う必要があるほか、日本の労働関係法令や社会・労働保険が適用される。

2019年４月施行の改正入管法により在留資格「**特定技能**」が創設され、人手不足が深刻な14の産業分野[※34]において外国人材の受入れが可能となった。この制度は、深刻化する人手不足に対応するため、一定の専門性・技能を有し即戦力となる外国人を受け入れていくものである。在留資格「特定技能」は「**特定技能１号**」と「**特定技能２号**」の２種類あり、受入れの産業分野や滞在期間などの条件が異なる。「特定技能１号」は、14分野で受入れが可能で、相当程度の知識または経験を必要とする技能を要する業務に従事する。更新すれば最長５年の滞在期間となる。家族の帯同は基本的に認められていない。「特定技能２号」は、２分野（建設、造船・舶用工業）で受入れが可能で、更新すれば期間に制限なく日本に滞在できる。家族の帯同も要件を満たせば可能となっている。

※34
以下の14分野である。①介護　②ビルクリーニング　③素形材産業　④産業機械製造業　⑤電気・電子情報関連産業　⑥建設　⑦造船・舶用工業　⑧自動車整備　⑨航空　⑩宿泊　⑪農業　⑫漁業　⑬飲食料品製造業　⑭外食業。特定技能1号は14分野で受入れ可。２分野（建設、造船・舶用工業）のみ特定技能2号の受入れ可。

Web
法務省「新たな外国人材の受入れ及び共生社会実現に向けた取組（在留資格「特定技能」の創設等）」

- 2009年入管法改正（2012年施行）により、それまでの外国人登録法が廃止され、在留カードが発行された。2019年施行の入管法改正により在留資格「特定技能」が創設された。
- 高度人材ポイント制：外国人の能力をポイント制で評価し、高度人材と認められた者は出入国管理上の優遇措置を得られるようにしたもの。
- EPA（二国間経済連携協定）により、看護師、介護福祉士候補者が来日できるようになった。受入れ窓口は国際厚生事業団（JICWELS）。

外国人住民の権利

外国人住民の増加につれて、エンパワメント、すなわち社会面、文化面、あるいは教育面などで自己決定する力の獲得への要求が高まってきている。それを実現していく上でネックとなっていた**国籍条項**[※35]は、日本が1979年に**国際人権規約**（社会権規約ならびに自由権規約）を批准したことで、順次廃止の方向へ動き、1996年には自治省（現総務省）が条件付き廃止を認めた。

2001年に南米日系人が集住する13の自治体[※36]が浜松市に集まって**外国人集住都市会議**を設立し、第１回会議を浜松市で開催した。そこでは**地域共生社会**の形成を宣言するとともに、共通する課題のうち、教

※35
1953年に提示された内閣法制局の見解（「当然の法理」と称される）を受け、国家公務員、地方公務員は共に日本国籍を要件とするとした規定。

※36
加盟自治体はピーク時は29だったが、2020年４月現在13になっている。

育、社会保障、外国人登録等諸手続の３点に関し、国・県・関係機関に対して提言を行った[※37]。

近年は外国人住民が望むことが、行政にも一般にもかなり意識されるようになってきている。例えば、阪神・淡路大震災や中越地震時に外国人を情報から取り残される**情報弱者**にしてしまったことを教訓に、外国人向け防災マニュアルや行政文書での**「やさしい日本語」**[※38]の使用や、行政あるいは生活の情報が多言語で提供されるようになり、その動きは東日本大震災以降、加速している。やさしい日本語をめぐっては、その重要性への指摘とともに、変換するための方法やツールの開発が進み、運用面での整備が進められている。2020年7月に閣議決定した「**外国人材の受入れ・共生のための総合的対応策**」(令和2年度改訂)[※39]においても、「3 生活者としての外国人に対する支援」の項目に〈行政情報・生活情報の多言語・やさしい日本語化による情報提供・発信の推進〉が盛り込まれている。また、出入国在留管理庁と文化庁が**『在留支援のためのやさしい日本語ガイドライン』**(2020年8月)[※40]を公表するなど、在留外国人への情報発信の手段としてやさしい日本語が活用されている。

※37 Web
外国人集住都市会議

※38
普通の日本語よりも簡単で分かりやすい日本語。「第４部 第２章 **4.** やさしい日本語」参照。

※39 Web
法務省「外国人材の受入れ・共生のための総合的対応策」

※40 Web
法務省「在留支援のためのやさしい日本語ガイドライン」

◎ 外国人住民の支援

21世紀に入り、国内外の情勢の変化により、日本語教育の役割は「**教育する**」から「**支援する**」へ、そして今日では「**共生する**」へとパラダイムシフトしてきているといわれる。

2006年に総務省が発表した**多文化共生の推進に関する研究会報告書**では「国籍や民族などの異なる人々が、互いの文化的違いを認め合い、対等な関係を築こうとしながら、地域社会の構成員として共に生きていくこと」を**多文化共生**と定義している。総務省は2016年に**「多文化共生事例集作成ワーキンググループ」**[※41]を設置し、多文化共生事例集を作成した。事例集では「やさしい日本語」による情報提供、三者通話による119番通報の多言語対応、外国籍親子の放課後の居場所づくり、外国にルーツを持つ若者への支援事業、外国人高齢者支援など、様々な取り組みの事例が掲載されている。さらに、外国人住民の増加・多国籍化、在留資格「特定技能」の創設、多様性・包摂性のある社会実現の動き、デジタル化の進展、気象災害の激甚化といった社会経済情勢の変化を踏まえ、**「地域における多文化共生推進プラン」**(2006年策定)が2020年9月に改訂された[※42]。今後、外国人住民の社会参画を

※41 Web
総務省「多文化共生事例集作成ワーキンググループ」

※42 Web
総務省「『地域における多文化共生推進プラン』の改訂」

促す仕組みをつくり、多様性を地域社会の未来に活かす動きが活発化するだろう。

外国人住民と日本人が直に触れ合う場である地域の日本語教室に関わる場合、この多文化共生の意識が求められる。同時に、地域の多様な団体や機関とのネットワークを構築し、連携・協働を図る人材の育成も進める必要がある。文化庁では地域における日本語教室などの日本語教育プログラムの編成・実施、実施に必要な地域の関係機関との連携・調整に携わっている者を対象に**地域日本語教育コーディネーター**として必要な資質・能力について理解を深め、その向上を図ることを目的とした研修を開催している[※43]。

※43 Web
文化庁「地域日本語教育コーディネーター研修」

グローバルコミュニケーション計画

総務省は、世界の「言葉の壁」の解消を目的として、2014年に**「グローバルコミュニケーション計画」**[※44]を策定した。2020年に向けて国立研究開発法人情報通信研究機構（NICT）の多言語翻訳技術の研究開発と社会実装に取り組み、行政手続・医療・交通・観光等の様々な分野で活用しようとするものであった。

※44 Web
総務省「グローバルコミュニケーション計画」

今後2025年に向けて、AIによる「同時通訳」の実現とその社会実装を目指す**「グローバルコミュニケーション計画2025」**（2020年3月）[※45]を策定した。ビジネス・国際会議等での議論の場面も含め、文脈（会話・文章の流れ）、話者の意図、周囲の状況、文化的背景等を補いながら翻訳するレベルの実現を目指し、多言語翻訳技術のさらなる高度化に向けた研究開発等を推進する。対応言語としては「外国人材の受入れ・共生のための総合的対応策」（2018年）に位置づけられた言語もすべてカバーした15言語[※46]の達成を目指している。

※45 Web
総務省「グローバルコミュニケーション計画2025」

※46
１５言語とは、日本語、英語、中国語、韓国語、タイ語、インドネシア語、ベトナム語、ミャンマー語、フランス語、スペイン語、ブラジルポルトガル語、フィリピノ語、ネパール語、クメール語、モンゴル語である。

- やさしい日本語：阪神・淡路大震災を受け、日本語能力レベルが低くても必要な情報が得られるように通常の日本語を分かりやすくしたもの。外国人向け防災マニュアルなどで活用されている。
- 地域日本語教育コーディネーター：地域において日本語教育を推進していく立場を担っている人材のこと。
- グローバルコミュニケーション計画2025：2025年に向けて、AIによる「同時通訳」の実現とその社会実装を目指す。

多文化共生

在留外国人数の増加に伴い、**「多文化共生」**という言葉が国や自治体でもよく使われるようになった。地方自治体の中には、多文化共生の指針等を策定しているところも多い。

2006年に総務省が発表した多文化共生の推進に関する研究会では、地域社会における「多文化共生」を次のように定義している。

「国籍や民族などの異なる人々が、互いの文化的違いを認め合い、対等な関係を築こうとしながら、地域社会の構成員として共に生きていくこと」

ここで注目したいのは**「地域社会の構成員」**という言葉である。外国人と共に地域社会を作っていく視点を持つと同時に、彼らが地域社会に参画できる仕組みの構築が求められている。

総務省は昨今の社会経済情勢の変化を踏まえ、「地域における多文化共生推進プラン」(2006年) を2020年9月に改訂した。

改訂のポイントは次の４点となっている。

① 多様性と包摂性のある社会の実現による「新たな日常」の構築
② 外国人住民による地域の活性化やグローバル化への貢献
③ 地域社会への外国人住民の積極的な参画と多様な担い手の確保
④ 受入れ環境の整備による都市部に集中しないかたちでの外国人材受入れの実現

①では、外国人住民を地域社会の一員として受け入れ、人の交流やつながり、助け合いを充実するための環境を整備する。ICTを活用した情報提供や地域の状況に応じた日本語教育の推進など、様々な面で環境や体制の整備を行う。

②では、外国人住民と連携・協働し、外国人としての視点や多様性を活かす取組や、留学生が地域で就職することを促進する。

③では、外国人住民の自治会活動、防災活動、他の外国人支援等の担い手となる取組を促進し、外国人住民が主体的に地域社会に参画することで地域社会の多様な担い手の確保を目指す。

④では、外国人住民に対する行政サービス提供体制の整備、国や企業と連携した労働環境の確保を推進し、都市部に集中しないかたちでの外国人材の受入れ環境を整備する。

改訂のポイントにもあるように、今後日本は外国人と共に社会を作っていく時代になる。日本語教育に携わる人の役割は日本語を教えるだけでなく、外国人と地域社会を結んだり、外国人の社会参画を促したりするなど様々な側面への関わり方がある。日本語教育の多様な役割に携わる人材の活躍が期待される。

3. 海外の日本語教育事情 ★

3.1 学習者・機関・教師の概況

海外で日本語を学ぶ人の数は、1990年代前半に100万人を超え、90年代後半には200万人を突破、さらに2000年代後半には300万人を上回り、今なお増加傾向が続いている※47。

※47 Web
世界の日本語教育の現状を把握するために、独立行政法人国際交流基金が数年おきに「海外日本語教育機関調査」を実施し、調査の結果をまとめた報告書を一般に公開している。
国際交流基金「海外日本語教育機関調査」

2018年度の調査では、海外の日本語学習者は385万人に達した。日本語教育機関は約18,600機関、教師は約77,000人で、いずれも過去最多を更新している。

地域別では、機関数、教師数、学習者数ともに東アジアが最も多く、機関数の34.7％、教師数の52.6％、学習者数の45.3％を占める。東アジアに次いで東南アジアが多く、この２地域が全世界に占める割合は機関数63.6％、教師数77.0％、学習者数76.8%となっている。いずれの項目も、前回の2015年度調査に比べて東南アジアの占める割合が大きくなっていることが特徴的である。2015年度の調査と比較して学習者の減少幅が大きかったのは、台湾、インドネシア、韓国である。一方、学習者数の増加幅が大きかったのはベトナム、中国、オーストラリア、ミャンマー、インドとなっている。

3.2 国別状況

2018年度の調査で学習者数を国別で見ると、１位が中国、２位インドネシア、３位韓国、４位オーストラリアで2015年度と比べて変化はない。５位タイ、６位ベトナムであり、特にベトナムは前回調査から11万人の大幅増となっている。学習者が２割以上減少した台湾が７位、わずかながら減少したアメリカが８位となっている。国や地域の情勢によって日本語教育の状況は変化するため、最新の情報に接するよう意識しておきたい。ここでは、学習者数ランキング上位で学習者数が10万人を超える国や地域の状況を概観する。

○ 中国

1972年の日中国交正常化により第一次日本語ブームが訪れ、多くの大学で日本語教育が開始された。1970年代には大学での日本語の教科書や辞書の編纂(さん)、ラジオ日本語講座、現在の東北師範大学で日本留学生（学部）のための予備教育などが開始された。

1980年になると、大学日本語教師の再教育を行う在中国日本語研修センター（通称大平(おおひら)学校※48）が設立され、1985年には同センターが発展的に解消する形で**北京日本学研究センター**が発足した。また、1980年代には中等教育、高等教育での日本語教育シラバス整備、テレビ日本語講座の放送も始まり、80年代半ばには第二次日本語ブームとなった。

1990年代には、日本語は、英語に次ぐ第二の外国語の地位を確立した。

2000年代に入り初等・中等教育機関で学習者数が減少したものの、高等教育機関や学校教育以外の機関では学習者数が大幅に伸びた。特に高等教育機関では職業大学（短期大学）の日本語学部が増加し、また、第二外国語として日本語を履修する学生も増えた。

中国では高等教育段階が、機関数、教師数、学習者数とも最も多い。また、中・上級レベルに達する学生が多いという点も特徴的である※49。学生は全体に研究志向よりも**実利志向（ビジネス、観光など）**が高く、日系企業に就職する者が多い。しかし、近年は日本語力だけでは就職が難しいためコンピュータ運用能力などを併せて２つの学位を取得できる**ダブルメジャー制**導入の動きもある。また、社会全体の高学歴志向により、大学院進学希望者が急増しているため**大学院の設置**が相次ぎ、日本語・日本文学研究科だけでなく、外国語・外国文学研究科で日本語関連の研究をすることができる機関も増加している。一方で、近年は英語科目重視の影響で、大学入試を日本語で受験した学生が入学後に学習を継続しないケースも増えている。

2018年度の調査では学習者数は100万人を超え、2015年度に比べて機関数、教師数および学習者数の全てが増加している。教育段階別では、初等教育および中等教育における増加率が高くなっているのが特徴的である。これは、初等教育における日本語クラスの設置事例や、大学入学試験の外国語科目として日本語を選択する学生が増加したことなどによる。特に南方地域（広東省、貴州省、江蘇省、浙江省等）においてこうした傾向が見られる。

※48
1979年当時の大平正芳首相と華国鋒主席の合意に基づき1980年に設立された機関であるため、こう呼ばれる。

※49
大学入学時に日本語をゼロから始めて、３年次に日本語能力試験N1レベルに達する機関が多い。

○ インドネシア

1960年代には、高等教育機関を中心に日本語教育が展開されたが、1980年代以降、後期中等教育段階（高校）での外国語教育指導要領の改訂に伴い、日本語教育が選択必修科目となったことを受け、学習者が急増した。インドネシアの日本語学習者の90％以上は高校生が占めている。日本語には**正規の教科書がある**[※50]ため選択科目に日本語を採用する学校が多い。また、高等教育段階においても、近年、全国的に日本語の専攻課程を開設する大学が増えている。

インドネシアは日本と経済面での結び付きが強いため、従来から実利的な目的で日本語を学習する者が多いが[※51]、最近は日本の**アニメ・マンガ・J-POP**を契機として日本語を学習する若者も多い。

2018年度の調査では、学習者数は約70万人で2015年度に比べ、4.8％減少している。これは、2013年の教育課程改訂によって、それまで中等教育機関で必修であった第二外国語が選択科目になったことなどが影響している。学校教育以外のカテゴリ（民間の日本語学校や研修機関などを含む）の学習者数は、2015年度に比べて３倍近くになっていることが大きな特徴として挙げられる。高校卒業程度のインドネシア人が日本語を学習し、技能実習制度などを利用して渡日するケースが目立つ。就労を目的として訪日する人の増加に伴い、日本語学習者数の増加が見込まれる。

※50
国際交流基金とインドネシア教育省が共同で製作したものに『にほんご』『さくら』『インドネシアへようこそ』がある。2017年にはインドネシア国家カリキュラム準拠高校教科書『にほんご☆キラキラ』も刊行された。

※51
例えば、2010年よりEPA（経済連携協定）に基づいてインドネシア人看護師・介護福祉士候補者に対する日本語教育が開始されている。

◯ 韓国

現代の韓国における日本語教育は、1965年の日韓国交正常化を契機とするというのが一般的な見方である。

1973年に高等学校の教育課程（日本の「学習指導要領」に相当）が部分改訂され、日本語が第二外国語科目の１つとして導入された。以来、高等学校では第二外国語として日本語が教えられており、中学校においても2001年に第二外国語の１つとして日本語教育が始まった。

「2009年改訂教育課程」が2011年より施行され、高校で必修科目とされていた第二外国語が、「生活・教養」科目の１つに編入されて自由選択科目となり、他の外国語とともに日本語を選択する者が減少した。さらに、2016年には高等教育政策「Prime事業（人文・芸術・体育学科の人数を削減する代わりに理工系の定員を増やす政策）」により、人文学系の学部の統廃合が加速した。日本学科などが他学科と統合された結果、定員縮小で日本語学習者の数も減少している。こうしたことから2015年度の調査では日本語学習者数は、55.6万人で前回調査（2012年度）から33.8％減となっていたが、2018年度は、それよりもさらに減少し、約53万人となっている。

現在、韓国では機関数、教師数、学習者数とも**中等教育段階**が最も多い[※52]。

※52
韓国の日本語学習者の８割は中等教育において行われている。

○ オーストラリア

オーストラリアでは1970年代に白豪主義を放棄し、以後、**多文化主義、アジア重視の外交**へと方針転換した。こうした政府の方針に基づく外国語教育政策が日本語教育の状況に影響を与えている。

歴史的には、高等教育、中等教育段階での日本語教育が先行しているが、オーストラリアでは、**初等教育段階の比率が高い**ことが特徴的である。

1970年代に多くの高等教育機関と中等教育機関で日本語教育が開始され、多くの州において日本語が高校修了試験の科目として認定されるようになり、1980年代から1990年代にかけては主に中等教育段階で急速に学習者数を伸ばした。1987年に英語教育と英語以外の言語（**LOTE**（ローテ）[※53]）教育に関する政策が承認された。外交上あるいは経済上の実際的な利益の追求を目的の１つとしてLOTE教育が推進され、日本語を含む９言語が指定された。

小学校での日本語教育は1990年代前半から増加しているが、これには1994年に導入された「オーストラリアの学校におけるアジア語・アジア学習推進計画」（**NALSAS**（ナルサス）[※54]）の影響が考えられる。その後、2009年から「学校におけるアジア語・アジア学習推進計画」（NALSSP（ナルサップ）[※55]）が実施された。

2011年には全豪統一のカリキュラム「Australia Curriculum (2011)」において外国語の必修化に向けた方針が打ち出され、いくつかの州では日本語を含めた外国語教育を受ける児童・生徒数が大幅に増加した。NALSSP終了後の2012年10月には白書『アジアの世紀における豪州』(Australia in the Asian Century) が発表され、日本語は学校教育段階で学ぶべき４言語（後に韓国語が加えられ５言語）に位置付けられた。このようにオーストラリアでは、日本語学習者の９割が初等・中等教育段階のため、政府の方針に基づく外国語教育政策や政治状況の影響を受けやすい。

2018年度の調査では、学習者数は2015年度から約13％増加して、40万人を超えている。特に高等教育の学習者数はほぼ全ての州で大幅に増加している。若い世代の日本語学習への関心が高いことに加え、理系の学生にも外国語科目の履修を推奨する方針が継続していることによる。

また、2013年9月に発足した自由党政権は「新コロンボプラン」(The New Colombo Plan) を打ち出した。オーストラリアの若者をアジア

※53
LOTE=Language Other Than English

※54
NALSAS=National Asian Languages and Studies in Australian Schools
この計画は、学習優先度の高いアジア語として、中国語・日本語・インドネシア語・韓国語の４言語を指定し、この４言語の教育を1996年から全国の小学校教育に導入することを目標とした。

※55
NALSSP=National Asian Languages and Studies in Schools Program
このプログラムでもNALSASと同じく日本語を含む４言語が重点言語とされた。NALSSPは計画どおり2011年度末をもって終了した。

太平洋地域に留学させ、同地域に関心を抱かせることを目指すものである。開始当初から日本は対象国に含まれており、今後の若い世代同士の交流が期待される。

⭘ 台湾

1972年の日中国交回復に伴う台湾との国交断絶後も日台間の経済的・文化的交流は拡大が続き日本語教育の需要は大きかったが、国立大学での日本語科の新設は一切認められなかった。1988年に李登輝が総統に就任後、政治状況が一変すると、1990年代には台湾各地で日本語学科を設置する総合大学や単科大学が相次いだ。

1996年からは、普通高校での第二外国語教育が試験的に実施され始めた。第一期となる「推動高級中学第二外語教育五年計画（1999年）」の施行から、第二期（2005年）、第三期（2010年）、第四期（2015年）が立て続けに施行され、日本語教育を実施する高校および学習者数は増え続けた。当初は日本語、フランス語、ドイツ語、スペイン語の4言語からの選択だったが、徐々に選択肢が増え、現在は15言語にまで多様化している[※56]。

2018年度調査では、学習者数は約17万人で2015年度より22.7%減少している。特に中等教育および高等教育の学習者数は30%弱の減少となっている。急速に進行している少子化に加えて、英語をはじめとする他の外国語を選択する学生が増えていること、大学が語学等の教養科目より実利的な科目を重視していることなどが理由として考えられる。一方で、観光やワーキングホリデーなどで日本へ訪れる人の増加に伴い、学校教育以外のカテゴリでは機関数、教師数、学習者数とも2015年度より若干増加傾向にある[※57]。

※56
2010年には移民の増加を踏まえ、ベトナム語とインドネシア語が新たに第二外国語として加わったことにも注目したい。2000年代以降は、小学校や中学校でも日本語を正規科目としてカリキュラムに導入、または課外活動として日本語教育を導入している機関が少しずつ出てきている。

※57
日本台湾交流協会の世論調査（2019年）では、「最も好きな国は日本」という回答が59%で首位となっている。2018年の台湾からの訪日者数（476万人）、日台双方の往来者数（673万人）は、いずれも過去最高を更新している。

⭘ アメリカ合衆国

アメリカの日本語教育を支えているのは小学校から大学までの学校機関である。1970年代頃までは、日本研究のための日本語教育が主であったが、1980年代以降の日本語ブームで、日本語学習を通してビジネスや雇用機会の拡大を狙う学習者が増加した。日本のバブル崩壊以降は日本語熱も冷めた感があるが、アニメやゲームなどを通じて日本の**サブカルチャー**が若年層に普及してきており、年少者層で再び日本語学習に興味を持つ学習者が増加傾向にある。

学校教育においては、2002年に、学習者が一定の基準を上回る習熟度を達成できるような教育現場を目指す"No Child Left Behind"（以下、**NCLB**）法案が採択された。NCLBにおいて、外国語は必須科目の1つとされている。また2006年にはAdvanced Placement Program『AP Japanese Language and Culture』（**AP日本語**[※58]）が開始された。

2010年からは初中等学習者向けの日本語テストNational Japanese Examination（**NJE**）が始まり、アメリカの学校教育の進度に即して学習レベルが確認できる試験として活用されている。主催の全米日本語教育学会（AATJ）は2013年にNJEの改訂を行い、現在は大学生も受験できるようになっている。一方、2012年度に連邦政府による初中等教育の外国語教育に対する助成プログラムForeign Language Assistance Program（FLAP）が廃止されるなど、外国語教育全般に対する公的支援の縮小が進んでいる。

近年の教育予算削減のあおりを受け、特に2010年度以降、日本語教育も含めて選択科目が一般的に削減される傾向にある。2018年度調査では、学習者数は約16.6万人で2015年度より2.4%減少している[※59]。

※58
AP日本語コースは、高校で大学レベルの日本語コースの履修を可能にし、中等日本語教育の向上および中等教育から高等教育への**アーティキュレーション**（articulation、教育現場の接続関係）の改善、中等レベルの学習者やその保護者への日本語の大きなアピールとなることが期待されている。

※59
義務教育課程であるK-12レベルにおいて州単位での外国語教育予算の削減傾向が続き、各地で日本語プログラムの閉鎖や縮小の動きがみられたことが微減につながったと考えられる。

○ ベトナム

ベトナム政府が日本語教育の拡大に積極的であることなどにより、近年、学習者数が大幅に増加している。初等教育ではベトナム政府が実施している「国家外国語プロジェクト」に基づき、2016年からハノイ市とホーチミン市の小学校計5校で日本語が第一外国語として試行導入されている。中等教育を管轄する各地の教育訓練局も日本語教育に積極的であり、地域的な拡がりに加えて日本語を導入する学校が大幅に増加している。高等教育においても、外国語系の大学だけでなく、介護・看護や理工系、観光系で日本語教育を導入する学部・学科や短期大学も増えている。日本での就労やベトナム国内の日系企業への就業を念頭に置いているとみられる。

国全体の学習者数の約3分の2を占めているのは、**学校教育以外のカテゴリ**で学ぶ人たちである。ハノイ市やホーチミン市をはじめ地方部でも技能実習・研修候補者向けの予備教育を行う機関の設立が相次いでいる。技能実習生以外でも日本での就労機会や現地の日系企業への就職機会が急増していることから、民間の語学センターなどで日本語を学習する人も増加している。

2018年度調査では、約17.5万人で2015年度の調査時（約6.5万人）と比べて169.1%増となっている。日本語学習熱の高まりが顕著である。

● 海外の日本語学習者数：東アジア、東南アジアにおける日本語学習者数は全体の約８割を占めている。

4. 日本語教育関連事業 ★★

4.1　日本語教育関連機関

● 文化庁

日本の教育行政の主管である文部科学省には日本語教育を専門に扱う部局はないが、関係機関の文化庁では、2007年に文化審議会国語分科会の下に日本語教育小委員会を設置し、現在の日本語教育をめぐる諸課題について検討している。また、事業としては難民[※60]・中国帰国者、地域への日本語教育活動の推進・支援事業、中国帰国者のための日本語教材の作成、日本語教育関連のシンポジウムや研究協議会の開催などを実施している。国内の外国人等に対する日本語教育の現状を把握するための「日本語教育実態調査」を1967年以来毎年継続して実施している。

※60
インドシナ難民支援の終了後も難民の受入れと支援は、（公財）アジア福祉教育財団が継続しており、2003年度以降「条約難民」に対して、インドシナ難民同様の支援を継続実施、2010年度から「第三国定住難民」の受入れを実施している。文化庁はこれら難民に対して、日本語教育の面で支援を行っている。

● 国立国語研究所（国語研）　大学共同利用機関法人　人間文化研究機構

1948年、「国語及び国民の言語生活の科学的調査を行う」などの目的で創設された。日本語及び日本語教育に関する調査研究のほか、資料収集、研修事業を行っている。その研究内容は、専門家向け、一般向け、生徒・児童向けに、様々な形で発信・公開をしている。近年は、日本語教育関連の大規模試験開発に向けた基礎資料の収集や大規模コーパスの開発、地域の日本語教育関係者のネットワークづくり、多文化共生社会における日本語教育研究、コミュニケーションのための言語と教育の研究などを進めている。

● 日本語教育学会 公益社団法人

1977年に設立された日本語教師や日本語研究者の団体で、同種の団体の中では国内最大の規模を誇る。学会の「事業の３本柱」として、日本語教育の学術研究・教育実践・情報交流の促進という目標を掲げ、さまざまな事業を推進している。研究・研鑽の場として年２回の大会をはじめ、各地で**研究集会**や**研修会**を行うほか、学会誌**『日本語教育』**を年３回発行している。

● 国際交流基金（JF）※61 独立行政法人

日本に対する国際理解の増進を目的に、1972年に設立された機関である。日本語事業グループには日本語教育支援部、日本語事業運営部があり、日本語国際センター（埼玉）、関西国際センター（大阪）といった附属機関がある。海外の日本語教育支援事業として、**日本語専門家の海外派遣**、海外の日本語教師のブラッシュアップのための**訪日研修**や研究者の**専門日本語研修**、海外の教育機関への助成事業などを行っている。また、2010年、CEFR（外国語の学習、教授、評価のためのヨーロッパ共通参照枠）を参考に、日本語コースデザインの支援ツールとして「**JF日本語教育スタンダード**」※62を公表した。JF日本語教育スタンダードでは、言語コミュニケーションをコミュニケーション言語能力とコミュニケーション言語活動の２つで捉えている。さらに前者を言語構造的能力（文法・語彙・音声などの能力）、社会言語能力（相手との関係や場面に応じて適切に言語を使用する能力）、語用能力（言葉を組み立てたり、役割や目的を理解する能力）の３つに分け、後者を受容、産出、やりとりの３つに分類している。その上で、学習者のレベルを基礎段階の言語使用者、自立した言語使用者、熟達した言語使用者の３段階に分け、各レベルを２段階、つまりA1からC2までの６つのレベルに分類し、各レベルを**Can-do**「～ができる」という形で詳述している。2013年9月からは、このJF日本語教育スタンダードに基づいたコースブック**『まるごと』**※63も発売された。

これらのレベルを詳述したものは、国際交流基金の「**みんなのCan-doサイト**」※64で公表されている。

さらに2019年には、日本語を母語としない外国人が、日本での生活場面で求められる基礎的な日本語コミュニケーション力をCan-doで記述した**「JF生活日本語Can-do」**※65を発表した。この「JF生活日本語

※61
JF＝The Japan Foundation

※62 Web
日本国内を含む世界各地における日本語教育機関で日本語の特性を考慮しつつCEFRに準ずる標準的なコースデザインを考えやすくするため、国際交流基金が開発した。
「JF日本語教育スタンダード」

※63 Web
国際交流基金「まるごと」

※64 Web
国際交流基金「みんなのCan-doサイト」

※65 Web
国際交流基金「JF生活日本語Can-do」

Can-do」にもとづいた教材**『いろどり』**(2020年) は、国際交流基金のウェブサイトから自由にダウンロードできるようになっている[※66]。『いろどり』は、就労のために来日する外国人が遭遇する生活場面でのコミュニケーションに必要な日本語能力を測定する**国際交流基金日本語基礎テスト** (Japan Foundation Test for Basic Japanese、略称：JFT-Basic)[※67]のための準備としても使えるようになっている。

※66 Web 国際交流基金「いろどり　生活の日本語」

※67 Web 国際交流基金「国際交流基金日本語基礎テスト」

毎年、海外における日本語能力試験の実施をしているのも国際交流基金である。『日本語教授法シリーズ』の刊行、若者向けの映像教材『エリンが挑戦！ にほんごできます。』の制作、日本語教師支援のためのWebサイト「みんなの教材サイト」や日本語学習用サイト「アニメ・マンガの日本語」「NIHONGO e な」「日本語でケアナビ」などの運営も行っている。

○ 日本学生支援機構 (JASSO)[※68]　独立行政法人

※68 JASSO＝Japan Student Services Organization

日本人学生と外国人留学生のための教育・交流事業の機関であった日本育英会、国際学友会、関西国際学友会、日本国際教育協会、その他の事業が整理統合されて、2004年に誕生した。日本語教育関連事業としては、**日本留学試験**を実施している。多言語にも対応している日本留学ガイドブック“Student Guide to Japan”[※69]の公開、「日本留学情報サイト」の運営[※70]、日本留学を目指す人や現在留学中の学生などを対象にしたメールマガジン“Japan Alumni eNews”を配信している。

※69 Web 日本学生支援機構「日本留学ガイドブック "Student Guide to Japan"」

※70 Web 日本学生支援機構「日本留学情報サイト」

○ 日本国際教育支援協会 (JEES)[※71]　公益財団法人

※71 JEES＝Japan Educational Exchanges and Services

2004年に財団法人日本国際教育協会が改組されて誕生した。日本語学習者のための**日本語能力試験** (国内)、日本語教師志望者および現役日本語教師を対象とした**日本語教育能力検定試験**を実施している。また、留学生の日本文化理解促進等のための援助・交流事業を実施しており、指定する大学等が実施するスタディ・ツアーなどの文化理解促進プログラムの助成を行っている。

日本語教師海外派遣プログラム

海外の日本語教育の現場へ公的に教師を派遣するプログラムに、国際協力機構（JICA）の**JICA海外協力隊**、国際交流基金の**日本語専門家**、**日本語パートナーズ**などがある。看護師・介護福祉士候補生に対する日本語予備教育を行う**経済連携協定（EPA）の日本語講師派遣事業**も行われている。

国際交流基金では、各国教育省、国際交流基金海外拠点、中等・高等教育機関などに日本語上級専門家、日本語専門家、日本語指導助手を派遣するほか、2011年度からアメリカの初中等教育機関でティーチングアシスタントを務める**米国若手日本語教員（J-LEAP）**※72の派遣も実施している。

また、民間の団体あるいは日本語教育機関による派遣プログラムも種々実施されており、インターンシップや実習としての派遣も含まれている。

※72 J-LEAP = Japanese Language Education Assistant Program

- 国際交流基金は、日本に対する国際理解を高めるために作られた機関。海外の日本語教育の支援、日本文化の紹介などを行っている。海外における日本語能力試験の実施機関でもある。
- JF日本語教育スタンダードは国際交流基金が2010年にCEFRを下敷きに発表したもの。言語コミュニケーションをコミュニケーション言語能力（言語構造的能力、社会言語能力、語用能力）、コミュニケーション言語活動（受容、産出、やりとり）で捉えている。その上で日本語能力を「～ができる」（Can-do）という形で記述したものである。
- 日本学生支援機構は、日本留学試験の実施機関。
- 日本国際教育支援協会は、国内における日本語能力試験の実施および日本語教育能力検定試験を実施している。

5-1 日本語教育事情

4.2 日本語・日本語教育関連の試験

現在、国内外で実施されている日本語関連の能力テスト（認定テスト）のうち、学習者向けテストの代表的なものには、日本留学試験、日本語能力試験、BJTビジネス日本語能力テスト、OPIなどが、日本語教師志望者および現役教師向けテストとして日本語教育能力検定試験がある。OPI以外のこれらのテストは、いずれもその結果によって入学、就職、昇進が決まるなど、受験生の今後に大きな影響をもたらすことから、**ハイ・ステークス・テスト**※73と位置付けられる。

※73
high stakes test。結果が受験者に大きな影響を及ぼすテスト。

日本語能力試験（日能試、JLPT）[※74]

日本語能力の認定試験で、国内は公益財団法人**日本国際教育支援協会**が、海外は独立行政法人**国際交流基金**が、それぞれ運営している。国内では７月と12月の年２回実施、海外では年２回もしくは１回実施。

認定レベルは、Ｎ１、Ｎ２、Ｎ３、Ｎ４、Ｎ５の５段階である[※75]。同試験は、そのレベルの合格者が日本語を使ってできる言語行動をリストアップした**「Can-doリスト」**を策定し、認定の目安が提示されている。各回の問題の難易に得点が左右されないよう、成績表示は**素点**[※76]ではなく、**得点等化**[※77]された**尺度点**で表されている。

旧試験は2002年度まで、事実上、留学生の大学入試の一部に組み込まれており、国公立大学を受験する外国人は、１級合格が１つの条件とされていた。2002年から**日本留学試験**が実施され、これに伴い日本語能力試験は大学入学選抜との関係は解消された。しかし、日本留学試験が実施されていない国や地域からの留学生のために、日本語能力試験の成績が利用される場合もある。

日本語能力試験は、大学入試での利用こそなくなったが、その後も日本語能力を公的に証明するテストとしての位置付けを維持しつづけており、**高度人材ポイント制**[※78]においては、Ｎ１およびＮ２合格でポイントを得ることができる。

日本留学試験（日留試、EJU）[※79]

私費留学希望者に対する大学入学のための選考試験として、2002年から年２回、独立行政法人**日本学生支援機構**が国内および近隣諸国で実施している。受験者は複数年、複数回の受験が可能で、どの回の成績を大学に通知するかも自分で選択できる。各回の問題の難易に受験者の点数が左右されないよう、日本語能力試験と同様、得点は**得点等化**された**尺度点**で表示される。

試験科目は、大学入学後の学習・研究活動に必要な日本語力、すなわち**アカデミック・ジャパニーズ**の力を測る日本語の試験と学科試験からなる。日本語と数学は文系・理系の共通科目であるが、文系志望者にはその他に総合科目[※80]が、理系志望者には理科が加わる。英語の試験は行われず、TOEFLなどの利用を奨めている。日本語科目以外は、志望大学が指定する科目だけを選択して受験すればよく、英語での受験も可能である。日本語科目は**聴解・聴読解**、**読解**および産出能力を

※74 Web
国際交流基金、日本国際教育支援協会「日本語能力試験 JLPT」

※75
2010年以前は、１級、２級、３級、４級の４段階だった。旧試験との比較でいうと、N１は旧１級レベルだが若干高め、N２は旧２級レベル、新設されたN３は旧２級と旧３級の中間レベル、N４は旧３級レベル、N５は旧４級レベルである。

※76
素点とは、実際の得点そのままのこと。

※77
得点の意味を等しくする作業のこと。詳しくは、「第2部 第2章 **7.2** 項目応答理論」を参照。

※78
高度外国人材の活動内容を３つに分類し、それぞれの特性に応じ項目ごとにポイントを設け、ポイントの合計が70点に達した場合、出入国管理上の優遇措置を与える制度。日本語能力試験N１合格者は15点、N２合格者は10点加算される。

※79 Web
日本学生支援機構「日本留学試験(EJU)」

※80
現代日本についての基本的知識をもち、あわせて、近現代の国際社会の基本的問題について論理的に考え、判断する能力があるかを判定する科目で、政治・経済を中心として地理、歴史の３分野から総合的に出題される。

見る**記述**の３領域に分かれている[※81]。日本語科目は、外部の問題作成者（アイテムライター）に個々の問題（アイテム）の素案作成を委託する**アイテムライター制度**を導入しているのが１つの特色となっている。

海外での試験実施で中国を除くアジアの多数の国々では、自国にいながら受験が可能となったことに加え、**渡日前に入学許可**がもらえたり、**奨学金の予約**ができたりするようになった。2001年までは、大学入試のためには日本語能力試験の１級合格と、私費外国人留学生統一試験（科目試験）を受験しなければならなかったが、受験の負担も軽減された。日本留学試験の導入により、日本への留学システムには種々の改善がもたらされた。

※81
2010年度に試験が改定され、試験時間や配点に変更があり、この３領域となった。2009年度までは、聴解と聴読解は別に得点を出しており、４領域だった。

BJTビジネス日本語能力テスト（BJT）[※82]

実用的なビジネス日本語能力を測る、**外国人ビジネス関係者**向けの公的な日本語能力テストである。1996年より独立行政法人日本貿易振興機構（JETRO（ジェトロ））[※83]が年１回６月に実施してきたが、2009年度からは、公益財団法人**日本漢字能力検定協会**の主催となった。

試験の結果は、合否判定ではなく０点から800点までの点数（スコア）と、点数に応じた６段階のレベルで評価される。スコアの他に、聴解・聴読解・読解の部門ごとに、IRT（項目応答理論）に基づいた統計処理によって「能力値」を算出し、１から７までのランクが記載される。インターネットでの申し込みができることや受験生の都合に応じて日時と会場（テストセンター）が選べることも特徴の１つとなっている。

BJTも高度人材ポイント制で特別加算される[※84]。

※82 Web
BJT=Business Japanese Proficiency Test。旧称は、「ジェトロビジネス日本語能力テスト」という。
日本漢字能力検定協会「BJTビジネス日本語能力テスト」

※83
ジェトロ。JETRO = Japan External Trade Organization。2003年10月までは日本貿易振興会。

※84
BJT ビジネス日本語能力テストで480点以上得点できれば、高度人材ポイント制の特別加算として15点加算される（400点以上で10点）。

OPI[※85]（ACTFL-OPI）

ACTFL（アクトフル）[※86]の基準に従って実施される、**面接による口頭表現能力試験**（会話テスト）。定期的にではなく任意に実施される。**初級・中級・上級・超級**の４レベルがあるが、超級を除き各レベルはさらに上・中・下の３段階に分かれる。**機能・タスク、場面・話題、テキストの型、正確さ**の４つの観点から各レベルの判定基準が提示されている。正規のトレーニングを受けてACTFLに資格認定された**テスター**が、最長30分間の**インタビュー**と**ロールプレイ**を行い、基準と照合しながら被験者の能力の下限「レベルチェック（Level Check）」と上限「突き上げ（Probes）」を見極めて、レベルを判定する。

※85
OPI= Oral Proficiency Interview

※86
ACTFL=The American Council on the Teaching of Foreign Languages。アメリカ外国語教育協会。

日本語教育能力検定試験[※87]

※87 Web
日本国際教育支援協会「日本語教育能力検定試験」

留学生の増加に伴う日本語教師の需要拡大を受け、民間には日本語教師の養成機関や養成講座が次々に誕生した。その多くは大学の単位基準を420時間に換算して修了の目安としている。日本語教育の充実のために教師の育成と質の向上を目指し、公益財団法人**日本国際教育支援協会（JEES）**は、1988年１月より年１回、**日本語教育能力検定試験**を実施している。

試験内容は**「社会・文化・地域」「言語と社会」「言語と心理」「言語と教育」「言語一般」**の５つに区分され、それぞれの区分の主要項目が提示されている。試験は**試験Ⅰ**、**試験Ⅱ**、**試験Ⅲ**の３部で構成されている。試験Ⅰでは実践につながる区分ごとの基礎知識が、試験Ⅱでは音声を媒体として基礎知識と問題解決能力が、試験Ⅲでは５区分を横断する形で現場での対応能力につながる基礎的な問題解決能力が、それぞれ測られる。この試験は国家資格ではないが、公益社団法人**日本語教育学会が認定**していたことで[※88]、**日本語教師資格**として教師採用基準の１つとされる場合が多い。当初は文部大臣認定だったが、2001年度から現在のように日本語教育学会の認定となった。2003年度からは５区分を取り入れた試験範囲となり、2011年度からは基礎項目の設定がされている。

※88
平成13年～平成28年度実施分の日本語教育能力検定試験は日本語教育学会が認定していた。

- 日本語能力試験は、日本語能力の認定試験。N1からN5までの５つのレベルがある。「Can-doリスト」によりレベルが策定される。高度人材ポイント制の加点対象になっている。
- 日本留学試験は、日本の大学に留学しようとする外国人が受ける試験。日本語以外に数学、理科、総合科目といった教科の試験もある。
- OPIは、ACTFL（アメリカ外国語教育協会）で開発されたインタビュー形式の口頭能力を問うテスト。さまざまな言語のものが行われている。

第2章 日本語教育史

第5部　社会・文化・地域

日本語教師の場合は日本語を扱うだけに、戦前、国外で行われた日本語教育の歴史的経緯や実情、特に当時の日本政府の施策や日本語教育が人々に及ぼした影響を理解しておくことが必要である。

ここでは戦前、日本語教育が特に大きな影響を与えた地域を、台湾、朝鮮半島、中国（清朝、関東州、満州国）、南洋群島、東南アジア諸国に分けて扱っていく。

1. 戦前の外地における日本語教育 ★★

1.1 台湾

台湾は日清戦争（1894～95年）の結果、下関条約により1895年より日本の植民地となった。日本語教育を開始したのは、当時の文部省学務部長だった**伊沢修二**※1である。台湾では教育の開拓と同化政策に取り組み、まず台北北部の芝山巌に小学校「芝山巌学堂」を創立して生徒を集め、日本語教育の体制作りを始めた。しかし、翌年の1896年、彼が講習員募集のため一時帰国中に、同校は日本統治に反対する抗日武装勢力に襲撃され、教員6名が殺害された。これがいわゆる芝山巌事件で、今なおその悲劇が現地で語り伝えられている。

※1
明治から大正にかけての近代音楽教育や吃音矯正の第一人者。

台湾総督府は事件後も積極的に**同化主義**の台湾教育政策を推進した。まず「国語伝習所規則」（1896年）で日本語教育の具体的な内容を示し、全国14カ所に国語伝習所を設置して国語（日本語）をはじめ唱歌・算数などの教育を実施した。当初台湾人の就学率は低かったが、無償教育政策の実施と日常生活で日本語が必要な場面が増えたことにより、就学児童は増えていった。その後、1898年に設置された公学校は、台湾人（漢民族）を日本国民として養成することと日本語の普及を図るために設けられた学校で、日本人が通う小学校とは区別された。また公学校の一部として原住民（高砂族など）向けの蕃人公学校も設置された。その後の新台湾教育令（1922年）では台湾人と日本人は共学になり、台湾人にも中等教育機関へ進学するための日本語力が要求されるようになった。1941年には公学校、小学校、蕃人公学校は全て国民学校に改編された。

この時期の日本語教育は、**皇民化教育**[※2]であり、精神のあり方を一定の方向に向けようとする手段として使われた。実際の社会生活においても、有力新聞における漢文欄の廃止、官公庁、会社など諸団体における日本語使用の徹底が図られた。また、国語常用家庭という制度を設けて、日本語を常用する家庭には特典を与えた。

台湾における日本語の教え方としては、1899年に**山口喜一郎**（やまぐちきいちろう）[※3]が**山口式直接法**を開発、実践したことが取り上げられる。この方法は、**グアン・メソッド**[※4]を応用した年少者向けの日本語教授法で、実生活のことを経験、体得させることを目指したものであったといわれる。

1.2　朝鮮半島

14世紀以降、李王朝が朝鮮半島を統治していたが、日清戦争（1894～95年）で日本が勝利した結果、清王朝の宗主権から解放され、呼称も大韓帝国（通称 韓国）と改めた。1904～05年には日露戦争が起こり、ポーツマス条約により日本はロシアに朝鮮半島における指導・保護・監理に干渉しないことを認めさせた上で韓国と条約を結び、保護国とした。その後、韓国併合案が閣議で諮られたが、併合に抵抗を示していた伊藤博文（韓国統監府初代統監）が安重根[※5]に暗殺されたことをきっかけに、併合の機運が一気に高まった。1910年、韓国併合に関する条約に基づき日本に併合され、大韓帝国は消滅した。それに伴い大韓帝国政府と韓国統監府は廃止され、朝鮮総督府が設置された。

● 戦前の朝鮮半島の日本語教育

日本語教育の面では、1891年に政府は英語学者の岡倉由三郎（おかくらよしさぶろう）[※6]を招いて**日語学堂**を開き、本格的な日本語教育を開始したが、1895年に設置された官立外国語学校に開設された**日語学校**に吸収された。

1906年に新学制が始まり、日語（日本語）は必修とされ、普通学校では週に6時間とされた。この時点での国語すなわち韓国語は6時間、漢文は4時間であった。朝鮮総督府による統治が開始されると、日語は国語と呼ばれることになった。1919年の三・一独立運動[※7]（民族独立運動）を受けて施政方針が転換され、普通学校が4年制から6年制に改められ、また上級学校への進学が可能になった。日中戦争勃

※2
大日本帝国の主権者、天皇への忠誠を要求する教化政策。

※3
国語講習員として日本支配下の植民地や占領地（台湾、朝鮮、関東州、北京）で合計33年間、外国語としての日本語教育に携わりながら教授法の理論研究と実践を行った。

※4
フランスの言語学者グアンが考案した教授法で、**サイコロジカル・メソッド**とも。仕草をしながら話すという幼児の母語習得の過程に倣い、教師が一連の動作をしながら発音し、学習者がそれを反復・問答しながら練習して覚えていく方法を取る。

※5
アン・ジュングン（日本読みは「あんじゅうこん」）。朝鮮の民族主義運動家。日本の植民地支配を嫌って抗日義兵闘争を組織していた。1909年哈爾浜（ハルピン）駅構内で韓国統監府初代統監の伊藤博文を暗殺したことにより死刑判決を受け、旅順刑務所で絞首刑に処せられた。韓国では抗日闘争の英雄「義士」と称されている。

※6
1921年より十年余「英文学叢書」の主幹を務める。研究社『新英和大辞典』を編纂し「岡倉英和」と呼ばれる。

※7
1918年の大韓帝国初代皇帝高宗の死をきっかけに、民族自決の意識が高まった朝鮮人の間に起こった大規模な独立運動。行動のきっかけとなった日が3月1日であったことからこの名がある。

発（1937年）以降、学校では授業以外の時間にも国語使用が奨励された。官庁・職場などでも国語使用が奨励された。総督府は内鮮一体[※8]や皇民化教育を強調し、1938年に第三次朝鮮教育令を公布した。これにより、それまでの国語常用者・非常用者の区別を廃し、日本語を母語としない者も日本人子弟とほぼ同じ教科課程をこなさなければならないことになった。このとき、朝鮮語は随意科目となった。1941年以降には、日本内地と同じく初等教育の学校を国民学校と改称した。これにより朝鮮語は教育から姿を消した。さらに、来たるべき徴兵制実施に備えて国民学校未修了の男子に日本語を習得させるために、訓練所を設けたほか、国語を日常生活の中でも用いる運動として1942年に**国語普及運動**、1944年に「徴兵制実施に伴う**国語常用・全解運動**」が行われた。

1.3 中国（清朝、関東州、満州国）

中国では1911年の辛亥革命で清朝[※9]が倒されて共和制の中華民国が誕生したことを受け、周辺の民族は独立国家の建設を目指した。日露戦争後に日本が領有権を得た関東州[※10]では関東軍が組織されたが、関東軍はこうした漢民族や、漢民族と他民族との紛争状況を巧みに利用し、中国東北部に満州国[※11]を建国した。満州国は、五族協和を掲げていたが、日本人が実権を握る国家であり、国策として開拓民などの移民が大規模に行われた。1945年、ポツダム宣言の受諾により、満州国は崩壊したが、その際、入植者たちは関東軍（日本陸軍部隊）から守られなかったために、引き揚げに伴う苦難から子どもを現地に置いていく、あるいは、親がいなくなり子どもだけが残されるといったことが起きた。これが戦後における、中国残留孤児の肉親探し、日本への受入れ、日本で生活していくための日本語教育といった事柄につながっている。

● 戦前の中国の日本語教育

関東州は清からの租借地であったことから、公学堂[※12]では日本語は外国語として教えられた。一方、南満州鉄道株式会社（満鉄）の附属地では、鉄道沿線付近が日本の利権地域というだけで、少し離れればもうその力が及ばないような地域であったため、中国の影響を受けやすかった[※13]。

※8
日本人と朝鮮人は平等とする考え方。

※9
中国最後の王朝。1636年満州族が満洲に建国し、1644年から1912年、辛亥革命に続く中華民国の成立に至るまで中国を支配した。

※10
日露戦争のポーツマス条約でロシアから租借権（当初は清朝から、満州国成立後は形式的には満州国からの租借）を引き継いだ地域の呼称。遼東半島先端部（旅順、大連）および南満州鉄道の付属地。

※11
1932年から1945年まで中国東北部（黒竜江省、吉林省、遼寧省、内蒙古自治区東部）に成立した国家。

※12
関東州公学堂官制（明治40年勅令第50号）によると「関東州公学堂ハ支那人ノ児童ニ普通教育ヲ授クル所」とある。

※13
地域を管理していた満鉄は1911年に附属地最初の公学堂を作った。1914年の満鉄附属地公学堂規則によれば、公学堂は「身体ノ発達ヲ図リ徳育ヲ施シ実学ヲ授ケ兼テ日本語ヲ教授スル」とあり、日本語教育は「兼ねて」行うという位置付けであったことが分かる。

満州国では、日本語教育が初等教育から高等教育の全ての段階に導入されたことから、教材、教師ともに不足が著しかった。1936年からは、満鉄が始めた語学検定試験[※14]の受験が奨励され、合格した官吏に特別手当を支給するという手が打たれた。一方、台湾や朝鮮ないし内地からも教師が補給されたが、日本語教師として未経験あるいは訓練を受けていない者が大半であったことから、批判の的となった。改善策として、現地の文化工作担当だった興亜院は現地採用を廃し、内地で有資格の教師を集めておよそ１か月の養成をして現地に送るとともに、現地の日本語教師への講習会も開催して教授能力の向上を図った。しかし当時、満州国では台湾や朝鮮半島の皇民化政策を真似て、日本語を単なる語学ではなく、日本精神・風俗習慣を教える手段とする方針を打ち出したことを反映し、教師養成も中国人を指導する者としての役割が意識されたプログラムで、実践的な教授法指導を欠き、不評を買った。

日本語の教授法としては、関東州では当初より直接法[※15]の優位性が主張され試みられていたものの、現実に実施できた学校は限られており、華系日語教師（中国人日本語教師）もいたこともあって中国語を使った**対訳法**[※16]が主流であった。中国大陸では日本語教育の効果を上げるために「日本語教師に中国語の素養の必要性」を強く主張する意見も出されていた点は、直接法重視の台湾、朝鮮半島、満州と異なっている。しかし、実際には中国語の素養のある教師はごく一部であった状況を踏まえ、**大出正篤**（おおいでまさひろ）[※17]は教室では中国語を一切用いず、対訳付の教科書を使い、その対訳を利用して学習者に自宅で予習させる方法を開発して広めた。この教授法を**速成式**と呼ぶ。

※14
「日本語」「満州語（中国語）」「蒙古語」「ロシア語」の科目があったが、「日本語」を受験する場合は受験者の常用語で、その他の言語を受験する場合は日本語で解答せねばならず、どの科目にも日本語力が要求された。

※15
例えば、グアン・メソッド。山口喜一郎が講習会を行ってその普及に努めた。

※16
授業構成は ①全文読みの指導、②新出語、難語の対訳指導、③全文の対訳指導、④発表練習が基本的な型であったという。

※17
日本語教育者。著書に『効果的速成式標準日本語読本』がある。これは上下２段組みの対訳を示したテキストであった。

1.4 南洋群島

南洋群島は大航海時代にスペインが領有を主張していたが、1898年の米西戦争でスペインが敗れた後、ドイツが領有する形となった。第一次世界大戦でドイツが敗れたことでドイツ領を離れ、独立国に近いと見なされた地域は独立し、そうでないと判定された地域は国際連盟による委任統治地域とされた。日本は南洋群島に軍を進めてその地域を占領していたことにより、その地域の統治を任され、占領時代に開始した教育を本格化させていった。

パラオを例にとると、全パラオ人児童に義務教育を課して日本語による授業を行った。後には移民も増え、日本人子弟専門の小学校ができた。他の外地と同様、1930年代後半からは、皇民化教育が行われた。なお、最近、このような地域の高齢者に残っている日本語はどのようなものか、というような社会言語学的調査が行われている。

1.5 東南アジア諸国

1941年以降のいわゆるアジア太平洋戦争中、日本軍は東南アジアの各地域に軍を進めて占領し、この地域における日本の影響を確保しようとした。占領地域には軍政が敷かれたが、対応は各地域の状況により異なっていた。例えば、フィリピンやビルマ（現ミャンマー）の場合は、日本の軍政のもとで1943年に独立を宣言し、日本と同盟関係を結んでいる。一方、インドネシアやマラヤは独立を認められることはなかった。

軍政地域においては日本語教育を進める方針が打ち出されたが、それに対応するように日本国内では、1942年に閣議で南方諸地域日本語教育並日本語普及ニ関スル件を決定した。それに基づき、文部省では南方派遣日本語教育要員養成所を開設し、要員の募集を開始した。選考と養成は実質的には日本語教育振興会が行った。南方に派遣される日本語教師を短期間で養成し、各地域の日本語教育にあたらせようとしたのである。東南アジアにおける日本語教育は、軍が日本の勢力範囲を広げたのち、とりあえず始めるという形のものが多く、長期的な計画性に欠けていた。また、短期間のうちに終わってしまったこともあって、確たる成果を上げるには至らなかった。

- 台湾の日本語教育史：日本の植民地下で、伊沢修二が日本語教育を開始。皇民化教育の色彩が強かった。その後、山口喜一郎がグアン・メソッドで日本語教育を行った。
- 朝鮮半島の日本語教育史：1891年に岡倉由三郎が日語学堂で日本語教育を開始。1906年に日本語が必修となる。1942年、国語普及運動、1944年の徴兵制の実施に伴い国語常用・全解運動が行われた。
- 中国の日本語教育史：満州国で日本語教育が実施された。当初は対訳法が主だったが、大出正篤により速成式と呼ばれる、教室では一切中国語を使用しない方法が実施された。

第１章
日本語教育事情

1. 国内の日本語教育事情

□□ ❶ 毎年「国内の日本語教育の概要」を調査し、結果を公開しているのはどこか。

□□ ❷ 国内の日本語学習者数を「大学等機関」「法務省告示機関」「国際交流協会」の機関別に見た時、学習者数が最も多いのはどこか。

□□ ❸ 近年、日本国内での学習者が急増している国で、2019年度の「国内の日本語教育の概要」では学習者数が第２位の国はどこか。

□□ ❹ 国内の日本語学習者の出身地域はアジアが最多であるが、全体のおよそ何割程度か。

□□ ❺ 2010年の入管法改正で「留学」に統一される以前、日本語学校等で学ぶ学生たちに与えられていた在留資格は何と言ったか。

□□ ❻ 1983年に示された留学生政策の名称および次の目標として2008年に打ち出された政策の名称は何か。

□□ ❼ 技能実習生の受入れを統括する団体はどこか。

□□ ❽ 外国人児童生徒に対する学習支援の背景にある、日本が批准した条約を２つ挙げよ。

□□ ❾ 外国人児童生徒の教育の指針として文部科学省が、日本語学習と教科学習の統合を目指し作成したカリキュラムを何というか。

□□ ❿ 2014年以降、必要のある公立の小・中学校において導入が可能となった日本語の授業は何という制度の中で実施されるか。

□□ ⓫ 文部科学省が作成した外国人児童の日本語力を問うテストは何か。

□□ ⓬「日本語指導が必要な児童生徒の受入れ状況等に関する調査」を実施しているのはどこか。

□□ ⓭ 日本語指導が必要な外国人児童生徒数が最も多く、全体の約６割を占めるのは、どの段階の学校か。

□□ ⓮ 外国人児童生徒が最も多い都道府県はどこか。

□□ ⓯ 2018年度の調査で外国人児童生徒数を母語別に見た時、上位４つの言語を多い順に書きなさい。

□□ ⑯ ⑮の４つの言語を合わせると、全体のおよそ何割を占めるか。

2. 外国人の受入れ

□□ ❶長期にわたり日本に滞在する在留資格４つのうち２つを挙げよ。

□□ ❷ 在留資格とは別に、長期間日本に住み、生活の基盤を築いている外国人を総称して何と呼ぶことがあるか。

□□ ❸ 2012年に外国人登録法が廃止され、新たに始まった在留管理制度において、３か月以上日本に滞在する外国人を対象に発行されることとなったのは何か。

□□ ❹ 新たな在留管理制度では、在留期間が３年から何年に変更されたか。

□□ ❺ 付加価値を生み出し、国際競争力を強化できるような、高度な資質を有すると認められる外国人を何というか。

□□ ❻ 2011年から実施されている外国人留学生のための就職支援プログラムは何か。

□□ ❼ 近年、フィリピン、インドネシア、ベトナムから看護師・介護福祉士が来日し、日本語や職場での研修を受けているが、これは何に基づくものか。

□□ ❽ 2010年前後から、日本で暮らす外国人のうち最も多くなったのはどの国の人々か。

□□ ❾ 2019年に創設された人手不足が深刻な14の産業分野において外国人材の受入れが可能な在留資格を何というか。

□□ ❿ 在住外国人の国籍は地域によって偏りがあるが、首都圏、京阪神、東海地方でそれぞれ多いのは、どの国の人々か。

□□ ⓫ 在住外国人を情報弱者にしないために、市役所などの行政での導入が進んでいる、外国人にも分かりやすくした日本語は何と呼ばれるか。

□□ ⓬ 2001年に第1回が浜松市において開催された、外国人住民が多い自治体の代表が集まる会議を何というか。

□□ ⓭「国籍や民族などの異なる人々が互いの文化的違いを認め合い、対等な関係を築こうとしながら、地域社会の構成員として共に生きていくこと」を何というか。

3. 海外の日本語教育事情

□□ ❶海外で日本語学習者数が最も多い地域はどこか。

□□ ❷ 海外で日本語学習者数が2番目に多い地域はどこか。

□□ ❸ 2018年度の調査で、日本語学習者数が多かった国上位3つはどこか。

□□ ❹ 1980年に発足した、在中国日本語研修センター（通称、大平学校）を継承する形で開設された、中国における日本語教育の中心となっている機関は何か。

□□ ❺ オーストラリアで1987年に実施された英語以外の言語学習に関する政策を何と呼ぶか。

4. 日本語教育関連事業

□□ ❶文化庁が2007年に文化審議会国語分科会の下に設置した、日本語教育の諸問題を討議する委員会の名称は何か。

□□ ❷ 数年おきに海外日本語教育機関調査を実施している団体はどこか。

□□ ❸ ❷の団体が2010年に公表した日本語コースデザインの支援ツールは何か。

□□ ❹ ❸では言語能力をどのように捉えているか。

□□ ❺ 日本国内での日本語能力試験および日本語教育能力検定試験を実施している団体はどこか。

□□ ❻ 日本語能力試験はいくつのレベルに分かれているか。

□□ ❼ 2002年から実施されている、外国人留学生が日本の大学に入学するための試験は何か。

□□ ❽ アメリカ外国語教育協会の基準に従って実施される、面接による口頭表現能力試験の名称は何か。

第2章
日本語教育史

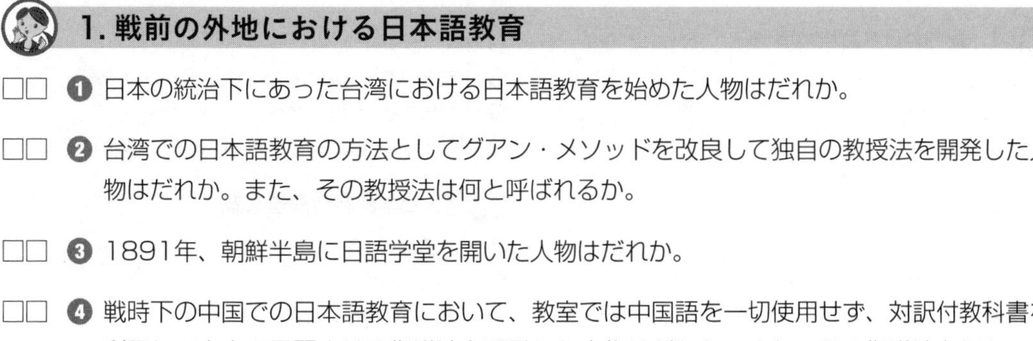

1. 戦前の外地における日本語教育

□□ ❶ 日本の統治下にあった台湾における日本語教育を始めた人物はだれか。

□□ ❷ 台湾での日本語教育の方法としてグアン・メソッドを改良して独自の教授法を開発した人物はだれか。また、その教授法は何と呼ばれるか。

□□ ❸ 1891年、朝鮮半島に日語学堂を開いた人物はだれか。

□□ ❹ 戦時下の中国での日本語教育において、教室では中国語を一切使用せず、対訳付教科書を利用して自宅で予習させる指導法を開発した人物はだれか。また、その指導法を何というか。

□□ ❺ 戦時中、東南アジア（南方）へ派遣される日本語教師の選考と養成を担当した機関は何か。

確認問題 解答

第１章

日本語教育事情

1. 国内の日本語教育事情

❶ 文化庁
❷ 法務省告示機関
❸ ベトナム
❹ 約８割
❺ 就学
❻ 留学生受入れ10万人計画，留学生30万人計画
❼ 国際人材協力機構（JITCO）
❽ 国際人権規約、児童の権利に関する条約（子どもの権利条約）
❾ JSLカリキュラム
❿ 特別の教育課程
⓫ 外国人児童生徒のためのJSL対話型アセスメントDLA
⓬ 文部科学省
⓭ 小学校
⓮ 愛知県
⓯ ポルトガル語＞中国語＞フィリピノ語＞スペイン語
⓰ 約８割

2. 外国人の受入れ

❶ 永住者、日本人の配偶者等、永住者の配偶者等、定住者のうちの２つ（特別永住者はここには含まれない）
❷ 生活者としての外国人
❸ 在留カード
❹ ５年
❺ 高度人材
❻ 留学生就職支援ネットワーク
❼ 経済連携協定（EPA）
❽ 中国
❾ 特定技能
❿ 首都圏：中国、 京阪神：韓国・朝鮮、 東海：ブラジル
⓫ やさしい日本語
⓬ 外国人集住都市会議
⓭ 多文化共生

3. 海外の日本語教育事情

❶ 東アジア
❷ 東南アジア
❸ １位：中国、２位：インドネシア、３位：韓国
❹ 北京日本学研究センター
❺ LOTE（Language Other Than English）

4. 日本語教育関連事業

❶ 日本語教育小委員会
❷ 国際交流基金（JF）
❸ JF日本語教育スタンダード
❹ 言語構造的能力、社会言語能力、語用能力の三つで捉えている。
❺ 日本国際教育支援協会（JEES）
❻ ５つ（N5～N1）
❼ 日本留学試験
❽ OPI（Oral Proficiency Interview）

第２章

日本語教育史

1. 戦前の外地における日本語教育

❶ 伊沢修二
❷ 山口喜一郎、山口式直接法
❸ 岡倉由三郎
❹ 大出正篤、速成式
❺ 日本語教育振興会

第6部

音声分野

第1章 音声の基本

第6部　音声分野

人間がコミュニケーションするために出す音である「音声」は音の材料である「空気の流れ」に対して、「発声」と「調音」という加工がなされて様々な音が作られる。ここでは、その音の作り方と音声を扱うための基本的な考え方を順に見ていこう。

1. 音声の知識 ★

母語話者は、直感的に学習者の発音が正しいか、正しくないかを判定することができる。ただし、何となくおかしいと感じるだけでは指導はできず、単なるリピートになってしまいがちである。教師に期待されているのは、誤りの原因をいわゆる母語の干渉などに求めて済ますことではなく、誤りを正しくするための何らかの方法を考えて、具体的な音声指導に結び付けていくということである。

そのためには「どんな発音がふさわしいかの基準を持つ」こと、「学習者が発音において、何をどう間違えたかを明示的（客観的）に把握できる」こと、「その誤りに対してきちんとした支援ができるようになる」ことが必要である。

実際の発話では、個々の音を超えた様々な現象もある[※1]。「（弁当の）ハシが折れた」と「（川の）ハシが折れた」と「（紙の）ハシが折れた」では音は全て同じでもアクセントが異なるので区別される。また、「これ、置くんですか」は文末のイントネーションを上げれば単なる疑問だが、上げないで読むと読み方によっては「（そんなもの）置くんですか」といった不満のニュアンスが含まれてしまう。

※1
基本的に教師は学習者のその時の1回の発音から、その問題点が、個々の音なのか、アクセントなのか、イントネーションなどなのかを聞き取り、対応策を見つける必要がある。

音に関しては学校教育ではほぼ触れられない。そのため各自が音声学の知識をもとにして、母語話者の基準となる発音や学習者の発音の誤りに現れる音について、どのように作られるどんな音であるかをきちんと把握していなければならない。

その際、暗記だけの机上の音声学、音声記号学にすることなく、口の動きと関連させて学習することが大切である。聞き取れない音や、発音できない音などが出てきたときこそ自分が学習者の立場になれる貴重な場面なので、どのようにしたらできるようになるかを考えることが、指導にも結び付く。

2. 音の作られ方 ★★★

人間がコミュニケーションをするために出す音である言語音すなわち音声の研究をする学問を**音声学**という。音声によるコミュニケーションには、話者が音を生成し、その音が空気中を伝わり、聴者が聞いて理解するというプロセスが必要である※2。

※2
音声学はこのそれぞれの段階に応じて、話者が音をどのように作るかという観点から音を捉えた生理学的な研究である**調音音声学**と、空気中を伝わる音波の物理学的な研究である**音響音声学**、そして聴者を中心に考え、聞き取った音の認知や区別の心理学的な研究である**聴覚音声学**の３つに分かれる。以下で扱うのは、調音音声学の観点から音を分類したものである。

以下、人間が生成する音がどのようにして作られるか見ていく。言語音は、音の材料である空気の流れが作られ、音声器官によって**発声**と**調音**という加工がなされてでき上がる。

2.1 気流の起こし

音声のもとになる空気の流れを作り出すには何通りかの方法があるが、これから扱う日本語の音はすべて肺から吐く息（**呼気**（こき））で作られる。

2.2 発声

肺からの呼気は気管を経て**喉頭**（こうとう）に入る。喉頭の中に左右１対の筋肉の塊である**声帯**（せいたい）があり、呼気に対して働きかける。これを**発声**という。

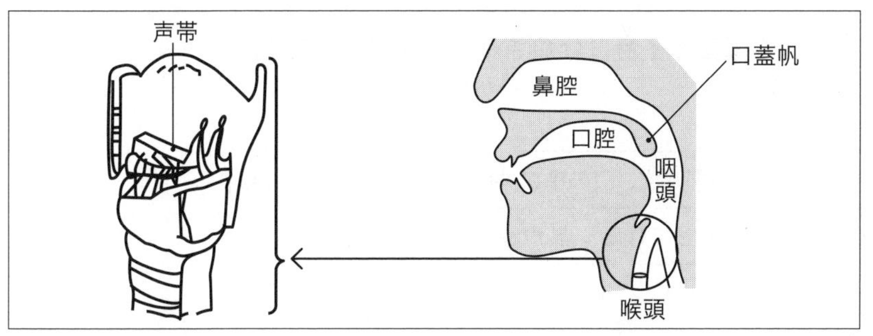

図6-1-1　声帯

声帯の間の隙間を**声門**というが、声門の状態が発声の違いをもたらす。呼気は、声帯を振動させなければ、そのまま息として口や鼻から出ていく。声帯を振動させるときは、声帯の振動の音を伴って出ていく。この声帯の振動の音を音声学では**声**と呼んでいる。この声帯の振動を伴った呼気で作られる音は**有声音**、伴わない単なる息で作られる音は**無声音**と呼ばれる。基本的に音は有声音か無声音のどちらかに分類される。

有声音	声帯の振動：有	声帯の振動音（＝声）が息に加わる
無声音	声帯の振動：無	声帯の振動音（＝声）がなく息のみ

表6-1-1　有声音と無声音

2.3　調音

喉頭を出た呼気は**咽頭**に至る。**口蓋垂**（いわゆるノドチンコ）の裏側にあたる**口蓋帆**を**咽頭壁**に付け、**鼻腔**への通路をふさぐと**口腔**から、鼻腔への通路を開けると鼻腔から呼気が出て音声となる※3。

※3
口の中で息が通る部分を**口腔**（コウコウ）、鼻で息が通る部分を**鼻腔**（ビコウ）という。なお、医学用語では口腔（コウクウ）、鼻腔（ビクウ）という。

喉頭より上の呼気の通り道を**声道**といい、舌や唇等の動きは、声道の形を変えたり、気流を妨害したりしてする様々な音を発音する役割を果たす。これを**調音**という。

3. 調音　★★

3.1　母音と子音

調音ではまず音は大きく**母音**と**子音**に分類され、さらにそれぞれが調音の方法で細かく分類される。

母音	声帯振動が加わった息を妨害せず、口の中に共鳴させる。有声音のみ。
子音	息を口の中のどこかで妨害して作る。無声音も有声音もある。

表6-1-2　母音と子音

3.2 母音

母音は口の中（口腔）に妨害を作らずに、口腔内に声を共鳴させて作る。共鳴する口腔などの容積や形の違いが音の違いになる※4。共鳴のもととなる声が必要なので、基本的にすべて**有声音**である。

※4
口腔内に共鳴する周波数の違いが、母音の音質の差になる。

● 母音の調音

音の違いをもたらすのは、口腔の容積や形を変える以下の３つの要素である。

① 舌の前後の位置：前舌・後舌（＝奥舌）
② 舌の高さ：高・中・低、または開口度（狭・半狭・半広・広）
③ 唇の丸め（突出し）の有無※5：円唇（丸めあり）・非円唇（丸めなし）

※5
③の特徴は、日本語では音の区別に直接は関係しない。

舌は前にも後ろ（奥）にも、高くも低くも動かせる。「イ、エ、ア、オ、ウ」と発音すると、「イ、エ、ア」で舌が上顎（うわあご）の唇寄りの位置からだんだん下がっていきながら口の奥の方に引かれ、「オ、ウ」でまた上がっていくのが、なんとなく分かるだろう。この舌の位置で母音は分類される。

● 舌の前後位置

中舌面が硬口蓋に向かって持ち上がる母音を**前舌母音**※6、奥舌面が軟口蓋に向かって盛り上がる母音を**後舌母音**※6、または**奥舌母音**という。舌の盛り上がる場所がその中間に位置する母音は**中舌母音**※6という。

母音が「前」か「中」か「後」かを定めるのは、舌の盛り上がりの頂点の位置を目安にして行われる。

※6
文部省（現 文部科学省）が制定した学術用語集では、「前舌（まえじた）母音」、「後舌（あとじた）母音」、「中舌（なかじた）母音」となっているが、慣用では音読みの「ぜんぜつ」、「こうぜつ」「ちゅうぜつ」とも言われる。

● 舌の高さ

舌の高まりが高く、口の開きが狭い母音は、**狭母音（高母音）**※7と呼ばれる。それに対し、舌の高まりが低く、口の開きが広い母音は、**広母音（低母音）**※7と呼ばれる。

舌の高まりが狭母音（高母音）と広母音（低母音）の中間の母音もあり、**半狭母音**、**半広母音**、**中母音**、等の名称で呼ばれる。

※7
文部省（現 文部科学省）が制定した学術用語集では、「狭（きょう）母音」、「半狭（はんきょう）母音」「半広（はんこう）母音」、「広（こう）母音」だが、耳で聞いて誤解をなくすため「せまぼいん」「ひろぼいん」などとも言われる。

● 唇の丸め

唇が丸められて前に突き出されれば、母音の調音に積極的に参加する。このような母音は、**円唇母音**と呼ばれる。それに対し、唇が丸められないで、調音に積極的に加わっていない母音は、**非円唇母音**と呼ばれる。

母音を「舌の前後位置」と「舌の高さ」でおおまかに5つに分類すると次のようになる。「a」は舌の前後位置に関わらず「a」なので舌の前後位置は指定しない。

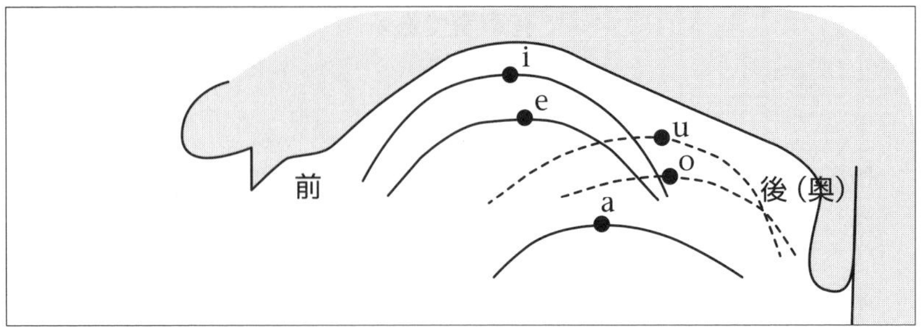

図6-1-2　母音の舌の位置

黒丸で示した舌の頂点の位置が舌の位置の基準になるので、以下のように整理して把握しておこう。これが舌の位置による母音の分類の基本となる。

舌の前後の位置

舌の高さ		前			後（奥）		口の開き
	高（狭）	i			u	狭い	
	中		e	o		中	
	低（広）		a			広い	

前後の区別なし

図6-1-3　舌の位置による母音の基本

母音を示す音声記号は、簡略にはいわゆるローマ字と同じ記号が使われる。なお、後舌の母音「u, o」は基本的には「円唇母音」である。ただし、日本語の共通語の「ウ」の母音は非円唇母音なので、小文字のmの上下を逆さにした[ɯ]が使われることが多い。詳細な母音の分類は以下の「基本母音」参照。

[a]	非円唇		低母音（広母音）
[i]	非円唇	前舌	高母音（狭母音）
[u]	円唇	後舌	高母音（狭母音）
[e]	非円唇	前舌	中母音（半狭と半広の間）
[o]	円唇	後舌	中母音（半狭と半広の間）

表6-1-3　母音の基本的な分類

● 基本母音

基本母音は、調音の仕方による母音の記述の基準となるものとして、イギリスの音声学者ダニエル・ジョーンズによって提唱された。次の図は、IPA（国際音声記号）に基づいた基本母音とそれ以外によく使われる母音の音声記号に、日本語の母音の舌の位置を加えたものである。舌の高さは4段階に決められている。

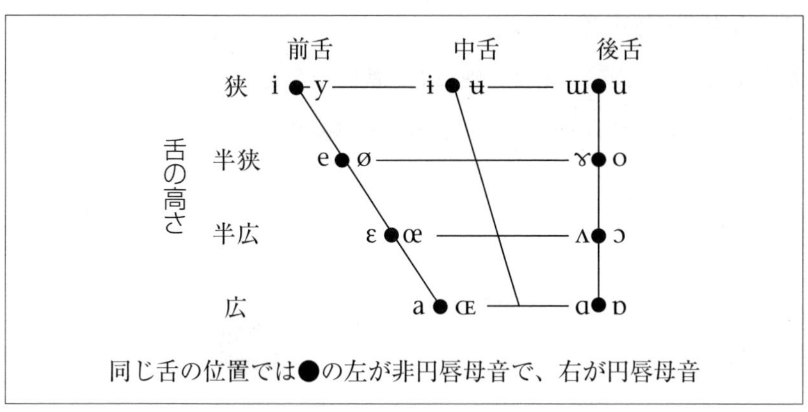

図6-1-4　主要な母音の音声記号

余裕があれば、以下の音声記号を知っておくとよい※8。

口を丸めたイ	円唇	前舌	狭	[y]	[ɯ]	非円唇	後舌	狭	ウ
イ	非円唇	前舌	狭	[i]	[u]	円唇	後舌	狭	口を丸めたウ
狭いエ	非円唇	前舌	半狭	[e]	[o]	円唇	後舌	半狭	狭いオ
広いエ	非円唇	前舌	半広	[ɛ]	[ɔ]	円唇	後舌	半広	広いオ
前のア	非円唇	前舌	広	[a]	[ɑ]	非円唇	後舌	広	後ろのア

※8
5つに分類した場合、「エ」や「オ」は半狭母音と半広母音の間の音だが、簡略にエ [e]、オ [o] のように「半狭母音」の記号で表記される。「ア」も、前舌母音から後舌母音まで同じ「ア」として使われるので、舌の前後の位置は特に指定しないで「ア（非円唇広母音）」として前舌の [a] の記号で表記される。

ここがポイント

- 母音の分類基準：舌の高さ（口の開き具合）、舌の前後の位置、唇の丸め（突き出し）の有無。
- 母音　　：下向きの三角形を描き、反時計回りにi、e、a、o、uの順。円唇の母音は「u」「o」だけ。

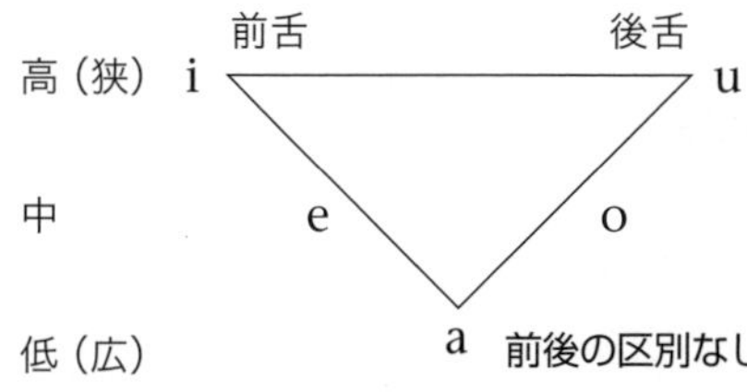

3.3 子音の分類基準

子音は口腔内のどこかで呼気を妨害し、それによって音を作る。息の妨害によって音を作るので、**無声音**も**有声音**もある。子音の違いは、有声音か無声音かという**声帯振動の有無の違い**、調音点と呼ばれる**息を妨害する位置の違い**、そして調音法と呼ばれる**呼気の妨害の方法**の3つの要素によって決定される。

① 声帯振動の有無：有声音・無声音

② 調音点：息を妨害する場所（両唇・歯茎・硬口蓋・軟口蓋など）

③ 調音法：息を妨害する方法（鼻音・破裂音・摩擦音・破擦音・はじき音・半母音など）

以上の①～③を詳しく見ていく。

3.4 有声音・無声音

子音が有声音か無声音かは、次のように把握しておくとよい。無声音の子音を持つのは、対応する濁音を持つ清音の**「カサタハ」行**と、歴史的には本来のハ行であった半濁音の**「パ」行の子音**である。残りの行の子音すなわち、濁音の「ガザダバ」行と、対応する濁音を持たない「ナマヤラワ」行の子音は有声音である[※9]。これらをまとめると以下のとおりである。

※9
なお、外国語の音声も聴いた音を表記した仮名で判定してほぼ問題ない。

行		子音	備考
半濁音の行	パ	無声音	歴史的には、本来のハ行
濁音の行	ガザダ　バ	有声音	濁点は清音の子音を有声音にする
清音の行	カサタ　ハ	無声音	
	ナ　マヤラワ	有声音	もともと有声の子音には濁点は付けられない

表6-1-4　日本語の子音の有声音・無声音

● 「カサタハパ」行の子音が無声音。

3.5 調音点

調音点とは、**子音を作るために呼気を妨害する位置（場所）**のことである。上唇と下唇を閉じたり接近させたりして息を妨害する**両唇**と、英語のｆ、ｖのように下唇と上の歯で妨害を作る**唇歯**、声帯の息が通る隙間を表す**声門**以外は、通常呼気を妨害するため舌が接近または接触する上顎の調音器官の名前を用いる。

● 上顎の調音器官と同じ名称を用いる調音点の名前と位置

以下に調音点の名前と位置、その覚え方を挙げる。

① 唇、歯、歯茎（しけい（はぐき））（前歯の裏）

② 上顎全体を指す口の蓋（ふた）が**口蓋**（こうがい）である。

③ 口蓋のうち、前歯の裏から口の頂上の奥歯のあたり※10までを**硬口蓋**（こうこうがい）、それより後ろでいわゆるノドチンコまでのヒダヒダで軟らかい部分を**軟口蓋**（なんこうがい）という。

④ 軟口蓋のうち、左右から垂れ下がっている軟口蓋の最後部のノドチンコのあたりだけ指す場合、特に**口蓋垂**（こうがいすい）と呼ぶ。その場合は軟口蓋の残りの部分が軟口蓋と呼ばれることになる。

⑤ 硬口蓋のうち、歯茎寄りの部分を**歯茎硬口蓋**（しけいこうこうがい）といい、その場合は残りの軟口蓋寄りの部分が硬口蓋と呼ばれる。

※10
上の歯を支える骨がある口の前部のツルツルで硬い部分。

※11
歯茎の硬口蓋寄りの部分。英語のshの［ʃ］などの調音点。

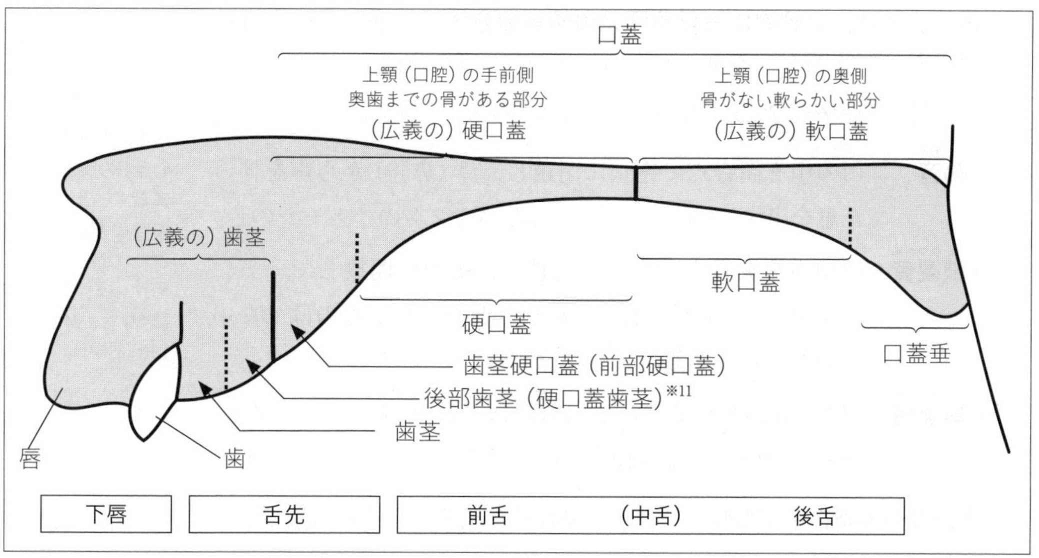

図6-1-5　調音点の名前と位置

● 調音点における息の妨害

実際には、調音点に舌を当てたり、舌を近付けて狭めを作ったりして息の妨害がなされて音が作られる。それを口腔断面図で示すと下記のようになる。

調音点				
両唇	歯茎	歯茎硬口蓋	硬口蓋	軟口蓋
上下の唇が閉鎖・狭めを作る	舌が平らで、舌先が歯茎で閉鎖・狭めを作る	舌が盛り上がり、先の方が硬口蓋の前部で閉鎖・狭めを作る	舌が盛り上がり、中程が硬口蓋で閉鎖・狭めを作る	舌が引かれ、舌の後部が軟口蓋で閉鎖・狭めを作る

図6-1-6　口腔断面図にみる調音点

3.6 調音法

重要

調音法とは、**口腔内における呼気の妨害の方法**で、通常その調音法で発音される音の名前を使い「～音」のように呼ばれる。以下の３つが代表的な調音法である。音のイメージでつかんでおくとよい※12。

- **鼻音**（びおん）：口の中を調音点で完全に閉鎖し、鼻（鼻腔）から声を伴った息を出す。「シーン」といったハミングのイメージの音。
- **破裂音**（はれつおん）：口の中を調音点で完全に閉鎖し、その後開放して一気に息を出す。「プッ、トゥ、クッ」といった長くのばせない瞬間的な音。閉鎖音とも呼ばれる。
- **摩擦音**（まさつおん）：口の中を調音点で狭めて、隙間に呼気を通す。「シー、スー、ハー、フー」のような息を吐くイメージの音。

上記３つの調音法を両唇の調音点で発音した様子を口腔断面図で示すと次図のようになる。鼻音は、口腔内が調音点で完全に閉じられ※13、鼻腔への通路が開き、息は鼻に通る。破裂音は、鼻腔の通路は閉じて

※12
日本語でその子音を含む仮名の例を挙げると、鼻音（マ行、ナ行、鼻濁音のガ行）、破裂音（カ・ガ行、タテト、ダデド、パ・バ行）、摩擦音（サ行、ハ行、ザ行［主に語中］）。

※13
図では両唇が調音点となり、唇が閉鎖されたり接近したりしている例で示されている。

いる[※14]。閉鎖が開放されると調音点が分からなくなるため、通常は閉鎖している段階を示す。摩擦音は破裂音と同じで、鼻腔への通路は閉じているが、調音点にわずかな隙間がある。

※14
破裂音と鼻音の違いを「鼻腔の関与（の有無）」ということもある。

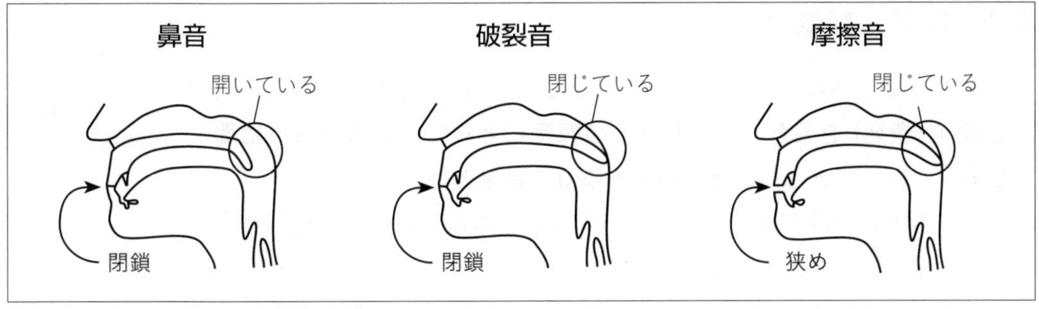

図6-1-7　鼻音、破裂音、摩擦音（調音点：両唇）

調音点と調音法を組み合わせて、代表的な子音の調音をまとめると、次のようになる[※15]。

※15
その調音の子音を持つアの段の仮名文字と音声記号が記してある。

調音法	調音点			声帯振動
	両唇	歯茎	軟口蓋	
鼻音	**[m]（マ）**	**[n]（ナ）**		**有声音**
破裂音	[p]（パ）	[t]（タ）	[k]（カ）	無声音
	[b]（バ）	**[d]（ダ）**	**[g]（ガ）**	**有声音**
摩擦音		[s]（サ）		無声音
		[z]（ザ）		**有声音**

表6-1-5　基本的な子音

上記の音はすべて音声記号がローマ字と同じことでも分かるように、多くの言語に見られる基本的な音である。この10個が子音の基本となるのでしっかり把握しておこう。

このほかに、以下の調音法がある[※16]。

- **破擦音**（はさつおん）：破裂音を出した直後に摩擦が起き、破裂と摩擦が合成される。
- **はじき音**：調音点を舌が軽く１回叩くように触れて、弾く。
- **ふるえ音**：調音点で舌などを２回以上震わせる。
- **側面音**（そくめん）：舌が呼気の通路の中央を閉鎖し、舌の両脇から息を出す。
- **半母音**：狭母音（イ・ウ）と同じ舌の状態が、持続せずにすぐ次の音に移り、子音のように働く。

※16
日本語でその子音を含む仮名の例を挙げると、破擦音（チ、ツ、ザ行［主に語頭］）、はじき音（ラ行）、半母音（ヤ行、ワ）、ふるえ音は巻き舌の「ラ行」、側面音は英語のlなどである。

4. 音声と音韻 ★★★

4.1 音声と音韻※17

※17
音韻論は言語学の分野であるが、音声を扱うために必要な最低限の知識を整理しておく。

実際に発音される音である音声に対して、「**ある言語において、同じ役割（機能）を果たしていればその言語にとって同じ音の単位に属する**」と考えてまとめた**音の抽象的単位**を**音素**という。

1カ所の音だけが違い、あとは全く同じである対の単語を比べたとき、意味が変わればその2つの音はその位置で「対立」しているといえ、2つの語は**ミニマルペア（最小対語）**であるといえる。また、それぞれの音は別の機能を果たすので異なった音素に属する。

ミニマルペア	[kika]（キカ） [kita]（キタ）	[ki_a] の環境で [k] と [t] は対立するので、 [k] は/k/、[t] は/t/という別の音素に属する。

音素が異なれば、語の意味が変わるので、音素は**意味（単語）を区別する最小の音の単位**とも言われる。表記では/　/で示す。音声の側からみると、音素とは**互いに入れ換えても単語の意味が変わらない（当該言語を母語とする人には同じ音だと意識される）音の集合体**とみなすことができる。

英語ではsink [siŋk] とthink [θiŋk] は意味が異なるので [s] と [θ] は異なった音素に属すが、日本語では「坂 [saka]」の「サ」の子音を [s] ではなく [θ] と入れ替えても意味が変わらないので [s] と [θ] の音は「同じ音素（/s/）に属する」ことになる※18。

※18
日本語の音素については、「**4.6 日本語の音素**」も参照。

音素の側からみると、ある音素は実際に発音される（実現される）ときには、いろいろな音として発音されることになる。それをその音素の**異音**という。特に異音が現れる条件が決まっていないときは、**自由異音（自由変異）**と呼ばれる。

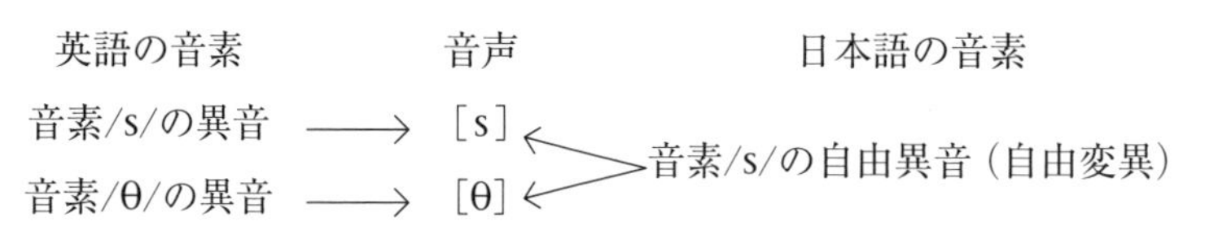

図6-1-8　英語の音素と日本語の音素

中国語母語話者が清音と濁音を混同するのは、それぞれの言語で清音と濁音に相当する音素の境界がずれていることによるものである。

<table>
<tr><th colspan="4">中国語</th><th colspan="4">日本語</th></tr>
<tr><td>p t k
（ピンイン）</td><td>有気音</td><td>語中
語頭</td><td>無声音
$[p^h, t^h, k^h]$</td><td rowspan="2">清音
（パタカ行）</td><td rowspan="2">無声音</td><td>語頭</td><td>有気音（弱い）
$[p^h, t^h, k^h]$</td></tr>
<tr><td rowspan="2">b d g
（ピンイン）</td><td rowspan="2">無気音</td><td>語頭</td><td>無声音
[p, t, k]</td><td>語中</td><td>無気音
[p, t, k]</td></tr>
<tr><td>語中</td><td>有声音
[b, d, g]</td><td>濁音
（バダガ行）</td><td>有声音</td><td>語頭
語中</td><td>無気音
[b, d, g]</td></tr>
</table>

表6-1-6　中国語の音素と日本語の音素

4.2 相補分布と条件異音

ある音が現れる時には他の音は現れないというように**お互いに相補いながらすべての環境をカバーしている**ような音の現れ方を**相補分布**と呼ぶ。

相補分布する音は、ミニマルペアは作れないが、1つの音素が役割分担していると考え、1つの音素の現れる条件が決まっている異音である**条件異音**として考える。

<table>
<tr><th>音素</th><th>異音</th><th>現れる条件</th><th>音素</th><th>異音</th><th>現れる条件</th></tr>
<tr><td rowspan="3">/s/</td><td rowspan="2">[s]</td><td rowspan="2">/a//u//e//o/の前</td><td rowspan="3">/t/</td><td>[t]</td><td>/a//e//o/の前</td></tr>
<tr><td>[tɕ]</td><td>/i/の前</td></tr>
<tr><td>[ɕ]</td><td>/i/の前</td><td>[ts]</td><td>/u/の前</td></tr>
</table>

表6-1-7　条件異音

なお「サク［sakɯ］／シャク［ɕakɯ］」は一見ミニマルペアになっていて/s/と/ɕ/が別の音素のように思える。しかし「カク［kakɯ］／キャク［kjakɯ］の対立が「カ/ka/：キャ/kja/」と分析されるように、「サ/sa/：シャ/sja/」と分析され、/sj/が音声的には［ɕ］になると考えることで、すべての行の拗音を共通の仕組みで扱い、音素を増やさず処理する。

4.3 音声表記

音声表記には国際音声学協会（IPA）によって定められた**国際音声記号（IPA）**[※19]が一般的に用いられている。これは世界のどの言語の音も表記できるように作られた記号である。基本的に人間の発音できる音を全て網羅し、１記号１音で作られている。

音声記号による音声表記のやり方には、具体的な音をもとにして聴覚的に多少でも差があれば表記する精密表記というやり方がある。例えば「貨車は」に含まれている３つの母音「ア/a/」を前後の子音の影響による舌の位置の差を考慮して、ある程度精密に表記すると［kɐçæɰɑ］のようになる。ただし、［ɐ］［æ］［ɑ］は日本語では母音「ア」の音素の異音であり、前の子音の調音で自然に変化しているだけで意図的に発音を変えているわけではない。そのためこれを日本語の発音として音声表記に使うと、発音の区別があるようで混乱する恐れがある。

そのため辞書や教育場面では意味を区別する発音の違いに準じた音素表記に準じた簡略表記が使われる。近年の英語の辞書で発音がrose /rouz/のようになっているのはその表れである[※20]。

※19
国際音声学協会（IPA）はInternational Phonetic Associationの略、国際音声記号（IPA）はInternational Phonetic Alphabetの略。

※20
ただし、音素表記の「カシャ /kasja/」では音の変化の規則（/sj/→［ç］）を知っている必要があるため、必要な異音は表記する簡略表記を用い、条件異音を表記した「カシャ［kaça］」のような表記をするのが普通であり、本書もそれに準じている。

4.4 拍・音節

仮名１文字[※21]はほぼ同じ時間で話され、**等時性**を持つ発音上でのリズム単位で**拍**（はく）または**モーラ**という。このときは**特殊拍**「ン、ッ、ー」も独立して1つの拍を形成することに注意すること。

これらの特殊拍は通常は語頭に現れず、単独では発音できないので、発音上は前の拍と一緒にひとまとまりに発音される１つの単位を形成する。これを（音素的・音韻的）**音節**[※22]という。

拍数	3	3	3	3	3	
	ア・ク・シュ	シ・ン・ポ	シ・ッ・ペ	シ・ー・ツ	リ・カ・イ	
音節数	ア・ク・シュ	シン・ポ	シッ・ペ	シー・ツ	リ・カ・イ	リ・カイ
	3	2	2	2	3	2[※23]

表6-1-8　拍数と音節数の比較

上記の表のとおり、特殊拍を含む語の音節数は拍数より特殊拍の数だけ少なくなる。なお、仮名表記では同じ「とう」だが、「塔（トー）」

※21
拗音などでは小さく書かれる「ャュョァィゥェォ」を伴った2文字。

※22
音節には聞こえなどを基準にした音声学的音節もあるが、ここで述べられている音節は特定の言語の構造に依存した音韻的（音素的）音節である。

※23
母音「イ」がイの段以外の拍に後続する場合は、二重母音化することも多い。この場合は前の拍と一緒に１音節とすることもある。

は２拍１音節、「問う（トウ）」は２拍２音節になるので、音節を数えるときは長母音に注意すること。

4.5 フット

日本語話者は拍を２つずつにまとめてリズムを安定させる傾向が強くあり、この２拍のまとまりのことを**フット**（foot）という。語の短縮においても２拍＋２拍の「パソ・コン」「ファミ・レス」のようにするのが基本となる※24。

また、曜日や数字を続けて言うときなどは、リズムを保つため、「月火水･･･土」を「ゲッ・カー･･･ドー」、「1235」を「イチ・ニー・サン・ゴー」のように１拍の部分をのばして２拍で言う傾向がある。逆に、「28（ニジュー・ハチ）」などでは、短縮して「ニジュ・ハチ」のように発音することもある。

※24
話し言葉の練習では、音節やフットの概念を応用し、同じ6拍でも、「輸入超過：ユ・ニュー・チョー・カ（タ・タン・タン・タ）」と「超伝導：チョー・デン・ドー（タン・タン・タン）」のようにリズムをとり、特殊拍に慣れることも試みられている。

4.6 日本語の音素

日本語の音素は通常、以下のように分類される。

- **母音音素**：　単独でもモーラ（拍）を形成し、他の（子音）音素と組み合わさっても拍を形成する音素
  /a/ /i/ /u/ /e/ /o/

- **子音音素**※25：単独ではモーラ（拍）にならずに、必ず他の（母音）音素と組み合わさって拍を形成する音素
  /k/ /g/ /s/ /z/ /t/ /d/ /c/ /n/ /h/ /p/ /b/ /m/ /j/ /r/ /w/

- **モーラ（特殊）音素**：他の音素と組み合わさることなく、必ず単独で拍を形成する音素

  撥音音素：　音素記号では通例/N/と書かれる
  促音音素：　音素記号では通例/Q/と書かれる
  引く音（長母音の後半）：音素記号では通例/R/と書かれる

※25
/c/は「ツ」や「チ」の破擦音を示す音素。「チ/ci/」と「ティ/ti/」の区別に必要。
/j/と/w/は半母音音素とすることもある。

これらを用いた五十音の音素表記は、基本的にはｙの代わりにｊを用いた訓令式のローマ字表記とほぼ同じ。

「サ　シ　ス　セ　ソ　シャ　シュ　ショ」
/ sa　si　su　se　so　sja　sju　sjo /

ただし、タ行は、

「タ　チ　ツ　テ　ト　チャ　チュ　チョ」
/ ta　ci　cu　te　to　cja　cju　cjo /

となる。なお、/ti/は「ティ」、/tu/は「トゥ」を表す。

また、特殊音素は、「ン」/N/、「ッ」/Q/、「ー」/R/と表す。例えばレッカー船は/reQkaRseN/となる。

第2章 第6部　音声分野
五十音図の発音

五十音図は日本語に用いられる音を順番に並べたものである。五十音図のア行は5つの母音で構成され、カ行以降はア行の5母音の前にそれぞれ1つの子音がつく。五十音図の子音は音声学的に合理的な順に並んでいるので、本章ではそれを利用しながら五十音図の発音を見ていく。

1. 五十音図の発音 ★★★

1.1 母音

前の子音によって母音の音色は変わるが、「母音の基本的な分類」とほぼ同じである。ただし共通語では「ウ」が円唇ではないので、円唇の母音は「オ」だけになる。

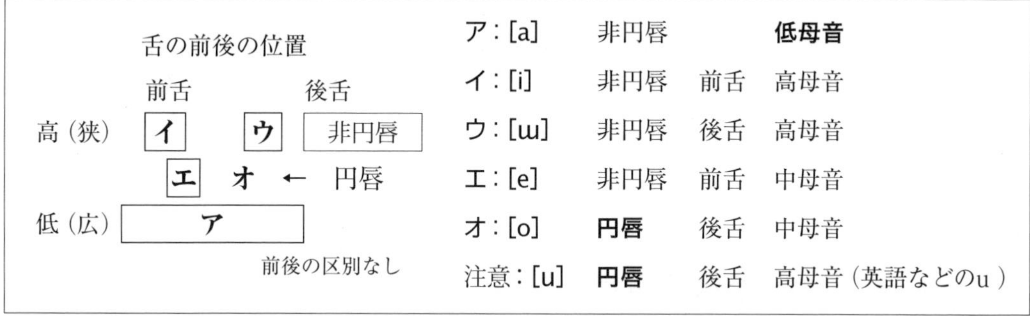

図6-2-1　母音の音声記号（「ウ」以外はローマ字と同じ）

○ 口蓋化[※1]

イの段の子音は、次に来る母音イが舌が硬口蓋に盛り上がる前舌高母音[※2]なので、その影響により母音イの舌の形を準備するため**口蓋化**する。この口蓋化した子音は、それぞれの行の拗音にも現れる。

※1
口蓋化は硬口蓋化のことをいう。

※2
舌の中程が硬口蓋の方へ盛り上がって発音される母音。

口蓋化すると、舌が積極的に調音に関わる子音では、**調音点が硬口蓋の方にずれる**。すなわち、調音点が硬口蓋より前の歯茎音（サザタダナ行）は、調音点が歯茎硬口蓋になる※3。軟口蓋音（カ行ガ行）は調音点が硬口蓋の方へ前にずれるが、軟口蓋の範囲からは出ない。また両唇音のように舌が調音に加わらない音の場合は調音点に変化はない（ただし、子音を調音している際にすでに舌が硬口蓋に盛り上がっている）。これらの音を区別する必要があるときは「調音点は軟口蓋で変わらない。ただしキギの調音点は他の段に比べてかなり前寄りになり、口蓋化した軟口蓋音になる」ということができる。

※3
ラ行の子音も調音点が硬口蓋に寄るが、通常は歯茎音のまま扱う。

両唇音と軟口蓋音の口蓋化は断面図では、次のように示される。両唇音「ピ、ピャピュピョ」「ビ、ビャビュビョ」、軟口蓋音「キ、キャキュキョ」、「ギ、ギャギュギョ」の子音を示す断面図として使われることがあるので注意しておくこと※4。

※4
下の図は破裂音だが、鼻音、摩擦音も同様。

	口蓋化なし	口蓋化あり
両唇音	[p] [b]	[pʲ] [bʲ] 舌を調音に用いない場合は、「イの段や拗音」などの口蓋化した子音では、子音の発音時に、母音「イ」と同じように前（中）舌が硬口蓋に盛り上がっている。
軟口蓋音	[k] [g]	[kʲ] [gʲ] 舌を調音に用いる場合は、「イの段や拗音」などの口蓋化した子音では、舌が硬口蓋に向けてずれて発音される。軟口蓋音では、軟口蓋の前寄り（時にはほぼ硬口蓋）になる。

図6-2-2　口蓋化による口腔断面図の違い

1.2　カ〜ワ行の子音の調音点

日本語の各行の子音の調音点を次のように表に書き込みながら把握しよう。カ行は軟口蓋、サ行、タ行、ナ行は歯茎、パ行※5、マ行は両唇のように口の奥から前に進んでいく（①）。

濁音の子音は対応する清音の子音と同じ調音点であるが、バはパの濁音と考えること（②）。

イの段の子音は次に来る母音イが中舌面を硬口蓋の方へ盛り上げて発音する母音なので、**口蓋化**（こうがいか）され、特に（ラ行を除く）歯茎音では調

※5
「ハ」のかわりに「パ」と考えるのは、ハ行の子音が、奈良時代以前は現在の「パ行」の子音（[p]）で発音されており、その後室町時代ごろまでは現在の「フ」の子音（[ɸ]）、そして現在のハ行音（[h]）になったことをふまえてのことである。

音点が硬口蓋の前部までずれ、歯茎硬口蓋になる（③）。歯茎音以外は調音点の名前の変化はない※6。

ハ行はハヘホの子音は単なる息で声門、ヒの子音は口蓋化して調音点は硬口蓋、フの子音は歴史的発音の名残で両唇となる（④）。

ラ行は歯茎、ヤ行は硬口蓋、ワは軟口蓋である（⑤）。

※6
「二」の調音点は、硬口蓋のこともある。

①カ行〜マ行を後ろから五十音順に入れる

両唇	歯茎	歯茎硬口蓋	硬口蓋	軟口蓋	声門
	サ				
パ	**タ**			**カ**	
マ	**ナ**				

②対応する濁音の行を加える

両唇	歯茎	歯茎硬口蓋	硬口蓋	軟口蓋	声門
	サ **ザ**				
パ **バ**	タ **ダ**			カ **ガ**	
マ	ナ				

③イの段をずらす

両唇	歯茎	歯茎硬口蓋	硬口蓋	軟口蓋	声門
	サ ザ	**シ** **ジ**			
パ バ	タ ダ	**チ** **ヂ**		カ ガ	
マ	ナ	**ニ**			

④ハ行を加える

両唇	歯茎	歯茎硬口蓋	硬口蓋	軟口蓋	声門
フ	サ ザ	シ ジ	**ヒ**		**ハヘホ**
パ バ	タ ダ	チ ヂ		カ ガ	
マ	ナ	ニ			

⑤ヤラワ行を加える

両唇	歯茎	歯茎硬口蓋	硬口蓋	軟口蓋	声門
フ	サ ザ	シ ジ	ヒ		ハヘホ
パ バ	タ ダ	チ ヂ		カ ガ	
マ	ナ	ニ			
	ラ		**ヤ**	**ワ**	

表6-2-1　子音の調音点表の書き方※7

※7
この表がさっと書けるようにしておくと安心である。なお、調音点の語呂合わせは、「加賀は（カガワ）難攻（軟口蓋）」、「火矢（ヒヤ）で後攻（硬口蓋）」、「サザ（ン）タダ（只）ナラ死刑（歯茎）」。

1.3 カ〜ワ行の子音の調音法

基本的にはカ、タ、パ／ガ、ダ、バ行は（瞬間的な音でのばせない）破裂音、サ、ハ／ザ（語中）行は（息を吐きながら出す）摩擦音だが、ツ、チ、ザ行（語頭）は（破裂音と摩擦音が合成される）破擦音である。

ナ、マ、カ゜（鼻濁音）行は（鼻に有声の息を通す）鼻音、ラ行は（舌先で歯茎を軽く１回弾く）はじき音、ヤ、ワ行は（狭母音（イ・ウ）が子音として働く）半母音である。

以上の調音法を前述の調音点とともに下の表に挙げる。ただし、調音点の表に合わせるため、図中の＊で表されているところには注意が必要で、「チ、ツ」は破擦音、語頭のザ行、「ン」「ッ」の直後は破擦音、語中のザ行は摩擦音である※8。

※8
音声的には語中は、母音間ということ。そのため、前が子音の「ン」「ッ」の後では語中でも破擦音になる。語頭は「ポーズの後」や「語（形態素）境界」といわれることもある。

	両唇	歯茎	歯茎硬口蓋	硬口蓋	軟口蓋	声門
摩擦音	フ	サ行 ザ行*	シ ジ*	ヒ		ハヘホ
破裂音	パ行 バ行	タ行* ダ行	チ* （ヂ）		カ行 ガ行	
鼻音	マ行	ナ行	ニ		カ゜行（鼻濁音）	
はじき音		ラ行				
半母音				ヤ行	ワ	

表6-2-2　子音の調音点と調音法

1.4 音声記号

日本語の音声記号は、次のようになっている。

		両唇	歯茎	歯茎硬口蓋	硬口蓋	軟口蓋	声門
摩擦音		フ [ɸ]	サスセソ [s]	シ [ɕ]*（[ʃ]）	ヒ [ç]		ハヘホ [h]
			ザズゼゾ [z]	ジ [ʑ]*（[ʒ]）（「ン、ッ」の直後以外の語中）			
破擦音			ザズゼゾ [dz]	ジ [dʑ]*（[ʤ]）（語頭、「ン、ッ」の直後）			
			ツ [ts]	チ [tɕ]*（[ʧ]）			
破裂音		パ行 [p]	タ　テト [t]			カ行 [k]	
		バ行 [b]	ダ　デド [d]			ガ行 [g]	
鼻音		マ行 [m]	ナヌネノ [n]	ニ [ɲ]（硬口蓋のこともある）		カ゜行 [ŋ]（鼻濁音）	
はじき音			ラ行 [ɾ]（[r]）				
半母音					ヤ行 [j]	ワ [ɰ]*（[w]）	

表6-2-3　日本語の音声記号

網かけがない部分の音声記号はローマ字と同じである。ローマ字以外のところ（網がかかっているところ）は、以下に注意すればよい。

- **摩擦音**：フ [ɸ]　ヒ [ç]　シ [ɕ]*（[ʃ]）
  ジ [ʑ]*（[ʒ]）
- **破擦音**：摩擦音の前に無声は [t]、有声は [d] を付ける
  ツ [ʦ]　チ [ʨ]*（[ʧ]）
  ヅ [ʣ]　ジ [ʥ]*（[ʤ]）
- **鼻音**：ニ [ɲ]
  カ゜行 [ŋ]（鼻濁音）
  語末の「ン」[ɴ]（有声口蓋垂鼻音）
- **はじき音**：ラ行 [ɾ] ※9
- **半母音**：ヤ行 [j] ※10
  ワ [ɰ]*（[w]）

※9
[r] はふるえ音、[l]（英：l）は側面音（共に有声歯茎音）である。

※10
[y] ではないことに注意。

*のついた子音は簡略に（　）内の音声記号が用いられることが多い。この場合本来は後部歯茎（硬口蓋歯茎音）である [ʃ ʒ ʤ ʧ] の記号は、日本語の音を表記しているので、調音点は歯茎硬口蓋と考える。

また、ワの子音も「有声両唇・軟口蓋半母音」の [w] で表記されることが多い。このときも日本語の [ɰ]（有声軟口蓋半母音）を示していると考えてよい※11。

※11
日本語の「ワ」の子音は、対応する母音が非円唇後舌狭母音（[ɯ]）なので、通常は唇の丸めを伴わない有声軟口蓋半母音（[ɰ]）で発音される。それに対し英語の「w」は、対応する母音が円唇後舌狭母音（[u]）なので、唇の丸めを伴う有声両唇軟口蓋半母音（[w]）になる。これは有声軟口蓋半母音（[ɰ]）に唇の丸めを加えたもので、子音の調音点の名称としては、唇の丸めも唇接近音でもあるため、二重調音として両唇軟口蓋接近音（半母音）と言われている。

1.5 拗音

拗音の子音は、対応する行のイの段と同じ口蓋化された子音である。例えば「シャ、シュ、ショ」はサ行の拗音なので、「シ」と同じ子音にそれぞれ「ア、ウ、オ」段の母音との組み合わせになる。これは、サ行のイの段「シ」の文字を表記に使っていることからも分かる。以下では「シェ」「スィ」などを加えて示す。

サ	スィ	ス	セ	ソ
[sa	si	sɯ	se	so]
[ɕa	ɕi	ɕɯ	ɕe	ɕo]
シャ	シ	シュ	シェ	ショ

パ、バ、マ行（両唇音）やカ、ガ行（軟口蓋音）とラ行の拗音は、イの段の口蓋化を示す場合は [ʲ] を用いて「ピャ [pʲa]」のように表

記される（①）。ただし実際の発音では、「ダイア」が「ダイヤ」に近い発音となるように、渡り音として硬口蓋半母音［j］が入るので[※12]、「ピャ［p^{j}ja］」に近い音になる（②）。

ただしイの段の口蓋化は予測できるため、通常表記されない。音韻的な考慮からも、口蓋化の記号を用いない半母音［j］だけを使っての［pja］のような表記が一般的である（③）。

	パ	ピ	プ	ペ	ポ
	［ pa	p^{j}i	pɯ	pe	po ］
①	［ p^{j}a		p^{j}ɯ		p^{j}o ］
②	［ p^{j}ja		p^{j}jɯ		p^{j}jo ］
③	［ pja		pjɯ		pjo ］
	ピャ		ピュ		ピョ

イの段や拗音など口蓋化している場合、カ、ガ行のような軟口蓋音では、調音点が前寄りになり硬口蓋に近くなる。パ、バ、マ行のような両唇音では、両唇の閉鎖中に舌が「イ」の調音のように硬口蓋に盛り上がっているので、口腔断面図を選ぶ際に注意すること[※13]。

● 表記と発音

拗音は、直音の「イ」の段の子音が用いられており、その子音を持つ大書きの「イの段の仮名文字」に母音を示す小書きの「ャュョ」を添えている[※14]。

シェ＝ シ［ɕi］の子音 ＋ェ［e］＝［ɕe］
スィ ＝ ス［s］の子音 ＋ィ［i］＝［si］

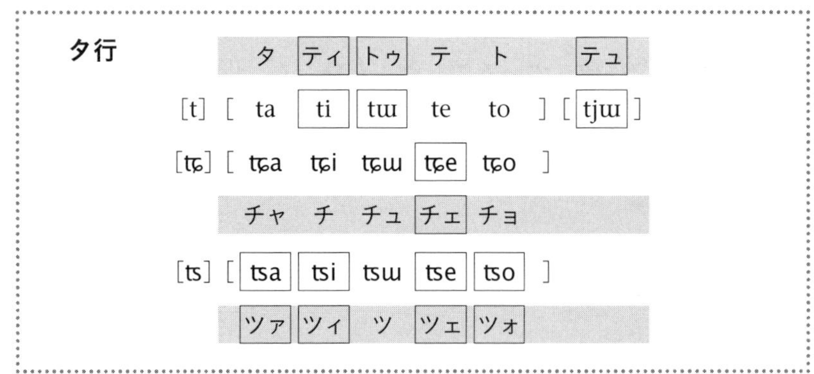

タ行

	タ	ティ	トゥ	テ	ト	テュ
［t］	［ ta	ti	tɯ	te	to ］	［tjɯ］
［tɕ］	［ tɕa	tɕi	tɕɯ	tɕe	tɕo ］	
	チャ	チ	チュ	チェ	チョ	
［ts］	［ tsa	tsi	tsɯ	tse	tso ］	
	ツァ	ツィ	ツ	ツェ	ツォ	

※12
口蓋化している場合は、舌は母音「イ」の調音に近い位置にあるため、次の母音に移るときに渡り音（半母音）の［j］が自然に現れてしまう。この現象のせいで、音から語を覚える学習者は、イの段の後に他の母音が続く「オミアイ」のような語が、「オミヤイ」と聞こえてしまい、「オミヤイ」と書き間違えることがある。なお逆に「オミヤゲ」のような語を過剰に訂正して「オミアゲ」と表記してしまうケースもある。

※13
軟口蓋音のように同じ調音点の中で舌がずれる場合も、通常は簡略に同じ口蓋化の現象として、［ʲ］の記号を用いて［k^{j}i］と表される。

※14
外来語音等も同様で、基本的には「大きく書かれた文字の子音」＋「小書きの母音」になっている。

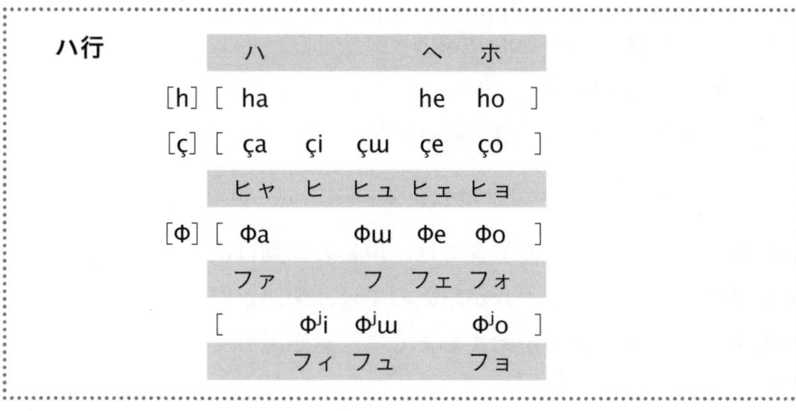

ハ行							
		ハ			ヘ	ホ	
[h]	[	ha			he	ho	]
[ç]	[	ça	çi	çɯ	çe	ço	]
		ヒャ	ヒ	ヒュ	ヒェ	ヒョ	
[Φ]	[	Φa		Φɯ	Φe	Φo	]
		ファ		フ	フェ	フォ	
	[		Φʲi	Φʲɯ		Φʲo	]
			フィ	フュ		フョ	

1.6 日常発話に現れる音

◉ その他の記号

① **語中（母音間）で閉鎖が緩んだガ行**（有声軟口蓋破裂音［g］）：
［ɣ］有声軟口蓋摩擦音（④の有声音）

例：歯茎（[hagɯki] → [haɣɯki]　参考：鼻濁音［haŋɯki］）

② **語中（母音間）で閉鎖が緩んだバ行**（有声両唇破裂音［b］）：
［β］有声両唇摩擦音（フ［ɸ］の有声音）

例：ウブ（[ɯbɯ] → [ɯβɯ]）

①と②の２つはザ行が語中で摩擦音になるのと同様で、有声破裂音・破擦音に共通の現象。①〜③は、日常の発話ではかなりの頻度で起きている。

③ **語中（母音間）で声が加わったハヘホ**（無声声門摩擦音［h］）：
［ɦ］有声声門摩擦音

例：ごはん（[gohaɴ] → [goɦaɴ] ※15）

④ **喉を強く擦る**※16**ハヘホ**（無声声門摩擦音［h］）：
無声軟口蓋摩擦音［x］（①の無声音）

⑤ **母音と母音を切ったり、急に音を切ったり、急に声を立てたりするとき**、母音間（前後）に無声声門破裂音［ʔ］が入る。

※15
「ゴアン」のように母音のみ聞こえることもある。

※16
タンを吐くときのような発声。

例：母音間：「オー／オオ（オッオ）」（[oː / oʔoʔ]）
母音後：「ア／アッ！」（[a / aʔ]）
母音前：「エー／（びっくりして、息を詰めてから）エー！（ッエー!!）」（[eː / ʔeː]）

なお無声の破裂音を持つ「カタパ行」の子音では、声帯の振動は次の母音を発音する時に始まる。これらの子音が語頭の場合、閉鎖が開放されて破裂音が出たあと、声帯の振動が始まるまでに、息が漏れて息の音（気息）が聞こえることがある※17。

語頭のカ行　[kʰaga]　（弱い）有気音のことが多い。
語中のカ行　[gaka]　無気音

タ行、パ行も同様に語頭は有気音 [tʰ] [pʰ] のことが多い。

※17
この気息をともなった音を「有気音」という。それに対し気息をともなわない音を「無気音」という。

◎ 学習者の発音などに見られる音

下記の英語音などは、学習者の誤りも含めて、太字は覚えておくのが望ましい。

● **摩擦音・破擦音**※18

five	**無声**	**唇歯**	**摩擦音**	**[f]**
five	**有声**	**唇歯**	**摩擦音**	**[v]**
think	**無声**	**歯**	**摩擦音**	**[θ]**
this	**有声**	**歯**	**摩擦音**	**[ð]**
fish	無声	硬口蓋歯茎	摩擦音	[ʃ]
casual	有声	硬口蓋歯茎	摩擦音	[ʒ]
church	無声	硬口蓋歯茎	破擦音	[ʧ]
judge	有声	硬口蓋歯茎	破擦音	[ʤ]

※18
前述のように [ʃ ʒ ʧ ʤ] の記号が日本語の音を表記している場合がある。この場合の調音点は日本語の音なので「歯茎硬口蓋」である。

● **l、w**※19

casual	**有声**	**歯茎**	**側面音**	**[l]**
巻き舌	**有声**	**歯茎**	**ふるえ音**	**[r]**
（ラ行	**有声**	**歯茎**	**はじき音**	**[ɾ]）**
want	**有声**	**両唇・軟口蓋**	**半母音**	**[w]**
（ワ	**有声**	**軟口蓋**	**半母音**	**[ɰ]）**

※19
「ワ」の子音も [w] で表記されることが多いが、この場合も日本語の「有声軟口蓋半母音」を示していると考えること。

1.7 口腔断面図による調音点・調音法のまとめ

鼻音は口腔内が調音点で完全に閉じられ鼻腔への通路が開き、息は鼻のみに通る。それに対し破裂音や摩擦音は、鼻腔の通路は閉じている。

破裂音で実際に音が出るのは閉鎖が開放されるときだが、調音点が分からなくなるため、通常は調音点を閉鎖している断面図が使われる。そのため同じ調音点の破裂音と鼻音は鼻腔への通路が開いているか閉じているかの違いのみである。

摩擦音は、鼻腔への通路が閉じている点は破裂音と同じだが、調音点が閉鎖されずに、狭い隙間がある。

以下、音声記号を添えて、調音法と調音点の組み合わせを断面図とともに示す。

		ポイント		調音点				
		①口腔	②鼻腔への通路	両唇	歯茎	歯茎硬口蓋	硬口蓋	軟口蓋
調音法	鼻音	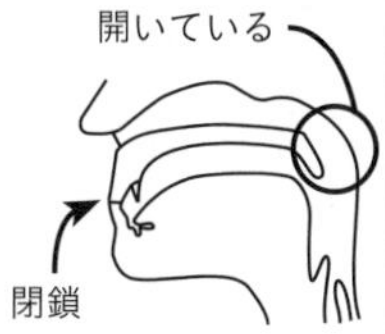 閉鎖	開いている	[m] 	[n] 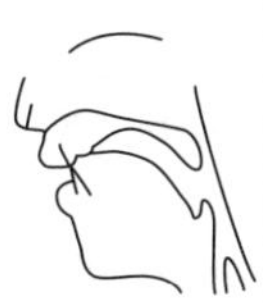	[ɲ] 	※調音点は、硬口蓋のこともある。	[ŋ] 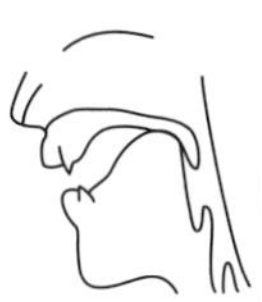
	破裂音 破擦音 の閉鎖	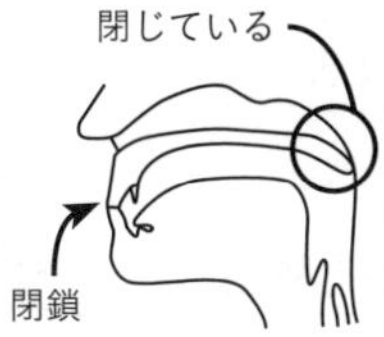 閉鎖	閉じている	[p] [b] 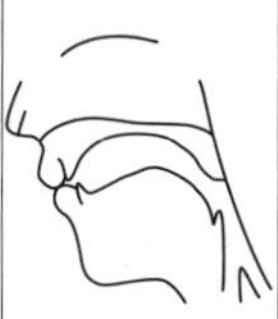	[t] [d] [ʦ] [ʣ] 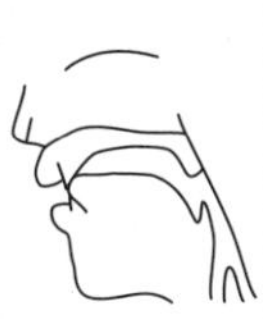	 [ʨ] [ʥ]	破擦音（[ʦ] [ʣ] [ʨ] [ʥ]）は閉鎖の開放直後すぐ下の摩擦に移る。	[k] [g] 
	摩擦音	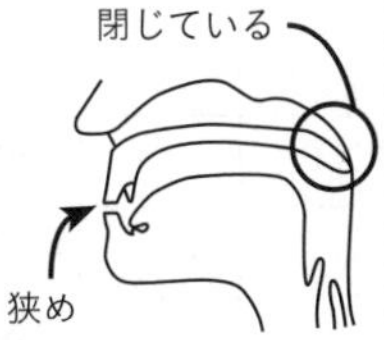 狭め	閉じている	[ɸ] [β] 	[s] [z] 	[ɕ] [ʑ] 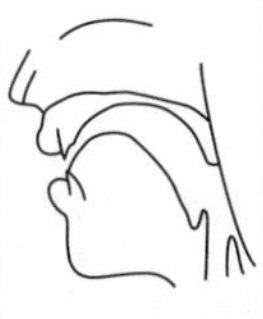	[ç] [ʝ] 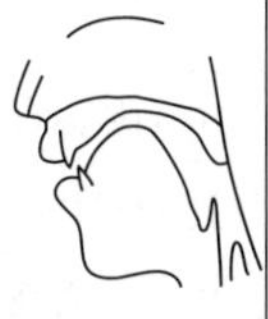	[x] [ɣ] 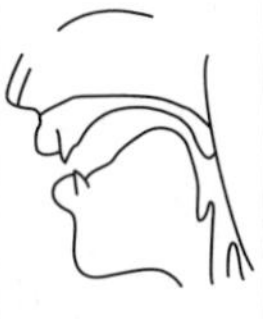
③舌の状態				*	舌が平ら	前（中）舌が盛り上がる		*

＊口蓋化参照

図6-2-3　口腔断面図での子音の調音点・調音法

6-2 五十音図の発音

1.8 特殊音素

撥音「ン」も促音「ッ」も、次の音を発音する準備をして1拍の長さ分、待っている音である。ただし撥音「ン」は鼻に有声の息を通しながら待っているのに対し、促音はそのまま待っている点で異なる。

撥音（「ン」）

撥音は、原則として次の子音と調音点を同じにする1拍の長さの鼻音である。鼻に有声の息を通しながら1拍分待っているため、後続音が口腔の閉鎖がある鼻音、破裂音、破擦音、はじき音の場合は、撥音は原則として次の子音と同じ調音点の鼻音になる。次が口腔の閉鎖がない母音、半母音、摩擦音のときは、口からも息が出るためいわゆる鼻母音になる。また後続音がない場合は、後舌を口蓋垂（ノドチンコ）に付けた[ɴ][※20]（有声口蓋垂鼻音）で発音される。次の音と撥音の異音の関係を整理すると次のようになる。

※20
この音声記号は大文字ではなくスモールキャピタル（大文字の文字種を小文字の大きさで書くもの）である。

ここがポイント

後続音		撥音の異音
なし	→	有声　口蓋垂　鼻音　[ɴ]
アヤワサハ行[※21]	→	鼻母音
その他の行	→	有声（次の音の調音点）鼻音

※21
「アサワハヤ（朝は早）」と覚えるとよい。

このように、撥音の異音はそれぞれが現れる音の環境が決まっているので、**相補分布**（そうほぶんぷ）をなしている。

後続音	異音となる鼻音の調音点と異音						後続する行
	両唇	歯茎	歯茎硬口蓋	軟口蓋	口蓋垂	鼻母音	＊1 イ段以外 ＊2 拗音（チャなど）も
	[m]	[n]	[ɲ]	[ŋ]	[ɴ]	[ṽ]	
① [p] [b] [m]（両唇音）	○						←パ・バ・マ
② [t] [d] [ts] [dz] [n] [ɾ]（歯茎音）		○					←（タ・ダ・ナ・ザ）＊1、ラ
③ [tɕ] [dʑ] [ɲ]（歯茎硬口蓋音）			○				←チ・ジ・ニ＊2
④ [k] [g] [ŋ]（軟口蓋音）				○			←カ・ガ
⑤ なし（語末）					○		←なし
⑥ [a] [i] [ɯ] [e] [o]（母音）						○	←ア
⑥ [j] [ɰ]（半母音）						○	←ヤ・ワ
⑥ [ɸ] [s] [ɕ] [ç] [h]（摩擦音）						○	←サ・ハ

表6-2-4　撥音の相補分布

促音（「ッ」）

促音は、原則として次の子音の調音を準備して調音器官を１拍分保っている状態である。外来語（ベッド、バッグ）、強調形（すっばらしい、のどがカッラカラだ）などを除き、無声子音、すなわちカサタハパ行しか後続しない。直後が破裂音・破擦音のときは破裂音の閉鎖が長くのびた無音状態になる。次が摩擦音の場合はその摩擦音が長く発音されている。音声記号では通常、次の子音の記号を表記する※22。例えば、いっぱい［ippai］、いっつう［ittsɯː］、いっさい［issai］など。

※22
通常、破擦音は破裂音の部分の記号だけを書く。

「アッ」のように、語末で母音を急に切った場合に促音と同じ「ッ」が表記されるが、これは母音を切るために声門を急に閉じて無声声門破裂音が現れた（［aʔ］）と考えられる。

引く音（「ー」）

引く音は前の母音を１拍分のばして発音される長母音の後半部分である。音声記号は母音の記号に［ː］を添える。仮名表記では以下のようになる。

ア列長音：ア列のかなに「あ」を添える
かあさん（カーサン）、おばあさん（オバーサン）
イ列長音：イ列のかなに「い」を添える
にいさん（ニーサン）、おじいさん（オジーサン）
ウ列長音：ウ列のかなに「う」を添える
くうき（クーキ）、ふうふ（フーフ）
エ列長音：エ列のかなに「え」を添える
ねえさん（ネーサン）、ええ（エー）

ただし、次の場合は注意が必要である。

- エ列長音として発音されるか、エイ、ケイなどのように発音されるかにかかわらず、エ列の仮名に「い」を添える場合：せい（背：セー／セイ）、えいが（映画：エーガ／エイガ）
- オ列長音として発音され、オ列のかなに「ウ」と書く：おとうさん（オトーサン）、あそぼう（アソボー）
- 歴史的仮名遣いでオ列の仮名に「ほ」または「を」が続く以下のような語。オ列長音として発音されるか、オ・オ、コ・オのよ

第1部 言語一般
第2部 言語と教育
第3部 言語と心理
第4部 言語と社会
第5部 社会・文化・地域
第6部 音声分野
第7部 記述問題

うに発音されるかにかかわらず、オ列の仮名に「お」を添えて書く：こおり（氷：コーリ／コオリ）、おおやけ（公：オーヤケ／オオヤケ）、とおる（通る：トール／トオル）

「エイ／エー」、「オウ／オー」などを含め、母音連続か長母音のどちらで発音されるかは、構成、アクセント、文体などのさまざまな要因が関与している。名（めい：メー・メイ）／姪（めい：メイ）、塔（とう：トー／トウ）／問う（とう：トウ）、福岡（フコーカ）、NHK（エネーチケー）など自然な発話ではさまざまな長音化が見られる。

1.9 その他

長母音の短母音化

通常日本語では、長母音と短母音の区別は意味の区別に関与する。しかし丁寧に発音すれば長母音だが、ぞんざいに発音した場合には短母音になる現象を長母音の短母音化という。例えば、「学校（ガッコ）」、「本当（ホント）」、「面倒（メンド）」などでは、語末の長母音が短母音化する発音が観察される。

母音の無声化

音韻論的に見て母音があるところで、実際には（音声的には）声が出ていない（声帯振動がない）とき、その母音は「無声化された」という※23。ほぼ規則的に無声化されるのは、狭母音イ［i］、ウ［ɯ］を含む拍がアクセント核※24ではなく、以下の環境のときである※25。

- 無声子音に挟まれている場合

例：～ました［maçi̥ta］

- 無声子音の後ろで、語末／文末（ポーズの直前）の場合

例：お菓子［okaçi̥］、～です［desɯ̥］

つまり、狭母音イ［i］、ウ［ɯ］は、その前後が声帯振動のない無声音か無音のとき無声化するということになる。これを仮名の観点から整理すると、母音の無声化は、カサタハパ行のイ・ウ段（キク・シス・

※23
音声記号では記号の下に小さな「˳」を付けて、机［tsɯ̥kɯe］のように表記する。

※24
アクセント核については、「**2.1** 日本語のアクセントの特徴」参照。

※25
イの段は口蓋化していて子音が異なるので、母音無声化されても母音［i］があったと分かる。またdeskが［desɯkɯ］になるように、外来語の子音の後には通常母音［ɯ］が挿入されるように、母音がなくても［ɯ］があるように聞こえる。

チツ・ヒフ・ピプ）とシュ、フィの拍が、カサタハパ行、もしくは、語末／文末（ポーズ）の前にあるときに起こるといえる※26。

上記の環境でほぼ無声化が起こるといっても、話す速度や、個人差、方言差、上昇イントネーションなどにより、無声化が起こらないこともある。また、無声化する可能性のある母音が続くときは、1つおきぐらいに無声化することも多い※27。

促音化

母音の無声化によって無声子音間に促音が入る現象をいう。「洗濯機」は無声化した「く」を含む[sentakuki]を経て、「センタッキ[sentakki]」のように発音される。音楽会（オンガッカイ）、退職金（タイショッキン）、～角形（～カッケイ）なども同じ現象である※28。

拗音の直音化

シュ、ジュという拗音が、それぞれシ、ジと発音される現象をいう。手術は「シュジュツ」だが、それ以外に「シジュツ」、「シュジツ」、「シジツ」のように発音されることがある。これらが認められる場合もあるが、「シュッテン（出典）／シッテン（失点）」のようにミニマルペアがある場合もあるので区別した明確な発音が必要であるとされている。

鼻濁音

軟口蓋鼻音で発音されるガ行の子音（ガ行鼻音）のこと。鼻濁音を持つ方言は東の方に多いが、若い世代でほぼ使われなくなってきている。なお現在でも東北の一部の方言に残るように、歴史的にはザ行、ダ行、バ行も含めて濁音が全て鼻音化していたといわれる。

ガ行が鼻濁音になるのは語中および、助詞の「が」、「大会社」など連濁によって生じた場合、「小学校」など結び付きの強い複合語中である。ただし「高等学校」、「経済学部」など独立要素が重なったものは鼻濁音にならないとされる。

鼻濁音にならないのは語頭および、擬声語、擬態語、漢語の重ね言葉の中、外来語の中※29、数詞の「5」※30である。

「お元気」などの敬語の接頭辞「お（御）」の次のガ行音は鼻濁音にならないが、同じ接頭辞でも「不」や「非」などの次のガ行音は鼻濁音になる場合もあるとされる。

※26
拗音の「キュ、チュ、ヒュ、ピュ」は通常「キュー、チュー、ヒュー、ピュー」という長母音を伴う拍になるので無声化が起こらない。

※27
[a] [o] も無声化することがある。「カカ」「ココ」で始まる語の語頭が「低高」のアクセントの場合（例：カカト、ココロ）の語頭の「カ」と「コ」の拍の母音と、「低高」のアクセントで始まり、無声子音が後続する語頭の「ハ」と「ホ」（例：ハカ、ホコリ）の拍に起こりやすい。ただし、検定試験で母音の無声化の出題では、ここに挙げた2つの場合のときが基本である。

※28
「学問」（ガクモン）に対し「学会」（ガッカイ）になるのは漢字音の問題で、無声化による促音化ではないので、混同しないように。

※29
古くから入っている「オルガン」などの語や、原語が鼻濁音と同じ音を使っている「ゾーリンゲン」などは鼻濁音でも読まれる。

※30
ただし、数の意味が薄れ普通の語のように使われる「七五三、十五夜」などは鼻濁音でも読まれる。

○ 母音の中舌化

母音 [ɯ] は後舌母音だが、英語の [u] などに比べればもともと中舌寄りである。母音の中舌化とは、歯茎を調音点とする子音の後ろに [ɯ] がある「ス・ズ（ヅ）・ツ」の拍の母音が、さらに中舌寄りになる現象をいう[※31]。なおウの段の拗音の母音 [ɯ] にも、子音の口蓋化の影響で中舌化が見られる。

※31
音声記号では [ɯ̈] または [ɯ̶] のように表記されることもある。

2. アクセント ★★★

アクセントとは、個々の語について社会的慣習として恣意的に決まっている、相対的な高さや強さの配置のことである。

2.1 日本語のアクセントの特徴

東京方言をもとにした日本語の共通語のアクセントは、拍を単位とする高低２段の**高さ（ピッチ）アクセント**である。

○ アクセントの規則

日本語の共通語の高低には、次のような配置の制限がある。

- **規則１**　語の１拍目と２拍目とは必ず高さが異なる。
- **規則２**　１語の中で山（高いところ）は１拍か、連続した数拍、すなわち１カ所のみである。山が２カ所以上になったり、途中に谷（低いところ）ができたりすることはない。

声の高さは段階的に変化するが、拍ごとに「高」「低」の２段に配置したアクセントは、かなりの程度抽象化されている。また語のアクセントの配置を考えるときには、丁寧に拍ごとに切った形で考える必要がある。例えば「コーヒー」のような「低」で始まる語の２拍目が引く音である場合、続けて「コーヒー」のように発音したときは「高高高低」のように感じられることがある。しかし拍ごとに切って、「コ・オ・ヒ・イ」と発音したときは、１拍目と２拍目の高さが異なる「低高高低」という型が現れる[※32]。

※32
p.491の「２拍目が撥音［ン］・長音［ー］の拍の場合」参照。

下記の表で示すように３拍の語の可能なアクセントの配置は８種類だが、前述の２つの規則があるので、共通語で実際に存在するのは３種類ということになる。

1拍	2拍	3拍		共通語の型[※33]
高	高	高	①—②—③	ない：規則１違反
高	高	低	①—②＼③	ない：規則１違反
高	低	高	①＼②／③	ない：規則２違反
高	低	低	①＼②—③	ある
低	高	高	①／②—③	ある
低	高	低	①／②＼③	ある
低	低	高	①—②／③	ない：規則１違反
低	低	低	①—②—③	ない：規則１違反

表6-2-5　３拍の語の可能なアクセントの型

※33
「高高高」と「低低低」は、型としては区別できない。

なお、語としては「低高高低」という配置の「かたかな」も「低高」の「この」という言葉を前に付けて、続けて発音すると「低高高高高低」の「このかたかな」と発音され、もとの「かたかな」の最初の「か」の「低」は現れない[※34]。このため規則１は厳密には単語ではなく、ひとまとまりに発音される単位に関するもので、どちらかといえば、後述の文全体の抑揚であるイントネーションに関わる問題と考えることもある。しかし、語だけを読んだ場合には単語の最初に現れるので、通常は標準語のアクセント配置の規則の１つとして扱う。

※34
アクセントを誤って読んでいるときは、基本的にアクセントの下がり目の位置の誤りか、アクセントの下がり目を取り違えていることが多い。「アクセントの上がり目」の有無や位置の違いは含まれないのに注意すること。

◘ アクセントの機能

「雨：アメ（高低）」と「飴：アメ（低高）」など、同じ音の語をアクセントで区別する働きを**アクセントの弁別（示差）機能**という。

「ニワトリがいる」では、前述の規則２によって「ニワトリ」が一語の「鶏」ではなく「２羽鳥」ということが分かる。このように語と語の切れ目を示し、どこまでが語のまとまりかを示す働きを**アクセントの統語機能**という。

● アクセントの型

アクセントが高から低へ変わるところを**アクセントの滝**[※35]といい、低になる直前の最後の高い拍もしくはその直後に**アクセント（の）核**があるという。

アクセントの型は、まず核の有無で、核のない**平板式**と核のある**起伏式**に分けられる。核のない平板式は１種類の**平板型**しかないが、核のある起伏式は核のある拍の位置で分類される。核が最後の拍にあるものを**尾高型**（おだかがた）、途中の拍にあるものを**中高型**（なかだかがた）、最初の拍にあるものを**頭高型**（あたまだかがた）と呼ぶ。以下に３拍の例を示す。

※35
「アクセントの滝」は「アクセントの核」と同じように使われることもある。

核の有無		なし（平板式）	あり（起伏式）		
核の位置			最後の拍	途中の拍	最初の拍
		平板型	尾高型	中高型	頭高型
高		○○●	○◎	◎	◎
低		○	○　●	○　○●	○○●
例		さくらが	おとこが	なかみが	みどりが
核の位置の数字表記	前から	0（核なし）	3	2	1
	後から	0（核なし）	－1	－2	－3

（核のある拍：◎　助詞の拍：●）

表6-2-6　共通語の３拍の語のアクセントの型

「低高高」の型は次の助詞「が」が高くなる「低高高高」と助詞が低くなる「低高高低」の２種類があり、３拍の語には全部で４種類の型があることになる[※36]。また、助詞が「高」になるのは平板型だけなので、１拍では助詞が高い「日が（低高）」のような語が平板型、「火が（高低）」が頭高型になる。２拍の語には中高型がなく、４拍以上になると、中高型が２種類以上現れる。

※36
助詞によっては「の」のように、ともに「高」で付き（例：さくらの／おとこの）、この区別に合わないものもあるので注意すること。

拍の数をｎとすると、どの拍もアクセントの核になる可能性があるので、核のある起伏式は拍の数と同じだけ、つまりｎ種類の型があり、さらに核のない平板型が１つあるので、**ｎ拍の語には合計ｎ＋１通りの型**があり得ることになる。

語を単独で発音した場合のアクセントは核の位置が分かれば、前述の規則１と２から以下のように決められる。

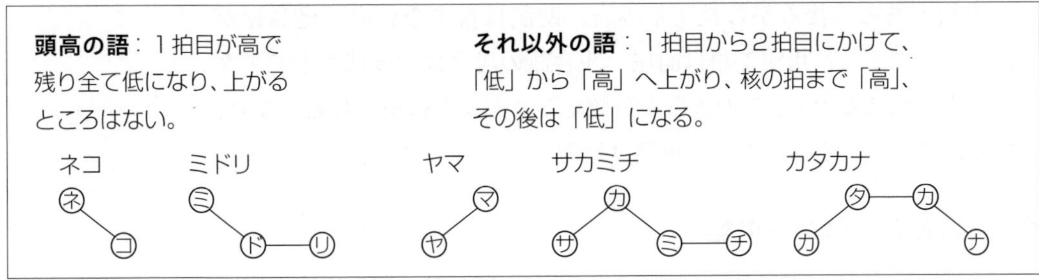

図6-2-4　語を単独で発音した場合のアクセントの型

ただし、２拍目が特殊拍の場合は、以下のような傾向がある※37。

※37
以下は、NHK放送文化研究所編『NHK日本語発音アクセント新辞典』(2016) をもとにした説明である。

- **２拍目が、撥音［ン］・長音［ー］の拍の場合**

１拍目から２拍目にかけての音の上がり方は非常に小さく、１拍目からいきなり高いように発音されることが多い。ただし、極端にゆっくり拍を切るように話す場合などでは、１拍目が低く始まって２拍目にかけて上がることもある。実際には下の図の上と下の間になる。

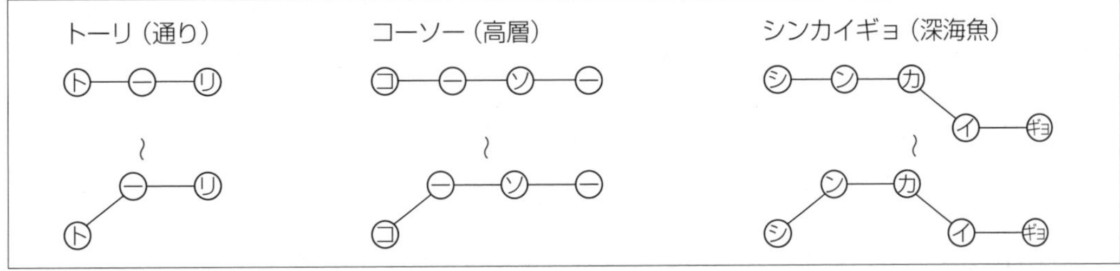

図6-2-5　２拍目が「ン」「ー」の場合

- **２拍目が、促音［ッ］の拍の場合**

１拍目から２拍目にかけての音が上がるという印象はほとんどなく、３拍目から高くなるように聞こえる。

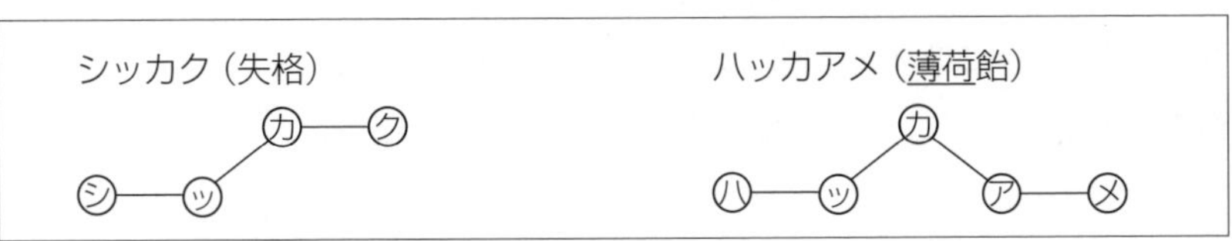

図6-2-6　２拍目が「ッ」の場合

そのため、表のように全ての拍の高低を示さないで、核だけを示したり、核の位置を最初からの拍の数字で示したりする方法が多く使われる。最後の拍から核までの拍数にマイナスが付けられる形で表現す

る方法もある。後ろから数える場合、助詞は含まないので尾高型が「－1」となる。活用する語は語尾、複合語の場合は、後部要素でアクセントが決まるので、この後ろから数える表記が主に使われる。なお、いずれの場合でも核のない平板型は通常「0」で示される。

○ 品詞とアクセントの型

3拍以下の名詞は頭高型が多いが、特に4拍名詞は平板型になるものが多い。4拍以上の名詞は語末から3拍目にアクセントの核がきやすく、複合語になったときは特にその傾向が強くなる。複合名詞のアクセント型は、主に後部要素で決まり、前部要素は後部に結合する役目しかない。例えば「～会（かい）」という合成語は、後ろから3拍目が核になり、「幹事会（カンジカイ）」のように、「～カイ」の直前までが高い形になるのが基本である。

標準アクセントでは**特殊音素（撥音「ン」、促音「ッ」、引く音「ー」）の拍、連母音の後部の拍は、アクセントの核にならない**。無声化した拍もアクセントの核になりにくい。

そのため、後ろから3拍目が特殊音素や連母音の後部の拍のときは、核にならずに、1つ前の拍に核が移ることになる。

例：　展覧会（テンランカイ→テンランカイ）
　　　定例会（テイレーカイ→テイレーカイ）

形容詞も動詞も、終止形は基本的に東京方言では平板型（0型）か、後ろから2番目の拍にアクセント核がある形（－2型）になる。ただし形容詞ではゆれがあり、「アブナイ／アブナイ」のような終止形でも、「赤い（アカイ）本」「この本は赤い（アカイ）」のように本来は同じ型のはずの連体形と終止形の間に揺れが見られることもある。

なお活用形全般にわたって、アクセント核がくるべき拍（ここでは最後から2番目の拍）が特殊拍に準ずる母音の場合、前述の複合名詞同様にアクセント核が1拍前にずれ、－3型になっていることがあるので、注意すること。

例：　多い（オーイ→オーイ）
　　　帰る（カエル→カエル）

3. イントネーション・プロミネンス ★★

3.1 イントネーション

イントネーションとは、**文を単位とする声の高さの時間的な変化**のことで、文全体のメロディーのような抑揚[※38]である。言語教育などでは通常、その中でも「話者の表現意図に関係する音の高さの変化」を意味することが多い。

文末イントネーションは、中立的な発話に用いる**平調**（最後の音で上昇も下降もしない）、相手によって確信化できる疑問を含む場合に用いられる**上昇調**（上昇は最後の拍にのみ集中する）、相手の反応が必ずしも必要ないときに用いられる**下降調**（最後の音の中で下降する）がある。

※38
文全体のイントネーションは、アクセントに基づいて決まる。文を「句切り」に従い、句頭の第２拍から（第１拍に核がある場合は第１拍から）上げ、後は核がない限り平らに進み、核があれば音調を下げる。核の後はそのまま平らに進み、また核があったらもう一度、そこで下げ、「句切り」がきたら元の高さに戻る。

3.2 プロミネンス

「昨日、何を食べたんですか」という問いに対して「焼き肉を食べました」と答える場合、通常は問いの答えになる「焼き肉を」を「食べました」に比べて目立つように言うだろう。このように文脈などで、文中の他の要素と比べて特定の部分が強調された場合、その部分に「**プロミネンス**」[※39]が置かれたという。通常、疑問文の答えや疑問詞、伝えたい「新情報」にプロミネンスが置かれる。

また「昨日、太郎は花子と銀座で焼肉を食べました」という文において、「行ったのは今日ではなく昨日である」ということを特に示したければ「昨日」の部分を、「明子ではなくて花子と行った」ことを示したければ「花子（と）」の部分を目立たせて言うだろう。このように文中の任意の部分を際立たせて何らかの効果を出す「誇張の強調」はプロミネンスと区別することもあるが、通常はこれも含めてプロミネンスと呼ばれる。

学習者の中には疑問文に対して「新情報」ではない部分にプロミネンスを置いて答える

日：試験は今週の土曜日でしたっけ？
学：いいえ、来週の[土曜日]です。（正：[来週の]土曜日…）

※39
プロミネンスは「卓立」「際立たせ」ともいわれる。

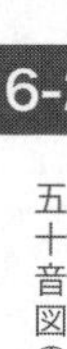

や、疑問詞ではなく、既出の部分にプロミネンスが置かれている

日：センさん、机の上の本を取ってくれる？
学：どの本ですか？（正：どの本ですか？）

のような発話が見られることがある。

確認問題

問題１　言語音の作り方について、①～⑩に適切な語句を入れなさい。

肺からの呼気に調音器官によって加工がなされ、様々な言語音が作られる。

肺から出た息は、気管を経て（　①　）に入る。（①）の中には開閉する左右一対のひだである（　②　）があり、そのひだの隙間である（　③　）の状態が、発声の違いをもたらす。

呼気は（②）が開いており（②）が振動しなければ息だけが、（②）が閉じて、息が通る際に（②）を振動させる時はその振動の音である（　④　）を伴った息が、口や鼻から出て音声になる。この（④）を伴った呼気で作られる音は（　⑤　）、（④）を伴わずに息のみで作られる音は（　⑥　）と呼ばれる。基本的に言語音は（⑤）か（⑥）のどちらかに分類できる。

（①）を出た呼気は咽頭に至る。口蓋帆（＝口蓋垂の裏側）を咽頭の壁につけ（　⑦　）への通路をふさぐと（　⑧　）のみに呼気が通る。つけずに（⑦）への通路を開けると（⑦）にも呼気が通る。

（①）より上の呼気の通り道を声道という。舌や唇などで声道の形を変えたり、気流を妨害したりして様々音を作ることを「調音」という。

調音の際に、声を伴った息が妨害を受けずに、声を声道に響かせて作られる音を（　⑨　）、声道で呼気を妨害することによって作られる音を（　⑩　）という。

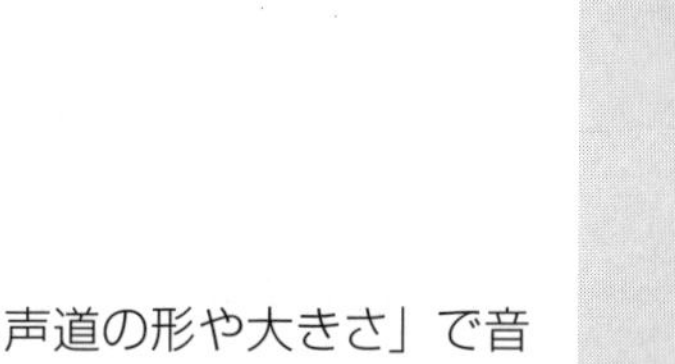

問題２　母音について、①～⑧に適切な語句を入れなさい。

母音は「声を口の中（声道）で共鳴させて作る音」で「声が共鳴する声道の形や大きさ」で音が決まり、母音は基本的にそれによって分類される。

主に「声道の形」を変えるのは（　①　）、主に「声道の大きさ（容積）」を変えるのは（　②　）である。

さらに日本語では意味を変えるような音の区別には関与しないが、母音の調音の際に（　③　）も声道の形状に影響し母音の分類に関与する。多くの場合後舌の母音は円唇母音である。

母音（アイウエオ）を舌の位置で大まかに分類すると以下のようになる。

舌の前後位置

舌の高さ	前舌			後舌
高(狭)	（　④　）			（　⑧　）
中		（　⑤　）	（　⑦　）	
低(広)		（　⑥　） 前後の区別なし		

問題3　子音の分類について、①〜④に適切な語句を入れなさい。

子音は息を（ ① ）して作る音である。子音は、息に声が加わっているかどうかという（ ② ）と、「息を（①）する位置」である（ ③ ）、「息を（①）する方法」である（ ④ ）で分類される。

問題4　基本的な調音位置について、①〜⑧に適切な語句を入れなさい。

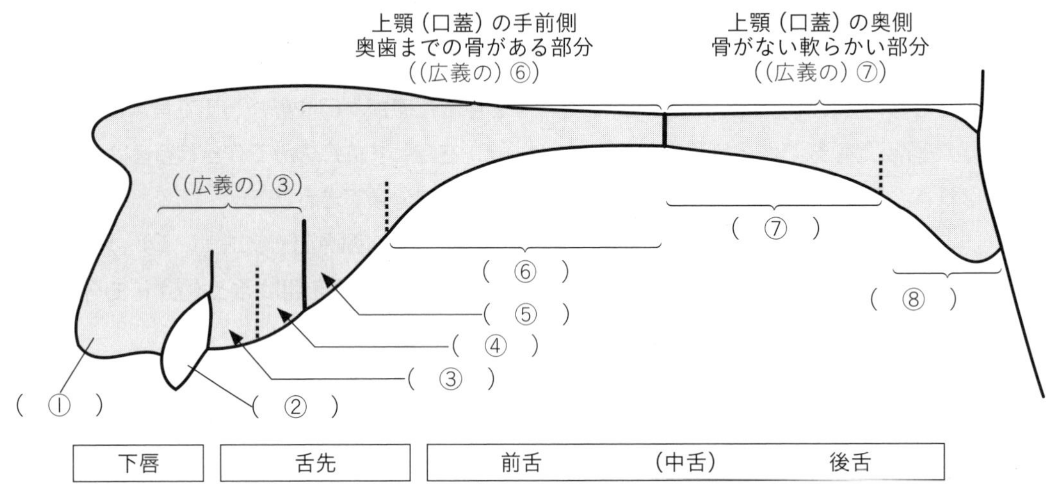

問題5　基本的な調音法について、①〜⑧に適切な語句を入れなさい。

- 口腔を調音点で閉鎖し、鼻腔に声を伴った息を通す。　（ ① ）
- 口腔を調音点で閉鎖し、その後開放し息を出す。　（ ② ）
- 口腔の調音点で狭めを作り、狭めに呼気を通す。　（ ③ ）
- 同じかごく近い調音点で②の直後に③が起きて、合成される。　（ ④ ）
- 舌が調音点を弾くように触れて、はたく。　（ ⑤ ）
- 摩擦がない狭めを伴う「接近音」の一種で狭母音と対応するわたり音。　（ ⑥ ）
- 調音点で調音器官を2回以上震わせる。　（ ⑦ ）
- 調音点で呼気の通路の中央を閉鎖し、舌の両脇から息を出す。　（ ⑧ ）

問題6　口腔断面図を見て、鼻腔への通路（開か閉か）、口腔内（閉鎖か狭めか）の適切な方を選び、調音法を書きなさい。

	(図)	(図)	(図)	(図)	(図)
鼻腔への通路					
口腔内					
調音法					
調音点	歯茎	歯茎	歯茎	両唇	両唇

問題7　[　　] に音声記号、(　　) にその子音を持つアの段のカタカナを書きなさい。

調音法	調音点			声帯振動
	両唇	歯茎	軟口蓋	
鼻音	[　　]（　　）	[　　]（　　）		有声音
破裂音	[　　]（　　）	[　　]（タ）	[　　]（　　）	無声音
	[　　]（　　）	[　　]（　　）	[　　]（　　）	有声音
摩擦音		[s]（　　）		無声音
		[　　]（　　）		有声音

問題8　以下の拍の子音の声帯振動の有無、調音点、調音法を選び、音声記号を書きなさい。

1	カキクケコ	有声・無声 [　　]	両唇　歯茎　歯茎硬口蓋　硬口蓋　軟口蓋　声門 鼻音　破裂音　摩擦音　破擦音　はじき音　半母音
2	ガギグゲゴ	有声・無声 [　　]	両唇　歯茎　歯茎硬口蓋　硬口蓋　軟口蓋　声門 鼻音　破裂音　摩擦音　破擦音　はじき音　半母音
3	ガギグゲゴ 鼻濁音	有声・無声 [　　]	両唇　歯茎　歯茎硬口蓋　硬口蓋　軟口蓋　声門 鼻音　破裂音　摩擦音　破擦音　はじき音　半母音
4	サスセソ	有声・無声 [　　]	両唇　歯茎　歯茎硬口蓋　硬口蓋　軟口蓋　声門 鼻音　破裂音　摩擦音　破擦音　はじき音　半母音
5	シ	有声・無声 [　　]	両唇　歯茎　歯茎硬口蓋　硬口蓋　軟口蓋　声門 鼻音　破裂音　摩擦音　破擦音　はじき音　半母音
6	ザズ（ヅ）ゼゾ 語頭、「ン、ッの直後」	有声・無声 [　　]	両唇　歯茎　歯茎硬口蓋　硬口蓋　軟口蓋　声門 鼻音　破裂音　摩擦音　破擦音　はじき音　半母音
7	ジ（ヂ） 語頭、「ン、ッの直後」	有声・無声 [　　]	両唇　歯茎　歯茎硬口蓋　硬口蓋　軟口蓋　声門 鼻音　破裂音　摩擦音　破擦音　はじき音　半母音
8	ザズ（ヅ）ゼゾ 語中、「上記以外」	有声・無声 [　　]	両唇　歯茎　歯茎硬口蓋　硬口蓋　軟口蓋　声門 鼻音　破裂音　摩擦音　破擦音　はじき音　半母音
9	ジ（ヂ） 語中、「上記以外」	有声・無声 [　　]	両唇　歯茎　歯茎硬口蓋　硬口蓋　軟口蓋　声門 鼻音　破裂音　摩擦音　破擦音　はじき音　半母音
10	タテト	有声・無声 [　　]	両唇　歯茎　歯茎硬口蓋　硬口蓋　軟口蓋　声門 鼻音　破裂音　摩擦音　破擦音　はじき音　半母音
11	チ	有声・無声 [　　]	両唇　歯茎　歯茎硬口蓋　硬口蓋　軟口蓋　声門 鼻音　破裂音　摩擦音　破擦音　はじき音　半母音
12	ツ	有声・無声 [　　]	両唇　歯茎　歯茎硬口蓋　硬口蓋　軟口蓋　声門 鼻音　破裂音　摩擦音　破擦音　はじき音　半母音
13	ダデド	有声・無声 [　　]	両唇　歯茎　歯茎硬口蓋　硬口蓋　軟口蓋　声門 鼻音　破裂音　摩擦音　破擦音　はじき音　半母音
14	ナヌネノ	有声・無声 [　　]	両唇　歯茎　歯茎硬口蓋　硬口蓋　軟口蓋　声門 鼻音　破裂音　摩擦音　破擦音　はじき音　半母音
15	ニ	有声・無声 [　　]	両唇　歯茎　歯茎硬口蓋　硬口蓋　軟口蓋　声門 鼻音　破裂音　摩擦音　破擦音　はじき音　半母音
16	ハヘホ	有声・無声 [　　]	両唇　歯茎　歯茎硬口蓋　硬口蓋　軟口蓋　声門 鼻音　破裂音　摩擦音　破擦音　はじき音　半母音
17	ヒ	有声・無声 [　　]	両唇　歯茎　歯茎硬口蓋　硬口蓋　軟口蓋　声門 鼻音　破裂音　摩擦音　破擦音　はじき音　半母音
18	フ	有声・無声 [　　]	両唇　歯茎　歯茎硬口蓋　硬口蓋　軟口蓋　声門 鼻音　破裂音　摩擦音　破擦音　はじき音　半母音
19	パピプペポ	有声・無声 [　　]	両唇　歯茎　歯茎硬口蓋　硬口蓋　軟口蓋　声門 鼻音　破裂音　摩擦音　破擦音　はじき音　半母音
20	バビブベボ	有声・無声 [　　]	両唇　歯茎　歯茎硬口蓋　硬口蓋　軟口蓋　声門 鼻音　破裂音　摩擦音　破擦音　はじき音　半母音
21	マミムメモ	有声・無声 [　　]	両唇　歯茎　歯茎硬口蓋　硬口蓋　軟口蓋　声門 鼻音　破裂音　摩擦音　破擦音　はじき音　半母音
22	ヤユヨ	有声・無声 [　　]	両唇　歯茎　歯茎硬口蓋　硬口蓋　軟口蓋　声門 鼻音　破裂音　摩擦音　破擦音　はじき音　半母音
23	ラリルレロ	有声・無声 [　　]	両唇　歯茎　歯茎硬口蓋　硬口蓋　軟口蓋　声門 鼻音　破裂音　摩擦音　破擦音　はじき音　半母音
24	ワ	有声・無声 [　　]	両唇　歯茎　歯茎硬口蓋　硬口蓋　軟口蓋　声門 鼻音　破裂音　摩擦音　破擦音　はじき音　半母音

問題 9　次の問題に答えなさい。

問１：次の①から⑤にあてはまる言葉を書きなさい。

撥音は、基本的に後続する音の調音を準備して鼻腔に有声の息を通し、単独で1拍分の長さを持つ音として発音される。ただし撥音が語末などにあり、次がポーズで後続音がない場合は、通常は（　①　）で発音される。

後続音が口腔内の閉鎖を伴わない（　②　）である「ア行」音、（　③　）である「サ行・ハ行」音、（　④　）である「ヤ行・ワ行」音の場合は、口腔内に閉鎖がない状態で鼻腔に有声の息を通すため、いわゆる（　⑤　）で発音される。

上記以外の後続音が口腔内に一時的でも閉鎖を伴う場合は、後続音の調音を準備するため、後続音と同じ調音点で口腔を閉鎖し鼻腔に有声の息を通すので、後続音と同じ調音点の鼻音として発音される。

問２：撥音「ン」の異音が①から⑤の音になるものを下からすべて選びなさい。

① [m]（　　　　　　　　　　）　　② [n]（　　　　　　　　　　）
③ [ɲ]（　　　　　　　　　　）　　④ [ŋ]（　　　　　　　　　　）
⑤ [ɴ]（　　　　　　　　　　）

a トンボ	b インク	c サンチュ	d ミント	e ドカン	f アンダ
g サンプ	h ハンニャ	i コンガ	j カンマ	k シンラ	l ベンツ

問３：「恋愛」を「レナイ」、「婚約」を「コンニャク」、「県へ」を「ケネ」のように発音する学習者の指導に用いる語や句として、**適切ではないもの**を選びなさい。

a　蔓延（マンエン）　b　今夜（コンヤ）　c　パンを　d　潜入（センニュウ）

6-Q 確認問題

問題10　次の問題に答えなさい。

問1：次の①～⑥にあてはまる言葉を書きなさい。

促音は、基本的に後続する音の調音を準備して、そのまま1拍分の長さを持続する状態で発音される。そのため外来語（ベッド、バッグ、ロッジ）等を除けば、通常促音は「カ・サ・タ・ハ・パ」行の前、すなわち（　①　）子音の前にしか現れない。

後続音が（　②　）の「カ・パ行、タテト」などの場合、促音は後続する子音の調音のうち、（　③　）を1拍分維持している状態で、基本的には後続する子音と同じ子音になり、あたかも次の音が（③）が1拍分ある（②）のように発音される。後続音が（　④　）の「チ・ツ」の場合も同様だが、その前半部分の（④）の（③）が1拍分維持される。いずれの場合も音としては「無音部」として実現する。

それに対し後続音が「サ・ハ行」のような（　⑤　）の場合は、後続する子音が1拍分発音されるので無音ではなく、後続する子音の音が発音されている。

「カ」と「タ」を単に1拍分ポーズをあけて発音しても「カッタ」にならないのは、促音は直前の母音が、促音の後続音の調音準備のため急に終わらせることが必要だからである。そのため「アッ」などでは、母音を短く切るために声帯を閉鎖する際に見られる（　⑥　）が促音として認識される。

問2：以下の促音の中で、現れている音の性質が**異なるもの**を1つ選びなさい。

a　イッカイ　　b　イッツイ　　c　イッサイ　　d　イッパイ

問題11　次の問いに答えなさい。

問１：次の①から⑪にあてはまる言葉を書きなさい。

　文字から（音韻的に）考えれば母音があるべきところだが、実際の発音では母音の部分が声帯振動を伴わない（　①　）で発音されていることがある。そのときその母音は無声化されたという。

　東京方言を基本に考えた共通語において、ほぼ規則的に必ず無声化されるのは、舌の高さが（　②　）前舌の（　③　）と後舌の（　④　）、すなわち口の開きが（　⑤　）母音である。そしてこれらの母音の前後が声帯振動を伴わない（①）か、語末（ポーズの前・語境界）にあり無音のとき、無声化される。

　日本語では（　⑥　）の行が無声の子音を持つので、それらの行の無声化しやすい母音を持つ（　⑦　）の段の拍である（　⑧　）の拍と「シュ、フィ」の拍の母音が、無声子音を持つ（⑥）の行、もしくは、語末／文末（ポーズ）の前にあるとき無声化することになる。

　上記の環境でほぼ無声化が起こるといっても、無声化するはずの拍が次にアクセントが低くなる拍（アクセントの核）になっている場合は無声化しないことが多く、話す速度や、個人差、方言差（母音（④）が円唇性を持つ西の方言では起こりにくい）、上昇イントネーションなどにより、無声化が起こらないこともある。

　「洗濯機」では、語中の（　⑨　）の拍が無声化するが、完全に母音がなくなるとその部分で子音が連続して（　⑩　）がおこり、（　⑪　）のように発音される。

問２：共通語において通常母音の無声化を起こす拍を**含まない**語を選びなさい。

a　明日（アシタ）　　b　机（ツクエ）　　c　間違い（マチガイ）　　d　薬（クスリ）

問題12　次の①～⑱にあてはまる言葉を書きなさい。

共通語のアクセントの配置には以下のような規則がある。

規則１：単語を単独で読んだとき、（　①　）と（　②　）は必ず高さが変わる。
規則２：１語の中で離れた２ヵ所以上に（　③　）ができたり、その間に（　④　）ができたりする語はない。

アクセントの違いで語を区別する働きをアクセントの（　⑤　）機能、語の最初や文の中での語の切れ目を示し、文の構成を示す働きをアクセントの（　⑥　）機能という。

アクセントの「高」から「低」への下がり目を（　⑦　）といい、その前の拍、すなわち次の拍が「低」になる最後の高い拍に（　⑧　）があるという。

共通語では（　⑨　）の拍や、（　⑩　）の後部の拍は核にならず、（　⑪　）化した母音を持つ拍は核になりにくい傾向がある。

核の有無と位置によってアクセントの型は分類され、核のないものを（　⑫　）、核のあるものを（　⑬　）という。前者には１種類の（　⑭　）型だけだが、後者は核の位置によって、最後の拍に核があるものを（　⑮　）型、最初の拍に核があるものを（　⑯　）型、最初と最後以外の途中の拍に核があるものを（　⑰　）型と呼ぶ。n 拍の語には（　⑱　）通りの型がある。

確認問題 解答・解説

問題1

① 喉頭　② 声帯　③ 声門　④ 声　⑤ 有声音
⑥ 無声音　⑦ 鼻腔　⑧ 口腔　⑨ 母音　⑩ 子音

問題2

① 舌の前後の位置　② 舌の高さ（開口度）
③ 唇の丸めの有無　④ イ [i]　⑤ エ [e]　⑥ ア [a]
⑦ オ [o]　⑧ ウ [u]
※⑧で日本語の「ウ」は非円唇の [ɯ]

問題3

① 妨害　② 声帯振動の有無　③ 調音点　④ 調音法

問題4

① （上）唇　② 歯　③ 歯茎　④ 後部歯茎（硬口蓋歯茎）
⑤ 歯茎硬口蓋　⑥ 硬口蓋　⑦ 軟口蓋　⑧ 口蓋垂

問題5

① 鼻音　② 破裂音　③ 摩擦音　④ 破擦音
⑤ はじき音　⑥ 半母音　⑦ ふるえ音　⑧ 側面音

問題6

鼻腔への通路	開	閉	閉	開	閉
口腔内	閉鎖	閉鎖	狭め	閉鎖	閉鎖
調音法	鼻音	破裂音	摩擦音	鼻音	破裂音
調音点	歯茎	歯茎	歯茎	両唇	両唇

問題7

調音法	調音点			声帯振動
	両唇	歯茎	軟口蓋	
鼻音	[m]（マ）	[n]（ナ）		有声音
破裂音	[p]（パ）	[t]（タ）	[k]（カ）	無声音
	[b]（バ）	[d]（ダ）	[g]（ガ）	有声音
摩擦音		[s]（サ）		無声音
		[z]（ザ）		有声音

問題8

1：無声　軟口蓋/破裂音　[k]
2：有声　軟口蓋/破裂音　[g]
3：有声　軟口蓋/鼻音　[ŋ]
4：無声　歯茎/摩擦音　[s]
5：無声　歯茎硬口蓋/摩擦音　[ɕ / ʃ]
6：有声　歯茎/破擦音　[ʣ]
7：有声　歯茎硬口蓋/破擦音　[ʥ/ʤ]
8：有声　歯茎/摩擦音　[z]
9：有声　歯茎硬口蓋/摩擦音　[ʑ/ʒ]
10：無声　歯茎/破裂音　[t]
11：無声　歯茎硬口蓋/破擦音　[ʨ/ʧ]
12：無声　歯茎/破擦音　[ʦ]
13：有声　歯茎/破裂音　[d]
14：有声　歯茎/鼻音　[n]
15：有声　歯茎硬口蓋/鼻音　[ɲ]
16：無声　声門/摩擦音　[h]
17：無声　硬口蓋/摩擦音　[ç]
18：無声　両唇/摩擦音　[ɸ]
19：無声　両唇/破裂音　[p]
20：有声　両唇/破裂音　[b]
21：有声　両唇/鼻音　[m]
22：有声　硬口蓋/半母音　[j]
23：有声　歯茎/はじき音　[ɾ]
24：有声　軟口蓋/半母音　[w/ɰ]

問題9

問1　① 有声口蓋垂鼻音（[ɴ]）　② 母音　③ 摩擦音
④ 半母音　⑤ 鼻母音

問2　① [m]（a, g, j）　② [n]（d, f, k, l）
③ [ɲ]（c, h）　④ [ŋ]（b, i）
⑤ [ɴ]（e）

問3　d
後続音が、母音や半母音のときに起こる誤りの例。この場合、撥音は口腔内で閉鎖を作らずに鼻母音になるべきだが、後続音が「アウエオ」の場合、歯茎で閉鎖を作った [n]、後続音が「イ、ヤユヨ」の場合、口蓋化した [ɲ] で発音することで、「ン」が次の母音と一緒に「ナ行」で発音されてしまうことがある。

問題10

問1：① 無声　② 破裂音　③ 閉鎖　④ 破擦音
⑤ 摩擦音　⑥ 無声声門破裂音（[ʔ]）

問2：c
これのみ後続音が摩擦音で、促音部ではその摩擦音が発音されている。残りは後続音が破裂音、破擦音で無音になっている。

問題11

問1：① 無声音　② 高い　③ イ（[i]）　④ ウ（[ɯ]）
⑤ 狭い　⑥ カサタハパ　⑦ イ・ウ
⑧ キ・ク、シ・ス、チ・ツ、ヒ・フ、ピ・プ
⑨ ク　⑩ 促音化　⑪ センタッキ

問2：c（a：シ、b：ツ、d：クの拍が無声化）

問題12

①1拍目　②2拍目　③ 山／高いところ
④ 谷／低いところ　⑤ 弁別（示差）　⑥ 統語
⑦（アクセントの）滝　⑧（アクセントの）核
⑨ 特殊音素／撥音「ン」・促音「ッ」・引く音「ー」
⑩ 連母音　⑪ 無声　⑫ 平板式　⑬ 起伏式　⑭ 平板
⑮ 尾高　⑯ 頭高　⑰ 中高　⑱ n+1

アクセスキー　**7**
（数字のなな）

第3章　第6部　音声分野

検定試験の音声問題

検定試験では音声分野の出題の基本は、試験Ⅱに当たる。音自体を聞き取る形式を含め、音声は他の分野と異なり、学校教育でもほぼ扱われることがなく、試験で初めて学ぶ人が多い。音声の学習をしたことのない人が、音声分野の問題を解く力を付けるためには、本番の試験と同様、短時間で音を判別するための練習が不可欠である。そのため、本章では、まず聴解試験に必要な知識を整理し、確認する練習問題を多く用意した。

1. 日本語教育能力検定試験にむけて　★★

日本語教育能力検定試験の試験Ⅱは聴解試験である。30分の音声が流される間に40題の設問に聞き返すことなく、出題後の短いポーズ（音なら8秒から10秒）で、答える。これはまさに日本語教師が授業でしなければならないことの模擬をしているといえる。試験勉強を教師としての学習として積極的に利用し、試験をレベル判定だと考えて学習の1つの指針にしてほしい。

◎ 試験内容

ここで簡単に試験Ⅱの形式を示す。試験Ⅱは問題1～問題6まである。

問題1はアクセントの型を聞き取る問題である。問題用紙に書いてある「あそこに飲(の)み物(もの)があります。」のような文の下線部（5拍から8拍ほど）のアクセントの型（ノミモノガ）を聞き取り、4つの選択肢から選ぶ。通常6題出題される※1。

問題2は文を単位とした読み方の問題点を指摘する問題である。例えば「これしまっといて。」に対して、「どこにしまうんですか。（ドコニシマウンデスカ↑）」という返答をする場面で、学習者が「しまうんですか」を強調していたら「プロミネンス」に問題があり、「しまうんですか↓」が下降調になっていたら「イントネーション」に、「どっこに」と言っていたら「拍の長さ」に、「ドコ」と言っていたら

※1
普段から「コイノボリ」なら「ドミミドド（コイノボリ）」のようにアクセントを型と音の結び付きを意識するようにするのが重要である。

「アクセントの下がり目」に問題があることになる。この4つの組み合わせが選択肢になっており、通常6題出題される。

問題3は学習者の誤った発音（例：しつこい→しチュこい）の特徴を、音声学の知識をもとにして、口腔（こうこう）断面図や声帯振動の有無、調音点、調音法などの調音の特徴を示す選択肢から選ぶ問題が8題出される[※2]。

※2
五十音図をもとに日本語の音を音声学的に整理把握しておくとよい。

聴解試験の後半は具体的な教授現場に即した問題が計20題出題される。

問題4は、授業場面での教師と学習者の会話や、日本人との対話などを聞き、発話の特徴や、使われているストラテジー等に関する設問に答える問題である。音声分野では「アクセントの平板化」「学習者の発音の誤り」「誤りの指導法」などが問われることがある。

問題5は、日本語学習者用の聴解教材を聞き、その特徴や問題点を指摘し、**問題6**は、学習者の文法や語法などに問題点を含んだ文が1回だけ読まれ、その問題点を4つの選択肢から指摘する。

2. 音声分野の聞き取りの基本 ★★

2.1 アクセントの聞き取りの基本

「問題1」に必要なアクセントの知識

試験Ⅱの問題1では、学習者の発話の下線で示された部分のアクセントの型を選択肢から選ぶ。解答するためには、下線で示された部分のアクセントを、選択肢で示されているように「高低」の2段階の高さとして聞き取る必要がある。さらに選択肢を選ぶためには、下線で示された語の高低を、選択肢の数字に対応させて把握する必要がある[※3]。

※3
選択肢の数字は、読まれる単語の拍に対応する。基本的に仮名1文字が数字に対応するが、その際、撥音（ン）、促音（ッ）、引く音（ー）は発音上も1拍なので1つの数字に対応する。「キャ」「シャ」「ファ」などの拗音や外来語などに見られる小書きの仮名が添えられた音は、それで1拍を構成することに注意する。

・どうやって<u>炭火焼きに</u>するんですか。

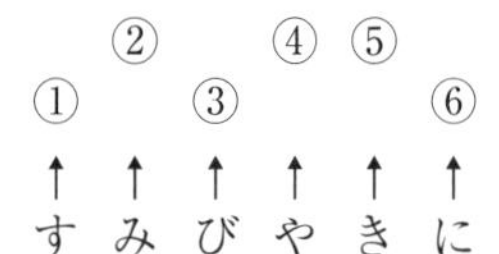

● アクセントの聞き取りの基本練習

ここで、アクセントの型を聞き取る練習方法を紹介する※4。音声全般にいえることだが、発音できないものは聞き分けもできないという傾向が見られる。大切なのは、聞き取り練習だけでなく、自分で発音してみることである。

※4
付属のCDまたはダウンロード音源を聞いて練習しよう。

準備：発音に無理のない高さで低いほうを「ド」、高いほうを「ミ」として、まず「ドドド」、そして「ミミミ」と数回繰り返してみる。次は「ド」や「ミ」と言わずに、ハミングで「ドドド」のつもりで「ンンン」、「ミミミ」のつもりで「ンンン」と声を出してみる。できたら「タ」でも同じように、「ドドド」のつもりで「タタタ」、「ミミミ」のつもりで「タタタ」と声を出してみる。

1：「低高」の「ドミ」「ドミ」「ドミ」と繰り返す。できたらハミングで「ドミ」のつもりで「ンン」と繰り返す。次に「高低」の「ミド」「ミド」「ミド」と繰り返し、その後ハミングで「ミド」のつもりで「ンン」と繰り返す。

2：次は「タ」でやってみる。「ドミ」の代わりに「タタ」と言う。この「ドミ」の「低高」という高さの配置で「アメ」と言うと、共通語ではお菓子の「飴」になる。
次に「ミド」でやってみる。「ミド」の代わりに「タタ」と言う。この「ミド」という「高低」の配置で「アメ」と言うと、共通語では空から降ってくる「雨」になる。

3：次は少し難しいが、高さを変えずにやる。「ドド」の「低低」より、少し緊張した高いほうがやりやすいようなので、「高高」の「ミミ」でやってみる※5。

※5
実際は「低低」の「ドド」でやっても同じである。正確にいえば、「高」と「低」という高さの変化がないので、「高高」とか「低低」とかの区別はないことになる。

4：下に挙げた3拍の7種類を、同様にやってみる。

共通語にある型	共通語にない型
❶ドミミ（タタタ：①②③	❹ドドミ（タタタ：①②③）
❷ドミド（タタタ（①②③）	❺ミミド（タタタ：①②③）
❸ミドド（タタタ：①②③）	❻ミドミ（タタタ：①②③）
	❼ミミミ（タタタ：①②③） （変化なし＝ドドド）

6-3 検定試験の音声問題

5：普段自分が発音している語、例えば「こいのぼり」を発音してみる。次にハミングのような形で「ンンンンン」でいってみて、さらに「タタタタタ」とし、そのアクセントの型を「ドミミドド」のようにしてみる。

試験問題の形式を見てみよう。

1番　手（て）の怪我（けが）はなおりましたか。

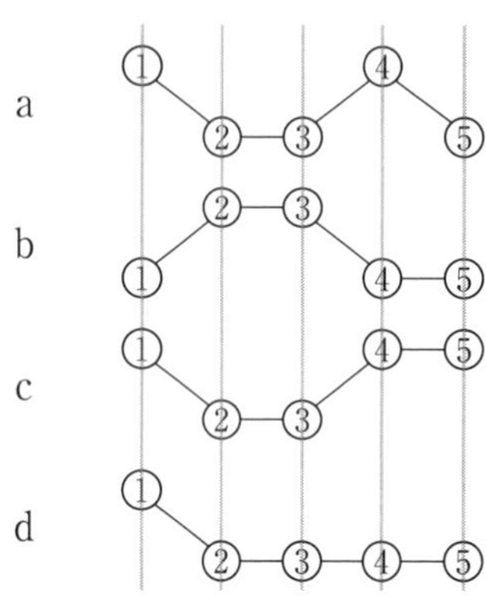

テ　ノ　ケ　ガ　ワ　←書き込んでおくと対応を間違えない。

選択肢を以下のように読んで、アクセントの型とそれが現れる音の結び付きを把握するのが重要。練習の全ての選択肢で試みるとよい。

① 高：ミ、低：ド　で読んでみる。　a：ミ　ド　ド　ミ　ド

② ハミングで　a：ン　ン　ン　ン　ン

③ 語で読んでみる　a：テ　ノ　ケ　ガ　ワ

上がり目は聞き間違えることが多いので、下がり目を中心に聞くとよい。また、「核の拍は強く聞こえる」ことが多いので、強く聞こえた拍の次が下がることにも注意しよう。

- 一部でも聞き取れたら、高低を仮名に書き込む。選択肢は少なくなる。
- 強く聞こえた文字に印をつける。そこは核の可能性が強いので次の拍（文字）が「低」となる。
- 時間が足りない場合は1つおきに行うなど、少しでも正解率を上げる工夫をする。

アクセントの聞き取り練習

解答はp.516

問題　CDを聴いて、次の問題に答えなさい。

CD 11〜CD 13

問1：今から読む3拍の言葉のアクセントの型を、例のように書きなさい。

例1　①②③　　例2　①②③

(1) ①②③　(2) ①②③　(3) ①②③　(4) ①②③　(5) ①②③

(6) ①②③　(7) ①②③　(8) ①②③　(9) ①②③　(10) ①②③

CD 14〜CD 17

問2：今から読む4拍の言葉のアクセントの型を、例のように書きなさい。

例　カタカナ(①②③④)

(1) ①②③④　(2) ①②③④　(3) ①②③④　(4) ①②③④

(5) ①②③④　(6) ①②③④　(7) ①②③④　(8) ①②③④

(9) ①②③④　(10) ①②③④　(11) ①②③④　(12) ①②③④

(13) ①②③④　(14) ①②③④　(15) ①②③④　(16) ①②③④

2.2 プロソディーの聞き取りの基本

○「問題2」に必要なプロソディーの知識

問題2では日本語母語話者と学習者の対話を聞き、選択肢にあるようなプロソディー等の面での発音上の問題点を指摘する※6。

※6
指摘すべきは教師と学習者の読み方（発音）の違いではなく、発音上の問題点であることに注意すること。

- **拍の長さ**：語（の一部）が、本来読まれるべき拍の長さより長くもしくは短く発音されている。撥音（「ン」）、促音（「ッ」）、引く音（「ー」長母音の後半）などの拍を含む場合に多い誤り。単独で1拍と考えず撥音を前の拍と一緒にしたり、撥音･促音を欠落させたり、母音の長短を混同したりする誤りが多い。

第1部 言語一般
第2部 言語と教育
第3部 言語と心理
第4部 言語と社会
第5部 社会・文化・地域
第6部 音声分野
第7部 記述問題

- **プロミネンス**：発話の意図などによって強調して（際立たせて）読む部分の違い。先行する文脈がない場合は、特にプロミネンスを置かない読み方にもなるが、基本的に問いに答える場合は、答えとなる新情報に、疑問詞があれば疑問詞にプロミネンスを置いた読み方が適切である。

- **アクセントの下がり目**：語のそれぞれの拍の「高」から「低」への変化の有無や変化の位置の違い。

- **文末・句末イントネーション**：文末・句末に見られる発話意図に関わる、拍の内部や数拍にわたる声の高さ（抑揚）の変化（上がり、下がり、上昇・下降調　等）の違い。

- **ポーズの位置**：語構成や発話の意図などに応じたポーズの位置や有無に関する問題点。

○ 問題の解き方

「アクセントの下がり目」は基本的に「違う」か「違わない」の2択である。そのため「アクセントの下がり目」の誤りの有無を基準にして以下のように考える※7。

※7
その他の選択肢の現象は、違いが連続的で判定に揺れが大きい。

①「アクセントの下がり目」の問題点
　あり→「アクセントの下がり目」が含まれない選択肢を消す。
　なし→「アクセントの下がり目」が含まれる選択肢を消す。

②（日本語母語話者の発話と比較して、）3つのどの違いが目立つかで判定

　a　長母音と短母音の混同、促音の省略・添加、撥音の省略・短縮
　　→ 拍の長さ

　b　強く強調して読んでいる場所の違いや有無　→　プロミネンス
　　正しい発音で明らかに違う場所が強調されているか、強調が無いかに注目

　c　文末や句末の抑揚　→　文末・句末イントネーション

プロソディーの聞き取り練習

解答はp.516

問題　2人が発音する文を聞き、読み方の違いをa、b、c、dの中から選びなさい。

		例	1	2	3	4	5	6	7	8	9	10
a	拍の長さ	○										
b	プロミネンス											
c	アクセントの下がり目											
d	句末・文末イントネーション											

2.3 単音の聞き取りの基本

● 学習者の誤りに見られる注意すべき音

問題3では学習者の発音上の問題点を指摘する。下記に、学習者が誤りやすい点を記す[※8]。

※8
音の違いとそれを示す断面図は、これまでの知識で分かるはずだが、試験の準備としてすぐに答えられるまで慣れておくこと。

① シ→スィ

		共通点	誤りの種類		誤りの音の断面図
正	シ	無声・摩擦音	調音点	歯茎硬口蓋	[s] [z]
誤	スィ			歯茎	

② ツ→ス

		共通点	誤りの種類		誤りの音の断面図
正	ツ	無声・歯茎音	調音法	破擦音	[s] [z]
誤	ス			摩擦音	

③ ツ→チュ

		共通点	誤りの種類		誤りの音の断面図
正	ツ	無声・破擦音	調音点	歯茎	[tɕ] [dʑ]
誤	チュ			歯茎硬口蓋	

④ **ザズゼゾ　→　ジャ〜ジョ**

		共通点	誤りの種類		誤りの音の断面図
正	ザズゼゾ	有声・破擦音	調音点（＋調音法）	歯茎	[tɕ] [dʑ]
誤	ジャジュジェジョ			歯茎硬口蓋	

語頭（ザ行は破擦音）	語中（ザ行は摩擦音）
ザル　→　ジャル 破擦音　破擦音	ゴザ　→　ゴジャ 摩擦音　摩擦音/破擦音
・学習者も語頭は基本的に破擦音 ・誤りは、調音点	・学習者の誤りも摩擦音の場合、誤りは調音点のみ ・学習者の誤りは語中でも破擦音の場合も多く、その場合誤りは調音点と調音法になる

⑤ **ン＋（アウエオ：母音）　→　ナ行**

		誤りの種類	誤りの音の断面図
正	ン＋（アウエオ：母音）		[n]
誤	ナ行	「ン」を歯茎鼻音で発音	

⑥ **ン＋（イ：母音、ヤユヨ：半母音）　→　ニ、ニャニュニョ**

		誤りの種類	誤りの音の断面図
正	ン＋（イ、ヤユヨ：半母音）		[ɲ]
誤	ニ、ニャニュニョ	「ン」を硬口蓋鼻音で発音	

⑦ **ラ行　→　ダ行　／ナ行**

		誤りの種類		誤りの断面図
正	ラ行	調音法	はじき音	[t] [d] [ts] [dz] ／ [n]
誤	ダ行　／ナ行		破裂音　／　鼻音	

⑧ 声帯振動の有無

カ行／ガ行（鼻濁音（鼻音）の場合は調音法も異なる）

タテト／ダデド

パ行／バ行

サ行／ザ行（下の図を参照）

ザ行	「ン、ッ」の直後または語頭 （ザ行は破擦音）	「ン、ッ」の直後以外の語中 （ザ行は摩擦音）
清濁	[ザ]ル → サル 破擦音　摩擦音 ・誤りは、声帯振動と調音法	ゴ[ザ] → ゴサ 摩擦音　摩擦音 ・誤りは、声帯振動のみ

その他

これ以外に、学習者の誤りに現れたり、過去の試験の出題にあった重要な音とその断面図は次の通り。

- 有声口蓋垂鼻音：語末の「ン」の音［N］（詳細は「撥音」参照）
- 無声唇歯摩擦音［f］：英語などの f ※9
- 有声唇歯摩擦音［v］：英語などの v ※9
- 有声歯茎はじき音［ɾ］：日本語のラ行の子音※10
- 鼻母音：鼻腔への通路を開けながら発音される母音※11

※9
摩擦音なので、上歯と下唇の間に隙間（狭め）があるはずだが、例外的に断面図では噛んでいるように描かれることが多い。

※10
下の図のように、舌先が反り返った図または、「歯茎破裂音・破擦音の閉鎖」を示す図と同じ図を用いられることもある。

口蓋垂鼻音	［N］	唇歯摩擦音※9	［f］［v］	ラ行音※10 有声歯茎はじき音	［ɾ］
鼻母音※11	≒［ĩ］	≒［ɯ̃］			

※11
ここでは、母音などの前の「ン」の音として現れることが多い［i］［ɯ］の鼻母音を代表として挙げる。

単音の聞き取りの練習問題

解答はp.516

問題　次のように発音を誤った場合、誤りの種類と誤りを示す口内断面図を、問1の例のように選びなさい（複数解答あり）。ただし、解答欄に×がある場合は選ばなくてよい。問2以降の問題は、CDを聴きながら答えなさい。

断面図

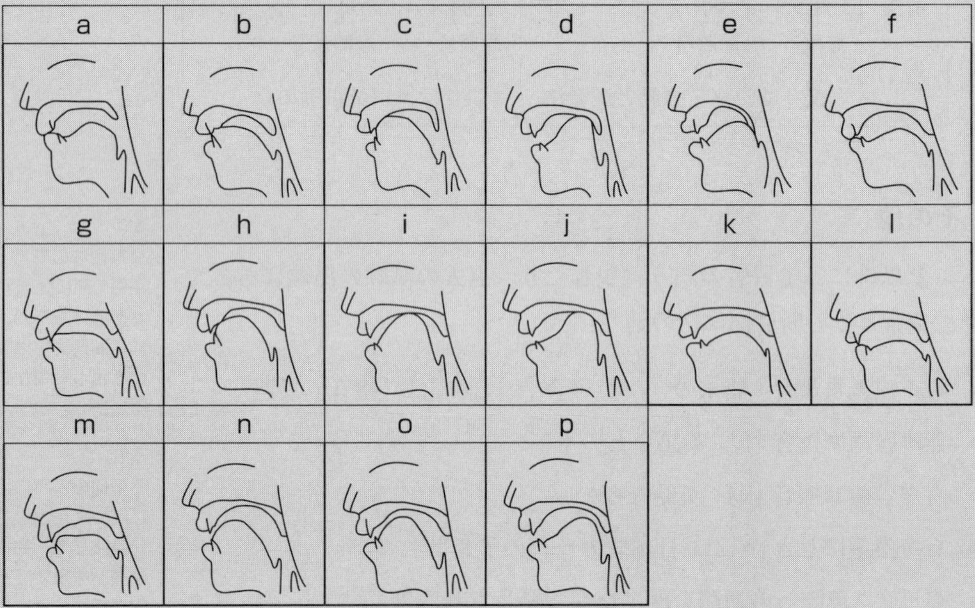

a	b	c	d	e	f
g	h	i	j	k	l
m	n	o	p		

問1：

	誤	正	（　誤りの種類　： 図の記号）
例	ヒトス	ヒトツ	（声帯振動　調音点　**(調音法)**　舌の前後位置　舌の高さ　：　*m*　）
1	ドルボウ	ドロボウ	（声帯振動　調音点　調音法　舌の前後位置　舌の高さ　：　×　）
2	キマスィタ	キマシタ	（声帯振動　調音点　調音法　舌の前後位置　舌の高さ　：　　）
3	レンダク	レンラク	（声帯振動　調音点　調音法　舌の前後位置　舌の高さ　：　　）
4	キライ	キレイ	（声帯振動　調音点　調音法　舌の前後位置　舌の高さ　：　×　）
5	デズガ	デスガ	（声帯振動　調音点　調音法　舌の前後位置　舌の高さ　：　×　）
6	イジョン	イゾン	（声帯振動　調音点　調音法　舌の前後位置　舌の高さ　：　　）
7	カゾク	カソク	（声帯振動　調音点　調音法　舌の前後位置　舌の高さ　：　×　）
8	テチュダウ	テツダウ	（声帯振動　調音点　調音法　舌の前後位置　舌の高さ　：　　）

〜 CD 37

問2：

	（誤りの種類	：図の記号）
1	（声帯振動　調音点　調音法　舌の前後位置　舌の高さ	：　×　）
2	（声帯振動　調音点　調音法　舌の前後位置　舌の高さ	：　　）
3	（声帯振動　調音点　調音法　舌の前後位置　舌の高さ	：　×　）
4	（声帯振動　調音点　調音法　舌の前後位置　舌の高さ	：　　）
5	（声帯振動　調音点　調音法　舌の前後位置　舌の高さ	：　×　）
6	（　×	：　　）
7	（声帯振動　調音点　調音法　舌の前後位置　舌の高さ	：　　）
8	（声帯振動　調音点　調音法　舌の前後位置　舌の高さ	：　　）

〜 CD 45

問3：

	（誤りの種類	：図の記号）
1	（声帯振動　調音点　調音法　舌の前後位置　舌の高さ	：　×　）
2	（撥音の添加　促音の添加　短母音化　長母音化	：　×　）
3	（声帯振動　調音点　調音法　舌の前後位置　舌の高さ	：　×　）
4	（声帯振動　調音点　調音法　舌の前後位置　舌の高さ	：　×　）
5	（声帯振動　調音点　調音法　舌の前後位置　舌の高さ	：　　）
6	（　×	：　　）
7	（声帯振動　調音点　調音法　舌の前後位置　舌の高さ	：　　）
8	（声帯振動　調音点　調音法　舌の前後位置　舌の高さ	：　　）

〜 CD 53

問4：

	（誤りの種類	：図の記号）
1	（声帯振動　調音点　調音法　舌の前後位置　舌の高さ：	：　　）
2	（声帯振動　調音点　調音法　舌の前後位置　舌の高さ	：　　）
3	（声帯振動　調音点　調音法　舌の前後位置　舌の高さ	：　　）
4	（声帯振動　調音点　調音法　舌の前後位置　舌の高さ	：　　）
5	（声帯振動　調音点　調音法　舌の前後位置　舌の高さ	：　　）
6	（　×	：　　）
7	（声帯振動　調音点　調音法　舌の前後位置　舌の高さ	：　　）
8	（声帯振動　調音点　調音法　舌の前後位置　舌の高さ	：　　）

練習問題の解答

アクセントの聞き取り練習

問1：(1) カラダ　(2) カラダ　(3) カラダ
(4) サラダ　(5) サラダ　(6) サラダ
(7) トロロ　(8) トロロ　(9) トロロ　(10) トロロ

問2：(1) カタカナ　(2) カタカナ
(3) カタカナ　(4) カタカナ
(5) ヒラガナ　(6) ヒラガナ
(7) ヒラガナ　(8) ヒラガナ
(9) ドラネコ　(10) ドラネコ
(11) ドラネコ　(12) ドラネコ
(13) アマダレ　(14) アマダレ
(15) アマダレ　(16) アマダレ

プロソディーの聞き取り練習

イントネーションの違いを↑↓で、プロミネンスのある部分を□で表す。

例：a	これがコンですか。 これがコーンですか。
1：c	これがサケ（鮭）ですか。 これがサケ（酒）ですか。
2：d	これが鮭ですか？↑ これが鮭ですか。↓
3：b	[これが]酒ですか？ これが[酒]ですか？
4：a	シッテ（知って）いますか？ シテ（して）いますか？
5：c	トッテ（取って）ください。 トッテ（取っ手）ください。
6：b	[銀座に]行ったの？ 銀座に[行った]の？
7：d	そのままでいいの。↓ そのままでいいの？↑
8：a	シュジン（主人）です。 シュージン（囚人）です。
9：d	ちょっとぉ（長い↑↓　拒否） ちょっと（短い↑　少し）
10：b	[本当に]来るの？ 本当に[来るの？]

単音の聞き取りの練習問題

問1：	例	ス←ツ	（調音法	m）
	1	ル←ロ	（舌の高さ	×）
	2	スィ←シ	（調音点	m）
	3	ダ←ラ	（調音法	g）
	4	ラ←レ	（舌の高さ	×）
	5	ズ←ス	（声帯振動	×）
	6	ジョ←ゾ	（調音点	n）
	7	ゾ←ソ	（声帯振動	×）
	8	チュ←ツ	（調音点	h）

※6は語中でも破擦音の場合は調音法も異なりh。

問2：	1	キュ←キョ	（舌の高さ	×）
	2	ダ←ラ	（調音法	g）
	3	イ←エ	（舌の高さ	×）
	4	ズ←ジュ	（調音点	g）
	5	タ←ダ	（声帯振動	×）
	6	ネ←ンエ	（×	b）
	7	チュ←ツ	（調音点	h）
	8	チャ←キャ	（調音点と調音法	h）
問3：	1	ガ←カ	（声帯振動	×）
	2	トッケ←トケ	（促音の添加	×）
	3	ビ←ベ	（舌の高さ	×）
	4	ゲ←ガ	（舌の高さ	×）
	5	ジョ←ショ	（声帯振動と調音法	h）*
	6	ネ←ンエ	（×	b）
	7	チュ←ツ	（調音点	h）
	8	バ←マ	（調音法	f）
問4：	1	チェ←ゼ	（声帯振動と調音点	h）
	2	シ←ヒ	（調音点	n）
	3	セ←ゼ	（声帯振動と調音法	m）**
	4	ソ←ショ	（調音点	m）
	5	ヴァ[va]←ワ	（調音点と調音法	l）
	6	キャ←カ	（×	i）
	7	チュ←ズ	（声帯振動と調音点	h）
	8	ザ←ヤ	（調音点と調音法	g）

*　p.512 ④ 参照
**　p.513 ⑧ 参照

問題1 これから学習者が文を言います。問題冊子の下線を引いた部分について、学習者がどのようなアクセント形式で言ったかを聞いて、該当するものを問題冊子の選択肢a、b、c、dの中から一つ選んでください。

CD 54

例 ここにも飲み物を売っています。

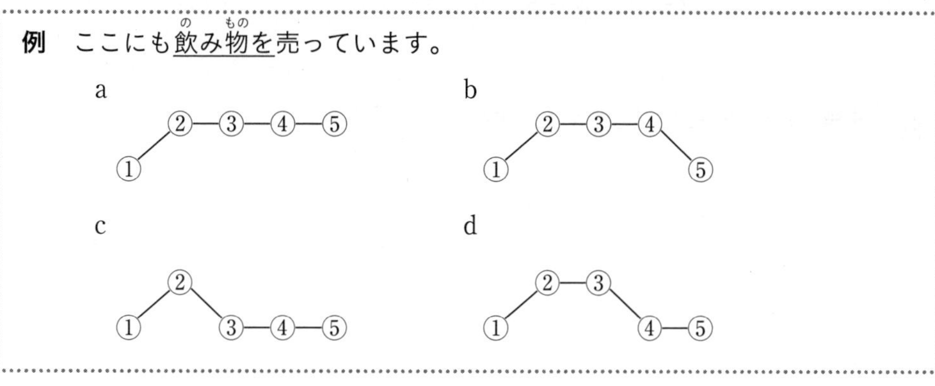

CD 55

1番 コンパは飲み放題ですか。

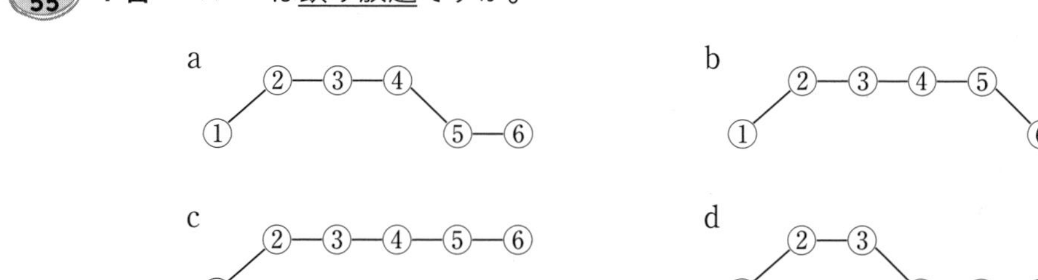

CD 56

2番 お土産は変な味のお菓子でした。

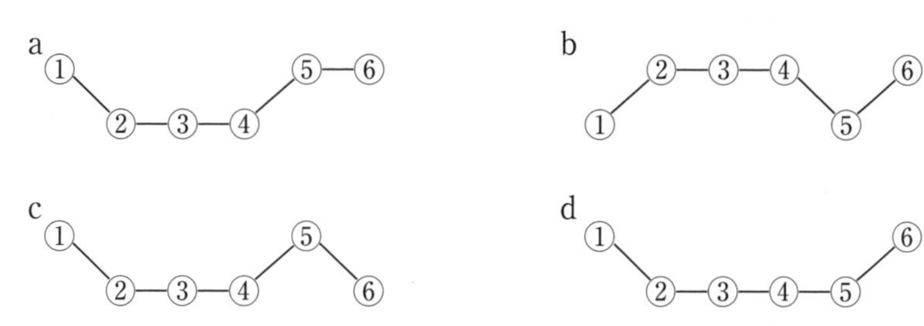

3番　家には鉛筆削り（えんぴつけず）はありません。

a
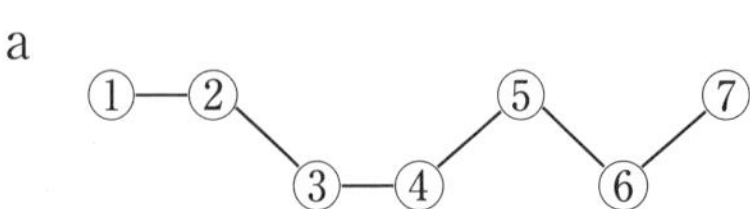

b
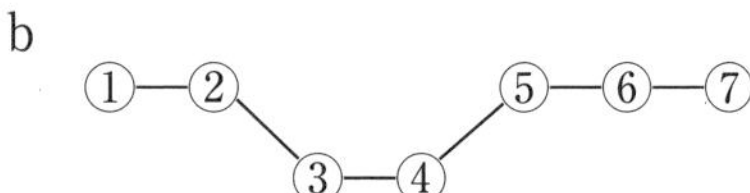

c
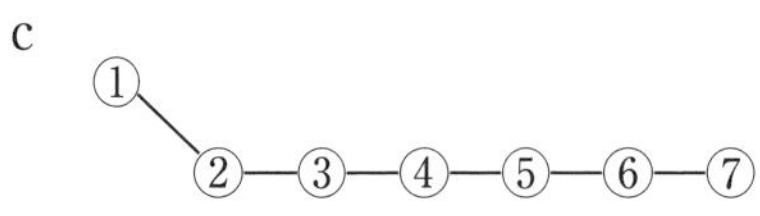

d
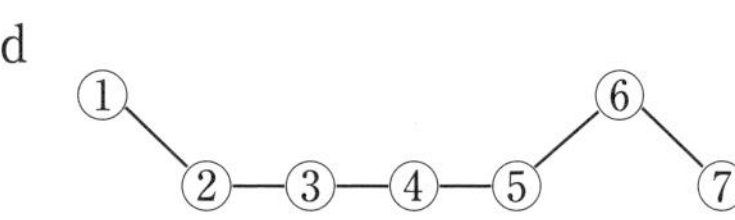

4番　この店はコーヒーゼリーがおいしいです。

a
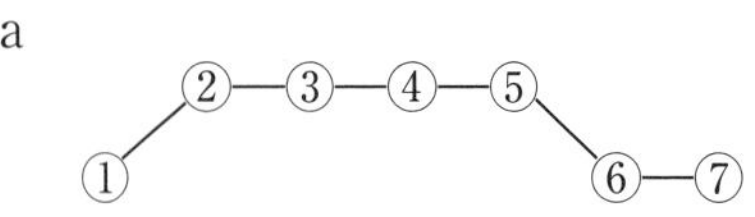

b
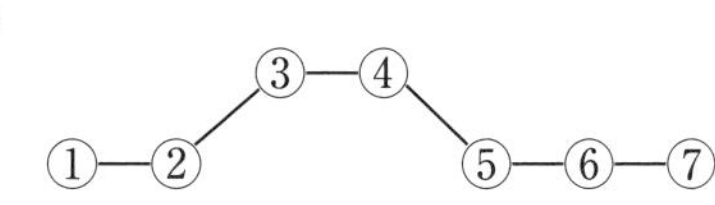

c
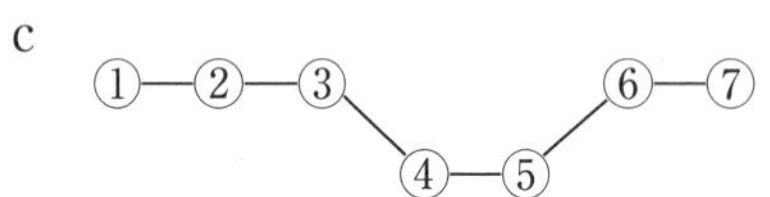

d
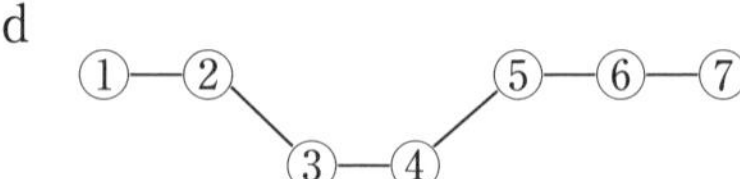

5番　そこは改札口（かいさつぐち）ではありません。

a
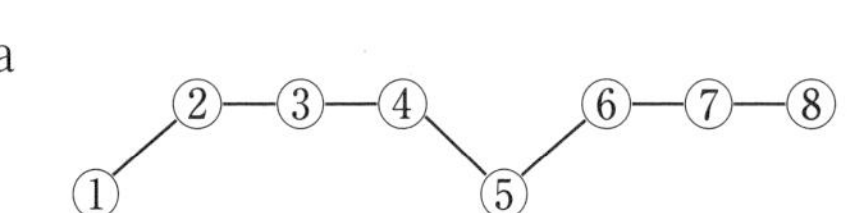

b
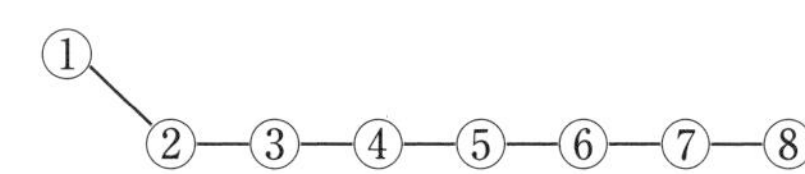

c
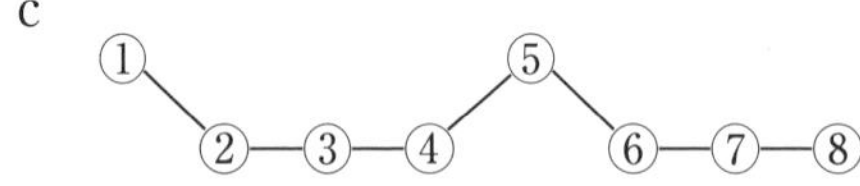

d
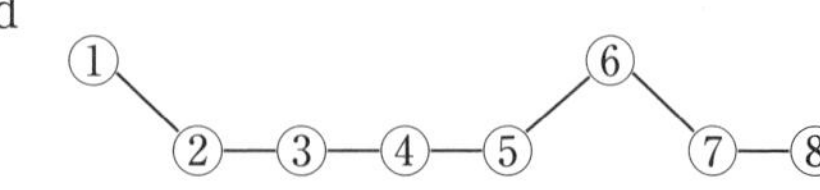

6番　それが拾（ひろ）った物（もの）ならすぐ届けて下さい。

a
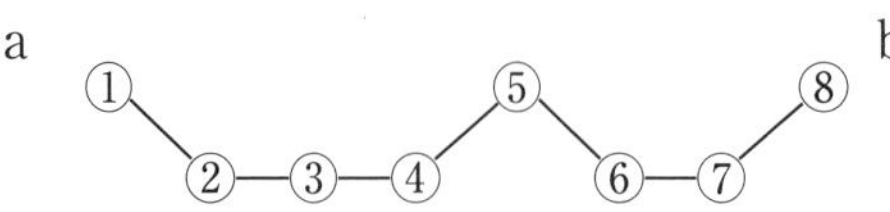

b
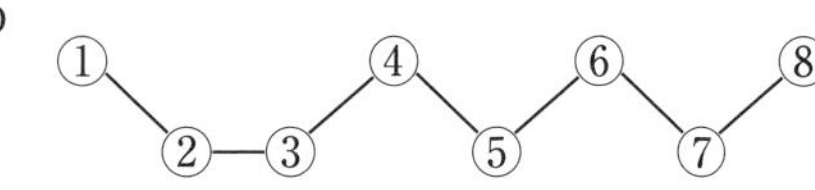

c
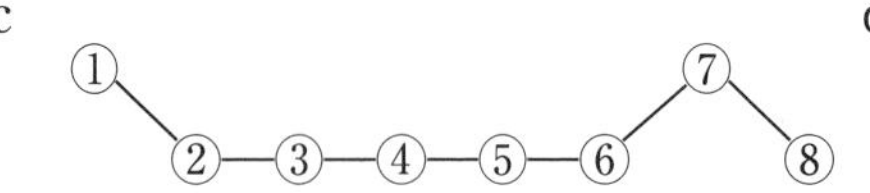

d
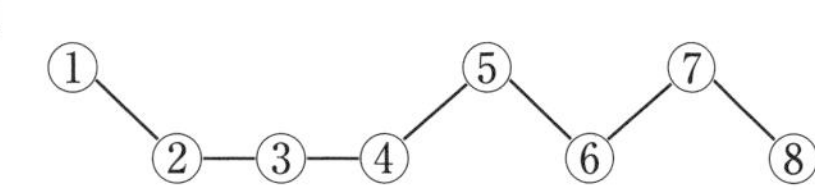

問題2　これから、教師が学習者の発音を訂正します。学習者の発音上の問題点として最も適当なものを、問題冊子の選択肢a、b、c、dの中から一つ選んでください。

例　a　拍の長さ
b　プロミネンス
c　アクセントの下がり目
d　句末・文末イントネーション

1番　a　プロミネンス
b　拍の長さ
c　アクセントの下がり目
d　句末・文末イントネーション

2番　a　拍の長さとアクセントの下がり目
b　プロミネンスと句末・文末イントネーション
c　拍の長さと句末・文末イントネーション
d　プロミネンスとアクセントの下がり目

3番　a　アクセントの下がり目とプロミネンス
b　アクセントの下がり目とポーズの位置
c　プロミネンスと句末・文末イントネーション
d　句末・文末イントネーション

4番　a　句末・文末イントネーション
b　プロミネンス
c　アクセントの下がり目
d　ポーズの位置

5番　a　プロミネンス
b　ポーズの位置
c　アクセントの下がり目
d　句末・文末イントネーション

6番　a　拍の長さとプロミネンス
b　拍の長さとアクセントの下がり目
c　プロミネンスと句末・文末イントネーション
d　アクセントの下がり目と句末・文末イントネーション

問題3　これから教師が学習者の発音上の問題点を言い直します。学習者の発音上の問題点として最も適当なものを、選択肢a、b、c、dの中から一つ選んでください。

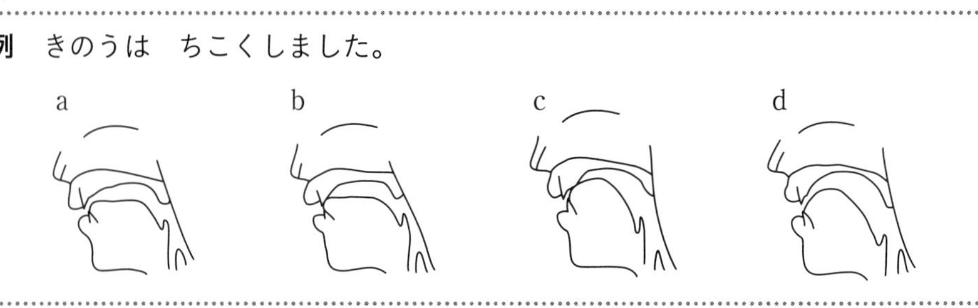

1番　ちいさいころ　ハムスターを　かっていました。

a
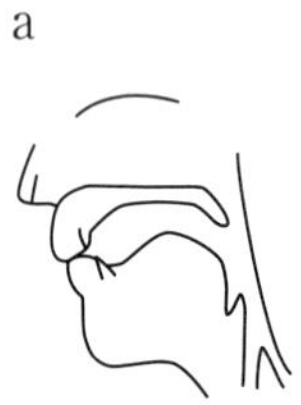

b

c
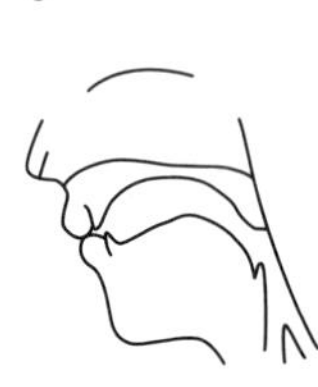

d
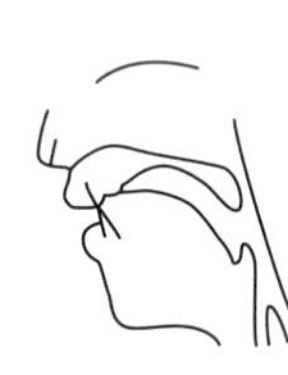

2番　ボランティアには　にちようびなら　いけます。

a
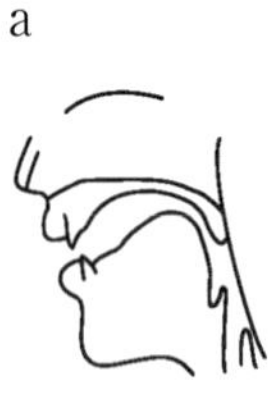

b

c

d

3番　たなばたさまって　どんなひとですか。

a
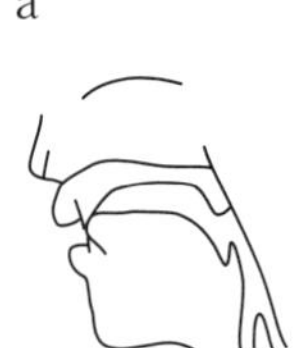

b

c

d
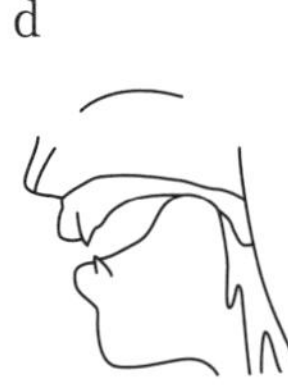

4番 このかべは　かどうしきですか。

a　声帯振動
b　調音点
c　調音法
d　調音点と調音法

5番 マフラーと　えりまきは　おなじですか。

a　調音点
b　舌の高さ
c　舌の前後の位置
d　舌の高さと舌の前後の位置

6番 さんせいは　しょうすうでした。

a　調音点
b　調音点と調音法
c　調音法と舌の高さ
d　調音点と舌の前後位置

7番 てつがくで　ぜんあくの　くべつが　できますか。

a　声帯振動
b　鼻音化
c　子音の脱落
d　子音の挿入

8番 うまく　スタート　できたと　おもいます。

a　調音点
b　調音点と調音法
c　調音法
d　調音法と舌の前後位置

第1部 言語一般
第2部 言語と教育
第3部 言語と心理
第4部 言語と社会
第5部 社会・文化・地域
第6部 音声分野
第7部 記述問題

練習問題 解答・解説

問題1

例　学：ここにもノミモノヲ売っています。
解答：b

1番　学：コンパはノミホウダイですか。
解答：b

2番　学：お土産は、ヘンナアジノお菓子でした。
解答：c

3番　学：家にはエンピツケズリはありません。
解答：a

4番　学：この店はコーヒーゼリーがおいしいです。
解答：d

5番　学：そこはカイサツグチデハありません。
解答：c

6番　学：それがヒロッタモノテラすぐ届けて下さい。
解答：d

問題2

◆ **拍の長さ**：語（の一部）が、本来読まれるべき拍の長さより長くもしくは短く発音されている。撥音（「ン」）、促音（「ッ」）、引く音（「ー」長母音の後半）などの拍を含む場合に多い誤り。単独で1拍と考えず撥音を前の拍と一緒にしたり、撥音・促音を欠落させたり、母音の長短を混同したりする誤りが多い。

◆ **プロミネンス**：発話の意図などによって強調して（際立たせて）読む部分の違い（解答では□で示す）。先行する文脈がない場合は、特にプロミネンスを置かない読み方にもなるが、基本的に問いに答える場合は、答えとなる新情報に、疑問詞があれば疑問詞にプロミネンスを置いた読み方が適切である。

◆ **アクセントの下がり目**：語のそれぞれの拍の「高」から「低」への変化の有無や変化の位置の違い。

◆ **文末・句末イントネーション**：文末・句末に見られる発話意図に関わる、拍の内部や数拍にわたる声の高さ（抑揚）の変化（上がり、下がり、上昇・下降調　等）の違い（解答では、↑、↓で示す）。

◆ **ポーズの位置**：語構成や発話の意図などに応じたポーズの位置や有無に関する問題点。

例　教：コンサートのリハーサルはどうなったの。
学：まだキョーカがでないんです。
教：まだキョカ（許可）がでないんです。
解答：a

学習者は「キョカ（許可）」の「キョ」の短母音を長母音で「キョー」と2拍で言っているので、拍の長さに問題がある。

1番　教：何が難しいですか。
学：ジョスシ（助数詞）の読み方です。
教：助数詞（ジョスーシ）の読み方です。
解答：b

学習者は4拍の「助数詞（ジョスーシ）」の引く音を省いた短母音で「ジョスシ」と3拍にした発音になっているので、「拍の長さ」に問題がある。

2番　教：身体検査の結果を出してくださいね。
学：提出は↑アサテ（明後日）でも大丈夫ですか。↓
教：提出は明後日（アサッテ）でも大丈夫ですか。↑
解答：c

学習者は4拍の「明後日（アサッテ）」を、促音を省いた「アサテ」と3拍で発音しているので、「拍の長さ」に問題がある。また学習者は、「提出は」の句末を上昇させて、さらに疑問文なのに、文末を言い直しの教師のように上昇のイントネーションではなく、下降させて言っているので「句末・文末イントネーション」に問題がある。

なおイントネーションの変化に伴う拍の伸張は自然に起こるものであり「拍の長さ」の問題点にはならないのに注意すること。

3番　教：食べられないものはありますか。
学：辛いものは［タベラレ］（食べられ）ません。
教：［辛いものは］食べられ（タベラレ）ません。
解答：a

学習者は「食べられ（タベラレ）ません」を「タベラレ（食べられ）ません」と「アクセントの下がり目」の位置を誤って発音しているのが問題である。さらに学習者は旧情報の「食べられ（ません）」の部分にプロミネンスがあるよう発音しているが、言い直しの教師のように疑問の答えとなる新情報の「辛いものは」にプロミネンスが置かれるべきである。

4番　教：ゼミの論文は何についてですか。
学：中学生の不登校（ポーズ）予防策についてです。
教：中学生の不登校予防策についてです。
解答：d

学習者は「不登校予防策」の「不登校」と「予防策」の間に不要なポーズを入れて発音している。

5番　教：そういえば、授業アンケートが出ていませんよ。
学：休んだからあ↑、用紙をもらっていないんです。
教：休んだから、用紙をもらっていないんです。

解答：d

学習者は理由を表す「休んだから」の句末をのばして上昇させているが、言い直しの教師のように下げて読むべきである。

6番　教：どんなカレーが好きですか。
学：シフド（シーフード）で辛くないのが好きです。
教：シーフードで辛くないのが好きです。

解答：b

学習者は5拍の「シーフード」の2か所の引く音を省略し「シフド」と3拍にした発音になっているので、「拍の長さ」に問題がある。さらに「シーフード」を「シフド」と「アクセントの下がり目」の位置を誤って発音しているのが問題である。

問題3

例　学：きのうは　ちこく[スィ]まス（ィ）た。
教：[し]ました。

解答：a（し→スィ）

誤：スィ　無声　歯茎　摩擦音
正：し　無声　歯茎硬口蓋　摩擦音

選択肢　a　歯茎　摩擦音
b　歯茎　破裂音・破擦音の閉鎖
c　歯茎硬口蓋　破擦音の閉鎖
d　歯茎硬口蓋　摩擦音

1番　学：ちいさいころ　ハ[ブ]スターを　かっていました。
教：ハ[ム]スター

解答：c

誤：ブ　有声　両唇　破裂音
正：む　有声　両唇　鼻音

選択肢　a　両唇　鼻音
b　両唇　摩擦音
c　両唇　破裂音
d　歯茎　鼻音

学習者は鼻腔に息を通して有声両唇鼻音で発音されるべき「ム」の子音を、鼻腔に息を通さず、有声両唇破裂音で「ブ」のように発音している。

2番　学：ボランティアには　[シ]ちようびなら　いけます。
教：[に]ちようび

解答：b

誤：シ　無声　歯茎硬口蓋　摩擦音
正：に　有声　歯茎硬口蓋　鼻音

学習者は有声歯茎硬口蓋鼻音で発音されるべき「ニ」の子音を、「シ」のように無声歯茎硬口蓋摩擦音で発音している。

選択肢　a　軟口蓋　摩擦音
b　歯茎硬口蓋　摩擦音
c　歯茎硬口蓋　破擦音の閉鎖
d　軟口蓋　鼻音

3番　学：た[ダ]ばたさまって　どんなひとですか。
教：た[な]ばた

解答：a

誤：ダ　有声　歯茎　破裂音
正：な　有声　歯茎　鼻音

選択肢　a　歯茎　破裂音・破擦音の閉鎖
b　歯茎　はじき音
c　歯茎硬口蓋　鼻音
d　軟口蓋　破裂音

学習者は有声歯茎鼻音で発音される「な」の子音を、有声歯茎破裂音で「ダ」に聞こえるように発音している。

4番　学：このかべは　か[ロ]うしきですか。
教：か[ど]う

解答：c

誤：ロ　有声　歯茎　はじき音
正：ど　有声　歯茎　破裂音

学習者は有声歯茎破裂音で発音される「ど」の子音を、舌先と歯茎で閉鎖を作らずに弾くだけの有声歯茎はじき音で「ロ」に聞こえるように発音している。

5番　学：マフラーと　[イ]リマキは　おなじですか。
教：[え]りまき

解答：b

誤：イ［i］　非円唇　前舌　高（狭）母音
正：え［e］　非円唇　前舌　中母音

学習者は非円唇前舌中母音の「え」を舌が少し上がって高くなった非円唇前舌高（狭）母音で「イ」のように発音している。

第1部 言語一般
第2部 言語と教育
第3部 言語と心理
第4部 言語と社会
第5部 社会・文化・地域
第6部 音声分野
第7部 記述問題

6番　学：さんせいは　ショウ[シュ]ウでした。
教：しょう[す]う

解答：a

誤：シュ　無声　歯茎硬口蓋　摩擦音
正：す　　無声　歯茎　　　　摩擦音

学習者は「す」の子音無声歯茎摩擦音を、口蓋化して舌が硬口蓋の方にずれた無声歯茎硬口蓋摩擦音として「シュ」と発音している。

7番　学：てつがくで　ゼン[ナ]くの　くべつが　できますか。
教：ぜん[あ]く

解答：d

誤：ナ　有声　歯茎　鼻音　＋　母音（ア）
正：あ　　　　　　　　　　　　母音（ア）

学習者は「ぜんあく」の「ん」を有声歯茎鼻音（[n]）で発音しているため、舌先が歯茎で閉鎖を作っている。そのため次の母音に移るときに子音「n」として現れ「ナ」のようになっている。それに対し教師は母音の前の「ん」なので口腔の閉鎖を伴わない鼻母音なので、子音が現れず「ア」と発音している。

8番　学：うまく　スター[ツォ]　できたと　おもいます。
教：スター[ト]

解答：c

誤：ツォ　無声　歯茎　破擦音
正：と　　無声　歯茎　破裂音

学習者は「と」の子音（無声歯茎破裂音）を、「ツ」の子音（無声歯茎破擦音）を用い「ツォ」のように発音している。

アクセスキー　x
（小文字のエックス）

第7部

記述問題

第１章　第７部　記述問題

記述力を磨く

記述問題は、例年、試験IIIの最後に出題される。（公財）日本国際教育支援協会は、「『言語にかかわる事象』や『教育実践の方法・内容』などに対する考えや主張を問います。考えや主張の是非ではなく、その伝え方を論理性と日本語力の面から測ります。」としている。ここでは、記述問題の解答作成方法を「文章構成を考える」「正確かつ分かりやすい言葉で書く」「論理的に書くために」「試験問題に解答するために」という４つに分けて解説する。

1. 小論文とは ★

日本語教育能力検定試験の記述問題で求められる文章のジャンルは、いわゆる**小論文**である。国語の授業で書いた**感想文**（いわゆる作文）とは、次の点で異なる。

	内容	求められること	書き手が読み手に求めること
小論文	思考を述べる	表現の分かりやすさ、論理展開の整合性、根拠の妥当性	書き手の主張に同意すること
感想文（作文）	感情を述べる	表現手法の面白さ、論理展開の意外性、根拠のオリジナリティ	書き手の感じたことに共感すること

表7-1-1　小論文と感想文

このように感じたままを自由に書く感想文と小論文は似て非なるものであり、一定の「作法」に基づいて書かなければならない。

1.1　記述問題によって測られる力

日本語教育能力検定試験では、400字程度の小論文を約20～30分で書き上げることが求められる。この記述問題では、以下のような力が測られている。

- 日本語教育に関する基礎知識を、実際の教育場面に当てはめて考える力

・教育現場の状況を客観的に捉え、多面的に考える力
・限られた時間の中で合理的に考える力
・自分の考えを、筋道を立てて、正確かつ分かりやすい言葉で伝える力

2. 文章構成を考える ★★★

まずは、文章の構成を考える方法を見ていこう。

2.1 問題文を正確に理解する

記述問題の解答を考える際、最も重要なのは、「問い」を正確に理解することである。問題文を読んだら、まず以下の点を考えるとよい。

① 何についての意見が求められているか。
② どのような条件が設定されているか。
③ どの分野の知識が関連しているか。

次の問題に対して、上の①②③を考えてみよう。

◆ 問題例1

あなたは、日本の高等教育機関への進学を希望する留学生対象の日本語クラスで中級レベルの作文の授業（学習者は6名程度）を担当することになった。この授業では、書いた作文を推敲（すいこう）することを重視している。あなたは、この教室活動の中で、間違いの指摘及び訂正をどのように扱おうと考えるか。理由となる考えとともに、400字程度で記述せよ。

まず、①何についての意見が求められているかを考える。これは問題文中に明確に示されているため、それを正確に読み取ろう。ここでは「教室活動（作文推敲）の中で、間違いの指摘及び訂正をどのように扱おうと考えるか」とあり、それを「理由となる考えとともに」書くことが求められている。

次に、②どのような条件が設定されているかを考えよう。ここでは「日本の高等教育機関への進学を希望する留学生」「中級レベル」「学習者は6名程度」とある。そこから分かることは、以下のことである。

日本の高等教育機関への進学を希望する留学生

・大学進学後のレポート、論文執筆を視野に入れた文章力育成が必要。

・自律的に学ぶ姿勢の養成が必要（自分で文章を見直し、修正する）。

中級レベル

・日本語の基礎的な学習は終えている。

・他者からの指摘を、ある程度理解することができる。

学習者は６名程度（少人数クラス）

・教師の目が行き届きやすい。

最後に、③どの分野の知識が関連しているかを考えよう。これは、作文指導の中でも、高等教育を視野に入れたアカデミック・ライティング[※1]を対象としたものであり、方法論はさまざまあるが、一般的にはプロセス・アプローチ[※2]が取り入れられている。このように確立した理論や方法論がある場合には、それを踏まえた論述が重要となる。

※1
レポートや論文などの学術的文章を書く技術のこと。

※2
文章を書くことを思考の循環的なプロセスであるとし、文章を推敲する過程を重視した指導方法のこと。

2.2　自分の意見と根拠を明確にする

問題文の内容を十分に理解したら、次に小論文に書く意見とその根拠を明確にする。

自分の意見を決めるためには、まずは**二項対立**[※3]にすると考えやすいだろう。問題例１で考えてみよう。「間違いの指摘及び訂正をどのように扱うか」に対するシンプルな答えは次の２つである。

※3
１つのものごとを１つの視点から捉えるのではなく、２つの視点（例えば、何があるかないか、単純か複雑か、古いか新しいかなど）から捉えるという思考の方法のこと。

・間違いの指摘及び訂正をする。

・間違いの指摘及び訂正をしない。

では、それぞれをもう少し掘り下げてみよう。

間違いの指摘及び訂正をする。

・誰が？　教師がする／学習者自身がする／学習者同士でする

・何を？　細かいところまで全て指摘する／誤読につながる部分だけ指摘する

間違いの指摘及び訂正をしない。

・いつ？　一切しない／指摘を求められない限りしない／清書の直前までしない

このように、さまざまな状況を書き出したら、**2.1**の③に示した既存の考え方を踏まえ、自分の意見を決めよう。**2.1**の②で確認したとおり、この学生にはアカデミック・ライティングの素養と、自律的に学ぶ姿勢が求められている。そして、アカデミック・ライティングの分野では、プロセス・アプローチが支持されている。これらの条件に合致する方法は、「学習者自身、もしくは学習者同士による推敲」である、と考えることができるだろう。

以上を踏まえ、小論文執筆前のメモを作成すると次のようになる。

問題：	間違いの指摘及び訂正をどのように扱うか。
執筆の条件：	理由となる考えとともに書く。400字程度で書く。
意見：	学習者自身の推敲と学習者同士の指摘を重視する。
根拠：	中級レベルであるため、学習者同士の指摘が可能である。 大学進学を前提としており、自律的に学ぶ姿勢が必要である。

図7-1-1　執筆前メモ

2.3 自分の意見の限界を認識する

近年、学習者のニーズやレディネスは多様化の一途をたどっている。それゆえ、教材も教授法も、全ての学習者にとって万能ということはない。記述問題への解答として考えた意見も当然ながら万能ではなく、その限界を認識することも重要である。

問題例１では、「学習者自身の推敲と学習者同士の指摘を重視する」という意見を述べることとした。この意見の弱いところを探してみよう。

① 教師が誤用を指摘して訂正させるより、時間がかかる。

② 学習者自身や学習者同士で見つけられない誤用をどうするか。

③ 協働学習[※4]がうまくいかない可能性がある。

このように、自分の意見の弱点を見つけることができたら、その弱点に対する考え方も書いておきたい。①については、設定されているクラスが少人数クラスであるため、授業の進度には比較的余裕があると考えてよいだろう。②については、教師が段階的に関わるということを考えてもよいだろう。学習者同士の話し合いの様子を見ながら、

※4
協働学習とは、少人数のグループで、学習者が互いに協力・貢献し合いながら学ぶことをいう。

見落としている誤用への気付きを促すようなヒントを与えることもできる。また、学習者同士での十分な検討を経た後に、最終段階で教師が誤用を指摘するというのも一案であろう。③についても、教師が思考プロセスを支援する立場として適宜必要な助言を与えることで、協働学習を活性化できる可能性がある。

以上を踏まえ、小論文執筆前のメモを更新すると、次のようになる。

問題：	間違いの指摘及び訂正をどのように扱うか。
執筆の条件：	理由となる考えとともに書く。400字程度で書く。
意見：	学習者自身の推敲と学習者同士の指摘を重視する。 学習者同士での推敲の後、教師が最終確認をする。
根拠：	中級レベルであるため、学習者同士の指摘が可能である。 大学進学を前提としており、自律的に学ぶ姿勢が必要である。 少人数クラスで教師の目が届きやすい。また、時間に余裕がある。

図7-1-2　執筆前メモ（更新）

2.4　構成を決め、執筆する

重要

執筆前のメモが完成したら、全体の構成を考えよう。小論文の基本要素は、問い・主張・根拠である。日本語教育能力検定試験の記述問題での指定文字数は400字程度であるため、あまり多くの情報を盛り込むことはできない[※5]。基本的な形として、次のような構成をイメージしておくとよいだろう。なお、ここではこれまでの「意見」に代わり、自説をより強く読み手に伝えるというニュアンスで「主張」という表現を用いている。

※5
解答用紙は、420字まで記入できるようになっている。

第１段落	主張
第２段落	主張を支える説明（根拠・具体例など）
第３段落	予想される反論とそれに対する意見（第２段落に含めてもよい）
第４段落	主張（全体のまとめとして、自分の意見を繰り返す）

図7-1-3　基本的な構成

この構成に沿って書いた問題例１の解答例を次に示す。

◆ 問題例Ｉ：解答例

　学習者の自律性を高めつつ誤用修正を行うために、本人及び他の学習者からの指摘と訂正をさせたうえで、最終段階で教師が指摘と訂正を行う。

　その理由を３点述べる。１点目に、当該学習者は高等教育機関への進学を前提としている。よって、高度な文章力の育成のみならず、自ら推敲し、誤用を発見及び訂正する自律的な学習態度が求められるためである。２点目に、当該クラスは日本語の基本的知識を持つ中級者で構成されており、自分自身での推敲や、他者からの指摘を受けての訂正をある程度期待することができるためである。３点目に、クラスは少人数で構成されており、教師の目が届きやすく、学習者の推敲過程や学習者間のやり取りを適宜支援することもできるためである。

　以上のことから、第一に学習者自身での推敲、第二に他の学習者からの指摘及び訂正案の提示、第三に教師の指摘と訂正案の提示という順に誤用の修正を行うことが望ましい。

読みやすい文章にするため、はじめの段落で主張を簡潔に述べ、その根拠を後続の段落で説明し、最後の段落で主張を繰り返している。シンプルな構成を守って書くことも、高得点を狙う足がかりになる。

2.5 文章を作成し、推敲する

文章を書き終えたら、時間の許す限り、繰り返し見直しをしよう。特に、以下の点は重点的に確認したい。

- 一読しただけで意味が分かるか。
- 誤解を生む可能性のある文はないか。
- 誤字脱字はないか。
- 「です・ます体」と、「だ・である体」が混在していないか。
- 原稿用紙は適切に使用できているか。

2.6 原稿用紙の使い方（横書きの場合）

記述試験に解答する際の、原稿用紙の使い方に対する一般的な考え方を示す。これも測定対象となる「日本語力」の一部だと考えられるので、減点を避ける意味で確認しておこう。

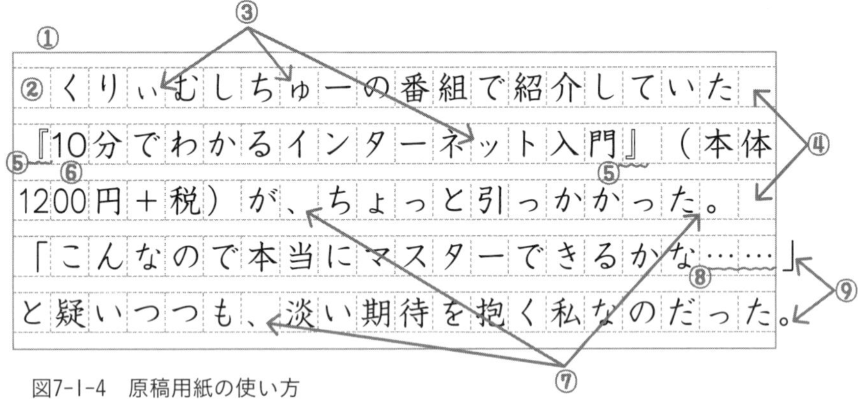

図7-1-4　原稿用紙の使い方

① タイトルや自分の名前は書かない。
② 段落の書き始めは１字空ける。ただし、約400字全体を一段落構成にする場合は、１字空けなくてよい。
③ 拗音、促音、小書きにする文字は、マスの左下に入れる。
④ 開きカッコは行末に書くことができない。行の最後の１マスを空けて、次の行頭に書く。
⑤ 一重のかぎ（「」）の中に、さらに引用する時には、二重のかぎ（『』）を使う。
⑥ 半角の数字やアルファベットは、１マスに２字入れる。
⑦ 句読点は、１マスに１字入れる。

⑧ 三点リーダー（……）は点3つを2マス分書き、ダッシュ（――）は2マス分にマスの線をまたいで書くが、どちらも小論文ではあまり使わない。

⑨ 行頭に閉じカッコ、中黒（・）、長音記号（ー）、句読点を書くことはできない。前の行の最後のマスに文字と一緒に入れるか、マスの右横にはみ出して書く。

⑩ 疑問符（？）、感嘆符（！）は、原則として用いない。

【参考資料】
国立国語研究所「よくある『ことば』の質問　原稿用紙の使い方」
文化庁「公用文における漢字使用等について」

2.7 練習

これまでの内容を踏まえ、構想から執筆までの練習をしてみよう。

◆ 問題例2

　ある学習者から、「『走るのがすごい速い』の『すごい』は、辞書にはない使い方なのに、日本人が使っているのをよく聞きます。私もこの使い方をしても大丈夫ですか」という質問を受けた。この質問を授業で取り上げる場合、あなたはどのような方針で扱おうと考えるか。理由とともに、400字程度で記述せよ。その際、理由の一部として「すごい」の使い方について、文法的な説明を加えること。

STEP 1 問題文の内容を理解しよう。

① 何についての意見が求められているか。
② どのような条件が設定されているか。
③ どの分野の知識が関連しているか。

STEP 2 自分の意見を明確にしよう。

① 問題
② 執筆の条件
③ 意見
④ 根拠
＊文法的説明

STEP 3 自分の意見の限界を認識しよう。

STEP 4 執筆前のメモを作成しよう。

STEP 5 文章を作成し、推敲しよう。

以下に解答例を示す。

STEP 1 問題文の内容を理解しよう。

①「すごい速い」の「すごい」は辞書にはない使い方である。
　この「すごい」を授業で、どのような方針で扱うか。

② 学習者は日本人の自然な言語運用を頻繁に耳にする環境にある。
　授業で取り上げる際には、文法的説明が必要である。

③ 文法体系と、日本語のゆれに関する問題である。

STEP 2 自分の意見を明確にしよう。(解答例)

① 問題　　　：「すごい速い」の「すごい」を授業で、どのような方針で扱うか。

② 執筆の条件：文法的な説明を加える。理由とともに書く。400字程度で書く。

③ 意見　　　：意味理解ができるように教える。
　運用ができるようになることまでは求めない。

④ 根拠　　　：規範的な用法ではないが、使用頻度が高まりつつある表現である。
　意味理解に支障を来すことは少ない。

＊ 文法的説明
形容詞の「すごい」を副詞的に用い、後続の「速い」の意味を強めている。
「すごく」は母音の無声化※6を伴う。そのため、音声的産出が比較的容易な「すごい」を使用する人が増えているという考えもある。

※6
母音の無声化については、「第6部 第2章 1.9 その他 母音の無声化」参照。

STEP 3 自分の意見の限界を認識しよう。

・ 規範的な用法ではないため、使用場面が限定される。
・ 書き言葉や公的な場面、目上の人と接する場面など、使用を避けるべき場面を1つずつ教えることは難しい。
　… 学習者には、意味理解は勧めるが、積極的に使うことは勧めないということを伝える。

STEP 4 執筆前のメモを作成しよう。(STEP 2の解答例を参照)

STEP 5 文章を作成し、推敲しよう。(次ページの解答例を参照)

◆ 問題例2：解答例

　この用法を授業で取り上げる場合、学習者に意味理解は勧めるが、使用は積極的には勧めない。なぜなら、若年層の話し言葉を中心に使用が見られ、学習者がそれを見聞きする可能性があるからだ。学習者から当該表現の使用の希望があれば、場面による使用の可否があることに注意を喚起し、慎重さを求める。

　当該表現は、形容詞の「すごい」を副詞的に用い、後続形容詞の内容の程度を強めている。規範的ではないものの、意味理解に支障はない。また、本来使用すべき副詞「すごく」と比較し、音声的産出が容易である。このような理由で使用者が増えていると推測される。

　しかし、当該表現は、現時点では規範的な表現ではない。また、くだけた印象を与えるため、公的な場や目上の者と接する場では使用すべきではない。ただし、親しい者と接する場など、くだけた表現の使用が好まれる場では使用してもよいことを添え、使用には慎重さを求める。

　この問題は、いわゆる日本語のゆれに関して、言語的分析と教育的方針の両方の記述を求めている。日本語のゆれに関しては、文化庁が毎年「国語に関する世論調査」※7を実施し、ウェブサイトで結果を公表しているので、目を通しておきたい。毎年さまざまな日本語のゆれを扱っているので、ぜひ目を通しておこう。

※7 Web
文化庁「国語に関する世論調査」

3. 正確かつ分かりやすい言葉で書く ★★

次に分かりやすい言葉で書く方法を考えてみよう。

3.1 できるだけ短く書く

まずは次の文を読んでみよう。

◆ **例1**

> 携帯電話を持つ小学生が増える現在の社会状況には問題がある。GPS機能は、親が子供の居場所を把握できるようになったが、携帯電話を通じて、親の知らないところで社会とのつながりを持ち、子供に悪影響を及ぼす可能性があり、実際に、有害サイトを通じて事件に巻き込まれるケースも後を絶たず、こうした状況を無視することはできない。

上の文は、2文で書かれている。後の文には多くの情報が盛り込まれ、一読して意味を理解することは難しい。長い文でも、すらすらと意味が通じるように書かれていればよいが、そのような文を書くことは容易ではない。特に文章作成に慣れていないうちは、文を短く書くよう心掛けるとよいだろう。

文章を簡潔に分かりやすく書くコツは、1つの事柄を1つの文で書く「**一文一義**」である。例1を一文一義で書き直すと次のようになる。

◆ **例1(改)**

> 携帯電話を持つ小学生が増えている。
> (私は)このような社会状況には問題があると考える。
> 携帯電話にはGPS機能がついている。
> このGPS機能により、親は子供の居場所を把握できるようになった。
> 一方で、子供は親の知らないところで社会とのつながりを持つようになった。
> 子供と社会とのつながりは、子供に悪影響を及ぼす可能性がある。
> 実際に、有害サイトを通じて事件に巻き込まれるケースも後を絶たない。
> こうした状況を無視することはできない。

7-1 記述力を磨く

下線部は、一文一義にする際に、内容を補った箇所である。こうして見ると、元の文では主語が欠落していたり、「携帯電話にはGPS機能がついている」のような、話の前提となる情報が欠落していたりしたことが分かる。筆者にとって自明のことであっても、文章に書き記さなければ読者には伝わらない。読者にとって分かりやすい文章を書くためには、何よりも、筆者が思考を整理して書くことが重要である。そして、「〇〇は～である」というシンプルな文を、丁寧に積み重ねていくことがその近道となる。

ちなみに、二重下線部は、文の論理関係を明確にするために補った接続詞である。適切な順序で書かれた文章はそのままでも十分に分かりやすいが、接続詞を用いることで、論旨をさらに明確にすることができる[※8]。

※8
一文一義の文章作成に慣れてきたら、「**4.3** 論理関係を示す接続詞」を参考に、適切な接続詞の使用にも意識を向けてみよう。

3.2　分かりにくさのメカニズム

日本語教師は、自分の文章力を磨き続けるだけでなく学習者の文章力育成にも携わる。ここでは、将来、文章作成に関わる授業を担当する可能性も視野に入れ、分かりにくい文章とはどのようなものか、どのような点に注意して修正するとよいかを考えてみよう。

◆ 例２：分かりにくい文例

次の文のよくない点と、その理由を挙げよ。

a）辞書の使用を認めない理由は、すぐに調べてしまうため、前後の文脈から意味を推測する能力が育成されないことが問題だ。

b）「ふりがなを付けるのが望ましい」という回答が半数以上であるということに、日本人の漢字に対する能力の低下の進行だ。

c）例えば、「～てください」は、頼むのが当たり前であるかのような言い方であり、相手に失礼になる場合もあること。より丁寧な表現は、「～てくれますか」「～てもらえますか」。

NG! **主部と述部がかみ合わない文**

- **ねじれ文**

a）の文の構造をみると、「～理由は、～問題だ。」となっている。主部と述部がかみ合っていないことが分かるだろう。**ねじれ文**の修正には、3.1で示したように、できるだけ短く書く技法が有用である。そこで、a)の文を次のように分解して考えてみよう。

・(私は) 辞書の使用を認めない。
・(辞書の使用を認めると、学習者は) すぐに調べてしまう。
・(すぐに調べると) 前後の文脈から意味を推測する能力が育成されない。
・(辞書の使用によって推測する力が育成されなくなることは) 問題だ。

「理由」に焦点を当てる場合、「問題」は不要となる。そこで、上の3つの文を使い、例えば「辞書の使用を認めると、すぐに調べてしまうため、前後の文脈から意味を推測する能力が育成されない。そのため(私は)辞書の使用を認めない」と書き変えることができる。

●言葉の省略

b)の文も分解してみよう。

・「ふりがなを付けるのが望ましい」という回答が半数以上である。
・日本人の漢字に対する能力が低下している。
・(～半数以上である) ということに (能力低下の進行を、見て取ることができる。)
・(日本人の漢字に対する能力の低下が) 進行している。

「能力の低下の進行だ」には「低下」「進行」と動詞が2つ含まれているため、2つの文に分けた。そして、「～ということに」に意味を持たせるために、文意を補う必要があった。ここから、筆者の書きたいことが十分に言語化されていないことが分かる。b)は、例えば「『ふりがなを付けるのが望ましい』という回答が半数以上である。このことから、日本人の漢字に対する能力低下の進行を見て取ることができる」と書き変えることができる。

● 体言止め

c)は各文の文末が「～もあること。」「～『てもらえますか』。」と名詞で終わっている。体言止めの文では「何がどうなったか」が明確にならないので、述部を省略せずに書くことが大切である。c)は、「例えば、『～てください』は、頼むのが当たり前であるかのような言い方である。相手に失礼になる場合もあることに注意しなければならない。より丁寧な表現は、『～てくれますか』『～てもらえますか』である。」などと書くことができる。

◆ 例3：分かりにくい文例

> 次の文のよくない点と、その理由を挙げよ。
>
> a）使役受身文の運用場面として、どのような時に使われるかを詳細に説明したい。
>
> b）「隣の人の服装について説明してください。」（何を着ているのか説明させたい。）
>
> c）継承語としての日本語教育の歴史に関して研究している。

NG!▶ 不必要な言葉

● 意味の重複

a）の文では、「運用場面」と「どのような時に使われるか」の意味が重複している。「馬から落馬する」や「頭痛が痛い」に代表される言葉の重複には、普段から注意が必要である。ここでは重複を排して「使役受身文の運用場面を詳細に説明したい」もしくは「使役受身文がどのような時に使われるかを詳細に説明したい」と書くと、文がすっきりし、伝わりやすくなる。

● 不必要な言葉の使用

b）の質問にはどのような答えが予想されるだろうか。例えば、「隣の人の服装を説明してください」と言われたら、「隣の人は黒いセーターを着て、デニムパンツをはいています」のように説明するだろう。一方で、「隣の人の服装について説明してください」と言われたら、「暗い色の服装です。セーターは素材がよく、暖かそうです」といった説明になるのではないだろうか。「～を説明する」はそのものを説明し、「～について説明する」は、感想、解釈、評価を述べることとなる。

c）の「～に関して」はどうだろうか。「歴史を研究している」は、歴史そのものの研究を指すが、「歴史に関して研究している」は、事実の周辺にある関連事項に焦点を当てた解釈、評価の側面が強くなる。

「～について」「～に関して」などは不要な場合も多い。使用する場合には、使う必要性があるかどうかをよく吟味するとよい。

◆ 例4：分かりにくい文例

> 次の文のよくない点と、その理由を挙げよ。
>
> a）やりもらい表現は、初級の段階から正しい用法をしっかりと教えるべきである。
> b）「速さ」と「速度」とでは、印象が異なる。
> c）正直、自分も間違いに気付かず使っていた慣用句であった。

NG! 適切ではない言葉

● 意味が曖昧な言葉の使用

a)の「しっかりと教える」は、どのように教えることなのだろうか。おそらく「学習者がルールを正確に覚えるように教える」「用法を詳しく説明して教える」というような意味なのだろう。なんとなく言いたいことは分かる。しかし、書き言葉、特に小論文では「なんとなく分かる」では分かったとはいえない。「しっかり」「きちんと」などの副詞は、その意味を明確に書き記すことが必要である。また「難しい」「面白い」「大変だ」などの形容詞も、主観的な評価であり、筆者の意図が伝わりにくい場合がある。何がどのように難しいのか、どこがどの程度大変なのかなど、意味を明確にすることが必要である。

● 語彙の選択ミス

b）の「印象」について考えてみよう。印象とは、物事が、それを見た者の心に与える影響のことをいう。ここで考えるべきは、「言葉」が人に「印象」を与えるのか、ということである。言語は記号の一種であるともいわれるが、言葉が人に伝えることができるのは、その言葉が持つ「意味」であり、聞き手がその意味を解釈することによって印象が生まれるのである。例えば物理学では「速さ」と「速度」は厳密に使い分けられており、この２つの違いは「印象」ではなく「意味」なのである。日本語教師を目指す者として、複数の辞書を手元に置き、いつでも最適な言葉を探すことを心掛けよう。

● 話し言葉の使用

c）の「正直、～」は話し言葉で耳にする言い方である。「なので、～」「だけど、～」なども、最近使用者が増えてきた言い方であるが、現在はまだ規範的であるとは考えられていない。

メールやSNSなどのメディアの登場により、明治時代とは異なった真の言文一致が日本語に起きているという説がある。しかし、それはあくまでも日常の言語使用(＝BICS)においてであり、小論文のようなアカデミックな言語使用 (=CALP) では、依然として話し言葉と書き言葉は区別されている※9。

※9
BICSとは、生活場面で必要とされる言語能力をいう。CALPとは、文脈の支えがない学習場面で必要とされる言語能力をいう。ともに「第3部 第2章 **3.2** バイリンガリズムと認知理論」参照。

4. 論理的に書くために ★★

4.1 論点を整理する

小論文を執筆するときに、論点を整理し、数え上げて書くと、構成が分かりやすく、かつ読みやすい文章になる。論点を数え上げて書く際のポイントを以下に説明する。

① これから論じることを予告する。
② 論点の数を明示する。
③ それぞれの論点を記述する。

数え上げるときの言葉は、「第一に、第二に」「1つには、2つには」「1点目は、2点目は」などさまざまあり、どれを使うかの決まりはないが、文章全体を通して一貫した表現を用いるべきである。

ここで、**2.4**問題例1の解答例の第2段落を見てみよう。

◆ 問題例1：解答例(抜粋)

その理由を3点述べる。1点目に、当該学習者は高等教育機関への進学を前提としている。よって、高度な文章力の育成のみならず、自ら推敲し、誤用を発見及び訂正する自律的な学習態度が求められるためである。2点目に、当該クラスは日本語の基本的知識を持つ中級者で構成されており、自分自身での推敲や、他者からの指摘を受けての訂正をある程度期待することができるためである。3点目に、クラスは少人数で構成されており、教師の目が届きやすく、(略)。

以上のことから、(以下、省略)

問題例1では、解答作成の条件に「理由となる考えとともに記述せよ」と書かれている。そこで、その条件に沿って「その理由となる考えを以下に3点述べる」と、論じる内容と論点の数を予告した。その後、「1点目に、2点目に、3点目に」とそれぞれの詳細を述べ、第3段落（まとめの段落）では、「以上のことから」という言葉で3つの論点を総括している。

ここまで明確な表現で論点を数え上げない場合でも、筆者がこのように思考を整理してから書いた文は読みやすい文となる。

4.2 誤った前提や論理の飛躍に注意する

次の例を考えてみよう。

◆ 例5：よくない例

> 次の文のよくない点と、その理由を挙げよ。
>
> a）佐藤さんは日本人である。よって日本語を話すことができる。
>
> b）時代とともに、考え方や生活状況が変化するため、言葉の使い方や意味が変化することは避けられない。

a）は、一見すると問題がないように見えるかもしれない。しかし、クリティカルな視点を持って考えてみると、「佐藤さんは日本人である」という文が規定する意味が曖昧なことが分かる。「日本人」の定義は、その時点で日本の国籍を持つこと、民族として日本にルーツを持つこと、日本の国土とされる域内に住んでいることなど、さまざまに考えることができる。それを前提とすると、「日本語を話すことができる」に対して、「日本人である」ということは必ずしも前提とならないのである。そのため「日本人である。よって日本語を話すことができる。」という文は、誤った前提に基づく結論という印象を与えてしまう。

b）は、「Xため、Yことは避けられない」という文を用いている。この場合、XはYの原因になっていなければならない。しかし、「考え方や生活状況が変化する」ことは「言葉の使い方や意味が変化する」ことの直接の原因だとはいえない。「考え方や生活状況が変化する」と、あることが生じ、その影響を受けて、「言葉の使い方や意味が変化する」のであると想像できるが、その論理の中間部分に対する記述がない。よって論理の飛躍という印象を与えてしまう。記述問題のような書き言葉のコミュニケーションでは、論理の飛躍は、書き手の主張への信頼性を損ねる可能性もあるため、注意したい。

4.3 論理関係を示す接続詞

接続詞は、文と文の論理関係を示す言葉である。例えば「ある文の文法性の判断はネイティブでも人によって異なる。文の文法性の判断は難しい。」という文があったとする。この文には接続詞が使われておらず、分かりにくい。どちらかがもう一方の原因なのか、どちらも並列の関係で、また別の何かの説明や例になっているのか、判然としない。適切な接続表現を用いて文同士の論理的なつながりを明示しないと、読み手は解釈を1つに絞ることができず、困ってしまう。

接続表現にはいろいろな種類があるが、ここではそのうち、論理関係を示す代表的なものを紹介する。

順接（確定条件※10）	したがって／ゆえに／よって／そのため／ので
順接（仮定条件※11）	すると
逆接	しかし／だが／ところが／にもかかわらず
並列	かつ／および／ならびに
対比	一方／反面
列挙	第一に、第二に、第三に／まず、次に、さらに
累加	そのうえ／しかも／さらに
補足	ただし／もっとも
例示	例えば／具体的には
言い換え	つまり／すなわち／要するに
総括	このように／よって

表7-1-2　論理関係を表す接続表現

※10
前に述べた事柄を、成立したものとして扱うときに用いる。

※11
前に述べた事柄を、仮に成立したものとして扱うときに用いる。

5. 試験問題に解答するために ★

5.1 普段から気を付けておくこと：情報収集

記述問題では、日本語教育や言語、教育実践に関することがテーマになる。試験直前になってからではなく、日頃から日本語や言語、教育に関するアンテナを張り巡らせ、新聞、テレビ、書籍など、幅広い情報源に目を光らせておこう。特にお勧めなのは、本書でも一部記載されている日本語教育関連機関が発表する資料である。その多くはウェブサイトで公開されているので、ぜひ目を通しておきたい。

5.2 解答時にすべきこと

- **解答を書き始める前**

解答を書き始める前の構想の過程は、解答プロセスの中で最も重要であるといっても過言ではない。出題者が受験者のどんな知識を測ろうとしているのかを問題文から読み取り、それに応える答案を書こう。

構想を練るときには、頭の中だけで考えるのではなく、メモを取ることも重要である。書きながら考えることで、思考の堂々巡りを避けられる。また、行き詰まったときには、メモを見直すと抜けている視点にも気付きやすい。書く内容が決まったら、メモを整理してアウトラインを作成しよう。

- **解答中**

解答を書き始めてからの文章化の過程では、構想の段階で書いたアウトラインに沿って、字が雑にならないように書こう。書きながら新しいアイデアを思い付いたときには、アウトラインと見比べ、全体の整合性が崩れないよう留意することが必要である。

- **書き終わった後**

解答が終わった後の見直しの過程では、自分の答案を他人が書いたものだと思い、厳しい目で読み返そう。心の中で音読し、一文が長くなり過ぎていないか、誤解されるような文章はないか、誤字脱字がないかを十分に確認する。修正が必要な場合には、消しゴムできれいに消して修正しよう。

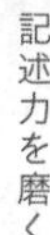

記述式問題の高得点への足掛かりとして重要な点を以下に記す。提出前には、以下の点に注意して十分に見直しをするとよいだろう。

● **記述内容**
・取り上げている論点が出題内容に合致しているか。
・設問が求める答えをすべて含んでいるか。
・妥当な主張が書かれているか。
・主張に対して適切な根拠が示されているか。
・主張がはじめから終わりまで一貫しているか。

● **構成・体裁**
・指定の文字数が守られているか。
・適切なところで段落分けがされているか。
・誤字脱字や、一読して意味の分からない文がないか。
・文体が統一されているか。
・小論文にふさわしい表現を使用しているか。

お勧めの参考資料

以下に、記述問題の対策に役立つ書籍を紹介する。対策は早ければ早いほどよい。実際に手にとって、気に入ったものを読んでみることを勧める。

小論文の書き方を勉強したことがない人にお勧め。

・木下是雄（1981）『理科系の作文技術』中央公論新社
・岡田寿彦（1991）『論文って，どんなもんだい』駿台文庫
・吉岡友治（2017）『吉岡のなるほど小論文講義10（改訂版）』桐原書店
・佐渡島沙織・吉野亜矢子（2008）『これから研究を書くひとのためのガイドブック』ひつじ書房
・阿部紘久（2010）『文章力の基本100題』光文社

論理的に考えることの基本に立ち返ろう。

・野矢茂樹（2004）『はじめて考えるときのように―「わかる」ための哲学的道案内』PHP研究所
・中井浩一（2009）『正しく読み、深く考える 日本語論理トレーニング』講談社
・福嶋隆史（2009）『「本当の国語力」が驚くほど伸びる本』大和出版

日本語教育能力検定試験対策に取り組もう。

・ヒューマンアカデミー（2020）『日本語教育教科書 日本語教育能力検定試験 合格問題集 第３版』翔泳社
・石黒圭 他（2014）『改訂版 日本語教育能力検定試験に合格するための記述式問題40』アルク

問題 1

（目標解答時間25分）

生活者対象の地域のボランティア教室で、地域方言を指導するかどうかの議論になった。これについてあなたの考えを400字程度で書いてください。その際に、日本語教育における「標準アクセント」の重要性についても言及すること。

問題 2

（目標解答時間25分）

あなたが勤める日本語教育機関で、初級の学習項目（語彙、文型、表現など）がある程度定着しているにもかかわらず、ほとんど話せない学習者への対策を話し合う機会がありました。可能性として原因がどこにあると考えるかと、それを改善するための具体策を400字程度で述べてください。

問題 3

（目標解答時間25分）

大学におけるスピーチがテーマの授業（上級レベル）における評価方法として、ルーブリックを活用する方法と、点数化して示す方法が提案されました。あなたはどちらを選択しますか。その理由とともに、ルーブリックの特徴について触れながら、400字程度で記述してください。

● **解答のヒント**

① 何についての意見が求められているか。
② どのような条件が設定されているか。
③ どの分野の知識が関連しているか。

解答例・解説（問題1）

解答例

　地域のボランティア教室では、その地域の方言を教える。理由は、ボランティア教室に通う学習者は、国際結婚の配偶者とその子供、近くで働く労働者などで、その地域を生活の基盤としているからだ。仮に標準アクセントで指導すると、日本語教師やボランティアの話は理解できても、家族や近所の住人、職場の同僚と意思疎通ができない。それでは、生活に支障をきたしてしまう。

　確かに、進学や就職が前提の予備教育であれば、標準アクセントの指導が原則となる。なぜなら、どの地域で受験や就職試験があっても意思疎通が可能だからだ。さらに、採用後に異動があっても、すぐに対応できる。これらの点が、日本語教育における標準アクセントの重要性と言える。

　ただし、今回のケースは生活者を対象としているので、その重要性よりも、学習者が実生活で困らない点を優先する。以上の理由から、ボランティア教室で扱う日本語は、地域方言を選択する。

● **解説**

この設問は問題提起型とも解釈できるが、標準アクセント（共通語）と地域方言の二項対立型として考えると解答を組み立てやすい。アウトラインとしては、冒頭にどちらの立場に立つかを表明し、次にその根拠を挙げていく。その中で、「標準アクセント」の重要性について必ず触れる必要がある。

いずれにせよ、学習者が生活者であり、そのニーズに寄り添うことが求められる。さらに、地域のボランティア教室であることから、指導者の多くが日本語教師の資格を持っておらず、授業時間や教材教具にも制限があると想定される。そのような実情に合った解答が求められる。

「標準アクセント（共通語）」と「地域方言」のどちらの立場に立ったとしても、正しい日本語で論理性がある答案であれば点数が与えられる。したがって、必ずしも本心を書く必要はなく、書き進めやすい立場を選択することも受験テクニックの1つと言える。

● **執筆前のメモの例**

① **何についての意見が求められているか。**

・ボランティア教室で地域方言を指導するかしないか
・それ（上記）についての考え

② **どのような条件が設定されているか。**

・生活者対象の地域のボランティア教室
・400字程度

③ **どの分野の知識が関連しているか。**

・生活者
・地域のボランティア教室
・地域方言
・標準アクセント（共通語）

解答例・解説（問題2）

解答例

　設問のケースにおいて、複数の原因が想定されるが、発話の練習量不足と、話すことへの自信の無さが考えられる。つまり、筆記試験では表現の意味を理解し解答することができるが、それを発話しようとすると、うまく口が回らず、失敗を恐れるために話す技能につながらないということだ。

　具体的な対策としては、語彙や文型の指導の段階からリピートなどの口慣らしのためのドリルを取り入れるところから始める。次に、文レベルの指導においては、短文の問答練習や、音読を積極的に行う。そして、簡単な会話練習から徐々に長いものへと発展させる。

　それと同時に、日本語を話すことへの自信をつけさせる。発話の度に良い点を見つけては褒めることで、もっと話そう、もっと練習しようというモチベーションを引き出す。発話量が増えれば流暢さの獲得につながり、学習者本人がそれを自覚できる。そうなると更にモチベーションが高まるという正のスパイラルを生み出していく。

● **解説**

典型的な問題提起型の設問と言える。題意に沿う形で発話が十分にできない原因を先に仮説として立てる。仮説は抽象的になりがちなので、十分に補足説明を行うことを忘れないようにする。

具体的な対策においては、先に述べた原因を解決するものであること、現実的に実施可能な方法であることが求められる。例えば、時間や経費がかかりすぎる方法や学習者がやる気をなくす方法は避けた方が良い。また、手順や学習者への指示内容などを詳しく記述した方が、読み手に伝わりやすくなり高得点を望める。

近年の出題傾向として、今回のように指導経験がある方がイメージしやすい問題が出題されることが多い。そのため、普段から机上の学習で得た知識を実践につなげる意識、日本語教育の現場を知ろうとする意識を持つことが重要となる。

● **執筆前のメモの例**

① 何についての意見が求められているか。

・学習者がほとんど話せない原因
・それ（上記）を改善するための具体策

② どのような条件が設定されているか。

・自身が勤務する日本語教育機関
・初級修了レベル
・400字程度

③ どの分野の知識が関連しているか。

・初級の学習項目（語彙、文型、表現など）
・会話の指導法

解答例・解説（問題３）

解答例１（ルーブリックを活用する場合）

　私は設問の状況において、ルーブリックによる評価を選択する。なぜなら、ルーブリックは評価項目や評価基準を自由に設定できる特徴を持つので、それらを学習者のニーズや苦手なポイントに合わせることができるからだ。同時に、評価基準を何段階か設定することができるので、点数による評価の側面を有するとも言える。

　コースの最初に、学習者と一緒に評価項目とその基準を検討し、全ての参加者が授業方針を理解した上でスピーチ指導にとりかかる。クラスの日本語能力は上級レベルに達しており、それが十分可能であると考えられる。

　またスピーチの授業であることから、その性質上、数値化して成績を出すことが容易ではない。どうしても主観的な評価にならざるを得ないために、採点者によって結果に差が出てしまう。学習者からしても、他のクラスメートとの得点差に納得がいかないケースが生じかねない。それを避ける意味でも、ルーブリックによる評価の方がふさわしい。

解答例2（点数化して示す場合）

　私は設問の状況において、点数化による評価を選択する。理由としては、成績を出す際にその根拠を学習者に示す必要があることが挙げられる。成績をつける以上、照会に応じられるようにしておかなければならない。あらかじめ評価基準を決めておき、それを初回のオリエンテーションで学生に説明する。その基準に従い数値化して成績をつければ説明がしやすく、学生にも納得してもらいやすい。

　ルーブリックは一般的に、評価表の縦軸に「評価項目」、横軸に「評価点」を示し、その下に「評価基準」を記入する方法だ。確かに、近年使用される機会が増えてきたが、評価基準の記述の仕方にあいまいさが残るのは否めない。大学の成績は、奨学金の支給基準になったり、卒業要件を満たすかどうかに関わったりする。それほど重要な決定をするのであれば、点数化して示すほうがよい。

　以上の理由により、私はルーブリック評価よりも、成績を点数化して示す方法を選ぶ。

● **解説**

二項対立型の問題形式であるので、冒頭でどちらの立場を取るかを明言する必要がある。どちらを選んだとしても、設問の設定（大学での授業、スピーチの評価、上級レベルなど）に沿う形で、根拠を明確に示さなければならない。

その上で、「ルーブリックの特徴」について書くことが求められている。ルーブリックによる評価について十分理解していることを示しつつ、自身の説をサポートする方向で説明する（ルーブリックについては、「第２部 第２章 **4.** テストによらない評価」参照）。このように専門用語が問題文に現れることがあるため、定義を正確に理解しておきたい。同時に、答案にも可能な限り専門用語を使用することが望ましい。

参考までに、「400字程度」の文字数とは「±５％（380字から420字）」の範囲であると考えればよい。その意味で、２つの解答例は基準内であると言える。

● **執筆前のメモの例**

① **何についての意見が求められているか。**

・「ルーブリック」と「点数化して示す方法」のどちらを選択するか
・その（上記の）理由

② **どのような条件が設定されているか。**

・大学におけるスピーチ指導（上級レベル）
・ルーブリックの特徴
・400字程度

③ **どの分野の知識が関連しているか。**

・スピーチ（「話す」技能）の評価法
・ルーブリック

索　引

数字

アルファベット

五十音

あ

い

う

え

お

か

き

く

け

こ

さ

し

す

せ

そ

た

ち

つ

て

と

な

に

ね

の

は

ひ

ふ

へ

ほ

ま

み

む

め

も

や

ゆ

よ

ら

り

る

れ

ろ

わ

を

伊藤 健人（いとう たけと）

博士（言語学）。明海大学、群馬県立女子大学を経て、現在、関東学院大学教授。専門は言語学、日本語学、日本語教育学。主な著書・論文に『イメージ・スキーマに基づく格パターン構文』（ひつじ書房）、『認知言語学大事典』（朝倉書店）、『認知言語学基礎から最前線へ』（くろしお出版）、「地域日本語教育」（『日本語学』、明治書院）、『日本語学習・生活ハンドブック』（文化庁）、「日本語教育における言い換え」（『日本語学』、明治書院）、「定住外国人児童生徒の日本語教育」（『月刊言語』、大修館書店）など。

監修、第1部 第4章～第6章

井上 里鶴（いのうえ りず）

筑波大学大学院博士後期課程修了。博士（国際日本研究）。専門は日本語教育、サービス・ラーニング。現在、大手前大学通信教育部日本語教員養成課程非常勤講師。ヒューマンアカデミー日本語教師養成講座（eラーニングコース）講師、文化庁日本語教育人材養成・研修カリキュラム等開発事業「キャリア教育を軸とした中堅日本語教師研修」コーディネーター兼研修講師を務める。「やさしい日本語」の普及にも努め、企業・自治体・教育機関・市民講座等における研修や講演、行政や研究機関の発行文書のやさしい日本語翻訳や監修なども行っている。

第4部、第5部

猪塚 元（いのづか はじめ）

上智大学大学院外国語学研究科言語学専攻博士前期課程修了。言語学修士。現在、東邦大学ほか講師。専門は言語学、日本語学、音声学、ロシア語。主な著書・論文に『日本語の音声入門』（共著、バベル・プレス）、『日本語音声学のしくみ』（共著、研究社）、『Japanese Now』（共著、荒竹出版）、『新版日本語教育事典』（大修館書店）、「発音としての仮名表記」（國學院雑誌）、「辞書におけるコロケーションの記述について」（情報処理振興事業協会）など多数。雑誌連載・執筆に、『月刊日本語』（アルク）など多数。

第6部

大川 たかね（おおかわ たかね）

日本大学大学院総合社会情報研究科修士課程修了。修士（文化情報）。国際基督教大学（ICU）で日本語学・日本語教授法を専攻し、JICA青年海外協力隊日本語教師としてスリランカで日本語を教授。帰国後、第一回日本語教育能力検定試験合格。技術研修生の語学研修、留学生の日本語教育に従事し、EPA介護福祉士候補生の日本語研修も担当する。その後、大学院で言語教育・言語教師教育を研究。現在、大学講師、国際交流基金日本語国際センター客員講師、ヒューマンアカデミー日本語教師養成講座講師。

第2部 第3章、第3部、第4部 第1章（一部）

● 志賀 玲子（しが れいこ）

一橋大学大学院言語社会研究科修士課程修了。修士（学術）。現在、東京経済大学特任講師、一橋大学非常勤講師。専門は日本語教育、異文化間教育。主な著書に『「やさしい日本語」表現事典』（共著、丸善出版）、『多文化社会で多様性を考えるワークブック』（編著、研究社）、『日本語教師のための実践・作文指導』（共著、くろしお出版）、『どうすれば協働学習がうまくいくか—失敗から学ぶピア・リーティング授業の科学』（共著、ココ出版）、『中学生のにほんご』学校生活編／社会生活編（共著・スリーエーネットワーク）がある。

第2部 第1章

● 寒川 太一（そうかわ たいち）

高知大学人文学部国際社会コミュニケーション学科卒業。アラスカ大学フェアバンクス校、国内日本語学校勤務を経て、現在、ヒューマンアカデミー日本語教師養成総合講座ほか講師、アジア国際交流奨学財団日本語研究員。これまで日本語教育能力検定試験対策、日本語教師・ボランティア養成、キャリアコンサルティング、教職員研修などを幅広く手掛けてきた。同時に、日本語教育コンサルタントとして日本語教育機関の立ち上げ、運営、解体への助言を行う。Facebook（アカウント名：Sokawa Taichi）や、YouTube（チャンネル名：Crates Sokawa）を活用し、日本語教育に関する情報を随時発信している。

第1部 第7章、第2部 第2章・第4章、第7部

● 田坂 敦子（たさか あつこ）

神田外語大学大学院言語学科研究科修士課程修了。文学修士。神田外語学院日本語科、神田外語大学日本語教員養成プログラムほかで日本語教育、日本語教師養成に携わる。現在、イーストウエスト日本語学校、清泉女子大学、ヒューマンアカデミー日本語教師養成講座講師。主な著書に『できる日本語準拠 たのしい読みもの55 初級&初中級』（共著、アルク）、『新・日本留学試験実戦問題集 聴解・聴読解』（共著、ジャパンタイムズ）がある。雑誌掲載に「日本語教育能力検定試験に効く!レベル別問題集ここがツボ」（共著、『月刊日本語』アルク、2005.2～2006.10）ほか。

第1部 第1章～第3章

執筆協力：新井弘泰、奥村大志、神山英子、河住有希子、原沢伊都夫

録音協力：權起雄、魏玉潔、中木村里菜、小久保諒哉

協力：中山妙子

編集：野口亜由子

ヒューマンアカデミー

1985年に予備校で出発、グループ親会社のヒューマンホールディングスが2004年JASDAQへ上場。全日制、社会人、海外留学などの教育事業を展開している。日本語教師養成講座は全国主要都市で展開し、毎年約1000名の修了生を輩出。修了生は国内外の日本語教育機関で活躍。特に検定対策講座は好評で、多くの合格者を出している。

装丁　有限会社北路社　安食正之
イラスト　土肥優子
DTP　りんがる舎

日本語教育教科書
日本語教育能力検定試験　完全攻略ガイド 第5版

2009年　5月　18日　初版　第1刷 発行
2021年　2月　19日　第5版　第1刷 発行
2024年　3月　15日　第5版　第6刷 発行

著　者：ヒューマンアカデミー
発行人：佐々木幹夫
発行所：株式会社翔泳社（https://www.shoeisha.co.jp）
印　刷：昭和情報プロセス株式会社
製　本：株式会社国宝社

本書へのお問い合わせについては、2ページに記載の内容をお読みください。
落丁・乱丁はお取り替えいたします。03-5362-3705 までご連絡ください。

ISBN978-4-7981-6719-0　Printed in Japan